ELLEN G. WHITE

Der Mensch im kosmischen Konflikt

Band 1
Der Auftakt

ADVENT-VERLAG

Originaltitel: *Beginning of the End – Conflict of the Ages*, Volume 1, © Pacific Press Publishing Association, Nampa (Idaho, USA) 2007; alle Rechte vorbehalten.
Deutschsprachige Ausgabe gemäß einer Lizenzvereinbarung mit dem Copyrightinhaber.
Eine gekürzte und bearbeitete Ausgabe des Buches *Patriarchen und Propheten* (*Patriarchs and Prophets*).

Bearbeitung: Günther Hampel, Werner E. Lange
Korrektorat: Ellen Koschitzke, Sonja Lobitz, Erika Schultz
Einbandgestaltung: Daniel Raßbach – rasani.design, Leipzig
Titelfoto: Globus-Foto (Quelle: NASA)
Satz: Gerald Rimarzik, rimi-grafik, Celle
Gesamtherstellung: CPI – Clausen & Bosse, Leck

Die Bibelzitate sind – falls nichts anderes vermerkt ist – der *Gute Nachricht Bibel* entnommen.
Herausgeber: Deutsche Bibelgesellschaft zusammen mit dem Katholischen Bibelwerk, Stuttgart 1997ff.

Ansonsten bedeuten:

Hfa = *Hoffnung für alle – Die Bibel* (revidierte Fassung)
© International Bible Society
Übersetzung: Brunnen-Verlag Basel, 2002
LB = *Die Bibel nach der Übersetzung Martin Luthers* (revidierte Fassung 1984), Herausgeber: Deutsche Bibelgesellschaft, Stuttgart 1985ff.

Lüner Rennbahn 14, D-21339 Lüneburg

Internet: www.advent-verlag.de
E-Mail: info@advent-verlag.de

ISBN: 978-3-8150-1595-7

Warum Sie dieses Buch lesen sollten

Aus der Geschichte zu lernen – das wäre nicht nur für Staatsmänner und Politiker gut, sondern für jeden von uns. Ein besonders ergiebiges Feld sind dabei erstaunlicherweise die frühe Geschichte der Menschheit und die Anfänge des Volkes Israel in alter Zeit. Warum gerade sie? Weil wir daraus nicht nur Lehren für unser jetziges Leben ziehen können, sondern auch erfahren, wie wir zu dem befreiten, unvergänglichen Leben finden, das Gott uns Menschen versprochen und durch Jesus Christus ermöglicht hat.

Zudem gibt es Fragen, über die vermutlich jeder Mensch einmal nachgedacht hat: Woher kommen das Böse und all das Leid auf dieser Welt? Weshalb verhindert Gott es nicht, wenn er doch angeblich allmächtig ist? Warum hat er das Böse noch nicht beseitigt? Und warum hat Gott manchmal anscheinend scharf durchgegriffen und nicht nur Einzelne bestraft, sondern ganze Völker? Was geschieht hinter den Kulissen der Weltgeschichte? Offensichtlich sind wir Menschen in einen großen Konflikt zwischen den Mächten des Guten und des Bösen hineingeraten. Worum geht es in dieser Auseinandersetzung wirklich? Und welche Rolle spielen wir darin?

Es gibt keine zuverlässigere Quelle, diese Fragen beantwortet zu bekommen, als die Geschichte von den Anfängen der Menschheit, wie wir sie in der Heiligen Schrift finden, genauer gesagt im Alten Testament. Das sind keineswegs irgendwelche Mythen oder Legenden, sondern vom Geist Gottes übermittelte Berichte vergangener Ereignisse. Viele archäologische Forschungen haben inzwischen eindrucksvoll deren Vertrauenswürdigkeit bestätigt.

Damit wir sie heute recht verstehen können, sind allerdings einige Erläuterungen der Umstände und Zusammenhänge nötig, denn das, was sie schildern, ist unserer Zeit teilweise recht fremd – und oftmals doch sehr ähnlich, weil die menschliche Wesensart sich kaum verändert hat.

Dieses Buch bietet mehr als eine bloße Nacherzählung der Geschichten des Alten Testaments bis zur Zeit König Davids – es macht sie durchschaubar und verständlich. Dabei werden nicht nur die oben genannten Fragen beantwortet, sondern auch praktische Impulse für das heutige Leben gegeben – zum Beispiel für die Erziehung von Kindern oder zur Verbesserung zwischenmenschlicher Beziehungen. Und darüber hinaus erhellt es den Weg, der zu Gott und somit zu einem befreiten und ewigen Leben führt.

Die Autorin Ellen G. White kannte sich nicht nur ausgezeichnet in der Bibel und deren Lehren aus. Sie besaß auch ein derart vertrautes Verhältnis zu Gott, dass er sie befähigte, die biblischen Zusammenhänge in beispielloser Weise darzustellen und speziell auf unsere Zeit und künftige Ereignisse anzuwenden. Daher finden Sie in diesem Buch verlässliche Erläuterungen und Anwendungen biblischer Berichte wie in sonst keinem Kommentar zur Bibel.

Millionen Menschen haben davon bereits profitiert, denn dieser erste Band von Ellen Whites fünfbändiger Reihe über den kosmischen Konflikt zwischen Gut und Böse ist bereits in über 40 Sprachen übersetzt worden. Diese deutsche Neuausgabe zeichnet sich durch eine Straffung des Inhalts und die Verwendung moderner Bibelübersetzungen und heutiger Sprache aus.

Ihnen als Leserin oder Leser wünschen wir erhellende Augenblicke bei der Lektüre dieses Buches, aber auch Einsichten, die Ihr Leben um neue, wertvolle Dimensionen erweitern.

Die Herausgeber

Inhalt

Landkarten:

Teil I

Wie der kosmische Konflikt begann

1 Der Ursprung des Bösen *

„Gott ist Liebe."[1] Gottes Wesen ist selbstlose Liebe, und alles, was er geschaffen hat, ist daher nicht nur ein Zeichen seiner Schöpfermacht, sondern auch ein Ausdruck seiner Liebe. Selbst die Geschichte der Auseinandersetzung zwischen Gut und Böse – von ihrem Ursprung im Himmel bis zum Niederwerfen des Aufruhrs und dem völligen Ausrotten der Sünde – offenbart Gottes unwandelbare Liebe.

Der Herr des Universums stand bei seinem Schöpfungswerk nicht allein, sondern hatte einen Partner, der seine Absichten und die Freude am Glück seiner Geschöpfe teilte. Der Sohn Gottes, der sich Jahrtausende später auf Erden als Jesus Christus offenbarte, war stets im Wesen und in den Absichten eins mit dem Vater.[2] Von ihm sagte Jesaja: „Das sind die Ehrennamen, die ihm gegeben werden: umsichtiger Herrscher, mächtiger Held, ewiger Vater, Friedensfürst."[3]

Bei der Erschaffung aller Kreaturen wirkte Gott durch seinen Sohn, wie Paulus betonte: „Denn in ihm ist alles erschaffen worden, was im Himmel und auf der Erde lebt, die sichtbaren Geschöpfe auf der Erde und die unsichtbaren im Himmel."[4] Die Bibel nennt die himmlischen Wesen Engel und beschreibt sie als starke Helfer, die dafür sorgen, dass Gottes Wille verwirklicht wird.[5] Aber „in dem Sohn zeigt sich die göttliche Herrlichkeit seines Vaters, denn er ist ganz und gar Gottes Ebenbild."[6] Christus hat den Vorrang vor allen.

Gott möchte, dass ihm alle vernunftbegabten Wesen aus Liebe dienen, weil sie seinen Charakter schätzen. Ihm liegt nichts an einem erzwungenen Gehorsam. Er wünscht sich vielmehr, dass sie ihm bewusst und aus freier Entscheidung dienen. Solange sie alle Gott gegenüber aus Liebe loyal waren, herrschte im gesamten Universum vollkommene Übereinstimmung. Kein Missklang störte die Harmonie.

---

* Dieses Kapitel basiert auf Hebräer 1,1–14, Hesekiel 28,12–17 und Jesaja 14,12–14.

[1] 1. Johannes 4,16 [2] Johannes 10,30 [3] Jesaja 9,5 [4] Kolosser 1,16
[5] Hebräer 1,14 [6] Hebräer 1,3 Hfa

Luzifers unangemessene Bestrebungen

Aber dieses glückliche Einvernehmen änderte sich. Es gab einen Engel, der die von Gott gewährte Freiheit missbrauchte. Die Sünde nahm ihren Ursprung in dem, der nach dem Sohn vom Vater die höchste Ehrenstellung empfangen hatte und unter den Bewohnern des Himmels der Mächtigste und Angesehenste war. Wie alle anderen himmlischen Geschöpfe war auch der Engelfürst Luzifer heilig und untadelig. Im Buch des Propheten Hesekiel heißt es: „Du warst das Abbild der Vollkommenheit, voller Weisheit und über die Maßen schön ... Du warst ein glänzender, schirmender Cherub,[7] und auf den heiligen Berg hatte ich [Gott] dich gesetzt, [wie] ein Gott warst du ... Du warst ohne Tadel in deinem Tun von dem Tage an, als du geschaffen wurdest, bis an dir Missetat gefunden wurde."[8]

Aber nach und nach keimte in Luzifer das Verlangen nach mehr Einfluss und Macht. „Deine Schönheit ist dir zu Kopf gestiegen, deine prachtvolle Erscheinung ließ dich handeln wie ein Narr."[9] Und an anderer Stelle wird erklärt: „Du hattest dir vorgenommen, immer höher hinauf bis zum Himmel zu steigen. Du dachtest: ‚Hoch über den Sternen will ich meinen Thron aufstellen ... Hoch über die Wolken steige ich hinauf, dann bin ich dem allerhöchsten Gott endlich gleich!'"[10] Obwohl angesehener als alle anderen Engel, war er mit seiner Stellung doch nicht zufrieden, sondern strebte nach der Anbetung der anderen vernunftbegabten Geschöpfe, die allein Gott zukam, und nach der Macht und Herrlichkeit, wie sie der Gottessohn naturgemäß besaß.

Von da an war die Eintracht im Himmel gestört. Luzifers Bestreben weckte Besorgnis bei den anderen Engeln, die Gottes Ehre als höchstes Gut ansahen. Gott selbst hatte die bestehende himmlische Ordnung begründet. Wenn Luzifer davon abwich, bedeutete das Auflehnung gegen seinen Schöpfer und würde schwerwiegende Folgen haben. An liebevollen Ermahnungen fehlte es nicht, aber die führten nicht zur Einsicht, sondern verhärteten Luzifer nur. Je mehr er dem Neid auf den Sohn Gottes Raum gab, desto entschlossener verfolgte er seine eigensüchtigen Ziele.

---

[7] Die Cherubim sind die höchsten Engelwesen. [8] Hesekiel 28,12–15 LB
[9] Hesekiel 28,17 Hfa [10] Jesaja 14,13.14 Hfa

Es nützte auch nichts, dass Gott, der Vater, vor der gesamten Himmelswelt klarstellte, dass sein Sohn eine unvergleichliche Stellung und Beziehung zu ihm hat. Er teilte den Thron mit dem Vater, und die Herrlichkeit des Ewigen, der aus sich selbst existiert, umschloss sie beide. Um den Thron standen Millionen von Engeln, als der Vater erklärte, dass außer seinem Sohn niemand seine Absichten ganz begreifen könne und er ihm deshalb die Durchführung seiner Vorhaben übertragen habe. Der Sohn sollte auch bei der Erschaffung der Erde und ihrer Lebewesen Gottes Pläne ausführen.

Die Engel erkannten freudig Christi Vorherrschaft an und brachten ihre Liebe und Anbetung zum Ausdruck. Auch Luzifer beugte sich mit ihnen, aber in seinem Herzen tobte ein eigenartiger Kampf. Wahrhaftigkeit und Treue lagen im Widerstreit mit Eifersucht und Neid. Der Einfluss der anderen Engel schien ihn eine Zeitlang von seinen aufrührerischen Gedanken abzubringen. Als tausendfach Lob und Dank emporstiegen, schien der Geist des Bösen überwunden zu sein. Liebe zum Vater und zum Sohn ergriff sein Herz und er fühlte sich wieder in Übereinstimmung mit den anderen Anbetern.

Doch dann packten ihn erneut Selbstsucht und Überheblichkeit. Das Verlangen nach uneingeschränkter Macht kehrte zurück, und abermals gab er dem Neid auf Christus Raum. Die hohe Stellung, den er bereits besaß, weckte in ihm keine Dankbarkeit seinem Schöpfer gegenüber. Dass sich die himmlischen Heerscharen freuten, seine Befehle auszuführen, reichte Luzifer nicht, weil Gottes Sohn über ihm stand. „Warum", so fragte er, „soll Christus die Vorherrschaft haben?"

Die Rebellion Luzifers gegen Gott

Luzifer versuchte fortan, Unzufriedenheit unter den Engeln zu säen. Eine Zeitlang verbarg er seine wahre Absicht unter einer vorgetäuschten Gottesverehrung, ließ aber hin und wieder durchblicken, dass er Zweifel an Gottes Regierung und der Machtverteilung im Himmel habe. Auch seien manche Ordnungen nicht angemessen für Engelwesen, die über genügend Weisheit und Urteilsfähigkeit verfügten, um selbst Entscheidungen zu treffen. Wie könnten sie, deren Gedanken geheiligt seien, Gott Unehre bereiten? Sie könnten sich ebenso wenig irren wie er selbst. Die herausgehobene Stellung des Sohnes Gottes stellte Luzifer als Ungerechtigkeit ihm gegenüber hin.

Wenn er als oberster Engelfürst nur seine rechtmäßige Stellung erlangen könnte, würde daraus für das gesamte Universum Gutes erwachsen. So oder ähnlich sahen die raffinierten Täuschungen aus, die sich durch Luzifers Einfluss in der himmlischen Welt ausbreiteten.

An der wahren Stellung des Sohnes Gottes hatte sich nichts geändert, aber ein Teil der Engel ließ sich durch Luzifer täuschen. Indem er die Zuneigung und das Vertrauen derer missbrauchte, die unter seinem Befehl standen, flößte er ihnen sein eigenes Misstrauen und seine Unzufriedenheit ein. Dabei ging er so geschickt vor, dass sie nicht merkten, worauf das alles hinauslief: Das Wesen Gottes und dessen Absichten in einem falschen Licht erscheinen zu lassen, um Vorbehalte zu erzeugen und Unzufriedenheit zu wecken. Zwar versicherte Luzifer, Gott treu zu sein, behauptete aber, dass um der Beständigkeit der Regierung Gottes willen gewisse Veränderungen unumgänglich seien. So schürte er nach und nach Zwietracht und Auflehnung, obwohl er stets den Anschein erweckte, Gott gegenüber loyal zu sein. Er wolle nur Eintracht und Frieden erhalten, erklärte er.

Noch gab es keine offene Rebellion unter den Engeln, aber es entwickelten sich Vorbehalte, Unzufriedenheit und Parteilichkeit. Einige hörten Luzifers Anspielungen und seine versteckten Angriffe nicht ungern, weil auch sie inzwischen gegenüber dem Sohn Gottes Vorbehalte hegten. Aber die Mehrheit der Engel blieb Gott treu und ergeben. Für sie war klar, dass es an Gottes Herrschaft nichts auszusetzen gab und Christus als der Sohn Gottes zu Recht den Platz neben seinem Vater einnahm. Es gab für sie keinen Grund für Verdächtigungen und Zwietracht.

Gott war lange Zeit unglaublich nachsichtig mit Luzifer. Unzufriedenheit war ein neues Element im Universum – fremd, geheimnisvoll, unerklärlich. Luzifer erkannte anfangs nicht, wohin er trieb. Mit Liebe und Weisheit wollte man ihn von seinem Irrtum überzeugen. Man zeigte ihm, welche Folgen es haben würde, wenn er in der Auflehnung verharrte.

Luzifer begriff, dass sein Denken und Verhalten falsch und gefährlich waren. Er wusste: „Der Herr ist gerecht in allem Handeln und gütig in allen seinen Taten.“[11] Er empfand, dass die göttlichen Gebote und Ordnungen gerecht sind und er das

---

[11] Psalm 145,17

vor dem gesamten Universum bekennen sollte. Wäre das geschehen, hätte er sich und viele Engel retten und seine hohe Stellung behalten können. Die Zeit für eine endgültige Entscheidung war reif: Entweder musste er sich Gott uneingeschränkt unterordnen oder offen gegen ihn rebellieren.

Luzifer wäre beinahe umgekehrt, aber dann siegten doch Ehrgeiz und Stolz über die Vernunft. Sich vor Gott zu demütigen erschien ihm als ein zu großes Opfer. Er, der so hoch geehrt worden war, hätte zugeben müssen, dass er sich geirrt hatte und einen falschen Weg gegangen war. Wie konnte er sich vor einem Gott beugen, den er als ungerecht dargestellt hatte?

In seiner Verblendung hielt Luzifer Gottes Geduld für den Beweis der eigenen Überlegenheit oder als Zeichen dafür, dass der Herrscher des Universums seinen Forderungen doch noch zustimmen würde. Wenn die Engel nur fest zu ihm stünden, so erklärte er, könnten sie noch alles gewinnen, wonach sie verlangten. Deshalb stürzte er sich nun ganz in den Kampf gegen den Schöpfer. So wurde aus Luzifer, dem „Lichtträger", Satan, der Widersacher Gottes.[12]

Voller Verachtung wies Satan die Bitten der treuen Engel zurück und verhöhnte sie als irregeleitete Untertanen. Nie wieder würde er den Vorrang des Sohnes Gottes anerkennen. Er war entschlossen, die von ihm beanspruchte Ehre einzufordern. Allen, die sich auf seine Seite schlagen würden, versprach er eine bessere Herrschaft und mehr Freiheit, als Gott sie ihnen zugestand. Ein Teil der Engel war tatsächlich bereit, seinen Führungsanspruch anzuerkennen. Dieser Zuspruch schmeichelte ihm und nährte seine Zuversicht, die gesamte Engelwelt auf seine Seite ziehen zu können und damit ein Gott zu werden.

Aber noch drängten die treuen Engel ihn und seine Anhänger, den Irrtum zu bekennen und sich Gott unterzuordnen. Sie führten ihnen die schrecklichen Folgen eines Aufruhrs vor Augen. Darüber hinaus ermahnten sie alle anderen Engel, sich nicht durch Luzifers heuchlerische Beweisführung täuschen zu lassen.

Viele waren geneigt, ihre Unzufriedenheit aufzugeben und Gott um Verzeihung zu bitten. Das versuchte Luzifer zu verhindern, indem er seine Verführungstaktik änderte. Nun

[12] „Luzifer" steht in der lateinischen Übersetzung von Jesaja 14,12 für „Morgenstern"; Satan bedeutet im Hebräischen „Widersacher" oder „Feind".

behauptete er, dass die Engel, die sich ihm angeschlossen hatten, bereits zu weit gegangen wären, als dass eine Umkehr noch möglich wäre. Gott werde ihnen nicht vergeben. Er selbst werde die Vormachtstellung Christi niemals wieder anerkennen. Deshalb bleibe ihm und seinen Anhängern nur die Möglichkeit, ihre Freiheit zu behaupten und die Rechte, die man ihnen freiwillig nicht zugestand, mit Gewalt zu gewinnen.

Gott ließ den aufrührerischen Engelfürsten seine Ziele so lange verfolgen, bis sich der Geist der Unzufriedenheit zum offenen Aufruhr auswuchs. Es sollte für alle Geschöpfe und für alle Zeiten deutlich werden, was wirklich hinter den Plänen des Widersachers steckte. Gottes Herrschaft umfasste ja nicht nur die Bewohner des Himmels, sondern die aller geschaffenen Welten. Luzifer folgerte, er werde sie alle beherrschen, wenn er die Engel im Himmel in seine Rebellion mitreißen könnte.

Alles, was Satan tat, war so undurchsichtig, dass es selbst für die treu gebliebenen Engel schwer war, seine wahren Absichten zu durchschauen und zu erkennen, wohin das alles führen würde. Satan säte Zweifel gegenüber den klarsten Aussagen Gottes und seine hohe Stellung gab seinen Äußerungen Nachdruck.

Warum vernichtete Gott Satan nicht?

Gott konnte Luzifer gegenüber nur zu solchen Mitteln greifen, die im Einklang standen mit seiner Wahrhaftigkeit und Gerechtigkeit. Solche Beschränkungen gab es für den Widersacher nicht; er bediente sich ungeniert der Schmeichelei und Täuschung, um seine Ziele zu erreichen, und scheute sich nicht, Gott in Misskredit zu bringen, indem er dessen Aussagen und Gebote in ein falsches Licht rückte. Deshalb war es unumgänglich, den Bewohnern des Himmels und aller Welten zu demonstrieren, dass Gottes Herrschaft gerecht und seine Prinzipien, wie sie in seinen Geboten zum Ausdruck kommen, vollkommen sind und dem Wohl aller dienen.

Satan hatte sich den Anschein gegeben, dass es ihm nicht um sich selbst ging, sondern um das Wohl des Universums. Seine Absicht sei, die Regierung Gottes und dessen Gebote zu verbessern. Darum mussten alle den wahren Charakter Luzifers und seiner Absichten erkennen können. Doch es brauchte Zeit, damit er sich in seinen Werken offenbarte. Erst wenn die schrecklichen Folgen der Auflehnung gegen Gott sichtbar geworden sind, wird Satans Wesen in seiner ganzen Abgründigkeit deutlich sein. Daher gab ihm Gott Gelegenheit, das Wesen seiner Ansprüche zu demonstrieren und die Auswirkungen seiner vorgeschlagenen Veränderungen der Gebote Gottes zu zeigen. Luzifer musste durch sein eigenes Wirken entlarvt werden. Das gesamte Weltall musste den Betrüger ohne Maske sehen.

Für Gott ist nur ein Dienst aus Liebe annehmbar, darum muss die Treue seiner vernunftbegabten Geschöpfe darauf beruhen, dass sie von seiner Gerechtigkeit und Güte überzeugt sind. Die Bewohner des Universums hätten deshalb zu diesem Zeitpunkt in der Vernichtung Satans keinen Akt der Gerechtigkeit erkennen können. Damit hätte die Gefahr bestanden, dass einige Gott aus Angst statt aus Liebe dienten. Der Einfluss des Betrügers und sein aufrührerischer Geist wären daher nicht aus der Welt geschafft worden, denn Gehorsam aus Angst oder Druck erzeugt leicht einen rebellischen Geist. Wäre Satan damals vernichtet worden, hätte sicher ein anderer Engel seine Rebellion fortgeführt. Mit dem Einsatz seiner Macht konnte Gott hier also nichts erreichen.

Zum Heil des ganzen Universums für alle Ewigkeit musste Satan seine Prinzipien in vollem Umfang entwickeln können, damit seine Anklagen gegen Gottes Herrschaft in ihrem wahren Licht erkannt werden konnten. Darüber hinaus sollte Gottes Gerechtigkeit sowie die Unveränderlichkeit seiner moralischen Gebote für immer zweifelsfrei erwiesen werden.

Satans Aufruhr sollte also dem Weltall für immer eine Lehre sein, ein ständiges Zeugnis über das Wesen der Sünde und ihre schrecklichen Folgen. So würde die Geschichte dieser Rebellion und des sich daraus ergebenden kosmischen Konflikts, wie er in der Bibel geschildert und in diesem Werk erläutert wird, für alle heiligen Geschöpfe Gottes und die erlösten Menschen in der Zukunft einen Schutz bieten, der sie davor bewahrt, über das wahre Wesen einer Rebellion gegen Gott und deren Folgen getäuscht zu werden. Nur indem Satan freie Hand erhielt und das Böse sich auswirken konnte, würde deutlich werden: „Alles, was [Gott] tut, das ist recht. Treu ist Gott und kein Böses an ihm, gerecht und wahrhaftig ist er.“[13]

---

[13] 5. Mose 32,4 LB

2 Die ersten Menschen*

„Nur ein Wort sprach er, und der Himmel wurde geschaffen, Sonne, Mond und Sterne entstanden, als er es befahl ... Denn er sprach, und es geschah, er befahl, und die Erde war da."[1]

Als die Erde aus der Hand des Schöpfers hervorging, war sie unvergleichlich schön. Es gab hohe Berge, sanfte Hügel und fruchtbare Ebenen mit Flüssen und Seen. Üppige Vegetation in vollendeter Schönheit weit und breit! Die Atmosphäre war rein und gesund. Nichts, was der Mensch später geschaffen hat, kann mit der ursprünglichen Schönheit der Schöpfung Gottes konkurrieren.

Nachdem die Erde mit ihrem Reichtum an Pflanzen und Tieren ins Leben gerufen war, schuf Gott als Krönung seines Schöpfungswerkes den Menschen. Im ersten Kapitel der Bibel heißt es: „Dann sprach Gott: ‚Nun wollen wir Menschen machen, ein Abbild von uns, das uns ähnlich ist!' ... So schuf Gott die Menschen nach seinem Bild ... und schuf sie als Mann und als Frau."[2] So beginnt der biblische Bericht über den Ursprung der Menschheit.

Es gibt keine Grundlage zu der Ansicht, der Mensch habe sich Schritt für Schritt und von Stufe zu Stufe aus niederen Formen tierischen Lebens entwickelt. Die Abstammung des Menschen, wie sie uns die Heilige Schrift vermittelt, geht nicht zurück auf eine Evolution von einer Urzelle bis hin zum Menschen, sondern auf einen Schöpfungsakt Gottes. Adam, der erste Mensch, war ein Geschöpf Gottes, das aus irdischen Materialien erschaffen wurde.[3] Deshalb heißt es auch im Lukasevangelium: „Adam stammte von Gott."[4]

Alles, was auf der Erde lebt, ist aus Gottes Schöpferhand hervorgegangen, aber nur der Mensch hat die Fähigkeit bekommen, Gott zu erkennen und in einer persönlichen Beziehung zu ihm zu leben. Deshalb betont der Psalmdichter: „Du hast ihm den Auftrag gegeben, über deine Geschöpfe zu herrschen. Alles hast du ihm zu Füßen gelegt."[5]

---

* Dieses Kapitel basiert auf 1. Mose 1,25–31 und 2,1–25.

[1] Psalm 33,6.9 Hfa [2] 1. Mose 1,26.27 [3] 1. Mose 2,7 [4] Lukas 3,38 Hfa

Christus allein ist das „Ebenbild" Gottes,[6] der Mensch aber wurde immerhin nach dem Bild Gottes geschaffen. Vom Wesen her war er in Übereinstimmung mit dem Willen Gottes und konnte göttliche Gedanken erfassen. Seine Empfindungen waren rein und seine Beweggründe und Neigungen wurden von der Vernunft beherrscht. Als Abbild Gottes war der Mensch vollkommen und glücklich und lebte ganz selbstverständlich in Harmonie mit Gottes Geboten.

Als Gott das erste Menschenpaar schuf, war es von vollendeter Schönheit, ohne jeden Makel und bekleidet mit einem Lichtgewand, wie es auch die Engel tragen. Adam und Eva waren viel größer als heutige Menschen und voller Lebensfreude.

Nach seiner Erschaffung bekam Adam von Gott den Auftrag, den anderen Lebewesen Namen zu geben. Dabei fiel ihm auf, dass jedes Geschöpf einen Gefährten hatte. „Für sich selbst aber fand er niemanden, mit dem er leben konnte und der zu ihm passte."[7] Unter allen Geschöpfen, die Gott geschaffen hatte, war keines dem Menschen gleich.

„Gott, der Herr, dachte sich: ‚Es ist nicht gut, dass der Mensch allein lebt. Er soll eine Gefährtin bekommen, die zu ihm passt!'"[8] Deshalb schuf Gott für Adam eine Partnerin, die in Liebe und Anteilnahme mit ihm eins sein konnte. Die Bibel sagt, dass Eva aus einer Rippe aus Adams Seite gebildet wurde.[9] Das zeigt: Sie sollte ihn nicht beherrschen, aber auch nicht von ihm beherrscht werden. Sie sollte ihm vielmehr ebenbürtig zur Seite stehen und er sollte sie lieben und beschützen. Als Teil des Mannes, „Bein von seinem Bein und Fleisch von seinem Fleisch",[10] war sie sein anderes Ich.

Die Ehe – von Gott gestiftet

Das Paar sollte in inniger Verbindung leben und einander in Liebe zugetan sein. Der Apostel Paulus greift diesen Gedanken im Brief an die Epheser auf: „Darum sollen auch die Männer ihre Frauen lieben wie ihren eigenen Körper. Wer nun seine Frau liebt, der liebt sich selbst ... Erinnert euch an das Wort: ‚Ein Mann verlässt seine Eltern und verbindet sich so eng mit seiner Frau, dass die beiden eins sind mit Leib und Seele.'"[11]

---

[5] Psalm 8,7 Hfa [6] Kolosser 1,15; Hebräer 1,3 LB/Hfa [7] 1. Mose 2,20 Hfa
[8] 1. Mose 2,18 Hfa [9] 1. Mose 2,21.22 [10] 1. Mose 2,23 LB
[11] Epheser 5,28.31 Hfa, vgl. 1. Mose 2,24

Die Ehe ist eine der beiden Einrichtungen, die die Menschen nach dem Sündenfall aus dem Paradies mitnahmen. (Die andere ist der Sabbat.) Wer die göttlichen Grundsätze hinsichtlich der Ehe anerkennt und beachtet, für den wird diese Lebensgemeinschaft zum Segen. Sie hat darüber hinaus eine schützende und bewahrende Funktion für die Menschheit und veredelt seine leibliche, geistige und sittliche Natur.

„Dann legte Gott, der Herr, einen Garten im Osten an, in der Landschaft Eden, und brachte den Menschen, den er geformt hatte, dorthin."[12] Mit diesem Garten schuf Gott einen Lebensraum, in dem sich die Menschen wohlfühlen konnten. Die Fülle an Bäumen, Sträuchern und Früchten sorgte dafür, dass es ihnen an nichts fehlte. In der Mitte des Gartens wuchs der „Baum des Lebens",[13] der alle anderen Bäume an Pracht übertraf. Das Besondere an ihm war, dass seine Früchte die Kraft hatten, ewiges Leben zu spenden.[14]

„So entstanden Himmel und Erde mit allem, was lebt."[15] „Dann betrachtete Gott alles, was er geschaffen hatte, und es war sehr gut!"[16] Damals trübte noch keine Sünde und kein Todesschatten die Vollkommenheit der Schöpfung. Es war die Zeit, von der es im Buch Hiob heißt: „Damals sangen alle Morgensterne, die Gottessöhne jubelten vor Freude!"[17]

Der Sabbat – ein Gottesgeschenk

„Am siebten Tag hatte Gott sein Werk vollendet und ruhte von aller seiner Arbeit aus. Und Gott segnete den siebten Tag und erklärte ihn zu einem heiligen Tag, der ihm gehört, denn an diesem Tag ruhte Gott, nachdem er sein Schöpfungswerk vollbracht hatte."[18] Alles war vollkommen und seines göttlichen Urhebers würdig. Der ruhte nicht aus Ermüdung, sondern weil ihm gefiel, was er geschaffen hatte.

Nachdem Gott am siebten Tag mit seinen Werken aufgehört und geruht hatte, bestimmte er ihn auch zum Ruhetag für die Menschen, damit sie dem Beispiel des Schöpfers folgten. Im Garten Eden setzte Gott seiner Schöpfung ein Denkmal, als er seinen Segen auf den siebten Tag legte. Der Sabbat wurde Adam als dem Vater und Vertreter der Menschheit anvertraut. Das Ruhen von gewöhnlicher Arbeit am Sabbat

---

[12] 1. Mose 2,8 Hfa [13] 1. Mose 2,9 [14] 1. Mose 3,22 [15] 1. Mose 2,1
[16] 1. Mose 1,31 Hfa [17] Hiob 38,7 [18] 1. Mose 2,2.3

sollte hinfort ein dankbares Erinnern an Gottes Schöpfungswerk ermöglichen. Zugleich kann ein Mensch zeigen, dass er sich als Geschöpf Gottes begreift und sich seiner Verpflichtungen ihm gegenüber bewusst ist.

Gott wusste, dass die Menschen bereits im Paradies einen Ruhetag brauchten, an dem alle alltäglichen Belange außen vor bleiben konnten. Vor allem aber war der Sabbat dazu gedacht, die Beziehung zu Gott zu pflegen und sich daran zu erinnern, was er seinen Kindern alles an Segen und Gaben hatte zukommen lassen.

Gott wünscht, dass sich die Gedanken der Menschen am Sabbat mit dem beschäftigen, was er für sie in Schöpfung und Erlösung getan hat und immer noch tut. Die Schönheit der Natur ist ein Zeichen der Liebe Gottes und „redet" zu uns von seiner Fürsorge und Barmherzigkeit. Der Sabbat weist immer wieder neu auf den hin, der diese Schönheit ins Leben rief. Er lädt die Menschen ein, das große Buch der Natur und die Heilige Schrift aufzuschlagen und darin der Weisheit, Macht und Liebe des Schöpfers nachzuspüren.

„Der Baum der Erkenntnis" – ein Zeichen des freien Willens und eine Prüfung des Gehorsams

Zwar waren unsere Ureltern unschuldig und untadelig geschaffen worden, aber dennoch bestand die Möglichkeit, dass sie sich falsch verhielten. Gott schuf sie als eigenverantwortliche Wesen, die sich frei entscheiden konnten, ob sie Gottes Willen tun wollten oder nicht. Gott hatte sie zu einem unvergänglichen Leben bestimmt, aber ehe er ihnen ewiges Leben verleihen konnte, musste ihre Treue auf die Probe gestellt werden, wie das zuvor bei den Engeln geschehen war.

Gleich zu Beginn der Menschheitsgeschichte stellte Gott der Selbstsucht, jener unheilvollen Eigenschaft, die Satan zu Fall gebracht hatte, ein Hindernis in den Weg. Der „Baum der Erkenntnis" sollte für unsere Ureltern ein Prüfstein ihres Vertrauens, ihrer Liebe und ihres Gehorsams sein. Deshalb war es ihnen strikt verboten, von den Früchten dieses einen Baumes zu essen. Würden sie sich nicht an Gottes Weisung halten, hätte das den Tod zur Folge, weil Sünde naturgemäß von Gott trennt.[19] Damit setzte Gott die Menschen zwar der

[19] 1. Mose 2,16.17; vgl. Jesaja 59,2

Verführung durch Satan aus, schuf aber zugleich die Voraussetzung dafür, dass sie dem Versucher für immer entzogen werden würden, wenn sie ihm widerstünden.

Indem Gott den ersten Menschen seinen Willen kundtat, verpflichtete er sie auf sein Gesetz. Auch als „Bild Gottes" sollten sie ihrem Schöpfer untertan sein. Gott hätte die Menschen so schaffen können, dass sie unfähig gewesen wären, seine Gebote zu übertreten – praktisch ohne einen freien Willen. Er hätte auch ihre Hände von der verbotenen Frucht zurückhalten können. Aber dann wären sie keine freien, sittlich handelnden Wesen mehr gewesen, sondern nicht viel mehr als Roboter mit Gefühlen.

Ohne die Freiheit der Entscheidung wäre der Gehorsam der Menschen erzwungen und die Entwicklung eines eigenen Charakters unmöglich gewesen. Das aber hätte Gottes Wesen widersprochen und wäre auch ihnen als vernunftbegabten Geschöpfen unwürdig gewesen. Darüber hinaus hätte dies Satans Vorwurf unterstützt, Gott führe eine Willkürherrschaft.

Gott erschuf Adam und Eva aufrichtig und ohne eine Neigung zum Bösen. Er gab ihnen die stärksten Motive, ihm treu zu bleiben: Liebe und Vertrauen zu ihm. Gehorsam war und ist die Bedingung für ein ewiges Leben in Glück und Frieden. Unter dieser Voraussetzung sollten die ersten Menschen Zugang zum „Baum des Lebens" haben.

Ein vollkommenes Zuhause

Der Garten Eden, das Zuhause unserer ersten Eltern sollte ihren Kindern als Vorbild dienen, wenn sie auszogen, die Erde in Besitz zu nehmen und zu gestalten. Heutzutage sind viele Menschen stolz auf das, was sie schaffen oder sich leisten können, und ihr Streben ist darauf gerichtet, sich mit Luxus zu umgeben. Gott hat die ersten Menschen damals in einen Garten gesetzt. Das kann eine Lehre für alle Zeiten sein: Wahres Glück und Zufriedenheit sind nicht in Reichtum und Luxus zu finden, sondern in einem naturgemäßen Leben in der Gemeinschaft mit dem Schöpfer. Wer wirklich weise ist, stößt auch jenseits von Wohlstand und Pracht auf Freudenquellen, die Gott allen zugänglich gemacht hat.

Den Bewohnern von Eden war die Pflege des ihnen anvertrauten Lebensraumes zugewiesen, den sie bebauen und bewahren sollten.[20] Die Arbeit war für sie ein Segen, eine Quelle der Zufriedenheit und des Glücks. Wer Arbeit als Fluch ansieht, weil sie anstrengt und ermüdet, irrt sich. Manche Reiche sehen mit Geringschätzung auf die arbeitende Bevölkerung herab. Aber das widerspricht völlig der Absicht Gottes bei der Erschaffung der Menschen. Schon damals sollten sie nicht untätig sein, sondern wurden mit sinnvollen Aufgaben betraut, um ihre körperlichen und geistigen Fähigkeiten zu entwickeln. Der Schöpfer wusste, dass Faulheit niemals Gutes bewirkt – und letztlich auch nicht glücklich macht. Sinnvolle und verantwortungsbewusst ausgeführte Arbeit dagegen ist eine Quelle der Lebensfreude.

Die ersten Menschen waren nicht nur liebevoll umsorgte Kinder ihres himmlischen Vaters, sondern auch ständig Lernende. Sie hatten Umgang mit den Engeln und das Vorrecht, von Angesicht zu Angesicht mit Gottes Sohn zu sprechen. Ihr Schöpfer selbst erklärte ihnen die Naturgesetze und lehrte sie den Umgang mit den anderen Lebewesen. Adam war mit allen Tieren vertraut, kannte ihre Eigenschaften und hatte ihnen dementsprechende Namen gegeben.

Die Ordnung und Harmonie der Schöpfung verkündete etwas von Gottes unendlicher Weisheit und Macht. Solange die Menschen die von Gott gesetzten Ordnungen und Gebote beachteten, würden sie sich fortlaufend neue Kenntnisse aneignen, weitere Quellen des Glücks entdecken und immer klarere Vorstellungen von der unerschöpflichen, unwandelbaren Liebe Gottes gewinnen.

[20] 1. Mose 2,15 LB

3 Versuchung und Sündenfall*

Satan konnte zwar ein Drittel der Engel auf seine Seite ziehen, aber nicht die Regierung Gottes stürzen. Daher suchte er nach einem neuen Betätigungsfeld für seine gottfeindlichen Ziele. Von Neid getrieben beschloss er, die Menschen in Sünde und deren Folgen zu verstricken. Ihre Liebe zum Schöpfer wollte er in Misstrauen und ihren Lobpreis in Kritik verwandeln. Wenn es ihm gelänge, die Menschen in das Elend der Sünde zu stoßen, so kalkulierte er, würde er damit auch Gott treffen und ihm Kummer verursachen.

Engel hatten Adam und Eva von Satans Aufruhr berichtet und sie auf seine verführerischen Absichten vorbereitet. Sie bekamen Einblick in Gottes gerechtes Handeln und seine Herrschaft über das Universum, die der Fürst des Bösen hatte an sich reißen wollen. Sie wussten, dass Gottes Gebote eine Offenbarung seines Willens, ein Ausdruck seines Wesens und ein Zeichen göttlicher Weisheit und Liebe sind.

Die Harmonie und der Bestand der Schöpfung hängen von der Übereinstimmung mit den Gesetzmäßigkeiten ab, die der Schöpfer festgelegt hat und von denen alle Vorgänge in der Natur bestimmt werden. Die Menschen sind darüber hinaus dem Moralgesetz verpflichtet. Ihnen ist die Fähigkeit verliehen worden zu verstehen, dass Gottes Ordnungen und Gebote sinnvoll und gerecht sind. Deshalb verlangt Gott von ihnen intelligentes und konsequentes Befolgen seiner Prinzipien.

So wie die Engel im Himmel wurden auch die Menschen im Garten Eden auf die Probe gestellt. Sie konnten Gott vertrauen, ihm gehorchen und ewig leben oder ihm misstrauen, ungehorsam sein und damit das Verderben wählen. Gott, der die abtrünnigen Engel nicht verschonen wird, konnte auch ihnen das Unheil nicht ersparen, falls sie sich gegen ihn entscheiden würden. Die Engel mahnten sie deshalb dringend, vor Satans Verführungskünsten auf der Hut zu sein.

Solange sie Gott gehorsam blieben, konnte der Versucher ihnen nichts anhaben. Sollten sie aber der Versuchung nur

---

* Dieses Kapitel basiert auf 1. Mose 3.

einmal nachgeben, würde sich ihr Wesen so verändern, dass sie hinfort Satan aus eigener Kraft nicht mehr widerstehen konnten und dem Bösen zuneigten.

Um den Menschen die Gelegenheit zu geben, ihr Vertrauen und ihre Liebe zu zeigen, setzte Gott den „Baum der Erkenntnis des Guten und Bösen" in den Garten.[1] Satan durfte den Menschen damals noch nicht mit ständigen Versuchungen nachstellen. Nur am verbotenen Baum hatte er Zugang zu ihnen. Hier war der Ort, an dem sich zeigen würde, ob Adam und Eva Gott treu bleiben oder sich auf Satans Seite ziehen lassen würden. Sollten sie Gottes Gebot, nicht von diesen Früchten zu essen, missachten, würden sie auch die weitreichenden Folgen zu tragen haben.

Um sein Ziel zu erreichen, bediente sich Satan einer Schlange als Werkzeug. Sie war damals eines der schönsten und klügsten Geschöpfe. Aus dem verbotenen Baum heraus sollte sie die Aufmerksamkeit auf sich lenken und dessen Früchte essen. So verschleierte Satan, dass er im Garten Eden auf seine Beute lauerte.

Im Blick auf diese Gegebenheiten hatten die Engel Eva davor gewarnt, sich von ihrem Mann zu trennen. Beide gemeinsam stünden weniger in der Gefahr, von Satan verführt zu werden. Aber irgendwann hatte sie die Warnung der Engel vergessen und sich ungewollt von Adam entfernt. Plötzlich stand sie vor dem Baum der Erkenntnis. Sie betrachtete ihn mit einem Gemisch aus Neugier und Staunen. Seine Früchte sahen verlockend aus, und Eva fragte sich, weshalb Gott sie ihnen wohl vorenthielt.

Das war die Gelegenheit für den Versucher. „Hat Gott wirklich gesagt: Ihr dürft die Früchte von den Bäumen im Garten nicht essen?"[2] Eva war überrascht und erschrocken, als sie das Echo ihrer eigenen Gedanken vernahm. Aber die Schlange gewann Evas Vertrauen, indem sie deren außergewöhnlichen Liebreiz lobte. Das hörte Eva nicht ungern. Statt von diesem Ort zu fliehen, zögerte sie. Sie vermutete nicht, dass die sprechende Schlange ein Werkzeug Satans sein könnte. Deshalb erwiderte sie: „Natürlich dürfen wir sie essen, nur nicht die Früchte von dem Baum in der Mitte des Gartens. Gott hat gesagt: ‚Esst nicht davon, berührt sie nicht, sonst müsst ihr sterben!'" „Nein, nein", erklärte die Schlange, „ihr

---

[1] 1. Mose 2,9 LB [2] 1. Mose 3,1

werdet bestimmt nicht sterben! Aber Gott weiß: Sobald ihr davon esst, werden euch die Augen aufgehen; ihr werdet wie Gott sein und wissen, was gut und was schlecht ist."[3]

Die Raffinesse der satanischen Verführung

Die Schlange stellte Eva also in Aussicht, dass die Menschen durch den Genuss der Frucht eine höhere Daseinsform erreichen könnten, als sie Gott ihnen bisher zugebilligt hatte. Sie selbst habe ebenfalls von den Früchten gegessen und dadurch ungeahnte Fähigkeiten erlangt. Deshalb könne sie auch sprechen. Die Schlange ließ durchblicken, dass der Herr ihnen die Frucht absichtlich vorenthalte, um sie daran zu hindern, ihm gleich zu werden. Gerade wegen ihrer wunderbaren Eigenschaft, Weisheit und Stärke zu verleihen, habe Gott ihnen verboten, von ihr zu kosten oder sie auch nur anzurühren. Gottes Warnung ziele nur darauf ab, sie einzuschüchtern. Wie wäre es auch möglich, dass sie sterben könnten? Hatten sie nicht vom Baum des Lebens gegessen? Gott habe nur nach einem Vorwand gesucht, sie davon abzuhalten, sich weiterzuentwickeln und größere Glückseligkeit zu erlangen.

So hat es Satan seither immer gehalten und damit oft genug Erfolg gehabt. Er verleitet die Menschen dazu, an Gottes Redlichkeit, Weisheit und Liebe zu zweifeln. In ihrem Bemühen, das zu erproben, was Gott verboten hat, übersehen viele die Wahrheiten, die Gott offenbart hat und die für ihre Errettung notwendig sind. Mit der Vorspiegelung, sie gewännen ungeahnte neue Erfahrungen und Einsichten, reizt Satan die Menschen auch heute noch zum Ungehorsam. Aber das ist eine schamlose Täuschung, denn dieser Weg führt nicht zum Aufstieg, sondern zur Entwürdigung.

Der Verführer spiegelte den ersten Menschen vor, sie könnten nur gewinnen, wenn sie sich nicht an Gottes Gebot halten. Heutzutage hört man ähnliche Argumente. Viele reden verächtlich über diejenigen, die Gottes Gebote noch ernst nehmen, und verweisen auf ihre persönlichen Freiheiten, die sie gerade deshalb hätten, weil sie sich nicht durch göttliche Verbote einengen ließen. Klingt das nicht wie ein Echo der Stimme in Eden: Sobald ihr Gottes Gebot übertretet, werdet ihr wie Gott sein? Satan verheimlichte, dass er gerade deshalb

[3] 1. Mose 3,2–5

ein Verstoßener geworden war, weil er Gottes Willen missachtet hatte, damit er die Menschen mit in sein eigenes Elend hineinziehen konnte. So versuchen er und alle, die sich ihm angeschlossen haben, bis heute, ihr wahres Wesen zu verheimlichen. Sie stehen auf der Seite des Bösen, treten das Gesetz Gottes mit Füßen und sind ständig darauf aus, andere mit ins Verderben zu reißen.

Eva begann, der klaren Aussage Gottes zu misstrauen, sie würde sterben, wenn sie die Frucht aß,[4] und kam dadurch zu Fall. Im Gericht Gottes werden Menschen einst nicht deshalb verdammt werden, weil sie eine Lüge für glaubwürdig hielten, sondern weil sie die Wahrheit abgelehnt oder die Gelegenheiten versäumt haben, sie kennenzulernen. Deshalb müssen wir uns von Herzen bemühen, die Wahrheit Gottes zu erkennen, denn alles, was der Bibel widerspricht, kommt vom Widersacher.

Die Schlange pflückte nun eine Frucht vom verbotenen Baum und legte sie der zögernden Frau in die Hand. Dann erinnerte sie Eva an ihre eigenen Worte, dass Gott verboten hätte, die Frucht auch nur zu berühren, wenn sie nicht sterben wollte. Als Eva merkte, dass das Anrühren der Frucht keine schlimmen Folgen hatte, wurde sie kühner. Sie meinte, „dass von dem Baum gut zu essen wäre und dass er eine Lust für die Augen wäre und verlockend, weil er klug machte. Und sie nahm von der Frucht und aß."[5]

Es erschien ihr so, als hätte sie tatsächlich eine höhere Stufe der Erkenntnis erreicht. In Wirklichkeit war sie aber zum Werkzeug Satans geworden, der sie benutzte, um auch ihren Mann ins Verderben zu reißen. In einer seltsamen Erregung, die Hände voll verbotener Früchte, suchte sie ihren Mann und erzählte ihm, was sie gerade erlebt hatte.

Adam war bestürzt und entgegnete ihr, dass hier der Widersacher Gottes die Hand im Spiel haben müsse, vor dem sie so eindringlich gewarnt worden waren. Eva müsse ihren Ungehorsam nun mit dem Leben bezahlen. Als Antwort drängte sie ihn, ebenfalls von der Frucht zu essen, und wiederholte die Worte der Schlange, dass sie keineswegs sterben müssten. Schließlich spüre sie nichts von Gottes Missfallen, sondern vielmehr eine köstliche, belebende Wirkung, die ungeahnte Kräfte wecke.

---

[4] 1. Mose 2,17 [5] 1. Mose 3,6 LB

Adam begriff, dass Eva das Verbot Gottes missachtet hatte und die schlimmen Folgen tragen musste. Das löste in seinem Herzen einen furchtbaren Kampf aus. Er klagte sich an, dass er nicht an Evas Seite gewesen war, als sie dem Versucher begegnete. Aber nun war das Unglück geschehen und nicht mehr zu ändern. Er würde seine schöne Frau, die sein ganzes Glück und seine Freude war, verlieren. Zwar blieb ihm die Gemeinschaft mit Gott und den heiligen Engeln und das Bewusstsein der hohen Bestimmung, die dem Menschengeschlecht zugedacht war, wenn sie Gott treu blieben.

Adam dachte nicht daran, das Gott ihm schon einmal eine Partnerin geschenkt hatte. Aus Angst, das eine Geschenk einzubüßen, das für ihn alle anderen an Wert übertraf, verlor er alle Segnungen Gottes aus den Augen. Liebe, Dankbarkeit und Treue gegenüber dem Schöpfer wurden durch die Liebe zu seiner Frau verdrängt. Sie war ein Teil von ihm, deshalb war ihm der Gedanke an eine Trennung unerträglich. Wenn sie sterben musste, wollte er ihr Schicksal teilen.

Aber konnten nicht auch die Worte der Schlange wahr sein? Zumindest ließ sich an Eva kein einziges Zeichen des Todes entdecken. Innerlich hin- und hergerissen beschloss Adam, ebenfalls von den verbotenen Früchten zu essen und die Folgen auf sich zu nehmen.

Zuerst lebte auch Adam in der Vorstellung, eine höhere Daseinsstufe erreicht zu haben. Aber nur zu bald erfüllte ihn der Gedanke an seine Sünde mit Entsetzen. Liebe zu Gott, Freude und Friede waren dahin. Stattdessen ahnten nun beide, was Sünde wirklich ist, fürchteten sich vor der Zukunft und fühlten sich schutzlos. Das Lichtgewand, das sie umgeben hatte, war verschwunden. Um es zu ersetzen, behalfen sie sich notdürftig mit einem Lendenschurz aus Blättern,[6] denn sie spürten, dass sie Gott und den Engeln nicht unbekleidet unter die Augen treten konnten.

Sie begannen nun, die Tragweite ihrer Sünde zu erkennen. Adam machte seiner Gefährtin Vorwürfe, dass sie sich von ihm entfernt und auf die Schlange gehört hatte. Beide aber gaben sich der falschen Hoffnung hin, dass Gott, von dem sie so viel Liebe und Fürsorge erfahren hatten, ihnen diese eine Übertretung verzeihen oder wenigstens keine so schreckliche Strafe auferlegen würde, wie sie zunächst befürchtet hatten.

---

[6] 1. Mose 3,7

Satan dagegen war höchst zufrieden und frohlockte über seinen Erfolg. Er hatte Eva dazu verleiten können, Gottes Liebe zu misstrauen, seine Weisheit anzuzweifeln und sein ausdrückliches Verbot zu übertreten. Und durch sie war auch ihr Mann in den Strudel der Sünde hineingeraten.

Die vielfältigen Folgen der ersten Sünde

Gott wollte Adam und Eva die Folgen ihres Ungehorsams deutlich machen. Bisher hatten beide sein Kommen stets freudig begrüßt, aber jetzt fürchteten sie sich vor der Begegnung mit ihm und versteckten sich. „Aber Gott rief nach dem Menschen: ‚Wo bist du?' Der antwortete: ‚Ich hörte dich kommen und bekam Angst, weil ich nackt bin. Da habe ich mich versteckt!' ‚Wer hat dir gesagt, dass du nackt bist?', fragte Gott. ‚Hast du etwa von den verbotenen Früchten gegessen?'"[7]

Adam versuchte, die Schuld auf seine Frau und damit auf Gott selbst abzuwälzen: „Die Frau, die du mir an die Seite gestellt hast, gab mir davon; da habe ich gegessen."[8] Freiwillig, aus Liebe zu Eva, hatte er Gottes Wohlgefallen und ein ewiges Leben aufgeben wollen. Nun machte er seine Gefährtin und sogar den Schöpfer für seine Übertretung verantwortlich!

Als der Herr Eva fragte: „Warum hast du das getan?", antwortete sie: „Die Schlange hat mich dazu verführt!"[9] Auch das klingt nach Schuldverschiebung: Warum hast du die Schlange geschaffen? Warum hast du ihr erlaubt, den Garten Eden zu betreten? Selbstrechtfertigung schien damals das Schlagwort zu sein, nicht Sündenbekenntnis. So ist es bis heute geblieben.

Der Herr fällte dann das Urteil über die Schlange: „Verflucht sollst du sein wegen dieser Tat! Auf dem Bauch wirst du kriechen und Staub fressen dein Leben lang."[10] Aus dem bewundernswerten Geschöpf sollte eine verabscheute und gefürchtete Kreatur werden.

Die weiteren Worte an die Schlange bezogen sich auf Satan und kündigten seine zukünftige Niederlage und Vernichtung an: „Von nun an werden du und die Frau Feinde sein, auch zwischen deinem und ihrem Nachwuchs soll Feindschaft herrschen. Er wird dir den Kopf zertreten, und du wirst ihn in die Ferse beißen!"[11]

---

[7] 1. Mose 3,9–11 [8] 1. Mose 3,12 [9] 1. Mose 3,13 Hfa [10] 1. Mose 3,14
[11] 1. Mose 3,15 Hfa

Eva hörte die Ankündigung, dass Schmerzen und Leid hinfort ihre Erfahrungen prägen würden: „Du wirst viel Mühe haben in der Schwangerschaft. Unter Schmerzen wirst du deine Kinder zur Welt bringen. Du wirst dich nach deinem Mann sehnen, aber er wird dein Herr sein!“[12] Eine weitere Folge der Sünde war also, dass ihre Partnerschaft in Mitleidenschaft gezogen wurde und Eintracht oft nur um den Preis der Unterordnung zu erreichen war. Eva hatte Gottes Weisung als Erste missachtet und dann auch Adam mit in den Ungehorsam hineingerissen. Nun wurde sie ihrem Mann unterstellt. Allerdings war das nicht als Freibrief zum Missbrauch der Stellung des Mannes gedacht, wie das in der Menschheitsgeschichte häufig geschehen ist. Dadurch wurde das Los der Frauen oft bitter und ihr Leben zur Last.

Eva war an der Seite ihres Mannes glücklich gewesen. Dennoch fand sie Satans Hinweis verlockend, mehr erreichen zu können als den Status, den Gott ihr zugestanden hatte. Bei dem Versuch, sich über ihre ursprüngliche Stellung zu erheben, verlor sie mehr, als sie zu gewinnen hoffte. So ist es seither vielen Menschen ergangen, die nach etwas strebten, wofür sie nicht bestimmt oder geeignet waren. Anstatt dort, wohin Gott sie gestellt hatte, ihren Platz auszufüllen und ein Segen zu sein, verließen sie ihn und wurden für andere zur Last.

Zu Adam sagte Gott: „Weil du auf deine Frau gehört und mein Verbot übertreten hast, gilt von nun an: Deinetwegen ist der Acker verflucht. Mit Mühsal wirst du dich davon ernähren dein Leben lang. Dornen und Disteln werden dort wachsen, und du wirst die Pflanzen des Feldes essen. Viel Schweiß musst du vergießen, um dein tägliches Brot zu bekommen, bis du zurückkehrst zur Erde, von der du genommen bist.“[13]

Großzügig hatte Gott den Menschen Gutes gewährt und sie vor dem Bösen bewahrt. Aber sie hatten von den verbotenen Früchten gegessen und würden nun ihr Leben lang die Erkenntnis und Erfahrung des Bösen nicht mehr loswerden. Statt Freude an der Arbeit zu haben, wie es Gott gewollt hatte, würden Sorge und Mühsal, Enttäuschung, Kummer, Schmerz und schließlich der Tod ihr Los sein.

Gott hatte die ersten Menschen zu Herrschern über die Erde und alle Tiere bestimmt.[14] Als Adam und Eva sich aber gegen Gottes Gesetz aufgelehnt hatten, begannen sich die

[12] 1. Mose 3,16 Hfa [13] 1. Mose 3,17–19 [14] 1. Mose 1,26.28

Tiere gegen die Herrschaft der Menschen aufzulehnen. Auch damit wollte Gott ihnen die Heiligkeit seines Moralgesetzes verständlich machen. Durch ihr eigenes Erleben sollten sie erkennen, wie gefährlich es ist, Gottes Gebote auch nur im Geringsten zu missachten.

Dass das Leben der Menschen fortan von Sorge und Mühe überschattet sein würde, war aber nicht nur Strafe, sondern zugleich ein Zeichen der Liebe Gottes. Um das wahre Wesen der Sünde zu begreifen, brauchten sie diese „Schule des Lebens". Sie sollten lernen, ihre Wünsche und Begierden zu zügeln und sich selbst zu beherrschen. Gott hatte die Menschen nicht unwiderruflich verstoßen, sondern wollte sie aus der Erniedrigung und dem Verderben wieder herausführen.

Die Warnung Gottes, „Sobald du davon isst, musst du sterben!",[15] bedeutete nicht, dass sie am selben Tag sterben würden. Aber für den Fall des Ungehorsams war von vornherein klar, dass letztlich der Tod ihr Schicksal sein würde.

Um ewig leben zu können, hätte der Mensch auch weiterhin vom „Baum des Lebens" essen müssen. Entzog man ihm die Lebensfrucht, nahm seine Lebenskraft allmählich ab, bis sie erlosch. Deshalb war es Satans Hoffnung, dass Adam und Eva weiterhin vom Baum des Lebens essen und dadurch ihr Dasein in Sünde und Elend verewigen würden. Doch Gott verhinderte das, indem er den Zugang zum „Baum des Lebens" durch Engel versperren und bewachen ließ.[16] Es war schon schlimm genug, dass der Mensch zum Sünder geworden war; unsterbliche Sünder sollte es nicht auch noch geben.

Ist Gott zu streng gewesen?

Viele sind der Meinung, dass eine so geringfügige Verfehlung wie der Griff zur verbotenen Frucht im Paradies die schrecklichen Folgen des Ungehorsams nicht rechtfertigt. Wenn sie etwas genauer hinsähen, würden sie ihren Irrtum erkennen. Gott hatte den Menschen nach seinem Bild geschaffen, frei von Sünde und Schuld. Das Verbot, von einem bestimmten Baum im Garten zu essen, kann nicht gerade als harte Prüfung bezeichnet werden. Das machte die Übertretung umso schwerwiegender. Aber selbst wenn Gott die Hürde des Gehorsams ganz hoch bemessen hätte, gäbe es sicher Menschen, die argu-

[15] 1. Mose 2,17 Hfa [16] 1. Mose 3,22.24

mentieren würden: „Mag ja sein, dass man Gott in wichtigen Angelegenheiten gehorchen muss, aber in kleinen Dingen nimmt er es bestimmt nicht so genau."

Viele lehren, Gottes Gesetz sei nicht wirklich verbindlich oder halten es für unmöglich, Gottes Forderungen vollständig nachzukommen. Doch wenn dem so wäre, müsste man fragen, warum Adam und Eva überhaupt bestraft wurden? Die Sünde unserer ersten Eltern brachte Schuld und Leid über die ganze Welt. Ohne die Güte und Barmherzigkeit Gottes wäre sie in hoffnungslose Verzweiflung gestürzt worden. Niemand lasse sich täuschen: „Der Lohn, den die Sünde zahlt, ist der Tod."[17] Er ist eine natürliche und zwangsläufige Folge der Sünde.

Nach dem Sündenfall durften Adam und Eva nicht länger im Garten Eden leben.[18] Sie baten zwar darum, dort bleiben zu dürfen, wo sie bisher so viel Freude und Glück erfahren hatten, und gelobten für die Zukunft unbedingten Gehorsam, doch das wurde mit der Begründung abgewiesen, ihr Wesen sei durch die Sünde so verändert worden, dass ihre moralische Kraft nicht ausreichen würde, dem Bösen zu widerstehen. Außerdem würde das Bewusstsein ihrer Schuld es unmöglich machen, rechtschaffen zu bleiben.

Niedergeschlagen und unsagbar traurig mussten unsere Ureltern das Paradies verlassen, sich jenseits von Eden ein neues Zuhause schaffen und ihr Leben in einer Welt führen, die nun von Sünden und deren Folgen geprägt war. Als Adam und seine Frau später in der Natur zum ersten Mal die Zeichen der Vergänglichkeit wahrnahmen, war ihre Trauer darüber größer als die heutiger Menschen über den Verlust von Angehörigen. Als die stattlichen Bäume ihre Blätter abwarfen, machte ihnen das schmerzlich bewusst, dass fortan der Tod das Schicksal jedes lebendigen Wesens war.

Der Garten Eden blieb zunächst auch nach der Vertreibung der Menschen erhalten.[19] Erst als die Bosheit der Menschen deren Vernichtung durch eine Wasserflut erforderte, verschwand das Paradies von der Erde. Aber am Ende der Weltgeschichte, wenn Gott „einen neuen Himmel und eine neue Erde" schaffen wird, wird die Welt noch schöner als damals sein. Und dort wird es keinen Tod mehr geben, keine Sünde und kein Leid,[20] sondern wieder Harmonie unter den Menschen und Übereinstimmung mit Gott und seinem Willen.

---

[17] Römer 6,23 [18] 1. Mose 3,23 [19] 1. Mose 4,16 [20] Offenbarung 21,1.4

4 Der Plan zur Erlösung*

Im Himmel herrschte Trauer über den Sündenfall auf Erden. Es schien keine Rettung für die schuldbeladenen Menschen zu geben. Auch Gottes Sohn war von Mitleid erfüllt, wenn er an ihre Leiden dachte. Aber Gott liebte sie trotz ihres Versagens und hatte einen Plan zu ihrer Erlösung.

Das gebrochene Gesetz Gottes forderte das Leben der Sünder. Nur einer, der Gott gleich war, konnte für dessen Übertretung Sühne leisten. Niemand außer dem Sohn Gottes, dem Gesetzgeber, war imstande, die gefallenen Menschen vom Fluch des Gesetzes zu befreien und wieder mit dem Himmel in Einklang zu bringen. Und er war bereit, die Schuld der Sünder auf sich zu nehmen, um die Verlorenen zu retten.

Der Erlösungsplan war zwar schon vor der Erschaffung der Erde gelegt worden, und der Sohn Gottes war von Anfang der Welt an das ausersehene Opfer; dennoch war es für Gott, den Vater, eine schwere Entscheidung, ihn für die schuldige Menschheit dem Tod preiszugeben. Aber er tat es, denn „Gott hat die Menschen so sehr geliebt, dass er seinen einzigen Sohn für sie hergab. Jeder, der an ihn glaubt, wird nicht zugrunde gehen, sondern das ewige Leben haben.“[1]

Welch ein unbegreifliches Verhalten: Gott liebt eine Welt, die ihn nicht liebt! „Gott ist durch Christus selbst in diese Welt gekommen und hat Frieden mit ihr geschlossen, indem er den Menschen ihre Sünden nicht länger anrechnet.“[2]

Die ersten Menschen waren durch ihre Sünde in ihrem Wesen so stark verändert worden, dass sie von sich aus nicht wieder mit Gott ins Reine kommen konnten. Deshalb musste die Rettung von außen her geschehen. Der Sohn Gottes war dazu bereit. Er konnte den Menschen auch die Kraft zum Halten der Gebote schenken. So war es für die verlorenen Kinder Adams möglich, durch Reue und Glauben an Christus wieder zu Kindern Gottes zu werden.

Als der Sohn Gottes die Engel in den Erlösungsplan einweihte, rief das Erstaunen und Trauer hervor. Es war für sie

---

[1] Johannes 3,16 Hfa [2] 2. Korinther 5,19 Hfa

unbegreiflich und unerträglich, dass er in die Niederungen der Erde hinabsteigen sollte, um dort Schmerz, Schande und Tod zu erleiden. Aber er erklärte ihnen, dass dies der einzig mögliche Weg sei, die Menschen zu retten. Er müsse selbst Mensch werden, um ihre Sorgen und Versuchungen am eigenen Leib kennenzulernen. Nur dadurch sei es ihm möglich, denen zu helfen, die von Satan versucht und zum Bösen verleitet werden. Schließlich müsse er – stellvertretend für die schuldige Menschheit – sogar den endgültigen, den „zweiten Tod" auf sich nehmen, die eigentliche Bestrafung der Sünder.[3] Er verhelte nicht, dass es ihn in große Seelenangst stürzen werde, die Sündenlast der ganzen Welt tragen und spüren zu müssen, weil der Vater sein Angesicht vor ihm verbergen würde.

Damals boten sich Engel an, das Opfer für die Errettung der Menschen zu bringen, aber nur der Sohn Gottes, der die Menschen geschaffen hatte, war auch dazu in der Lage, sie zu erlösen. Deshalb heißt es in der Heiligen Schrift: Christus sollte „für kurze Zeit tiefer gestellt [sein] ... als die Engel", damit „er allen Menschen zugute den Tod erleidet".[4] Als Mensch würde seine Kraft geringer sein als die der Engel. Daher sollten sie ihm auf Erden beistehen und in seinen Leiden stärken. Sie sollten auch die Menschen, die sich zu Gott halten, vor der Macht der Engel Satans, der Dämonen, schützen.

Der Sohn Gottes sagte den Engeln auch voraus, dass es ihnen schwerfallen werde, nicht eingreifen zu dürfen, wenn sie miterleben müssten, wie er von seinen Feinden gedemütigt, gequält und schließlich umgebracht werden würde. Deshalb müssten sie begreifen, dass all das zum Erlösungsplan gehöre und sich auch so erfüllen müsse. Sie sollten aber auch wissen, dass sein Leiden und Sterben vielen Menschen die Tür zum ewigen Leben öffnen und dem Tod für immer die Macht nehmen werde. Das sei der einzige Weg, Menschen wieder zur Treue gegenüber Gott zurückzuführen, und werde schließlich dazu führen, dass die Sünde und jeder reuelose Sünder aus dem Universum vertilgt und der Frieden im Himmel und auf Erden nie wieder gestört wird.

Als die Engel die Bedeutung des Erlösungsplans erkannten, herrschte wieder Freude im Himmel, die sich in Anbetung und Lobpreis äußerte.

---

[3] Offenbarung 20,13–15 [4] Hebräer 2,9

Gott schenkt Hoffnung auf Erlösung

Gottes Urteilsspruch über Satan lautete: „Von nun an werden du und die Frau Feinde sein, auch zwischen deinem und ihrem Nachwuchs soll Feindschaft herrschen. Er wird dir den Kopf zertreten, und du wirst ihn in die Ferse beißen!“[5] Gott sagte einen Konflikt zwischen den Menschen und Satan voraus, aber auch die Übewindung der Macht des Bösen. Adam und Eva standen als Schuldige vor dem gerechten Gott. Aber ehe sie etwas hörten über ihr künftiges Leben in Mühsal und Sorge oder davon, dass sie wieder zu Erde werden sollten,[6] wurde ihnen zugesichert, dass sie zwar zu leiden hätten, aber letztlich doch Teilhaber des Sieges über Satan und die Sünde sein könnten. Das weckte in ihnen Hoffnung.

Zugleich musste Satan erkennen, dass sein Plan, die Menschen zugrunde zu richten, nicht wie erwartet aufgehen würde. Ihnen sollte auf eine Weise, die er nicht verhindern konnte, Kraft zum Widerstand gegen ihn geschenkt werden. Dennoch frohlockten er und seine Anhänger, weil sie eine Chance sahen, nach dem Fall der Menschen auch den Sohn Gottes von seiner einzigartigen Stellung stürzen zu können. Wenn er Mensch würde, müsste es möglich sein, ihn zu verführen – schließlich war das auch bei Adam und Eva gelungen.

Engel vermittelten Adam und Eva ein tieferes Verständnis des Erlösungsplanes und versicherten ihnen, dass sie trotz ihres Versagens nicht gnadenlos der Herrschaft Satans ausgesetzt sein würden. Sie konnten durch Christus wieder zu Kindern Gottes werden.

Unsere Ureltern begriffen, welche Schuld sie auf sich geladen hatten und welch schreckliche Folgen das für sie und ihre Nachkommen haben würde. Sie wünschten sich, die Strafe möge nicht Gottes Sohn treffen, sondern lieber sie, die ja die Schuldigen waren. Aber schließlich mussten sie einsehen, dass Gottes Gesetz die Grundlage seiner Herrschaft ist und nicht einmal das Leben eines Engels als Sühneopfer genügen würde. Nur der Sohn Gottes, der die Menschen geschaffen hatte, war imstande, die Kluft zwischen den Menschen und Gott zu überbrücken, indem er selbst ein Mensch wurde und stellvertretend ihre Strafe auf sich nahm. Wie Adams Übertretung Elend und Tod gebracht hatte, so würde Christi Opfer neues Leben und Unsterblichkeit verleihen.

---

[5] 1. Mose 3,15 Hfa [6] 1. Mose 3,16–19

Bei seiner Erschaffung war der Mensch zum Herrn über die Erde bestimmt worden. Aber als er der Versuchung Satans erlag, gerieten er und die ganze Schöpfung unter die Herrschaft des Widersachers. Damit wurde Satan „der Herrscher dieser Welt".[7] Doch das sollte nicht so bleiben. Der Sohn Gottes würde durch sein Opfer nicht nur die Menschen erlösen, sondern auch die von ihnen verspielte Herrschaft zurückgewinnen.

Gott hatte die Erde zum Aufenthaltsort glücklicher Menschen geschaffen, aber die Sünde trennte sie von ihm. Allein die Sühne durch Christi Tod konnte den Abgrund überbrücken. Durch seinen Sohn und die Engel wollte Gott, der Vater, wieder mit den Menschen in Verbindung treten. Was er von Anfang an plante, wird verwirklicht werden, wenn die von Sünde, Leid und Tod befreite neue Erde für immer die Heimat der Erlösten sein wird.[8]

Adam und Eva erfuhren auch, dass Christi Opfer zur Errettung der Welt zwar für alle Menschen genügen, aber nicht von allen in Anspruch genommen würde. Viele würden lieber ein Leben ohne Gott führen wollen, statt ihre Sünden zu bereuen und sich an Gottes Geboten zu orientieren. Gottlosigkeit und frevelhaftes Verhalten würden im Laufe der Zeit zunehmen und der Fluch der Sünde immer schwerer auf Menschen, Tieren und der Natur lasten. Die Lebenszeit des Menschen würde infolge der Degeneration kürzer werden, seine körperliche, geistige und sittliche Kraft abnehmen, sodass das Elend auf Erden zunehmen werde. Zügellosigkeit und Leidenschaften würden Menschen unempfänglich machen für die Wahrheiten des Erlösungsplans. Aber es werde auch immer welche geben, die sich zu Gott halten und seinen Willen respektieren. Denen werde Christus beistehen und ihnen die Kraft zu einem gottgewollten Leben schenken.

Damals setzte Gott auch den Opferdienst mit Tieren ein, damit Menschen einen Weg hatten, die Reue über ihre Sünden und ihr Vertrauen in den versprochenen Erlöser sichtbar zum Ausdruck zu bringen. Gott selbst machte ihnen das vor, als er Tiere tötete, um Adam und Eva Kleider aus Fellen zu machen, die sie statt ihrer Feigenblätter tragen konnten.[9] Für Adam war das Schlachten des ersten Opfertieres sehr schmerzlich. Er stand zum ersten Mal Auge in Auge mit dem Tod. Besonders belastend war dabei das Wissen: Wären wir Gott treu geblie-

---

[7] Johannes 12,31; 2. Korinther 4,4 [8] Offenbarung 21,3.4 [9] 1. Mose 3,21

ben, bräuchten weder Tiere noch Menschen zu sterben. Er erzitterte bei dem Gedanken, dass wegen seiner Sünde der Sohn Gottes sein Leben geben müsste. Aber in ihm wuchs ein tieferes Verständnis für die Größe seiner Schuld, die nur der Tod des Gottessohnes sühnen konnte. Das war wie ein Lichtstrahl, der die dunkle Zukunft erhellte und Hoffnung weckte.

Die umfassendere Bedeutung der Erlösung Christi

Die Bedeutung des Erlösungsplans beschränkt sich nicht auf die Rettung der Menschen. Der Sohn Gottes kam nicht nur auf die Erde, um die Bewohner unserer kleinen Welt zu Gott zurückzubringen und vor dem Untergang zu bewahren. Sein Ziel war auch, den Vater vor dem Universum zu rechtfertigen, indem er Satans wahre Absichten und dessen Charakter entlarvte. Das klang in Jesu Worten an, als er kurz vor seiner Kreuzigung sagte: „Jetzt wird Gericht gehalten über diese Welt. Jetzt wird der Herrscher dieser Welt gestürzt. Ich aber werde von der Erde erhöht werden, und dann werde ich alle zu mir ziehen."[10]

Christi Opfer zur Errettung der Menschen würde zugleich Gott und seinen Sohn vor dem ganzen Weltall in ihrem Handeln gegenüber Satan rechtfertigen. Es würde ferner die ewige Gültigkeit des göttlichen Gesetzes bestätigen sowie das Wesen und die Folgen der Sünde aufdecken.

Im Kampf Satans gegen Gott ging es von Anfang an auch um das Gesetz Gottes. Satan unterstellte Gott, er handle ungerecht und sein Gesetz sei so mangelhaft, dass es zum Wohl seiner Geschöpfe nachgebessert werden müsse. Mit diesem Angriff zielte er darauf ab, Gottes Autorität zu untergraben.

Nachdem er Adam und Eva unter seine Herrschaft gebracht hatte, glaubte Satan, nach eigenem Gutdünken über die Erde verfügen zu können. Er behauptete, es sei nicht rechtens, den Sündern Vergebung zu gewähren, denn sie wären ihm gefolgt. Die Menschheit und die Erde seien nun für immer sein Eigentum.

Aber Gott sah das anders und ließ seinen eigenen Sohn die Strafe für die Menschen abgelten. Auf diese Weise gab er den Verlorenen die Möglichkeit, seine Gnade wiederzuerlangen und am Ende auf die für sie neu geschaffene Erde zurückzu-

---

[10] Johannes 12,31.32

kehren. Der große Kampf, der im Himmel begonnen hatte, wurde auf eben dem Schlachtfeld entschieden, das Satan als sein Eigentum beanspruchte.

Die Bewohner des ganzen Universums waren erstaunt, dass der Sohn Gottes sich erniedrigen sollte, um sündige Menschen zu retten. Als er Mensch – und damit einer von uns – wurde, verfolgte die Engelwelt seinen Weg von der Krippe bis zum Kreuz mit großer Anteilnahme. Dabei wurde allen klar, dass Satan als Anstifter hinter allem stand, was Jesus auf Erden erdulden musste: Ablehnung, Verachtung, Feindschaft bis hin zu seiner Ermordung. Die treuen Engel verfolgten den heftiger werdenden Konflikt zwischen Licht und Finsternis. Und als Jesus am Kreuz ausrief: „Es ist vollbracht!",[11] war für sie klar: Der Kampf ist entschieden – Christus ist Sieger!

Jesus hat durch seinen Tod den Beweis erbracht, dass Gott die Menschen so sehr liebt, dass er für sie sich selbst verleugnet und ein unermessliches Opfer bringt. Zugleich wurde Satan als Lügner und Mörder entlarvt.[12] Wie mit einer Stimme priesen die treuen Engel und die nicht gefallenen Welten Gottes Herrschaft und seine Erlösung.

Wäre Gottes Gesetz am Kreuz aufgehoben worden, wie manche behaupten, dann hätte Christus durch seinen Tod lediglich Satan in die Hände gespielt. Wie hätte der Fürst des Bösen triumphiert, denn seine Beschuldigungen gegen Gottes Herrschaft und seine Behauptung, die Gebote Gottes seien unvollkommen, wären damit bestätigt worden! Aber gerade die Tatsache, dass der Sohn Gottes die Strafe für die Übertretungen der Menschen auf sich nahm, ist der Beweis für die Unveränderlichkeit des Gesetzes Gottes sowie für seine Gerechtigkeit, Barmherzigkeit und Liebe. Daran wird für immer deutlich, dass Gottes Gerechtigkeit und seine Gnade untrennbar in seiner Herrschaft vereinigt sind.

---

[11] Johannes 19,30 LB [12] Johannes 8,44

5 | Wissenschaft und Bibel*

Die biblische Überlieferung bezeugt, dass die Sieben-Tage-Woche ebenso wie der Sabbat auf die Schöpfung zurückgeht. Gott selbst hat den Wochenrhythmus eingeführt und für alle Zeiten festgeschrieben. In sechs Tagen vollzog sich sein Schöpfungswerk auf der Erde, am siebten Tage ruhte Gott und bestimmte ihn zugleich zum Ruhetag[1] für die Menschen. „Denn in sechs Tagen hat der Herr Himmel, Erde und Meer mit allem, was lebt, geschaffen. Am siebten Tag aber ruhte er. Deshalb hat er den siebten Tag der Woche gesegnet und zu einem heiligen Tag erklärt, der ihm gehört."[2] Diese Begründung des vierten Gebots ist nur sinnvoll und stichhaltig, wenn die Schöpfungstage in 1. Mose 1 buchstäblich zu verstehen sind. Die ersten sechs Tage jeder Woche stehen den Menschen für ihre Arbeit zur Verfügung. Am siebten Tag sollen sie in Erinnerung an die Schöpfung Gottes und nach dessen Vorbild mit aller Alltagstätigkeit aufhören.[3]

Die Annahme, dass die Ereignisse der Schöpfungswoche in Wirklichkeit Tausende oder Millionen von Jahren erfordert hätten, widerspricht eindeutig den biblischen Aussagen. Leider haben solche Gedanken mehr und mehr Eingang in christliche Kreise gefunden, sodass selbst vorgebliche Bibelkenner sie sich zu eigen machen und verbreiten. In der Heiligen Schrift heißt es ganz klar: „Durch das Wort des Herrn ist der Himmel entstanden, die Gestirne schuf er durch seinen Befehl ... Denn er spricht und es geschieht."[4] Die Bibel kennt keine langen Zeiträume, in denen sich das Leben auf der Erde allmählich aus dem Chaos entwickelte. Von jedem Schöpfungstag sagt sie, dass er aus Abend und Morgen bestand,[5] sich also von den später folgenden Tagen nicht unterschied.

Geologen wollen Beweise dafür gefunden haben, dass das Leben auf der Erde viel älter ist, als es die biblischen Angaben vermuten lassen. Sie beziehen sich dabei auf fossile Knochen, die angeblich beweisen, dass es schon lange vor der Zeit, die

---

* Dieses Kapitel basiert auf 1. Mose 2,1–3; 2. Mose 20,8–11 und Römer 1,20.

[1] Hebräisch *schabbat*, Ruhe, Aufhören [2] 2. Mose 20,11 [3] 2. Mose 20,9

[4] Psalm 33,6.9 [5] 1. Mose 1,5.8.13.19.23.31

im Schöpfungsbericht beschrieben wird, Menschen und Tiere auf dieser Erde gegeben habe. Das hat dazu geführt, dass selbst bibelgläubige Menschen die Sieben-Tage-Schöpfungswoche nicht mehr wörtlich nehmen, sondern als sehr lange, unbestimmte Zeiträume deuten.

Aber unabhängig vom biblischen Bericht muss man sich fragen, was Fossilien ausgestorbener Tiere wirklich beweisen. Wenn sich Knochenfunde in ihrer Art von dem, was uns heute bekannt ist, unterscheiden, besagt das zunächst nur, dass die Zustände jener Zeit anders waren als heute. Die Deutung der fossilen Funde ist stark abhängig von dem jeweiligen Vorverständnis derer, die sie untersuchen und einordnen.

Wann der größte Teil dieser Fossilien und der Ablagerungen, aus denen Kohle oder Öl wurde, entstand, lässt sich nur aus der Bibel zuverlässig erkennen. Durch den Bericht über die Sintflut wird uns erklärt, was Geologen nicht ergründen können. In der Zeit Noachs wurden Tiere und Bäume, die zum Teil viel größer waren als die heute existierenden, durch die Wassermassen der Sintflut in verschiedenen Schichten in kurzer Zeit begraben. Die so entstandenen Fossilien sollten nach Gottes Absicht späteren Generationen als Zeugnis dafür dienen, dass die damalige Welt durch eine gewaltige Flut vernichtet wurde. Sie sollten den Glauben in den inspirierten Bericht der Heiligen Schrift stärken, aber ungläubige Wissenschaftler haben aus ihnen falsche Schlussfolgerungen gezogen.

Wer nicht an einen Schöpfer glaubt, muss zwangsläufig nach Möglichkeiten suchen, die Entstehung der Lebewesen auf der Erde auf natürliche Weise zu erklären. Wenn Christen solche Theorien übernehmen, obwohl sie im Widerspruch zu den Aussagen der Heiligen Schrift stehen, hat das schwerwiegende Auswirkungen auf das Gesamtverständnis biblischer Texte. Es muss also nicht verwundern, dass sich Vorbehalte gegenüber der Bibel häufen. Manche behaupten, dass sie kaum verlässliche Aussagen und keine echten Vorhersagen enthält. Wissenschaftliche Theorien oder Deutungen werden dagegen unbesehen angenommen, auch wenn sie klaren biblischen Aussagen widersprechen.

Die Bibel sagt eindeutig, dass Gott die Welt geschaffen hat, aber wie er das vollbracht hat, wird uns nicht mitgeteilt. Wer den Boden des Wortes Gottes verlässt und die Schöpfung nur auf wissenschaftlicher Grundlage zu erklären versucht, treibt gleichsam ohne Karte und Kompass in unbekannten Gewässern. Die größten Denker werden bei dem Versuch, die Beziehungen zwischen der Wissenschaft und Gottes Offenbarung zu erfassen, in die Irre geraten, wenn sie sich dabei nicht von der Bibel leiten lassen. Wer die Zuverlässigkeit der alt- und neutestamentlichen Berichte infrage stellt, wird sehr bald auch an der Vertrauenswürdigkeit Gottes zweifeln. Und wer diesen Anker verloren hat, strandet irgendwann an der Felsenküste des Unglaubens.

Die Bibel darf nicht an der menschlichen Auffassung der Wissenschaft gemessen werden. Zweifler mögen wegen ihres einseitigen Verständnisses, das sie entweder von der Wissenschaft oder von der göttlichen Offenbarung in der Bibel haben, behaupten, es gäbe Widersprüche zwischen beiden, aber richtig verstanden herrscht weitgehende Übereinstimmung zwischen ihnen. Mose schrieb den Schöpfungsbericht unter der Leitung des Geistes Gottes auf und seriöse geologische und wissenschaftliche Erkenntnisse sind damit durchaus vereinbar. Das zeigen zahlreiche Veröffentlichungen von ernstzunehmenden Wissenschaftlern in den letzten Jahrzehnten.

Wissenschaftliche Forschung und Bibel ergänzen einander

Gottes Wort lässt viele Fragen offen, die auch die klügsten Forscher nicht beantworten können. Selbst im alltäglichen Geschehen gibt es Dinge, die über unser Verständnis hinausgehen und deren Zusammenhänge uns verborgen bleiben. Wie viel mehr trifft das zu, wenn es um Gott und sein Handeln geht. Aber gerade in dieser Hinsicht maßen sich manche Wissenschaftler an, klüger zu sein als der Schöpfer.

Viele bestreiten die Existenz Gottes und erklären, dass es für alles auf dieser Welt eine natürliche Erklärung gibt. Alle Vorgänge in der Natur würden durch feststehende Gesetze gelenkt, dafür werde kein Gott gebraucht. Und wenn es ihn tatsächlich gäbe, könne selbst er nicht in die Gesetzmäßigkeiten der Natur eingreifen. Wenn das auch noch als wissenschaftliches Denken ausgegeben wird, läuft etwas falsch. Die Naturwissenschaften können prinzipiell keine Aussagen über Gott und sein Handeln machen.

Die Natur ist die Dienerin ihres Schöpfers und funktioniert nach den Gesetzmäßigkeiten, die er in sie hineingelegt hat. Aber Gott ist kein Sklave seiner eigenen Gesetze und er hat sich auch keineswegs stillschweigend zurückgezogen, weil ja ohnehin alles ohne ihn läuft. Im Gegenteil, er nutzt die Gesetzmäßigkeiten in der Natur, um seine Ziele mit unserer Welt und den Menschen zu erreichen. Um das deutlich zu machen, hat Christus betont: „Mein Vater wirkt bis auf diesen Tag, und ich wirke auch."[6]

Was diese Welt betrifft, so ist Gottes Schöpfungswerk vollendet, wie der Hebräerbrief erklärt: „Gottes Werke [stehen] schon seit Vollendung der Weltschöpfung fertig da."[7] Jeder Atemzug und jeder Herzschlag beweist die alles durchdringende Fürsorge Gottes, denn „durch ihn allein leben und handeln wir, ja, ihm verdanken wir alles, was wir sind".[8] Gottes Hand lenkt die Planeten und hält sie auf ihren Bahnen. Auf sein Wirken hin wachsen die Pflanzen und blühen die Blumen. Er lässt das „Gras auf den Bergen wachsen" und füllt die Täler mit Früchten.[9] Alle Lebewesen sind von seiner erhaltenden Fürsorge abhängig. Aber Gott hat sie offenbar mit großen Entwicklungsmöglichkeiten ausgestattet, sodass sie sich an veränderte Lebensumstände in erstaunlicher Weise anpassen können. Doch solche Mikroevolution beweist nicht ihre Abstammung voneinander.

Echte Wissenschaft stimmt mit Gottes Werken überein und wahre Bildung führt zum Gehorsam gegenüber seinen Geboten. Die Wissenschaft eröffnet unserem Blick immer neue Wunder und erforscht Höhen und Tiefen, aber – recht verstanden – widerspricht sie der göttlichen Offenbarung nicht grundlegend. Das Buch der Natur und die Heilige Schrift ergänzen sich vielmehr. Und wie viel wir auch erforschen und erkennen, immer noch bleibt unendlich viel mehr Unbekanntes und Unerforschtes übrig.

Alles, was Gott geschaffen hat, ist ein Hinweis auf seine Macht und Größe. Deshalb heißt es in den Psalmen: „Der Himmel verkündet Gottes Größe und Hoheit, das Firmament bezeugt seine großen Schöpfungstaten."[10] Wer die Bibel zu seinem Ratgeber macht, wird Erkenntnisse von Wissenschaft und Forschung als eine Hilfe finden, um zu einem tieferen Verständnis Gottes zu gelangen. Der Apostel Paulus betonte: „Gott ist zwar unsichtbar, doch an seinen Werken, der Schöpfung, haben die Menschen seit jeher seine göttliche Macht und Größe sehen und erfahren können."[11]

---

[6] Johannes 5,17 LB [7] Hebräer 4,3 [8] Apostelgeschichte 17,28 Hfa
[9] Psalm 147,8; 104,13.14 [10] Psalm 19,2 Hfa [11] Römer 1,20 Hfa

Teil II

Der Abfall der Menschheit von Gott

6 Kain – der erste Mörder*

Kain und Abel, Adams Söhne, unterschieden sich hinsichtlich ihres Wesens und ihrer Einstellung stark voneinander. Abel war von Gottes Gerechtigkeit und Gnade im Umgang mit den gefallenen Menschen überzeugt und ihm für die Hoffnung auf eine Erlösung dankbar. Kain neigte jedoch dazu, Gottes Gerechtigkeit und Autorität infrage zu stellen. Seine Gedanken gingen zunehmend in die Richtung, die vorher zur Auflehnung und zum Fall Satans geführt hatte.

Wie schon zuvor ihre Eltern, so wurden auch die beiden Söhne auf die Probe gestellt, ob sie Gott vertrauen und ihm gehorchen würden. Sie wussten, dass Tiere geopfert werden sollten, und kannten auch die Hintergründe und die Bedeutung dieses göttlichen Gebots. Durch die Opfer sollten sie zum Ausdruck bringen, dass sie an den verheißenen Retter glaubten, auf dessen Erlösungstod die Opfer hinwiesen.

Beide Brüder errichteten Altäre, auf denen sie ihre Opfer darbrachten. „Zur Zeit der Ernte opferte Kain dem Herrn von dem Ertrag seines Feldes. Abel schlachtete eines von den ersten Lämmern seiner Herde ... Abels Opfer nahm der Herr an."[1] Da Kain Gottes Anweisung missachtet hatte, empfing er auch kein Zeichen dafür, dass seine Opfergabe angenommen wurde. Abel bat seinen Bruder eindringlich, so zu opfern, wie Gott es erwartete, aber das bestärkte Kain nur noch mehr darin, nach eigenem Ermessen zu handeln. Schließlich war er der Erstgeborene und wollte sich von seinem jüngeren Bruder nicht belehren lassen.

Kain opferte, aber nur widerwillig. Er erfüllte eine Pflicht, aber sein Opfer drückte kein Sündenbewusstsein und keine Reue aus. Er hielt es eher für ein Zeichen von Schwäche, Gottes Anweisungen genau zu erfüllen und Errettung allein von dem versprochenen Erlöser zu erwarten. Kain setzte auf eigene Leistungen und Verdienste. Deshalb wollte er kein Lamm opfern, sondern bot Gott die Früchte seiner Arbeit als Opfer-

---

* Dieses Kapitel basiert auf 1. Mose 4,1–16.

[1] 1. Mose 4,3.4 Hfa

gabe an. Kain gehorchte Gott zwar, als er einen Altar baute und darauf opferte, aber das war nur der formale Teil. Das Wesentliche beim Opfern – nämlich die Anerkennung der eigenen Erlösungsbedürftigkeit – war ihm fremd.

Der Unterschied in der Gottesverehrung

Beide Brüder waren Sünder und erkannten Gottes Recht auf Verehrung und Anbetung an. Äußerlich gesehen unterschied sich also ihre Religion bis zu einem gewissen Grad kaum. Und doch gab es einen gravierenden Unterschied.

„Durch den Glauben hat Abel Gott ein besseres Opfer dargebracht als Kain."[2] Abel war sich seiner Sündhaftigkeit bewusst und hatte begriffen, dass zwischen ihm und Gott die Sünde und ihr Lohn, der Tod, standen. Indem er ein Lamm schlachtete und als Opfer darbrachte, erkannte er die Forderung des Gesetzes Gottes nach Bestrafung jeder Übertretung an. Das vergossene Blut wies hin auf das zukünftige Opfer Christi am Kreuz. Und im Vertrauen auf die Sühne, die dort geschehen sollte, empfing Abel das Zeugnis, dass er vor Gott gerechtfertigt und sein Opfer angenommen war.

Auch Kain kannte diese Zusammenhänge und hätte sich entsprechend verhalten können. Aber während Abels Taten Vertrauen und Gehorsam erkennen ließen, zeigten sich bei Kain eher Unglaube und Rebellion. Es war keineswegs so, dass Gott den einen erwählt und den andern verworfen hatte. Die Annahme bzw. das Verwerfen ihrer Opfer hing vielmehr mit ihren unterschiedlichen Gesinnungen zusammen.

Kain und Abel sind ein Bild für zwei Arten von Menschen, die es bis zum Ende der Welt geben wird. Die einen vertrauen auf das von Gott erwählte Opfer, die anderen verlassen sich weitgehend auf eigene Verdienste. Wer meint, er brauche das versöhnende Blut Christi nicht, weil er Gottes Wohlgefallen durch eigene Leistungen gewinnen könne, erliegt demselben Irrtum wie Kain.

Fast jede falsche Religion hat ihren Ursprung in der Vorstellung, dass der Mensch durch eigene Anstrengungen erlöst werden kann. Manche vertreten auch die Meinung, die Menschen brauchen lediglich ihre Möglichkeiten zur Höherentwicklung zu nutzen, um sich selbst läutern und erneuern zu können.

---

[2] Hebräer 11,4 LB

Wie einst Kain Gottes Gnade durch ein unblutiges Opfer zu erlangen hoffte, so glauben sie, die Menschen ohne die Sühne durch Christus zu Gott zurückführen zu können. Am Beispiel Kains zeigt sich allerdings, dass der Mensch von Natur aus eher zum Bösen als zum Guten neigt. Deshalb ist und bleibt die Erlösung durch den Glauben an Christus unsere einzige Hoffnung.

Biblischer Glaube bekundet sich darin, dass Gottes Gebote ernst genommen werden. Von Anbeginn der Menschheitsgeschichte bis in die Gegenwart ging es im kosmischen Konflikt immer um den Gehorsam gegenüber Gottes Gesetz. Es gab stets Menschen, die ein Recht auf Gottes Gnade zu haben glaubten, obwohl sie bestimmte Gebote missachteten. Aber die Heilige Schrift sagt unmissverständlich: „Genauso wie der menschliche Leib ohne den Lebensgeist tot ist, so ist auch der Glaube ohne entsprechende Taten tot."[3] „Wer behauptet: Ich kenne Gott, ihm aber nicht gehorcht, ist ein Lügner und die Wahrheit lebt nicht in ihm."[4]

Als Kain sah, dass sein Opfer nicht angenommen wurde, erfasste ihn Zorn auf Gott. Zugleich war er darüber erbost, dass Abel offensichtlich bevorzugt wurde, weil der Gottes Weisungen befolgt hatte, statt sich Kain anzuschließen.

Aber obwohl Kain Gottes Weisungen missachtete, überließ ihn der Herr nicht sich selbst. Er sprach Kain vielmehr direkt auf sein unvernünftiges Verhalten an: „Warum bist du so zornig und blickst so grimmig zu Boden? Wenn du Gutes im Sinn hast, kannst du doch jedem offen ins Gesicht sehen. Wenn du jedoch Böses planst, dann lauert die Sünde dir auf. Sie will dich zu Fall bringen, du aber beherrsche sie!"[5]

Wenn Kain zum Glauben an den verheißenen Erlöser und zum Gehorsam gegenüber Gottes Geboten zurückgefunden hätte, hätte er sich seiner Gunst wieder erfreuen können. Solange er aber ungläubig und ungehorsam blieb, war alles Opfern vergeblich, und es gab keinen Grund, sich darüber noch zu beschweren.

Doch anstatt seine Sünde einzusehen, hörte Kain nicht auf, sich über Gottes Ungerechtigkeit zu beklagen und in seinem Herzen Eifersucht und Hass gegen Abel zu nähren.

Ruhig, aber furchtlos und bestimmt, verteidigte Abel Gottes Gerechtigkeit und Güte. Er wies Kain auf sein Fehlverhalten

---

[3] Jakobus 2,26 [4] 1. Johannes 2,4 [5] 1. Mose 4,6.7 Hfa

hin und versuchte, ihn davon zu überzeugen, dass er im Unrecht war. Zugleich erinnerte er ihn an den barmherzigen Gott, der das Leben ihrer Eltern verschont hatte, obwohl er sie auf der Stelle mit dem Tod hätte bestrafen können. Und er wies darauf hin, dass Gott die Menschen über alles lieben müsse, denn sonst wäre er nicht bereit, seinem unschuldigen Sohn die Strafe für ihre Sünden aufzubürden.

Doch das alles machte Kain nicht einsichtiger, sondern nur noch verstockter und wütender. Vernunft und Gewissen sagten ihm zwar, dass Abel Recht hatte, aber es erboste ihn, dass der zu Gott hielt, statt Verständnis für ihn zu haben. Schließlich konnte er seine Wut nicht mehr zügeln und erschlug seinen Bruder.[6]

Der erste Mord und Gottes Reaktion

Weil es Kain nicht gelang, Abel auf seine Seite zu ziehen, löschte er dessen Leben einfach aus. Mit diesem Geist und Verhalten muss jeder rechnen, der für Gott und seine Gebote eintritt. Viele haben das im Laufe der Jahrtausende erfahren müssen und mit dem Leben bezahlt – und sind als Sieger gestorben.

Dieser Mord war der erste praktische Beleg für die Feindschaft zwischen der „Schlange" und den Nachkommen Evas, zwischen Satan und seinen Anhängern einerseits und Gott und seinen Kindern andererseits. Wer auch immer durch den Glauben an den Erlöser einem Leben mit absichtlicher Übertretung der Gebote entsagt, erregt Satans Zorn. Abels gottgefälliges Leben war der erste Beweis dafür, dass seine Behauptung, der Mensch könne Gottes Gebote nicht halten, falsch ist.

Der Brudermörder Kain kam aber nicht ungeschoren davon. Er wurde von Gott zur Rechenschaft gezogen. „Der Herr fragte Kain: ‚Wo ist dein Bruder Abel?' ‚Was weiß ich?', antwortete Kain. ‚Bin ich vielleicht der Hüter meines Bruders?'"[7] Kains Antwort zeigt, dass er keine Einsicht oder Reue besaß. Stattdessen spielte er den Ahnungslosen und log Gott dreist ins Angesicht.

Erneut sprach der Herr Kain an: „Warum hast du das getan? Das vergossene Blut deines Bruders schreit von der Erde zu mir."[8] Kain hatte inzwischen Zeit gehabt, sich zu besinnen. Er

---

[6] 1. Mose 4,8 [7] 1. Mose 4,9 [8] 1. Mose 4,10 Hfa

wurde sich auch der Ungeheuerlichkeit seiner Tat und der Lüge, mit der er sie zu verheimlichen suchte, bewusst. Aber er blieb hartnäckig, und Gott zögerte nicht länger mit dem Urteil: „Du hast den Acker mit dem Blut deines Bruders getränkt, deshalb stehst du unter einem Fluch und musst das fruchtbare Ackerland verlassen. Wenn du künftig den Acker bearbeitest, wird er dir den Ertrag verweigern. Als heimatloser Flüchtling musst du auf der Erde umherirren."[9]

Die Folgen von Kains Auflehnung

Gott schonte zwar Kains Leben und gab ihm dadurch Gelegenheit zur Reue, aber der nutzte die Chance zur Umkehr nicht. Er verleitete auch noch seine Nachkommen zur Auflehnung gegen Gottes Autorität. Als Vorvater unzähliger Generationen uneinsichtiger Sünder wurde er zum negativen Vorbild für viele. Sein Einfluss war so negativ, dass Gewalt und Verdorbenheit mehr und mehr um sich griffen und Gottes Gericht geradezu herausforderten.[10]

Durch die Zustände vor der Sintflut wurde allen Bewohnern der anderen, von Gott geschaffenen Welten deutlich,[11] welcher Art die Herrschaft gewesen wäre, die Luzifer im Himmel anstrebte, als er Gottes Gesetz verwarf. Das „ganze Denken und Planen" der Menschen „war durch und durch böse"[12] und stand im Widerstreit zu den göttlichen Grundsätzen der Rechtschaffenheit, des Friedens und der Liebe. Dadurch offenbarte sich die ganze Bosheit der Sünde.

Die beklagenswerte Geschichte Kains und seiner Nachkommen zeigt, welche Folgen es gehabt hätte, wenn den Sündern ewiges Leben gewährt und ihnen damit die Möglichkeit gegeben worden wäre, den Aufruhr gegen Gott fortzusetzen. Gottes Geduld hat die boshaften Menschen nur selten zur Einsicht gebracht, sondern ließ sie eher kühner und herausfordernder werden. Zwei Jahrtausende nach dem Urteil über Kain war die Menschheit so gottlos und entartet, dass Gott sie durch eine große Flut vernichten musste, um dem Bösen Einhalt zu gebieten. Der Tod als Urteil über die Sünde erwies sich als gerecht und barmherzig, denn je länger die Menschen in Sünden dahinlebten, desto verworfener wurden sie.

---

[9] 1. Mose 4,11.12 [10] 1. Mose 4,23.24 [11] 1. Korinther 4,9b
[12] 1. Mose 6,5

Satan hört nicht auf, Gottes Wesen und Herrschaft zu verunglimpfen, um Menschen auf seine Seite zu ziehen und sie in seiner Gewalt zu halten. Aber Gott hat all das vorausgesehen und die nötigen Maßnahmen getroffen, um Satans Rebellion schließlich ein Ende zu setzen und vor dem gesamten Universum sichtbar zu machen, dass sein Handeln im Konflikt mit dem Bösen nicht nur gerecht ist, sondern auch weise und liebevoll.

Durch sein Handeln im Fortgang des kosmischen Konflikts demonstriert Gott sein Wesen der Liebe, Gerechtigkeit, Treue, Gnade und Barmherzigkeit, das von Satan und seinen Anhängern verleumdet wird, und die Prinzipien seiner Herrschaft, die von ihnen falsch dargestellt werden. Die Bewohner der ungefallenen Welten verstehen und billigen Gottes Vorgehen schon jetzt und verfolgen es mit Sympathie. Am Ende des kosmischen Konflikts werden alle Menschen und alle abgefallenen Engel – einschließlich Satan – Gottes Gerechtigkeit anerkennen.

Dieses Eingeständnis wird jedoch für die zu spät kommen, die in der Auflehnung gegen Gott und seine Gebote verharren. Wenn er einst das Urteil über Satan, den „Herrscher dieser Welt",[13] spricht, werden all seine Anhänger sein Schicksal teilen müssen. Dann werden alle vernunftbegabten Geschöpfe ausrufen: „Gerecht und wahrhaftig sind deine Wege, du König der Völker."[14]

---

[13] Johannes 12,31; 16,11 [14] Offenbarung 15,3 LB

7 Set und Henoch*

Der nächste Sohn, der Adam und Eva geboren wurde, sollte Abels Stelle einnehmen. „Eva nannte ihn Set (Ersatz). ‚Gott hat mir einen anderen Sohn geschenkt!', sagte sie. ‚Er wird mir Abel ersetzen, den Kain erschlagen hat!'[1]

Set war Adam ähnlicher als seine anderen Söhne,[2] von edlem Charakter wie sein ermordeter Bruder Abel. Was die Erbanlagen betraf, hatte er jedoch Kain kaum etwas voraus, denn seit dem Sündenfall erbten alle Nachkommen Adams seine gefallene Natur. Aber er teilte mit seinen Eltern die Hoffnung auf den Erlöser und kannte Gottes Gebote. Wie Abel nahm er sie ernst und machte anderen Mut, sich an die Weisungen des Schöpfers zu halten.

Die Nachkommen gehen getrennte Wege

„Set zeugte auch einen Sohn und nannte ihn Enosch. Zu der Zeit fing man an, den Namen des Herrn [öffentlich] anzurufen."[3] Im Laufe der Jahrhunderte, als die Menschheit wuchs, wurde der Unterschied zwischen denen, die sich zu Gott hielten, und denen, die eigene Wege gingen, immer deutlicher.

Vor dem Sündenfall feierten unsere Ureltern im Garten Eden den von Gott gestifteten Sabbat. Auch nach ihrer Vertreibung aus dem Paradies hielten sie daran fest. Aus Erfahrung wussten sie, dass Gottes Gebote heilig und unveränderlich sind und dass es nur Kummer und Leid mit sich bringt, wenn man sich über sie hinwegsetzt. Deshalb gehörte die Sabbatheiligung für alle, die Gott treu blieben, ganz selbstverständlich zu ihrem Leben. Kain und seine Nachkommen dagegen kümmerte es nicht, dass Gott den Sabbat als Ruhetag eingesetzt hatte. Sie wählten ihre Arbeits- und Ruhezeiten ohne Rücksicht auf Gottes Gebot.

Kain gründete eine Stadt, die er nach seinem ältesten Sohn benannte.[4] Die Beziehung zu Gott bedeutete ihm kaum noch

---

* Dieses Kapitel basiert auf 1. Mose 4,17 bis 5,8, 5,21–24 und 6,1.2.

[1] 1. Mose 4,25 Hfa [2] 1. Mose 5,3 [3] 1. Mose 4,26 LB [4] 1. Mose 4,17

etwas; er strebte nach Besitz, Einfluss und irdischen Freuden. Damit wurde er zum „Stammvater" all derer, die letztlich Satan anbeten. Und je mehr seine Nachkommen nach irdischen Dingen strebten und im Materiellen aufgingen, desto weniger kümmerte sie Gott und sein Wille. Aber nicht nur das: Sie sahen geringschätzig auf diejenigen herab, die Gott treu geblieben waren und machten ihnen das Leben schwer.

Kain war der erste, dem ein Menschenleben so wenig galt, dass er seinen eigenen Bruder ermordete. Lamech, ein Urenkel Kains, mordete ebenfalls und kümmerte sich dazu auch nicht um die göttliche Eheordnung. Er nahm sich zwei Frauen.[5]

Abel hatte ein Hirtenleben geführt. Sets Nachkommen folgten diesem Beispiel und sahen sich als „Gäste und Fremde auf der Erde ... Sie sehnten sich nach einer besseren Heimat, nach der himmlischen."[6]

Einige Zeit hielten sich die beiden Gruppen voneinander fern. Die Nachkommen Kains breiteten sich über die Ebenen und Täler aus, wo zuvor die Nachkommen Sets gewohnt hatten. Diese zogen sich mehr und mehr in die Berge zurück, um dem verderblichen Einfluss der Kainiten zu entgehen. Solange diese räumliche Trennung bestand, orientierten sich ihr Gottesdienst und ihr Leben am Willen Gottes. Aber im Laufe der Zeit gingen sie Verbindungen mit den Talbewohnern ein und vermischten sich mit ihnen. „Da sahen die Gottessöhne, dass die Töchter der Menschen sehr schön waren."[7]

Sets Nachkommen waren von den Frauen der Nachkommenschaft Kains so fasziniert, dass sie sich mit ihnen verheirateten, ohne danach zu fragen, ob es Gott gefiel oder nicht. Viele Männer aus der gläubigen Linie erlagen den Verlockungen, die sie jetzt ständig vor Augen hatten. Sie ließen sich zur Sünde verleiten, setzten damit ihre Beziehung zu Gott aufs Spiel und passten sich immer mehr den sittenlosen Lebensgewohnheiten ihrer Umgebung an. Der biblische Bericht fasst das in dem Satz zusammen: Sie „nahmen sich zu Frauen, welche sie wollten."[8] Im Neuen Testament heißt es, dass die Nachkommen Sets „den Weg Kains eingeschlagen haben".[9] Auf irdischen Wohlstand und weltliches Vergnügen bedacht, vernachlässigten sie allmählich Gottes Gebote. Damit breitete sich die Sünde gleich einer tödlichen Seuche über die Erde aus.

[5] 1. Mose 4,19.23 [6] Hebräer 11,13.16 [7] 1. Mose 6,2 [8] 1. Mose 6,2 LB
[9] Judas 11

Adams weiteres Leben

Über 900 Jahre lang erlebte Adam die Folgen seiner Sünde.[10] So gut er konnte, versuchte er, die Ausbreitung des Bösen einzudämmen. Er fühlte sich dafür verantwortlich, seine Nachkommen in den Wegen Gottes zu unterweisen. Deshalb bewahrte er sorgfältig, was Gott ihm offenbart hatte, um es an die nachfolgenden Generationen weiterzugeben.

Über viele Jahrhunderte hinweg hörten die Kinder und Kindeskinder immer wieder aus seinem Mund, wie glücklich ihre Ureltern einmal im Paradies gelebt hatten. Aber er verschwieg auch nicht, dass sie ihres Ungehorsams wegen ins Unglück geraten waren und unter Schmerzen lernen mussten, welche Folgen es nach sich zieht, wenn Menschen Gottes Gebote missachten.

Er erzählte ihnen auch, dass sie nicht für immer verstoßen seien, sondern Gott in seiner Gnade Vorkehrungen zu ihrer Errettung getroffen habe. Manchmal musste er sich bittere Vorwürfe anhören, weil die Sünde durch seine Schuld auf der Erde Fuß fassen konnte und so viel Leid über seine Nachkommen gebracht hatte.

Als Adam Eden verlassen musste, erfüllte ihn der Gedanke an das Sterben mit Schrecken. Immer wieder plagten ihn Gewissensbisse, und durch Abels Tod und Kains Verwerfung waren seine Schuldgefühle und sein Kummer noch größer geworden. Die Ankündigung Gottes, dass er einmal sterben musste, war ihm zuerst schrecklich erschienen. Nachdem Adam aber beinahe tausend Jahre lang die Folgen der Sünde miterleben musste, empfand er es als eine Gnade Gottes, dass der Tod seinem leidgeprüften und sorgenvollen Dasein ein Ende setzen würde.

Die Zustände in der vorsintflutlichen Welt

Trotz aller Bosheit der vorsintflutlichen Welt war das kein Zeitalter der Unwissenheit oder Barbarei, wie viele annehmen. Die Menschen konnten damals einen hohen moralischen und intellektuellen Stand erreichen. Sie besaßen größere körperliche und geistige Stärke und lebten viel länger als wir heute. Ihre Möglichkeiten, sich Wissen über Gott und die Natur an-

[10] 1. Mose 5,3–5

zueignen, waren enorm. Ihre geistigen Fähigkeiten entwickelten sich früh und jene, die im Vertrauen auf Gott in Übereinstimmung mit seinem Willen lebten, nahmen an Erkenntnis und Weisheit zeit ihres langen Lebens zu.

Bis heute ist es so, dass jede Generation auf dem Wissen und den Errungenschaften ihrer Vorfahren aufbaut und davon profitiert. Wie vorteilhaft muss sich das ausgewirkt haben, als sich die Generationen nicht schon nach einigen Jahrzehnten ablösten, sondern ihr Wissen und ihre Erkenntnisse über Jahrhunderte hinweg miteinander austauschen und direkt voneinander lernen konnten.

Adam hatte vom Schöpfer selbst erfahren, wie die Welt geschaffen worden war. Das und alles, was sich danach zugetragen hatte, konnte er seinen Nachkommen über einen Zeitraum von neun Jahrhunderten persönlich weitergeben. Nichts davon ging verloren, denn aufgrund ihrer Geistesschärfe waren die Menschen in der Lage, das Gesagte im Gedächtnis zu behalten und unverfälscht an ihre Nachkommen weiterzugeben. Viele Generationen lebten Hunderte von Jahren gleichzeitig. Das gab ihnen die Möglichkeit, miteinander Wissen und Erfahrung auszutauschen.

Die vorsintflutliche Epoche war keineswegs geprägt von religiöser Finsternis, sondern vielmehr eine Zeit großer Erkenntnis. Solange Adam lebte, waren Gottes Dasein und seine Autorität Wahrheiten, die niemand infrage stellen konnte, da es ihn als glaubwürdigen Augenzeugen gab. Seine Berichte über die Schöpfung, den Garten Eden und die Geschichte der beiden besonderen Bäume in seiner Mitte galten als unbestreitbar.[11] Und solange der Garten Eden noch existierte – das war noch jahrhundertelang der Fall –, konnte niemand an seinem Vorhandensein und der göttlichen Herkunft der Menschen zweifeln.

Trotz der wachsenden Gottlosigkeit gab es immer Menschen, die in enger Beziehung zu Gott standen und deren rechtschaffene Gesinnung und gläubiges Verhalten sowohl ihre Zeitgenossen als auch spätere Generationen prägten. Einige von ihnen werden in der Heiligen Schrift erwähnt. Gott hat aber zu allen Zeiten treue Zeugen und aufrichtige Anbeter gehabt, auch wenn von ihnen nichts berichtet wird.

---

[11] 1. Mose 2,9

Henoch – einer, der nicht sterben musste

Von Henoch heißt es in der Bibel, dass er mit 65 Jahren einen Sohn zeugte. Danach „wandelte“ er noch 300 Jahre „mit Gott“.[12] Er gehörte zu der Linie, die den wahren Glauben bewahrte, und zu den Urahnen des verheißenen Retters. Von Adam hatte er die tragische Geschichte des Sündenfalls gehört, aber auch die tröstliche Botschaft von Gottes Vergebung und seiner Verheißung für die Zukunft. Deshalb baute er auf den künftigen Erlöser.

Nach der Geburt seines eigenen Sohnes erlebte Henoch etwas viel Wesentlicheres. Als er die Liebe seines Kindes und dessen grenzenloses Vertrauen spürte, begriff er das Geheimnis der Liebe Gottes zu den Menschen, die in der Hingabe des Gottessohnes ihren Höhepunkt erreichen sollte. Die unerschöpfliche und unergründliche Liebe Gottes beschäftigte ihn Tag und Nacht. Und es drängte ihn, seiner Umwelt von dieser Liebe zu erzählen.

Henochs Gemeinschaft mit Gott bekundete sich nicht in religiöser Verzückung, sondern durch sein Verhalten im täglichen Leben. Als Ehemann und Vater, als Freund und Bürger war er der standhafte Diener des Herrn. Er lebte im Einklang mit dem Willen Gottes. Dieses bewusste Leben mit Gott dauerte 300 Jahre, in denen Henochs Glaube und seine Liebe immer stärker und inniger wurden.

Henoch war ein hochgebildeter Mann mit scharfem Verstand und umfassendem Wissen. Gott zeichnete ihn auch durch besondere Offenbarungen aus. Und doch blieb er ein demütiger Mann. Das Reden mit Gott im Gebet war für ihn das Atmen der Seele. Er lebte ganz unter dem Einfluss dessen, dem er sein Leben anvertraut hatte.

Durch göttliche Boten offenbarte Gott Henoch seine Absicht, die Welt durch eine Flut zu vernichten. Er eröffnete ihm auch den Erlösungsplan und zeigte ihm die Ereignisse, die in Verbindung mit dem zweiten Kommen Christi und dem Ende der Welt geschehen werden.

Was Henoch beunruhigte, war das Schicksal der Toten. Es schien ihm, als ob Gute wie Böse in gleicher Weise wieder zu Staub würden und damit für sie alles vorbei sei. Das Leben der erlösten Menschen nach ihrer Auferstehung war ihm noch

[12] 1. Mose 5,21.22 LB

verborgen. Doch in einer prophetischen Schau erhielt er Unterweisung über den Tod Christi und sah ihn kommen in Herrlichkeit, begleitet von heiligen Engeln, um sein Volk aus der Vergänglichkeit zu erlösen. Er sah auch den verdorbenen Zustand der Welt zur Zeit der Wiederkunft Christi, die überheblichen, vermessenen, eigenwilligen Menschen jener Zeit, die das Gesetz Gottes mit Füßen treten und sein Erlösungsangebot verachten. Er sah, wie die Gerechten mit Ruhm und Ehre gekrönt und die Bösen mit Feuer vernichtet werden.

Henoch wurde ein Prediger der Gerechtigkeit und verkündigte, was Gott ihm offenbart hatte. Auch in dem Land, in das Kain vor Gottes Gegenwart geflohen war, verkündete dieser Prophet Gottes all das, was ihm in Visionen gezeigt worden war: „Gebt Acht! Der Herr kommt mit vielen tausend heiligen Engeln, um über alle Menschen Gericht zu halten. Alle, die nicht nach Gott gefragt haben, werden dann verurteilt für die Taten, mit denen sie sich gegen ihn aufgelehnt, und für die frechen Reden, mit denen sie ihn beleidigt haben."[13]

Er predigte ihnen die Liebe Gottes in Christus, tadelte die ausufernde Ungerechtigkeit und warnte vor dem Gericht, das alle Gesetzesübertreter treffen wird. Wie alle Gottesboten vor und nach ihm hatte Henoch nicht nur Gnadenbotschaften zu übermitteln, sondern auch Gottesgerichte anzukündigen. Es war nicht seine Aufgabe, das zu predigen, was die Leute gern hörten, sondern die Wahrheit, die Gott ihm in den Mund legte. Und die ist manchmal hart und scharf wie ein „beidseitig geschliffenes Schwert".[14]

Manche Menschen ließen sich warnen und gingen in sich, aber die meisten waren nicht von ihrem Leben ohne Gott abzubringen. In der letzten Zeit vor Christi Wiederkunft wird es ähnlich sein. Gottes Verkündiger müssen damit rechnen, dass nur wenige ihre warnende Botschaft ernst nehmen und zur Umkehr bereit sind.

Mitten in einem Leben rastlosen Tätigseins hielt Henoch unbeirrt an seiner Gemeinschaft mit Gott fest. Wenn er eine Zeitlang unter den Menschen war, verlangte ihn nach jener Erkenntnis, die nur Gott gewähren kann. Dann zog er sich in die Stille vor Gott zurück. Nach Zeiten solcher innigen Gemeinschaft spiegelte Henoch mehr und mehr das Bild Gottes

---

[13] Judas 14.15 [14] Hebräer 4,12

wider. Sein Angesicht war verklärt von heiligem Licht, wie es später auch aus Jesu Antlitz leuchtete.

Jahr für Jahr wurde das Ausmaß menschlicher Schuld größer, und die Wolken des Gerichts ballten sich immer finsterer zusammen. Der Glaubenszeuge Henoch warnte und beschwor die Menschen unentwegt, ihr Leben zu ändern. Er bemühte sich, den Strom der Sünde einzudämmen und damit das Gericht abzuwenden, aber das boshafte, vergnügungssüchtige Volk hörte nicht auf ihn. Doch weil Henoch wusste, dass Gott sein Bemühen guthieß, kämpfte er beharrlich weiter, bis Gott ihn aus dieser Welt in den Himmel aufnahm.

Gott nahm Henoch weg von der Erde

Henochs Zeitgenossen machten sich über ihn lustig, weil er anders war als sie und keinen Wert auf das legte, was sie für begehrenswert hielten. Dass ihm ewige Werte wichtiger waren, sahen sie nicht und hätten es auch nicht verstanden. Weil er Gott in seiner Herrlichkeit hatte schauen dürfen, waren seine Gedanken, seine Interessen und sein Verlangen auf die ewigen Dinge gerichtet statt auf das, was den meisten Menschen wichtig war.

Je mehr sich die Ungerechtigkeit auf Erden ausbreitete, desto sehnlicher verlangte ihn nach der himmlischen Heimat. 300 Jahre lang lebte er so mit Gott, dessen Gemeinschaft ihm immer vertrauter geworden war. „Henoch hatte in enger Verbindung mit Gott gelebt. Dann war er plötzlich nicht mehr da; denn Gott hatte ihn von der Erde weggenommen.“[15] Weil er hier auf Erden ein Leben lang mit Gott gewandelt war, durfte er nun als erster Mensch in die „heilige Stadt“, das himmlische Jerusalem,[16] einziehen und für immer in Gottes Nähe leben, ohne je den Tod gesehen zu haben.

Henochs Entrückung sollte den Menschen seiner Zeit eine wichtige Botschaft vermitteln. Die Folgen der Sünde waren im Lauf der Jahrhunderte immer stärker zu spüren und die Bosheit der Menschen war inzwischen zu einem reißenden Strom des Verderbens angeschwollen. Viele Gläubige begannen zu resignieren und fragten sich: „Was nützt es, den Herrn zu ehren und seinen Geboten zu gehorchen, wenn ein Fluch auf der Menschheit lastet und der Tod unser aller Schicksal ist?“

---

[15] 1. Mose 5,24 [16] Offenbarung 21,2

Und Gottes Widersacher tat ein Übriges, indem er den Menschen einflüsterte, es habe sowieso keinen Sinn, sich an Gottes Gebote zu halten, da niemand in der Lage sei, es Gott recht zu machen. Er habe das selbst erfahren müssen.

„Weil Henoch glaubte, musste er nicht sterben. Gott nahm ihn zu sich."[17] Dadurch zeigte er, was auf diejenigen wartet, die ihm aus Vertrauen und Liebe gehorchen. Am Beispiel Henochs sollten die Menschen sehen, dass es mit Gottes Hilfe selbst in einer gottlosen Umgebung möglich ist, ein gottgefälliges Leben zu führen und seine Gebote zu halten. Seine Entrückung war ein Beweis dafür, dass das stimmte, was Henoch über das künftige Leben der Gläubigen in Unsterblichkeit gesagt hatte. Andererseits gewann dadurch aber auch das an Gewicht, was er den Übeltätern prophezeit hatte: Ewiger Tod und Verdammnis.

Vor dem Ende der Weltgeschichte werden die Zustände denen vor der Sintflut gleichen. Weil viele Menschen nichts mehr von Gott wissen wollen, wird „die Ungerechtigkeit überhandnehmen.[18] Aber es wird auch in dieser schweren Zeit Gläubige geben, die wie Henoch mit Gott leben und seine Gebote ernst nehmen. In ihnen wird sich das Bild Christi widerspiegeln. Sie werden der Welt verkünden, dass Christus auf diese Erde zurückkommen und die Herrschaft übernehmen wird, die Menschen aber zugleich vor dem Gericht warnen, das über die Verächter der Botschaft Gottes ergeht.

Und so, wie Henoch lebendig in den Himmel entrückt wurde, werden dann auch die Gerechten von der Erde weggenommen und ihr Körper verwandelt werden,[19] bevor die Welt im Feuer des Gerichts gereinigt wird, ehe sie neu geschaffen werden kann als Wohnstätte für alle erlösten Menschen. Der Apostel Petrus schrieb: „Der Tag des Herrn kommt unvorhergesehen wie ein Dieb. Dann wird der Himmel unter tosendem Lärm vergehen, die Himmelskörper verglühen im Feuer, und die Erde und alles, was auf ihr ist, wird zerschmelzen ... Aber Gott hat uns einen neuen Himmel und eine neue Erde versprochen. Dort wird es kein Unrecht mehr geben, weil Gottes Wille regiert. Auf diese neue Welt warten wir."[20]

---

[17] Hebräer 11,5 Hfa [18] Matthäus 24,37.12 LB [19] 1. Korinther 15,51–53
[20] 2. Petrus 3,10.13

8 Noach und die Sintflut*

Durch die zunehmende Verdorbenheit der Menschen lastete zur Zeit Noachs ein schwerer Fluch auf der Erde. Aber sie war trotz allem immer noch schön. Die Hügel waren von majestätischen Bäumen gekrönt und die Ebenen leuchteten in den herrlichen Farben tausender Blumen. Viele Arten von Früchten wuchsen im Überfluss.

Auch die Menschen hatten sich noch viel von ihrer ursprünglichen Kraft bewahrt. Das betraf sowohl die körperlichen wie auch die geistigen Fähigkeiten. Es gab viele Riesen.[1] Manche Menschen waren berühmt geworden durch ihre Weisheit, andere durch ihre Tatkraft oder ihren Erfindungsreichtum. Aber sie gaben Frevel und Unrecht immer mehr Raum.

Gott hatte den vorsintflutlichen Menschen eine Fülle von Gaben verliehen, aber sie missbrauchten sie in selbstsüchtiger Weise, sodass viele dieser Fähigkeiten eher zum Fluch als zum Segen wurden, weil die Menschen zwar Gottes Gaben schätzten, aber von dem Geber nichts hielten und ihn auch nicht ehrten. In dem Bestreben, sich selbst zu verwirklichen und die eigenen Wünsche und Begierden zu erfüllen, wurden sie überheblich, vergnügungssüchtig und lasterhaft.

Zunächst ließen sie den Schöpfergott „links liegen", dann schlossen sie ihn aus ihrem Leben aus und zuletzt behaupteten sie, es gäbe ihn gar nicht. Sie verherrlichten den menschlichen Geist und beteten schließlich Götzen an, die sie mit eigenen Händen geschaffen hatten. Ihre Kinder lehrten sie, sich ebenfalls vor solchen Götterbildern zu beugen. Der Psalmist beschreibt die Auswirkungen so: „Die solche Götzen machen, sind ihnen gleich, alle, die auf sie hoffen."[2]

Es ist ein Gesetz des menschlichen Geistes: Das, was wir anschauen und verehren, prägt und verändert uns. Wenn sich unser Geist nicht über das rein Menschliche hinaus zum gläubigen Betrachten der Weisheit und Liebe Gottes emporhebt, wird er wie von einem Strudel nach unten gerissen. Der bib-

---

* Dieses Kapitel basiert auf 1. Mose 6,4 bis 7,17.

[1] 1. Mose 6,4 [2] Psalm 115,8 LB

lische Bericht kommentiert das so: „Der Herr sah, dass die Menschen auf der Erde völlig verdorben waren. Alles, was aus ihrem Herzen kam, ihr ganzes Denken und Planen, war durch und durch böse ... die Erde war voll von Unrecht und Gewalt."[3] Gott hatte den Menschen seine Gebote als Richtschnur für ihr Leben gegeben, aber sie wollten sich nicht an sie halten und verstrickten sich zunehmend tiefer in Sünden. Das Recht wurde in den Staub getreten, und die Schreie der Unterdrückten drangen bis in den Himmel.

Entgegen der schöpfungsmäßigen Lebensordnung wurde schon bald die Vielweiberei praktiziert. Gott hatte Adam *eine* Partnerin gegeben und damit die verbindliche Norm für das Zusammenleben der Geschlechter festgelegt. Aber nach dem Sündenfall gingen die Menschen in dieser und anderer Hinsicht ihre eigenen Wege.[4] Das führte zu Unterdrückung, Ausbeutung, Elend und Verbrechen. Man achtete weder die Ehe noch das Eigentumsrecht anderer. Die Jagd auf Tiere wurde zum Vergnügen und ungezügelter Fleischgenuss machte die Menschen noch grausamer und brutaler, sodass auch bald ein Menschenleben nicht mehr viel galt.

Obwohl die Menschheit noch am Anfang ihrer Geschichte stand, hatte die Bosheit solche Ausmaße angenommen, dass Gott ankündigte: „Ich will die Menschen, die ich geschaffen habe, vertilgen von der Erde."[5] Gottes Geist hatte zwar unablässig versucht, dem bösen Treiben Einhalt zu gebieten, aber die meisten Menschen hatten sich seinem Wirken entzogen und immer tiefer in Sünde verstrickt. Deshalb wollte Gott einen Schlussstrich ziehen und alles Leben auf der Erde – Menschen, Tiere und die Vegetation – vernichten.

Noach soll die Arche bauen

„Noach war der Einzige, der vor den Augen des Herrn bestehen konnte."[6] Gott hatte ihn bereits 120 Jahre vor der Flut in seine Absicht eingeweiht: „Ich habe beschlossen, die gesamte Menschheit zu vernichten, denn wo man auch hinsieht, herrscht Grausamkeit. Darum werde ich alles auslöschen!"[7] Er befahl Noach, ein kastenartiges Schiff, die Arche, zu bauen. Während der Bauzeit sollte er auch predigen und den Leuten

[3] 1. Mose 6,5.11 [4] 1. Mose 4,19 [5] 1. Mose 6,7 LB [6] 1. Mose 6,8
[7] 1. Mose 6,13 Hfa

mitteilen, dass Gott eine Wasserflut über die Erde bringen werde. Wer dieser Botschaft glauben und mit Reue und Lebensveränderung darauf reagieren würde, sollte Vergebung finden und gerettet werden. Metuschelach, Noachs Großvater, und dessen Söhne[8] lebten zu dieser Zeit noch und halfen ihm beim Bau der Arche.

Gott nannte Noach die genauen Maße des Schiffes und gab ganz bestimmte, bis ins Einzelne gehende Anweisungen für den Bau. Menschliches Wissen allein hätte ein seetüchtiges Schiff solcher Größenordnung (es war etwa 150 Meter lang, 25 Meter breit und 15 Meter hoch)[9] damals nicht zustande bringen können. Deshalb lieferte Gott den präzisen Plan, aber Noach und seine Helfer führten ihn meisterhaft aus. Die Arche war drei Stockwerke hoch und seitlich mit einem Tor ausgestattet. Das Licht schien von oben herein, und die verschiedenen Abteilungen waren so angeordnet, dass alle genügend Licht bekamen.

Der Bau solch eines Schiffes war kompliziert und ging folglich nur langsam voran. In Anbetracht der riesigen Bäume, der Härte des Holzes und der damaligen Bearbeitungsmöglichkeiten war die Verwirklichung des göttlichen Auftrags eine unvergleichliche Leistung. Alles, was Menschen tun konnten, geschah, um die Arche zu einem sicheren Zufluchtsort zu machen. Dennoch hätte sie den Naturgewalten von sich aus nicht standhalten können, wenn nicht Gott selbst seine Hand bewahrend über das Schiff gehalten hätte.

„Im Vertrauen befolgte Noach die Anweisungen Gottes, obwohl von der angekündigten Katastrophe noch nichts zu sehen war. Er gehorchte Gott und baute die Arche, in der er mit seiner ganzen Familie gerettet wurde. Durch sein Vertrauen sprach er der Welt und ihrem Unglauben das Urteil."[10] Die Art, wie Noach die ihm aufgetragene Warnungsbotschaft verkündete, zeigte, dass er fest davon überzeugt war, Gott werde wirklich eine vernichtende Flut über die Menschheit kommen lassen. Er setzte alle Kraft und alles ein, was er besaß, um Gottes Auftrag zu erfüllen. Damit gab er der Welt ein Beispiel dafür, was Glaube gegen den Augenschein bedeutet.

Als Noach mit dem Bau des riesigen Schiffes begann, erregte das natürlich Aufsehen. Von überall her kamen Schaulustige, um das befremdliche Geschehen zu beobachten und zu hören,

---

[8] 1. Mose 5,25–31 [9] 1. Mose 6,15 [10] Hebräer 11,7

was Noach zu sagen hatte. Anfangs schien es so, als würden viele seine Warnungen ernstnehmen und beherzigen, aber dann zeigte sich doch, dass sie an einer echten Umkehr zu Gott nicht interessiert waren. Sie wollten lieber so weiterleben wie bisher. Einzelne glaubten zwar den Warnungen, ließen sich aber von dem Spott und Hohn, der über Noach ausgegossen wurde, derart beeinflussen, dass sie das Angebot der Rettung ausschlugen. Bald waren sie selbst auf der Seite der Spötter zu finden, denn niemand verfällt der Sünde so sehr wie diejenigen, die einmal Erkenntnis hatten, aber dem Wirken des Geistes Gottes widerstanden.

Nicht alle Menschen jener Zeit waren Götzendiener. Viele von ihnen zählten sich sogar zu den wahren Anbetern Gottes. Auf ihre Götterbilder hin angesprochen argumentierten sie, das seien Darstellungen, durch die den Menschen eine greifbarere Vorstellung vom Wesen des unsichtbaren Gottes vermittelt werden könnte. Aber gerade diese Leute verwarfen Noachs Predigt als Erste. Viele erklärten auch, Gottes Gesetz sei nicht mehr verbindlich, denn es widerspräche seinem Wesen, die Übertretungen zu bestrafen. Das Zurückweisen von Erkenntnis hatte sie so blind gemacht, dass sie Noachs Botschaft für eine Täuschung hielten.

Die Welt machte Front gegen Gottes Gerechtigkeit und seine Gebote. Noach hielt man für einen Fanatiker, der starrsinnig an längst Überholtem festhielt. Schließlich gab es ja genug welterfahrene, kluge Männer, von denen man hörte: „Gottes Drohungen sollen nur einschüchtern und werden sich nie erfüllen. Deshalb braucht im Blick auf die Zukunft niemand beunruhigt zu sein. Ein Ereignis wie die Zerstörung der Erde durch den Schöpfer und die Bestrafung aller Geschöpfe ist undenkbar und absurd. Also, nur keine Panik! Noach ist lediglich ein Fanatiker!" So lebten die Menschen in ihrem Ungehorsam und ihrer Bosheit weiter, als ob Gott nie durch den Mund seines Gesandten zu ihnen gesprochen hätte.

Aber Noach stand wie ein Fels in der Brandung. Seine enge Verbindung zu Gott gab ihm die Kraft, 120 Jahre lang ein Ereignis anzukündigen, das nach menschlichem Ermessen undenkbar, ja geradezu absurd war. Bis dahin hatte es noch nie geregnet, weil die Erde durch Nebel oder Tau befeuchtet wurde. Die Flüsse waren auch noch nie über die Ufer getreten, sondern hatten das Wasser stets sicher ins Meer geführt.

Als die Zeit verging, ohne dass sich in der Natur etwas änderte, beruhigten sich auch diejenigen wieder, die durch Noachs Gerichtsankündigung verunsichert oder verängstigt waren. Für sie war inzwischen klar, dass die Leute Recht hätten, die sagten, dass die Natur über dem Schöpfer stehe. Wenn Noachs Botschaft stimmte, müsste die Natur aus dem Gleichgewicht geraten – und das hatte es, soweit man zurückdenken konnte, noch nie gegeben.

Sie verachteten Gottes Warnung und lebten so weiter wie bisher. Sie feierten nach wie vor ihre ausschweifenden Feste, aßen und tranken, pflanzten und bauten und planten für die Zukunft neue, Gewinn bringende Geschäfte. Wer war schon Noach? Wenn er mit seiner Ankündigung wirklich Recht hätte, wäre das doch den Gelehrten und Weisen gewiss nicht verborgen geblieben.

Aber die Zeit der Bewährung ging unaufhaltsam ihrem Ende entgegen. Noach hatte Gottes Anweisungen gewissenhaft befolgt. Die Arche war fertiggestellt und in jeder Beziehung so, wie der Herr es angeordnet hatte. Nahrung für Menschen und Vieh war eingelagert. Zum letzten Mal forderte Noach seine Mitmenschen auf, in die rettende Arche zu kommen, solange das noch möglich sei. Doch die Leute dachten gar nicht daran, sondern verspotteten ihn.

Plötzlich kamen Tiere aller Art von überall her zur Arche und Vögel flogen heran. Wie von Engeln geführt, „kamen sie paarweise in das Schiff", die reinen Tiere sogar jeweils zu sieben Paaren.[11] Als die Umstehenden das sahen, flackerte die Angst wieder auf und sie wandten sich an die Fachleute jener Zeit. Doch die hatten auch keine Erklärung für das eigenartige Geschehen. Die Menschen übertönten ihre aufkeimende Angst durch lärmende Fröhlichkeit und schlimmere Ausschweifungen als je zuvor. Es schien so, als wollten sie mit ihrer Verstocktheit Gottes Zorn geradezu herausfordern.

„Dann sagte der Herr zu Noach: ‚Geh mit deiner Familie in die Arche! Du bist der Einzige unter den Menschen, der vor mir als gerecht bestehen kann.'"[12] Die Welt hatte Gottes Warnungen verworfen und war unrettbar verloren, aber Noach und seine Familie sollten gerettet werden. „Noach ging also mit seiner Frau, seinen Söhnen und seinen Schwiegertöchtern in die Arche."[13]

---

[11] 1. Mose 7,9.2 Hfa [12] 1. Mose 7,1 [13] 1. Mose 7,7

Nachdem die Tiere Zuflucht in der Arche gefunden hatten und sich auch Noach und seine Familie im Schiff befanden, schloss „der Herr hinter Noach die Tür zu".[14] Das schwere Tor wurde von unsichtbaren Händen geschlossen. Noach und die Seinen waren in Sicherheit, aber alle anderen blieben für immer ausgeschlossen, weil sie Gottes Gnadenangebot nicht in Anspruch genommen hatten.

Ähnlich wird es auch am Ende der Weltgeschichte geschehen, bevor Christus wiederkommt. Wenn er seinen Dienst als Fürsprecher für die sündige Menschheit beendet, wird sich ebenfalls eine Gnadentür schließen. Dann wird Gottes Geist nicht länger an den Sündern wirken können, sodass Satan über alle, die Gottes Gnadenangebot abgelehnt haben, uneingeschränkt herrschen kann. Er wird sie gegen die aufstacheln, die treu alle Gebote Gottes halten, um sie zu vernichten. Aber wie Gott damals Noach und seine Familie in Sicherheit gebracht hat, so werden auch die treuen Nachfolger Jesu in der allerletzten Zeit unter Gottes Schutz stehen.

Nachdem sich die Tür der Arche geschlossen hatte, vergingen noch sieben Tage, ohne dass es irgendein Anzeichen für die kommende Katastrophe gab. Das war eine Zeit der Glaubensprüfung für Noach und seine Familie – und für die johlende Masse draußen vor der Arche eine Zeit des Triumphs. Die Menschen gossen ihren Hohn und Spott über den Fanatiker Noach in ungekannter Weise aus.

Die Wassermassen kommen

Aber am achten Tag zogen dunkle Wolken auf. Donner grollte und Blitze zuckten über den Himmel. Dann fielen die ersten Regentropfen.[15] Dergleichen hatten die Leute noch nie gesehen und sie fragten sich angsterfüllt: „Sollte Noach doch Recht gehabt haben mit seiner Ankündigung?" Als sie sahen, wie die Tiere in Erregung gerieten, erfüllte sie das mit panischer Angst. Und dann „öffneten sich die Schleusen des Himmels und die Quellen der Tiefe brachen von unten aus der Erde hervor".[16] Wie in Sturzbächen kam das Wasser vom Himmel geschossen. Die Flüsse traten über die Ufer und überschwemmten die Täler. Und damit nicht genug: Sogar aus der Erde brachen Fontänen von Wasser hervor.

---

[14] 1. Mose 7,16 [15] 1. Mose 7,10.12 [16] 1. Mose 7,11

Nun mussten die Menschen miterleben, wie alles, was sie sich geschaffen hatten, zerstört wurde: ihre Häuser, die Gärten und Haine, in denen die Götzenbilder standen, die Altäre, auf denen sie geopfert hatten. Die Macht des lebendigen Gottes ließ die Götzenanbeter zittern, als die Gewalt des Sturmes zunahm. Die Angst der Menschen und Tiere war unbeschreiblich. Das Wehklagen derer, die Gottes Autorität verhöhnt hatten, übertönte fast das Heulen des Sturmes. Viele lästerten Gott. Andere streckten ihre Hände nach der Arche aus und forderten Einlass.

Bei einigen erwachte nun endlich das Gewissen und sie erkannten, dass Gott tatsächlich regiert. Nun schrien sie zu ihm um Rettung, aber er antwortete nicht. Die Einsicht, dass sie wegen ihrer Missachtung der Gebote Gottes selbst Schuld an ihrem Untergang waren, kam zu spät.

Die Gelübde, die manche Menschen nun Gott gaben, falls er sie retteten würde, waren nicht echt, denn sie entsprangen lediglich der Todesangst und hatten nichts mit Reue und Abkehr vom Bösen zu tun. Hätte Gott jetzt das Strafgericht abgewendet, wären sie über kurz oder lang wieder in ihr sündiges Verhalten zurückgefallen.

Auf der Erde spielten sich unbeschreibliche Szenen ab. Manche Menschen klammerten sich an starke Tiere, weil sie sahen, dass diese instinktiv vor den steigenden Wassern in höher gelegene Gebiete flüchteten. Andere banden sich an Bäumen fest, um nicht vom Wasser fortgerissen zu werden. Aber selbst die stärksten Bäume wurden entwurzelt und stürzten zusammen mit den Menschen in die Fluten. Als die Wassermassen immer höher stiegen, suchten die Menschen auf den Bergen Zuflucht und wurden dann doch weggespült.

Die Elemente waren in einem solchen Aufruhr, dass selbst die massive Arche erzitterte und die Tiere darin vor Angst brüllten. Aber das Schiff schwamm sicher und von Engeln beschützt, sodass es unbeschadet blieb.

Bald war selbst von den damals höchsten Berggipfeln aus nur noch uferloses Meer zu sehen. Die Menschen begriffen, wie falsch es gewesen war, Noach zur Zielscheibe von Spott und Verachtung zu machen. Doch nun galt Gottes Rettungsangebot nicht mehr. Nicht nur seine Gerechtigkeit, sondern auch seine Liebe machten es unumgänglich, der ausufernden Sündhaftigkeit auf Erden durch ein Strafgericht Einhalt zu gebieten.

Erschreckende Parallelen zu unserer Zeit

Dieselben Sünden, die vor der Sintflut nach Vergeltung und dem Eingreifen Gottes schrien, lassen sich auch heute weltweit beobachten. Die Ehrfurcht vor Gott steht ganz weit unten auf der Werteskala, und seine Gebote spielen für die meisten Menschen so gut wie keine Rolle mehr.

Jesus sagte in seiner Endzeitrede: „Damals vor der großen Flut aßen die Menschen und tranken und heirateten, wie sie es gewohnt waren, bis zu dem Tag, an dem Noach in die Arche ging. Sie begriffen nicht, was ihnen drohte, bis dann die Flut hereinbrach und sie alle wegschwemmte.“[17] Gottes Gericht erging damals nicht deshalb über die Menschen, weil sie aßen und tranken. Er hatte ihnen die Erzeugnisse der Erde ja ausdrücklich zur Befriedigung ihrer Bedürfnisse gegeben. Ihre Schuld bestand vielmehr darin, dass sie Gottes Gaben ohne Dank hinnahmen und in entwürdigender Weise ihren Begierden frönten.

Es war auch Gottes Wille, dass die Menschen heirateten und Familien gründeten. Schließlich hatte er selbst die Ehe als göttliche Institution gestiftet und durch verbindliche Gebote geschützt. Aber die Menschen entheiligten dieses Geschenk aus dem Paradies, indem sie es missbrauchten und zügellos ihren Leidenschaften frönten.

Leider ist es heute nicht viel anders. Viele geben sich hemmungslos der Esslust hin, ohne zu fragen, was ihnen zuträglich ist oder nicht. Selbst gläubige Menschen kennen in dieser Beziehung manchmal keine Grenzen. Sie übersehen dabei, dass Unmäßigkeit in jeder Form die moralischen und geistigen Kräfte schmälert und den Menschen mehr und mehr zur bloßen Triebbefriedigung führt.

Viele Menschen sind Sklaven ihrer Lüste und leben hauptsächlich für sinnliche Vergnügungen. Rechtschaffenheit wird dem Streben nach Geld oder Luxus geopfert. Betrug, Bestechung und Diebstahl nehmen überhand. Das Fernsehen und die Zeitungen sind voll von Berichten über Verbrechen, kaltblütige Morde und Anschläge, sodass man den Eindruck gewinnt, dass Menschlichkeit bald keine Rolle mehr in unserer Gesellschaft spielen wird.

---

[17] Matthäus 24,38.39

All diese Gräueltaten sind so weit verbreitet, dass sich kaum noch jemand darüber wundert. Der Geist der Gesetzlosigkeit ist schon jetzt weltumspannend, aber das, was wir derzeit an Konflikten und Feindseligkeiten erleben, ist nur der Vorgeschmack jenes Feuers der Leidenschaften und Gesetzlosigkeit, das die Erde in Zukunft mit Jammer und Elend überziehen wird, wenn alles vollends außer Kontrolle gerät. Das Bild der vorsintflutlichen Welt entspricht in bedrückender Weise den Zuständen, auf die die heutige Gesellschaft zusteuert.

Vor der Sintflut sandte Gott Noach, um die Menschen zu warnen und zur Umkehr zu bewegen, bevor das Verderben über sie kommen würde. Und jetzt, da Jesu Wiederkunft näherkommt, sendet der Herr seine Diener ebenfalls mit einer dringenden Warnungsbotschaft in die Welt, damit sich jeder auf dieses große Ereignis vorbereiten kann. Und wie damals ruft Gott alle auf, seinen heiligen Geboten zu gehorchen. Wer seine Sünden bereut und durch die Verbindung mit Christus überwindet, wird Vergebung finden. Aber die meisten wollen ihr Leben nicht in Übereinstimmung mit allen seinen Geboten bringen.

Unmittelbar vor der Sintflut glaubten nur acht Personen daran und gehorchten deshalb dem Wort Gottes. Am Ende der Zeit wird es ähnlich sein. Bevor Christus wiederkommt, um Gericht zu halten, werden die Übertreter des Gesetzes Gottes zur Umkehr gerufen. Aber nur wenige wollen sich warnen lassen und ihr Leben ändern – im Gegenteil, Petrus erklärte: „Vor allen Dingen müsst ihr wissen, dass in dieser letzten Zeit Menschen auftreten werden, denen nichts heilig ist. Über alles machen sie sich lustig und lassen sich nur von ihren Begierden treiben. Spöttisch werden sie euch fragen: ‚Wo ist denn nun euer Christus? Hat er nicht versprochen, dass er wiederkommt? Schon unsere Vorfahren haben vergeblich gewartet. Sie sind längst gestorben, und alles ist so geblieben, wie es von Anfang an war!'"[18]

Paulus warnte: „In den letzten Tagen dieser Welt werden schreckliche Zeiten kommen. Dann werden die Menschen nur sich selbst und ihr Geld lieben. Sie werden sich wichtig tun und sich selbst überschätzen, einander verleumden und sich gegen die Eltern auflehnen, weder Dank noch Ehrfurcht kennen. Lieblos und unversöhnlich werden sie sein, ihre

---

[18] 2. Petrus 3,3.4 Hfa

Mitmenschen verleumden und hemmungslos leben, brutal und rücksichtslos. Sie hassen alles Gute, Verräter sind sie, unbeherrscht und aufgeblasen; nur ihr Vergnügen haben sie im Kopf und wollen von Gott nichts wissen. Nach außen tun sie zwar fromm, aber von der Kraft des wirklichen Glaubens wissen sie nichts."[19]

Als die Zeit der Gnade für die vorsintflutliche Menschheit ihrem Ende entgegenging, dachten die meisten Menschen nur noch an Vergnügungen und Ausschweifungen. Diese Mentalität setzt sich in unseren Tagen erneut durch. Es wird heute so viel an Abwechslung, Zerstreuung und fragwürdigen Vergnügungen angeboten, dass die Menschen für geistliche Dinge kaum noch aufgeschlossen sind und schon gar nicht lästige Mahnungen hören wollen.

Zur Zeit Noachs hielten es die Wissenschaftler und Gelehrten für unmöglich, dass die Erde durch Wasser vernichtet werden könne. Heute sprechen die Fachleute von der Gefahr weltumspannender Katastrophen, aber nicht als Folge eines göttlichen Strafgerichts, sondern als Ergebnis der von Menschen verursachten Klimaveränderung.

Als man Noachs Prophezeiungen für Unsinn oder fromme Täuschung hielt, da war Gottes Zeit zum Handeln gekommen. Jesus erklärte: „Wenn der Menschensohn kommt, wird es genauso sein wie zur Zeit Noachs: Die Menschen aßen und tranken und heirateten, wie sie es gewohnt waren bis zu dem Tag, an dem Noach in die Arche ging. Dann kam die Flut und vernichtete sie alle."[20] Gerade wenn Politiker, Wirtschaftsfachleute oder Theologen keine drohende Gefahr sehen und die Menschen völlig von ihren Plänen und Geschäften, ihren Vergnügungen und Festen in Anspruch genommen sind und deshalb Gottes Warnungen verwerfen und seine Boten verspotten, „wird plötzlich Gottes vernichtendes Strafgericht über sie hereinbrechen wie die Wehen über eine schwangere Frau".[21] Doch die Gerechten wird Gott bewahren wie damals Noach und seine Familie in der Arche.

---

[19] 2. Timotheus 3,1–5 Hfa [20] Lukas 17,26.30 [21] 1. Thessalonicher 5,3

9 Neubeginn nach der Flut*

Das Wasser stieg unaufhaltsam, bis sogar alle Berge überflutet wurden.[1] Noach und seine Familie befanden sich zwar in der rettenden Arche, doch oft fürchteten sie, dass auch sie nicht überleben würden. Fünf lange Monate lebten sie zwischen Hoffen und Bangen,[2] doch Noachs Glaube wankte nicht.

Als das Wasser allmählich fiel, ließ Gott die Arche an einen von schützenden Bergen umgebenen Ort driften. Dort setzte das Schiff nach weiteren sechs Wochen auf Grund.[3] Nach der gefahrvollen Fahrt empfanden die Überlebenden das als große Erleichterung.

Sie sehnten sich danach, endlich wieder den Erdboden betreten zu können, doch dazu mussten sie noch einige Monate warten. Um herauszufinden, ob es auch in tieferen Regionen wieder genügend trockenes Land gab, schickte Noach mehrfach Vögel aus, doch die kamen wieder zur Arche zurück. Als schließlich eine Taube mit einem Ölzweig im Schnabel zurückkam, war die Freude bei allen groß.[4] Aber so, wie Noach auf Gottes Anweisung in die Arche gegangen war, wartete er nun auf seine Erlaubnis, sie wieder zu verlassen.

Endlich war es soweit. Ein Engel öffnete die schwere Tür und entließ Menschen und Tiere aus der Arche.

Noachs Familie war sich bewusst, dass sie allein Gott ihre Rettung zu verdanken haben. Deshalb baute Noach als Erstes einen Altar, auf dem er Gott ein Opfer brachte.[5] Auf diese Weise bekundete er seine Dankbarkeit für die Errettung und bezeugte zugleich seine Hoffnung auf den verheißenen Erlöser. Sein Opfer fand Gottes Anerkennung und wirkte sich segensreich auf die nachsintflutliche Menschheit insgesamt aus. „Der Herr roch den besänftigenden Duft des Opfers und sagte zu sich selbst: ‚Ich will die Erde nicht noch einmal bestrafen, nur weil die Menschen so schlecht sind! Alles, was aus ihrem Herzen kommt, ihr ganzes Denken und Planen, ist

---

* Dieses Kapitel basiert auf 1. Mose 7,18 bis 9,17.

[1] 1. Mose 7,18.19 [2] 1. Mose 7,24 [3] 1. Mose 8,3.4 [4] 1. Mose 8,5–12

[5] 1. Mose 8,20

nun einmal böse von Jugend auf. Ich will nicht mehr alles Leben auf der Erde vernichten, wie ich es getan habe. Von jetzt an gilt, solange die Erde besteht: Nie werden aufhören Saat und Ernte, Frost und Hitze, Sommer und Winter, Tag und Nacht.'"[6]

Noach war auf eine verwüstete Erde zurückgekehrt und musste mit dem, was er an reinem Vieh und Vorräten noch besaß, sorgsam umgehen. Dass er trotz allem zuerst opfernd an den Herrn dachte und nicht daran, wie es für ihn und seine Familie weitergehen würde, war ein bewegendes Zeichen seines Vertrauens zu Gott. In dieser Gesinnung sollten auch wir ihm unsere Gaben bringen – als Zeichen des Dankes für Gottes Liebe und Güte, Versorgung und Bewahrung.

Der Regenbogen – ein Zeichen Gottes

Damit die Menschen nicht ständig in Angst vor einer neuen Flut leben mussten, gab Gott ihnen eine verbindliche Zusage mit auf den Weg: „Ich will das Leben nicht ein zweites Mal vernichten. Die Flut soll nicht noch einmal über die Erde hereinbrechen. Das ist der Bund, den ich für alle Zeiten mit euch und mit allen lebenden Wesen bei euch schließe. Als Zeichen dafür setze ich meinen Bogen in die Wolken. Er ist der sichtbare Garant für die Zusage, die ich der Erde mache. Jedes Mal, wenn ich Regenwolken über der Erde zusammenziehe, soll der Bogen in den Wolken erscheinen ... Der Bogen wird in den Wolken stehen, und wenn ich ihn sehe, wird er mich an den ewigen Bund erinnern, den ich mit allen lebenden Wesen auf der Erde geschlossen habe."[7]

Diese Zusage zeigt, wie groß Gottes Erbarmen mit den Menschen ist. Die Aussage, „der Bogen wird ... mich an den ewigen Bund erinnern" bedeutet nicht, dass Gott vergesslich wäre und an seine Zusage erinnert werden müsste. Vielmehr beugt er sich zu den Menschen herab und spricht sie in ihrer Sprache an, um sicherzugehen, dass er richtig verstanden wird.

Wenn spätere Generationen nach der Bedeutung des Regenbogens fragen würden, sollten ihnen die Eltern die Geschichte von der Sintflut erzählen. Dabei sollten aber nicht die schrecklichen Ereignisse im Mittelpunkt stehen, sondern vor allem Gottes gnädige Zusage, dass es solch eine alles vernichtende

[6] 1. Mose 8,21.22 [7] 1. Mose 9,11–14.16

Flut niemals wieder geben wird. Als Zeichen dafür würde immer mal wieder ein Regenbogen am Himmel erscheinen.

Dieser Bogen wird in der Offenbarung im Zusammenhang mit Christus erwähnt, als der wieder bei seinem Vater war.[8] Das deutet darauf hin: Wenn die Bosheit der Menschen Gottes Gericht herausfordert, legt der Sohn beim Vater Fürsprache ein. Er verweist auf den Regenbogen in den Wolken und auf den Regenbogen um den Thron Gottes als Zeichen seiner Gnade gegenüber den reuigen Sündern.

Trotz dieses Zeichens begannen die Menschen nach der Flut ihr neues Leben nicht ohne Befürchtungen: Wovon sollten sie leben? Wie sollten sie mit der Bedrohung durch wilde Tiere umgehen? Doch Gott versicherte ihnen: „Alle Tiere werden sich vor euch fürchten müssen ... Ich gebe sie in eure Gewalt. Ihr dürft von jetzt an Fleisch essen, nicht nur Pflanzenkost; alle Tiere gebe ich euch als Nahrung."[9] Vor dieser Zeit hatte Gott den Menschen nicht gestattet, Fleisch zu essen. Aber nun, als alle Vegetation vernichtet war, erlaubte er ihnen, das Fleisch von den reinen Tieren zu essen, die sie in der Arche zu je sieben Paaren mitgenommen hatten.[10]

Die Welt war durch die Flut völlig verändert. Damit die Erde nicht durch die verwesenden Überreste von Menschen und Tieren, die bei der Flut umgekommen waren, verpestet wurde, hatte Gott dafür gesorgt, dass all das unter weiten Ablagerungen begraben wurde. Und fast nichts mehr war so wie früher. Die einst wunderschönen Hügelketten waren aufgebrochen und irregulär. Scharfe Felsen ragten hervor und große Steine lagen auf der Erdoberfläche. Die einst reichen Schätze an Gold, Silber und Edelsteinen waren verborgen. Und auch das Klima war längst nicht mehr so angenehm wie vor der Flut. Die Degeneration der Menschen verstärkte sich zusehends und deshalb nahm ihr Lebensalter innerhalb einiger Generationen drastisch ab.[11]

---

[8] Offenbarung 4,2.3; 5,6 [9] 1. Mose 9,2.3
[10] 1. Mose 7,2.3; vgl. 3. Mose 11,2–8 [11] Siehe 1. Mose 11,10–25

10 | Der Turmbau in Babel*

Gott hatte Noach und seine Familie vor der alles vernichtenden Flut gerettet. Nun sahen sie sich vor eine enorme Aufgabe gestellt, denn „Gott segnete Noach und seine Söhne und sagte zu ihnen: ‚Seid fruchtbar, vermehret euch und füllt die ganze Erde.'"[1] Sem, Ham und Jafet sollten die Stammväter des nachsintflutlichen Menschengeschlechts werden. Welch eine Verantwortung, zumal sie durch ihre Charaktereigenschaften auch in die nachfolgenden Generationen prägend hineinwirken würden! Und bald zeigte sich, dass sie bei einem Sohn recht negativ waren.

„Noach bebaute die Felder, legte aber auch einen Weinberg an. Als er von dem Wein trank, wurde er betrunken und lag nackt in seinem Zelt. Ham, der Stammvater der Kanaaniter, entdeckte ihn so und lief sofort nach draußen, um es seinen beiden Brüdern zu erzählen. Da nahmen Sem und Jafet einen Mantel, legten ihn über ihre Schultern und gingen rückwärts ins Zelt. Sie ließen ihn mit abgewandtem Gesicht über ihren Vater fallen, um ihn nicht nackt zu sehen."[2]

Als Noach wieder nüchtern war und erfuhr, was Ham getan hatte, sagte er unter dem Einfluss des Heiligen Geistes die Geschichte der drei großen Menschenrassen voraus, die von seinen Söhnen abstammen würden. Ungewöhnlich war dabei, dass die Nachkommen Hams im Blick auf dessen Sohn Kanaan beschrieben wurden: „Verflucht sei Kanaan und sei seinen Brüdern ein Knecht!"[3] Noach sah voraus, dass sich der schlechte Charakter Hams besonders auf dessen Sohn Kanaan und seine Nachkommen übertragen würde.

Das ehrfürchtige Verhalten von Sem und Jafet ihrem Vater gegenüber verhieß ihnen und ihren Nachkommen dagegen eine gesegnete Zukunft. Der Spruch Noachs über diese Söhne lautete: „Gepriesen sei der Herr, der Gott Sems! Er mache Kanaan zu Sems Knecht! Gott schaffe Jafets Leuten weiten Wohnraum, bis mitten unter die Leute Sems. Er mache

* Dieses Kapitel basiert auf 1. Mose 9,18–29 und 11,1–9.

[1] 1. Mose 9,1 [2] 1. Mose 9,20–23 Hfa [3] 1. Mose 9,25 LB

Kanaan zu Jafets Knecht!"[4] Sems entfernte Nachkommen sollten einmal Gottes auserwähltes Volk werden. Von ihm würden Abraham und das Volk Israel abstammen, aus dem wiederum der Messias (griechisch Christos, der Gesalbte), der verheißene Retter, kommen sollte. Von Jafet heißt es, dass er sich „bis mitten unter die Leute Sems" verbreiten sollte. Damit war gemeint, dass hauptsächlich die Nachkommen Jafets an den Segnungen des Evangeliums Anteil haben sollten.

Die Nachkommen Kanaans sanken später tatsächlich in die entwürdigendsten Formen des Heidentums ab. Obwohl die Weissagung Noachs ihnen die Knechtschaft vorausgesagt hatte, bewahrte Gott sie trotz ihrer Gottlosigkeit und Verdorbenheit lange Zeit vor diesem Schicksal. Aber als eine bestimmte Grenze überschritten war, wurden sie zum großen Teil von den Israeliten auf das Geheiß Gottes ausgerottet und die Übrigen wurden zu Sklaven der Nachkommen Sems und Jafets.

Noach legte durch seine Zukunftsschau weder den Charakter noch das Schicksal seiner Söhne fest, aber er zeigte ihnen deutlich die Folgen ihrer Wesensart und Lebensweise. In der Regel erben Kinder einen Teil der Veranlagungen und Neigungen ihrer Eltern und übernehmen damit ein Erbe, das ihr eigenes Leben positiv oder negativ prägt. Im Falle Hams war das negative Erbe offensichtlich so bestimmend, dass es tatsächlich für viele Generationen zum Fluch wurde. Wie reich wurde dagegen Sems Achtung vor seinem Vater belohnt, welch ehrenvolle Reihe hervorragender und gläubiger Menschen findet sich bis heute in seiner Nachkommenschaft!

Einige Zeit blieben Noachs Nachkommen in den Bergen wohnen, dort, wo vormals die Arche gelandet war. Aber als die Sippen immer größer wurden, reichte der bisherige Lebensraum nicht mehr aus. Schließlich kam es zur Trennung.

Die Übervölkerung war aber nicht der einzige Grund dafür, sondern auch das Verhältnis der Menschen zum Glauben an Gott. Diejenigen, die ohne Gott und seine Gebote leben wollten, fühlten sich durch das Verhalten und die Verkündigung ihrer gottesfürchtigen Mitmenschen belästigt. Deshalb zogen sie in die Ebene Schinar am Ufer des Euphrat,[5] zumal die Schönheit dieses Landstrichs und die Fruchtbarkeit des Bodens geradezu zum Ansiedeln aufforderten.

---

[4] 1. Mose 9,26.27 [5] 1. Mose 11,2

Gott vereitelt den Turmbau

Nachdem sie dort sesshaft geworden waren, einigten sie sich, eine befestigte Stadt zu bauen und einen Turm von solcher Höhe zu errichten, wie ihn die Welt noch nicht gesehen hatte. Das würde sie für alle Zeiten berühmt machen.[6] Niemand kümmerte sich mehr darum, dass Gott den Menschen geboten hatte, sich über die ganze Erde auszubreiten. Die Erbauer der Stadt wurden sich einig, beieinander zu bleiben und ein mächtiges Reich zu gründen, in dem ihre Stadt mit dem gewaltigen Turm der Mittelpunkt sein sollte.

Aber Anlass zu diesem Projekt war auch ein gewisses Maß an Angst. Das Trauma der Sintflut war noch nicht überwunden und man traute der Zusage Gottes nicht, dass nie wieder solch eine verheerende Flut die Erde heimsuchen würde. Da würde ein Turm, der bis in den Himmel reichte, sie von Gott unabhängig machen. Das ganze Werk diente also nicht nur ihrem Stolz, sondern auch dazu, ihre Nachkommen von Gott abzuwenden.

Als der Turm schon fast fertiggestellt war, griff Gott selbst ein, um dem Werk ein Ende zu machen. Im biblischen Bericht heißt es ironisch: „Da kam der Herr vom Himmel herab, um die Stadt und den Turm anzusehen, die sie bauten"[7] – so klein war er.

Das Bauwerk hatte inzwischen eine solche Höhe erreicht, dass in bestimmten Abständen Posten aufgestellt werden mussten, die Arbeitsanweisungen oder Materialanforderungen weitergaben. Aber eines Tages verstanden die Leute einander plötzlich nicht mehr. Das hatte Gott bewirkt, denn er sagte: „Wir steigen hinab und verwirren ihre Sprache, damit niemand mehr den anderen versteht!"[8]

Deshalb war an Weiterarbeiten nicht mehr zu denken. Das ehrgeizige Projekt musste aufgegeben werden. Niemand konnte sich die merkwürdigen Missverständnisse erklären, und weil die Bauleute nicht nur enttäuscht, sondern auch wütend aufeinander waren, kam es zu scharfen Auseinandersetzungen, die schließlich zur Trennung führten. „So zerstreute der Herr sie über die ganze Erde und sie konnten die Stadt nicht weiterbauen. Darum heißt diese Stadt Babel, denn dort hat der Herr die Sprache der Menschen verwirrt und von dort aus die Menschheit über die ganze Erde zerstreut."[9]

---

[6] 1. Mose 11,3.4 [7] 1. Mose 11,5 [8] 1. Mose 11,7

Nun taten sich zwangsläufig diejenigen zusammen, die sich miteinander verständigen konnten. Schließlich ging jede Gruppe ihren eigenen Weg. Damit geschah genau das, was die Menschen durch den Bau der Stadt hatten verhindern wollen: Sie wurden in alle Himmelsrichtungen zerstreut und bevölkerten so die Erde, wie der Herr es geboten hatte. Aber das, was eigentlich Gottes Auftrag an die Menschen war, nämlich das Licht der Wahrheit mit in alle Welt zu nehmen, wurde nicht erreicht.

Noach, der treue Prediger der Gerechtigkeit, lebte noch 350 Jahre nach der Flut, Sem noch 500 Jahre.[10] Ihre Nachkommen hatten also die Möglichkeit, Gottes Gebote und die Geschichte ihrer Vorväter aus erster Hand kennenzulernen. Doch die meisten hatten kein Verlangen danach, Gott im Gedächtnis zu behalten. Und durch das Sprachengewirr war nun ein Gedankenaustausch mit denen, die ihnen die erforderliche Erkenntnis hätten vermitteln können, schwer möglich.

Hinzu kam, dass Satan, der Widersacher Gottes, nun verstärkt versuchte, die Menschen immer weiter von Gott wegzutreiben. Die Opfer, die von den Gläubigen dargebracht wurden, versuchte er auf jede Weise in Misskredit zu bringen, weil sie ein Hinweis auf den Opfertod Christi waren. Schließlich gelang es Satan sogar, den Opferdienst so zu verfälschen, dass Menschen sich dazu hinreißen ließen, ihre eigenen Kinder auf Götzenaltären zu opfern. Mit der Abwendung von Gott wurden Gerechtigkeit, Reinheit und Liebe – Wesenszüge Gottes – von Unterdrückung, Hass und brutaler Gewalt verdrängt.

Mit dem Bau der Stadt Babel wollten viele Menschen ihrer Unabhängigkeit und Abkehr von Gott sichtbar Ausdruck verleihen. Doch es gab vereinzelt auch noch Gläubige, die sich zu Gott hielten und ihn verehrten. Um dieser Getreuen willen verzögerte der Herr sein Strafgericht, sodass sich umso deutlicher zeigte, welcher Geist die von Gott Abgefallenen beherrschte. Die Gläubigen bemühten sich, ihre Mitmenschen von dem gotteslästerlichen Vorhaben des Turmbaus abzubringen, aber sie stießen auf taube Ohren. Die dem Herrn vertrauten, schrien zu ihm um Hilfe. Schließlich griff Gott ein, um die Welt davor zu bewahren, dass sie schon so bald nach der Sintflut erneut ein Strafgericht heraufbeschwor.

---

[9] 1. Mose 11,8.9; der Name „Babel“ wird hier durch einen Anklang an das hebräische Wort für „verwirren“ gedeutet. [10] 1. Mose 9,28; 11,10.11

Als er das Vorhaben der Turmbauer vereitelte, war das kein Willkürakt, sondern ein Zeichen seiner Gnade: Aus Barmherzigkeit verwirrte er ihre Sprache und machte ihrem Vorhaben auf unblutige Weise ein Ende.

Gott hat lange Geduld mit den aufsässigen Menschen und gibt ihnen reichlich Gelegenheit zur Umkehr. Von Zeit zu Zeit streckt er aber seine unsichtbare Hand aus, um der Bosheit Einhalt zu gebieten. Es gibt viele Belege dafür, dass der Schöpfer des Universums der oberste Herr der Erde ist. Dennoch wächst die Zahl derer, die das bestreiten. Sie glauben nicht an Gott, missachten seine Gebote und Ordnungen und machen die menschliche Vernunft zum allein gültigen Maßstab. Die Folgen sind nicht zu übersehen, denn „weil das Urteil über böses Tun nicht sogleich ergeht, wird das Herz der Menschen voll Begier, Böses zu tun."[11]

In der christlichen Welt wenden sich heute viele von der Botschaft der Bibel ab und zimmern sich einen Glauben, der ihren eigenen Wünschen und Vorstellungen entspricht. Einige lehren, die Menschen besäßen eine unsterbliche Seele, die nach dem Tod weiterexistiert, andere behaupten, dass man auch ohne Gehorsam gegenüber den Geboten Gottes für das ewige Leben errettet wird. Wenn alle, die sich Christen nennen, die Bibel ernst nähmen, kämen sie zu einer Einheit. Aber solange menschliche Weisheit höher geschätzt wird als Gottes Wort, wird die Verwirrung nicht ab-, sondern zunehmen. Die Vielfalt der Glaubensbekenntnisse und religiösen Anschauungen kann man treffend mit dem Ausdruck „Babel" – Verwirrung – bezeichnen.

Die Zeit wird kommen – wie damals beim Turmbau –, in der eintrifft, was der Psalmdichter vorausgesagt hat: „Der Herr durchkreuzt die Beschlüsse der Völker, er macht ihre stolzen Pläne zunichte. Doch was er selbst sich vornimmt, das führt er auch aus; sein Plan steht für alle Zeiten fest. Glücklich das Volk, das den Herrn zum Gott hat, das er erwählt hat als sein Eigentum!"[12]

---

[11] Prediger 8,11 LB [12] Psalm 33,10.11

Teil III

Die Patriarchen des Volkes Israel

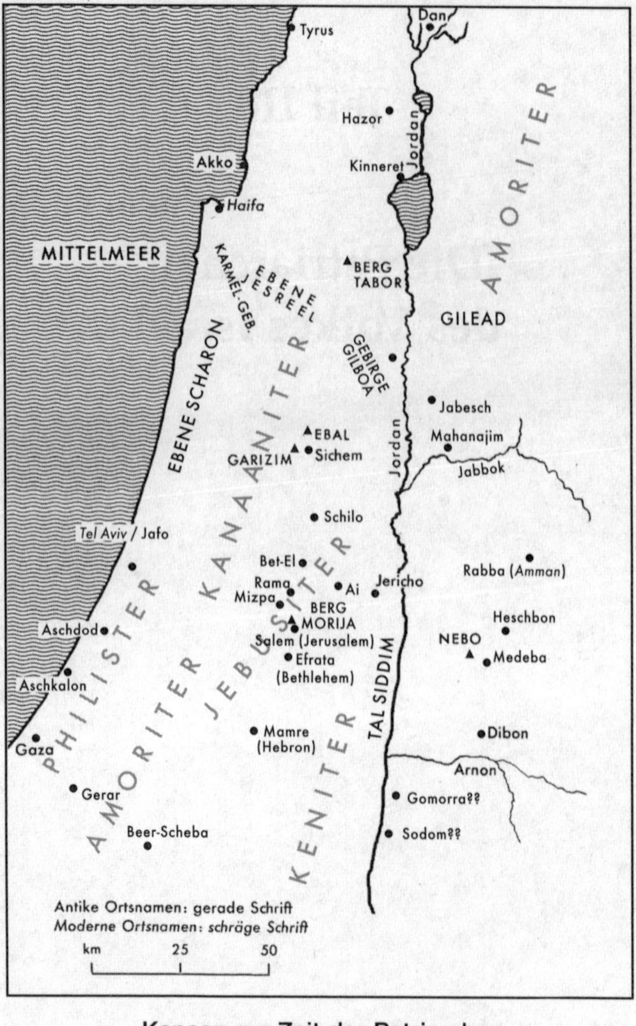

Kanaan zur Zeit der Patriarchen

11 Abrahams Berufung*

Nachdem sich die Menschen von Babel aus über die Erde zerstreut hatten, breitete sich auch die Götzenverehrung immer weiter aus. Weil sie sich gegenüber dem Einfluss Gottes immer mehr verhärteten, überließ der Herr sie schließlich ganz ihren bösen Neigungen und Wegen.

Er erwählte Abram,[1] einen Nachkommen Sems, das Wissen um Gott und seine Gebote zu bewahren und an künftige Generationen weiterzugeben. Abraham war in der großen Stadt Ur am Eufrat inmitten heidnischen Aberglaubens aufgewachsen. Sogar die Familie seines Vaters Terach, die noch Gotteserkenntnis besaß, gab den verführerischen Einflüssen ihrer Umwelt nach und „verehrte fremde Götter".[2] Aber Abraham hielt unerschütterlich an der Anbetung Gottes fest. Dadurch bewahrte er den wahren Glauben.

Gott gab ihm Einblick in seine Pläne und schenkte ihm Erkenntnis über sein Gesetz und die Erlösung durch Christus. Er sicherte ihm zu: „Deine Nachkommen sollen zu einem großen Volk werden; ich werde dir viel Gutes tun; deinen Namen wird jeder kennen und mit Achtung aussprechen. Durch dich werden auch andere Menschen am Segen teilhaben." Und er fügte hinzu, dass aus seiner Familie der Erlöser der Welt kommen sollte: „Alle Völker der Erde sollen durch dich gesegnet werden."[3] Doch bevor sich diese Zusagen erfüllen konnten, wurde Abrahams Glaube auf die Probe gestellt: Er musste etwas aufgeben.

Da auch er in der Gefahr stand, in die Abgötterei hineingezogen zu werden, forderte Gott Abraham auf: „Verlass deine Heimat, deine Sippe und die Familie deines Vaters und zieh in das Land, das ich dir zeigen werde!"[4] Abraham sollte sich von dem Einfluss seiner Verwandten lösen, ohne ihnen begreiflich machen zu können, warum er in eine völlig ungewisse Zukunft aufbrechen wollte. Geistliche Dinge werden eben nur

* Dieses Kapitel basiert auf 1. Mose 11,27 bis 12,20.

[1] Abram wurde von Gott später in Abraham umbenannt (siehe S. 91); hier wird durchgängig sein geläufiger Name gebraucht.

[2] Josua 24,2 [3] 1. Mose 12,2.3 Hfa [4] 1. Mose 12,1

geistlich wahrgenommen. Darum verstanden die dem Götzendienst zugeneigten Verwandten Abrahams Beweggründe nicht. Sein uneingeschränkter Gehorsam gehört zu den auffallendsten Glaubenszeugnissen der ganzen Bibel.

Eigentlich fesselten ihn starke Bande an die Heimat und seine Verwandtschaft; dennoch zögerte er nicht und folgte Gottes Ruf. Er stellte auch keine Fragen über das Land der Verheißung, etwa ob der Boden fruchtbar und das Klima angenehm war. Für ihn war der beste Ort auf Erden der, an dem Gott ihn haben wollte.

Ohne die geringste äußere Sicherheit verließ sich Abraham auf die Verheißung Gottes. Er gab Heimat, Verwandtschaft und Vaterland auf, „denn Abraham glaubte fest an Gott und hörte auf ihn. Als Gott ihm befahl, in ein Land zu ziehen, das ihm erst viel später gehören sollte, verließ er seine Heimat. Dabei wusste er überhaupt nicht, wohin er kommen würde. Er vertraute Gott. Das gab ihm die Kraft, als Fremder in dem Land zu leben, das Gott ihm versprochen hatte".[5]

Wie damals Abraham werden auch heute viele Gläubige auf die Probe gestellt. Zwar hören sie keine Stimme vom Himmel, aber Gott ruft sie durch Gebote oder Lehren der Heiligen Schrift oder durch Fügungen im Alltag. Das mag erfordern, auf eine Erfolg versprechende Laufbahn zu verzichten, die Wohlstand bringen würde, oder sich von Angehörigen zu trennen, um einen Weg zu gehen, der ihnen Selbstverleugnung und Opferbereitschaft abverlangt. Dennoch nehmen sie das alles auf sich, weil sie spüren, dass Gott sie gerufen hat und verwandtschaftliche oder freundschaftliche Bindungen nur hinderlich wären.

Wer wäre von uns bereit, auf einen Ruf Gottes hin seine Lebensplanung zu ändern? Wer würde neue Pflichten übernehmen und unbekannte Gebiete betreten? Wer dazu bereit ist, hat Abrahams Glauben und wird mit ihm das verheißene Land – die neue Erde – erben.[6]

Gottes Ruf erreichte Abraham zum ersten Mal, als er noch in Ur in Chaldäa wohnte und gehorsam zog er etwa 1000 Kilometer am Eufrat aufwärts nach Haran. Bis dorthin begleitete ihn die Familie seines Vaters. Dort blieb Abraham, bis sein Vater Terach starb.[7]

---

[5] Hebräer 11,8.9 Hfa [6] Siehe Galater 3,9.10.29.

[7] Apostelgeschichte 7,2–4; 1. Mose 11,31.32

Der Aufbruch ins Ungewisse

Nach dem Tod seines Vaters gebot Gott Abraham weiterzuziehen. Außer Sarai, Abrahams Frau, entschloss sich nur sein Neffe Lot, das Nomadenleben seines Onkels zu teilen. Abraham besaß große Herden und verfügte über viele Knechte und Mägde. Er verließ das Land seiner Vorfahren, um nie wieder dahin zurückzukehren. „Sie nahmen ihren ganzen Besitz mit, auch die Menschen, die sie in Haran in Dienst genommen hatten."[8] Während des Aufenthalts in Haran hatten Abraham und Sarai alle, die zu ihrem Haushalt gehörten, zur Anbetung des wahren Gottes geführt. Diese Leute begleiteten sie in das Land der Verheißung Kanaan, später Palästina genannt.

Der erste Ort, an dem sie Halt machten, war Sichem. In einem weiten, grünen Tal mit Olivenhainen und sprudelnden Quellen schlug Abraham seine Zelte auf. Es war ein schönes Land, „reich an Grundwasser, an Quellen und Bächen, die in den Bergen und Tälern entspringen. Es gibt dort Weizen und Gerste, Weintrauben und Feigen, Granatäpfel, Oliven und Honig."[9] Aber für die Anbeter des wahren Gottes lastete ein dunkler Schatten auf den bewaldeten Höhen und fruchtbaren Ebenen. In den Hainen standen Altäre, die Götzen geweiht waren, und auf den umliegenden Höhen wurden Menschenopfer dargebracht.

„An dieser Stätte zeigte der Herr sich Abram und versprach ihm: ‚Ich werde dieses Land deinen Nachkommen geben!'" Diese Zusicherung stärkte ihn in seinem Vertrauen. „Abram schichtete Steine auf als Opferstätte für Gott, dort, wo der Herr ihm erschienen war." Bald zog Abraham in die Nähe von Bet-El. Dort errichtete er wieder einen Altar und rief den Namen des Herrn an.[10]

Was die Beziehung zu Gott betrifft, können wir einiges von Abraham lernen. Er war ein Mann des Gebets. Wo immer er sein Zelt aufschlug, errichtete er in der Nähe einen Altar, zu dem er alle, die zu ihm gehörten, zum Morgen- und Abendopfer rief. Wurde das Zelt abgebrochen, blieb der Altar als Zeugnis der Anbetung des wahren Gottes stehen. Und da Abraham seinen Glauben an Gott auch vor den kanaanitischen Bewohnern des Landes offen bezeugte, beteten manche von ihnen an diesen Altären ebenfalls den lebendigen Gott an.

---

[8] 1. Mose 12,5 [9] 5. Mose 8,7.8 Hfa [10] 1. Mose 12,7.8 Hfa

Eine Hungersnot als Prüfung

Abraham zog dann weiter nach Süden, und wieder wurde sein Glaube auf die Probe gestellt. Der Himmel hielt den Regen zurück. Die Herden fanden nicht mehr genug Futter und der Hungertod bedrohte das ganze Lager. Aufmerksam beobachteten alle, wie sich Abraham in dieser existenziellen Bedrohung verhalten würde. Solange sein Vertrauen auf Gott nicht erschüttert zu sein schien, hofften auch sie. Sie glaubten nämlich, dass Gott auf Abrahams Seite stand und sie davon profitieren könnten.

Abraham hielt an der Verheißung Gottes fest, aber er wollte seinen Glauben an Gottes Zusagen nicht durch die Verhältnisse erschüttern lassen. Um der Hungersnot zu entgehen, zog er nach Ägypten.[11] Er kehrte auch nicht ins Land Chaldäa zurück und gab Kanaan nicht auf, sondern suchte eine vorübergehende Zuflucht in der Nähe des verheißenen Landes.

Der Herr mutete Abraham diese Prüfung zu, um ihn Demut, Geduld und Vertrauen zu lehren. Sie sollte auch denen zum Besten dienen, die nach ihm Not und Anfechtung erdulden mussten. Gott führt seine Kinder manchmal unbegreifliche Wege, aber er vergisst und verstößt keinen, der ihm vertraut. Gerade die härtesten Glaubensprüfungen, die manchmal den Anschein erwecken, als habe Gott uns verlassen, sollen uns näher zu Christus bringen, damit wir alle unsere Lasten ihm zu Füßen legen und den Frieden finden, den er uns schenken will.

Wie es der Glut des Schmelzofens bedarf, um die Schlacke vom Metall zu trennen, so zeigt es sich oft erst in der Anfechtung, ob der Glaube echt ist. Nicht selten tragen gerade Notsituationen zur Charakterbildung bei. Deshalb lässt Gott seine Kinder manchmal durch harte Prüfungen gehen. Er sieht bei so manchen die vorhandenen Fähigkeiten, die zum Fortschritt seines Werkes gebraucht werden könnten. In seiner Weisheit führt er sie in Lebenslagen, die ihnen ihre charakterlichen Mängel und Schwächen deutlich vor Augen führen sollen. Indem er ihnen ihre Unzulänglichkeiten offenbart, erzieht er sie dazu, sich ganz auf ihn zu verlassen. Auf diese Weise werden sie vorbereitet, die Absicht zu erfüllen, zu der Gott ihnen Gaben und Fähigkeiten gegeben hat.

---

[11] 1. Mose 12,10

Auch „Glaubensväter“ versagen

In Ägypten zeigte Abraham, dass auch er nicht frei von menschlicher Schwäche war. Sarai war eine außergewöhnlich schöne Frau und deshalb befürchtete Abraham, dass reiche Ägypter die hübsche Fremde begehren und keine Bedenken haben würden, ihren Mann umzubringen. Deshalb gab er sie als seine Schwester aus.[12] Schuldgefühle quälten ihn dabei nicht, weil das in gewissem Sinne zutraf: Sarai war die Tochter seines Vaters Terach, hatte aber eine andere Mutter als er selbst.[13] Dennoch war dies ein Täuschungsmanöver, das zudem Sarai in große Gefahr brachte.

Der ägyptische König hörte von der „schönen Fremden“ und ließ sie in seinen Harem bringen.[14] Wenn Gott nicht eingegriffen hätte, wäre die ganze Geschichte übel ausgegangen. Dadurch aber, dass Gott die Familie des Pharao mit Plagen heimsuchte und der König nach der Ursache dafür forschte, flog der Schwindel schließlich auf. Erbost über die Täuschung machte er Abraham schwere Vorwürfe: „Warum hast du mir das angetan? Du hättest mir doch sagen können, dass sie deine Frau ist! Aber du hast sie für deine Schwester ausgegeben, nur deshalb habe ich sie mir zur Frau genommen. Nun, sie gehört dir; nimm sie und geh!“[15]

Trotz allem entließ der Pharao Abraham freundlich und großmütig, aber er gebot ihm, Ägypten zu verlassen. Ohne es zu ahnen, war er im Begriff gewesen, Abraham ein schweres Unrecht zuzufügen. Gott jedoch bewahrte den Pharao vor Schuld. Er begriff, dass dieser Fremdling ein vom Gott des Himmels geehrter Mann sein musste. Wäre Abraham in Ägypten geblieben, hätten sein wachsender Reichtum und sein großes Ansehen wahrscheinlich den Neid oder die Begehrlichkeit der Ägypter geweckt. Offenbar fürchtete der König, dass Abraham und seinem Anhang von missgünstigen Ägyptern Unrecht zugefügt werden könnte, für das am Ende das Königshaus mit neuen Plagen büßen müsste.

Der Vorfall konnte nicht verborgen bleiben. Man sah, dass der Gott, dem Abraham diente, seinen Diener schützte und ihm angetanes Unrecht nicht hinnahm. Es erschien zu gefährlich, einem Freund Gottes zu schaden.

---

[12] 1. Mose 12,11–13 [13] 1. Mose 20,12 [14] 1. Mose 12,14.15
[15] 1. Mose 12,18.19

12 | Abrahams Leben in Kanaan*

Abraham kehrte nach Kanaan zurück, „sehr reich an Vieh, Silber und Gold".[1] Lot mit seiner Familie war noch immer bei ihm. Wieder kamen sie nach Bet-El und schlugen dort ihre Zelte auf. In der Notzeit hatten sie einträchtig beieinander gewohnt. Aber mit dem Wohlstand wuchs auch die Gefahr, dass Streitigkeiten die Familien entzweiten. Vor allem die knapp werdenden Weideflächen sorgten immer wieder für Streit zwischen Abrahams und Lots Hirten.[2] Deshalb dachte Abraham über die Möglichkeit einer Trennung nach.

Er stand vom Verwandtschaftsgrad her über Lot und hätte von sich aus Festlegungen treffen können, um den Frieden zwischen den beiden Familien zu wahren. Außerdem hatte Gott ihm und seinen Nachkommen das Land zugesagt, nicht Lot. Aber Abraham verzichtete auf sein Recht und schlug eine gütliche Einigung vor. Dabei ließ er seinem Neffen Lot sogar den Vortritt: „Es soll doch kein Streit zwischen uns sein, auch nicht zwischen unseren Hirten. Wir sind doch Brüder! Das Beste ist, wir trennen uns. Das ganze Land steht dir offen: Du kannst nach Norden gehen, dann gehe ich nach Süden; du kannst auch nach Süden gehen, dann gehe ich nach Norden."[3]

Wer hätte nicht unter ähnlichen Umständen auf sein „gutes Recht" gepocht? Wie viele Familien sind dadurch zerstritten! Wie viele Gemeinden sind zum Gespött ihrer Umwelt geworden, weil es manchen mehr um ihr Recht ging als um Wahrheit und Frieden. Kinder Gottes sind in der ganzen Welt wie eine Familie; deshalb sollten sie sich auch von dem Geist der Liebe und Versöhnlichkeit leiten lassen, der damals Abraham auszeichnete.

In diesem Sinne mahnte der Apostel Paulus:„ Seid in herzlicher Liebe miteinander verbunden, gegenseitige Achtung soll euer Zusammenleben bestimmen."[4] Würden wir andere Menschen immer so behandeln, wie wir es für uns selbst wünschen, entstünden viele der Probleme, mit denen wir uns

---

* Dieses Kapitel basiert auf 1. Mose 13 bis 15, 17 und 18.

[1] 1. Mose 13,2 LB [2] 1. Mose 13,5–7 [3] 1. Mose 13,8.9 [4] Römer 12,10 Hfa

selbst das Leben schwer machen, gar nicht erst. Wenn die Liebe Christi in uns wohnt, werden wir uns an den Rat des Apostels halten: „Weder Eigennutz noch Streben nach Ehre sollen euer Handeln bestimmen. Im Gegenteil, seid bescheiden, und achtet den anderen mehr als euch selbst. Denkt nicht an euren eigenen Vorteil, sondern habt das Wohl der anderen im Auge."[5]

Obwohl Lot seinen Wohlstand zu einem nicht geringen Teil Abraham verdankte, brachte er das mit keinem Wort zum Ausdruck, sondern suchte vor allem seinen Vorteil. „Lot schaute sich nach allen Seiten um. Er sah, dass es in der Jordanebene reichlich Wasser gab. Bevor der Herr Sodom und Gomorra zerstörte, war es dort wie im Garten Gottes oder wie am Nil in Ägypten."[6] Das Jordantal war die fruchtbarste Gegend in ganz Kanaan und erinnerte an das Paradies. Es glich dem reichen Niltal, das Abraham und Lot kurz zuvor verlassen hatten. Dort gab es reiche, schöne Städte, deren Märkte zu einträglichem Handel einluden.

Lot war von der Aussicht auf irdischen Gewinn so geblendet, dass er den sittlichen Tiefstand, der in diesen Städten herrschte, völlig außer Acht ließ. Jedenfalls „entschied sich Lot für die Jordangegend" und „kam im Lauf der Zeit mit seinen Zelten bis nach Sodom".[7] Damals ahnte er noch nicht, welche Folgen seine eigennützige Wahl haben würde!

Kurz nachdem er sich von Lot getrennt hatte, zog Abraham mit seinem Anhang in die Nähe von Hebron.[8] Unter dem freien Himmel der Hochebene mit ihren Olivenhainen und Weinbergen, ihren wogenden Kornfeldern und ausgedehnten Weideflächen errichtete er seine Zelte und war mit dem einfachen Leben zufrieden.

Die Volksstämme jener Gegend achteten Abraham als einen mächtigen Fürsten und als kluges, tüchtiges Sippenoberhaupt. Er pflegte gute nachbarliche Beziehungen zu ihnen. Obwohl er sich bezüglich seines Glaubens und Lebens deutlich von den Götzenanbetern unterschied, hörte man auf ihn. Seine unerschütterliche Treue zu Gott und seine umgängliche, wohlwollende Art flößten ihnen Vertrauen ein.

Wenn Christus im Herzen eines Menschen wohnt, bleibt das auch denen nicht verborgen, die den Glauben nicht teilen oder nichts von Religion halten. Es ist, als würden die Nebel

---

[5] Philipper 2,3.4 Hfa [6] 1. Mose 13,10 [7] 1. Mose 13,11.12 [8] 1. Mose 13,18

der Selbstsucht und Sünde von der „Sonne der Gerechtigkeit“[9] vertrieben. Gottes Kinder sind Lichter in der sittlichen Finsternis dieser Welt. Wo immer sie auch leben, sollen sie ihren Mitmenschen die Erkenntnis Gottes und die Wirkung seiner Gnade sichtbar machen. In ihrem Verhalten soll sich der Gegensatz zur allgemein verbreiteten Selbstsucht zeigen.

Abraham war klug im Umgang mit Menschen und tapfer und geschickt im Kampf. Daher trugen ihm drei Amoriter, Herrscher über die Ebene, in der Abraham wohnte, ihre Freundschaft an. Sie luden ihn um der größeren Sicherheit willen ein, mit ihnen einen Bund zu schließen, denn das Land war voll von Gewalt und Unterdrückung. Und es dauerte nicht lange, bis sich Abraham eine Gelegenheit bot, aus diesem Bündnis Nutzen zu ziehen.

Abraham befreit Gefangene

Jahre zuvor war Kedor-Laomer, der König von Elam, in Kanaan eingefallen und hatte das Land tributpflichtig gemacht. Als sich mehrere Fürsten gegen ihn auflehnten, rückte der Elamiterkönig erneut heran, um den Aufstand niederzuschlagen. Fünf kanaanitische Stadtkönige vereinten daraufhin ihre Streitkräfte, wurden aber vernichtend geschlagen. Die Sieger plünderten die Städte in der Jordanebene und zogen mit reicher Beute und vielen Gefangenen, unter denen sich auch Lot und seine Familie befanden, davon.[10]

Abraham erfuhr durch einen Flüchtling vom Unglück seines Neffen. Eigentlich hätte er Lot wegen dessen undankbarem Verhalten bei der Trennung gram sein können, aber das war nicht seine Art. Im Gegenteil, als er von dessen Verschleppung hörte, war ihm klar, dass er seinem Neffen zu Hilfe kommen musste.

Abraham suchte Rat bei Gott und als er die Gewissheit hatte, mit dessen Hilfe rechnen zu können, bereitete er alles für einen Kampf gegen die Eindringlinge vor. Aus seinem eigenen Lager standen ihm 318 kampfgeübte Knechte zur Verfügung, die mit Waffen umzugehen wussten. Seine amoritischen Verbündeten Mamre, Eschkol und Aner schlossen sich mit ihren Kriegern an und zogen gemeinsam mit ihm zur Verfolgung der Invasoren aus.[11]

---

[9] Maleachi 3,20 LB [10] 1. Mose 14,8–12 [11] 1. Mose 14,13.14

Die Elamiter hatten ihr Lager bei Dan an der Nordgrenze Kanaans aufgeschlagen und feierten ihren Sieg mit einem großen Gelage. Abraham und die Kämpfer überfielen das Lager bei Nacht. Der Angriff traf die Feinde so unvorbereitet, dass sie kaum Widerstand leisteten. König Kedor-Laomer wurde erschlagen und seine Streitkräfte fast gänzlich aufgerieben. Lot mit seiner Familie und alle anderen Gefangenen mit ihrem eigenen Hab und Gut wurden befreit.[12] Dazu fiel den Siegern auch noch reiche Beute in die Hände.

Allen war klar, dass dieser Erfolg Abraham und seinem Gott zu verdanken war. Der Fremdling hatte nicht nur dem Land einen großen Dienst erwiesen, sondern sich auch als tatkräftiger und tapferer Mann gezeigt. Ein Leben in Frömmigkeit hat nichts mit Duckmäusertum zu tun. Im Gegenteil, der Glaube an den wahren Gott hatte Abraham den Mut verliehen, trotz der Übermacht des Feindes für das Recht einzutreten und Unterdrückte zu verteidigen.

Bei seiner Rückkehr kam Abraham der König von Sodom mit seinem Gefolge entgegen, um den Sieger zu ehren. Der König bat nur um die Rückgabe der Gefangenen. Nach damaligem Kriegsrecht gehörte die Beute dem Sieger. Aber Abraham lehnte es ab, aus dem Unglück anderer persönliche Vorteile zu ziehen. Er sagte zum König: „Ich behalte nichts von dem, was dir gehört, auch nicht einen Faden oder Schuhriemen! Gott ist mein Zeuge! Du sollst nicht sagen können: ‚Ich habe Abram reich gemacht.'" Er stellte nur die Bedingung, dass seine drei Verbündeten den Anteil erhalten sollten, der ihnen zustand.[13]

Nicht viele hätten solch eine Gelegenheit, sich zu bereichern, ungenutzt verstreichen lassen! Abrahams Verhalten ist deshalb ein ständiger Vorwurf für alle, die sich nicht scheuen, auf Kosten anderer ihren Vorteil zu suchen. Gott hatte verheißen, Abraham zu segnen, und ihm gebührte Vertrauen.

Noch ein anderer kam, um den siegreichen Abraham zu begrüßen: Melchisedek, der König von Salem (dem späteren Jerusalem). Als „Priester des höchsten Gottes" segnete er Abraham und dankte dem Herrn, der durch seinen Diener solch einen Sieg bewirkt hatte. Abraham gab daraufhin ihm „den zehnten Teil von allen Gütern".[14]

---

[12] 1. Mose 14,15.16 [13] 1. Mose 14,17.21–24 [14] 1. Mose 14,18–20 Hfa

Gott schließt einen Bund mit Abraham

Abraham war bisher ein Mann des Friedens gewesen und hatte Streit möglichst vermieden. Mit Schaudern dachte er an das Blutvergießen, das er gerade erlebt hatte. Andererseits sagte er sich, dass diese totale Niederlage nötig gewesen war, um die Feinde davon abzuhalten, erneut in Kanaan einzufallen. Dann wären er und die Seinen das bevorzugte Ziel ihrer Rache geworden.

Aber nicht nur solche Gedanken beunruhigten ihn. Gott hatte ihm zwar als Ersatz für die verlorene Heimat für alle Zeiten das Land Kanaan als Besitz zugesagt, aber wie sollte das Wirklichkeit werden? Schließlich hatte er nicht einmal einen Sohn – und konnte auch kaum noch darauf hoffen, einen zu bekommen, der die Erfüllung der Verheißung erleben würde.

Doch dann hörte er in einer nächtlichen Vision wieder Gottes Stimme: „Hab keine Angst, Abram, ich bin dein Schutz! Du sollst reich belohnt werden."[15] Aber wie sollte sich die Verheißung erfüllen, wenn Gott ihm den ersehnten Erben vorenthielt? Deshalb fragte er: „Ach Herr, mein Gott, was willst du mir denn schon geben? Ich habe keinen Sohn, und ohne einen Nachkommen sind alle Geschenke wertlos. Ein Diener meines Hauses – Eliëser von Damaskus – wird meinen ganzen Besitz erben."[16] Aber Gott versicherte ihm, dass sein eigenes Kind der Erbe sein sollte. Dann forderte ihn der Herr auf, zu den Sternen am Himmel aufzuschauen und sagte: „‚So unzählbar werden deine Nachkommen sein!' Abram glaubte der Zusage des Herrn, und der Herr rechnete ihm dies als Beweis der Treue an."[17]

Gott schloss dann mit Abraham einen Bund. Im Schlaf hörte der die Stimme Gottes, die ihm verkündete, dass er selbst das Land Kanaan nicht in Besitz nehmen würde, weil seine Nachkommen erst nach einer 400-jährigen Sklaverei in einem fremden Land ihre Heimat in Kanaan einnehmen würden.[18] Gott gewährte ihm auch Einblick in den Erlösungsplan und machte ihn dabei vertraut mit dem Opfertod Christi und seiner Wiederkunft in Herrlichkeit. Schließlich sah Abraham die Stadt Gottes und die erneuerte Erde, die er als endgültige Erfüllung der Verheißung auf ewig besitzen sollte.[19]

---

[15] 1. Mose 15,1 [16] 1. Mose 15,2.3 Hfa [17] 1. Mose 15,4–6
[18] 1. Mose 15,12–14.18 [19] Hebräer 11,9.10

Als Abraham fast 25 Jahre in Kanaan gelebt hatte, erschien ihm der Herr erneut und sprach: „Ich verbürge mich dafür: Du wirst zum Vater vieler Völker werden."[20] Als Zeichen der Erfüllung dieses Bundes sollte sein Name, der bisher Abram lautete, in Abraham geändert werden. Das bedeutet „Vater vieler Völker".[21] Und seine Frau Sarai sollte in Zukunft Sara, „Fürstin", heißen, denn „sie soll die Stammmutter zahlreicher Völker werden, und Könige werden von ihr abstammen!"[22]

Zu dieser Zeit gebot Gott Abraham, dass alle seine männlichen Nachkommen beschnitten werden sollten. Dies war ein Bundeszeichen dafür,[23] dass sie sich von den Götzendienern getrennt hatten und Gott sie als sein auserwähltes Eigentum angenommen hatte. Sie durften keine Ehen mit Heiden schließen, weil sie sonst in Gefahr geraten würden, die verkehrten Gewohnheiten anderer Völker zu übernehmen und zur Abgötterei verführt zu werden.

Gottes Besuch bei Abraham

Gott zeichnete Abraham dadurch aus, dass er mit ihm wie mit einem Freund verkehrte. Als er über das gottlose Sodom ein Strafgericht vollstrecken wollte, teilte er Abraham diese Absicht vorher mit. Der wurde zum Fürsprecher für die von der Vernichtung bedrohten Sünder.

Eines Tages, als der Patriarch zur Mittagszeit im Eingang seines Zeltes saß, sah er in der Ferne drei Wanderer näherkommen. Ehe sie sein Zelt erreichten, machten sie Halt. Ohne darauf zu warten, dass sie ihn um einen Gefallen bitten würden, lud Abraham sie ein, bei ihm Rast zu machen. Er holte Wasser, um ihnen die Füße vom Staub der Reise zu reinigen. Während sie sich im Schatten ausruhten, ließ er ein Mahl bereiten und stand ehrerbietig daneben, während sie seine Gastfreundschaft genossen.[24] Über zweitausend Jahre später bezog sich der Schreiber des Hebräerbriefs auf dieses Geschehen: „Vergesst nicht, Gastfreundschaft zu üben, denn auf diese Weise haben einige, ohne es zu wissen, Engel bei sich aufgenommen."[25]

Abraham hatte in seinen Gästen nur drei müde Wanderer gesehen und wusste nicht, dass er einen von ihnen hätte anbeten dürfen, ohne sich zu versündigen. Bald aber wurde das

---

[20] 1. Mose 17,4 [21] 1. Mose 17,5 [22] 1. Mose 17,15.16 Hfa
[23] 1. Mose 17,9–11 [24] 1. Mose 18,1–8 [25] Hebräer 13,2

wahre Wesen der Gottesboten offenbar. Sie waren zwar mit einer Gerichtsbotschaft unterwegs, sprachen aber zuerst von einem besonderen Segen: Sara, die inzwischen 90 Jahre alt war, würde im nächsten Jahr einen Sohn gebären.[26]

Abraham wurde die Ehre zuteil, in Gottes Pläne eingeweiht zu werden. „Über die Leute von Sodom und Gomorra sind schwere Klagen zu mir gedrungen. Ihre Schuld schreit zum Himmel. Deshalb will ich jetzt hingehen und mit eigenen Augen sehen, ob das wahr ist."[27] Der Herr kannte das Ausmaß der Sünden Sodoms sehr wohl, aber er bediente sich menschlicher Ausdrucksweise, damit wir die Gerechtigkeit seines Handelns verstehen. Ehe er die Übertreter richtete, wollte er prüfen, ob alles stimmte. Sollten sie die Grenzen, da Gnade noch möglich war, nicht überschritten haben, würde er ihnen noch Zeit zur Umkehr gewähren.

Zwei der himmlischen Boten brachen auf und ließen Abraham mit dem allein, von dem er inzwischen wusste, dass es Gottes Sohn in menschlicher Gestalt war. Nun bat Abraham für die Einwohner Sodoms. Einst hatte er sie durch sein mutiges Eingreifen gerettet; jetzt versuchte er es durch seine Fürsprache. Schließlich wohnten dort auch Lot und seine Angehörigen. Mit der gleichen selbstlosen Liebe, die Abraham getrieben hatte, sie den feindlichen Königen abzujagen, versuchte er nun, sie vor dem Gericht Gottes zu bewahren.

In tiefer Ehrfurcht und Demut brachte er seine Bitte vor und erklärte: „Ich habe es gewagt, dir dreinzureden, Herr, obwohl ich Staub und Asche bin."[28] Er beanspruchte kein Entgegenkommen um seines Gehorsams oder um der Opfer willen, die er dargebracht hatte, sondern seine Fürbitte war ein Zeichen des Mitgefühls für die Menschen. Obwohl selbst ein Sünder, bat er für die Schuldigen. Aus ihm sprach das Vertrauen eines Kindes, das jemanden vor seinem Vater verteidigt.

Obwohl Lot in Sodom lebte, führte er kein so frevelhaftes Leben wie die anderen Bewohner. Deshalb war Abraham der festen Überzeugung, dass es in jener Stadt noch weitere Anbeter des wahren Gottes geben müsse. Er sagte zu dem Herrn unumwunden: „Vielleicht gibt es in Sodom fünfzig Leute, die kein Unrecht getan haben ... Du kannst doch nicht die Unschuldigen zusammen mit den Schuldigen töten und die einen genauso behandeln wie die andern? Du bist der oberste Rich-

---

[26] 1. Mose 17,17; 18,10.14 [27] 1. Mose 18,20.21 [28] 1. Mose 18,27

ter der ganzen Erde, darum darfst du nicht selbst gegen das Recht verstoßen!"[29] Als seine Fürbitte Wirkung zeigte, wurde Abraham zunehmend mutiger, bis der Herr ihm versprach, die Stadt zu verschonen, selbst wenn sich nur zehn Gerechte in ihr finden ließen.

Abrahams Anteilnahme an Sodom kann uns lehren, die Sünde zu hassen, aber für die Sünder Mitgefühl zu empfinden. In unserer Umgebung leben viele Menschen, die verlorenzugehen drohen. Manche haben durch ihre Verhärtung gegenüber Gott bereits den Bereich der Gnade Gottes verlassen. Wo sind die Stimmen, die Menschen davor warnen, diesen gefährlichen Weg zu gehen? Und wo sind die Menschen, die demütig und zugleich beharrlich vor Gott für sie eintreten?

Im Verhalten Abrahams war viel vom Geist Christi zu verspüren. Gottes Sohn selbst ist der große Mittler zwischen Gott und uns Sündern. Christus offenbarte eine Liebe zu den Verlorenen, die nur der Güte Gottes entstammen konnte. Sogar im Todeskampf am Kreuz, beladen mit der Sündenlast der ganzen Welt, betete er für die, die ihn schmähten und töteten: „Vater, vergib ihnen. Sie wissen nicht, was sie tun!"[30]

Abraham als Erzieher im Glauben

In diesem Zusammenhang erklärte der Sohn Gottes von Abraham: „Ich habe ihn ausgewählt, damit er seine Söhne und seine weiteren Nachkommen dazu anhält, meinen Geboten zu folgen; er soll sie lehren, zu tun, was recht ist, sodass ich meine Zusage an ihn einlösen kann."[31] Abrahams Berufung war eine hohe Auszeichnung: Er wurde der Vater des Volkes, das Hüter der göttlichen Wahrheit sein sollte, jenes Volkes, durch das alle Menschen im Kommen des Messias gesegnet werden würden. Gott wusste: Abraham würde seine Gebote halten und stets rechtschaffen handeln. Er würde nicht nur selbst den Herrn fürchten, sondern auch seine Familie darin unterweisen.

Abrahams Haushalt umfasste über tausend Menschen. Alle wurden von ihm so unterwiesen, dass sie den wahren Glauben vor anderen vertreten konnten. Er bildete auf diese Weise Familienhäupter heran, die nach seiner Art der Menschenführung wieder eigenen Haushalten vorstehen konnten.

---

[29] 1. Mose 18,24.25 [30] Lukas 23,34 [31] 1. Mose 18,19

Es war wünschenswert, die Familienglieder fest zusammenzuschließen als Schutzwall gegen die weit verbreitete und tief eingewurzelte Abgötterei. Abraham bemühte sich, seine Leute vor der Vermischung mit den Heiden zu schützen und sie deren abgöttische Gewohnheiten gar nicht erst sehen zu lassen. Sorgfältig stellte er die Liebe und Majestät des lebendigen Gottes heraus, der als einziger anbetungswürdig war. Gott hatte Abraham von seiner götzendienerischen Verwandtschaft losgelöst, damit er die Seinen fern von den sie umgebenden verführerischen Einflüssen Mesopotamiens erziehen konnte und der reine Glaube durch ihre Nachkommen erhalten blieb.

Alle wurden gelehrt, dass sie der Herrschaft Gottes unterstanden. Unmerklich beeinflusste Abraham seine Umgebung durch das eigene Beispiel im täglichen Leben. Als Folge seiner edelmütigen und liebevollen Gesinnung herrschte um ihn herum eine friedvolle Atmosphäre, die die enge Verbindung mit dem Himmel verriet. Abraham ging auch am geringsten Knecht nicht achtlos vorüber. In seinem Haus galt gleiches Recht für den Knecht wie für den Herrn. Er behandelte jeden gerecht und verständnisvoll, weil er in allen Miterben der göttlichen Gnade sah.

Erziehen heißt auch, Grenzen zu setzen

Wie wenige folgen heutzutage Abrahams Beispiel! Viele Eltern verwechseln blinde, selbstsüchtige Gefühlsaufwallungen mit echter Liebe und überlassen die Kinder dabei ihrem unreifen Urteil und ihren unheilvollen Neigungen. Das ist das größte Unrecht an der Jugend, und es wird sich an ihr und ihrer Umwelt rächen. Die Nachgiebigkeit und Inkonsequenz der Eltern bestärkt die Kinder noch in dem Wunsch, eigene Wege zu gehen, statt sich an Gottes Gebote zu halten. So wachsen sie mit einer inneren Abwehr dagegen auf und übertragen ihre eigene widerspenstige Einstellung auch auf ihre Nachkommen. Es wäre viel besser, die Kinder so zu erziehen, dass sie Gehorsam gegenüber ihren Eltern als ersten Schritt zum Gehorsam gegen Gott lernen.

Die weit verbreitete Meinung, dass Gottes Gebote für die Menschen von heute nicht länger verbindlich seien, hat dieselbe entsittlichende Wirkung wie damals der Götzendienst. Wenn sich gläubige Eltern selbst nicht an Gottes Gebote halten, müssen sie sich nicht wundern, dass alle Mahnungen,

Gottes Wege zu gehen, bei ihren Kindern auf taube Ohren stoßen. Und wenn diese eigene Familien gründen, fühlen sie sich nicht dazu verpflichtet, ihre Kinder Verhaltensweisen zu lehren, in denen sie selbst niemals unterwiesen worden sind. Deshalb gibt es heutzutage so viele Familien, für die der Glaube an Gott keine Rolle mehr spielt. Die Folgen davon sind inzwischen unübersehbar.

Erst wenn die Eltern selbst Gottes Willen ernst nehmen, sind sie dazu fähig, das auch ihren Kindern ans Herz zu legen. Diesbezüglich ist ein gründliches Umdenken erforderlich, vor allem bei Eltern, Lehrern und Geistlichen. Sie müssen Gott wirklich in ihre Heime aufnehmen und ihren Familien Gottes Wort nahebringen. Ihr Eltern, belehrt eure Kinder freundlich und geduldig darüber, was es heißt, gottgefällig zu leben. Und lasst sie an eurem Verhalten sehen, wie man das macht. Wer aus solch einer Familie kommt, besitzt ein Fundament, das nur schwer zu erschüttern ist.

Manche Eltern nehmen sich nicht einmal die Zeit, Gott für die tägliche Nahrung oder für den Schutz durch seine Engel zu danken. Sie halten es auch nicht für nötig, um Gottes Beistand und seine Führung oder um Jesu Gegenwart in ihrem Zuhause zu bitten. Wie Arbeitstieren gleich geht man ans Werk, ohne einen einzigen Gedanken an Gott zu verschwenden. Dabei sind die Menschen dem Sohn Gottes so wertvoll, dass er sein Leben als Lösegeld für sie gegeben hat. Sie aber würdigen Gottes große Güte kaum mehr als die Tiere.

Wenn es je eine Zeit gab, in der unsere Heime ein Ort des Gebets sein müssten, dann ist das heute. Die Eltern sollten sich dafür verantwortlich fühlen, dass mit den Kindern am Morgen und am Abend gebetet wird. Wo das geschieht, wird Jesus nicht nur gelegentlicher Gast, sondern ständiger „Hausherr“ sein. Eine christliche Familie ist ein starker Beweis für die Echtheit des Glaubens, denn hier kann jeder spüren, dass die Kinder unter einem guten Einfluss aufwachsen und Gottes Geist ebenso gegenwärtig ist wie in Abrahams Familie. Was Gott von unserem Glaubensvater sagte, gilt allen gläubigen Eltern: Sie sollen ihre Kinder dazu anhalten, Gottes Gebote zu befolgen, und sie lehren, was gut und recht ist. Sie sollen vor allem ihren Kindern vom lebendigen Gott, unserem Vater im Himmel, und seinem Sohn Jesus Christus erzählen.

13 | Sodoms Untergang*

Sodom war die Perle unter den Städten im Jordantal. „Die Jordanebene sah aus wie der Garten des Herrn oder das Niltal in Ägypten."[1] Die Felder brachten reiche Ernten und auf den umliegenden Hügeln weideten Rinder und Schafe. Handel und Kunst trugen zum Reichtum der stolzen Stadt bei. Die Schätze des Ostens zierten ihre Paläste; Karawanen brachten eine Fülle von Kostbarkeiten auf die Märkte. Ohne große Anstrengung konnten alle Lebensbedürfnisse befriedigt werden.

Aber all das hatte auch Schattenseiten. Der Wohlstand und das relativ sorglose Leben förderten die Faulenzerei und machten die Menschen vergnügungssüchtig und hartherzig. Im Buch des Propheten Hesekiel heißt es: „Sodom und ihre Töchter sahen hochmütig auf andere herab, sie lebten im Überfluss und in sorgloser Ruhe, ohne den Armen und Hilflosen zu helfen. Sie waren stolz und überheblich und taten vor meinen Augen, was ich verabscheue."[2] Satan hat niemals mehr Erfolg, als wenn er Menschen beim Müßiggang antrifft.

In Sodom waren große Ausgelassenheit und maßlose Ausschweifungen an der Tagesordnung. Wenn es um Lustgewinn und die Befriedigung ihrer Leidenschaften ging, kannten die Leute keine Grenzen, wie abartig ihr Verhalten auch sein mochte. Ohne jede Scheu trotzten sie Gott, indem sie sich über seine Gebote hinwegsetzten und eine Gewalttat an die andere reihten. Obwohl sie wussten, dass Gott die vorsintflutliche Zivilisation wegen ihrer Verdorbenheit ausgelöscht hatte, verhielten sie sich genauso boshaft wie die Menschen damals.

Als Lot nach Sodom gezogen war, hatte die Bosheit noch nicht alle Grenzen gesprengt. Dass eine gläubige Familie in ihrer Mitte wohnte, war für die Einwohner eine Chance, sich auf sittliche Werte zu besinnen. Auch Abraham war für die Sodomiter kein Fremder. Sein Sieg über die feindlichen Könige setzte sie in Erstaunen und rief Bewunderung hervor. Sie konnten sich doch des Eindrucks nicht erwehren, dass sein Gott ihm den Erfolg gegeben hatte. Seine Selbstlosigkeit bei

---

* Dieses Kapitel basiert auf 1. Mose 19.

[1] 1. Mose 13,10 Hfa [2] Hesekiel 16,48–50 Hfa

der Verteilung der Beute stand in auffallendem Gegensatz zu der Einstellung der Sodomiter und bezeugte ebenfalls die Überlegenheit seiner Religion. Das mutige Handeln Abrahams und seine vornehme Gesinnung hätten für die Menschen in Sodom Anlass sein können, sich wieder auf Gott zu besinnen, aber sie nutzten diese Chance nicht. Vielmehr lebten sie weiter wie bisher und trieben es zunehmend ärger.

Deshalb war nun Sodoms letzte Nacht gekommen; aber die Menschen merkten es nicht. Während die Engel schon unterwegs waren, um Gottes Urteil über Sodom zu vollstrecken, träumten die Bewohner noch von Erfolg und Vergnügen. Ihr letzter Tag war wie jeder andere. Die Strahlen der sinkenden Sonne verklärten die schöne Landschaft. In der Abenddämmerung näherten sich zwei Fremde dem Stadttor. Niemand hätte in ihnen Vorboten des Gerichts vermutet. Die sorglose Bevölkerung ahnte nicht, dass ihr Verhalten gegenüber ihnen in dieser Nacht das Maß der Verdorbenheit vollmachen und damit ihr Schicksal und das der Stadt besiegeln würde.

Engel zu Gast bei Lot

Als sich die Wanderer näherten, saß Lot gerade am Stadttor. Da er aus Erfahrung wusste, welchen Belästigungen Fremde in Sodom ausgesetzt sein konnten, hielt er es für seine Pflicht, die beiden Männer unter den Schutz seiner Gastfreundschaft zu nehmen. Er ging ihnen entgegen, verneigte sich höflich und sagte: „Ich bin euer Diener, mein Haus steht euch offen! Ihr könnt eure Füße waschen und bei mir übernachten." Die Engel verhielten sich so, als wollten sie seine Einladung ablehnen, und sagten: „Nein, wir wollen hier auf dem Platz übernachten."[3] Indem sie die Einladung ausschlugen, prüften sie, ob es Lot mit seinem Angebot wirklich ernst meinte. Darüber hinaus gaben sie sich den Anschein, als wüssten sie nichts über die Sittenverderbnis und wären der Meinung, sie könnten die Nacht gefahrlos im Freien verbringen. Aber als Lot sie dringend bat, seine Gastfreundschaft anzunehmen, folgten sie ihm schließlich in sein Haus. Er wusste nicht, wer sie waren und welchen Auftrag sie hatten, aber er war es gewohnt, höflich und gastfrei zu sein. Noch ahnte er nicht, dass ihm sein Verhalten das Leben retten würde.

---

[3] 1. Mose 19,1.2

Nicht immer ist Gastfreundschaft von solch existenzieller Bedeutung, aber dadurch, dass Gottes Boten der Eintritt verwehrt wurde, hat sich schon manche Familie um einen großen Segen gebracht. Gott freut sich über unscheinbare selbstlose Taten im Alltag, die freudig getan werden.

Das Zögern der Fremden und Lots Drängen hatte Aufmerksamkeit erregt und noch ehe sie sich zur Nachtruhe begeben hatten, versammelte sich eine zügellose Rotte von jungen und älteren Männern, die – von den niedrigsten Leidenschaften entflammt – verlangten: „Lot, Lot, wo sind die Männer, die heute Abend zu dir gekommen sind? Gib sie heraus, wir wollen mit ihnen Verkehr haben!"[4]

Die sprichwörtlich gewordene Verdorbenheit der Leute von Sodom zeigte sich hier in doppelter Weise: Sie missachteten das Gastrecht, das den alten Völkern heilig war und jedem, der einmal als Gast aufgenommen worden war, strikten Schutz gewährte, und sie übten sexuelle Praktiken, die Gott verabscheut.[5]

Lot wusste, dass die Männer mit Leichtigkeit in sein Haus eindringen konnten; daher versuchte er es mit Beschwichtigung. Er ging hinaus, um die Menge zu beruhigen. „Meine Brüder", sagte er, „begeht doch nicht ein solches Verbrechen!"[6] Er benutzte den Ausdruck „Brüder" im Sinne von Nachbarn, weil er hoffte, sie dann versöhnlich zu stimmen. Doch das fachte ihre Wut nur noch mehr an. Sie verhöhnten ihn und drohten, mit ihm noch schlimmer zu verfahren, als sie es mit seinen Gästen vorhatten.

Wenn die Engel Gottes nicht eingegriffen hätten, wäre es Lot übel ergangen. „Da zogen die beiden Männer Lot ins Haus und verschlossen die Tür. Sie schlugen die Leute draußen allesamt mit Blindheit, sodass sie die Tür nicht mehr finden konnten."[7] Wären die Sodomiter nicht so gänzlich verhärtet gewesen, hätte sie diese Demonstration göttlicher Macht zur Vernunft gebracht. Zwar wurde in dieser letzten Nacht nicht mehr gesündigt als in vielen anderen zuvor, aber die so lange verschmähte Gnade Gottes hatte nun ein Ende, sodass das Strafgericht unabwendbar geworden war.

Nun war die Zeit gekommen, Lot zu sagen, welchen Auftrag die Engel auszuführen hatten: „Wir müssen diese Stadt vernichten, dazu hat der Herr uns hergeschickt. Denn es sind

---

[4] 1. Mose 19,4.5 [5] 3. Mose 18,22.23 [6] 1. Mose 19,7 [7] 1. Mose 19,10.11

schwere Klagen über ihre Bewohner vor ihn gekommen."[8] Lot hatte die Fremdlinge schützen wollen, doch jetzt versprachen sie, ihn und seine Angehörigen zu retten, wenn sie mit ihm aus der gottlosen Stadt fliehen würden.

Der Mob vor der Tür war inzwischen unverrichteter Dinge abgezogen. So konnte Lot hinausgehen, um seine Kinder und die Verlobten seiner Töchter zu warnen: „Rettet euch, verlasst diese Stadt; denn der Herr wird sie vernichten."[9] Aber die lachten über seine Warnung, denn sie konnten keinerlei Anzeichen für eine Gefahr erkennen. Sie hatten großen Besitz und wollten nicht glauben, dass das schöne Sodom zerstört werden sollte.

Lot und seine Familie zögern zu fliehen

Bedrückt kehrte Lot nach Hause zurück und berichtete von seinem Misserfolg. Darauf geboten ihm die Engel, mit seiner Frau und den beiden Töchtern, die noch bei ihnen lebten, die Stadt zu verlassen.[10] Aber Lot zögerte, weil er trotz aller negativen Erfahrungen nicht wusste, wie gottlos, lasterhaft und verworfen die Bewohner Sodoms wirklich waren. Deshalb begriff er zunächst nicht, dass der Sünde auf drastische Weise Einhalt geboten werden musste und Gnade nicht mehr möglich war.

Seine Kinder hingen an Sodom, und der Gedanke, sie zurücklassen zu müssen, erschien Lot unerträglich. Zudem fiel es ihm schwer, sein Haus und all den Reichtum, den er im Laufe der Zeit angehäuft hatte, aufzugeben und mittellos in eine ungewisse Zukunft gehen zu müssen. Hätten die Engel nicht eingegriffen, wäre auch die restliche Familie Lots in Sodom umgekommen. Sie ergriffen seine Frau und die beiden Töchter bei der Hand und führten sie mit Gewalt aus der Stadt.[11]

In allen Städten der Ebene hatten sich nicht einmal zehn Gerechte gefunden. Aber auf das Gebet Abrahams hin wurde wenigstens ein Teil der Familie Lots gerettet. Mit einer Dringlichkeit, die keinen Widerspruch duldete, befahl der eine Engel: „Lauft um euer Leben! Schaut nicht zurück, bleibt nirgendwo stehen, sondern flieht ins Gebirge! Wer zurückbleibt, muss sterben!"[12] Ein einziger Blick auf die untergehende Stadt,

---

[8] 1. Mose 19,13 [9] 1. Mose 19,14 [10] 1. Mose 19,15 [11] 1. Mose 19,16
[12] 1. Mose 19,17 Hfa

ein zögernder Augenblick des Bedauerns über das verlassene Heim hätte sie das Leben gekostet. Der Feuersturm des göttlichen Gerichts wartete nur darauf, dass sich die Flüchtlinge in Sicherheit brächten.

Aber der bestürzte Lot sagte: „Aber bis ins Gebirge schaffen wir es nicht mehr, bevor das Unglück auch uns packt und vernichtet."[13] Durch das Leben in der gottlosen Umgebung hatte sein Glaube gelitten. Obwohl ihm Boten Gottes zur Seite standen, bangte Lot um sein Leben, als könne Gott, der ihm bis dahin so viel Barmherzigkeit erwiesen hatte, ihn nicht auch weiterhin bewahren.

Lot hätte sich dem himmlischen Boten vollkommen anvertrauen sollen; stattdessen schlug er vor: „Die kleine Stadt dort ist nah genug, die können wir noch gut erreichen. Bitte lass uns dorthin laufen, dann sind wir gerettet."[14] Die Stadt Zoar lag in der Nähe von Sodom. Sie war zwar auch verdorben und dem Untergang geweiht, aber Lot bat, sie um seinetwillen zu verschonen. So geschah es dann auch und der Engel versicherte ihm: „Ich will dir auch das gewähren und die Stadt nicht vernichten."[15]

Noch einmal wurde zur Eile gedrängt, denn der Feuersturm würde nicht länger auf sich warten lassen. Eine aber wagte den Blick zurück auf die untergehende Stadt und wurde zu einem Mahnmal des göttlichen Gerichts. „Lots Frau aber schaute zurück; da erstarrte sie zu einer Salzsäule."[16] Wenn Lot unverzüglich in die Berge geflohen wäre, hätte auch seine Frau die Katastrophe überleben können. Sein Gehorsam hätte sie dazu ermutigt, den Befehl des Engels, nicht zurückzuschauen, strikt zu befolgen.

Lots Frau war schon auf dem Weg der Rettung und kam doch um, weil sie mit ihrem Herzen noch in Sodom war. Sie lehnte sich innerlich gegen Gott auf, weil er alles, woran sie hing, dem Untergang preisgegeben hatte. Obwohl sie die Gnade erfuhr, aus der Stadt herausgeführt zu werden, fühlte sie sich ungerecht behandelt, weil sie ihren in jahrelanger Arbeit erworbenen Reichtum zurücklassen musste. Statt dankbar die Rettung anzunehmen, schaute sie hadernd zurück und sehnte sich nach dem Lebensstil derer, die Gottes Warnung verworfen hatten.

---

[13] 1. Mose 19,19 Hfa [14] 1. Mose 19,20 Hfa [15] 1. Mose 19,21
[16] 1. Mose 19,26

Manchmal hört man Christen sagen: „Ich lege keinen Wert darauf, errettet zu werden, wenn nicht auch mein Partner und meine Kinder erlöst werden." Der Himmel erscheint ihnen nicht begehrenswert ohne ihre Lieben. Das mag menschlich verständlich sein, aber zeigt es nicht, wie wenig sie begriffen haben, dass Liebe, Ehrfurcht und Treue sie vor allem an ihren Erlöser binden? Sollten wir uns von ihm lossagen, weil viele unserer Freunde oder Verwandten es auch tun? Christus hat einen hohen Preis für unsere Erlösung bezahlt. Niemand, der sein Opfer wirklich zu schätzen weiß, wird die angebotene Gnade Gottes verschmähen, nur weil seine Angehörigen das tun. Gerade die Tatsache, dass andere Gottes gerechte Forderungen missachten, sollte uns dazu anspornen, Gott zu verehren und die Menschen unserer Umgebung dafür zu gewinnen, seine Liebe anzunehmen.

Das Gericht über Sodom

„Die Sonne ging gerade auf, als Lot in Zoar ankam."[17] Die strahlende Morgensonne schien den Städten in der Ebene Frieden und Wohlergehen anzukündigen. In den Straßen begann das geräuschvolle Treiben des Alltags. Die Menschen gingen ihren Tagesgeschäften nach oder waren schon auf Vergnügungen aus. Lots Schwiegersöhne machten sich über die Befürchtungen und Warnungen des wunderlichen alten Mannes lustig.

Da brach so unerwartet wie ein Blitz aus heiterem Himmel das Gericht über Sodom herein. Der Herr ließ Feuer und Schwefel auf die Städte und die Ebene regnen. Paläste und Tempel, die prächtigen Wohnhäuser und Gärten, die Felder und Weinberge, die vergnügungssüchtige Volksmenge – alles wurde vernichtet.[18] Die Schwaden stiegen auf wie der Rauch eines Hochofens und das herrliche Tal Siddim wurde zu einer unbewohnbaren Stätte und später vom Toten Meer überflutet[19] – ein Zeugnis für alle kommenden Generationen, dass Gott sich nicht spotten lässt, sondern eine verstockte Welt schließlich der Vernichtung preisgibt.

Doch es gibt größere Sünden als die, deretwegen Sodom und Gomorra zerstört wurden, wie Jesus bei der Aussendung der 70 Jünger erklärte. Wer die Einladung des Evangeliums, das die Sünder zur Umkehr ruft, hört und verwirft, versün-

---

[17] 1. Mose 19,23 [18] 1. Mose 19,24.25 [19] 1. Mose 14,3

digt sich noch mehr als die Bewohner des Tales Siddim.[20] Sodoms Schicksal ist eine ernste Mahnung nicht nur für solche, die offensichtlich schuldig sind, sondern auch für alle, die mit der Erkenntnis Gottes und seinen Gnadengaben leichtfertig umgehen.

Wie Eltern leiden, wenn ihre Kinder auf Abwege geraten, so leidet auch Christus, wenn Menschen sein Erlösungsangebot ablehnen und in ihren Sünden verharren. Durch den Propheten Maleachi ruft er allen zu: „Kehrt um zu mir! Dann werde auch ich mich euch wieder zuwenden!"[21] Wer sich hartnäckig weigert, auf die Stimme zu achten, die zur Umkehr ruft, wird schließlich taub und blind für Gottes Angebot. Das Herz verhärtet sich mehr und mehr und ist dann geistlichen Wahrheiten nicht mehr zugänglich. Es wird Sodoms Bewohnern am Tage des Gerichts erträglicher ergehen als denen, die Christi Liebe erkannt haben und trotzdem ein Leben in Sünde vorzogen.

Gott ruft Menschen zur Umkehr auf und bietet ihnen seine Vergebung an. Doch es kann auch ein Zeitpunkt kommen, da eine Bekehrung nicht mehr möglich ist, weil jemand seine endgültige Entscheidung gegen Gott getroffen und damit selbst sein Los bestimmt hat.

Sodoms Beispiel als Warnung

Viele Christen nehmen die Gnade Gottes für gegeben hin und halten sein Moralgesetz für überholt. Kirchen lehren „Gebote, die sich Menschen ausgedacht haben".[22] Der Unglaube nimmt zu, zwar nicht in Form einer offenen Absage an Gott, sondern man untergräbt den Glauben an die Heilige Schrift als göttliche Offenbarungsquelle. Lebendige Frömmigkeit ist im Schwinden begriffen, obwohl sich viele noch an religiöse Formen klammern. Jesus kündigte an: „Es wird genauso sein wie in den Tagen Lots: Sie aßen und tranken, sie kauften und verkauften, bestellten das Land und bauten Häuser, wie sie es gewohnt waren. An dem Tag aber, an dem Lot die Stadt Sodom verließ, fiel Feuer und Schwefel vom Himmel und vernichtete sie alle. Ganz genauso wird es an dem Tag sein, an dem der Menschensohn erscheint."[23] Die Welt wird mehr und mehr reif zum Untergang.

---

[20] Lukas 10,10–12 [21] Maleachi 3,7 Hfa [22] Matthäus 15,9 [23] Lukas 17,28–30

Christus selbst mahnte: „Passt auf, dass ihr euch nicht durch ein ausschweifendes Leben und Trunkenheit und auch nicht durch die Sorgen des Alltags vom Ziel ablenken lasst! Sonst wird dieser Tag euch überraschen so wie eine Falle, die plötzlich zuschnappt. Denn er wird für alle Menschen auf dieser Welt völlig unerwartet kommen. Bleibt wachsam und betet zu jeder Zeit, damit ihr dem entfliehen könnt, was auf euch zukommt. Dann könnt ihr ohne Furcht vor den Menschensohn treten."[24]

Die Menschen träumen von Glück und Frieden. Doch „wenn die Menschen sagen werden: ‚Alles ist ruhig und sicher', wird plötzlich Gottes vernichtendes Strafgericht über sie hereinbrechen".[25] In der Nacht vor ihrem Untergang vergnügten sich die Menschen in den Städten der Ebene Siddim und lachten über die Warnungen der Boten Gottes. Aber in eben dieser Nacht schloss sich die Gnadentür für die achtlosen Einwohner Sodoms für immer. Gott hat lange Geduld, aber er lässt sich nicht auf Dauer verspotten.

Auch am Ende der Welt wird die Mehrheit der Menschen Gottes Gnadenangebot verschmähen, und deshalb wird das Verderben unvermutet und unabwendbar über sie kommen. Wer dagegen zu Gott sagt: „Du bist meine Zuflucht, bei dir bin ich sicher wie in einer Burg. Mein Gott, ich vertraue dir!", den wird keines der Strafgerichte Gottes über die verdorbene Welt kurz vor der Wiederkunft Jesu erreichen.[26]

Nach der Zerstörung Sodoms und Gomorras wurde wenig später auch Zoar vernichtet, wie es Gott beabsichtigt hatte. Lot war endlich in die Berge geflohen, wie Gott es geboten hatte und wohnte in einer Höhle. Aber selbst dorthin verfolgte ihn der Fluch Sodoms. Das sündhafte Verhalten seiner Töchter, die mit ihm Inzucht trieben während er betrunken war,[27] zeigte, wie sehr auch sie durch das Leben in dieser lasterhaften Stadt geprägt waren.

Lot hatte Sodom zum Wohnsitz gewählt, weil er sich davon Gewinn versprach. Trotz der sittenlosen Umgebung bewahrte er sich den Glauben an Gott. Deshalb wurde er schließlich wie „ein brennendes Holzscheit aus dem Feuer gerettet",[28] aber er verlor bis auf zwei alle seine Kinder, seine Frau und seinen ganzen Besitz. Schließlich wohnte er in einer Höhle

---

[24] Lukas 21,34-36 Hfa [25] 1. Thessalonicher 5,3 [26] Psalm 91,2.7.10
[27] 1. Mose 19,30-36 [28] Sacharja 3,2

und verbrachte den Rest seines Lebens in Schmach und Schande. Aus den durch Inzest gezeugten Söhnen seiner Töchter entstanden zwei Völker, die Moabiter und Ammoniter[29] die nichts von Gott wissen wollten und später ständig Krieg gegen Israel führten, bis das Maß ihrer Bosheit voll war und sie dem Untergang preisgegeben wurden. Letztlich wurde auch dann wieder deutlich, welch weitreichende Folgen eine eigenwillige Entscheidung haben kann!

Bereits König Salomo mahnte: „Plage dich nicht damit ab, reich zu werden; du weißt es doch besser!“[30] Und der Apostel Paulus warnte: „Die, die unbedingt reich werden wollen, geraten in Versuchung. Sie verfangen sich in unsinnigen und schädlichen Wünschen, die sie zugrunde richten und ins ewige Verderben stürzen.“[31]

Als sich Lot für Sodom entschied, meinte er, sich von Ungerechtigkeit fernhalten und seine Kinder recht erziehen zu können. Aber er versagte. Die Folgen sind nicht zu übersehen. Wie Lot sehen auch heute viele ihre Kinder durch den Einfluss der Umwelt zugrunde gerichtet und können kaum das eigene Seelenheil erlangen. Ihr Lebenswerk ist ein beklagenswerter Fehlschlag. Mit mehr Weisheit und geistlichem Durchblick wäre es ihnen vielleicht gelungen, bei den Kindern das Verlangen nach dem unvergänglichen Erbe Gottes zu wecken oder zu stärken, auch wenn sie ihnen weniger von dem hätten bieten können, was in der Welt zählt.

Das von Gott verheißene Erbe gibt es nicht auf dieser Welt. Abraham wusste das: „Er wartete auf die Stadt mit festen Grundmauern, die Gott selbst entworfen und gebaut hat“ – das himmlische Jerusalem. Auch wir müssen auf dieser Erde „Gäste und Fremde“ bleiben, wenn wir „nach einer besseren Heimat, nach der himmlischen“, streben.[32]

---

[29] 1. Mose 19,37.38 [30] Sprüche 23,4 [31] 1. Timotheus 6,9
[32] Hebräer 11,10.13.16; vgl. Offenbarung 21,2.7

14 | Abraham soll Isaak opfern*

Abraham hatte Gottes Zusage, er werde ihm einen leiblichen Erben schenken, zwar im Glauben angenommen,[1] aber als die Jahre vergingen, ohne dass ihm ein Sohn geboren wurde, rechnete er nicht mehr damit, dass die Verheißung jemals in Erfüllung gehen würde. Gott ließ die Verzögerung zu, um Abrahams Glauben zu prüfen; aber der versagte.

Auch Sarai hielt es für unmöglich, dass sie in ihrem hohen Alter von 75 Jahren noch einem Kind das Leben schenken könnte. Deshalb schlug sie Abraham eine Zweitehe mit einer ihrer Mägde vor.[2] Zu jener Zeit war das völlig legal und wurde weithin als Ausweg aus der Kinderlosigkeit praktiziert.

Aber diese Lösung war nicht im Sinne Gottes und wirkte sich auf die ehelichen Beziehungen und den familiären Frieden verhängnisvoll aus. Abrahams Verbindung mit Hagar hatte nicht nur für seine eigene Familie böse Folgen, sondern auch für alle künftigen Generationen. Bis heute gibt es im Nahen Osten Auseinandersetzungen zwischen den Nachkommen Ismaels und Isaaks.

Hagar wurde schwanger und in der Erwartung, Mutter eines großen Volkes zu werden, wurde sie überheblich. Gegenseitige Eifersüchteleien störten den Frieden des einst glücklichen Heims. Abraham hörte sich die Klagen beider Frauen an und mühte sich vergeblich, die Harmonie zu wahren.

Obwohl er Hagar nur auf Sarais Drängen zur Nebenfrau genommen hatte, schob diese ihm jetzt die Schuld an den Folgen zu und verlangte die Vertreibung Hagars. Doch Abraham lehnte das ab, denn sie würde die Mutter des verheißenen Erben sein, auf den er seit Jahren vergeblich wartete. Hagar war Sarais Dienerin, und Abraham beließ es auch dabei, dass sie seiner Frau unterstand. Aber damit war das familiäre Problem nicht gelöst, sondern diese Entscheidung vergiftete die Atmosphäre nur noch mehr: „In der folgenden Zeit behandelte Sarai Hagar so schlecht, dass sie davonlief."[3]

---

* Dieses Kapitel basiert auf 1. Mose 16,1–16, 17,18–21, 21,1–21 und 22,1–19.

[1] 1. Mose 15,4–6 [2] 1. Mose 16,2 [3] 1. Mose 16,4–6 Hfa

Hagar floh in die Wüste. Als sie an einer Quelle ausruhte, erschien ihr ein Engel. Er redete sie an mit „Hagar, Sklavin Sarais“ und befahl ihr: „Geh zu deiner Herrin zurück und ordne dich ihr unter!“ Da er wusste, wie schwer es Hagar fallen würde, das zu tun, verband er den Befehl mit einer tröstlichen Zusage: „Der Herr wird dir so viele Nachkommen geben, dass sie nicht zu zählen sind. Du wirst einen Sohn gebären und ihn Ismaël (Gott hat gehört) nennen; denn der Herr hat deinen Hilferuf gehört.“[4]

Aber der Sohn Hagars sollte nicht der von Gott verheißene Erbe sein. Um das noch einmal ganz deutlich zu machen, gab Gott Abraham folgende Zusage, als er schon fast 100 Jahre alt war: „Deine Frau Sara wird dir einen Sohn gebären, den sollst du Isaak nennen. Ihm und seinen Nachkommen gilt meine Zusage für alle Zeiten. Doch auch deine Bitte für Ismaël will ich erfüllen: Ich werde ihn segnen und fruchtbar machen und ihm sehr viele Nachkommen geben.“[5]

Die Doppelehe bringt Probleme

Isaaks Geburt erfüllte die Zelte Abrahams und Saras mit Freude. Für Hagar dagegen bedeutete sie das Ende ihrer Hoffnungen. Im Lager hatte man den herangewachsenen Ismaël allgemein als Erben der Reichtümer und Segnungen angesehen, die Abrahams Nachkommen verheißen waren. Nun wurde er zur Seite geschoben. In ihrer Enttäuschung hassten Mutter und Sohn das Kind Saras. Die allgemeine Freude über die Geburt Isaaks steigerte ihre Eifersucht noch und führte schließlich dazu, dass Ismaël, inzwischen 16 Jahre alt, den Erben der Verheißung öffentlich verspottete. Sara sah in dieser Aufsässigkeit eine Quelle dauernder Zwietracht und drängte Abraham, Hagar und Ismaël aus dem Lager zu entfernen.[6]

Das brachte den Patriarchen in arge Bedrängnis. Wie konnte er Ismaël verstoßen, den er doch liebte? In seiner Not wandte er sich an Gott. Der befahl ihm durch einen Engel, Saras Forderung nachzugeben, denn nur so konnte der Friede wiederhergestellt werden. Ihm wurde aber die tröstliche Zusage gegeben, dass Ismaël nicht von Gott verlassen sein würde. Er sollte auch Vater eines großen Volkes werden. Abraham

[4] 1. Mose 16,8–11 [5] 1. Mose 17,1.19.20 [6] 1. Mose 21,2.8–10 Hfa

gehorchte, aber sein Herz war schwer, als er Hagar und ihren Sohn wegschickte.[7]

Die Lehre, die Abraham über die Heiligkeit der Ehe erteilt wurde, kann allen zur Warnung dienen. Sie zeigt, dass die Rechte und das Glück dieser Verbindung sorgfältig gehütet werden sollten, wenn es sein muss, auch unter Opfern. Sara war die einzige rechtmäßige Frau Abrahams. Dieses Vorrecht sollte sie mit keiner anderen teilen. Sie war unwillig darüber, dass Abraham auch einer anderen Zuneigung entgegenbrachte. Der Herr tadelte sie nicht, als sie die Verstoßung ihrer Nebenbuhlerin forderte.

Ein unbegreiflicher Befehl Gottes

Gott hatte Abraham zum Vater der Gläubigen für künftige Generationen erwählt. Aber noch war sein Glaube unvollkommen. Das zeigte sich, als er zweimal aus Angst verheimlichte, dass Sara seine Ehefrau war,[8] und ebenso, als er Hagar zur Nebenfrau nahm, um der Verheißung Gottes nachzuhelfen. Um ihm zur höchsten Glaubensreife zu verhelfen, legte Gott ihm eine Prüfung auf, die härter war, als sie je ein Mensch zu bestehen hatte. In einer nächtlichen Vision gab er ihm die Weisung, seinen Sohn Isaak als Brandopfer darzubringen.[9]

Abraham war da bereits 120 Jahre alt, also selbst für die damalige Zeit, in der Menschen oft noch älter wurden als heute, ein alter Mann. Früher hatte er Mühsal ertragen und Gefahren getrotzt, nun hatte seine seelische und körperliche Kraft nachgelassen. Aber gerade die letzte und schwerste Prüfung musste er bestehen, als die Last der Jahre schon schwer auf seinen Schultern lag und er sich nach Ruhe sehnte. Er war sehr reich, und die Fürsten des Landes achteten ihn als ein mächtiges Sippenoberhaupt. Gott schien sein aufopferndes Leben endgültig mit Segen gekrönt zu haben. Und nun das!

Im Vertrauen auf Gott hatte Abraham seine Heimat verlassen. Als Fremdling war er in dem Land, das der Herr ihm zugesagt hatte, umhergezogen. Auf den verheißenen Erben hatte er 25 Jahre warten müssen! Auf Gottes Befehl hatte er Ismaël fortgeschickt. Und jetzt, als er die Erfüllung seiner Hoffnung zu sehen glaubte, stand ihm eine Prüfung bevor, die schwerer war als alle früheren.

---

[7] 1. Mose 21,12–14 [8] 1. Mose 12,11–13; 20,2.10–13 [9] 1. Mose 22,1.2

Gottes Befehl musste das Herz des Vaters mit unaussprechlicher Qual erfüllen: „Geh mit deinem einzigen Sohn Isaak, den du liebst, in das Land Morija. Dort zeige ich dir einen Berg. Auf ihm sollst du deinen Sohn Isaak töten und als Opfer für mich verbrennen!“[10] Isaak war der Trost seines Alters und der Erbe des verheißenen Segens. Und da gebot ihm Gott, das Blut seines Sohnes mit eigener Hand zu vergießen! Das war für Abraham nicht nur ein schrecklicher Gedanke, sondern musste ihm auch widersinnig erscheinen. Zumal Satan schnell bei der Hand war, ihm einzuflüstern, dass er sich getäuscht haben müsste, denn Gott verabscheute Mord und insbesondere Kindesopfer. Deshalb könne er jetzt nicht etwas von ihm fordern, was er verboten hatte.

Abraham trat aus seinem Zelt und rief sich die Zusage in Erinnerung, die er vor über 40 Jahren erhalten hatte, dass seine Nachkommen so zahlreich sein würden wie die Sterne am Himmel.[11] Wie sollte sich diese Verheißung erfüllen, wenn er Isaak auf Gottes Befehl hin töten würde?

Von Angst und Zweifel überwältigt, beugte er sich zur Erde nieder und betete wie nie zuvor im Leben, um Klarheit darüber zu erhalten, ob Gott wirklich verlangte, dass er Hand an seinen eigenen Sohn legte. Er erinnerte sich an den Besuch des Engels des Herrn, der ihm die Zerstörung Sodoms angekündigt hatte. Er war es auch gewesen, der ihm die Geburt Isaaks zugesagt hatte.[12] Deshalb zog es ihn mit aller Macht an die Stätte, wo er ihm damals begegnet war, denn er hoffte, dort eine andere Weisung zu bekommen. Aber der Himmel blieb stumm. Nur die Worte des Herrn klangen noch in seinen Ohren: „Du sollst deinen Sohn Isaak töten und als Opfer für mich verbrennen!“ Der Tag zog herauf und er musste sich auf den Weg machen, um dem Befehl zu gehorchen.

Als er ins Zelt zurückkehrte, trat er an Isaaks Lager, der fest schlief und nichts von dem ahnte, was ihm bevorstand. Einen Augenblick schaute der Vater auf das vertraute Gesicht des Sohnes, dann wandte er sich erschüttert ab. Er ging zu Sara, die ebenfalls schlief. Sollte er sie wecken, damit sie ihr Kind noch einmal umarmen konnte? Sollte er ihr sagen, welch unbegreifliche Forderung Gott gestellt hatte? Er sehnte sich danach, ihr sein Herz auszuschütten und die schreckliche Verantwortung mit ihr zu teilen. Aber die Angst, sie könnte ihn zurückhal-

---

[10] 1. Mose 22,2 Hfa [11] 1. Mose 15,5 [12] 1. Mose 18,10

ten, hinderte ihn daran. Isaak war Saras Freude und ihr ganzer Stolz. Er erfüllte ihr Denken, und die Liebe der Mutter hätte das Opfer mit allen Mitteln zu verhindern gesucht.

Drei schreckliche Tage

Schließlich weckte Abraham seinen Sohn und erzählte ihm von dem Befehl, auf einem bestimmten Berg ein Opfer darzubringen. Isaak hatte den Vater oft begleitet, um Gott anzubeten. Deshalb überraschte ihn die Nachricht nicht. Sie legten Holz zurecht, luden es auf einen Esel und machten sich mit zwei Knechten auf den Weg.[13]

Schweigend wanderten Vater und Sohn Seite an Seite. Abrahams Gedanken verweilten bei der glücklichen Mutter, und er fürchtete sich vor dem Augenblick, wenn er ohne Isaak zurückkehren würde. Er wusste wohl, dass das Messer, das seinen Sohn töten sollte, zugleich auch ihr Herz durchbohren würde.

Der Tag – der längste, den Abraham je erlebte – ging langsam dem Ende entgegen. Während Isaak und die beiden jungen Knechte schliefen, verbrachte Abraham die Nacht im Gebet. Noch immer hoffte er, ein Himmelsbote würde ihm zurufen, dass Isaak unversehrt zu seiner Mutter zurückkehren dürfe. Aber seiner gemarterten Seele wurde keine Hilfe zuteil.

Der nächste lange Tag und eine weitere Nacht vergingen unter flehendlichem Gebet, aber immer klang nur der Befehl in seinen Ohren, seinen Sohn zu opfern. Und er musste sich auch gegen die satanischen Einflüsterungen wehren, die immer wieder Zweifel und Unglauben in ihm wecken wollten. Aber Abraham widerstand der Versuchung.

Als er am dritten Tag beim Aufbruch nach Norden schaute, sah er das verheißene Zeichen, eine Wolke der Herrlichkeit, über dem Berg Morija schweben. Nun wusste er, dass die Stimme, die ihm die Opferung befohlen hatte, wirklich Gottes Stimme gewesen war.

Jetzt begehrte er nicht mehr gegen Gott auf. Isaak war ihm geschenkt worden, als es nach menschlichem Ermessen nicht mehr zu erwarten war. Hatte Gott, der ihm diese kostbare Gabe geliehen hatte, nicht das Recht, sein Eigentum zurückzufordern? Dann wiederholte er gläubig die Verheißung: „Denn die Nachkommen Isaaks sollen als deine rechtmäßigen

[13] 1. Mose 22,3

Nachkommen gelten",[14] die so zahlreich werden sollten wie die Sterne am Himmel. Isaaks Geburt war ein Wunder gewesen. Konnte die Macht, die ihn einmal ins Leben gerufen hatte, ihm nicht auch ein zweites Mal das Leben schenken? Das wurde ihm nun zur Gewissheit, wie die Heilige Schrift berichtet: „Abraham rechnete fest damit, dass Gott auch Tote zum Leben erwecken kann."[15]

Die Opferung Isaaks

Abraham wusste, dass außer Gott niemand verstehen würde, wie groß dieses Opfer für ihn war. Deshalb wollte er auch außer Gott keinen Zeugen beim Abschied haben und befahl den beiden Knechten zurückzubleiben: „Bleibt hier mit dem Esel! Ich gehe mit dem Jungen dort hinauf, um mich vor Gott niederzuwerfen; dann kommen *wir* wieder zurück."[16]

Er legte Isaak das Holz auf und nahm das Messer und Feuer. Gemeinsam stiegen sie zum Berggipfel hinauf. Im Stillen wunderte sich Isaak, woher so weit von den Herden entfernt das Opfertier kommen sollte. „Vater!", sagte er endlich, „Feuer und Holz haben wir, aber wo ist das Lamm für das Opfer?" Wie schnitt Abraham das vertrauensvolle „mein Vater" ins Herz! Noch immer nicht konnte er es ihm sagen. „Gott wird schon für ein Opferlamm sorgen!", erwiderte er.[17]

An dem bezeichneten Platz bauten sie einen Altar und bereiteten alles für das Opfer vor. Dann eröffnete Abraham seinem Sohn mit zitternder Stimme den Auftrag Gottes. Bestürzt hörte Isaak, was ihm bevorstand, aber er leistete keinen Widerstand. Es wäre ihm möglich gewesen zu fliehen, wenn er das gewollt hätte. Der vom Kummer gezeichnete und von der Qual der letzten drei schrecklichen Tage erschöpfte alte Vater hätte den kräftigen jungen Mann, inzwischen 20 Jahre alt, nicht daran hindern können. Aber Isaak war von Kindheit an zu bereitwilligem, vertrauensvollem Gehorsam erzogen worden. Als ihm sein Vater Gottes Absicht offenbarte, fügte er sich ergeben in sein Schicksal. Er teilte Abrahams Glauben und war bereit, Gott sein Leben als Opfer zu geben, wenn der es verlangte.

Nun folgten die letzten Worte, die letzten Tränen, die letzte Umarmung. „Schon fasste er nach dem Messer, um seinen

---

[14] 1. Mose 21,12 [15] Hebräer 11,19 [16] 1. Mose 22,5 [17] 1. Mose 22,7.8

Sohn zu schlachten, da rief der Engel des Herrn vom Himmel her: ‚Abraham! Abraham!' ‚Ja?', erwiderte er, und der Engel rief: ‚Halt ein! Tu dem Jungen nichts zuleide! Jetzt weiß ich, dass du Gott gehorchst. Du warst bereit, mir sogar deinen einzigen Sohn zu opfern.' Als Abraham aufblickte, sah er einen einzelnen Schafbock, der sich mit seinen Hörnern im Gestrüpp verfangen hatte. Er ging hinüber, nahm das Tier und opferte es anstelle seines Sohnes auf dem Altar." In überschäumender Freude und Dankbarkeit gab Abraham dem Ort einen neuen Namen: „Der Herr sorgt vor".[18]

Auf dem Berg Morija erneuerte Gott seinen Bund und bestätigte Abraham und seinen Nachkommen für alle künftigen Generationen den Segen mit einem feierlichen Eid: „Ich, der Herr, schwöre bei mir selbst: Weil du gehorsam warst und mir deinen einzigen Sohn als Opfer geben wolltest, werde ich dich überreich beschenken und dir so viele Nachkommen geben, wie es Sterne am Himmel und Sand am Meer gibt. Sie werden ihre Feinde besiegen."[19]

Abraham als Vorbild echten Glaubens

Abrahams rückhaltloses Gottvertrauen ist durch die Jahrtausende hindurch zum Vorbild für viele Gläubige geworden und hat ihren Weg erhellt. Auf der dreitägigen Wanderung hatte er genügend Zeit gehabt, über Gottes Forderung nachzudenken und an dessen Weisheit zu zweifeln. Und es gab eine Menge vernünftige Begründungen dafür, sich dem Ansinnen Gottes zu widersetzen. Was sollten die Leute denken, wenn einer, den sie für einen Menschenfreund und Wohltäter gehalten hatten, seinen eigenen Sohn schlachtete? Wer würde ihm noch glauben, wenn er von der Güte und Liebe seines Gottes redete? Abraham hätte auch sagen können: „Herr, ich war dir stets gehorsam, doch was du jetzt von mir verlangst, geht zu weit!" Doch er suchte seine Zuflucht nicht in Ausreden, sondern bei Gott. Er vertraute darauf, dass alle Forderungen Gottes sinnvoll und gerecht sind.

Der Apostel Jakobus schrieb: „Abraham glaubte Gott, und dies rechnete Gott ihm als Gerechtigkeit an. Er wird sogar Freund Gottes genannt."[20] Aber sein Glaube bekundete sich durch die Tat: „Wurde nicht unser Ahnvater Abraham auf-

---

[18] 1. Mose 22,10–14 [19] 1. Mose 22,16.17 Hfa [20] Jakobus 2,23

grund seines Tuns von Gott als gerecht anerkannt – nämlich weil er seinen Sohn Isaak als Opfer auf den Altar legte? Du siehst also: Sein Glaube und seine Taten wirkten zusammen; sein Glaube wurde durch sein Tun vollkommen."[21]

Vielen Christen ist die Beziehung zwischen Glaube und Werken nicht klar. Sie sagen: „Glaube nur an Christus und du bist errettet. Das hat nichts zu tun mit dem Halten des Gesetzes Gottes." Aber echter Glaube zeigt sich gerade im Gehorsam. Bei der Beurteilung Abrahams betonte Gott, dass er „meiner Stimme gehorsam gewesen ist und gehalten hat meine Rechte, meine Gebote, meine Weisungen und mein Gesetz."[22] Und der Apostel Jakobus erklärte: „Wenn [der Glaube] allein bleibt und aus ihm keine Taten hervorgehen, ist er tot."[23] Selbst der Jünger Johannes, der so nachdrücklich die Liebe betonte, schrieb: „Die Liebe zu Gott ist nur echt, wenn wir nach seinen Geboten leben."[24]

Der Glaube Abrahams war auf den kommenden Erlöser gerichtet. Jesus erklärte den Juden: „Euer Vater Abraham freute sich auf den Tag, an dem ich kommen würde. Er hat mein Kommen gesehen und war froh darüber."[25] Der an Isaaks Stelle getötete Schafbock war ein Hinweis auf den Sohn Gottes, der für uns geopfert werden sollte. Als der Mensch durch die Übertretung des göttlichen Gesetzes dem Tod verfiel, sagte Gott zu Adam: „Du darfst leben, denn ich habe einen gefunden, der für dich das Lösegeld zahlt."

Gott ließ Abrahams Verzweiflung in den dunklen Tagen der furchtbaren Prüfung zu, damit der Glaubensvater durch eigenes Erleben etwas von der Größe des Opfers begriff, das Gott für die Erlösung der Menschen zu bringen bereit war. Nichts hätte Abraham mehr Qual bereiten können als die Opferung seines Sohnes. Und bei Gott war es nicht anders, als er seinen Sohn einem schmachvollen Tod auslieferte.

Als Isaak auf dem Opferaltar lag, durften die Engel eingreifen; als Jesus am Kreuz hing, durften sie es nicht! Keine Stimme durfte rufen: „Das genügt!" Der Gottessohn gab sein Leben, um die Sünder vor dem ewigen Verderben zu retten. „Gott hat seinen eigenen Sohn nicht verschont, sondern ihn für uns alle dem Tod ausgeliefert. Sollte er uns da noch etwas vorenthalten?"[26]

---

[21] Jakobus 2,21.22 [22] 1. Mose 26,5 LB [23] Jakobus 2,17
[24] 1. Johannes 5,3 [25] Johannes 8,56 Hfa [26] Römer 8,32 Hfa

Eine Lehre für alle Welten

Das von Abraham geforderte Opfer war nicht nur für ihn selbst und die kommenden Generationen von Bedeutung, sondern auch für die sündlosen Wesen des Himmels und anderer Welten. Hier auf Erden war der Schauplatz des Konflikts zwischen Christus und Satan, das Gebiet, auf dem der Erlösungsplan verwirklicht wird. Weil Abraham Zweifel an Gottes Verheißungen gezeigt hatte, verklagte Satan ihn vor Gott und den Engeln. Deshalb wollte Gott die Treue seines Erwählten vor dem ganzen Himmel beweisen und veranschaulichen, dass er nur völligen Gehorsam gelten lassen kann. Überdies wollte er den Erlösungsplan besser verständlich machen.

Als Gott Abraham die Opferung seines Sohnes befahl, erregte das die Anteilnahme aller Engel. Gespannt beobachteten sie jeden Schritt bis hin zur Erfüllung jener Forderung. Da lüftete sich das Geheimnis der Erlösung. Nun verstanden die Engel Gottes wunderbare Vorsorge für die Menschen besser als je zuvor.

Abrahams Bewährungsprobe war weit schwerer als die, die unsere ersten Eltern zu bestehen hatten. Mit dem Verbot, das ihnen auferlegt wurde, waren keine Leiden verbunden. Der Befehl an Abraham dagegen verlangte ein Opfer, das mit unbeschreiblichen Seelenqualen einherging. Der ganze Himmel schaute mit Staunen auf dessen unbeirrbaren Gehorsam und bewunderte seine Treue. Satans Anklagen erwiesen sich wieder einmal als falsch. Und Gott bezeugte, dass Gehorsam belohnt wird.

15 Brautschau für Isaak*

Abraham war inzwischen 140 Jahre alt geworden und Witwer: Sara war drei Jahre zuvor gestorben.[1] Später heiratete er noch einmal. Ketura gebar ihm sechs Söhne, darunter Midian.[2] Isaak blieb der von Gott bestimmte Nachfolger, der Vater des erwählten Volkes werden sollte – aber er war noch unverheiratet.

Die Einwohner Kanaans waren Götzendiener. Gott hatte den Seinen eheliche Verbindungen mit ihnen verboten, um sie vor dem Abfall vom Glauben zu bewahren. Isaak war sanft und nachgiebig veranlagt; so bestand bei einer Ehe mit einer ungläubigen Frau die Gefahr, dass er um des häuslichen Friedens willen in grundsätzlichen Dingen nachgeben würde. Für Abraham war die Wahl einer Lebensgefährtin für seinen Sohn von großer Bedeutung. Darum war er darauf bedacht, dass Isaak eine Frau nahm, die den Glauben an Gott mit ihm teilte.

Im Altertum wurden Eheverträge allgemein von den Eltern geschlossen. Auch die Gottesfürchtigen folgten diesem Brauch. Dabei verlangte man von keinem, jemanden zu heiraten, den er nicht lieben konnte. Aber die jungen Leute wurden von ihren erfahrenen Eltern beraten. Man sah es als Entehrung der Eltern an, ihren Willen zu ignorieren.

Isaak vertraute seinem Vater und war damit zufrieden, ihm die Wahl zu überlassen. Er glaubte, dass Gott ihn dabei leiten würde. Abrahams Überlegungen richteten sich auf seine Verwandtschaft in Haran in Mesopotamien. Obwohl auch sie nicht frei von Götzendienst war, wurde dort doch der wahre Gott verehrt und angebetet. Es konnte ja sein, dass ein Mädchen aus der Verwandtschaft bereit war, fern der Heimat mit Isaak eine Familie zu gründen, in der man den lebendigen Gott anbetete und nach seinem Willen lebte.

Abraham betraute mit dieser wichtigen Angelegenheit seinen Hausverwalter Eliëser, einen erfahrenen und urteilsfähigen Mann. Er forderte von ihm einen feierlichen Eid, für Isaak keine Frau von den Kanaanitern zu wählen, sondern ein

---

* Dieses Kapitel basiert auf 1. Mose 24.

[1] 1. Mose 23,1.2 [2] 2. Mose 25,1–6

Mädchen aus der Familie Nahors. Falls sich keine fände, die bereit wäre, ihre Heimat zu verlassen, wäre er von seinem Eid entbunden.[2] Abraham ermutigte ihn und versicherte ihm, Gott werde seine Sendung mit Erfolg krönen. „Der Herr, der Gott des Himmels, wird seinen Engel vor dir herschicken, sodass dein Auftrag gelingt und die Frau dir folgen wird."[3]

Unverzüglich machte sich Eliëser auf den Weg. Außer zehn Kamelen für sich und den Brautzug, der möglicherweise mit ihm zurückkehren würde, nahm er auch Geschenke für die zukünftige Frau und ihre Verwandten mit. Dann trat er die lange Reise über Damaskus bis zu den fruchtbaren Ebenen an, die am Eufrat lagen.[4]

Bei der Ankunft in Haran, der Stadt Nahors, machte er außerhalb der Stadtmauer Halt an dem Brunnen, zu dem die Frauen abends kamen, um Wasser zu schöpfen. Eliëser war sich der Bedeutung seines Auftrags bewusst. Es ging ja nicht nur darum, eine passende Frau für Isaak zu finden, sondern die Wahl würde Auswirkungen auf die folgenden Generationen haben. Wie sollte er nun unter völlig Fremden klug wählen? Da erinnerte er sich der Worte Abrahams, dass Gott seinen Engel mit ihm senden würde, und er betete ernstlich um sichere Führung. Weil er in der Familie seines Herrn an selbstverständliche Freundlichkeit und Gastfreiheit gewöhnt war, betete er darum, eine Gefälligkeit möge ihm das von Gott erwählte Mädchen zeigen.[5]

Kaum hatte er sein Gebet beendet, erhielt er eine Antwort. Unter all den Frauen, die sich am Brunnen versammelt hatten, erregte eine durch ihr höfliches Verhalten seine Aufmerksamkeit. Als sie vom Brunnen kam, trat Eliëser auf sie zu und bat um etwas Wasser aus dem Krug auf ihrer Schulter. Freundlich willigte sie ein und erbot sich, auch für die Kamele Wasser zu schöpfen.[6] Für ihn war dies das erbetene Zeichen.

Die junge Frau „war sehr schön",[7] und ihre selbstverständliche Hilfsbereitschaft zeugte von Herzensgüte und Tatkraft. Eliëser spürte, dass hier Gott seine Hand im Spiel hatte, deshalb erkundigte er sich nach ihrer Familie. Als er hörte, dass sie die Tochter Betuëls war, eines Neffens Abrahams, „da warf sich der Verwalter Abrahams vor dem Herrn nieder" und dankte ihm für seine Führung.[8]

---

[2] 1. Mose 24,2–4.8 [3] 1. Mose 24,7 [4] 1. Mose 24,10 [5] 1. Mose 24,12–14
[6] 1. Mose 24,17–19 [7] 1. Mose 24,16 [8] 1. Mose 24,26.27

Das Mädchen lief nach Hause und erzählte, was geschehen war. Ihr Bruder Laban beeilte sich, dem Fremden Gastfreundschaft anzubieten.[9]

Eliëser nahm das Angebot an, wollte aber erst Speise zu sich nehmen, nachdem er von seinem Auftrag und dem Gebet am Brunnen mit allen Begleitumständen erzählt hatte.[10] Am Schluss sagte er: „,Wenn mein Herr euer Vertrauen und euer Wohlwollen gefunden hat, dann willigt in diese Heirat ein; wenn ihr aber nicht wollt, sagt es mir nur, dann werde ich anderswo suchen.' Laban und Betuël antworteten: ,Das hat der Herr so geführt. Wie er will, so soll es geschehen! Wir geben dir Rebekka, sie soll den Sohn deines Herrn heiraten, wie der Herr es bestimmt hat!'"[11]

Nachdem die Familie zugestimmt hatte, wurde Rebekka befragt, ob sie so weit von ihrem Elternhaus fortgehen wolle, um Abrahams Sohn zu heiraten. Sie glaubte daran, dass Gott sie für Isaak bestimmt hatte, und sagte: „Ja, das will ich."[12]

Eliëser sah die Freude seines Herrn über diesen Erfolg voraus und drängte zum Aufbruch.[13] Am nächsten Morgen traten sie die Heimreise an. Abraham wohnte bei Beerscheba, und Isaak, der sich in der Nachbarschaft um die Herden gekümmert hatte, war zu seinem Vater zurückgekehrt, um die Ankunft Eliësers aus Haran abzuwarten. „Eines Abends, als er gerade auf dem Feld war, sah er auf einmal Kamele daherkommen. Auch Rebekka hatte Isaak erblickt. Schnell stieg sie vom Kamel und fragte den Verwalter Abrahams: ,Wer ist der Mann, der uns dort entgegenkommt?' ,Es ist mein Herr', erwiderte er; und Rebekka bedeckte ihr Gesicht mit dem Schleier. Der Besitzverwalter erzählte Isaak, wie alles gegangen war, und Isaak führte Rebekka in das Zelt seiner Mutter Sara. Er nahm sie zur Frau und gewann sie lieb. So wurde er über den Verlust seiner Mutter getröstet."[14]

Der Einfluss eines ungläubigen Ehepartners

Abraham hatte von den Auswirkungen der Ehen zwischen Gläubigen und Gottlosen von den Tagen Kains an gehört. Die Folgen seiner eigenen Zweitehe mit Hagar sowie die Ehen Lots und Ismaëls standen ihm ebenfalls abschreckend vor Augen.

---

[9] 1. Mose 24,28–31 [10] 1. Mose 24,33 [11] 1. Mose 24,49–51 Hfa
[12] 1. Mose 24,57.58 [13] 1. Mose 24,56 [14] 1. Mose 24,63–67

Er dachte bekümmert daran, dass Ismaël ihm entglitten war, weil der Einfluss der götzendienerischen Verwandtschaft Hagars und der heidnischen Frauen, die Ismaël geheiratet hatte, bei weitem größer war als sein eigener als Vater. Die Eifersucht Hagars und der Frauen, die sie für Ismaël gewählt hatte,[15] umgab dessen Familie wie mit einer für Abraham undurchdringlichen Wand.

Seine Unterweisungen waren zwar nicht ohne Wirkung auf den jungen Ismaël geblieben. Aber getrennt vom Vater und verbittert durch den dauernden Zank in seinem Heim, aus dem die Ehrfurcht vor Gott und die Liebe und Gottesfurcht gewichen waren, führte Ismaël das unstete Leben eines Wüstenscheichs, „im Streit mit allen und von allen bekämpft".[16] In den letzten Lebensjahren bereute er allerdings seine gottlose Lebensweise und kehrte zum Gott seines Vaters zurück. Doch seine Nachkommen waren geprägt von seiner Wesensart und wurden ein aufrührerisches, heidnisches Volk.

Lots Frau war eine selbstsüchtige, ungläubige Frau. Sie bedrängte ihren Mann, sich von Abraham zu trennen. Wenn es nach ihm gegangen wäre, wären sie nicht in Sodom geblieben. Ohne Abrahams Belehrungen in seiner Jugendzeit hätten ihn der Einfluss seiner Frau und das Leben in Sodom wohl zum Abfall von Gott verleitet.

Es ist ein verhängnisvoller Irrtum, wenn gläubige Menschen denken, sie könnten sich mit Ungläubigen verbinden, ohne dabei Gefahr zu laufen, Schaden zu nehmen. Paulus ermahnte die Christen daher: „Macht keine gemeinsame Sache mit Ungläubigen."[17]

Gerade in einer Ehe ist es wichtig, dass zwischen den Partnern in den entscheidenden Dingen Einigkeit besteht – und dabei steht der Glaube an erster Stelle. Wer mit Gott lebt, hat nun einmal eine andere Sicht der Dinge und auch andere Zielvorstellungen als jemand, dem der Glaube an Gott nichts bedeutet. Mögen die Grundsätze eines Menschen noch so von Herzen kommend und geradlinig sein, der Einfluss eines Partners, der nicht an Christus glaubt, birgt immer die Gefahr, den eigenen Glauben zu beeinträchtigen. Das sollte bedacht werden, bevor man sich durch die Ehe an einen Menschen bindet, der keine Beziehung zu Gott hat oder ihn gar ablehnt.

---

[15] 1. Mose 21,21 [16] 1. Mose 16,12 [17] 2. Korinther 6,14

Wie schwierig sich solch eine Partnerschaft gestalten kann, wissen diejenigen, die schon verheiratet waren, bevor sie zum Glauben an Christus gefunden haben, ohne dass der andere diesen Weg mitgegangen ist. Dann hat man nämlich nicht mehr die Wahl, sondern ist dazu berufen, dem Ehepartner treu zu bleiben, wie weit die Ansichten über Glaubensfragen auch auseinandergehen mögen. Gottes Gebote aber sollten in jeder Beziehung den Vorrang haben, selbst wenn einem daraus Konflikte und Nachteile erwachsen. Manchmal gelingt es ja auch durch Liebe, einfühlsames Verhalten und Geduld, den Partner für den Glauben an Christus zu gewinnen. Aber das ist nicht immer der Fall. Deshalb ist dringend von einer Heirat zwischen Gläubigen und Nichtgläubigen abzuraten.

Bevor man heiratet

Dass Gott Isaak zum Erben der Verheißungen und zum Träger seiner Gnade gemacht hatte, durch die alle Welt gesegnet werden sollte, war eine hohe Auszeichnung. Und doch hatte er im Alter von 40 Jahren die Entscheidung, eine Frau für sich zu suchen,[18] seinem Vater überlassen. Diese Eheschließung wird im biblischen Bericht anschaulich und einfühlsam so beschrieben: „Isaak brachte Rebekka in das Zelt, in dem seine Mutter gelebt hatte. Er nahm sie zur Frau und gewann sie sehr lieb."[19]

Viele junge Leute meinen heute, es sei ihre ganz persönliche Angelegenheit, wem sie ihre Zuneigung schenken. Das ginge weder Gott noch ihre Eltern etwas an. Meist halten sie sich für urteilsfähig genug, ihre Wahl ohne Beratung treffen zu können. Manchmal genügen wenige Ehejahre, um zu erkennen, dass sie eine Fehlentscheidung getroffen haben. Doch dann ist es meist zu spät. Derselbe Mangel an Einsicht und Besonnenheit, der zu einer übereilten oder eigenwilligen Verbindung geführt hat, lässt die Ehe dann oft zur quälenden Bürde werden oder gar zerbrechen. Auf diese Weise haben viele ihr Glück leichtfertig aufs Spiel gesetzt und sowohl ihr Leben als auch ihren Glauben großen Belastungen ausgesetzt. Wenn je der Rat der Bibel und das Gebet um Gottes Führung notwendig sind, dann vor allem bei dem Schritt, der Menschen für ihr ganzes Leben aneinander bindet.

[18] 1. Mose 25,20 [19] 1. Mose 24,67 Hfa

Eltern sollten die Verantwortung für das Glück ihrer Kinder nie aus den Augen verlieren. Wohl verlangte Abraham von seinen Kindern Achtung vor der elterlichen Autorität, aber sie erfuhren im täglichen Leben, dass dies weder willkürlich noch selbstsüchtig war, sondern Ausdruck einer Liebe, die ihr Wohlergehen und Glück im Auge hatte.

Eltern sollten die Neigungen der jungen Leute zu lenken versuchen, damit sie sich passenden Gefährten zuwenden. Sie sollten ihre Kinder so erziehen, dass sie sich zu verantwortungsbewussten und charakterlich wertvollen Menschen entwickeln können. Wenn Eltern früh den Wunsch nach Wahrhaftigkeit, Reinheit und Güte in die Herzen der Kinder pflanzen, werden sie sich später eine entsprechende Gesellschaft suchen.

Echte Liebe hat ihren Ursprung bei Gott und ist weit mehr als das Verliebtsein, das oft ebenso schnell vergeht, wie es gekommen ist – vor allem, wenn es Belastungen ausgesetzt wird.

Ihr Eltern, versucht euren Kindern daheim die Liebe Gottes vorzuleben. Bietet ihnen ein Zuhause, in dem Freude, Friede und ein verständnisvolles Miteinander herrschen. Das ist wichtiger als Wohlstand und Erfolg. Was eure Kinder daheim an Liebe, Fürsorge, Verständnis und Charakterbildung empfangen haben, wird sie das ganze Leben hindurch begleiten und ihren Weg mitbestimmen. Seid aber auch bewusst, dass es für die Erziehung der Kinder kein Patentrezept gibt. Nicht alle sind gleich veranlagt, sondern jedes Kind ist eine eigene Persönlichkeit. Darum sind von Seiten der Eltern Einfühlungsvermögen, Liebe, Geduld und Nachsicht nötig.

Eine gewissenhafte Pflichterfüllung im Elternhaus bereitet junge Menschen auf die eigene Familie vor. Von den Eltern können sie lernen, was sie im späteren Leben dringend brauchen: Verantwortungsbewusstsein, Mitgefühl, Freundlichkeit, Selbstverleugnung, Vergebungsbereitschaft und die Gewissheit des Geborgenseins in Gott. Wer in einem von Liebe und Vertrauen geprägten Elternhaus groß geworden ist, hat es leichter als andere, in seiner eigenen Familie für Glück und Frieden zu sorgen. Dann wird die Hochzeit nicht das Ende, sondern der Anfang einer tiefen Liebesbeziehung sein.

16 Jakobs Erstgeburtssegen*

Rebekka war leider unfruchtbar. Isaak bat den Herrn für seine Frau; da bekam sie Zwillinge.[1] Esau und Jakob waren hinsichtlich Charakter und Lebensart sehr gegensätzlich. Diese Unähnlichkeit hatte Gott bereits vor ihrer Geburt angekündigt. Als Antwort auf Rebekkas sorgenvolles Gebet ließ er sie wissen, dass sie zwei Söhne bekommen werde. Zugleich eröffnete er deren künftiges Geschick: Beide würden das Oberhaupt eines mächtigen Volkes werden, aber einer würde bedeutender sein als der andere, wobei dem Jüngeren der Vorrang gebührte.[2]

Der heranwachsende Esau liebte die Annehmlichkeiten des Lebens. Seine Neigungen und Interessen waren ganz aufs Hier und Heute ausgerichtet. Und wenn er nicht bekam, was er wollte, begehrte er auf. Besonders liebte er es, ungebunden unterwegs zu sein und Wild zu jagen. Furchtlos durchstreifte Esau Berge und Einöden und kehrte stets mit Wildbret für den Vater und mit spannenden Berichten über sein abenteuerliches Leben zurück. Das ließ ihn zum Liebling Isaaks werden.[3]

Der besinnliche, fleißige und fürsorgliche Jakob dagegen beschäftigte sich mehr mit der Zukunft als mit der Gegenwart. Im Gegensatz zu seinem Bruder war er zufrieden mit einer geregelten Häuslichkeit. Er kümmerte sich um die Herden und trieb Ackerbau. Seine Mutter Rebekka schätzte besonders an ihm seine Ausdauer, Sparsamkeit und seinen Weitblick. Jakobs zurückhaltende, unablässige Aufmerksamkeit trug mehr zu ihrem Glück bei als die gelegentlichen ungestümen Zärtlichkeiten Esaus. Kein Wunder also, dass sie Jakob lieber hatte als den Erstgeborenen.[4]

In der Familie wurde natürlich auch über die Geschichte der Sippe gesprochen, vor allem über die Erfahrungen des Großvaters Abraham mit Gott. So erfuhren die Söhne, welche Zusagen Gott ihm gemacht hatte und welche Bedeutung das für sie und ihre Nachkommen haben würde. In solchen Gesprächen ging es auch um das Erstgeburtsrecht.

---

* Dieses Kapitel basiert auf 1. Mose 25,20–34 und 27,1–40.

[1] 1. Mose 25,21 [2] 1. Mose 25,22.23 [3] 1. Mose 25,27.28 [4] 1. Mose 25,27.28

Die Bedeutung des Erstgeburtsrechts

Das Erstgeburtsrecht umfasste damals nicht nur den doppelten Anteil an der Erbschaft des irdischen Besitzes, sondern betraf vor allem die geistliche Vorrangstellung in der Sippe. Wer es empfing, sollte der Priester der Familie sein, und aus der Reihe seiner Nachfahren würde der Erlöser der Welt kommen. Andererseits ruhten auf dem Träger des Erstgeburtsrechts auch ganz bestimmte Verpflichtungen, denn wer diesen Segen erbte, musste sein Leben dem Dienst für Gott weihen. Bei der Eheschließung, in allen häuslichen Angelegenheiten und im öffentlichen Leben sollte er den Willen Gottes beachten.

Isaak machte seine Söhne mit diesen Vorrechten und Bedingungen vertraut und erklärte ihnen auch, dass Esau als der Ältere Anspruch auf den Erstgeburtssegen hatte. Aber Esau war nicht an geistlichen Dingen interessiert und legte keinen Wert auf Frömmigkeit. Die mit dem Erstgeburtsrecht verbundenen Bedingungen waren ihm lästig, weil sie ihn in seiner Lebensweise einschränkten. Gottes Gesetz, das die Bedingung des göttlichen Bundes mit Abraham gewesen war, empfand er als ein Joch. Mit seinem Hang zur Zügellosigkeit begehrte er nichts so sehr wie die Freiheit, tun und lassen zu können, was er wollte. Für ihn gehörten Macht und Reichtum, Feiern und Gelage zu einem glücklichen Leben.

Rebekka erinnerte sich nun der Worte Gottes vor der Geburt ihrer Kinder und deutete mit größerem Scharfblick als ihr Mann die Charakterzüge ihrer Söhne. Da sie überzeugt war, dass der Erstgeburtssegen nach Gottes Willen für Jakob bestimmt war, wiederholte sie Isaak die Worte Gottes. Aber die Zuneigung des Vaters gehörte nun einmal dem älteren Sohn, und Isaak blieb beharrlich bei seiner Absicht, Esau das Erstgeburtsrecht zukommen zu lassen.

Jakob wusste aber durch seine Mutter, dass es ihm zufallen sollte. Und es verlangte ihn nach den Vorrechten, die ihm damit übertragen würden. Nicht der Reichtum des Vaters war das Ziel seiner Sehnsucht, sondern vielmehr das geistliche Erstgeburtsrecht. Mit Gott zu verkehren, wie Abraham es getan hatte, die Opfer darzubringen, die auf den Erlöser hinwiesen, der Ahnherr des erwählten Volkes und des verheißenen Messias zu sein, die unvergänglichen Besitztümer des Bundes mit Gott zu erben – das waren Gnadengaben, die er sich wünschte.

Jakob nahm alles mit großem Interesse auf, was sein Vater über die geistliche Bedeutung des Erstgeburtsrechts sagte, und genauso sorgfältig bewegte er im Herzen, was er von seiner Mutter gehört hatte. Aber weil er noch keine eigene Beziehung zu Gott besaß und sein Herz noch nicht durch Gottes Geist erneuert war, fehlte es ihm an geistlicher Reife, Demut und Geduld, um dem Herrn das Handeln zu überlassen. Er überlegte fortwährend, wie er in den Besitz der Rechte kommen könnte, die seinem Bruder so unwichtig waren.

Esau verkauft sein Erstgeburtsrecht

Als Esau eines Tages erschöpft von der Jagd nach Hause kam, bat er Jakob, ihm etwas von seiner Speise zu geben, die so lecker aussah und verführerisch duftete. Jakob erkannte die Gelegenheit und erbot sich, ihm das rote Linsengericht um den Preis des Erstgeburtsrechts zu verkaufen.[5] Der gierige Esau ging auf das Angebot ein und sagte leichthin: „Ich sterbe vor Hunger, was nützt mir da mein Erstgeburtsrecht!"[6]

Für eine Schüssel Linsen gab er es auf und bekräftigte den Handel mit einem Eid. Damit verschleuderte er gedankenlos das Erbe, das Gott seinen Vorfahren für die Zukunft verheißen hatte. Für ihn zählte nur das Jetzt. Das verleitete ihn dazu, das himmlische Gut für einen greifbaren irdischen Vorteil aufzugeben. Dabei fühlte er sich auch noch wohl, denn nun konnte er alle Rücksichten fallenlassen.

Esau nahm sich zwei Frauen von den Hethitern. Die waren im Götzendienst verhaftet und bereiteten Isaak und Rebekka viel Kummer.[7] Damit hatte Esau die Bedingung des Bundes mit Gott verletzt, die das Heiraten zwischen den Nachkommen Abrahams und Götzenanbetern verbot. Das brachte Isaak allerdings nicht davon ab, Esau den Erstgeburtssegen geben zu wollen.

Jahre vergingen. Isaak war inzwischen erblindet und ahnte, dass er bald sterben würde.[8] Deshalb wollte er die Spendung des Erstgeburtssegens für Esau nicht länger hinauszögern. Da er aber Rebekkas und Jakobs Widerstand kannte, wollte er das heimlich vollziehen. So gebot er Esau: „Nimm Pfeil und Bogen, jage ein Stück Wild und bereite mir ein leckeres

---

[5] 1. Mose 25,29–31 [6] 1. Mose 25,32 [7] 1. Mose 26,34.35; 27,46
[8] 1. Mose 27,1.2

Gericht, wie ich es gern habe. Ich will mich stärken, damit ich dich segnen kann, bevor ich sterbe."[9]

Jakob erschleicht sich den Erstgeburtssegen

Rebekka war das nicht entgangen und sie erzählte Jakob, was sich zugetragen hatte. Sie trieb ihn zu raschem Handeln, um die Segnung zu verhindern,[10] denn sie wusste, dass das Erstgeburtsrecht unwiderruflich auf Esau übergehen würde, wenn der Segen erst einmal ausgesprochen war. Sie versicherte ihrem Sohn, er werde den Segen erlangen, wie Gott es verheißen hatte, wenn er ihren Anweisungen folge.

Aber Jakob war dazu nicht sofort bereit. Der Gedanke, seinen Vater täuschen zu müssen, machte ihm Angst, denn er fürchtete, solch eine Sünde würde eher Fluch als Segen bringen. Doch Rebekka zerstreute seine Bedenken; schließlich befolgte er ihre Anweisungen. Mit einem von seiner Mutter zubereiteten leckeren Gericht aus Ziegenböckchen, angezogen mit Kleidern von Esau und den Fellen der Tiere um seine Handgelenke und seinen glatten Hals gewickelt, um die behaarte Haut Esaus vorzutäuschen, ging er zu seinem Vater.[11]

Jakob hatte nicht vorgehabt, seinen Vater zu hintergehen, aber als er vor ihm stand, schien es ihm, als sei er schon zu weit gegangen, um noch umkehren zu können. Er behauptete, Esau zu sein und das Wild mit Gottes Hilfe schnell gefunden zu haben. Sein Vater wurde misstrauisch, weil er die Stimme Jakobs erkannte, und betastete daher dessen Hände. Nachdem Jakob ihm auf Nachfragen erneut versichert hatte, sein Sohn Esau zu sein, und Isaak den frischen Duft der Kleider Esaus roch, segnete er Jakob schließlich:[12] „Gott gebe dir den Tau vom Himmel und mache deine Felder fruchtbar, damit sie Korn und Wein in Fülle tragen! Nationen sollen sich vor dir verneigen, und Völker sollen deine Diener werden. Du wirst der Herrscher deiner Brüder sein, sie müssen sich in Ehrfurcht vor dir beugen. Wer dich verflucht, den soll das Unglück treffen; doch wer dir wohl will, soll gesegnet sein!"[13] So erlangte Jakob den begehrten Segen durch Betrug.

Das Täuschungsmanöver brachte Rebekka und Jakob nur Kummer und Sorgen. Gott hatte gesagt, Jakob sollte das Erst-

---

[9] 1. Mose 27,3.4 [10] 1. Mose 27,5–10 [11] 1. Mose 27,11–18
[12] 1. Mose 27,19–27 [13] 1. Mose 27,28.29

geburtsrecht erhalten. Wenn sie im Vertrauen darauf gewartet hätten, würde sich diese Zusage zu seiner Zeit erfüllt haben. Rebekka bereute den falschen Rat, den sie ihrem Sohn gegeben hatte, später bitter. Jakob wurde von Selbstvorwürfen gequält. Er war schuldig geworden an seinem Vater, an seinem Bruder, an sich selbst und nicht zuletzt an Gott. In kurzer Zeit hatte er vollbracht, was er lebenslang bereuen würde. Und wenn ihn in späteren Jahren das boshafte Leben seiner eigenen Söhne bedrückte, stand ihm sein eigenes betrügerisches Verhalten vor Augen.

Jakob hatte kaum das Zelt seines Vaters verlassen, als Esau von der Jagd kam.[14] Obwohl er sein Erstgeburtsrecht verkauft hatte, war er entschlossen, sich den Segen zu sichern. Inzwischen war ihm bewusst geworden, dass mit dem geistlichen Erstgeburtsrecht auch das irdische verbunden war, das ihm die Würde als Familienoberhaupt und den doppelten Anteil am väterlichen Besitz sicherte.

Er sagte: „Mein Vater, setz dich auf und iss von meinem Wild, damit du mich segnen kannst!“[15] Bestürzt begriff Isaak, dass er von Rebekka und Jakob hintergangen worden war. Er litt mit seinem ältesten Sohn, der enttäuscht und verbittert war. „Ja, nicht umsonst trägt er den Namen Jakob, sagte Esau. Jetzt hat er mich schon zum zweiten Mal überlistet!“[16]

Aber Isaak blitzte die Erkenntnis auf, dass Gottes Vorsehung gerade das zu Wege gebracht hatte, was er verhindern wollte. Er erinnerte sich an die Worte Gottes zu Rebekka und sah nun in Jakob denjenigen, der Gottes Absichten erfüllen würde. Während die Segensworte über seine Lippen geflossen waren, hatte er die Inspiration durch den Geist Gottes in sich gespürt. Deshalb bestätigte er den Segen, den er unwissend über Jakob ausgesprochen hatte: „Ich habe ihn gesegnet und kann es nicht mehr ändern – er wird gesegnet bleiben!“[17]

Esau hatte zwar den Erstgeburtssegen für unwesentlich gehalten, aber nachdem er ihn für immer verloren hatte, war er verbittert: „Vater, segne mich auch ... Hast du denn keinen Segen mehr für mich übrig?“[18] Doch Isaak konnte die einmal über Jakob ausgesprochene Verheißung nicht zurücknehmen. Das leichtsinnig verkaufte Erstgeburtsrecht ließ sich nicht zurückgewinnen. Als Esau seine Torheit einsah, war es zu spät.

---

[14] 1. Mose 27,30 [15] 1. Mose 27,31 [16] 1. Mose 27,36 Hfa
[17] 1. Mose 27,33 [18] 1. Mose 27,34.36

Esau als warnendes Beispiel

Im Hebräerbrief heißt es: „Achtet darauf, dass keiner von euch an Gottes Gnade gleichgültig vorübergeht, damit sich das Böse nicht bei euch breitmacht und die ganze Gemeinde vergiftet. Keiner von euch soll ein zügelloses Leben führen wie Esau, der Gott den Rücken gekehrt hatte. Für ein Linsengericht verschleuderte er das Vorrecht, als ältester Sohn das Erbe und den besonderen Segen seines Vaters zu erhalten. Später wollte er alles wieder rückgängig machen und flehte seinen Vater unter Tränen um diesen Segen an. Doch da war es zu spät."[19] Esau besaß zwar noch die Möglichkeit, sein gottloses Leben zu bereuen und Gottes Gunst wiederzuerlangen, doch es gab kein Mittel, das Erstgeburtsrecht wiederzubekommen. Sein Kummer entsprang ja auch nicht einem Schuldbewusstsein und er suchte keine Versöhnung mit Gott, sondern bedauerte nur die Folgen seines Verhaltens, nicht aber sein Fehlverhalten selbst.

Esau wird in der Bibel ein „Gottloser" genannt.[20] Er ist ein Vertreter all derer, die keine Beziehung zu Gott wollen, die Erlösung durch Christus für sich selbst geringschätzen und schnell dabei sind, ihr himmlisches Erbe für die vergänglichen Genüsse dieser Welt zu opfern.

Viele Menschen leben nur für das Heute, ohne viele Gedanken an die Zukunft zu verschwenden. Die Selbstsucht hat längst die Oberhand gewonnen und Gott und der Himmel werden verachtet. Macht man sie auf ihr falsches Verhalten oder ihre Pflichten Gott gegenüber aufmerksam, sind sie gekränkt.

Auch heute verkaufen viele Menschen ihr geistliches Erstgeburtsrecht für irdische Vorteile und sinnliche Genüsse. Dafür opfern sie ihre Gesundheit, verschwenden ihre geistigen Fähigkeiten und verscherzen das ewige Leben. Und wie Esau werden sie ihre Torheit zu spät bemerken.

---

[19] Hebräer 12,15–17 Hfa [20] Hebräer 12,16 LB

17 | Jakobs Zeit in der Fremde*

Weil Jakob ihm mit List und Lüge den Erstgeburtssegen geraubt hatte, trachtete Esau ihm nach dem Leben. Wenn sein alter Vater gestorben war, wollte er Jakob umbringen. Als Rebekka von dieser Absicht erfuhr, erzählte sie Jakob davon und drängte ihn, zu ihren Verwandten nach Haran zu fliehen.[1]

Jakob ging einer ungewissen Zukunft entgegen. Außer dem Segen des Vaters war ihm so gut wie nichts geblieben. Isaak bestätigte die Verheißungen und trug Jakob auf, nach Mesopotamien zu gehen und sich dort eine Frau aus der Familie Rebekkas zu suchen.[2]

Mit schuldbeladenem Gewissen und bekümmerten Herzens musste er Hunderte von Kilometern durch Gegenden ziehen, in denen ein Menschenleben nicht viel galt. In seiner Gewissensnot und Angst mied er die Menschen, damit sein zorniger Bruder ihm nicht auf die Spur käme. Darüber hinaus befürchtete er, wegen seines Betrugs bei der Erlangung des Erstgeburtssegens Gottes Gunst für immer verloren zu haben.

Am Abend des zweiten Tages war er schon ziemlich weit von den heimatlichen Zelten entfernt. Er fühlte sich wie ein Ausgestoßener und wusste doch, dass all die Not durch eigene Schuld über ihn hereingebrochen war. Er war verzweifelt und wagte kaum zu beten. Wie nie zuvor spürte er jetzt, wie sehr er auf Gottes Beistand und Schutz angewiesen war. Unter Tränen und in tiefer Demut bekannte er seine Sünden und flehte um ein Zeichen, dass sich der Herr nicht gänzlich von ihm abgewandt habe. Von seinem früheren Selbstvertrauen war nichts mehr zu spüren. Im Gegenteil, er fürchtete, unwiderruflich von Gott verworfen zu sein.

Aber Gott ließ den verzagten Jakob nicht im Stich, sondern wandte sich ihm gnädig zu. Er offenbarte sich dem Flüchtling gerade als der, den dieser jetzt dringend brauchte: als Erlöser. Jakob hatte gesündigt, aber Gott zeigte ihm den Weg, auf dem er seine Gunst wiedererlangen konnte.

---

* Dieses Kapitel basiert auf 1. Mose 27,41 bis 32,1.
[1] 1. Mose 27,41–45 [2] 1. Mose 28,1–5

Der Traum von der Himmelstreppe

Ermüdet von dem Tagesmarsch streckte sich Jakob auf dem Erdboden aus und benutzte einen Stein als Kopfkissen. „Während er schlief, hatte er einen Traum: Er sah eine Treppe, die auf der Erde stand und bis zum Himmel reichte. Engel Gottes stiegen hinauf und herab. Oben auf der Treppe stand der Herr und sagte zu ihm: ‚Ich bin der Herr, der Gott Abrahams und Isaaks. Das Land, auf dem du liegst, werde ich dir und deinen Nachkommen geben! Sie werden unzählbar sein wie der Staub auf der Erde ... Und durch dich soll allen Völkern der Erde Gutes zuteil werden.'" Diese Verheißungen hatte Gott bereits Abraham und Isaak zugesprochen; nun wiederholte er sie gegenüber Jakob erneut und verband sie mit Worten des Trostes und der Ermutigung: „Ich stehe dir bei; ich behüte dich, wo du auch hingehst, und bringe dich heil wieder in dieses Land zurück. Niemals lasse ich dich im Stich; ich stehe zu meinem Versprechen, das ich dir gegeben habe."[3]

In seiner Gnade gewährte der Herr dem reuigen Flüchtling einen Blick in die Zukunft, der ihm die Motivation geben sollte, allen Versuchungen, die von innen und außen auf ihn zukommen würden, die Stirn zu bieten. Es war nicht zu vermeiden, dass Jakob viele Jahre unter Götzendienern leben musste und es mit Menschen zu tun haben würde, die es nicht gut mit ihm meinten. Die Gewissheit, dass Gottes Absicht durch ihn erfüllt werden würde, sollte ihn zur Treue ermutigen.

In seinem Traum wurde Jakob ein Teil des Erlösungsplans gezeigt. Auf die geheimnisvolle Treppe im Traum bezog sich über 2000 Jahre später Jesus im Gespräch mit Nathanael: „Ihr werdet den Himmel offen und die Engel Gottes hinauf- und herabsteigen sehen zwischen Gott und dem Menschensohn."[4] Adams und Evas Sünde trennte Himmel und Erde voneinander, sodass die Menschen nicht mehr zur direkten Gemeinschaft mit dem Schöpfer fähig waren. Doch Gott selbst sorgte dafür, dass die Menschheit nicht in Hoffnungslosigkeit versinken musste. Die Treppe, die Himmel und Erde wieder miteinander verbindet, ist ein Hinweis auf Christus – Gott und Mensch zugleich –, den Mittler zwischen Gott und den Menschen. Er verbindet uns in unserer Schwäche mit der Quelle der Kraft.

---

[3] 1. Mose 28,12–15 Hfa [4] Johannes 1,51 Hfa

Das alles wurde Jakob in seinem Traum enthüllt. Obwohl er einen Teil dieser Offenbarung sofort begriff, beschäftigte ihn das Erforschen der bedeutsamen Wahrheiten sein Leben lang, und sie erschlossen sich ihm erst nach und nach.

Es war noch dunkel, als Jakob aufwachte. Die Gestalten, die er im Traum gesehen hatte, waren verschwunden. Doch voller Ehrfurcht spürte er Gottes Gegenwart: „‚Wahrhaftig, der Herr ist an diesem Ort, und ich wusste es nicht! Hier ist wirklich das Haus Gottes!' Früh am Morgen stand Jakob auf. Den Stein, den er hinter seinen Kopf gelegt hatte, stellte er als Steinmal auf und goss Öl darüber, um ihn zu weihen. Er nannte die Stätte Bet-El (Haus Gottes)." Dann leistete er den feierlichen Schwur: „Wenn der Herr mir beisteht, wenn er mich bewahrt auf der Reise, die ich jetzt antrete, wenn er mir Nahrung und Kleidung gibt und wenn ich wohlbehalten wieder nach Hause zurückkomme, dann soll er allein mein Gott sein. Hier an dieser Stelle, wo ich den Stein aufgestellt habe, soll dann ein Heiligtum für ihn errichtet werden. Von allem Besitz, den er mir schenken wird, werde ich ihm den zehnten Teil geben."[5]

Dieses Gelöbnis war der Ausdruck eines Herzens, das voller Dank für die Versicherung der göttlichen Barmherzigkeit war. Jakob empfand, dass die außergewöhnlichen Beweise göttlicher Gnade eine Gegengabe verlangten.

Auch uns täte es gut, wenn wir uns öfter dankbar ins Gedächtnis riefen, wie oft Gott uns davor bewahrt hat, in Mutlosigkeit oder Verzweiflung zu versinken. Wenn Gott Wege öffnet, wo es für uns nicht mehr weiterzugehen scheint, oder wenn er uns neue Kraft gibt, weil wir selbst am Ende sind, dann sollten wir fragen: „Wie kann ich dem Herrn vergelten, was er für mich getan hat?"[6] Sooft wir eine außergewöhnliche Erfahrung gemacht haben oder uns unerwartete Hilfe zuteil wurde, sollten wir auf Gottes Güte mit einem Opfer oder einer Gabe für sein Werk antworten.

Jakob jedenfalls reagierte auf diese Weise: „Von allem, was er mir schenkt, will ich ihm den zehnten Teil zurückgeben!"[7] Sollten wir, die wir uns der vollen Erkenntnis des Evangeliums erfreuen, uns damit begnügen, Gott weniger zu geben als jene, die damals unter weit ungünstigeren Verhältnissen lebten? Sind nicht unsere Verpflichtungen sogar noch größer?

[5] 1. Mose 28,16–22 [6] Psalm 116,12 [7] 1. Mose 28,22 Hfa

Wie töricht wäre es, Zeit und Geld oder Kraft und Liebe auf den Euro genau gegen Gottes Liebe und Barmherzigkeit aufzurechnen. Wie dürftig und beschämend wäre es, wenn unser Motto lauten würde: „Der Zehnte ist für Gottes Sache, aber damit ist's genug!" Vom Kreuz auf Golgatha ruft Christus uns zu rückhaltloser Hingabe auf. Alles, was wir haben und alles, was wir sind, sollte Gott geweiht sein.

Mit neu belebtem Glauben und des himmlischen Schutzes gewiss „brach Jakob auf und ging weiter nach Osten zu dem Gebiet, aus dem seine Mutter stammte".[8] Aber wie so ganz anders war seine Ankunft als die Eliësers, des Boten Abrahams, einige Jahrzehnte zuvor! Der war damals mit einer Karawane und einer Fülle von Geschenken gekommen. Jakob dagegen erschien bei seiner mesopotamischen Verwandtschaft als Flüchtling mit wunden Füßen, der nichts besaß als seinen Stab. Wie seinerzeit Eliëser, so harrte auch er an einem Brunnen der Dinge, die da kommen sollten. Dort begegnete er Rahel, einer Tochter seines Onkels Laban. Er gab sich als Verwandter zu erkennen und wurde im Haus Labans willkommen geheißen.[9]

Schon nach wenigen Wochen war klar, dass dieser Mann fleißig und geschickt war. Deshalb ermutigte man ihn zu bleiben. Jakob liebte Rahel und schlug Laban vor, ihm sieben Jahre für sie zu dienen. Laban willigte ein.[10]

Der Sinn des Brautpreises

Damals verlangte es der Brauch, dass der Bräutigam vor Abschluss des Heiratsvertrages dem Schwiegervater eine Geldsumme bezahlte oder deren Gegenwert gab. Das war eine gewisse Vorsichtsmaßnahme im Hinblick auf die spätere Ehe. Den Vätern erschien es zu unsicher, ihre Töchter Männern anzuvertrauen, die nicht für den Unterhalt einer Familie vorgesorgt hatten. Wenn sie sich nichts erarbeitet hatten, waren sie vielleicht Taugenichtse. Aber es gab auch Möglichkeiten für solche, die nicht in der Lage waren, für eine Frau zu bezahlen. Sie arbeiteten für den Vater, dessen Tochter sie liebten. Die Länge der Dienstzeit wurde nach der Höhe des Brautpreises bemessen. War der Bewerber in seinem Dienst zuverlässig und rechtschaffen, wurde ihm die Tochter zur Frau gegeben.

---

[8] 1. Mose 29,1 Hfa [9] 1. Mose 29,2.9–13 [10] 1. Mose 29,18.19

Damit, dass der Freier erst die vereinbarten Dienste leisten musste, um die Braut zu gewinnen, verhinderte man eine übereilte Heirat. Zudem hatte er Gelegenheit, die Echtheit seiner Gefühle zu prüfen und seine Fähigkeit, eine Familie zu ernähren, unter Beweis zu stellen.

Heutzutage nehmen sich junge Menschen oft vor der Heirat nicht ausreichend Zeit, um mit den Lebensgewohnheiten und Eigenarten des anderen vertraut zu werden. Sie sind sich manchmal noch fremd, wenn sie sich das Jawort geben. Viele entdecken später, dass sie eigentlich nicht zueinander passen, und das Ergebnis ihrer Verbindung ist Unglück für das ganze Leben. Wie oft leiden Frau und Kinder später unter der Gleichgültigkeit oder den schlechten Gewohnheiten des Ehemannes und Vaters oder unter den Folgen einer Scheidung. Hätte man den Bewerber vor der Heirat besser kennengelernt, wäre viel Unglück verhütet worden.

Gewöhnlich gab damals der Vater seiner Tochter nach der Hochzeit den erhaltenen Brautpreis mit in die Ehe. Im Falle von Rahel und Lea hielt Laban jedoch selbstsüchtig zurück, was er durch Jakobs langjährige Dienste erworben hatte. Darauf bezogen sich später die Töchter, als sie sagten: „Er hat uns verkauft und unseren Kaufpreis verzehrt!“[11]

Wie Jakob zu vier Frauen kam

„Jakob arbeitete bei Laban sieben Jahre für Rahel, und weil er sie so sehr liebte, kamen ihm die Jahre wie Tage vor.“[12] Aber der raffgierige Laban scheute sich nicht vor einer gemeinen Täuschung, um Jakobs Dienste noch länger ausnutzen zu können. Als die sieben Jahre um waren, schob er ihm seine ältere Tochter Lea an Stelle von Rahel unter. Seinem entrüsteten Vorwurf begegnete Laban mit dem Angebot, ihm für weitere sieben Dienstjahre auch Rahel zu geben. Jedoch bestand der Vater darauf, dass Lea nicht zurückgewiesen werden dürfe.[13] Jakob geriet in eine schwierige Lage, entschloss sich aber schließlich um der Liebe zu Rahel willen, auf Labans Vorschlag einzugehen. So hatte er plötzlich zwei Frauen.

Doch damit begannen erhebliche Schwierigkeiten. Die Tatsache, dass sich Lea zu dem Betrug hergegeben hatte, war der Grund, weshalb Jakob meinte, sie nicht von Herzen lieben zu

---

[11] 1. Mose 31,15 LB [12] 1. Mose 29,20 [13] 1. Mose 29,22–28

können. Er „hatte Rahel lieber als Lea".[14] Daraus ergab sich ein Geflecht aus Bevorzugung und Zurücksetzung, Neid und Eifersucht, sodass die Rivalität der Schwestern als Ehefrauen ihm das Leben bitter machten.

Die Konflikte wurden durch Jakobs Ungleichbehandlung seiner beiden Frauen verursacht. Gott billigte dies nicht und griff ein: „Als der Herr sah, dass Lea nicht geliebt wurde, schenkte er ihr Kinder, während Rahel kinderlos blieb. Lea nannte ihren ersten Sohn Ruben (‚Seht, ein Sohn'), denn sie sagte sich: ‚Der Herr hat mein Elend gesehen; jetzt wird mein Mann mich lieben, weil ich ihm einen Sohn geboren habe.' Danach brachte Lea den zweiten Sohn zur Welt. ‚Der Herr hat gehört, dass ich nicht geliebt werde. Darum hat er mir noch einen Sohn geschenkt!', rief sie und gab ihm den Namen Simeon (‚Der Herr hat gehört'). Sie wurde wieder schwanger und brachte erneut einen Sohn zur Welt. ‚Jetzt wird sich Jakob mir endlich zuwenden, weil ich ihm drei Söhne geboren habe!', sagte sie. Deshalb nannte sie ihn Levi (‚Zuwendung'). Schließlich wurde ihr vierter Sohn geboren. ‚Ich will den Herrn preisen!', sagte sie und nannte ihn Juda (‚Lobpreis')."[15]

Dieser Kindersegen erregte natürlich die Eifersucht Rahels. Sie „sagte zu Jakob: ‚Sorge dafür, dass ich Kinder bekomme, sonst will ich nicht länger leben!' Jakob wurde zornig und sagte: ‚Kann denn ich etwas dafür? Ich bin doch nicht Gott, der dir Kinder versagt!' Da sagte Rahel: ‚Hier hast du meine Dienerin Bilha. Schlafe mit ihr, damit sie an meiner Stelle ein Kind bekommt. Wenn sie es auf meinem Schoß zur Welt bringt, ist es wie mein eigenes'".[16] Bilha gebar zwei Söhne, Dan und Naftali. Rahel frohlockte und fühlte sich ihrer Schwester wieder überlegen. Daraufhin gab Lea ihre Magd Silpa Jakob zur Nebenfrau. Die gebar auch zwei Söhne, Gad und Ascher.[17] So kam Jakob zu vier Frauen – und vielen Problemen.

Später gebar Lea noch zwei weitere Söhne, Issachar und Sebulon, und eine Tochter, Dina. Und endlich erhörte Gott Rahels Bitten und sie bekam auch einen Sohn, Josef.[18]

20 Jahre lang blieb Jakob in Haran und arbeitete für Laban. Der war nur darauf aus, eigenen Nutzen aus ihrer Verbindung zu ziehen. 14 mühselige Dienstjahre forderte er für beide Töchter, und danach veränderte er Jakobs Lohn zehn Mal.[19]

[14] 1. Mose 29,30 LB [15] 1. Mose 29,31–35 Hfa [16] 1. Mose 30,1–3
[17] 1. Mose 30,9–13 [18] 1. Mose 30,17–24 [19] 1. Mose 31,41

Jakob will nach Kanaan zurückkehren

Jakob war des Dienstes bei Laban in zunehmendem Maße müde geworden und nahm sich vor, nach Kanaan zurückzukehren. Er sagte zu seinem Schwiegervater: „Ich möchte in meine Heimat zurückkehren. Gib mir meine Frauen und Kinder, die ich mit meiner Arbeit verdient habe, und lass mich ziehen! Du weißt, wie ich mich mit aller Kraft für dich eingesetzt habe.' Aber Laban erwiderte: ‚Erweise mir die Gunst, noch zu bleiben! Ich habe genau gemerkt, dass der Herr mich deinetwegen gesegnet und mir Wohlstand geschenkt hat. Was willst du künftig als Lohn? Ich gebe dir, was du verlangst.'"

Jakob erwiderte: „Du weißt ja, was ich für dich getan habe und wie dein Vieh sich vermehrt hat. Bevor ich kam, hattest du nur ein paar Tiere, und nun sind daraus so riesige Herden geworden. Für jeden meiner Schritte hat der Herr dich gesegnet. Jetzt muss ich endlich einmal an mich selbst denken und für meine Familie sorgen!"[20]

Auf Labans nochmalige Frage nach dem Lohn schlug Jakob vor, ihm alle schwarzen, gefleckten und gesprenkelten Tiere zu geben. Gott hatte ihn in einem Traum darauf hingewiesen, aber in der Folgezeit half Jakob mit einigen Kunstgriffen nach, damit hauptsächlich solche Tiere geboren wurden.[21] „Auf diese Weise wurde Jakob sehr reich und besaß schließlich viele Herden, dazu Esel, Kamele, Sklaven und Sklavinnen."[22]

Bald begannen Labans Söhne, deswegen über Jakob verärgert zu sein: „‚Sein ganzer Reichtum gehört eigentlich unserem Vater. Alles, was er hat, hat er uns weggenommen.' Auch Laban war ihm nicht mehr so wohlgesinnt wie früher."[23]

Ihre gehässigen Reden kamen Jakob schließlich zu Ohren. Er begriff, dass Labans Söhne ihm gefährlich werden konnten. Sie sahen seinen Besitz als ihr Eigentum an und würden womöglich versuchen, diesen mit Gewalt an sich zu bringen. Jakob geriet mehr und mehr in Unruhe und Bedrängnis. In Erinnerung an Gottes Verheißung bei Bet-El legte er ihm die Angelegenheit vor. Der Herr antwortete in einem Traum mit der Aufforderung: „Kehre in das Land deiner Vorfahren und zu deinen Verwandten zurück! Ich werde dir beistehen."[24]

Während Labans Abwesenheit zur Schafschur bot sich eine Gelegenheit zur Flucht. In aller Eile wurden Jakobs Herden

---

[20] 1. Mose 30,25–30 [21] 1. Mose 30,31–42; 31,10–12 [22] 1. Mose 30,43
[23] 1. Mose 31,1.2 [24] 1. Mose 31,3

zusammengetrieben und vorausgeschickt. Mit Frauen, Kindern und Sklaven überquerte Jakob den Eufrat und zog eilig los. Nach drei Tagen machte sich Laban mit allen Männern aus seiner Sippe zur Verfolgung auf und holte sie am siebten Tag ihrer Reise ein.[25] In maßlosem Zorn wollte er sie zur Rückkehr zwingen. Die Geflüchteten befanden sich tatsächlich in großer Gefahr, aber dann griff Gott selbst ein. Laban berichtete selbst davon: „Ich hätte ja die Macht, mich an euch zu rächen; aber der Gott eures Vaters hat mich heute Nacht gewarnt: ‚Hüte dich, mit Jakob anders als freundlich zu reden!'"[26]

Laban hatte Jakob die Mitgift für die Töchter vorenthalten und ihn eigensüchtig und listig behandelt, was den Lohn für dessen Dienst betraf.[27] Jetzt warf er ihm heuchlerisch vor, dass er mit seiner heimlichen Abreise ihm keine Gelegenheit zu einem Abschiedsfest gegeben habe. Nicht einmal Lebewohl habe er seinen Töchtern und ihren Kindern sagen können.[28]

Aber nun hielt Jakob Laban ganz offen dessen selbstsüchtiges, habgieriges Verhalten vor: „Du hättest mir sogar jetzt alles weggenommen und mich mit leeren Händen davongejagt, wenn mir nicht der Gott meines Großvaters Abraham geholfen hätte, dem auch mein Vater Isaak mit Ehrfurcht gedient hat. Gott hat mit angesehen, wie ich mich für dich abgearbeitet habe und wie schlecht du mich behandelt hast. Darum hat er mir letzte Nacht zu meinem Recht verholfen!"[29]

Laban konnte all das nicht leugnen und schlug deshalb vor, einen Friedensbund zu schließen. Jakob stimmte dem zu, und zum Zeichen der Übereinstimmung errichteten sie einen Steinhügel, dem Laban den Namen Mizpa (Wachtturm) gab, denn: „Der Herr soll darüber wachen, dass wir unsere Abmachung einhalten, wenn wir uns getrennt haben."[30] Und weiter sagte er: „Der Gott Abrahams und der Gott Nahors sollen den bestrafen, der sich nicht daran hält!"[31] Darauf schwor ihm Jakob bei dem Gott seines Vaters Isaak. Zur Bestätigung der Abmachung feierten sie gemeinsam ein Fest. So verging die Nacht in freundschaftlicher Gemeinschaft, und bei Tagesanbruch zog Laban mit seinen Leuten davon.[32] Mit dieser Trennung endete jede Verbindung der Nachkommen Abrahams mit ihrer Verwandtschaft in Mesopotamien.

---

[25] 1. Mose 31,19–23 [26] 1. Mose 31,29 [27] 1. Mose 31,6–8
[28] 1. Mose 31,27.28 [29] 1. Mose 31,42 Hfa [30] 1. Mose 31,49 Hfa
[31] 1. Mose 31,53 [32] 1. Mose 31,54; 32,1

18 | Jakobs Ringen mit Gott*

Jakob zog auf dem Weg, den er über 20 Jahre zuvor als Flüchtling gegangen war, nicht ohne Befürchtungen zurück. Seine Schuld, der Betrug an seinem Vater und an Esau, lag ihm immer noch schwer auf der Seele. Er wusste, dass die lange Abwesenheit eine Folge des damaligen Geschehens war. Als in der Ferne die heimatlichen Berge auftauchten, war er tief bewegt, und die Vergangenheit wurde vor seinem inneren Auge wieder lebendig. Er erinnerte sich an seinen Betrug, aber auch an Gottes Gnade und dessen Verheißungen.

Jakob war sich bewusst, dass Esau ihm und seiner Familie zur großen Gefahr werden könnte, wenn er sich für seinen Betrug an ihm rächen wollte. Wenn Esau ihn tötete, würde er auch den ganzen Besitz seines Vaters erben und müsste nicht zwei Drittel davon Jakob überlassen.

In dieser schweren Stunde empfing Jakob vom Herrn erneut ein Zeichen seines Beistands. „Als Jakob weiterzog, begegneten ihm Engel Gottes. Erstaunt rief er: ‚Hier ist das Lager Gottes!' Deshalb nannte er den Ort Mahanajim (Doppellager)."[1] Ihm schien es, als sei sein Zug von zwei Engelscharen umgeben, die zum Schutz vor und hinter ihnen mitzogen. Er erinnerte sich an den Traum bei Bet-El und spürte, dass die Engel, die ihm auf seiner Flucht aus Kanaan Hoffnung gegeben und Mut gemacht hatten, auch jetzt seine Beschützer waren.

Dennoch meinte Jakob, auch selbst etwas für seine Sicherheit tun zu müssen: Er sandte Boten mit einem demütigen Gruß zu Esau. Um ihm von vornherein jede Befürchtung zu nehmen, er wolle etwas vom väterlichen Erbe abhaben, ließ Jakob ihm versichern: „Ich habe reichen Besitz erworben: Rinder, Esel, Schafe und Ziegen, Sklaven und Sklavinnen. Ich lasse es dir, meinem Herrn, melden und bitte, dass du mich freundlich aufnimmst."[2]

Aber die Boten kehrten mit der Nachricht zurück, Esau rücke mit 400 Männern an, aber ohne eine Erwiderung auf

---

* Dieses Kapitel basiert auf 1. Mose 32,2 bis 33,4.

[1] 1. Mose 32,2.3 [2] 1. Mose 32,4–6

Jakobs freundlichen Gruß. Alles deutete darauf hin, dass Esau Vergeltung üben wollte. Schrecken bemächtigte sich des ganzen Lagers. „Jakob wurde von Angst gepackt."[3] Sollte es zu einer gewalttätigen Auseinandersetzung kommen, würden er und die Seinen den Kürzeren ziehen.

Deshalb machte Jakob einen weiteren Versuch, um eine friedliche Lösung zu erreichen. Er wählte aus seinen Herden großzügig 580 Tiere aus und sandte sie in drei Abteilungen als Geschenke mit einer weiteren Friedensbotschaft an Esau voraus.[4] Damit wollte er seinem Bruder deutlich machen, wie sehr er das Unrecht bereute, das er ihm über 20 Jahre zuvor zugefügt hatte. Er hoffte, ihn dadurch versöhnlich zu stimmen, obwohl er dessen nicht sicher sein konnte.

Deshalb betete Jakob zu Gott: „Ich bin es nicht wert, dass du mir, deinem Diener, so viel Gutes getan und deine Zusage wahrgemacht hast. Ich besaß nur einen Wanderstock, als ich den Jordan überschritt, und nun komme ich zurück mit zwei großen Karawanen. Rette mich doch jetzt vor meinem Bruder Esau! Ich habe solche Angst vor ihm. Er wird uns alle umbringen, auch die Frauen und Kinder. Du hast mir doch versprochen: ‚Ich beschütze dich; ich lasse es dir gut gehen.'"[5]

Jakobs Kampf mit dem Engel

Jakob wollte die ganze Nacht im Gebet verbringen, denn nur Gott konnte einen guten Ausgang bewirken. Er zog sich an einen einsamen Platz in der Nähe des Flusses Jabbok zurück und beugte sich bedrückt zur Erde nieder. Allem, was ihm das Leben lebenswert machte, drohte Gefahr und der Tod. Das Bitterste war der Gedanke, dass seine eigene Sünde diese Gefahr über die Unschuldigen heraufbeschworen hatte.

Da spürte er, wie ihn plötzlich jemand anrührte. Er glaubte, ein Feind wolle ihm ans Leben. Sofort sprang er auf und verteidigte sich. In der Dunkelheit konnte er den Gegner nicht erkennen, aber er setzte sich mit aller Kraft zur Wehr, denn er meinte, dass es für ihn um Leben und Tod ging. In seiner Verzweiflung erinnerte er sich an die Verheißung Gottes.

Keiner der Kämpfer gab nach, und so ging das stumme Ringen bis zum Morgengrauen weiter. Dann gab der Fremde „ihm einen Schlag auf das Hüftgelenk, sodass es sich ausrenkte",

---

[3] 1. Mose 32,8 Hfa [4] 1. Mose 32,14–22 [5] 1. Mose 32,11–13

und machte damit dem Kampf ein Ende.[6] An diesem Schlag erkannte Jakob nun eindeutig, dass er gegen einen Engel gekämpft und deshalb trotz schier übermenschlicher Anstrengungen nicht hatte siegen können. Es war der Sohn Gottes, der „Engel des Herrn", der ihm hier begegnet war.

Jakob war zwar kampfunfähig und litt heftige Schmerzen, aber er ließ den Engel nicht los. Verzweifelt klammerte er sich an ihn „mit Bitten und Tränen" und flehte um seinen Segen.[7] Er wollte unbedingt die Gewissheit der Sündenvergebung haben. Der Engel drängte: „Lass mich los; es wird schon Tag." Aber Jakob antwortete: „Ich lasse dich nicht los, bevor du mich segnest."[8] Hier spricht die Zuversicht eines Menschen, der sich seiner Unwürdigkeit bewusst ist und dennoch auf Gottes Treue baut, weil er weiß, dass der Herr zu seinen Verheißungen steht. Jakob „kämpfte mit dem Engel und siegte".[9] Als unwürdiger Mensch siegte er, weil er sich im Glauben an die Gnade und die Verheißungen Gottes klammerte. In seiner Liebe konnte Gott die Bitten des Sünders nicht abweisen.

Jakob bekommt einen neuen Namen

Der Grund, warum Jakob damals das Erstgeburtsrecht durch Betrug an sich gebracht hatte, stand ihm jetzt klar vor Augen: Er hatte nicht Gottes Zusage vertraut, sondern mit eigenen Mitteln erreichen wollen, was Gott zu seiner Zeit und auf seine Weise getan hätte. Als Bestätigung dafür, dass ihm vergeben war, wurde sein Name geändert. Der Engel sagte: „Du sollst von nun an nicht mehr Jakob heißen, du sollst Israel heißen. Denn du hast mit Gott und mit Menschen gekämpft und hast gesiegt."[10] Obwohl er den Kampf mit dem Sohn Gottes eigentlich verloren hatte, war er doch Sieger geblieben, weil der ihn zum Sieger machte.

In der qualvollen Nacht am Jabbok lernte Jakob, wie nichtig menschlicher Beistand und wie fragwürdig das Bauen auf menschliche Macht ist. Nun nahm er hilflos und unwürdig Gottes Gnadenzusage für reuige Sünder in Anspruch. Sie vermittelte ihm die Gewissheit, dass ihm vergeben und er wieder von Gott angenommen war.

---

[6] 1. Mose 32,25.26 [7] Hosea 12,4.5 [8] 1. Mose 32,27 [9] Hosea 12,5
[10] 1. Mose 32,29; *Jakob* kann auch „Betrüger" bedeuten; *Israel* (Gott kämpft oder herrscht) wird hier als „Kämpfer mit Gott" gedeutet.

Die Krise seines Lebens war überwunden. Bis dahin hatten Zweifel, Unsicherheit und Gewissensangst Jakobs Dasein überschattet, doch nun war alles anders. Tiefer Friede erfüllte ihn nach der Versöhnung mit Gott. Nun fürchtete er sich nicht mehr vor der Begegnung mit Esau. Er wusste, dass Gott dessen Herz bewegen konnte, die Reue des Bruders anzunehmen.

Während Jakob mit dem Engel des Herrn rang, wurde ein anderer Engel zu Esau gesandt. Im Traum sah er den Bruder als einen über 20 Jahre lang vom Vaterhaus Verbannten. Er begriff etwas von Jakobs Kummer über den Tod der Mutter, die er seit seiner Flucht nicht mehr gesehen hatte. Und er spürte, dass Gott Jakob schützen würde. Am Morgen erzählte Esau seinen Männern, was ihm Gott im Traum gezeigt hatte, und befahl ihnen, Jakob und den Seinen kein Leid anzutun, weil der Gott seines Vaters mit ihm sei.

Schließlich näherten sich die beiden Horden einander: der Wüstenhäuptling an der Spitze seiner Männer und Jakob mit Frauen und Kindern, Knechten und Mägden, denen große Herden folgten.[11] Auf seinen Stab gestützt und unter Schmerzen, hinkte Jakob auf Esau zu, aber aus seinem Gesicht leuchteten Freude und Frieden. Beim Anblick des Leidenden lief Esau „ihm entgegen, fiel ihm um den Hals ... und küsste ihn. Beide weinten".[12] Sogar Esaus nicht gerade zart besaitete Männer waren von diesem Geschehen gerührt. Sie konnten sich die veränderte Gesinnung ihres Herrn nicht erklären.

Eine bedeutsame Lehre für die Zukunft

Jakobs Erfahrung in jener Nacht des Ringens und der Angst ist ein Vorgeschmack auf die Art der Trübsal, durch die Gottes Volk unmittelbar vor Jesu Wiederkunft gehen muss. Jeremia beschrieb sie so: „Wir hören Angstschreie, Grauen befällt uns ... Ja, das wird ein furchtbarer Tag sein, keinem anderen gleich, eine Zeit der Not für die [geistlichen] Nachkommen Jakobs – doch sie werden aus dieser Not gerettet werden!"[13]

Diese Zeit der Not wird beginnen, wenn Christus seinen Dienst als Mittler für die Menschen beendet. Dann ist der Fall eines jeden entschieden, und es wird nichts mehr geben, was ihn nun noch von Schuld reinigen könnte. Nun gilt: „Wer Unrecht tut, mag es weiterhin tun. Wer den Schmutz liebt,

---

[11] 1. Mose 33,1.2 [12] 1. Mose 33,4 Hfa [13] Jeremia 30,5.7

mag sich weiter beschmutzen. Wer aber recht handelt, soll auch weiterhin recht handeln. Und wer heilig ist, soll weiter nach Heiligkeit streben."[14] Wie Jakob von seinem zornigen Bruder mit dem Tod bedroht wurde, so werden Gottes Getreue bedroht sein und Tag und Nacht um Rettung flehen.

Satan hatte Jakob vor den Engeln Gottes verklagt und das Recht beansprucht, ihn um seiner Sünde willen zu töten. Und er war ständig darauf aus, ihn zu entmutigen und sein Gottvertrauen zu erschüttern, indem er ihm seine Sünden vorhielt und das Schuldbewusstsein schürte. Als Jakob den Engel des Herrn unter Tränen anflehte, erinnerte zwar auch der ihn an seine Sünde und wollte sich ihm entziehen, um sein Vertrauen zu prüfen, doch Jakob hat erfahren, dass Gott gnädig ist. Als damals sein ganzes Leben vor seinem geistigen Auge an ihm vorüberzog, hätte ihn auch Verzweiflung packen können, aber er klammerte sich an den Engel, und mit ernstem, angstvollen Flehen blieb er bei seiner Bitte, bis der sie ihm gewährte.

So ähnlich wird auch die Erfahrung der Kinder Gottes in ihrem letzten Kampf mit den Mächten des Bösen sein. Gott wird ihre Treue und ihr Vertrauen auf seine Macht und Hilfe prüfen. Satan dagegen wird versuchen, sie mit der Behauptung zu erschrecken, dass ihre Sünden größer seien, als dass sie vergeben werden könnten. Tatsächlich wird ihre Zuversicht zeitweilig getrübt werden; immer dann, wenn sie auf ihre Vergangenheit zurückblicken. Doch indem sie sich an die göttliche Gnade und ihre eigene Hingabe erinnern und sich auf Christi Verheißungen berufen, werden sie neuen Mut fassen. Auch wenn ihre Gebete scheinbar nicht erhört werden, wird ihr Glaube dennoch nicht wanken. Wie Jakob werden sie flehen: „Ich lasse dich nicht los, bevor du mich segnest!"[15]

Hätte Jakob seine Schuld, das Erstgeburtsrecht durch Betrug erlangt zu haben, nicht zuvor bereut, wäre er verloren gewesen. Ähnlich wird es den Kindern Gottes in der Zeit unmittelbar vor der Wiederkunft Jesu gehen. Müssten sie mit unvergebener Schuld leben, während sie sich in Angst und Not befinden, würde Verzweiflung ihren Glauben untergraben, und sie könnten Gott nicht mehr vertrauensvoll um Rettung anflehen. Aber sie müssen sich nicht mehr mit Schuld plagen, weil sie alle Sünden Gott bekannt haben und diese durch Jesu sühnendes Blut getilgt sind.

---

[14] Offenbarung 22,11 [15] 1. Mose 32,27

Wer seine Sünden zu verbergen oder zu entschuldigen sucht, sodass sie nicht vergeben sind und aus den Büchern im Himmel nicht getilgt werden konnten, wird Satans Angriffen nicht widerstehen können. Und je höher die Stellung oder das Ansehen eines Menschen ist, desto größer wird der Triumph des Feindes Gottes sein.

Jakobs Lebensgeschichte ist ein Beleg dafür, dass Gott niemanden verwirft, der sich zwar zu Sünden verleiten ließ, aber in aufrichtiger Reue zu ihm zurückkehrt. So erlebte Jakob am eigenen Leib, dass ihm nur Gottes Gnade den Segen vermitteln konnte, den er ersehnte. Ähnlich wird es auch denen gehen, die in der allerletzten Zeit leben. Angesichts unserer Ohnmacht und Unwürdigkeit müssen wir alles Vertrauen auf den gekreuzigten und auferstandenen Erlöser setzen. Wer das tut, wird nicht umkommen.

Jakobs Erfahrung bezeugt die Macht ernsten Gebets. Jetzt ist es an uns, unerschütterlich vertrauen zu lernen. Die größten Siege werden nicht durch Kampf und Anstrengung, nicht mithilfe von Fähigkeiten oder menschlicher Hilfe errungen, sondern werden im Sprechzimmer Gottes gewonnen, wenn ernster, ringender Glaube den Arm des Herrn ergreift.

Alle, die wie Jakob ihre Sünden bereuen und aufrichtig und beständig an Gottes Verheißungen festhalten, werden wie er siegreich sein, weil Gott ihnen den Sieg schenkt, wie Paulus versicherte. Er fragte: „Kann uns noch irgendetwas von Christus und seiner Liebe trennen? Etwa Leiden, Angst und Verfolgung, Hunger oder Kälte, Gefahren für Leib und Leben oder gar die Hinrichtung? ... Aber mitten in alldem triumphieren wir als Sieger mit Hilfe dessen, der uns so sehr geliebt hat."[16]

---

[16] Römer 8,35.37

19 | Jakobs Familie in Kanaan*

Nachdem er den Jordan überquert hatte, „kam Jakob wohlbehalten nach Sichem ... Vor der Stadt schlug er auf freiem Feld seine Zelte auf und kaufte das Grundstück für den Lagerplatz für 100 große Silberstücke von den Söhnen Hamors, des Gründers der Stadt. Er errichtete dort einen Altar und gab ihm den Namen ‚Gott ist der Gott Israels'."[1] Wie Abraham errichtete er neben seinem Zelt einen Altar. Hier grub er auch den Brunnen, zu dem zwei Jahrtausende später sein Nachkomme Jesus kam, um in der Mittagshitze auszuruhen und einer Samariterin von dem „lebendigen Wasser" zu erzählen, das „bis in das ewige Leben weitersprudelt".[2]

Der Aufenthalt Jakobs und seiner Söhne bei Sichem endete leider mit Blutvergießen. Über die älteste Tochter der Familie kam Schande und Kummer, zwei Brüder wurden zu Mördern und die Männer Sichems wurden niedergemetzelt als Vergeltung für die Zügellosigkeit eines jungen Mannes.

Das Ganze begann damit, dass Dina, Jakobs erste Tochter, das Zeltlager verließ, um die kanaanitischen Frauen kennenzulernen.[3] Wer sein Vergnügen bei denen sucht, die von Gott nichts wissen wollen, begibt sich auf gefährliches Gebiet. Anlässlich einer Geselligkeit verging sich Sichem, der Sohn des reichen Landesherrn, an dem Mädchen, wollte es danach aber zur Frau nehmen.[4]

Vergewaltigung einer Jungfrau galt bei den Israeliten als ein schändliches Verbrechen. Als Dinas Brüder Simeon und Levi von dieser Schandtat hörten, schworen sie Rache und bedienten sich dabei einer hinterhältigen List, die es ermöglichte, alle Männer Sichems leicht zu töten. Dann plünderten sie die Stadt und nahmen die Frauen gefangen.[5]

Simeons und Levis Grausamkeit war eine schwere Sünde. Als Jakob von dem Racheakt hörte, war er entsetzt. Zutiefst getroffen von der Tücke und Gewalttätigkeit seiner Söhne

---

* Dieses Kapitel basiert auf 1. Mose 33,18 bis 35,29 und 37,1–35.

[1] 1. Mose 33,18–20 [2] Johannes 4,10–14 [3] 1. Mose 34,1

[4] 1. Mose 34,2–4 [5] 1. Mose 34,7.13–15.24–29

klagte er: „Ihr habt mich ins Unglück gebracht! Die Bewohner des Landes, die Kanaaniter und die Perisiter, werden mich jetzt hassen wie einen Todfeind. Ich habe nur eine Hand voll Leute. Wenn sich alle gegen uns zusammentun, ist es um uns geschehen; sie bringen mich um mit meiner ganzen Familie!“[6]

Jakob hatte Grund, tief erschüttert zu sein. Die Verlogenheit und Grausamkeit seiner beiden Söhne zeugten von verhängnisvollen Wesenszügen. Darüber hinaus gab es im Lager Götter-Figuren (Rahel hatte den Hausgott ihres Vaters mitgenommen)[7] und bis zu einem gewissen Grad gewann der Götzendienst auch in seiner Familie an Boden. Deshalb befahl ihm Gott, südwärts nach Bet-El weiterzuziehen.[8] Dieser Ort erinnerte Jakob nicht nur an seinen Traum von den Engeln und an Gottes gnädige Zusagen, sondern auch an sein Gelübde, dass der Herr sein Gott sein sollte.

Ehe Jakob aber zu dem in seinen Augen heiligen Ort aufbrach, wollte er seine Familie vom Götzendienst reinigen. Er befahl deshalb allen: „Schafft alles fort, was mit fremden Göttern zu tun hat! Reinigt euch und zieht frische Kleider an! Wir gehen miteinander nach Bet-El. Dort will ich einen Altar bauen für den Gott, der mich in der Not gehört hat und mir auf dem ganzen Weg zur Seite gestanden ist.“[9]

Bevor die Sippe Sichem verließ, erzählte Jakob tief bewegt, was er vor vielen Jahren während seiner Flucht aus dem Elternhaus bei Bet-El erlebt hatte. Damals war ihm der Herr in der Nacht erschienen und hatte ihm Mut gemacht. Während dieser Rückschau auf die wunderbare Führung Gottes spürten alle, wie sehr Jakob innerlich bewegt war, und sie sehnten sich auch nach solch einer engen Beziehung zu dem Gott ihrer Väter. So gelang es Jakob durch sein persönliches Zeugnis, seine Familie auf die gemeinsame Anbetung Gottes in Bet-El vorzubereiten. „Alle gaben Jakob ihre Götterfiguren und die Ohrringe, die sie als Amulette trugen, und er vergrub sie unter der großen Eiche bei Sichem.“[10]

Gott tat ein Übriges, indem er Angst über die Einwohner des Landes kommen ließ, sodass sie nicht wagten, sich für das Blutbad von Sichem zu rächen.[11] Schließlich erreichte die Karawane unbehelligt Bet-El. Hier erschien der Herr Jakob erneut und bestätigte ihm die Bundesverheißung.[12]

---

[6] 1. Mose 34,30 [7] 1. Mose 31,19.32–35 [8] 1. Mose 35,1 [9] 1. Mose 35,2.3
[10] 1. Mose 35,4 [11] 1. Mose 35,5 [12] 1. Mose 35,9–13

Von Bet-El brach Jakob zum Hain Mamre auf, wo sein Vater Isaak wohnte. Es waren nur zwei Tagesreisen bis dahin. Auf dem Weg ereilte ihn jedoch ein schwerer Schlag. Rahel war erneut schwanger und nun schenkte sie einem zweiten Sohn das Leben. Es war aber eine schwere Geburt, die sie das Leben kostete. Bevor sie die Augen für immer schloss, nannte sie das Kind „Ben-Oni“, was so viel heißt wie „Sohn meines Schmerzes“. Sein Vater aber rief „Ben-Jamin“.[13] Rahels Tod traf Jakob schwer. Zweimal sieben Jahre hatte er um sie gedient, aber seine Liebe hatte ihm alle Mühsal leicht gemacht. Rahel wurde dort begraben, wo sie gestorben war, und zu ihrem Gedächtnis wurde über dem Grab ein Denkmal errichtet.[14]

Jakob war am Ende seiner Wanderschaft angelangt und kam „zu seinem Vater Isaak nach Mamre“. Hier blieb er während der letzten Lebensjahre des Vaters. Rebekka war schon gestorben. Aber Jakob sorgte für seinen gebrechlichen, blinden Vater, bis der im hohen Alter von 180 Jahren starb.[15]

Am Sterbebett ihres Vaters trafen sich Jakob und Esau nach vielen Jahrzehnten wieder. Jakob, vollauf zufrieden mit dem geistlichen Segen des Erstgeburtsrechts, überließ seinem älteren Bruder den Reichtum des Vaters, das einzige Erbe, das Esau erstrebte und schätzte. Obwohl zwischen ihnen keine Zwietracht mehr bestand, trennten sie sich wieder voneinander, weil beider Reichtum so groß war, dass es nicht genügend Weiden für die Viehherden gab. Esau zog zum Gebirge Seïr.[16]

Jakob blieb in der Gegend um Mamre (Hebron). Gott hatte ihn reich gesegnet. Zu den geistlichen Gütern, die er erstrebt hatte, kam auch irdischer Besitz in Fülle. Doch die Trennung war auch Teil des Planes Gottes für Jakob: Von ihrer Glaubenshaltung her waren die Brüder so unterschiedlich, dass es besser war, wenn sie weit voneinander entfernt lebten.

Esau wie Jakob stand es frei, sich an Gottes Gebote zu halten und seine Gunst zu erfahren. Aber nur Jakob traf die richtige Wahl. Die Brüder waren von jeher verschiedene Wege gegangen, die sie innerlich immer weiter voneinander trennten. Es war kein Akt der Willkür, dass Gott Esau vom Segen der Erlösung ausschloss. Nichts als die eigene Entscheidung führt dazu, dass jemand verlorengeht.

---

[13] 1. Mose 35,18; *Ben-Jamin* bedeutet „Sohn der Rechten“ im Sinne von „Sohn der Lieblingsfrau“. [14] 1. Mose 35,19.20
[15] 1. Mose 35,27–29 [16] 1. Mose 36,6–8

Gottes Erwählung und unsere Entscheidung

Gott erwählte zwar Menschen wie Jakob als Träger seiner Verheißungen, aus deren entfernten Nachkommen der verheißene Erlöser geboren werden sollte, und er erwählt sich bis heute Werkzeuge zur Förderung seines Werkes auf Erden. Aber es gibt keine Erwählung zum ewigen Leben, ohne dass sich ein Mensch dafür oder dagegen entscheiden könnte. Von dieser Entscheidung hängt es ab, ob sich Gottes Erlösungsabsicht verwirklichen lässt oder nicht.

Gott hat in seinem Wort die Bedingungen festgelegt, unter denen jeder zum ewigen Leben erwählt wird: Der lebendige Glaube an Christus, der zum Halten der Gebote Gottes führt. Dazu ist nötig, das Wort Gottes zu erforschen und ernst zu nehmen, beharrlich zu beten, die „geistliche Waffenrüstung" anzulegen und in Verbindung mit Christus zu bleiben,[18] sich vor Versuchungen in Acht zu nehmen und Christus zu dienen. Dann werden wir einen Charakter entwickeln, mit dem wir für das ewige Leben in Harmonie mit Gott und den anderen Erlösten auf der erneuerten Erde geeignet sind. Die Voraussetzung zur Erlösung ist für alle Menschen gegeben, aber erleben werden sie nur diejenigen, die die Bedingungen erfüllen.

Esau legte keinen Wert auf die Segnungen des Bundes und trennte sich bewusst vom Volk Gottes. Jakob dagegen erwählte das Erbteil des Glaubens. Er versuchte es zunächst zwar auf krummen Wegen zu erlangen, aber Gott fügte es letztlich so, dass Jakobs Betrug zugleich der Besserung diente. Er verlor weder das Ziel aus den Augen noch entfernte er sich innerlich von Gott. Aus jener Nacht des Ringens am Jabbok ging er als ein geistlich erneuerter Mensch hervor. Seine Selbstsicherheit und sein Eigenwille waren zerbrochen. Statt von List und Täuschung war sein Leben nun von Klarheit und Wahrhaftigkeit gekennzeichnet. Die „Schlacken" seines Wesens waren im Schmelzofen des Leidens vom „Silber" getrennt worden,[19] sodass Jakobs Glaube ebenso erstrahlte wie der seiner Vorfahren Abraham und Isaak.

Allerdings waren damit nicht alle Probleme gelöst, denn sein Betrug und die daraus entstehenden Ereignisse trugen später auch im Wesen und Leben seiner Söhne bittere Früchte

---

[18] Epheser 6,10–18; Johannes 15,1–5 [19] Jesaja 1,25; Sacharja 13,9

und schlugen sich in verantwortungslosem Verhalten nieder. Immer wieder wurde in der Familie sichtbar, welche Probleme eine Vielehe mit sich bringt. Sie entspricht nicht dem Willen Gottes, verhindert die eheliche Einheit, belastet die Beziehungen und lässt die Quellen der Liebe versiegen. Die Eifersucht der verschiedenen Mütter überschattete das gesamte Familienleben Jakobs. Die Kinder waren schlechtgelaunt und ließen sich nichts sagen. Daher trübten Sorge und Kummer das Leben Jakobs.

Die Eifersucht der Brüder auf Josef

Einer allerdings war ganz anders als seine Geschwister – Rahels älterer Sohn Josef. Seine anmutige Erscheinung schien ein Spiegelbild seiner Seele zu sein. Er war fleißig und fröhlich und besaß schon früh moralische Ernsthaftigkeit und Beständigkeit. Er hörte auf die Unterweisungen des Vaters mit großem Interesse und gab sich alle Mühe, im Einklang mit Gottes Geboten zu leben. Was später in Ägypten an ihm so positiv auffiel – Liebenswürdigkeit, Pflichtbewusstsein und Wahrheitsliebe –, war schon früh ausgeprägt.

Nachdem seine Mutter bei der Geburt seines Bruders gestorben war, fühlte er sich noch enger mit dem Vater verbunden. Und auch der war diesem Sohn besonders zugetan. Die Bibel erklärt kurz und knapp: „Jakob hatte Josef von allen seinen Söhnen am liebsten, weil er ihm erst im Alter geboren worden war. Deshalb ließ er ihm ein prächtiges Gewand machen".[20] Doch selbst diese Zuneigung hat Kummer und Leid verursacht. Es war unklug von Jakob, seine Vorliebe für Josef so deutlich zu zeigen, denn das erregte natürlich den Unwillen der anderen Söhne. Dass ihr Vater Josef einen kostbaren Überrock schenkte, wie ihn eigentlich nur Leute von Rang trugen, nährte ihren Verdacht, er wollte die älteren Söhne übergehen und das Erstgeburtsrecht dem Sohn Rahels zusprechen.

Josef beunruhigte das schlechte Verhalten seiner Brüder sehr; darum wagte er es, sie daraufhin anzusprechen. Doch dadurch weckte er nur noch mehr Groll und Hass in ihnen. Als er merkte, dass die Brüder nicht auf ihn hören wollten, sprach er mit seinem Vater über deren negatives Verhalten.

---

[20] 1. Mose 37,3

Daraufhin bat Jakob seine Söhne tief bewegt, ihm keine weitere Schande zu machen, vor allem aber Gott nicht durch Missachtung seiner Gebote zu entehren. Scheinbar beschämt darüber, dass der Vater um ihre Boshaftigkeit wusste, erweckten die jungen Männer den Eindruck, als empfänden sie Reue über ihre Sünden. Doch sie verheimlichten nur ihre wahren Gefühle Josef gegenüber, der sich durch sein Vorgehen noch verhasster gemacht hatte.

Eines Tages erzählte Josef von einem Traum, den er gehabt hatte: „,Wir waren miteinander auf dem Feld, schnitten Getreide und banden es in Garben. Auf einmal stellt sich meine Garbe auf und bleibt stehen. Und eure Garben, die stellen sich im Kreis um sie herum und verneigen sich vor meiner.' Seine Brüder sagten zu ihm: ,Du willst wohl noch König werden und über uns herrschen?' Wegen seiner Träume und weil er sie so offen erzählte, hassten ihn seine Brüder noch mehr."[21]

Bald darauf hatte Josef wieder einen Traum, der die Hassgefühle der Brüder noch mehr steigerte: „Ich sah, wie die Sonne, der Mond und elf Sterne sich tief vor mir verbeugten." Vorwurfsvoll wies ihn sogar der anwesende Vater zurecht: „Bildest du dir etwa ein, dass wir alle – dein Vater, deine Mutter und deine Brüder – uns dir unterwerfen?"[22] Trotz dieser Zurechtweisung war Jakob jedoch überzeugt, dass Gott Josef die Zukunft offenbart hatte.

Um Weideflächen für die Herden zu finden, mussten Jakobs Söhne im Land umherziehen. Dabei kamen sie auch in die Nähe von Sichem. Als der Vater lange Zeit kein Lebenszeichen von ihnen erhielt, stiegen Befürchtungen in ihm auf. Er dachte an die Grausamkeiten, die Simeon und Levi damals an den Einwohnern der Stadt begangen hatten. Deshalb schickte er Josef, um nach seinen Söhnen zu sehen.[23] Wäre Jakob ihr Hass auf Josef bekannt gewesen, hätte er ihn bestimmt nicht auf die Suche nach ihnen geschickt. Keiner der beiden ahnte, dass sie sich über 20 Jahre nicht wiedersehen würden.

Als Josef nach zwei Tagen nach Sichem kam, fand er seine Brüder und ihre Herden dort nicht mehr vor. So erkundigte er sich nach ihrem Verbleib und wurde nach Dotan gewiesen, noch 25 Kilometer weiter nördlich.[24] Der Gedanke an die Sor-

---

[21] 1. Mose 37,7.8 [22] 1. Mose 37,9.10 Hfa [23] 1. Mose 37,12–14
[24] 1. Mose 37,15–17

ge des Vaters um seine Brüder, die er trotz aller Spannungen liebte, ließen ihn alle Müdigkeit vergessen, und er beeilte sich, weiterzukommen.

Josefs Brüder wollen ihn beseitigen

Die Brüder sahen ihn schon von weitem; aber keinem kam es in den Sinn, dass er müde und hungrig sein musste und ein Recht auf ihre Gastfreundschaft hatte. Stattdessen stachelte der Anblick des prächtigen Gewandes, das sein Vater ihm geschenkt hatte, ihren Zorn nur noch mehr an. „Da kommt der Kerl, dem seine Träume zu Kopf gestiegen sind," höhnten sie. Und dann brachen sich Neid und Hass Bahn: „Schlagen wir ihn doch tot und werfen ihn in die nächste Zisterne! Wir sagen einfach: Ein Raubtier hat ihn gefressen. Dann wird man schon sehen, was aus seinen Träumen wird!"[25]

Lediglich Ruben, der älteste Sohn Jakobs, schreckte vor dem Brudermord zurück und schlug stattdessen vor, Josef in eine ausgetrocknete Zisterne zu werfen und ihn darin umkommen zu lassen. Insgeheim aber beabsichtigte er, ihn zu befreien und zum Vater zurückzuschicken.[26] Nach einigem Hin und Her ließen sich die anderen davon überzeugen, dass es so am besten sei, und sie stimmten zu. Da Ruben fürchtete, die Brüder könnten erraten, was er eigentlich vorhatte, entfernte er sich unter einem Vorwand für einige Zeit von ihnen.

Als Josef seine Brüder entdeckte, ahnte er nicht, welche Gefahr ihm drohte. Als er dann aber statt des erwarteten Willkommensgrußes deren finstere Gesichter sah, kroch die Angst in ihm hoch. Doch da war es bereits zu spät: Derbe Hände packten ihn und rissen ihm das verhasste Gewand vom Leib. Das Hohngelächter und wüste Drohungen ließen Josef das Schlimmste befürchten. Da half kein Flehen und Bitten. Sie schleppten ihn zu der Zisterne, stießen ihn in die Tiefe und überließen ihn seinem Schicksal.[27]

Wenig später tauchte in der Nähe eine Karawane ismaelitischer Kaufleute auf, die unterwegs nach Ägypten waren. Das brachte Juda, dem auch das Gewissen schlug, auf die Idee, Josef als Sklaven zu verkaufen statt ihn dem Hungertod preiszugeben. Auf diese Weise würde er aus dem Weg geräumt werden, ohne dass sie einen Mord begehen mussten. Juda betonte:

---

[25] 1. Mose 37,19.20 Hfa [26] 1. Mose 37,21.22 [27] 1. Mose 37,23.24

„Es ist doch unser Bruder, unser eigen Fleisch und Blut.“ Alle waren mit dieser Lösung einverstanden, und so wurde Josef wieder aus der Grube herausgezogen und zum Verkauf feilgeboten.[28]

Als Josef die Kaufleute sah, war ihm klar, was die Brüder mit ihm vorhatten. Einigen tat er zwar leid, aber die Furcht vor dem Gespött der anderen verschloss ihnen den Mund. Alle hatten das Gefühl, schon zu weit gegangen zu sein, als dass sie jetzt noch den Rückzug antreten konnten. Sie mussten Josef einfach loswerden, denn wenn er zum Vater zurückkehren könnte, würde er sie bei ihm verklagen. So verschlossen sie sich dem Bitten und Flehen ihres Bruders, verkauften ihn für 20 Silberstücke an die Händler und waren froh, ihn endlich los zu sein.

Als Ruben zurückkam, ging er zuerst zu der Zisterne, um nach Josef zu sehen. Als er erfuhr, was inzwischen geschehen war, ließ er sich von den anderen dazu überreden, ihre Schandtat zu vertuschen. Sie töteten eine junge Ziege, tauchten Josefs Rock in deren Blut und erzählten später, als sie wieder nach Hause kamen: „Das haben wir gefunden! Ist es vielleicht das Gewand deines Sohnes?“[29]

Den ganzen Weg über hatten sich die Brüder vor der Begegnung mit ihrem Vater gefürchtet, aber auf solch herzzerreißende Seelenqual, solch einen hemmungslosen Ausbruch des Schmerzes, wie sie ihn nun miterleben mussten, waren sie nicht vorbereitet. „‚Es ist von meinem Sohn! Ein Raubtier hat ihn gefressen! Zerfleischt ist Josef, zerfleischt!‘ Er zerriss seine Kleider, band den Sack um seine Hüften und betrauerte Josef lange Zeit. Alle seine Söhne und Töchter kamen zu ihm, um ihn zu trösten, aber er wollte sich nicht trösten lassen. ‚Nein‘, beharrte er, ‚voll Kummer und Gram gehe ich zu meinem Sohn in die Totenwelt hinunter!‘ So sehr hatte ihn der Verlust getroffen.“[30]

Die Brüder waren nun bestürzt über das, was sie getan hatten; aber weil sie die Vorwürfe ihres Vaters fürchteten, schwiegen sie auch weiterhin über ihre Untat, die ihnen nun selbst sehr schlimm erschien.

---

[28] 1. Mose 37,26–28 [29] 1. Mose 37,29–32 [30] 1. Mose 37,33.34

20 | Josef in Ägypten*

Inzwischen war Josef mit der Karawane auf dem Weg nach Ägypten. Als sie sich der Südgrenze Kanaans näherten, konnte der junge Mann in der Ferne die Hügel erkennen, zwischen denen die Zelte seiner Familie standen. Bei dem Gedanken an den Vater weinte er in seiner Einsamkeit und Not bitterlich.

In seinen Ohren klangen noch die Beschimpfungen, mit denen die Brüder auf sein ängstliches Flehen reagiert hatten. Er hatte Angst vor der Zukunft. Was würde ihn in der Fremde erwarten? Eine Zeitlang weinte er hemmungslos.

Aber selbst diese Erfahrung wurde für ihn zum Segen. In wenigen Stunden lernte er, was er sonst vielleicht in Jahren nicht begriffen hätte. Der Vater hatte ihm mit seiner Nachsicht und Bevorzugung keinen guten Dienst erwiesen. Das hatte nur die anderen Söhne verärgert und deren grausames Vorgehen, das ihn nun von der Heimat trennte, war auch eine Folge der einseitigen Erziehung Jakobs. Josefs Charakterschwächen waren dadurch noch unterstützt worden. Er war im Begriff gewesen, stolz und anmaßend zu werden. Da er bis dahin nur die liebevolle Fürsorge seines Vaters gewohnt war, spürte er, dass er für die Schwierigkeiten, die das Leben als Sklave mit sich brachte, unvorbereitet war.

Doch dann wandten sich seine Gedanken dem Gott seiner Väter zu. Wie oft hatte er aus dem Mund Jakobs die Geschichte von dessen Traum bei Bet-El gehört. Dem Vater war es damals auf der Flucht vor Esau auch nicht viel besser gegangen als ihm. Aber dann hatte Gott sich ihm in der Stunde der Not offenbart und ihn getröstet und beschützt.

Plötzlich stand all das, was er als Kind gehört hatte, wieder lebendig vor seinem geistigen Auge, und er spürte, dass der Gott, in dessen Hand sein Vater geborgen war, auch ihn nicht im Stich lassen würde. Darum beschloss er, sich ganz auf den Hüter Israels zu verlassen, was immer auch in der Fremde auf ihn zukommen würde. Er nahm sich vor, dem Herrn treu zu bleiben und sich so zu verhalten, wie es einem Anbeter des

---

* Dieses Kapitel basiert auf 1. Mose 39,1 bis 41,46.

wahren Gottes entspricht. Er wollte Gott mit ungeteiltem Herzen dienen, Schicksalsschlägen standhaft begegnen und seine Pflichten treu erfüllen. Das Elend dieses einen schrecklichen Tages hatte aus dem verwöhnten Jugendlichen einen besonnenen, tapferen und selbstbewussten Mann gemacht.

In Ägypten wurde Josef an Potifar, den Hauptmann der königlichen Leibwache, verkauft.[1] In dessen Dienst blieb er zehn Jahre lang. Dort ging es ihm gut, aber er war auch vielen Versuchungen ausgesetzt. Die Ägypter waren damals ein hoch entwickeltes Kulturvolk, und das Leben der Menschen wurde in allen Bereichen von der Religion geprägt. Überall gab es Tempel, in denen unterschiedliche Götter angebetet wurden.

Doch Josef bewahrte sich den Glauben an den Gott seiner Väter und blieb ihm treu. Aber der Götzendienst war nicht die einzige Versuchung. Er war umgeben von Reichtum und Prunk, Sünde und Verdorbenheit. Doch er blieb bei seinem Entschluss, sich an Gottes Geboten zu orientieren. Er wollte nicht die Gunst der Ägypter auf Kosten seines Glaubens an Gott gewinnen. Deshalb verheimlichte er auch nicht, dass er Jahwe, den Gott seiner Vorväter, anbetete.

„Gott aber half ihm, sodass ihm alles glückte, was er tat. Weil der Ägypter sah, dass Gott Josef beistand und ihm alles gelingen ließ, fand Josef seine Gunst. Er machte ihn zu seinem persönlichen Diener, übergab ihm sogar die Aufsicht über sein Hauswesen und vertraute ihm die Verwaltung seines ganzen Besitzes an. Von diesem Zeitpunkt an lag der Segen Gottes auf Potifar; Josef zuliebe ließ Gott im Haus und auf den Feldern alles gedeihen. Sein Herr überließ Josef alles und kümmerte sich zu Hause um nichts mehr außer um sein eigenes Essen."[2] Gott segnete und belohnte Josefs Fleiß, seine Tatkraft und Treue so offensichtlich, dass selbst Potifar begriff, dass er seinen Reichtum dem Gott zu verdanken hatte, den Josef verehrte. Gott wurde durch die Treue seines Dieners geehrt und das Licht des Himmels schien in der Finsternis des Heidentums.

Durch sein freundliches Wesen und sein Pflichtbewusstsein gewann Josef bald das Herz seines Herrn, der ihn schließlich mehr als Sohn denn als Sklaven behandelte. Der Jüngling kam mit Männern von hohem Rang und großer Gelehrsamkeit in Kontakt und erwarb dabei Kenntnisse, die er in seiner späteren Verantwortung gut gebrauchen konnte.

---

[1] 1. Mose 39,1 [2] 1. Mose 39,2–6

Eine gefährliche Versuchung im Haus Potifars

Doch dann geriet Josef in eine Situation, die alles ändern sollte. Potifars Frau hatte Gefallen an dem jungen Mann gefunden und bedrängte ihn, ihr zu Willen zu sein. „Josef war ein ausnehmend schöner Mann. So kam es, dass Potifars Frau ein Auge auf ihn warf. Eines Tages forderte sie ihn auf: ‚Komm mit mir ins Bett!'“[3] Bisher hatte er sich von der sittlichen Verdorbenheit, die in weiten Kreisen an der Tagesordnung war, fernhalten können. Wie aber sollte er sich in dieser schwierigen Situation verhalten? Würde er auf das Ansinnen seiner Herrin eingehen, würde das heimliche Vergnügen Gunst und Belohnung bedeuten. Lehnte er aber ihr Ansinnen ab, würde sich die gekränkte Frau bitter an ihm rächen. Das musste schlimme Folgen haben. Sein zukünftiges Leben hing von der Entscheidung eines Moments ab. Würde Josef Gott treu bleiben? Voller Sorge blickten Engel auf das Geschehen.

Josefs Antwort zeigt die Kraft fester religiöser Grundsätze. Er wollte das Vertrauen seines irdischen Herrn nicht enttäuschen und auch seinem Herrn im Himmel treu bleiben, welche Folgen auch immer daraus entstehen würden. Daher lautete seine Antwort: „Mein Herr hat mir seinen ganzen Besitz anvertraut und kümmert sich selbst um nichts mehr in seinem Haus. Er gilt hier nicht mehr als ich. Nichts hat er mir vorenthalten außer dich, seine Frau! Wie könnte ich da ein so großes Unrecht begehen und mich gegen Gott versündigen?“[4]

Potifars Frau ließ sich jedoch nicht so schnell abweisen. „Jeden Tag redete sie auf Josef ein, er aber hörte nicht darauf und ließ sich nicht von ihr verführen. Einmal kam Josef ins Haus, um wie gewöhnlich seine Arbeit zu tun. Von den Sklaven war gerade niemand anwesend. Da packte sie ihn am Gewand. ‚Komm mit mir ins Bett!', drängte sie. Josef riss sich los, ließ sein Gewand in ihrer Hand und floh nach draußen. Potifars Frau schrie auf, rief nach ihren Dienern und zeigte ihnen Josefs Gewand. ‚Seht', rief sie, ‚mein Mann hat uns einen Hebräer ins Haus gebracht, der jetzt mit uns umspringt, wie er will! Er wollte mich vergewaltigen, aber ich habe laut geschrien. Da lief er schnell davon, doch dieses Gewand hat er bei mir zurückgelassen!' Sie behielt Josefs Gewand. Als ihr Mann nach Hause kam, erzählte sie ihm dieselbe Geschichte.[5]

---

[3] 1. Mose 39,6b.7 [4] 1. Mose 39,8.9 [5] 1. Mose 39,10–17 Hfa

Hätte Potifar wirklich geglaubt, was seine Frau Josef zur Last legte, wäre er wohl kaum mit dem Leben davongekommen. Sein bescheidenes, rechtschaffenes Verhalten, das ihn all die Jahre ausgezeichnet hatte, sprach für seine Unschuld. Aber um die Ehre des Hauses zu wahren, blieb dem Ehemann kaum etwas anderes übrig, als Josef zu verstoßen und ins Gefängnis werfen zu lassen.[6]

Josef unschuldig im Gefängnis

Josefs wahres Wesen zeigte sich auch dort. Dass man ihm den jahrelangen treuen Dienst grausam belohnte, verbitterte ihn nicht. Er hatte den Frieden, den ein gutes Gewissen verleiht, und gab sich ganz in Gottes Hand. Er grübelte nicht über das erlittene Unrecht nach, sondern überwand seinen Kummer, indem er sich mehr und mehr der Sorgen seiner Mithäftlinge annahm und deren Los zu erleichtern suchte.

In dieser Leidensschule bereitete Gott ihn für größere Aufgaben vor, und Josef sträubte sich nicht gegen diese notwendige Erziehung. Dadurch lernte er, gerecht als auch mitfühlend und barmherzig zu sein, und wurde befähigt, seine spätere große Macht weise und einfühlsam zu nutzen.

Allmählich gewann Josef das Vertrauen des Gefängnisaufsehers. Der übertrug ihm schließlich sogar die Betreuung sämtlicher Gefangener.[7] Die Art, wie er diesen Dienst versah, seine Lauterkeit und sein Mitgefühl für die Leidensgefährten eröffneten ihm den Weg zur künftigen Ehre und Macht. Jedes freundliche, teilnahmsvolle Wort, jede hilfreiche Tat und jede Gabe an Bedürftige wird dem Geber zum Segen, wenn sie aus aufrichtigem Herzen kommen.

Auch der oberste Bäcker und der oberste Mundschenk des Pharaos waren wegen irgendwelcher Vergehen ins Gefängnis geworfen worden und kamen unter Josefs Aufsicht. Eines Morgens fiel ihm auf, wie bedrückt sie waren. Er erkundigte sich nach dem Grund und erfuhr, dass beide seltsame Träume gehabt hatten, die sie beunruhigten, aber nicht zu deuten wussten. Josef ließ sich die Träume erzählen.

Nachdem jeder seinen Traum geschildert hatte, sagte Josef ihnen die Deutung: In drei Tagen würde der Mundschenk wieder in sein Amt eingesetzt, aber der Bäcker auf Befehl des

---

[6] 1. Mose 39,20 [7] 1. Mose 39,21–23

Pharaos hingerichtet werden. In beiden Fällen trat ein, was Josef vorausgesagt hatte.[8]

Der Mundschenk versicherte Josef, er wäre ihm für die ermutigende Auslegung seines Traumes und für die zahlreichen freundlichen Aufmerksamkeiten sehr dankbar. Als Gegenleistung erbat sich Josef, er möge seinen Fall vor den König bringen: „Denk an mich, wenn es dir wieder gut geht! Erzähl dem Pharao von mir, und bitte ihn, mich hier herauszuholen! Ich wurde aus dem Land der Israeliten entführt, und auch hier in Ägypten habe ich nichts Verbotenes getan. Ich sitze unschuldig im Gefängnis!"[9]

Der Mundschenk erlebte zwar die Erfüllung des Traumes genau so, wie es Josef vorausgesagt hatte, aber nachdem er des Königs Gunst wiedererlangt hatte, dachte er nicht mehr an seinen Wohltäter.[10] Noch weitere zwei Jahre blieb Josef im Gefängnis. Die Hoffnung, die in ihm geweckt worden war, erlosch allmählich, und zu allen Anfechtungen kam noch der bittere Stachel des Undanks.

Josef deutet die Träume Pharaos

Dann aber öffnete Gott die Gefängnistore auf seine Weise. Der Pharao hatte in einer Nacht zwei Träume, die sich offensichtlich auf dasselbe Ereignis bezogen und großes Unglück anzukündigen schienen. Aber die Traumdeuter und Weisen Ägyptens konnten ihm keine Erklärung dafür geben. Das versetzte den Pharao nur noch mehr in Unruhe und Schrecken. In der allgemeinen Aufregung erinnerte sich der Mundschenk wieder an Josef. Nun bereute er sein undankbares Verhalten. Sofort meldete er dem König, wie sein Traum und der des Bäckers von einem hebräischen Gefangenen gedeutet worden waren und sich alles so erfüllt hatte, wie der es vorausgesagt hatte.[11]

Es war zwar beschämend für den Herrscher, sich wegen einer Angelegenheit, in der die ägyptischen Weisen keinen Rat wussten, an einen Sklaven wenden zu müssen. Aber um seine innere Unruhe loszuwerden, ließ er den Gefangenen holen und eröffnete ihm: „Letzte Nacht hatte ich einen Traum und keiner kann ihn deuten. Aber ich habe erfahren, dass du

---

[8] 1. Mose 40,1–22 [9] 1. Mose 40,14.15 Hfa [10] 1. Mose 40,23
[11] 1. Mose 41,1–13

Träume auslegen kannst.“ Josef antwortete dem Pharao: „Ich selbst kann das nicht, aber Gott wird dir sicher etwas Gutes ankündigen!“[12]

Daraufhin erzählte der König: „In meinem Traum stand ich am Nilufer. Da stiegen sieben schöne, dicke Kühe aus dem Fluss. Sie weideten im Ufergras. Nach ihnen kamen sieben hässliche Kühe aus dem Nil. Sie waren dürr und abgemagert – noch nie habe ich in Ägypten so hässliche Kühe gesehen! Die mageren fraßen die dicken auf, aber hinterher sahen sie noch genauso dünn aus! Ich wachte auf, dann schlief ich wieder ein und träumte, dass an einem Halm sieben volle, reife Ähren wuchsen. Danach wuchsen sieben kümmerliche heran, vom heißen Wüstenwind verdorrt. Sie verschlangen die sieben vollen Ähren. Ich erzählte alles meinen Wahrsagern, aber keiner wusste eine Deutung.“[13]

Josef erklärte dem Herrscher: „Gott hat dem Pharao im Traum gezeigt, was er vorhat. Beide Träume bedeuten dasselbe.“ Es werden sieben Jahre des Überflusses kommen und die Felder werden weit mehr tragen als je zuvor. „Aber dann kommen sieben Hungerjahre, da wird es mit dem Überfluss vorbei sein; man wird nichts mehr davon merken, und drückende Hungersnot wird im Land herrschen. Dass der Pharao zweimal das Gleiche geträumt hat, bedeutet: Gott ist fest entschlossen, seinen Plan unverzüglich auszuführen.“[14]

Josef sagte zum König: „Darum rate ich dem Pharao, einen klugen, einsichtigen Mann zu suchen und ihm Vollmacht über ganz Ägypten zu geben. Der Pharao sollte in den kommenden guten Jahren den fünften Teil der Ernte als Abgabe erheben. Er sollte dafür Beamte einsetzen, die unter der Aufsicht des Pharaos das Getreide in den Städten sammeln und speichern. Dann ist ein Vorrat da für die sieben schlechten Jahre, und das Volk im ganzen Land Ägypten wird nicht vor Hunger zugrunde gehen.“[15]

Die Deutung war einleuchtend und folgerichtig und auch die Maßnahmen, die Josef vorschlug, waren klar durchdacht und scharfsinnig. Aber wen sollte man mit der Durchführung dieses Planes betrauen? Von einer klugen Wahl hing die Rettung des Volkes ab. Man überlegte eine Zeitlang hin und her. Durch den Mundschenk wusste der Herrscher von Josefs

---

[12] 1. Mose 41,15.16 Hfa [13] 1. Mose 41,17–24 Hfa
[14] 1. Mose 41,25.29–32 [15] 1. Mose 41,33–36

Klugheit und Umsicht bei der Verwaltung des Gefängnisses. Offensichtlich verfügte dieser Mann über so erstaunliche organisatorische Fähigkeiten, dass es sich regelrecht anbot, ihn mit dieser Aufgabe zu betrauen. Deshalb sagte der Pharao zu seinen Ratgebern: „Wir finden für diese Aufgabe keinen besseren Mann als Josef, denn in ihm wohnt Gottes Geist!“[16]

Josef wird Stellvertreter Pharaos

Der Pharao entschied sich für Josef und erklärte: „‚Gott hat dir dies alles enthüllt. Daran erkenne ich, dass keiner so klug und einsichtig ist wie du. Du sollst mein Stellvertreter sein und mein ganzes Volk soll deinen Anordnungen gehorchen. Nur die Königswürde will ich dir voraushaben. Ich gebe dir die Vollmacht über ganz Ägypten.‘ Mit diesen Worten zog er seinen Siegelring vom Finger und steckte ihn Josef an. Dann ließ er ihn in feinstes Leinen kleiden und legte ihm eine goldene Halskette um. Er ließ ihn den Wagen besteigen, der für den Stellvertreter des Königs bestimmt war.“ Zudem gab der Pharao ihm Asenat, die Tochter des obersten Priesters von On, zur Frau.[17]

Direkt aus dem Gefängnis heraus wurde Josef zum Herrn über ganz Ägypten erhoben. Das war eine überaus ehrenvolle Stellung, die aber mit großer Verantwortung und großen Gefahren einherging. Niemand steht gefahrlos in stolzer Höhe. Ein Sturm kann einer bescheidenen Blume im Tal zwar nichts anhaben, wohl aber einen mächtigen Baum auf dem Berg entwurzeln. Wenn sich jemand als einfacher Mensch seine Redlichkeit bewahrt hat, ist das noch keine Gewähr dafür, dass er auch dann standhaft bleibt, wenn er in die Höhen des Erfolgs und Ansehens aufsteigt.

Josef allerdings bewährte sich in den Tiefen des Unglücks genauso wie auf dem Gipfel des Erfolgs. Dennoch blieb er ein Fremder in einem heidnischen Land, getrennt von seinen Angehörigen. Aber er glaubte fest daran, dass Gottes Hand seine Schritte gelenkt hatte, und in ungebrochenem Vertrauen auf ihn verrichtete er seine Amtspflichten gewissenhaft und redlich. Durch ihn wurden der Pharao und die Großen Ägyptens auf den wahren Gott hingewiesen und lernten einiges über die Grundsätze derer, die ihn anbeteten.

---

[16] 1. Mose 41,38 Hfa [17] 1. Mose 41,39–43.45

Vielleicht staunen wir darüber, wie es möglich war, dass Josef zu solch einem aufrichtigen, charakterfesten und umsichtigen Mann heranwachsen konnte. Ein Grund war, dass er sich schon in jungen Jahren daran gewöhnt hatte, mehr der Pflicht zu folgen, als seiner Neigung nachzugeben. Und die Integrität, das schlichte Vertrauen in Gott und der Edelmut des jungen Menschen trugen im Mannesalter Früchte.

Nichts, womit wir zu tun haben, ist unbedeutend. Bei allem, was uns begegnet, zeigt sich, ob wir unsere Pflichten ernst nehmen und auch für größere Aufgaben befähigt sind. Durch Grundsatztreue im Alltag gewöhnen wir uns daran, Pflichten über Neigungen und Vergnügen zu stellen. Wer so geprägt wurde, schwankt nicht wie ein Schilfrohr im Wind zwischen Recht und Unrecht hin und her. Wer in den scheinbar unwichtigen Dingen zuverlässig handelt, empfängt auch die Befähigung, wichtigere Aufgaben zu erfüllen.

Ein aufrichtiger Charakter ist unser größter Reichtum. Charakterbildung ist das Werk eines ganzen Menschenlebens. Gott schenkt uns viele Gelegenheiten und Möglichkeiten dazu; der Erfolg hängt davon ab, wie wir sie nutzen.

21 | Josefs Wiedersehen mit seinen Brüdern*

Unter Josefs Leitung wurden überall in Ägypten Vorratshäuser errichtet, um den Überfluss der zu erwartenden Rekordernten unterzubringen. Diese Maßnahmen wurden in den „sieben fruchtbaren Jahren" zielstrebig fortgesetzt, bis sich die Menge des eingelagerten Getreides nicht einmal mehr schätzen ließ.[1]

Und dann begannen die sieben Jahre der Dürre. „In allen Ländern rings um Ägypten herrschte Hungersnot, nur in Ägypten gab es Vorräte. Aber auch dort hungerten die Menschen und verlangten vom Pharao Brot. Da ließ der Pharao im ganzen Land verkünden: ‚Wenn ihr Brot wollt, dann wendet euch an Josef und tut, was er euch sagt.' Die Not wurde immer drückender. Josef ließ alle Kornspeicher öffnen und verkaufte den Ägyptern Getreide. Denn die Hungersnot war drückend im ganzen Land und ebenso in allen anderen Ländern. Deshalb kamen Leute aus aller Welt nach Ägypten."[2]

Josefs Brüder kommen nach Ägypten

Die Hungersnot erfasste auch Kanaan, wo Jakob mit seiner Sippe wohnte. Als Jakobs Söhne hörten, dass es in Ägypten Getreide zu kaufen gab, machten sie sich auf den Weg.

Bei ihrer Ankunft wurden sie an den Bevollmächtigten des Pharaos – Josef – verwiesen und erschienen vor ihm. „Als nun seine Brüder hereinkamen und sich vor ihm zu Boden warfen, erkannte er sie sofort. Er ließ sich aber nichts anmerken und behandelte sie wie Fremde ... Die Brüder erkannten Josef nicht."[3] Zum einen war Josefs hebräischer Name durch einen ägyptischen ersetzt worden,[4] zum anderen bestand kaum noch Ähnlichkeit zwischen dem obersten Minister Ägyptens und dem Jugendlichen, den die Brüder an die Ismaeliter verkauft hatten.

---

* Dieses Kapitel basiert auf 1. Mose 41,47 bis 50,26.

[1] 1. Mose 41,47–49 [2] 1. Mose 41,54–57 [3] 1. Mose 42,6–8 [4] 1. Mose 41,45

Als Josef sah, wie sich seine Brüder verneigten und ihm huldigten, musste er unwillkürlich an seine Träume von damals denken. Er überblickte die Gruppe und sah, dass Benjamin nicht bei ihnen war. War auch er ein Opfer der Grausamkeit dieser Männer geworden? Er wollte die Wahrheit herausfinden und sagte deshalb schroff: „Spione seid ihr! Ihr wollt erkunden, wo das Land ungeschützt ist." Sie antworteten: „Nein, nein Herr! Wir sind nur hierher gekommen, um Getreide zu kaufen. Wir alle sind Söhne eines Vaters, ehrliche Leute! Wir sind keine Spione!"[5]

Josef war unerbittlich, denn er wollte wissen, ob Jakobs Söhne noch immer so unbarmherzig und skrupellos waren wie damals. Außerdem wollte er ihnen Auskünfte über die Familie entlocken. Aber ihm war bewusst, dass sie ihn mit ihren Aussagen auch täuschen konnten. Deshalb wiederholte er seine Beschuldigung in barschem Ton. Sie antworteten darauf: „Wir sind zwölf Brüder, deine ergebenen Diener, Söhne *eines* Mannes im Land Kanaan. Der Jüngste blieb bei unserem Vater, und einer ist tot."[6]

Zum Schein bezweifelte Josef ihre Erzählung und gab vor, er sähe noch immer Spione in ihnen. Er wollte sie prüfen und verlangte von ihnen, dass sie in Ägypten blieben, bis einer von ihnen den jüngsten Bruder geholt hätte.[7]

Aber auf solch eine Forderung wollten Jakobs Söhne nicht eingehen. Wer von ihnen wollte die Reise allein machen und seine Brüder im Gefängnis zurücklassen? Es schien ja durchaus möglich, dass sie hingerichtet oder zu Sklaven gemacht werden sollten. Und Benjamin könnte das gleiche Schicksal treffen, wenn der ägyptische Minister seiner habhaft würde. Sie entschlossen sich deshalb, lieber alle zu bleiben und gemeinsam zu leiden, als dem Vater durch den Verlust des geliebten jüngsten Sohnes noch einmal solches Leid zuzufügen wie vor über 20 Jahren. Also ließen sie sich ins Gefängnis werfen.

Jakobs Söhne hatten sich anscheinend zum Guten hin verändert. Josef hatte sie neidisch und hinterhältig, grausam und rachsüchtig in Erinnerung. Aber als er sie nun auf die Probe stellte, erwiesen sie sich in der Not als selbstlos, einander treu und ihrem Vater ergeben.

Drei Tage in ägyptischer Kerkerhaft waren eine sorgenvolle Zeit, in der die Brüder über ihre früheren Sünden nachdach-

---

[5] 1. Mose 42,9–11 [6] 1. Mose 42,13 [7] 1. Mose 42,14–16

ten. Wurde Benjamin nicht herbeigebracht, schien ihre Verurteilung sicher. Am dritten Tag ließ Josef die Brüder vor sich bringen. Er wollte sie nicht länger in Haft lassen, da er befürchtete, dass der alte Vater und die Familien der Brüder bereits Hunger litten.

Josef sagte zu ihnen: „Ich bin ein Mann, der Ehrfurcht vor Gott hat. Darum lasse ich euch unter einer Bedingung am Leben: Um eure Ehrlichkeit zu beweisen, bleibt einer von euch hier in Haft. Ihr anderen geht zurück, damit eure Familien nicht mehr hungern müssen. Aber bringt mir euren jüngsten Bruder herbei! Dann weiß ich, dass ihr die Wahrheit gesagt habt, und lasse euch am Leben."[8]

Da sich Josef über einen Dolmetscher mit ihnen verständigte, ahnten sie nicht, dass er sie verstehen konnte. Sie unterhielten sich also in seiner Gegenwart offen miteinander und klagten sich nun wegen der früheren Behandlung Josefs gegenseitig an: „Jetzt müssen wir das ausbaden, was wir Josef angetan haben! Wir sahen seine Angst, als er uns um sein Leben anflehte, aber wir haben nicht gehört."

Ruben hatte damals versucht, Josef zu retten, aber das war misslungen. Nun klagte er: „Habe ich euch damals nicht gesagt, ihr solltet den Jungen in Ruhe lassen? Aber ihr habt nicht gehört. Jetzt müssen wir für seinen Tod büßen!"[9] Als Josef das hörte, konnte er seine Rührung nicht länger verbergen, ging rasch hinaus und weinte. Nach seiner Rückkehr ließ er Simeon vor den Augen der anderen fesseln und wieder ins Gefängnis abführen. Er hatte sich für ihn als Geisel entschieden, weil Simeon damals bei Dotan der Anstifter und Haupttäter gewesen war.

Ehe seine Brüder aufbrechen durften, gab Josef Anweisung, sie mit Getreide zu versorgen und jedem das Geld heimlich wieder oben in den Sack zu legen. Unterwegs öffnete einer von ihnen seinen Sack und war zu Tode erschrocken, als er den Beutel mit Silber obenauf fand. Als er das den anderen erzählte, fragten sie sich: „Warum hat Gott uns das angetan?"[10]

In Kanaan wartete Jakob voller Sorge auf die Rückkehr der Söhne. Als sie endlich angekommen waren, scharte sich das ganze Lager um sie. Sie berichteten dem Vater alles, was sich ereignet hatte. Angst machte sich breit. Das Verhalten des ägyptischen Ministers ließ nichts Gutes erwarten. Und ihre

---

[8] 1. Mose 42,18–20 Hfa [9] 1. Mose 42,21.22 Hfa [10] 1. Mose 42,25–28

Befürchtungen bestätigten sich, als sie die Säcke öffneten und in jedem Geld fanden. In seinem Kummer rief Jakob: „Ihr raubt mir meine Kinder! Josef ist weg, Simeon ist weg, und jetzt wollt ihr mir auch noch Benjamin nehmen. Nichts bleibt mir erspart! ... Mein Sohn Benjamin wird nicht mit euch gehen! Sein Bruder Josef ist tot, er ist der Letzte von den Söhnen Rahels. Ich bin ein alter Mann; wenn ihm unterwegs etwas zustößt – der Kummer würde mich ins Grab bringen!“[11]

Die zweite Reise der Brüder

Da die Dürre anhielt, war der Vorrat an Getreide, den sie aus Ägypten mitgebracht hatten, nach einiger Zeit nahezu aufgebraucht. Immer drückender machte sich die Hungersnot im Land bemerkbar. An den sorgenvollen Gesichtern aller Lagerbewohner erkannte Jakob die Not und schließlich lenkte er ein: „Geht wieder nach Ägypten und kauft uns zu essen!“[12]

Juda wandte ein: „Der Ägypter hat ausdrücklich erklärt: ‚Kommt mir nicht unter die Augen ohne euren Bruder!‘ Deshalb gehen wir nur, wenn du uns Benjamin mitgibst, sonst bleiben wir hier. Ohne ihn dürfen wir uns nicht vor dem Mann blicken lassen.“[13] Als er merkte, dass der Vater in seinem Entschluss wankend wurde, fügte er hinzu: „Vertrau den Jungen *mir* an, damit wir gehen können und nicht alle vor Hunger umkommen, wir Brüder, du selbst und unsere Familien! Ich will Bürge für ihn sein, von mir sollst du ihn fordern. Mein Leben lang soll die Schuld auf mir lasten, wenn ich ihn dir nicht hierher zurückbringe.“[14]

Schließlich konnte Jakob seine Zustimmung nicht länger versagen. Er wies die Söhne an, dem Regenten Geschenke von den Schätzen mitzunehmen, die das vom Hunger gebeutelte Land noch aufbrachte, „kostbare Harze, außerdem Honig, Pistazien und Mandeln“, und auch den doppelten Geldbetrag.[15] „Und dann nehmt euren Bruder Benjamin und macht euch auf den Weg.“ Als seine Söhne ihre ungewisse Reise antraten, richtete sich der greise Vater auf und sagte: „Ich bete zu Gott, dem Gewaltigen, dass der Ägypter Erbarmen mit euch hat und Benjamin und euren anderen Bruder wieder mit euch heimkehren lässt.“[16]

---

[11] 1. Mose 42,36.38 [12] 1. Mose 43,2 [13] 1. Mose 43,3–5 [14] 1. Mose 43,8.9
[15] 1. Mose 43,11.12 Hfa [16] 1. Mose 43,13.14

Ein bewegendes Wiedersehen mit Benjamin

Wieder zogen sie nach Ägypten und traten vor Josef. Als dessen Blick auf Benjamin fiel, den Sohn seiner eigenen Mutter, war er tief bewegt. Aber er verbarg seine Rührung und ordnete an, sie in sein Haus zu führen und ein gemeinsames Mittagsmahl vorzubereiten. Die Brüder erfasste eine große Unruhe, denn sie befürchteten, wegen des Geldes, das sie in ihren Säcken gefunden hatten, zur Rechenschaft gezogen zu werden. Sie vermuteten, dass man es absichtlich wieder hineingetan hatte, um einen Vorwand zu haben, sie zu Sklaven zu machen.[17]

In ihrer Angst wandten sie sich an den Verwalter des Hauses und schilderten ihm die Umstände ihrer Ägyptenreise. Zum Beweis ihrer Unschuld erklärten sie, sie hätten das in den Säcken gefundene Geld wieder mitgebracht und noch weiteres dazu, um Nahrung zu kaufen. Schließlich fügten sie hinzu: „Wir wissen nicht, wer unser Geld in die Säcke gelegt hat."

Der Ägypter erwiderte: „‚Es ist alles gut, macht euch deshalb keine Sorgen! Euer Gott, der Gott eures Vaters, hat euch einen Schatz in eure Säcke gelegt. Ich habe euer Geld erhalten.' Dann brachte er Simeon zu ihnen heraus."[18] Nun waren sie aller Sorgen enthoben und begriffen, dass Gott mit ihnen gewesen war.

Als Josef erneut mit ihnen zusammenkam, überreichten sie die mitgebrachten Geschenke und fielen vor ihm nieder zur Erde. Wieder kamen Josef seine Träume in den Sinn. Er fragte sie hastig: „Wie geht es eurem alten Vater, von dem ihr mir erzählt habt? Lebt er noch?" Sie antworteten ihm: „Unserem Vater, deinem ergebenen Diener, geht es gut; er ist noch am Leben." Danach verneigten sie sich wieder vor ihm.

Als sein Blick auf Benjamin fiel, sagte er: „‚Das ist also euer jüngster Bruder, von dem ihr mir erzählt habt!', und zu Benjamin: ‚Gott segne dich, mein Sohn!' Dann lief er schnell hinaus. Er war den Tränen nahe, so sehr bewegte ihn das Wiedersehen mit seinem Bruder. Er eilte in sein Privatzimmer, um sich dort auszuweinen."[19]

Als er seine Selbstbeherrschung wiedererlangt hatte, kehrte er zurück und lud seine Brüder zu einem Festmahl ein. Da die

---

[17] 1. Mose 43,16–18 [18] 1. Mose 43,20–23 [19] 1. Mose 43,27–30

Ägypter nicht gemeinsam mit den Angehörigen anderer Völker essen durften, saßen Jakobs Söhne an einer Tafel für sich. Als sie die angewiesenen Plätze eingenommen hatten, stellten die Brüder verwundert fest, dass sie genau in der Reihenfolge ihres Alters saßen.

„Josef ließ ihnen von den Gerichten servieren, die auf seinem eigenen Tisch aufgetragen wurden. Benjamin erhielt fünfmal so viel wie die anderen Brüder."[20] Durch die Bevorzugung Benjamins wollte sich Josef endgültig Gewissheit darüber verschaffen, wie sich die Brüder gegenüber dem jüngeren Sohn der inzwischen verstorbenen Rahel, die ja auch seine Mutter war, verhielten.

Da die Brüder noch immer annahmen, Josef verstünde ihre Sprache nicht, unterhielten sie sich ungezwungen miteinander. So hatte er eine gute Gelegenheit, ihre wahren Gefühle kennenzulernen. Doch er wollte sie noch weiter prüfen und befahl vor ihrem Aufbruch, seinen silbernen Trinkbecher im Sack des Jüngsten zu verstecken.[21]

Die letzte Prüfung der Brüder

Froh traten sie die Heimreise an. Aber sie hatten kaum die Stadtgrenze erreicht, als der Hausverwalter Josefs sie einholte und ihnen vorwarf: „Warum habt ihr den silbernen Trinkbecher meines Herrn gestohlen?"[22] Dieser Becher besaß angeblich die geheimnisvolle Kraft, Gift zu entdecken, das jemand in den Trank geschüttet haben könnte. Damals standen solche Becher als Sicherung gegen Giftmord hoch im Kurs.

Auf die Beschuldigung des Hausverwalters antworteten die Brüder: „Wie kannst du uns das zutrauen? So etwas würde uns nie einfallen! Das Geld, das wir in unseren Säcken fanden, haben wir aus dem Land Kanaan wieder mitgebracht – wie kämen wir darauf, aus dem Haus deines Herrn Silber oder Gold zu stehlen? Wenn sich der Becher bei einem von uns findet, soll der Betreffende sterben, und wir anderen wollen deine Sklaven sein." „Gut", sagte der Verwalter, „der bei dem der Becher gefunden wird, soll mein Sklave sein; die andern können unbehelligt weiterreisen."[23] Unverzüglich begann die Durchsuchung. Aus Benjamins Sack förderte er schließlich den Becher zutage.

---

[20] 1. Mose 43,34 [21] 1. Mose 44,2 [22] 1. Mose 44,4.5 Hfa [23] 1. Mose 44,7–10

Die Brüder konnten nicht glauben, was sie sahen, und zerrissen vor Entsetzen ihre Gewänder. Wie betäubt kehrten sie in die Stadt zurück. Durch ihren eigenen Schwur war Benjamin zur Sklaverei verdammt. Sie folgten dem Hausverwalter zum Palast, und da sie den Minister dort noch antrafen, fielen sie vor ihm nieder, Juda als erster.

„Was habt ihr euch eigentlich gedacht?", herrschte Josef sie an. „Ihr musstet doch wissen, dass ein Mann wie ich so etwas mit Leichtigkeit herausfindet!"[24] Josef wollte damit erreichen, dass sie sich schuldig bekannten.

„‚Was sollen wir sagen, Herr?', ergriff Juda das Wort. ‚Womit könnten wir uns rechtfertigen? Gott hat unsere Schuld ans Licht gebracht. Wir alle sind jetzt deine Sklaven, genau wie der, bei dem sich der Becher gefunden hat.' Aber Josef sagte: ‚So ungerecht werde ich nicht handeln! Der, bei dem der Becher gefunden wurde, soll mein Sklave sein; ihr anderen könnt in Frieden zu eurem Vater heimkehren.'"[25]

Da trat Juda vor und sagte: »Herr, du bist so mächtig wie der Pharao! Erlaube mir, dass ich trotzdem das Wort an dich richte, und zürne mir nicht!" Mit ergreifender Beredsamkeit schilderte er nun den Kummer des Vaters beim Verlust Josefs und sein Widerstreben, Benjamin mit nach Ägypten ziehen zu lassen, weil er der einzige lebende Sohn seiner Lieblingsfrau war.[26] „Wenn wir jetzt zu unserem Vater kommen ohne den Jungen, an dem er so hängt, dann wird er vor Kummer sterben – und wir sind schuld daran! Herr, ich habe bei meinem Vater die volle Verantwortung für den Jungen übernommen und gesagt: ‚Wenn ich ihn dir nicht gesund zurückbringe, will ich mein Leben lang die Schuld dafür tragen!' Darum bitte ich dich, Herr: Lass mich an seiner Stelle als dein Sklave hier bleiben, und lass ihn mit seinen Brüdern zurückziehen! Wie soll ich ohne den Jungen meinem Vater begegnen? Ich könnte seinen Schmerz nicht mit ansehen!"[27]

Damit gewann Josef die Gewissheit, dass sich seine Brüder tatsächlich geändert hatten. Als er Judas edelmütiges Anerbieten hörte, konnte er seine Rührung nicht mehr zurückhalten. Er befahl allen Ägyptern, den Raum zu verlassen. Dann wandte er sich seinen Brüdern zu und rief laut weinend: „Ich bin Josef! Lebt mein Vater noch?"[28]

---

[24] 1. Mose 44,14.15 [25] 1. Mose 44,16.17 [26] 1. Mose 44,18.27–29
[27] 1. Mose 44,30–34 Hfa [28] 1. Mose 45,1.3

Die Versöhnung mit seinen Brüdern

Die Brüder waren starr vor Angst und Staunen. Der zweite Mann Ägyptens sollte ihr Bruder Josef sein? Sie dachten erschrocken daran, wie grausam sie mit ihm umgegangen waren, und erinnerten sich, wie sie ihn um seiner Träume willen beschimpft hatten. Und doch hatten sie ihr Teil dazu beigetragen, dass sich diese Träume erfüllten. Und sie hatten Angst, denn nun waren sie vollständig in seiner Gewalt und fürchteten, er werde sich für all das Leid rächen, das sie über ihn gebracht hatten.

Josef schien ihre Gedanken zu erraten, rief sie näher zu sich und sagte, um ihnen die Angst zu nehmen: „Ich bin Josef, euer Bruder, den ihr nach Ägypten verkauft habt! Erschreckt nicht und macht euch keine Vorwürfe deswegen. Gott hat mich vor euch her nach Ägypten gesandt ... um euch und eure Nachkommen überleben zu lassen, damit er eine noch größere Rettungstat an euch vollbringen kann. Nicht ihr habt mich hierher gebracht, sondern Gott. Er hat es so gefügt, dass ich die rechte Hand des Pharaos geworden bin und sein ganzer Hof und ganz Ägypten mir unterstellt ist. Macht euch schnell auf den Weg und bringt meinem Vater die Botschaft: ‚Dein Sohn Josef lässt dir sagen: Gott hat mich zum Herrn über ganz Ägypten gemacht. Komm hierher zu mir, besinn dich nicht lange! Du sollst in der Provinz Goschen wohnen, ganz in meiner Nähe. Bring deine Kinder und Enkel mit, deinen Besitz und all dein Vieh, Schafe, Ziegen und Rinder. Die Hungersnot dauert noch fünf Jahre. Ich werde für euch sorgen, damit ihr keine Not leidet.‘“[29] „Dann umarmte Josef seinen Bruder Benjamin, und beide weinten dabei vor Freude. Danach küsste er unter Tränen auch die anderen. Erst jetzt fanden die Brüder die Sprache wieder und sie redeten mit Josef.“[30] Reumütig und bewegt bekannten sie Josef ihre Schuld und baten um Vergebung.

Die Nachricht vom Geschehen im Hause Josefs gelangte schnell zum Pharao. Der bestätigte die Einladung an Jakob und seine Sippe und versprach ihnen das fruchtbarste Land in Ägypten.[31] Überreich versehen mit Nahrung und einigen Wagen für den Umzug ihrer Familien nach Ägypten wurden die Brüder nach Kanaan zurück geschickt.[32]

---

[29] 1. Mose 45,4–11 [30] 1. Mose 45,14.15 [31] 1. Mose 45,16–20
[32] 1. Mose 45,21.23

So kehrten Jakobs Söhne zu ihrem Vater mit der freudigen Nachricht zurück: „Josef lebt! Er ist sogar Herrscher über ganz Ägypten!“ Der alte Mann begriff zunächst gar nichts; er konnte nicht glauben, was er hörte. Aber als er den langen Zug der Wagen und Lasttiere sah und Benjamin wieder bei sich hatte, rief er freudig aus: „Ich will zu ihm und ihn sehen, bevor ich sterbe!“[33]

Doch eine Demütigung stand den zehn Brüdern noch bevor. Sie mussten ihre Täuschung und Grausamkeit, die Jakobs Leben und auch ihr eigenes so viele Jahre verbittert hatten, eingestehen und ihn um Vergebung bitten. Als der alte Vater die Wahrheit erfuhr, war er zunächst fassungslos, denn er hätte nicht gedacht, dass seine Söhne zu solcher Niedertracht und Falschheit fähig wären. Aber schließlich sah er ein, dass dabei auch Gott seine Hand im Spiel gehabt und alles zum Guten gewendet hatte. Deshalb vergab er ihnen und segnete sie.

Jakob kommt nach Ägypten

Bald danach waren Jakob und seine Söhne mit ihren Familien, ihren Herden und dem zahlreichen Gesinde auf dem Weg nach Ägypten. In einer nächtlichen Vision sagte Gott zu Jakob: „Hab keine Angst, nach Ägypten zu ziehen! Ich will deine Nachkommen dort zu einem großen Volk machen. Ich selbst werde mit dir gehen, ich werde dich auch wieder zurückbringen. Wenn du stirbst, wird dir Josef die Augen zudrücken.“[34]

Abraham war eine große Nachkommenschaft verheißen worden, aber bis dahin waren das nur 70 Personen.[35] Das Land Kanaan war im Besitz mächtiger heidnischer Stämme, und wenn die Nachkommen Israels dort ein zahlreiches Volk werden sollten, mussten sie entweder die Einwohner des Landes vertreiben oder sich mit ihnen vermischen. Das aber hätte zwangsläufig die Gefahr heraufbeschworen, in den Götzendienst hineingezogen zu werden. In Ägypten dagegen waren die Bedingungen zur Erfüllung der göttlichen Absicht gegeben. Dort stand ihnen ein fruchtbarer Teil des Landes offen und bot die beste Gelegenheit für ein schnelles Wachstum der Sippe Jakobs. Und die Abneigung der Ägypter gegenüber Viehhirten würde dafür sorgen, dass die Israeliten ihre Eigenständigkeit und ihren Glauben bewahren konnten.

---

[33] 1. Mose 45,26–28 Hfa [34] 1. Mose 46,3.4 [35] 1. Mose 46,26.27

Nach ihrer Ankunft in Ägypten zogen sie sofort in die Region Goschen. Dorthin kam auch Josef mit großem Gefolge. Er konnte es kaum erwarten, seinen Vater wiederzusehen. Er sah den Treck kommen, sprang vom Wagen und lief ihm entgegen. „Als Jakob ihn sah, schloss er ihn in die Arme und weinte lange. ‚Jetzt sterbe ich gern', sagte Jakob. ‚Ich habe dich wiedergesehen und weiß, dass du noch am Leben bist.'"[36]

Josef wollte seine Brüder vor den Versuchungen bewahren, denen sie in dem heidnischen Land ausgesetzt gewesen wären. Er riet ihnen, sich dem König frei und offen als Viehhirten vorzustellen, damit sie abseits in Goschen wohnen durften.[37] Die Brüder folgten diesem Rat und waren auch so weitsichtig zu erklären, dass sie nur als Gäste im Land verweilen und keine ständigen Bewohner sein würden. Damit hielten sie sich die Möglichkeit offen wegzuziehen, wann sie wollten.

Kurz nach ihrer Ankunft stellte Josef dem Pharao seinen Vater vor. Der Patriarch war zwar ein Fremder an Königshöfen, aber er war in seinem langen Leben immer wieder Gott begegnet. Deshalb erhob er jetzt im Bewusstsein seiner geistlichen Vollmacht die Hände und segnete den Pharao.[38]

Jakobs Lebensabend

Als Jakob Josef begrüßte, hatte es geklungen, als habe der Vater mit dem Leben abgeschlossen, nachdem er den verloren geglaubten Sohn wieder in die Arme schließen konnte. Aber dann waren ihm doch noch 17 glückliche Jahre in der Provinz Goschen beschieden.[39] Er durfte miterleben, dass die Sippe in Frieden miteinander lebte, weil sich seine Söhne charakterlich tatsächlich zum Guten verändert hatten. Außerdem spürte er, dass hier alle Bedingungen erfüllt waren, die sein Volk zum Wachstum brauchte.

Allerdings war er sich dessen bewusst, dass für Gottes Volk nicht Ägypten das Land der Verheißung war, sondern Kanaan. Er würde die Erfüllung der göttlichen Verheißungen nicht mehr erleben, dennoch genoss er seine letzten Lebensjahre als Geschenk Gottes, zumal ihn Josef mit allem versorgte und ihm viel Liebe entgegenbrachte.[40] Jakob klagte nicht über die schweren Jahre der Vergangenheit. Aus der Erinnerung rief er

---

[36] 1. Mose 46,29.30 [37] 1. Mose 46,33.34 [38] 1. Mose 47,7.10
[39] 1. Mose 47,28 [40] 1. Mose 47,12

sich nur noch Gottes Barmherzigkeit und Liebe ins Gedächtnis zurück, die ihn sein ganzes Leben lang begleitet hatten.

Als Jakob den Tod nahen fühlte, ließ er Josef rufen, um ihm seinen letzten Wunsch kundzutun. Jakob war fest überzeugt, dass die Zukunft Israels in Kanaan und nicht in Ägypten lag. Deshalb verlangte er von Josef: „Erweise mir Güte und Treue und begrabe mich nicht in Ägypten! Lass mich im Tod mit meinen Vorfahren vereint sein: Bring mich von hier weg und begrabe mich dort, wo sie begraben sind."[41]

Jakob nimmt Manasse und Ephraim als seine Söhne an

Jakob lag noch eine andere Sache am Herzen: Josefs Söhne sollten in aller Form in die Reihe seiner Kinder aufgenommen werden. Zur letzten Begegnung mit seinem Vater brachte Josef Ephraim und Manasse mit.

Die beiden jungen Männer hatten von ihrer Mutter her verwandtschaftliche Beziehungen zu höchsten Kreisen der ägyptischen Priesterschaft. Zudem eröffnete ihnen die Stellung ihres Vaters den Zugang zu Reichtum und Würden, wenn sie die Verbindung mit den Ägyptern vorzogen. Josefs Wunsch aber war es, dass sie in sein Volk hineinwachsen sollten. Er bekundete seinen Glauben an die Bundesverheißung auch im Namen seiner Söhne, indem er für sie auf alle Ehren verzichtete, die der ägyptische Hof ihnen bot. Sie sollten Angehörige des von Gott erwählten Volkes werden, auch wenn es derzeit nur aus einem unbedeutenden Hirtenstamm bestand.

Das war ganz im Sinne Jakobs. Er sagte: „Deine beiden Söhne Efraïm und Manasse aber, die dir hier in Ägypten geboren wurden, bevor ich ins Land kam, die nehme ich als meine eigenen Söhne an; sie sollen mir genauso viel gelten wie Ruben und Simeon."[42] Auf diese Weise wurden sie von Jakob offiziell an Kindes Statt angenommen und konnten so zu Häuptern eigener Stämme werden. Er umarmte und küsste die jungen Männer, legte ihnen die Hände auf und sprach den Segen: „Gott, dem meine Väter Abraham und Isaak dienten, hat mein Leben lang für mich gesorgt. Sein Engel hat mich aus vielen Gefahren gerettet. Dieser Gott erweise Ephraim und Manasse Gutes! ... Ihre Nachkommen sollen zahlreich werden."[43]

---

[41] 1. Mose 47,29.30 [42] 1. Mose 48,5 [43] 1. Mose 48,15.16 Hfa

Bei dieser Segnung legte Jakob „die rechte [Hand] auf den Kopf des jüngeren Bruders Efraïm und die linke auf den Kopf Manasses, obwohl Manasse der Erstgeborene war". Josef missfiel das und machte seinen Vater auf das scheinbare Versehen aufmerksam, doch der antwortete ihm: „Das weiß ich. Sei unbesorgt, auch die Nachkommen Manasses sollen zu einem großen Volk werden. Aber sein jüngerer Bruder soll noch größer werden als er; seine Nachkommen sollen zu einer Menge von Völkern werden.' So segnete Jakob die Söhne Josefs und sagte zu ihm: Du und deine Kinder, ihr werdet in Israel ein Beispiel besonderen Segens sein. Wenn die Leute in Israel einander Glück wünschen, werden sie sagen: Gott segne dich wie Efraïm und Manasse!" Ganz bewusst nannte er dabei Efraïm an erster Stelle."[44]

Jakobs Vorhersage der Zukunft seiner Söhne

Danach rief Jakob alle seine Söhne zu sich und erklärte ihnen: „Ich will euch wissen lassen, wie es euren Nachkommen ergehen wird."[45] Dabei ruhte der Heilige Geist auf Jakob und in einer prophetischen Vision enthüllte Gott ihm die Zukunft seines Volkes. Nacheinander führte er die Namen der Söhne an, beschrieb ihren Charakter und sagte das künftige Geschick der jeweiligen Stämme voraus.

„Du, Ruben, bist mein Erstgeborener, das Zeugnis meiner besten Kraft, weil ich dich als den Ersten zeugte; du bist der Erste auch an Macht und Hoheit!" Das war die Stellung, die ihm als Ältesten gebührte, aber ein schweres moralisches Vergehen – er hatte mit Jakobs Nebenfrau Bilha geschlafen – kostete ihm den Erstgeburtssegen: „Doch kannst du nicht Erster bleiben; denn zügellos wie wilde Fluten bist du einst auf mein Bett gestiegen und hast dich dadurch selbst geschändet."[46] Das Priestertum wurde später Levi zugeteilt, das Königtum und die messianische Verheißung erhielt Juda, und den doppelten Anteil des Landerbes empfing Josef durch seine beiden Söhne. Der Stamm Ruben erlangte tatsächlich später nie irgendeine Bedeutung in Israel. Er war nicht so zahlreich wie Juda, Ephraim oder Dan und gehörte mit zu denen, die über 1100 Jahre später zuerst in die Gefangenschaft nach Assyrien deportiert wurden.

---

[44] 1. Mose 48,14.18–20 [45] 1. Mose 49,1 [46] 1. Mose 49,3.4; vgl. 1. Mose 35,22

Dem Alter nach folgten auf Ruben Simeon und Levi. Sie waren sich einig gewesen in ihrem grausamen Rachefeldzug gegen die Einwohner von Sichem und trugen auch die meiste Schuld am Verkauf Josefs. Über sie sagte Jakob: „Verflucht sei euer wildes Wüten, weil es so roh und grausam ist. Das Urteil über euch hat Gott gesprochen: Ihr dürft nicht mehr zusammenbleiben; ich werde euch in Israel zerstreuen!“[47] In seinem letzten Segen über die Stämme Israels 450 Jahre später erwähnte Mose den Stamm Simeon nicht einmal mehr. Bei der Ansiedlung in Kanaan erhielt er nur einen kleinen Teil von Judas Gebiet. Und einige Familien, die später mächtig wurden, bildeten separate Kolonien und siedelten sich außerhalb des Heiligen Landes an.

Auch der Stamm Levi erhielt kein Landerbe, ausgenommen 48 Städte. Weil er aber Gott die Treue hielt, als die anderen Stämme abfielen, als sie am Berg Sinai ein Götzenbild anfertigten, wurden die Männer des Stammes Levi dann zum Dienst am Heiligtum berufen.[48] Auf diese Weise wurde der Fluch in einen Segen umgewandelt.

Den krönenden Segen des Erstgeburtsrechts aber erhielt Juda: „Juda, dich loben deine Brüder! Deine Feinde schlägst du in die Flucht, darum verehren dich alle Söhne deines Vaters. Mein Sohn, du bist wie ein junger Löwe, der gerade seine Beute gerissen hat. Majestätisch legt er sich daneben, und niemand wagt es, ihn zu stören. Juda, immer behältst du das Zepter in der Hand, Könige gehen aus deinem Stamm hervor – bis ein großer Herrscher kommt, dem alle Völker dienen.“[49] Der Löwe, der König der Wüste, ist ein passendes Sinnbild für diesen Stamm, aus dem König David kam und der Nachkomme Davids, der wahre „Löwe aus dem Stamm Juda“[50] – Jesus Christus – dem sich endlich alle Gewalten beugen und dem alle Völker huldigen sollen.

Den meisten seiner Kinder sagte Jakob eine erfolgreiche Zukunft voraus, wenn auch in kurzen Aussagen. Zuletzt kam er zu Josef, und des Vaters Herz floss über, als er Segen herabflehte auf das Haupt dessen, der von seinen Brüdern so schändlich behandelt worden war: „Josef, du bist wie ein fruchtbarer Baum, der an einer Quelle wächst und dessen Zweige eine Mauer überragen. Feindliche Truppen greifen dich an, verfol-

---

[47] 1. Mose 49,7 [48] 2. Mose 32,25.26; 4. Mose 3,5–8
[49] 1. Mose 49,8–10 Hfa [50] Offenbarung 5,5

gen dich mit Pfeil und Bogen, aber dein Bogen bleibt unzerbrechlich. Deine Arme und Hände sind stark, weil Jakobs mächtiger Gott dir hilft ... Du nimmst einen besonderen Platz unter deinen Brüdern ein."[51]

Jakob war immer ein Mann tiefer Gemütsbewegungen gewesen. Die Liebe zu seinen Söhnen war stark und zärtlich. Er hatte allen vergeben und er liebte sie bis zuletzt. Seine väterlichen Gefühle hätten zu gern nur Worte der Hoffnung und Ermutigung gefunden, aber die Macht Gottes ruhte auf ihm, und unter dem Einfluss seines Geistes musste er die Wahrheit kundtun, auch wenn sie schmerzlich war.

Die Bibel verschweigt nicht die Mängel der Frommen, die Gottes Gnade erleben durften. Den Ungläubigen mag das Anlass geben, über die Bibel zu spotten. Aber es ist gerade einer der stärksten Wahrheitsbeweise für die Heilige Schrift, dass Versagen nicht verschwiegen wird, und auch die Sünden bedeutender Persönlichkeiten beim Namen genannt werden. In der Bibel wird nichts beschönigt oder vertuscht.

Wenn wir erfahren, wie sich andere in Schwierigkeiten bewährt haben, die unseren eigenen ähneln, oder wenn wir lesen, wie sie gleich uns in Versuchungen fielen und durch Gottes Gnade wieder aufstanden, ermutigt uns das im eigenen Ringen um Rechtschaffenheit. So wie sie nach Rückschlägen wieder Fuß fassten und von Gott gesegnet wurden, so können auch wir in der Kraft Jesu zu Überwindern werden. Andererseits kann ihre Lebensgeschichte auch eine Warnung für uns sein. Der Herr übersieht die Fehler der Begnadeten nicht und geht mit ihnen sogar strenger um als mit denen, die weniger Erkenntnis und Verantwortung empfangen haben.

Nach Jakobs Tod

Nach Jakobs Begräbnis in der Höhle nahe Mamre, die Abraham gekauft hatte,[52] kamen bei Josefs Brüdern wieder die alten Befürchtungen hoch. Ihr Schuldbewusstsein machte sie argwöhnisch und misstrauisch. Jedenfalls befürchteten sie, Josef könne nach dem Tod des Vaters alle Rücksicht fallen lassen und sich nun trotz gegenteiliger Beteuerungen an ihnen rächen. Sie wagten darum nicht, persönlich vor ihm zu erscheinen, sondern schickten eine Botschaft: „Bevor dein

[51] 1. Mose 49,22–24 Hfa [52] 1. Mose 50,12.13

Vater starb, beauftragte er uns, dir zu sagen: ‚Vergib deinen Brüdern das Unrecht von damals!‘ Darum bitten wir dich jetzt: Verzeih uns! Wir dienen doch demselben Gott wie du und unser Vater!“[53]

Diese Botschaft rührte Josef zu Tränen. Dadurch ermutigt, kamen seine Brüder und warfen sich vor ihm nieder mit den Worten: „Siehe wir sind deine Sklaven.“ Der Gedanke, dass sie ihm Rachsucht zutrauten, schmerzte ihn. „Habt keine Angst! Ich werde doch nicht umstoßen, was Gott selbst entschieden hat!“ sagte er. „Ihr hattet Böses mit mir vor, aber Gott hat es zum Guten gewendet; denn er wollte auf diese Weise vielen Menschen das Leben retten. Das war sein Plan, und so ist es geschehen. Habt also keine Angst!“[54]

Josef überlebte seinen Vater um 54 Jahre. Er sah noch, wie sein Volk wuchs und zu Wohlstand kam.[55] Und in all den Jahren wurde er nicht wankend in der Gewissheit, dass Gott das Volk Israel in das Land der Verheißung zurückführen werde.

Als er spürte, dass sein Ende nahte, machte er noch einmal ganz deutlich, dass er zwar viele Jahrzehnte lang in Ägypten gelebt und ein hohes Staatsamt bekleidet hatte, aber dabei stets ein Anbeter des Herrn geblieben war. Seine letzten Worte an die Israeliten lauteten: „Gott wird euch nicht vergessen. Er wird euch aus diesem Land wieder in das Land zurückbringen, das er Abraham, Isaak und Jakob mit einem Eid versprochen hat.“ Und er nahm seinen Söhnen einen feierlichen Eid ab, dass sie seine Gebeine mit ins Land Kanaan nähmen. „Dann starb er im Alter von 110 Jahren. Sein Leichnam wurde einbalsamiert und in Ägypten in einen Sarg gelegt.“[56]

In den folgenden Jahrhunderten der Mühsal war sein Sarg eine Erinnerung an die Versicherung des sterbenden Josef. Er bezeugte den Israeliten, dass sie nur Fremde in Ägypten waren, und gebot ihnen, ihre Hoffnung auf das Land der Verheißung zu richten, weil die Zeit ihrer Befreiung ganz gewiss kommen würde.

---

[53] 1. Mose 50,16.17 Hfa [54] 1. Mose 50,18–21 [55] 1. Mose 50,22.23
[56] 1. Mose 50,24–26

Teil IV

Der Auszug und die Gesetzgebung

22 Moses Erziehung und Berufung*

Wegen der Verdienste Josefs um das ägyptische Volk überließ man seiner Sippe nicht nur die Region Goschen als Wohnort, sondern versorgte sie während der Dürrezeit auch reichlich mit Nahrung, ohne dass sie dafür bezahlen mussten. Die Ägypter mussten dagegen all ihr Vieh, ihr Land und schließlich sogar sich selbst dem Pharao verkaufen.[1] Darüber hinaus gewährte man Jakobs Nachkommen Steuerfreiheit. Der Pharao erkannte damit öffentlich an, dass Ägypten allein durch das Eingreifen des wahren Gottes genügend Vorräte hatte, während die Menschen in anderen Ländern verhungerten. Er sah auch, dass das Land unter Josefs Führung aufgeblüht war, und aus Dankbarkeit erwies er der Familie Jakobs sein Wohlwollen.

„Nach und nach waren Josef und seine Brüder gestorben, und schließlich lebte von ihrer Generation niemand mehr. Ihre Nachkommen aber wurden zu einem großen Volk. Dann trat ein neuer König die Herrschaft an, der Josef nicht mehr kannte."[2] Es passte ihm nicht, dass die Hebräer Privilegien genossen, und er sah in ihnen eine Gefahr. Er erklärte: „Die Israeliten sind so zahlreich und stark, dass sie uns gefährlich werden. Wir müssen etwas unternehmen, damit sie nicht noch stärker werden. Sie könnten sich sonst im Kriegsfall auf die Seite unserer Feinde schlagen, gegen uns kämpfen und dann aus dem Land fortziehen."[3]

Die Israeliten waren über drei Jahrhunderte lang in Ägypten eine besondere Volksgemeinschaft geblieben, die in Bezug auf Sitten und Religion wenig Gemeinsamkeiten mit den Ägyptern hatte. Das weckte bei der Bevölkerung und am Pharaonenhof zunehmend Besorgnis und schürte unterschwellig Ängste.

Hinzu kam, dass viele Israeliten geschickte Handwerker waren, auf die der Pharao beim Bau seiner Tempel und Paläste nicht verzichten wollte. Er musste sie aber bezahlen, weil sie nicht seine Leibeigenen waren. Deshalb stellte er die Israeliten

---

* Dieses Kapitel basiert auf 2. Mose 1,1 bis 4,26.

[1] 1. Mose 47,11–21 [2] 2. Mose 1,6–8 Hfa [3] 2. Mose 1,9.10

den Ägyptern gleich und zog sie zu Fronarbeiten heran. Er setzte ägyptische Aufseher ein und machte schließlich die Knechtschaft komplett: „So zwang man die Israeliten zur Sklavenarbeit ... Doch je mehr die Israeliten unterdrückt wurden, desto zahlreicher wurden sie. Sie breiteten sich im ganzen Land aus, so dass die Ägypter Angst bekamen.“[4]

Der Pharao und seine Ratgeber hatten gehofft, die Israeliten durch schwere Arbeit niederzuhalten, um auf diese Weise das Bevölkerungswachstum einzudämmen und das Streben nach Unabhängigkeit zu unterbinden. Als das nicht gelang, griff der König zu nackter Gewalt: Er befahl den hebräischen Hebammen, alle neugeborenen israelitischen Jungen zu töten.[5]

Satan wusste, dass unter den Israeliten ein Befreier geboren werden sollte. Indem er den Pharao dahin brachte, alle männlichen Nachkommen zu töten, hoffte er, Gottes Absichten zu durchkreuzen. Aber die gottesfürchtigen Hebammen ließen die Babys leben. Als der König das erfuhr, wurde er zornig und gebot seinem Volk: „Werft jeden Jungen, der den Israeliten geboren wird, in den Nil! Nur die Mädchen dürfen am Leben bleiben.“[6]

Moses Geburt und Bewahrung

Als dieser Erlass gerade in Kraft getreten war, wurde Amram und Jochebed, Israeliten aus dem Stamme Levi, ein Sohn geboren.[7] Die Eltern waren fest entschlossen, ihn nicht dem Tod preiszugeben. Sie glaubten, dass die Befreiung Israels nahe war und Gott einen Erretter für sein Volk erwecken werde. „Weil die Eltern des Mose unerschütterlich an Gott glaubten, hatten sie keine Angst, gegen den Befehl des Pharaos zu handeln.“[8]

Drei Monate hindurch gelang es der Mutter, das Kind zu verbergen. Dann erkannte sie, dass sie es nicht länger verstecken konnte. „Sie nahm einen Korb aus Schilfrohr und dichtete ihn mit Erdharz und Pech ab. Dann legte sie das Kind hinein und setzte es im Schilf am Nilufer aus. Die Schwester des Jungen blieb in einiger Entfernung stehen, um zu beobachten, was mit ihm geschehen würde.“[9]

Aber es waren auch noch andere Wächter vor Ort, die ein Auge auf das Kind hatten. Im Gebet hatte die Mutter den

---

[4] 2. Mose 1,11.12 Hfa [5] 2. Mose 1,15.16 [6] 2. Mose 1,22
[7] 2. Mose 2,1.2; 6,20 [8] Hebräer 11,23 [9] 2. Mose 2,3.4 Hfa

Jungen der Obhut Gottes anvertraut. Engel führten die Tochter des Pharaos beim Baden dorthin. Der Korb erregte ihre Neugier, und als sie das weinende Kind darin liegen sah, war ihr klar, dass es sich nur um einen hebräischen Säugling handeln konnte. Aber die Tränen des Kindes rührten ihr Herz. Voller Mitleid dachte sie an die unbekannte Mutter, die sich keinen anderen Rat mehr gewusst hatte, als das Baby auszusetzen, um es vor dem Tod zu bewahren. Spontan entschloss sie sich, den Jungen zu retten und zu adoptieren, da sie keinen eigenen Sohn besaß.

Als seine Schwester Mirjam bemerkte, dass man dem Kind freundlich gesinnt war, wagte sie sich näher heran und fragte: „Soll ich eine hebräische Frau rufen, die das Kind stillen kann?“[10] Die Prinzessin war damit einverstanden. Mirjam lief mit der freudigen Nachricht nach Hause und kam mit ihrer Mutter zurück. „Nimm dieses Kind und stille es für mich! Ich werde dich dafür bezahlen“, sagte die Tochter des Pharaos.[11]

Geschenkte Zeit zur Erziehung

Gott hatte die Gebete Jochebeds erhört. Dankbar übernahm sie die beglückende Aufgabe, ihr Kind für Gott zu erziehen. Sie wusste, dass sie es irgendwann seiner königlichen Adoptivmutter überlassen musste. Dann würde der Junge von Einflüssen umgeben sein, die ihn von Gott wegführen konnten. Deshalb bemühte sie sich von Anfang an, ihrem Sohn Gottesfurcht, Liebe zur Wahrheit und Rechtschaffenheit einzuprägen. Sie erzählte ihm, wie töricht und sündig der Götzendienst sei, dem er überall begegnen würde. Und sie lehrte ihn, sich im Gebet an den lebendigen Gott zu wenden, der allein hören und in jeder Not helfen kann.

Sie behielt den Jungen bei sich, solange sie konnte. Aber als er etwa 12 Jahre alt war, musste sie ihn an die Königstochter abgeben. Aus seinem bescheidenen Zuhause kam er nun in den Königspalast. „Die Tochter des Pharaos nahm ihn als ihren Sohn an. Sie sagte: ‚Ich habe ihn aus dem Wasser gezogen.‘ Darum gab sie ihm den Namen Mose.“[12] Obwohl er nun in einer völlig anderen Umgebung aufwuchs, gingen die in der Kindheit empfangenen Eindrücke nicht verloren. Sie be-

---

[10] 2. Mose 2,7 [11] 2. Mose 2,9 [12] 2. Mose 2,10; der Name *Mose* (ägyptisch Sohn) wird hier durch einen Anklang an das hebräische Wort für „herausziehen“ gedeutet.

wahrten ihn vor dem Stolz, dem Unglauben und den Lastern, die am königlichen Hof herrschten.

Moses künftiges Leben und sein großer Auftrag, den er als Führer Israels erfüllte, sind ein Hinweis darauf, welche Bedeutung eine gottesfürchtige Mutter für ihre Kinder hat. Ihr Einfluss kann durch nichts ersetzt werden. Sie kümmert sich um die geistige und charakterliche Entwicklung und wirkt damit nicht nur für diese Zeit, sondern für die Ewigkeit. Mütter streuen eine Saat, die aufgehen und Frucht tragen wird zum Guten oder Bösen. Die Eindrücke, die Kinder in den Jahren ihrer Entwicklung empfangen, begleiten sie ein Leben lang und haben Auswirkungen bis in die Ewigkeit hinein.

Aber am Tag der Rechenschaft wird auch offenbar werden, wie viel Bosheit und Unrecht auf die Unwissenheit und Nachlässigkeit derer zurückzuführen sind, deren Pflicht es gewesen wäre, ihre Kinder in jungen Jahren auf den rechten Weg zu führen. Andererseits wird sich auch zeigen, dass viele, die der Welt durch ihre Begabung, Wahrhaftigkeit und Gottesfurcht zum Segen geworden sind, ihren Erfolg letztlich dem Einfluss einer gläubigen, betenden Mutter verdanken.

Am Hof des Pharaos erhielt Mose eine umfassende rechtskundliche und militärische Ausbildung. Da der Herrscher keinen Sohn hatte, bestimmte er seinen Adoptivenkel zum Thronfolger. Für diese hohe Stellung wurde Mose erzogen. „Er studierte alle Wissenschaften der Ägypter und wurde ein wortmächtiger und tatkräftiger Mann.“[13] Man achtete ihn allgemein als eine bemerkenswerte Persönlichkeit und durch seine Begabung als Heerführer wurde er zum Liebling der ägyptischen Armee. Damit wurde Satans Absicht nicht nur vereitelt, sondern sogar ins Gegenteil verkehrt. Letztlich führte der Tötungserlass des Pharaos dazu, dass dem künftigen Führer des Volkes Israel die beste Erziehung und Ausbildung zuteil wurden, die es damals gab.

Engel unterrichteten die Ältesten Israels davon, dass die Zeit der Befreiung nahe und Mose der Mann war, den Gott gebrauchen wollte. Sie unterwiesen auch Mose, dass Jahwe ihn dazu ausersehen hatte, die Sklaverei seines Volkes zu beenden. Mose nahm an, dass die Freiheit nur mit Waffengewalt zu erlangen sei und rechnete damit, eines Tages die Männer Israels gegen die Streitkräfte Ägyptens führen zu müssen.

---

[13] Apostelgeschichte 7,22

Moses treue Gottesverehrung

Gemäß der ägyptischen Gesetze musste ein Thronanwärter Mitglied der Priesterkaste sein. Als mutmaßlicher Thronfolger sollte auch Mose in die Praktiken der Staatsreligion eingeführt werden. Diese Aufgabe fiel den Priestern zu. Aber obwohl er ein gelehriger Schüler war, ließ er sich nicht dazu bewegen, an der Anbetung der Götter teilzunehmen. Man drohte Mose den Verlust der Krone an und warnte ihn davor, dass die Prinzessin ihn verstoßen würde, wenn er am Glauben der Hebräer festhielte; dennoch blieb er unerschütterlich bei seinem Entschluss, nur den einen Gott, den Schöpfer des Himmels und der Erde, zu verehren. Er versuchte seinerseits, die Priester davon zu überzeugen, dass die Verehrung selbstgemachter Götzen unsinnig sei – jedoch ohne Erfolg. Doch mit Rücksicht auf seine hohe Stellung und das Ansehen, das er beim König und beim Volk genoss, duldete man vorerst sein Festhalten an der Verehrung des Gottes seiner Vorväter.

„Mose vertraute Gott. Denn als er erwachsen war, weigerte er sich, noch länger als Sohn der Pharaonentochter zu gelten. Lieber wollte er gemeinsam mit Gottes Volk Unterdrückung und Verfolgung erleiden, als für kurze Zeit das gottlose Leben am Königshof zu genießen. Für ihn waren alle Schätze Ägyptens nicht so viel wert wie Schimpf und Schande, die er für Christus auf sich nahm. Denn er wusste, wie reich Gott ihn belohnen würde.“[14]

Mose war durchaus fähig, eine herausragende Stellung unter den Großen der Welt einzunehmen, am Hof des berühmtesten Königreiches zu glänzen und es mit Machtfülle zu regieren. Als Geschichtsschreiber, Dichter, Gelehrter, Heerführer und Gesetzgeber sucht man seinesgleichen. Doch obwohl ihm alle Möglichkeiten offenstanden, besaß er die moralische Kraft, um seines Volkes und seiner Aufgabe willen auf Macht und Ruhm zu verzichten.

Der prächtige Palast und der Königsthron des Pharaos waren für Mose zweifellos verlockend, aber er wusste auch, dass dort die Gefahr groß war, den Glauben an Gott zu verlieren. Er schaute über die irdischen Angebote hinaus auf die hohen Ehrungen, die den Kindern Gottes in einem Königreich ohne Sünde verliehen werden. Im Glauben sah er die unvergäng-

[14] Hebräer 11,24–26 Hfa

lichen Kronen, die der König des Himmels seinen treuen Untertanen aufs Haupt setzen wird. Und dieser Glaube bewog Mose, sich dem armen und verachteten Volk anzuschließen, das lieber Gott gehorchen als der Sünde dienen wollte.

Moses voreiliges Eingreifen

Mose blieb bis zum vierzigsten Lebensjahr am Pharaonenhof. Er kümmerte sich um seine geknechteten israelitischen Brüder und ermutigte sie mit der Zusicherung, dass Gott für ihre Befreiung sorgen würde. Eines Tages bemerkte er, wie ein Ägypter einen Israeliten misshandelte. Voller Zorn griff er ein und erschlug den Ägypter. Außer dem Misshandelten gab es keinen Zeugen für die Tat, und Mose vergrub den toten Ägypter heimlich im Sand.[15] Nun hatte er bewiesen, dass er bereit war, die Sache seines Volkes zu vertreten, und er hoffte, es würde sich erheben, um die verlorene Freiheit wiederzuerlangen. „Mose meinte, seine Landsleute müssten jetzt erkennen, dass Gott ihn zur Befreiung seines Volkes geschickt hatte. Doch sie erkannten es nicht."[16] Anscheinend waren sie noch nicht reif für die Freiheit.

Am folgenden Tag sah Mose, wie sich zwei Hebräer stritten. Einer von ihnen war eindeutig im Unrecht. Mose griff ein und tadelte den Schuldigen. Der aber bestritt ihm das Recht, sich einzumischen, und erschreckte Mose mit den Worten: „Wer hat dich zum Aufseher und Richter über uns eingesetzt? Willst du mich auch umbringen wie den Ägypter?"[17]

Die ganze Angelegenheit kam natürlich auch vor den Pharao. Man stellte ihm den Vorfall als Beweis dafür dar, dass Mose die Absicht hätte, sein Volk gegen die Ägypter aufzuwiegeln, den Herrscher zu stürzen und sich selbst auf den Thron zu setzen. Der Pharao entschied, dass Mose sterben musste. Als Mose hörte, in welcher Gefahr er sich befand, floh er nach Arabien.[18]

Gott zeigte ihm den Weg, sodass er ein neues Zuhause bei Jitro fand, dem Priester und Fürsten in Midian, der auch ein Anbeter des wahren Gottes war. Später heiratete Mose Zippora, eine Tochter Jitros, und blieb 40 Jahre im Dienst seines Schwiegervaters als Hüter seiner Herden.[19]

---

[15] 2. Mose 2,11.12 [16] Apostelgeschichte 7,25 Hfa [17] 2. Mose 2,14
[18] 2. Mose 2,15 [19] 2. Mose 2,16.21; 3,1

Gott wollte sein Volk nicht durch einen Bürgerkrieg befreien, wie Mose gedacht hatte, sondern durch seine große Macht, ihm allein zur Ehre. Aber Mose war für die große Aufgabe noch nicht gerüstet. Er musste erst dieselbe Glaubenserfahrung machen wie Abraham und Jakob, nämlich sich zur Erfüllung der Verheißungen nicht auf menschliche Kraft oder Weisheit zu verlassen, sondern allein auf Gottes Macht und Wirken. In der Schule der Selbstverleugnung und Mühsal sollte er Geduld lernen, um seine Leidenschaften in den Griff zu bekommen. Nur in völliger Übereinstimmung mit Gott konnte er dem Volk Israel Gottes Willen vermitteln und es mit väterlicher Fürsorge aus Ägypten führen.

Moses Veränderung in der Abgeschiedenheit

Mose hatte in Ägypten vieles gelernt, was er nun wieder verlernen musste. Was ihn in Ägypten umgeben hatte – die Liebe der Adoptivmutter und seine hohe Stellung als Enkel des Pharos, der Luxus am Königshof, die Faszination der ägyptischen Religion, der Prunk heidnischen Götzendienstes –, hatte seinen regen Geist beeindruckt und sowohl seinen Charakter als auch seine Gewohnheiten bis zu einem gewissen Grad geformt. Um sich völlig neu zu orientieren, brauchte Mose viel Zeit, eine neue Umgebung und eine ungestörte Beziehung zu Gott. Für ihn war es ein schwerer innerer Kampf, falsche Vorstellungen aufzugeben und die ihm von Gott offenbarten Wahrheiten anzunehmen.

Wenn der Widerstreit seine inneren Kräfte zu übersteigen drohte, erfuhr Mose Gottes Hilfe und erlebte, was Jakobus anderthalb Jahrtausende später so formulierte: „Wenn es aber unter euch welche gibt, die nicht wissen, was sie in einem bestimmten Fall tun müssen, sollen sie Gott um Weisheit bitten, und Gott wird sie ihnen geben.“[20]

Gott wird jedoch niemandem das Licht der Erkenntnis von oben schenken, der in der Finsternis bleiben will. Wer Hilfe von ihm erwartet, muss sich der eigenen Unwissenheit und Unzulänglichkeit bewusst werden. Einen Gesinnungswandel und Veränderungen in der Lebensführung bewirkt Gott nur in denen, die dazu auch ernsthaft bereit sind. Das erfordert Selbsterkenntnis und anhaltendes Gebet.

---

[20] Jakobus 1,5

In der Einsamkeit Midians war Mose oft allein mit Gott. Die hohen Berge machten ihm die Macht Gottes im Gegensatz zu der Machtlosigkeit der ägyptischen Götzen bewusst. Hier wurden Stolz und Selbstzufriedenheit hinweggefegt. In der harten Einfachheit seines Hirtenlebens verschwanden die Folgen des Wohllebens in Ägypten. Mose wurde geduldig, anspruchslos und bescheiden, „demütiger als alle anderen Menschen"[21] und vor allem stark im Glauben.

Die Jahre vergingen. Seine Gebete für das Volk Israel stiegen Tag für Tag zu Gott empor. Hier schrieb er unter der Leitung des Heiligen Geistes das erste Buch Mose aufgrund älterer Überlieferungen, die Jitro bewahrt hatte. Moses jahrzehntelange Zurückgezogenheit wirkte sich für die Menschheit und nicht nur für das Volk Israel segensreich aus.

Moses Berufung

„Viele Jahre später starb der König von Ägypten. Aber die Israeliten stöhnten weiter unter der Zwangsarbeit und schrien zu Gott um Hilfe. Er hörte ihr Klagen und dachte an den Bund, den er einst mit Abraham, Isaak und Jakob geschlossen hatte."[22] Die Zeit für Israels Befreiung war gekommen. Aber Gottes Absicht sollte auf eine Art und Weise verwirklicht werden, bei der aller menschliche Stolz ausgeschlossen war. Der Befreier sollte kein Heerführer sein, sondern ein einfacher Hirte, der nichts weiter in der Hand hatte als einen Stab. Doch Gott machte diesen Stab zum Zeichen seiner Macht.

Als Mose eines Tages die Herden am Berg Horeb (auch Sinai genannt) weidete, sah er einen Busch in Flammen stehen, ohne zu verbrennen. Er ging hin, um sich diese merkwürdige Erscheinung näher anzusehen. Da hörte er eine Stimme aus dem Feuer, die ihn mit Namen rief. Erschrocken antwortete er: „Ich höre." Mose wurde aufgefordert, Abstand zu halten: „‚Komm nicht näher! Zieh deine Schuhe aus, denn du stehst auf heiligem Boden. Ich bin der Gott, den dein Vater verehrt hat, der Gott Abrahams, Isaaks und Jakobs.' Da verhüllte Mose sein Gesicht, denn er fürchtete sich, Gott anzusehen."[23]

Mose wartete in ehrfürchtiger Scheu, bis Gott weitersprach: „Ich habe genau gesehen, wie mein Volk in Ägypten unterdrückt wird. Ich habe gehört, wie es um Hilfe schreit gegen

[21] 4. Mose 12,3 Hfa [22] 2. Mose 2,23.24 Hfa [23] 2. Mose 3,1–6

seine Antreiber. Ich weiß, wie sehr es leiden muss, und bin herabgekommen, um es von seinen Unterdrückern zu befreien ... Deshalb geh jetzt, ich schicke dich zum Pharao! Du sollst mein Volk, die Israeliten, aus Ägypten herausführen." Bestürzt über diesen Auftrag wich Mose zurück und sagte: „Wer bin ich, dass ich zum Pharao gehe und führe die Kinder Israel aus Ägypten?"[24]

Mose dachte an die Unwissenheit und den Unglauben seines Volkes, von dem viele fast nichts mehr vom Gott Abrahams wussten und sagte: „Wenn ich nun zu den Leuten von Israel komme und zu ihnen sage: ‚Der Gott eurer Vorfahren hat mich zu euch geschickt', und sie mich dann fragen: ‚Wie ist sein Name?' – was soll ich ihnen sagen?"[25] Die Antwort lautete: „Ich werde sein, der ich sein werde ... So sollst du zu den Kindern Israel sagen: ‚Ich werde sein', der hat mich zu euch gesandt."[26]

Gott gebot Mose, zunächst die Ältesten des Volkes zu versammeln, und ihnen die Ankündigung Gottes, sie zu befreien, auszurichten. Dann sollte er mit ihnen zum König gehen und ihm sagen: „Der Herr, der Gott der Israeliten, ist uns erschienen. Deshalb wollen wir drei Tagereisen weit in die Wüste gehen und dort dem Herrn, unserem Gott, Opfer darbringen."[27]

Gott kündigte Mose an, dass der Pharao die Forderung nicht erfüllen würde. Dennoch sollte er den Mut nicht sinken lassen, denn Gott würde seine Macht offenbaren: „Dann werde ich meine Hand ausstrecken und die Ägypter schlagen, ich werde Schrecken erregende Wunder in ihrer Mitte vollbringen. Und dann wird er euch ziehen lassen. Ich werde sogar dafür sorgen, dass die Ägypter euch wohlgesinnt sein werden und ihr nicht mit leeren Händen wegziehen müsst. Alle Frauen aus Israel sollen sich vor dem Aufbruch von ihren ägyptischen Nachbarinnen Silber- und Goldschmuck erbitten und festliche Kleider."[28] Viele Ägypter waren durch die Arbeit, zu der sie die Israeliten gezwungen hatten, reich geworden. Deshalb war es nur recht und billig, für die vielen Jahre der Sklaverei einen Lohn zu fordern. Gott selbst wollte das Wohlwollen

---

[24] 2. Mose 3,7–12 [25] 2. Mose 3,13 [26] 2. Mose 3,14 LB; gemäß einer alten ireaelitischen Tradition geben die meisten Übersetzungen den hebräischen Gottesnamen JHWH (Jahwe) mit „Herr" wieder. [27] 2. Mose 3,16–18
[28] 2. Mose 3,19–22

der Ägypter bewirken: Die machtvollen Wunder, die vor der Befreiung Israels geschehen sollten, würden die Unterdrücker in solchen Schrecken versetzen, dass sie den Forderungen der Sklaven nachkämen.

Mose hatte aber noch Bedenken. Welchen Beweis konnte er seinem Volk liefern, dass tatsächlich Gott ihn gesandt hatte? „Die Israeliten werden mir nicht glauben und nicht auf mich hören. Sie werden sagen: ‚Der Herr ist dir gar nicht erschienen!'"[29] Um alle Bedenken auszuräumen, befahl Gott ihm, seinen Hirtenstab auf die Erde zu werfen. Als er es tat, „wurde der Stock zu einer Schlange". Mose sollte sie dann am Schwanz packen; da wurde sie wieder zu seinem Stock. Danach sollte er eine Hand in sein Gewand stecken. Er gehorchte, „und als er seine Hand wieder hervorzog, war sie voll Aussatz, weiß wie Schnee".[30] Auf Gottes Weisung hin steckte er die Hand erneut hinein und als er sie herauszog, war sie wieder gesund. Diese Zeichen würden nicht nur sein eigenes Volk, sondern auch den Pharao davon überzeugen, dass sich hier ein Mächtigerer als der König Ägyptens offenbarte.

Mose sträubt sich immer noch

Doch selbst diese Zeichen Gottes vertrieben Moses Angst nicht. Um sich der Aufgabe zu entziehen, schob er seine mangelnde Redegabe als Hinderungsgrund vor: „Ach Herr, ich habe doch noch nie gut reden können ... Ich bin im Reden viel zu schwerfällig und unbeholfen."[31] Er wäre so lange von Ägypten fort, dass er die Sprache nicht mehr so recht beherrsche. Deshalb bat Mose, Gott möge einen Geeigneteren auswählen. Aber nachdem der Herr versprochen hatte, alle Hindernisse zu beseitigen und ihm Erfolg zu schenken, zeigte alles weitere Beklagen seiner Untauglichkeit nur noch Misstrauen in Gottes Fähigkeiten, sich das rechte Werkzeug auszusuchen und es auch brauchbar zu machen.

Aaron, Moses älterer Bruder, sollte ihm beistehen, denn durch den täglichen Umgang mit den Ägyptern beherrschte er deren Sprache perfekt. Gott ließ Mose wissen, dass Aaron im Begriff war, ihm entgegenzugehen. Die nächsten Worte des Herrn waren dann ein unmissverständlicher Befehl: „Du sagst ihm alles, was er reden soll ... Wenn Aaron für dich zum Volk

[29] 2. Mose 4,1 Hfa [30] 2. Mose 4,3–6 [31] 2. Mose 4,10

spricht, wird das so sein, wie wenn ein Prophet die Botschaften seines Gottes weitergibt. Und den Stock hier nimm in die Hand! Mit ihm wirst du die Wunder tun, die dich ausweisen."[32] Nun konnte Mose keinen weiteren Widerstand mehr leisten, denn alle Ausflüchte hatten sich als nichtig erwiesen.

Nachdem Mose die Aufgabe angenommen hatte, stellte er sich voll Vertrauen und mit ganzem Herzen darauf ein. Gott segnete seinen Gehorsam. Mose wurde beredt und zuversichtlich, sodass er gefasst und bestens vorbereitet an das größte Werk ging, das jemals einem Menschen übertragen wurde.

Wenn Gott jemandem Verantwortung überträgt, sorgt er auch dafür, dass er befähigt wird, die Aufgabe im Vertrauen auf Gott anzupacken. Wer seine Unzulänglichkeit empfindet, beweist dadurch, dass er die Bedeutung der ihm übertragenen Aufgabe erkennt und sich von Gott abhängig weiß.

Mose hatte noch insgeheim Angst vor dem Pharao und den Ägyptern, denen er 40 Jahre zuvor nur knapp entkommen war. Aber nachdem er sich entschieden hatte, Gottes Auftrag anzunehmen, offenbarte ihm der Herr, dass seine Feinde inzwischen nicht mehr lebten. Danach machte sich Mose mit Frau und Kind auf den Weg nach Ägypten.[33]

Unterwegs hatte er allerdings ein erschreckendes Erlebnis, das ihm zeigen sollte, wie ernst es Gott mit seinen Geboten meint. Ohne jede Erklärung stellte sich Mose ein Engel in drohender Haltung in den Weg, sodass er um sein Leben fürchten musste. Schlagartig wurde ihm bewusst, dass er die Bedingung des Bundes Gottes mit Abraham nicht erfüllt hatte, an seinem Sohn das Ritual der Beschneidung zu vollziehen. Solch eine Nachlässigkeit seitens des von Gott erwählten Führers hätte seine Glaubwürdigkeit bei den Israeliten eingeschränkt. Erst als Zippora, die um das Leben ihres Mannes fürchtete, die Beschneidung mit eigener Hand an ihrem Sohn nachholte, erlaubte der Engel Mose, die Reise fortzusetzen.[34]

Nun begriff er, dass er nur dann mit dem uneingeschränkten Schutz der Engel rechnen konnte, wenn er Gottes Weisungen strikt befolgte. Engel können diejenigen nicht beschützen, die bewusst oder aus Nachlässigkeit irgendwelche Gebote Gottes missachten. „Alle, die dem Herrn gehorchen, umgibt sein Engel mit mächtigem Schutz."[35]

---

[32] 2. Mose 4,14–17 [33] 2. Mose 4,19.20 [34] 2. Mose 4,24–26 [35] Psalm 34,8

23 Die Plagen über Ägypten*

Auf Gottes Anweisung hin machte sich Aaron auf, um seinen Bruder in der Wüste zu treffen. „Mose erzählte ihm, welchen Auftrag er vom Herrn erhalten hatte und was für Wunder er tun sollte".[1] Gemeinsam wanderten sie nach Ägypten und versammelten alle Ältesten Israels. „Aaron teilte ihnen Wort für Wort mit, was der Herr zu Mose gesagt hatte, und Mose tat die Wunder vor aller Augen. Die versammelten Israeliten glaubten ihnen. Als sie hörten, dass der Herr ihr Elend gesehen hatte und ihnen helfen wollte, warfen sie sich nieder und beteten ihn an."[2]

Mose war mit einer Botschaft an den Pharao beauftragt worden. Die beiden Brüder betraten daher den Palast als Gesandte des Königs der Könige und verkündigten: „So spricht der Herr, der Gott Israels: ‚Lass mein Volk ziehen! Es soll mir zu Ehren ein Fest in der Wüste feiern!' ‚Wer ist denn dieser Herr?', fragte der Pharao. ‚Weshalb sollte ich ihm gehorchen und Israel gehen lassen? Ich kenne den Herrn nicht und lasse sein Volk nicht frei!' Mose und Aaron erwiderten: ‚Der Herr ist der Gott der Israeliten. Er ist uns begegnet. Erlaube uns, dass wir drei Tagesreisen weit in die Wüste ziehen und dort dem Herrn, unserem Gott, Opfer darbringen! Sonst straft er uns mit Seuchen und Krieg.'"[3]

Zornig fuhr der Pharao Mose und Aaron an: „Was denkt ihr euch eigentlich, dass ihr das Volk von der Arbeit abhalten wollt? Macht, dass ihr fortkommt! An eure Fronarbeit!"[4] Die beiden hatten durch die Versammlung der Ältesten schon für einen Arbeitsausfall gesorgt. Nun sollte auch noch das ganze Volk zur Anbetung Gottes arbeitsfrei bekommen!

Der König argwöhnte, dass die Israeliten sich gegen ihre Dienstpflicht auflehnen wollten. Aber er würde dafür sorgen, dass ihnen keine Zeit blieb, aufrührerische Pläne zu schmieden, und gab unverzüglich Befehle, die ihren Dienst noch weiter erschwerten.

---

* Dieses Kapitel basiert auf 2. Mose 4,27 bis 6,13 und 7,1 bis 10,29.
[1] 2. Mose 4,28 [2] 2. Mose 4,30.31 Hfa [3] 2. Mose 5,1–3 Hfa [4] 2. Mose 5,4

Härtere Arbeitsbedingungen

Die Ägypter verwendeten damals meist sonnengetrocknete Ziegel als Baumaterial. In den Ziegeleien arbeiteten viele Sklaven. Für ihre Arbeit brauchten sie große Mengen geschnittenes Stroh, das dem Lehm beigefügt wurde, um den Ziegeln die nötige Festigkeit zu geben. Nun befahl der König, den Israeliten kein Stroh mehr zu liefern. Sie sollten es hinfort selbst beschaffen. Aber die Vorgaben für die täglich zu fertigenden Ziegel wurden nicht verringert.[5]

Die ägyptischen Aufseher hatten hebräische Vorarbeiter eingesetzt, um die Fertigung zu überwachen. Als nun die harte Verordnung in Kraft trat, mussten die Israeliten überall in Ägypten selbst das Stroh von den Feldern sammeln. Dadurch aber war es ihnen unmöglich, dieselbe Menge an Ziegeln wie bisher zu schaffen. Für diesen Ausfall wurden die hebräischen Vorarbeiter grausam geschlagen.[6]

In der Annahme, diese Härte käme von den Aufsehern und nicht vom König selbst, beschwerten sie sich bei ihm. Aber der Pharao wies ihren Einspruch hämisch zurück: „Faul seid ihr und arbeitsscheu! Nur deshalb wollt ihr wegziehen und dem Herrn Opfer darbringen!"[7] Er befahl ihnen, wieder an die Arbeit zu gehen, und erklärte, dass sie keine Nachsicht zu erwarten hätten. Als sie zurückkehrten, trafen sie Mose und Aaron und schrien: „Ihr habt uns beim Pharao und seinen Leuten nur verhasst gemacht! Ihr habt ihnen eine Waffe in die Hand gegeben, mit der sie uns töten werden. Der Herr soll euch dafür strafen!"[8]

Mose war über diese Vorwürfe sehr bekümmert, denn er sah ein, dass das Los seines Volkes durch seine Forderungen an den Pharao wirklich härter geworden war. Im ganzen Land erhoben sich unter Jungen und Alten Klagen, und alle waren sich darin einig, dass Mose für die Zuspitzung der Lage verantwortlich war. Verbittert wandte er sich an Gott: „Herr, warum handelst du so schlecht an deinem Volk? Wozu hast du mich überhaupt hierher geschickt? Seit ich zum Pharao gegangen bin und ihm deinen Befehl überbracht habe, hat er das Volk nur noch mehr misshandelt. Und du hast nichts getan, um dein Volk zu retten!"[9] Gottes Antwort lautete: „Jetzt wirst du erleben, was ich mit dem Pharao machen werde. Ich

---

[5] 2. Mose 5,6–11 [6] 2. Mose 5,12–14 [7] 2. Mose 5,17 Hfa [8] 2. Mose 5,21
[9] 2. Mose 5,22.23

werde ihn zwingen, die Israeliten gehen zu lassen, ja, er wird sie sogar mit Gewalt aus seinem Land forttreiben."[10]

Die Ältesten Israels bemühten sich, den Glauben des Volkes zu stärken. Sie wiesen auf Gottes Verheißungen an die Vorväter und auf Josefs prophetische Worte hin, die ihre Befreiung aus Ägypten voraussagten. Einige glaubten daran, andere wagten nicht, darauf zu hoffen.

Die Ägypter waren über das, was sich ihre Sklaven erzählten, gut unterrichtet, lachten aber über deren Erwartungen und spotteten: „Wenn euer Gott größere Macht besitzt als die ägyptischen Götter, warum befreit er euch nicht?" Sie verehrten Gottheiten, die die Israeliten für ohnmächtige Götzen hielten, und doch waren sie das reiche und mächtige Volk, das sie als Sklaven hielt! Selbst der Pharao rühmte sich, dass der Gott der Hebräer sie nicht aus seiner Hand befreien könnte.

Aussagen wie diese erschütterten bei vielen Israeliten die Hoffnungen. Es stimmte ja, dass sie Sklaven waren, ihre Kinder umgebracht wurden und ihr Leben eine Last geworden war. Dennoch verehrten sie den Gott des Himmels. Warum ließ er sie so lange in der Sklaverei von Götzenanbetern?

Der Zweck der Plagen über Ägypten

Die Gott treu geblieben waren begriffen, warum er es zugelassen hatte, dass sie zu Sklaven wurden: Weil die meisten Israeliten von ihm abgewichen waren und dem Götzendienst zuneigten. Sie waren noch nicht wirklich reif für die Befreiung. Ihr Vertrauen auf Gott war mangelhaft und viele Israeliten wollten sogar lieber in der Knechtschaft bleiben, als die Schwierigkeiten eines Auszugs in ein fremdes Land auf sich nehmen. Manche hatten sich den ägyptischen Sitten so stark angepasst, dass sie es vorzogen, in Ägypten zu leben. Darum fügte Gott die Ereignisse so, dass der tyrannische Geist des ägyptischen Königs zunächst die Oberhand gewann und Gott sich seinem Volk in einigen Plagen über die Ägypter deutlicher offenbaren konnte.

Moses Aufgabe wäre ohne die vielen verzagten und angepassten Israeliten wesentlich leichter gewesen. „Sie glaubten ihm nicht, so erschöpft waren sie von der harten Arbeit; sie waren völlig entmutigt."[11]

---

[10] 2. Mose 6,1 [11] 2. Mose 6,9

Doch Gott ließ nicht locker und befahl Mose: „Geh jetzt zum Pharao, dem König von Ägypten, und verlange, dass er das Volk Israel aus seinem Land ziehen lässt!" Selbst mutlos geworden erwiderte Mose: „Nicht einmal die Leute von Israel haben mir geglaubt, wie sollte da der Pharao auf mich hören?"[12] Aber Gott wies ihn an, er sollte Aaron mitnehmen und zum Pharao gehen.

Der Herr ließ Mose wissen, dass der Pharao erst Zugeständnisse machen würde, wenn Ägypten von Strafgerichten heimgesucht wird.[13] Und die sollte er nun ankündigen. Vor jeder Plage sollte Mose deren Art und Wirkung beschreiben, damit der König die Möglichkeit bekam, sein Volk davor zu bewahren. Auf jede Züchtigung, der er sich verweigerte, sollte eine härtere folgen, bis sich sein stolzes Herz demütigen und er den Schöpfer des Himmels und der Erde als den wahren Gott anerkennen würde.

Gott wollte die Ägypter wegen ihres Götzendienstes strafen und ihre Prahlerei zum Schweigen bringen, damit auch andere Völker wegen seiner Macht vor ihm und dem Volk Israel Respekt bekamen. Zugleich wollte er erreichen, dass sich die Israeliten vom Götzendienst abwandten, damit sie ihren Gott in rechter Weise anbeten konnten.

Satanische Täuschungen vor dem Pharao

Wieder betraten Mose und Aaron den Königspalast, der reich geschmückt war und Skulpturen enthielt, die die ägyptischen Götter darstellten. Als Beweis dafür, dass sie wirklich im Namen ihres Gottes sprachen, forderte der König ein Wunder. Daraufhin warf Aaron den Stab auf die Erde. Plötzlich schlängelte sich eine Schlange auf den Stufen des Throns. Erschrocken ließ der Pharao seine „Magier und Beschwörer" rufen. „Jeder von ihnen warf seinen Stock auf den Boden und er wurde zu einer Schlange. Doch Aarons Stock verschlang die Stöcke der Ägypter."[14] Dennoch erklärte der König trotzig, seine Zauberer hätten ebenso viel Macht wie Mose und Aaron. Er brandmarkte die Diener Gottes als Betrüger, wurde aber durch Gott daran gehindert, ihnen Schaden zuzufügen.

Die Magier konnten ihre Stäbe nicht zu wirklichen Schlangen werden lassen, aber mit der Hilfe Satans vermochten sie

[12] 2. Mose 6,11.12 [13] 2. Mose 7,3.4 [14] 2. Mose 7,10–12

durch ihre Zauberei diesen Anschein zu erwecken. Denn obwohl der Fürst des Bösen die Weisheit und Macht eines Engels besitzt, hat er keine Schöpferkraft; er kann kein Leben geben. Das ist allein Gottes Fähigkeit. Allerdings ist Satan ein Meister der Täuschung, sodass der Pharao und seine Hofbeamten den Eindruck hatten, die Stäbe der Magier wären ebenfalls zu Schlangen geworden. Sie trauten dem Anschein. Selbst als Aarons Schlange die anderen verschlang, war das für den König lediglich ein Beweis dafür, dass die Zauberkraft Aarons der seiner Magier überlegen war.

Der Pharao suchte nach einem Vorwand, wie er die Wunder, die Mose tat, als Täuschungen oder Betrug abtun konnte. Dafür lieferte ihm Satan, was er brauchte. Mit dem, was seine Magier leisteten, erweckte der König den Eindruck, als seien auch Mose und Aaron nichts weiter als geschickte Zauberer, deren Botschaft nicht den Anspruch erheben konnte, von einem Höheren zu stammen. Satans Täuschungsmanöver verhärteten das Herz des Pharaos gegen dessen richtige Überzeugung vom Wirken Gottes. Er hoffte sogar, durch sie auch Moses und Aarons Glauben erschüttern zu können.

Satan wusste, dass Mose ein Vorbild auf Christus war, der eines Tages die Herrschaft Satans über die Menschheit brechen sollte und mächtige Wunder tun würde – als Beweis für die Juden, dass Gott ihn gesandt hatte. Indem Satan nachahmte, was Gott durch Mose geschehen ließ, hoffte er nicht nur, Israels Befreiung zu verhindern, sondern auch den Glauben an göttliche Wunder überhaupt zu untergraben. Und viele Menschen hat er tatsächlich dazu gebracht, die Wunder Jesu als Ergebnis menschlicher Kraft oder als Täuschungen anzusehen. Auf diese Weise hat er in vielen den Glauben an Christus als dem Sohn Gottes zerstört.

Die ersten Plagen kommen

Für den nächsten Morgen erhielten Mose und Aaron von Gott die Anweisung, an das Flussufer zu gehen. Die regelmäßigen Überschwemmungen durch das Nilwasser waren für ganz Ägypten die Quelle von Fruchtbarkeit und Reichtum. Darum verehrte man den Fluss als eine Gottheit. Der Herrscher ging täglich hinaus, um ihm seine Huldigung darzubringen. Dort trugen Mose und Aaron ihre Forderung, das Volk Israel in die Wüste ziehen zu lassen, noch einmal vor. Dann streckte Mose den Stab aus und schlug damit aufs Wasser. Daraufhin verfärbte sich der Fluss blutrot. Durch verendete Fische wurde er zu einer stinkenden Brühe. Auch das Wasser in den Häusern, in Zisternen und Behältern verwandelte sich in Blut.[15] „Aber die ägyptischen Magier brachten mit ihren Zauberkünsten dasselbe fertig", und „der Pharao ging in seinen Palast zurück und nahm auch diesen Machterweis des Herrn nicht ernst".[16] Die Plage dauerte sieben Tage, doch sie bewirkte nicht, dass der König seine Meinung änderte.

Danach streckte Aaron im Auftrag Gottes seinen Stab erneut über den Nil, und es kamen Frösche aus dem Fluss.[17] Sie verbreiteten sich überall im Land und in den Häusern. Frösche waren für die Ägypter heilige Tiere, die nicht getötet werden durften. Da auch der Palast voller Frösche war, verlangte der König von seinen Magiern, sofort Abhilfe zu schaffen. Die konnten zwar auch Frösche aus dem Wasser heraussteigen lassen, aber die Plagegeister nicht beseitigen.

Da wurde der Pharao etwas kleinlauter. Er ließ Mose und Aaron holen und sagte: „Bittet doch den Herrn für mich, dass er mich und mein Volk von den Fröschen befreit! Dann will ich die Israeliten ziehen lassen, damit sie dem Herrn ihre Opfer darbringen."[18] Mose forderte ihn auf, eine Zeit zu bestimmen, wann sie um die Beendigung der Plage bitten sollten. In der geheimen Hoffnung, die Frösche verschwänden unterdessen von selbst, setzte er den nächsten Tag fest. Das würde ihm vielleicht die Demütigung ersparen, sich dem Gott Israels fügen zu müssen. Aber die Plage dauerte genau bis zur festgesetzten Zeit. Dann starben die Frösche in ganz Ägypten und ihre Kadaver verpesteten die Luft.[19]

Der Herr hätte sie auch sofort zu Staub zerfallen lassen können, aber er tat es nicht, damit der König und das Volk das Ganze nicht als Zauberei ausgeben konnten. Die toten Frösche mussten zu Haufen zusammengekehrt und verbrannt werden, um Seuchen zu vermeiden. Damit war klar, dass diese Plage nicht durch Magie zustande gekommen war, sondern ein Gericht vom Gott des Himmels gewesen war.

„Als aber der Pharao merkte, dass er Luft gekriegt hatte, verhärtete er sein Herz."[20] Auf Gottes Befehl hin schlug Aaron nun mit seinem Stab in den Staub, und der Staub in ganz

---

[15] 2. Mose 7,15–21 [16] 2. Mose 7,22.23 [17] 2. Mose 8,1.2
[18] 2. Mose 8,4 [19] 2. Mose 8,5.6.9.10 [20] 2. Mose 8,11 LB

Ägypten wurde zu Stechmücken. Der Pharao befahl den Magiern, das Gleiche zu tun, aber sie konnten es nicht. Selbst sie gaben zu: „Dieser Stock ist Gottes Finger."[21] Der König blieb jedoch weiterhin ungerührt.

Weil die Aufforderungen und Warnungen erfolglos blieben, wurde ein weiteres Strafgericht verhängt. Stechfliegen füllten die Häuser. „Im ganzen Land richteten sie schweren Schaden an." Sie waren groß und giftig und ihr Stich war äußerst schmerzhaft. Wie angekündigt, dehnte sich diese Plage aber nicht auf die Region Goschen aus, damit der Pharao merkte, dass Gott einen Unterschied machte zwischen seinem Volk Israel und dem Volk des ägyptischen Königs.[22]

Nun machte der Pharao den Israeliten das Angebot, ihrem Gott in Ägypten zu opfern. Aber das lehnte Mose ab: „Das geht nicht; denn unsere Art zu opfern würde bei den Ägyptern Anstoß erregen. Wenn sie das zu sehen bekämen, würden sie uns bestimmt steinigen."[23] Die bei den Israeliten üblichen Opfertiere wie Stiere und Kälber gehörten zu denen, die den Ägyptern heilig waren. Ihre Verehrung jener Tiere war so groß, dass sogar die unabsichtliche Tötung als todeswürdiges Verbrechen galt.

Erneut schlug Mose vor, Israel eine Drei-Tage-Reise weit in die Wüste ziehen zu lassen. Der Herrscher willigte ein, verlangte aber von Mose und Aaron, darum zu bitten, dass die Plage aufhört. Sie versprachen es, warnten ihn jedoch zugleich davor, sie erneut zu täuschen.[24] Die Plage hörte tatsächlich auf. Doch das Herz des Königs hatte sich infolge der fortdauernden Auflehnung zunehmend mehr verhärtet, und so ließ er das Volk doch nicht ziehen.

Der Pharao bleibt trotz allem unnachgiebig

Darauf überkam die Maul- und Klauenseuche alles ägyptische Vieh. Auch dies war ein Schlag gegen ägyptische Götter, die vielfach als Tiere verkörpert dargestellt wurden. Sowohl die heiligen Tiere als auch die Lasttiere, Kühe und Ochsen, Schafe, Pferde, Kamele und Esel verendeten. Mose hatte aber wieder erwähnt, dass die Hebräer verschont bleiben würden. „Als der Pharao hinschickte und es nachprüfen ließ, ergab

---

[21] 2. Mose 8,12–15 [22] 2. Mose 8,17–20 [23] 2. Mose 8,21.22
[24] 2. Mose 8,23–25

sich, dass bei den Israeliten tatsächlich nicht ein Tier verendet war. Dennoch blieb er trotzig."[25]

Als Nächstes erhielt Mose die Anweisung, Ruß aus einem Ofen zu nehmen und „ihn vor den Augen des Pharaos in die Luft zu werfen".[26] Als Mose das tat, verstreuten sich die feinen Teilchen über das Land, und wo sie niedersanken, „entstanden an Menschen und Tieren Geschwüre."[27]

Bisher hatten die Priester und Magier den Pharao in seiner Halsstarrigkeit bestärkt, aber diese Plage traf sie auch selbst. Von der Ekel erregenden, schmerzhaften Krankheit befallen, wollten sie nicht länger gegen den Gott Israels streiten. Dem Volk wurde nun klar, wie töricht es war, Magiern zu vertrauen, die nicht einmal sich selbst zu schützen vermochten.

Aber das Herz des Pharaos verhärtete sich immer mehr. Nun sandte der Herr ihm die Botschaft: „Lass mein Volk ziehen, es soll mir dienen! Wenn du nicht auf mich hörst, werde ich solche Strafen über dich, deine Hofbeamten und dein ganzes Volk verhängen, dass du einsehen musst: Niemand auf der Welt ist so mächtig wie ich! ... Aber ich habe dich am Leben gelassen, um dir meine Macht zu zeigen."[28]

In seiner Weisheit hatte Gott die Ereignisse so gelenkt, dass gerade dieser Pharao zur Zeit der Befreiung Israels den Thron innehatte. Und obwohl dieser hochmütige Tyrann Gottes Gnade verwirkt hatte, blieb er doch bewahrt, damit der Herr durch dessen Halsstarrigkeit seine Wunder in Ägypten offenbaren konnte. Er ließ zu, dass sein Volk von den Ägyptern drangsaliert wurde, damit es nicht durch den schlechten Einfluss zur Abgötterei verführt wurde. Der Herr machte am Pharao deutlich, dass er Götzendienst verabscheut und grausame Unterdrückung bestraft.

Gott hatte angekündigt: „Ich werde ihn so starrsinnig machen, dass er das Volk nicht gehen lässt."[29] Es bedurfte aber gar keiner übernatürlichen Macht, das Herz des Königs zu verhärten. Schon mit der Ablehnung des ersten Wunders war die Saat der Auflehnung gestreut, die jetzt bittere Früchte trug. Als der Pharao sich entschloss, weiterhin eigene Wege zu gehen, steigerte sich seine Starrköpfigkeit von Mal zu Mal. Er wurde immer hartherziger bis zu dem Moment, wo er gezwungen war, in die Gesichter der toten Erstgeborenen zu sehen.

---

[25] 2. Mose 9,4–7 [26] 2. Mose 9,8 [27] 2. Mose 9,10
[28] 2. Mose 9,13.14.16 Hfa [29] 2. Mose 4,21

Wie Starrsinn entsteht

Gott spricht zu den Menschen durch sein Wort und durch seine Boten, macht ihnen seine Gebote bewusst und weist sie wegen ihrer Sünden zurecht. Wer die Erkenntnis nicht annehmen und sich nicht korrigieren lassen will, bei dem greift Gott auch nicht ein, um die Folgen seiner Entscheidungen und seines Verhaltens zu verhindern. Aber der Mensch verhärtet sich damit gegen den Einfluss des Heiligen Geistes.

Wer der Versuchung einmal nachgegeben hat, wird es ein zweites Mal bereitwilliger tun. Jede Wiederholung der Sünde schwächt die Widerstandskraft, stumpft die Sinne ab und erstickt das Schuldbewusstsein. Gott tut kein Wunder, um eine solche Entwicklung zu verhindern. „Was der Mensch sät, das wird er ernten."[30] Darum lassen Wahrheiten, die sie früher aufgerüttelt haben, heute viele Menschen kalt. Sie haben Geringschätzung der Wahrheit und Widerstreben gesät und bringen nun die Ernte ein.

Wer sich trotz seines schlagenden Gewissens mit dem Gedanken beruhigt, er könnte seinen fragwürdigen Lebenswandel ändern, wann immer er wolle, kann sich täuschen. Wer sich dem Einfluss Satans ergeben hat, glaubt vielleicht den Herrn wechseln zu können, wenn ihn Gefahr umgibt, aber so einfach ist das nicht.

Sündhafte Vergnügungen und Gewohnheiten prägen den Charakter eines Menschen so stark, dass der dann oft nicht mehr in das Bild Jesu verwandelt werden kann. Wenn diejenigen nie erleuchtet worden sind, ist der Fall nicht hoffnungslos, denn Gottes Gnade könnte wirken. Aber wer die Erkenntnis Gottes und seines Willens lange zurückweist und verachtet, dem wird sie schließlich nicht mehr zugänglich sein.

Weitere Plagen zeigen Gottes Macht

Die siebte Plage, die dem Pharao angekündigt wurde, war Hagel. Er wurde gewarnt: „Sorg dafür, dass deine Knechte sich selbst und deine Viehherden draußen auf dem Land in Sicherheit bringen! Alle Menschen und Tiere, die nicht in Häusern oder Ställen Schutz gesucht haben, werden vom Hagel erschlagen."[31] Diese Nachricht verbreitete sich rasch, und alle, die

---

[30] Galater 6,7 LB [31] 2. Mose 9,19 Hfa

dem Wort des Herrn glaubten, brachten ihr Vieh herein; die aber die Warnung missachteten, ließen es auf dem Feld. So zeigte sich mitten im Gericht seine Gnade und es wurde offenbar, wie viele Ägypter inzwischen Gott zu vertrauen gelernt hatten.

„Der Hagel prasselte auf die Erde und dazwischen zuckten die Blitze. Ein so heftiges Unwetter hatten die Ägypter in ihrer ganzen Geschichte noch nie erlebt. Überall tötete der Hagel die Menschen und Tiere, die auf freiem Feld waren. Er zerschlug alle Pflanzen und riss die Äste von den Bäumen. Nur die Provinz Goschen, wo das Volk Israel wohnte, wurde verschont."[32] Das bewies den Ägyptern, dass die Erde Gottes Herrschaft untersteht und die Natur seinem Befehl gehorcht.

Ganz Ägypten zitterte bei diesem göttlichen Gericht. Eilig schickte Pharao nach den beiden Brüdern und rief aus: „Diesmal bekenne ich mich schuldig! Der Herr ist im Recht, ich und mein Volk sind im Unrecht. Betet für uns zum Herrn! Wir können seinen schrecklichen Donner und den Hagel nicht mehr ertragen. Ich will euch ja ziehen lassen und nicht länger hier festhalten!"[33]

Mose wusste, dass die Auseinandersetzung noch nicht beendet war. Die Bekenntnisse und Versprechungen des Pharaos waren nämlich nicht Zeichen eines Sinneswandels, sondern Ausdruck von Angst und Entsetzen. Dennoch versprach Mose, der Bitte nachzukommen. Er wollte ihm keinen Anlass zu weiterer Verstocktheit geben.

Ohne Rücksicht auf den Hagel ging er hinaus, und der Pharao wurde mit seinem ganzen Gefolge Zeuge der Macht Jahwes, der seinen Boten bewahrte. „Mose verließ den Pharao, ging zur Stadt hinaus und betete dort mit erhobenen Händen zum Herrn. Da hörten Regen, Donner und Hagel auf."[34] Aber kaum war die Angst verflogen, verfiel der König wieder in seinen alten Starrsinn.

Gott wollte einen weiteren unmissverständlichen Beweis für den Unterschied geben, den er zwischen seinem Volk und den Ägyptern machte, und zugleich alle Völker wissen lassen, dass die Israeliten unter dem Schutz des Gottes im Himmel standen. Mose warnte den Pharao, Gott werde eine Heuschreckenplage senden. Die Insekten würden den ganzen Erdboden bedecken und alles fressen, was noch übrig geblieben war.

---

[32] 2. Mose 9,24–26 [33] 2. Mose 9,27.28 [34] 2. Mose 9,33 Hfa

Sie würden die Häuser und sogar den Palast füllen. „Solange deine Vorfahren auch schon in diesem Land wohnen – solch eine Katastrophe haben sie nicht erlebt."[35]

Die Ratgeber des Pharaos waren entsetzt. Das Land hatte bereits durch den Tod des Viehs enorme Verluste erlitten. Viele Menschen waren durch den Hagel umgekommen. Die Bäume waren zerschlagen und die Ernte vernichtet. Alles, was sie durch die Arbeit der Hebräer gewonnen hatten, war den Ägyptern unter den Händen zerronnen. Das ganze Land war vom Hungertod bedroht. Prinzen und Minister drängten sich um den König und forderten aufgebracht: „Wie lange soll uns dieser Mann noch Schaden zufügen? Lass die Leute doch gehen und dem Herrn, ihrem Gott, dienen! Merkst du nicht, dass unser Land Ägypten zugrunde geht?"[36]

Wieder wurden Mose und Aaron gerufen, und der Herrscher sagte: „Zieht los, und opfert dem Herrn, eurem Gott! Wer von euch soll denn mitgehen?" Die Antwort lautete: „Wir wollen mit Jung und Alt losziehen, mit unseren Söhnen und Töchtern, mit unseren Schaf-, Ziegen- und Rinderherden, um ein Fest zu Ehren des Herrn zu feiern!"[37]

Wutentbrannt schrie der König: „Nein, nur ihr Männer dürft das Land verlassen, um dem Herrn, eurem Gott, zu opfern. Das ist es doch, was ihr wollt!"[38] Danach stieß man die Brüder aus dem Palast hinaus. Der Pharao wollte die Frauen und Kinder als Sicherheit für die Rückkehr der Männer in Ägypten zurückhalten.

Mose reckte seinen Stab über das Land und ein Ostwind blies. „Am nächsten Morgen hatte der Wind riesige Schwärme von Heuschrecken herangetrieben."[39] Sie bedeckten den Himmel, sodass es im ganzen Land finster wurde, und fraßen alles Grüne, das übriggeblieben war.

Eilig schickte Pharao nach Mose und Aaron und sagte: „Ich bin vor dem Herrn, eurem Gott, schuldig geworden und auch vor euch. Vergebt mir nur noch dies eine Mal meine Schuld! Bittet den Herrn, euren Gott, dass er dieses tödliche Verderben abwendet!"[40] Sie taten es, und ein starker Westwind trieb die Heuschrecken weg zum Roten Meer. Aber sobald die Gefahr vorbei war, war der Pharao wieder starrsinnig.

---

[35] 2. Mose 10,5.6 [36] 2. Mose 10,7 Hfa [37] 2. Mose 10,8.9 Hfa
[38] 2. Mose 10,11 Hfa [39] 2. Mose 10,13 Hfa [40] 2. Mose 10,16.17

Die Ägypter waren der Verzweiflung nahe und fürchteten sich vor der Zukunft. Bis dahin hatte das Volk dem Pharao göttliche Verehrung gezollt, aber nun waren viele davon überzeugt, dass er sich einem widersetzte, der weit mächtiger war als er. Die so wundersam verschonten hebräischen Sklaven begannen zuversichtlich, auf ihre Befreiung zu warten. In ganz Ägypten ging die Angst um, sie könnten sich erheben und sich für das erlittene Unrecht rächen. Überall fragte man sich: Was wird jetzt kommen?

Plötzlich senkte sich eine Finsternis auf das Land, „so dicht, dass sie mit den Händen zu greifen [war] ... Drei Tage lang wurde es in Ägypten stockfinster. Die Ägypter konnten einander nicht sehen, und drei Tage lang verließ niemand sein Haus. Nur wo die Israeliten wohnten, blieb es hell."[41] Die Ägypter beteten die Sonne, den Mond und die Gestirne an. Aber von dieser rätselhaften Finsternis wurden sowohl das Volk als auch die Götzen heimgesucht.

So schrecklich dieses Gericht war, bewies es doch auch Gottes Barmherzigkeit. Er wollte die Ägypter nicht vernichten, sondern ihnen noch einmal Zeit zur Besinnung und Reue geben, ehe er die letzte und schrecklichste Plage über sie hereinbrechen ließ.

Nach der dreitägigen Finsternis ließ der Pharao Mose wieder rufen. Er stimmte dem Aufbruch des Volkes zu, vorausgesetzt, dass sie ihre Herden zurückließen. „Auch unser Vieh muss mit uns gehen. Kein einziges Tier bleibt zurück", erwiderte Mose entschieden. Jetzt verlor der König jede Beherrschung: „‚Verschwinde! Wenn du mir noch einmal unter die Augen kommst, bist du ein toter Mann.' ‚Wie du sagst!', erwiderte Mose. ‚Ich werde dir nie wieder unter die Augen kommen.'"[42]

„Mose war in Ägypten hoch geachtet, bei den Hofbeamten des Pharaos wie bei der Bevölkerung."[43] Deshalb wagte es der König trotz aller Drohungen nicht, ihn anzutasten, denn das Volk sah in Mose den Einzigen, der die Macht besaß, die Plagen abzuwenden. Es wollte, dass man den Israeliten endlich erlaubte, Ägypten zu verlassen. Aber der König und die Priester widersetzten sich Moses Forderungen bis zuletzt.

[41] 2. Mose 10,21–23 [42] 2. Mose 10,26.28.29 [43] 2. Mose 11,3 Hfa

24 Das Passah*

Als Mose dem Pharao zum ersten Mal Gottes Forderung überbrachte, das Volk Israel ziehenzulassen, warnte er ihn vor der schrecklichsten Plage, die sonst kommen würde. „So spricht der Herr: Das Volk Israel ist mein erstgeborener Sohn. Ich befehle dir: Lass meinen Sohn ziehen, denn er soll mir dienen! Weigerst du dich, werde ich deinen ältesten Sohn töten!“ [1]

Grundsätzlich ist der Schöpfer den Menschen, die nach seinem Bild geschaffen wurden, in Liebe und Fürsorge zugetan. Hätte der Verlust der Ernte und ihrer Herden die Ägypter zur Reue geführt, wäre ihnen der Tod ihrer erstgeborenen Kinder erspart geblieben. Aber weil sie sich dem Befehl Gottes hartnäckig widersetzten, traf sie nun der letzte Schlag.

Mose war es mit Androhung des Todes verboten, jemals wieder vor dem Pharao zu erscheinen.[2] Aber er fürchtete sich nicht vor dem König, weil er Gott auf seiner Seite wusste. So trat er mit der schrecklichen Ankündigung vor den Thron: „So spricht der Herr: ‚Um Mitternacht werde ich durch dein Land gehen und alle ältesten Söhne der Ägypter töten – angefangen bei deinem Sohn, der dir auf den Thron folgen soll, bis hin zum ältesten Sohn einer Sklavin, die mit der Handmühle Korn mahlt. Auch jedes erstgeborene Tier wird sterben. Überall im Land soll man die Menschen klagen und weinen hören, wie es noch nie war und auch nie wieder sein wird. Die Israeliten und ihre Tiere aber werden verschont bleiben, nicht einmal ein Hund bellt sie an. Daran wirst du erkennen, dass ich die Israeliten anders behandle als die Ägypter.‘“ [3]

Vor diesem Strafgericht gab Gott den Israeliten durch Mose genaue Anweisungen für den Auszug aus Ägypten und ließ sie wissen, wie sie von der Plage verschont bleiben konnten. Dies würde dieses Mal nicht „automatisch“ geschehen.

Jede Familie sollte für sich oder gemeinsam mit anderen ein Schaf- oder Ziegenböckchen schlachten, das „ohne Fehler“ war, von seinem Blut nehmen und mit einem Büschel Ysop

---

* Dieses Kapitel basiert auf 2. Mose 11,1 bis 12,30.

[1] 2. Mose 4,22.23 Hfa [2] 2. Mose 10,28 [3] 2. Mose 11,4–7 Hfa

„die Türpfosten und den oberen Türbalken der Häuser" bestreichen".[4] In der Nacht sollte das gebratene Fleisch zusammen mit ungesäuertem Brot und bitteren Kräutern gegessen werden. Mose sagte: „Beim Essen sollt ihr reisefertig gekleidet sein, die Sandalen an den Füßen und den Wanderstab in der Hand. In Hast und Eile sollt ihr essen."[5]

Gott kündigte an: „In dieser Nacht werde ich durch Ägypten gehen und alle Erstgeborenen töten, bei Mensch und Vieh. An allen Göttern Ägyptens werde ich mein Gericht vollstrecken, ich, der Herr. Eure Türen aber sollen durch das Blut bezeichnet sein. Überall, wo ich dieses Blut sehe, werde ich vorübergehen, und so werdet ihr verschont bleiben, wenn ich strafend durch ganz Ägypten gehe."[6]

Zur Erinnerung an diese Befreiung aus der Sklaverei sollte das Volk Israel in Zukunft jedes Jahr ein Fest feiern und ihren Kindern erklären: „Dies ist das Passahopfer, das wir dem Herrn darbringen. Denn als er damals die Ägypter tötete, ging er an unseren Häusern vorüber und verschonte uns."[7]

Das Passahopfer – ein Hinweis auf Christus

Das Passahfest war ein Gedenkfest und wies zugleich in die Zukunft. Es sollte nicht nur an die Befreiung aus Ägypten erinnern, sondern auch auf die weit wichtigere Erlösung aus der Knechtschaft der Sünde hinweisen, die Christus für alle, die an ihn glauben, schaffen würde. Das beim Passahfest geopferte Lamm ist ein Sinnbild für „Gottes Lamm",[8] das unsere einzige Hoffnung auf Errettung ist. Der Apostel Paulus schrieb: „Christus wurde als unser Passahlamm geopfert."[9]

Damals in Ägypten genügte es nicht, das Passahlamm zu schlachten; sein Blut musste zugleich an die Türpfosten gestrichen werden. Auch für uns reicht es nicht aus, dass Christus sein Blut für die Menschheit vergossen hat, wenn wir sein Opfer nicht persönlich für uns in Anspruch nehmen. Wir müssen glauben, dass er nicht nur für die Welt, sondern für jeden von uns sein Leben geopfert hat, und uns ihm anvertrauen.

Der zum Bestreichen des Bluts verwendete Ysopbüschel war ein Sinnbild der Reinigung. David betete: „Entsündige mich mit Ysop, dass ich rein werde."[10]

---

[4] 2. Mose 12,3–8 [5] 2. Mose 12,11 [6] 2. Mose 12,12.13 [7] 2. Mose 12,27 Hfa
[8] Johannes 1,29 LB [9] 1. Korinther 5,7 Hfa [10] Psalm 51,9 LB; 2. Mose 12,22

Das Lamm sollte im Ganzen zubereitet werden, ohne einen seiner Knochen zu zerbrechen. Ebenso wurde Jesus, der auf Golgatha für uns starb, kein Bein gebrochen.[11]

Das Fleisch sollten die Israeliten essen. So genügt es auch nicht, rein formal an die Vergebung der Sünden durch Christus zu glauben. Wir müssen durch sein Wort ständig geistliche Nahrung und Kraft von ihm empfangen. Jesus sagte: „Ihr habt keinen Anteil am Leben, wenn ihr das Fleisch des Menschensohns nicht esst und sein Blut nicht trinkt. Wer mein Fleisch isst und mein Blut trinkt, hat das ewige Leben, und ich werde ihn am letzten Tag vom Tod erwecken ... Die Worte, die ich zu euch gesprochen habe, sind von [Gottes] Geist erfüllt und bringen das Leben."[12] Wer Jesus nachfolgt, muss das Wort Gottes in sich aufnehmen, damit es zur Triebkraft seines Lebens und Handelns werden kann. Dann wird ihn der Heilige Geist in Christi Bild verwandeln, und er wird mehr und mehr dessen Wesen widerspiegeln.

Das Lamm sollte mit bitteren Kräutern gegessen werden[13] und so an die Bitternis der ägyptischen Knechtschaft erinnern. Wenn wir Christus in Anspruch nehmen, sollte es wegen unserer Schuld mit reumütigem Herzen geschehen. Auch die strenge Anordnung, dass nur ungesäuertes Brot gegessen werden durfte, war bedeutsam.[14] Wer Leben und Speise von Christus empfangen möchte, muss sich vom „Sauerteig der Sünde" trennen. Paulus schrieb an die Christen in Korinth: „Reinigt euch also! Entfernt den alten Sauerteig, damit ihr wieder ein frischer, ungesäuerter Teig seid! Denn das seid ihr doch, seit Christus als unser Passahlamm geopfert wurde. Lasst uns darum auch entsprechend feiern: nicht mit Brot aus dem alten Sauerteig der Sünde und Schlechtigkeit, sondern mit dem ungesäuerten Brot der Reinheit und Rechtschaffenheit."[15]

Ehe sie die Freiheit gewannen, mussten die versklavten Israeliten ihren Glauben an die bevorstehende Errettung beweisen. Dazu gehörten das Bestreichen der Türpfosten mit dem Blut, die Trennung von den Ägyptern, das Versammeln im eigenen Haus und das Essen des Passahlamms im Kreis der Familie. Wer diese Anweisungen Gottes missachtete, dessen erstgeborener Sohn wäre dem Engel, der Gottes Gericht ausführte, zum Opfer gefallen, ob er nun ein Israelit war oder nicht.

---

[11] 2. Mose 12,46; Johannes 19,36 [12] Johannes 6,53.54.63 [13] 2. Mose 12,8
[14] 2. Mose 12,8.15.19 [15] 1. Korinther 5,7.8

Wie Glaube sichtbar wird

Der Gehorsam der Israeliten sollte ein Zeichen dafür sein, dass sie wirklich Gott vertrauten. Heute ist es nicht anders: Das Zeichen, dass wir an die Erlösung durch Christi Opfer glauben, ist das Befolgen aller Gebote Gottes. Christus kann und will uns von der Strafe, die unsere Sünden nach sich ziehen, erlösen, aber solange wir uns nicht von der Sünde zum Gehorsam kehren, kann sein Blut nicht für uns wirksam werden. Keine Frage: Der Mensch wird durch Glauben errettet, nicht durch Werke, aber sein Glaube muss sich durch die Werke als echt und lebendig erweisen.[16] Ob jemand Gottes Heilsangebot zu würdigen weiß und wirklich angenommen hat, zeigt sich daran, ob er Gottes Gebote ernst nimmt.

Als Mose dem Volk Israel Gottes Maßnahmen zur Befreiung mitteilte, „warfen sich die Israeliten nieder und beteten den Herrn an".[17] Manche Ägypter waren durch die Plagen bewegt worden, sich zu Jahwe als dem einzig wahren Gott zu bekennen. Nun suchten sie in den israelitischen Häusern Zuflucht. Sie wurden freudig aufgenommen, denn sie gelobten, fortan Gott zu dienen und mit seinem Volk Ägypten zu verlassen.

Die Israeliten gehorchten Gottes Anordnungen. Die Familien sammelten sich, schlachteten die Tiere, brieten das Fleisch und backten ungesäuertes Brot. Der Hausvater sprengte das Blut an die Türpfosten. Zum Abmarsch bereit, aßen alle schweigend das Passahlamm. Väter und Mütter hielten ihre Erstgeborenen im Arm, weil sie an das fürchterliche Strafgericht dachten, das in dieser Nacht über Ägypten hereinbrechen würde. Und tatsächlich: Das Blut an den Türpfosten – Sinnbild der Bewahrung durch den Erlöser – ließ den Engel des Gerichts an den Häusern der Israeliten vorbeigehen.

Um Mitternacht erhob sich „lautes Wehgeschrei, denn es gab kein Haus bei den Ägyptern, in dem nicht ein Toter war. Alle Erstgeborenen in Ägypten, angefangen vom erstgeborenen Sohn des Pharaos, der sein Nachfolger auf dem Thron werden sollte, bis zum Erstgeborenen des Gefangenen im Kerker, auch jede Erstgeburt beim Vieh" waren dem Gerichtsengel zum Opfer gefallen.[18] Der Stolz jeder Familie war tot. Geschrei und Wehklagen erfüllten das Land.

---

[16] Jakobus 1,22; 2,17 [17] 2. Mose 12,27 Hfa [18] 2. Mose 12,29.30

25 Der Auszug aus Ägypten*

Der Pharao und seine Minister waren starr vor Entsetzen, als sie in ihren eigenen Familien erlebten, was sie durch ihren Starrsinn verschuldet hatten. Nun endlich brach der frevelhafte Stolz des Königs zusammen. Er ließ Mose und Aaron noch in der Nacht rufen und befahl: „Schnell, verlasst das Land! Geht fort von meinem Volk, ihr und die anderen Israeliten! Bringt dem Herrn eure Opfer, wie ihr es verlangt habt. Nehmt eure Schafe, Ziegen und Rinder mit, aber geht! Bittet euren Gott, dass er auch mich segnet!"[1] Eine vermessene Bitte – kein Wort von Sündenbekenntnis und Reue!

Die Israeliten hatten aufbruchsbereit auf diesen Befehl des Pharaos gewartet. Noch ehe der Morgen graute, waren sie auf dem Weg, Ägypten zu verlassen. Während die Plagen das Land heimsuchten, hatten sich die Israeliten in der Region Goschen zusammengefunden. Es waren auch Vorkehrungen für einen geordneten Auszug getroffen worden. Das Volk war in Gruppen aufgeteilt, für die jeweils zuverlässige Männer verantwortlich waren.

Nun also zogen die Israeliten endlich aus, „etwa 600 000 Männer mit ihren Frauen und Kindern. Auch viele Nichtisraeliten verließen mit ihnen das Land."[2] Aber nicht alle Fremden schlossen sich ihnen aufgrund einer Glaubensentscheidung an. Viele wollten einfach nur weiteren Plagen entrinnen. Deshalb blieben sie für Israel eine ständige Belastung.

„Die Israeliten nahmen ihre großen Ziegen-, Schaf- und Rinderherden mit."[3] Bevor sie Ägypten verließen, forderten sie Entschädigung für die Sklavenarbeit in Form von Schmuckstücken aus Silber und Gold und festlichen Kleidern.[4] „Insgesamt hatten die Israeliten 430 Jahre in Ägypten gelebt. Auf den Tag genau nach 430 Jahren zogen sie wie ein siegreiches Heer aus Ägypten fort."[5] Wie versprochen, wurden die Gebeine Josefs in das Land seiner Väter mitgenommen.[6]

---

* Dieses Kapitel basiert auf 2. Mose 12,29–42 bis 15,21.

[1] 2. Mose 12,30–32 [2] 2. Mose 12,37.38 Hfa [3] 2. Mose 12,38 Hfa
[4] 2. Mose 12,35 [5] 2. Mose 12,40.41 Hfa [6] 2. Mose 13,19

Gott führt sein Volk

Anstatt das Volk den direkten Weg nach Kanaan zu führen – durch das Land der Philister, leitete der Herr es nach Süden auf die Küste des Roten Meeres zu; denn er dachte, „das Volk könnte seinen Sinn ändern und nach Ägypten zurückkehren, wenn es merkt, dass ihm Kämpfe bevorstehen".[7]

Die Israeliten wurden von den Philistern als entlaufene Sklaven betrachtet und würden von ihnen angegriffen. Sie waren unbewaffnet und das Kämpfen nicht gewohnt, zudem deprimiert von der Sklaverei. Auch wussten sie noch zu wenig über Gott, sodass sie bei einem Angriff voller Angst und entmutigt sein würden. Dazu kam, dass zum Treck viele Frauen und Kinder gehörten und eine große Menge Vieh mitgeführt wurde. Indem der Herr das Volk einen Umweg einschlagen ließ, wurde sichtbar, wie fürsorglich er sich der Israeliten annahm.

„Von Sukkot zogen die Israeliten weiter nach Etam, wo die Wüste beginnt. Dort schlugen sie ihr Lager auf. Während der Wanderung ging der Herr tagsüber in einer Wolkensäule vor ihnen her, um ihnen den Weg zu zeigen, und nachts in einer Feuersäule, um ihnen zu leuchten. So konnten sie Tag und Nacht unterwegs sein. Jeden Tag war die Wolkensäule an der Spitze des Zuges und jede Nacht die Feuersäule."[8] Der Psalmdichter schrieb: „Der Herr gab seinem Volk Schutz hinter einer Wolke, und in der Nacht erleuchtete ein Feuer ihnen den Weg."[9]

Die Wolkensäule bot tagsüber Schutz gegen die sengende Hitze und mit ihrer Kühle und Feuchtigkeit gewährte sie in der ausgedörrten Einöde wohltuende Erfrischung. Des Nachts wurde sie zu einer Feuersäule, die das Lager erleuchtete und dem Volk die Gewissheit gab: Gott ist mit uns!

So zogen die Israeliten durch öde, wüstenartige Gebiete. Allmählich wurden sie müde von der beschwerlichen Wanderung, und einige überkam Angst, die Ägypter könnten sie verfolgen. Aber die Wolke bewegte sich vorwärts, und sie folgten ihr. Dann wies der Herr Mose an, sich seitlich einem felsigen Engpass zuzuwenden und das Volk am Meer lagern zu lassen. Er ließ ihn auch wissen, dass der Pharao mit einer Streitmacht aufgebrochen war, und ihnen nachjagte. Aber Gott würde mit einem vernichtenden Schlag seine Macht an ihnen beweisen.[10]

---

[7] 2. Mose 13,17.18 Hfa [8] 2. Mose 13,20–22 [9] Psalm 105,39 Hfa
[10] 2. Mose 14,1–4

Der Pharao hatte inzwischen erfahren, dass die Israeliten in Richtung Rotes Meer unterwegs waren, statt in der Wüste ihr angekündigtes Fest zu Ehren ihres Gottes zu feiern. Nun war klar, dass sie sich auf der Flucht befanden und nicht freiwillig zurückkehren würden.

Nachdem sich die Ratgeber des Königs vom ersten Schrecken erholt hatten, vertraten sie die Ansicht, für das schreckliche Geschehen müsste es natürliche Ursachen geben, die nichts mit dem Gott der Hebräer zu tun hatten. Ihr Ärger über den Verlust der Sklaven war groß: „Was für eine Dummheit haben wir gemacht! Wir haben die Israeliten laufen lassen, unsere Arbeitskräfte!“ [11]

„Der Pharao ließ seine Streitwagen anspannen und zog mit seinen Soldaten los. 600 seiner besten Streitwagen bot er auf, dazu noch zahlreiche andere aus ganz Ägypten.“ [12] Der König selbst, von den Würdenträgern seines Reiches begleitet, führte das Heer. Die Ägypter befürchteten, dass die erzwungene Unterwerfung unter den Gott Israels sie zum Gespött anderer Völker machen würde. Das wollten sie nicht auf sich sitzen lassen. Indem sie die Flüchtigen zurückholten, wollten sie ihre militärische Stärke zur Schau stellen und sich zugleich die dringend benötigten Sklaven sichern.

Die Israeliten lagerten inzwischen am Meer, einem scheinbar unüberwindlichen Hindernis, während vor ihnen im Süden ein zerklüfteter Gebirgszug den Weg versperrte. Als die Nachricht vom Herannahen der ägyptischen Streitkräfte die Runde machte, war das Entsetzen groß. Manche flehten den Herrn um Rettung an, aber viele liefen zu Mose und klagten: „Gibt es etwa in Ägypten nicht genug Gräber für uns? Warum führst du uns hierher? Wir sollen wohl hier in der Wüste sterben! ... Wir hätten bleiben und den Ägyptern dienen sollen. Lieber wären wir ihre Sklaven geblieben, als hier in der Wüste umzukommen!“ [13]

Sie schätzten die Lage durchaus realistisch ein, denn wenn nicht Gott selbst eingriff, gab es kein Entrinnen. Mose schien der Einzige zu sein, der in dieser Situation gelassen und zuversichtlich blieb. Er wusste, dass der Gehorsam Gott gegenüber das Volk in diese Lage gebracht hatte, und vertraute darauf, dass der Herr seine schützende Hand über die Israeliten halten würde. Deshalb beruhigte er das Volk mit den Worten:

---

[11] 2. Mose 14,5 [12] 2. Mose 14,6.7 Hfa [13] 2. Mose 14,10–12 Hfa

„Habt keine Angst! Verliert nicht den Mut! Ihr werdet erleben, wie der Herr euch heute rettet. Die Ägypter werden euch nie wieder bedrohen. Der Herr selbst wird für euch kämpfen, wartet ihr nur ruhig ab!“[14]

Aber den Israeliten fehlte die Selbstbeherrschung; sie hörten nicht auf, zu jammern und Mose Vorwürfe zu machen. Sie waren zwar der Wolkensäule, dem Zeichen der Gegenwart Gottes, willig gefolgt, aber jetzt regten sich Zweifel. Hatte Gott sie etwa in die Irre geführt, auf die falsche Seite des Gebirges, auf einen unpassierbaren Weg? Plötzlich erschien vielen die Wolkensäule nicht mehr als Symbol der Gegenwart Gottes, sondern als Zeichen des Unheils.

Doch dann erlebten sie Gottes Eingreifen ganz praktisch. Als das ägyptische Heer näherrückte, erhob sich die Wolkensäule, schwebte über die Israeliten hinweg und schob sich zwischen sie und das feindliche Heer. Die Ägypter konnten das Lager des Volkes nicht mehr sehen und waren gezwungen, Halt zu machen. Die dem Feind zugekehrte Seite der Wolke blieb dunkel, während sie auf der anderen Seite hell leuchtete.[15] Als die Israeliten das sahen, fassten sie wieder Mut und vertrauten auf Gott.

Der Herr sprach zu Mose: „Befiehl den Israeliten, dass sie weiterziehen! Du aber streck deine Hand aus und erhebe deinen Stock über das Meer und spalte es, damit die Leute von Israel trockenen Fußes ins Meer hineingehen können!“[16] Als Mose seinen Stab ausstreckte, teilte sich das Wasser allmählich und die Israeliten gingen trockenen Fußes mitten durch das Meer, während die Wassermassen wie eine Mauer zu beiden Seiten standen.[17] Das Licht der Feuersäule beleuchtete den Weg, der das Meer wie eine riesige Schneise durchtrennte.

Das unrühmliche Ende der Ägypter

„Die Ägypter verfolgten sie; und alle Streitwagen des Pharaos mit den Pferden und Wagenkämpfern jagten hinter ihnen her ins Meer hinein. Kurz vor Morgengrauen sah der Herr aus der Feuer- und Wolkensäule auf das Heer der Ägypter und stürzte es in Verwirrung.“[18] Sie gerieten in Panik und wollten schnell zum rettenden Ufer zurückkehren. Aber es war zu spät, denn

[14] 2. Mose 14,13.14 Hfa [15] 2. Mose 14,19.20 [16] 2. Mose 14,15.16
[17] 2. Mose 14,21.22 [18] 2. Mose 14,23.24

Mose reckte seinen Stab erneut aus, und die aufgestauten Wassermassen stürzten donnernd nieder und rissen das ägyptische Heer mit sich in die Tiefe.[19]

Als die Israeliten am Morgen zurückschauten, sahen sie die Leichen von Soldaten, die ans Ufer geschwemmt waren.[20] Das stolze Heer des Pharaos existierte nicht mehr. Das Volk war zum zweiten Mal aus der Hand der Ägypter gerissen worden und begriff, dass die Rettung allein dem Eingreifen Gottes zu verdanken war. Ihre Herzen wandten sich ihm dankerfüllt zu. Der Geist Gottes ruhte auf Mose, als er dem Volk ein Siegeslied vorsang, eines der ältesten und bewegendsten Lieder, das aus alter Zeit erhalten geblieben ist.[21]

Gemeinsam mit Mirjam nahmen die Frauen den Lobgesang auf und setzten ihn fort mit Pauken und Reigen. Weit über die Wüste und das Meer erscholl der freudige Kehrreim, und von den Bergen hallte das Echo des Gesangs tausender Stimmen: „Singt, alle, singt, dem Herrn zu Ehren, denn er hat siegreich seine Macht gezeigt."[22]

Die Erlösten werden singen

Dieses Lied geht nicht nur das jüdische Volk etwas an. Es weist auch auf die zukünftige Vernichtung aller Feinde der Gerechtigkeit und den endgültigen Sieg des Gottes Israels hin. Der Apostel Johannes schaute anderthalb Jahrtausende später in einer Vision auf der Insel Patmos die weiß gekleidete Menge derer, „die Sieger geblieben waren ... Sie sangen das Siegeslied, das schon Mose, der Diener Gottes, gesungen hatte, und das Lied des Lammes: ‚Groß und wunderbar sind deine Taten, Herr, du allmächtiger Gott!'"[23]

Als Gott uns von der Knechtschaft der Sünde befreite, vollbrachte er eine noch größere Rettung als die für die Israeliten am Roten Meer. Und wie sie sollten auch wir den Herrn für seine wunderbaren Taten an den Menschen mit Herz und Mund preisen. Wie viel Barmherzigkeit und welch unvergleichliche Liebe hat Gott uns gezeigt, als er sich unser annahm! Welch ein Opfer brachte unser Erlöser Jesus Christus, damit wir Gottes Kinder werden konnten!

---

[19] 2. Mose 14,27.28 [20] 2. Mose 14,30 [21] 2. Mose 15,1–19
[22] 2. Mose 15,21 [23] Offenbarung 15,2.3 Hfa

„Dank ist die Opfergabe, an der ich Freude habe",[24] sagt der Herr. Von den Engeln heißt es, dass sie gemeinsam Gott loben. Diesen Lobgesang sollten wir jetzt schon lernen, damit wir beim Kommen unseres Herrn aus vollem Herzen in das Lob der Engel einstimmen können.

Gott hatte die Israeliten bewusst in die bergige Gegend am Meer gebracht, um ihnen seine Macht zu demonstrieren und den Stolz ihrer Unterdrücker zu zerschlagen. Er wählte diesen Weg, um ihren Glauben zu prüfen und ihr Vertrauen zu stärken. Wären die Israeliten damals stehengeblieben, als Mose ihnen gebot voranzugehen, hätte Gott ihnen den Weg durchs Meer nicht eröffnet. „Durch den Glauben gingen sie durchs Rote Meer wie durch trockenes Land."[25] Als sie sich aufmachten, zum Wasser hinabzusteigen, bewiesen sie ihren Glauben an die Zusage Gottes durch Mose. Daraufhin teilte der Herr das Meer und machte den Weg zur Rettung frei.

Manchmal geraten auch wir in Situationen, die es unmöglich erscheinen lassen, das zu tun, was Gott von uns erwartet. Doch die Stimme Gottes sagt deutlich: Geht vorwärts! Wir sollten ihm gerade dann vertrauen, wenn unsere Augen das vor uns liegende Dunkel nicht durchdringen können oder wenn wir sozusagen das Wasser schon an unseren Füßen spüren.

Wer Gottes Gebote erst befolgt, wenn jeder Schatten der Ungewissheit gewichen ist und Misserfolge oder Niederlagen nicht mehr zu erwarten sind, wird niemals wirklich gehorchen. Der Glaube dagegen drängt uns zu mutigem Vorwärtsgehen. Gottes Weg mag zuweilen durch Wüsten oder Meere führen, doch er ist trotzdem ein sicherer Weg für uns.

[24] Psalm 50,23 [25] Hebräer 11,29 LB

26 | Schwierigkeiten auf dem Weg*

Vom Roten Meer aus setzten die Israeliten ihre Wanderung unter der Führung der Wolkensäule fort. Das Bewusstsein, frei zu sein, löste bei allen unbändige Freude aus und zerstreute zunächst alle Bedenken im Blick auf die Zukunft. Aber die raue Wirklichkeit holte sie bald wieder ein.

Sie waren bereits drei Tage unterwegs, hatten aber nirgendwo Wasser gefunden.[1] Die Vorräte waren aufgebraucht. Es gab nichts mehr, was den brennenden Durst löschen konnte. Mose kannte diese Gegend gut und wusste, dass die nächste Wasserstelle bei Mara[2] zu finden war. Dort gab es zwar Wasser, aber das war ungenießbar. Beklommen hörte er deshalb den Freudenruf „Wasser, Wasser!", der sich durch die Reihen fortpflanzte. Männer, Frauen und Kinder drängten sich an der Quelle, aber dann waren die Enttäuschung und das Geschrei groß.[3]

Wie schon vorher – und auch später immer wieder – gaben sie in ihrer Verzweiflung der ersten Regung nach und warfen Mose vor, er habe sie in die Irre geführt. Dass Gottes Gegenwart in der geheimnisvollen Wolke ihn ebenso geführt hatte wie sie, vergaßen sie. Nun tat Mose das, was die Israeliten eigentlich hätten tun müssen: Er wandte sich an Gott um Hilfe. „Der Herr zeigte ihm ein Holz; als Mose es ins Wasser warf, wurde das Wasser genießbar."[4]

Hier gab Gott dem Volk eine Zusicherung: „Achtet genau auf das, was ich, euer Gott, euch sage, und handelt danach! Befolgt alle meine Anordnungen und Gebote und tut, was ich für recht erklärt habe! Dann werde ich euch keine von den Krankheiten schicken, mit denen ich die Ägypter geplagt habe. Ich, der Herr, bin euer Arzt!"[5]

Von Mara aus ging es weiter nach Elim. Weil es dort zwölf Wasserquellen gab, rasteten die Israeliten mehrere Tage.[6] Nachdem sie etwa einen Monat zuvor Ägypten verlassen hatten, gingen nun ihre Lebensmittelvorräte zur Neige. Viele fragten

---

* Dieses Kapitel basiert auf 2. Mose 15,22 bis 19,2.

[1] 2. Mose 15,22 [2] Mara bedeutet bitter. [3] 2. Mose 15,23.24

[4] 2. Mose 15,25 Hfa [5] 2. Mose 15,26 [6] 2. Mose 15,27

sich, woher in dieser Gegend wohl Nahrung für so viele Menschen kommen sollte. Und wieder war die erste Regung Jammern und Murren. Selbst die Obersten und Ältesten des Volkes stimmten in das Wehgeschrei ein und sagten zu Mose und Aaron: „Ach, hätte der Herr uns doch in Ägypten sterben lassen! Dort hatten wir wenigstens Fleisch zu essen und genug Brot, um satt zu werden. Ihr habt uns doch nur in diese Wüste gebracht, damit wir alle verhungern!“[7] In Wirklichkeit hatten die Israeliten noch gar keinen Hunger gelitten, sondern fürchteten sich lediglich davor, dass es in Zukunft so sein könnte. Im Geiste sahen sie schon ihre Kinder sterben.

Der Herr ließ zwar zu, dass sie in missliche Lagen kamen und die Lebensmittel knapp wurden, aber doch nur, damit sie begriffen, dass sie sich vollkommen auf ihn verlassen konnten. Auf dem Weg nach Kanaan würde es immer wieder kritische Situationen geben, aber die Israeliten hätten wissen können, dass Gott allem gewachsen ist. Der Herr war jederzeit bereit einzugreifen, wenn sie sich an ihn wenden und um Hilfe bitten würden. Die Angst, sie würden in der Wüste verhungern, war also nicht nur unbegründet, sondern wieder ein Zeichen mangelnden Vertrauens.

Gott wollte, dass die Israeliten lernten, Schwierigkeiten zu bewältigen und Entbehrungen zu ertragen. Er hatte sie aus der Sklaverei befreit, damit sie fähig würden, einen geachteten Platz unter den Völkern einzunehmen und wichtige Aufgaben zu erfüllen. Hätten sie Gott im Blick auf all das, was er für sie getan hatte, vertraut, würden sie Schwierigkeiten, Mangel und selbst Leiden gelassen ertragen haben.

Aber sie vergaßen nur allzu schnell Gottes Güte und Macht, wie sie sich bei ihrer Befreiung aus der Sklaverei offenbart hatten. Sie ließen außer Acht, dass ihre Kinder verschont wurden, als der Engel alle Erstgeborenen Ägyptens schlug, und sie dachten nicht mehr an die Wunder Gottes am Roten Meer. Eigentlich hätten sie sagen sollen: „Gott hat schon große Dinge für uns getan. Wir waren Sklaven, aber er will aus uns ein bedeutendes Volk machen.“ Stattdessen redeten sie von der Mühsal des Weges und wollten von Mose erfahren, wann die beschwerliche Pilgerreise endlich ein Ende haben würde.

Gott möchte auch heute, dass seine Kinder auf die Prüfungen zurückblicken, durch die das alte Volk Israel ging, und

[7] 2. Mose 16,3 Hfa

daraus Schlüsse für ihren eigenen Weg in das „himmlische Kanaan“ ziehen. Viele von uns wundern sich rückschauend über den Unglauben Israels und denken, dass sie selbst nicht so undankbar gewesen wären. Aber sobald ihr Glaube auf die Probe gestellt wird – und sei es nur durch kleine Prüfungen – beweisen sie oft nicht mehr Vertrauen und Geduld als das Volk Israel damals. Sie beklagen sich über Belastungen, durch die Gott sie lediglich läutern möchte. Sie haben alles, was sie gegenwärtig brauchen, und doch fehlt es ihnen an Vertrauen auf Gott, wenn sie an die Zukunft denken. Ständig plagt sie die Sorge, sie könnten in Armut geraten oder ihre Kinder müssten Not leiden. Wenn sie in Schwierigkeiten stecken, sollten sie Hilfe bei Gott suchen, aber stattdessen fühlen sie sich alleingelassen, sind unzufrieden und machen anderen Vorwürfe.

Warum sind wir manchmal so undankbar und misstrauisch? Haben wir vergessen, dass Christus unser Freund ist? Der ganze Himmel nimmt an unserm Wohlergehen Anteil. Deshalb betrüben ihn unsere Sorgen und Ängste. Es ist nicht Gottes Wille, dass wir uns mit Sorgen belasten.

Das Christsein ist natürlich keine Garantie für ein problemfreies Leben, aber wir haben jemanden, an den wir uns in allen Lebenslagen wenden können. Christus lädt gerade die mit Sorgen Beladenen ein: „Kommt alle her zu mir, die ihr euch abmüht und unter eurer Last leidet! Ich werde euch Ruhe geben. Lasst euch von mir in den Dienst nehmen, und lernt von mir! Ich meine es gut mit euch und sehe auf niemanden herab. Bei mir findet ihr Ruhe für euer Leben.“[8] Statt zu murren und zu klagen, sollten wir uns vornehmen: „Ich will den Herrn loben und nie vergessen, wie viel Gutes er mir getan hat.“[9]

Die Versorgung mit Manna

Gott wusste, was Israel brauchte. Er versprach Mose: „Ich werde euch Brot vom Himmel regnen lassen.“ Er wies das Volk an, jeweils für den Bedarf eines Tages zu sammeln, am sechsten Tag aber die doppelte Menge, damit es den Ruhetag Gottes, den Sabbat, heiligen konnte.[10]

Mose versicherte den Israeliten, Gott werde ihre Bedürfnisse befriedigen: „Er wird euch am Abend Fleisch geben und am

[8] Matthäus 11,28.29 Hfa [9] Psalm 103,2 Hfa [10] 2. Mose 16,4.5

Morgen Brot, dass ihr euch satt essen könnt." Und er fügte hinzu: „Gegen ihn habt ihr Klage geführt, nicht gegen uns. Wer sind denn schon wir?"[11] Sie mussten begreifen, dass ihr eigentlicher Führer Gott war und nicht Mose.

Am Abend war das Lager von unzähligen Wachteln umgeben, genug für das ganze Volk. Und am nächsten Morgen „blieben auf dem Wüstenboden feine Körner zurück, die aussahen wie Reif ... Es war weiß wie Koriandersamen."[12] Das Volk nannte es „Manna", und Mose sagte: „Dies ist das Brot, das euch der Herr zu essen gibt."[13] Das Volk erkannte, dass damit überreich für alle gesorgt war. „Die Leute sammelten es, zerrieben es zwischen Mahlsteinen oder zerstießen es in Mörsern, kochten es im Topf oder backten Fladen daraus. Die schmeckten wie Fladenbrot aus Weizenmehl und Olivenöl."[14]

Täglich sollten die Israeliten einen Krug voll für jeden sammeln und nichts für den anderen Morgen übrig lassen. Die Tagesmenge musste morgens gesammelt werden, denn alles, was auf der Erde liegen blieb, schmolz in der Sonne.

Beim Sammeln des Mannas stellte sich heraus, dass einige mehr und andere weniger als das bestimmte Maß im Gefäß hatten, „als sie es aber abmaßen, hatten die, die viel gesammelt hatten, nicht zu viel, und die, die wenig gesammelt hatten, nicht zu wenig. Jeder hatte gerade so viel gesammelt, wie er brauchte."[15]

„Die Israeliten lebten vierzig Jahre lang von Manna, bis sie an der Grenze Kanaans besiedeltes Land erreichten."[16] Fast 40 Jahre lang wurden sie täglich daran erinnert, dass sich Gott liebevoll um sie kümmerte. „Er ließ das Manna auf sie regnen, er gab ihnen das Korn des Himmels zu essen. Sie alle aßen das Brot der Engel",[17] das heißt: Sie wurden in Gottes Auftrag von Engeln versorgt. Gott zeigte ihnen täglich neu, dass sie mit seiner Verheißung ebenso sicher vor Mangel waren, als seien sie von den wogenden Kornfeldern Ägyptens umgeben.

Das Manna war ein Sinnbild dessen, der von Gott kam, um der Welt das wahre Leben zu spenden. Jesus selbst sagt von sich: „Ich bin das Brot, das Leben schenkt. Eure Vorfahren aßen das Manna in der Wüste und sind trotzdem gestorben. Hier aber ist das Brot, das vom Himmel herabkommt ... Ich bin das lebendige Brot, das vom Himmel gekommen ist. Wer

---

[11] 2. Mose 16,8 [12] 2. Mose 16,14.31 [13] 2. Mose 16,15 Hfa
[14] 4. Mose 11,8 [15] 2. Mose 16,18 [16] 2. Mose 16,35 Hfa [17] Psalm 78,24.25

von diesem Brot isst, wird ewig leben. Das Brot, das ich geben werde, ist mein Leib. Ich gebe ihn hin, damit die Menschen zum Leben gelangen können."[18]

Der Sabbat ist heilig

Am sechsten Tag las das Volk zwei Krüge voll Manna für jeden auf. Die Vorsteher eilten zu Mose, um ihm dies mitzuteilen. Der antwortete: „Der Herr hat angeordnet: Morgen sollt ihr den Sabbat feiern, den Ruhetag, der ganz dem Herrn geweiht ist. Backt heute aus den Körnern Brot, oder kocht sie, ganz wie ihr wollt. Was übrig bleibt, hebt für morgen auf!"[19] Sie taten es und entdeckten, dass es nicht verdarb, sondern frisch blieb. Da sprach Mose: „Esst das heute! An diesem Tag ist Sabbat, der Tag, der dem Herrn gehört; da werdet ihr draußen nichts finden. Jeweils sechs Tage lang sollt ihr sammeln, aber am siebten Tag, dem Sabbat, ist nichts da."[20]

Gott erwartet, dass der Sabbat heute noch ebenso heilig gehalten wird wie zur Zeit Israels. Alles, was nötig ist, damit der siebte Tag wirklich eine geheiligte und gesegnete Zeit sein kann, soll am Tag zuvor erledigt werden. Allerdings gibt es auch Verrichtungen, auf die selbst am Sabbat nicht verzichtet werden kann, wenn es zum Beispiel um die Betreuung von Kranken geht oder um dringende Hilfe in Notfällen.

Die Israeliten erlebten damals ein dreifaches Wunder, das ihnen die Heiligkeit des Sabbats vor Augen führte: Am sechsten Tag fiel die doppelte Menge Manna, am siebten Tag dagegen nichts, und der für den Sabbat erforderliche Teil blieb frisch und wohlschmeckend.

Aus der Art und Weise, wie Gott das Manna gab, geht klar hervor, dass der Sabbat nicht erst bei der Gesetzgebung am Sinai gestiftet worden ist. Bereits vorher wussten die Israeliten, dass die Sabbatfeier für sie verbindlich war. Weil sie an jedem „Rüsttag" die doppelte Menge Manna sammeln mussten, prägte sich ihnen die Heiligkeit des Ruhetages tief ein. Und als einige doch am Sabbat hinausgingen, um zu sammeln, fragte der Herr: „Wie lange weigert ihr euch noch, mir zu gehorchen und meine Gebote und Anordnungen zu befolgen?"[21]

---

[18] Johannes 6,48–51 [19] 2. Mose 16,23 Hfa [20] 2. Mose 16,25.26
[21] 2. Mose 16,28

Wasser aus dem Felsen

Nachdem die Israeliten die Wüste Sin verlassen hatten, lagerten sie in Refidim. Aber auch hier mangelte es an Wasser. Doch anstatt sich darauf zu verlassen, dass Gott Abhilfe schaffen würde, kam das Volk zu Mose und forderte erbost: „Gib uns Wasser zum Trinken ... Wozu hast du uns eigentlich aus Ägypten herausgeführt? Nur damit wir hier verdursten, samt unseren Kindern und dem Vieh?“[22]

Ihr zwiespältiges Verhalten wirft kein gutes Licht auf die Israeliten. Wenn Gott ihnen gab, was sie zum Leben brauchten, tat es ihnen leid, dass sie gemurrt und gehadert hatten, und sie gelobten Besserung. Aber schon bei der nächsten Glaubensprüfung fielen sie wieder in ihr misstrauisches und mürrisches Verhalten zurück. Sie mutmaßten, die Wolkensäule berge ein schreckliches Geheimnis. Oder sie fragten zornig: „Wer ist schon Mose? Warum hat er uns überhaupt aus Ägypten weggeführt?“ In Refidim waren ihre Wut und Auflehnung so groß, dass sie drauf und dran waren, Mose zu steinigen.

In seiner Not betete Mose laut zum Herrn: „Was soll ich mit diesem Volk machen?“[23] Gott gebot ihm, den Stab zu nehmen, mit dem er in Ägypten die Wunder getan hatte, und gemeinsam mit den Ältesten vor das Volk zu treten. Weiter sagte er: „Am Berg Horeb werde ich vor dir auf einem Felsen stehen. Schlag mit dem Stab an den Felsen!“[24] Mose gehorchte, und das Wasser brach wie ein Leben spendender Strom hervor, der Menschen und Tiere reichlich versorgte. So ließ der Herr in seiner Güte den Stab Moses zu Israels Errettung dienen.

Wohl schlug Mose den Felsen, aber der Sohn Gottes stand durch die Wolkensäule verhüllt neben ihm und ließ das Wasser fließen.[25] Wenn die Herrlichkeit des Herrn nicht verhüllt gewesen wäre, wären alle durch ihren unbeschreiblichen Glanz getötet worden.

Der Kampf mit den Amalekitern

Aber schon drohte eine neue Gefahr. Weil sich das Volk ständig gegen ihn auflehnte, ließ der Herr zu, dass es von Feinden angegriffen wurde. Amalekiter fielen über die Nachzügler des Trecks her, erschlugen und beraubten sie. Daraufhin beauftrag-

---

[22] 2. Mose 17,2.3 [23] 2. Mose 17,4 [24] 2. Mose 17,6 Hfa [25] 1. Korinther 10,1.4

te Mose den jungen Josua, mit Männern aus den verschiedenen Stämmen eine Kampftruppe zu bilden und sie gegen die Feinde zu führen. Er selbst wollte mit dem Stab Gottes in der Hand in der Nähe auf einer Anhöhe stehen.[26]

Also griffen Josua und seine Mitstreiter am nächsten Tag den Feind an, während Mose, Aaron und Hur auf einem Hügel standen, von dem aus sie das Schlachtfeld übersehen konnten. Die ausgebreiteten Arme zum Himmel erhoben, den Stab Gottes in der Rechten, betete Mose für den Sieg seines Volkes. Im Verlauf des Kampfes zeigte sich, dass Israel siegte, solange Mose die Arme emporhielt, aber der Feind die Oberhand gewann, wenn er sie sinken ließ. Als er müde wurde, stützten deshalb Aaron und Hur seine Arme, bis der Feind besiegt war.[27]

Moses Verhalten war insofern bedeutungsvoll, als es zeigt, dass Gott Israels Schicksal in seinen Händen hielt. Vertrauten sie ihm, wollte er für sie streiten und die Feinde demütigen. Hielten sie sich aber nicht an ihn und bauten auf die eigene Kraft, würden sie schwächer sein als ihre Gegner und ihnen unterliegen. Das zeigt: Göttliche Stärke will mit menschlichem Einsatz verbunden sein. Mose konnte nicht darauf hoffen, dass Gott die Feinde überwand, wenn Israel untätig blieb. Während er zum Herrn flehte, kämpften Josua und seine Krieger unter Aufbietung aller Kräfte, um die Feinde Gottes und Israels zurückzuschlagen.

Als Nachkommen Esaus war den Amalekitern der wahre Gott nicht unbekannt.[28] Aber sie waren entschlossen, seiner Macht zu trotzen. Über die Wunder, die Mose vor den Augen der Ägypter getan hatte, spotteten sie, und über die Angst der benachbarten Völker machten sie sich lustig. Bei ihren Göttern hatten die Amalekiter geschworen, die Israeliten zu vernichten. Israels Gott sei nicht stark genug, ihnen zu widerstehen, prahlten sie. Dabei hatten die sie weder beleidigt noch bedroht. Ihr Angriff erfolgte also ohne jeden Grund. Weil sie Gott hassten und ihn herausfordern wollten, suchten sie sein Volk zu vernichten. Die Amalekiter waren schon lange anmaßende Sünder, dennoch rief Gott sie zur Umkehr. Als aber die Männer Amaleks über die müden, wehrlosen Israeliten herfielen, besiegelten sie damit das Schicksal ihres Volkes!

---

[26] 2. Mose 17,8.9 [27] 2. Mose 17,10–12 [28] 1. Mose 36,12

Viel später, unmittelbar vor seinem Tod, sagte Mose zu den Israeliten: „Vergesst nicht, was die Amalekiter euch angetan haben, als ihr von Ägypten kamt! Als ihr von der beschwerlichen Wanderung müde wart, haben sie euch von hinten angegriffen und alle niedergemetzelt, die erschöpft zurückgeblieben waren. Sie kümmerten sich nicht um Gott und seine Gebote. Wenn ihr das Land in Besitz genommen habt, das der Herr, euer Gott, euch geben will, und er euch Ruhe verschafft hat vor allen Feinden ringsum, dann müsst ihr die Amalekiter so gründlich ausrotten, dass nichts von ihnen übrig bleibt. Vergesst das nicht!"[29] Im Hinblick auf dieses gottlose Volk sagte Mose: „Der Herr führt Krieg gegen die Amalekiter für alle Zeiten."[30]

Über alle, die ihn lieben und fürchten, breitet Gott seine Hand aus wie einen Schild. Mögen sich die Menschen davor hüten, diese Hand zu schlagen, denn sie führt auch das Schwert der Gerechtigkeit.

Der weise Rat Jitros

Zu Beginn der Wanderung Israels ins verheißene Land waren Moses Frau und seine beiden Söhne nicht beim Volk, sondern wieder in Midian bei der Sippe Jitros. Als der hörte, was Gott für Mose und das Volk Israel getan hatte, machte er sich auf, um seinen Schwiegersohn zu besuchen und ihm die Familie zurückzubringen. Als Mose davon erfuhr, ging er ihnen voller Freude entgegen, begrüßte sie herzlich und führte sie in sein Zelt.[31]

Da Jitro im Lager blieb, sah er bald, welch drückende Last auf Moses Schultern ruhte. Der musste sich nicht nur um die organisatorischen und religiösen Dinge kümmern, die mit der Führung des Volkes zusammenhingen, sondern war auch als Schlichter von persönlichen Streitigkeiten gefordert. Jitro, ein kluger und scharfsinniger Beobachter, erkannte bald, dass sein Schwiegersohn völlig überlastet war. Er sprach ihn daraufhin an, aber Mose entschuldigte sich mit dem Argument: „Wenn sie einen Rechtsstreit haben, fragen sie mich um Rat, und ich muss zwischen ihnen schlichten. Ich teile ihnen Gottes Weisungen und Entscheidungen mit."[32]

---

[29] 5. Mose 25,17–19 [30] 2. Mose 17,16 Hfa [31] 2. Mose 18,1–7
[32] 2. Mose 18,16 Hfa

Aber Jitro ließ das nicht gelten und sagte: „Es ist einfach zu viel für dich; du kannst nicht alles alleine tun. Du reibst dich sonst noch auf, und auch für die Leute ist es viel zu anstrengend.“[33] Er riet ihm, die Strukturen zu ändern, indem Mose zuverlässige Männer als Leiter über tausend, andere über hundert und wieder andere über zehn Israeliten einsetzte. Die sollten über die alltäglichen Streitereien urteilen, die schwierigsten Fälle aber würden weiterhin Mose vorgelegt.[34] Mose befolgte den Rat, der brachte ihm nicht nur Erleichterung, sondern führte auch zu einer besseren Ordnung im Volk.

Moses Bereitschaft, auf den Rat seines Schwiegervaters zu hören, lässt Rückschlüsse auf den Charakter dieses bemerkenswerten Mannes zu. Die Tatsache, dass Gott ihn dazu berufen hatte, andere zu führen und zu lehren, verleitete ihn nicht zu der Annahme, er selbst bedürfe keiner Unterweisung mehr.

Von Refidim zog das Volk weiter, immer der Wolkensäule nach. Bis dahin hatte der Weg durch Steppen, über Anhöhen und durch felsige Gebirgspässe geführt. Nun türmte sich das Massiv des Sinaigebirges vor ihnen auf. Die Wolkensäule ruhte auf dem höchsten Gipfel; das Volk schlug unten im Tal die Zelte auf.[35] Fast ein Jahr lang würden sie hier bleiben. Des Nachts gab ihnen die Feuersäule die Gewissheit göttlichen Schutzes, und während sie schliefen, sorgte der Herr durch das Manna, das „Himmelsbrot“, dafür, dass sie am nächsten Tag genug zu essen hatten.

Hier sollte Israel die bedeutendste Offenbarung empfangen, die Gott jemals Menschen zuteil werden ließ. An diesem Ort versammelte der Herr sein Volk, um ihm sein heiliges Gesetz zu verkünden.

Die Einflüsse der Sklaverei in Ägypten und der ständige Kontakt mit dem dortigen Götzendienst hatten den Charakter und den Lebensstil der Israeliten stark geprägt – leider nicht zum Guten. Nun wollte Gott sein Volk durch die Offenbarung seines Wesens und Willens zu einer tieferen Erkenntnis und dem daraus erwachsenden Lebenswandel führen.

---

[33] 2. Mose 18,18 [34] 2. Mose 18,21–23 [35] 2. Mose 19,2

27 Die Gesetzgebung am Sinai*

Bald nachdem das Volk sein Lager am Sinai aufgeschlagen hatte, wurde Mose auf den Berg gerufen, um Gott zu begegnen. Das Volk Israel sollte jetzt in eine besonders enge Verbindung mit Jahwe geführt werden, um zu einer Gemeinde und einer Nation unter Gottes Herrschaft organisiert zu werden.

Gott erklärte: „Ihr habt selbst gesehen, was ich mit den Ägyptern gemacht habe. Ich habe euch sicher hierher zu mir gebracht, wie ein Adler, der seine Jungen trägt. Wenn ihr nun auf mich hört und euch an den Bund haltet, den ich mit euch schließen will, dann werde ich euch aus allen Völkern auserwählen. Mir gehört die ganze Welt, aber ihr seid in besonderer Weise mein Eigentum. Ja, ihr sollt ein heiliges Volk sein, das allein mir gehört. Als königliche Priester sollt ihr mir dienen!"[1]

Mose kehrte ins Lager zurück und überbrachte den Ältesten Israels Gottes Botschaft. Sie antworteten im Namen des ganzen Volkes: „Wir wollen alles, was der Herr geredet hat, tun."[2] Damit gingen sie einen feierlichen Bund mit Gott ein und gelobten, ihn als ihren König anzunehmen, dessen Untertanen sie in einem besonderen Sinn sein würden.

Gott wollte die Verkündigung seines Gesetzes zu einem eindrucksvollen Ereignis machen. Es sollte sich dem Volk tief einprägen, dass alles, was zum Dienst für Gott gehört, entsprechende Ehrerbietung verlangt. Deshalb forderte der Herr von Mose: „Die Israeliten sollen sich heute und morgen darauf vorbereiten, mir zu begegnen. Sie sollen ihre Kleider waschen und sich am dritten Tag bereithalten. Denn dann werde ich vor aller Augen auf den Berg Sinai herabkommen."[3] Bis dahin sollten alle genügend Zeit für die gründliche Vorbereitung auf die Begegnung mit Gott haben. Dazu gehörte, dass sie sich und ihre Kleidung säuberten. Aber die äußere Reinigung reichte nicht aus. Mose wies sie auch an, sich unter Fasten und Beten gründlich zu prüfen und von allen Sünden loszusagen.

---

* Dieses Kapitel basiert auf 2. Mose 19 bis 24.

[1] 2. Mose 19,4–6 Hfa [2] 2. Mose 19,7.8 [3] 2. Mose 19,10.11 Hfa

Am Morgen des dritten Tages richteten sich aller Augen auf den Berg. Sein Gipfel war von einer dichten Wolke bedeckt, die immer dunkler wurde, bis sie sich herabsenkte und den ganzen Berg in Finsternis hüllte.[4] Dann ertönte ein Ton wie von einer Posaune, durch den das Volk aufgefordert wurde, Gott zu begegnen. Aus der Wolke zuckten Blitze, und Donnerschläge kamen vom Berg, die sich als Echo an den umliegenden Höhen brachen. „Der ganze Berg Sinai war in Rauch gehüllt, weil der Herr im Feuer auf ihn herabgekommen war. Der ganze Berg bebte."[5] Die Israeliten erschraken und warfen sich vor dem Herrn auf den Boden. Selbst Mose bekannte: „Ich zittere vor Angst und Schrecken!"[6]

Plötzlich hörte der Donner auf, die Posaune schwieg, und die Erde beruhigte sich. Einige Zeit herrschte absolute Stille. Dann kam Gottes Stimme aus der Wolke heraus und verkündete dem Volk Israel die Zehn Gebote.

Jahwe offenbarte sich als Gesetzgeber und Richter, aber auch als Retter und Hüter seines Volkes: „Ich bin der Herr, dein Gott; ich habe dich aus der Sklaverei in Ägypten befreit."[7] Die Israeliten kannten Jahwe schon als Führer und Befreier, der ihnen den Weg durch das Rote Meer gebahnt, den Pharao und dessen Armee vernichtet und sich den Göttern Ägyptens völlig überlegen gezeigt hatte. Derselbe war ihr König und Gesetzgeber.

Gott zeichnete das Volk dadurch aus, dass er es zum Hüter und Bewahrer seines Gesetzes machte, aber seine Gebote waren ein heiliges Vermächtnis für die ganze Welt. Die in den Zehn Geboten niedergelegten Prinzipien gelten für alle Menschen zu allen Zeiten. Es sind Richtlinien, die kurz, umfassend und verbindlich die Pflichten gegenüber Gott und dem Nächsten formulieren und deren wesentliche Grundlage die Liebe ist. So erklärte es Jesus: „Dies ist das wichtigste Gebot: ‚Hört, ihr Israeliten! Der Herr ist unser Gott, der Herr allein. Ihn sollt ihr von ganzem Herzen lieben, mit ganzer Hingabe, mit eurem ganzen Verstand und mit all eurer Kraft.' Ebenso wichtig ist das andere Gebot: ‚Liebe deinen Mitmenschen wie dich selbst!'"[8] In den Zehn Geboten werden diese Liebesprinzipien auf das Verhältnis zu Gott und die Mitmenschen angewandt.

---

[4] 2. Mose 19,16 [5] 2. Mose 19,18 [6] Hebräer 12,21 Hfa [7] 2. Mose 20,2 Hfa
[8] Markus 13,29–31 Hfa; vgl. 5. Mose 6,5 und 3. Mose 19,18

(1) *„Du sollst keine anderen Götter neben mir haben."*[9]
Was auch immer uns wichtig ist – sobald es unsere Liebe zu Gott behindert oder den ihm gebührenden Dienst beeinträchtigt, wird es für uns zu einem anderen Gott.

(2) *„Du sollst dir kein Gottesbild anfertigen. Mach dir überhaupt kein Abbild von irgendetwas im Himmel, auf der Erde oder im Meer. Wirf dich nicht vor fremden Göttern nieder und diene ihnen nicht."*[10]

Viele heidnische Völker behaupten, ihre Bilder und Statuen seien nur symbolische Darstellungen, in denen sie ihre Gottheiten anbeten. Aber Gott bezeichnet solch eine Verehrung als verkehrt, denn der Versuch, ihn gegenständlich darzustellen, verfälscht die Gottesvorstellung der Menschen. Die Sinne werden mehr vom Geschaffenen als vom Schöpfer angezogen. Dieses Verbot bezieht sich auch auf die Verehrung von Ikonen.

„Denn ich, der Herr, dein Gott, bin ein leidenschaftlich liebender Gott."[11]

Die enge Beziehung Gottes zu seinem Volk wird mit der Ehe verglichen. Götzendienst ist ein geistlicher Ehebruch und deshalb ist Gottes Missfallen darüber groß.

„Wer mich verachtet, den werde ich bestrafen. Sogar seine Kinder, Enkel und Urenkel werden die Folgen spüren!"[12]

Kinder werden für die Schuld der Eltern nicht zur Rechenschaft gezogen – es sei denn, sie waren aktiv daran beteiligt. Aber die Erfahrung zeigt, dass bestimmte Erbanlagen oder das schlechte Beispiel der Eltern nicht selten dazu führt, dass die Kinder dieselben Sünden begehen. Die Anlage zu negativen Neigungen oder sündigen Gewohnheiten kann genauso wie körperliche Krankheit oder charakterliche Prägung bis in die dritte oder vierte Generation weitergegeben werden.

„Wenn mich aber jemand liebt und meine Gebote befolgt, dann erweise ich auch noch seinen Nachkommen Liebe und Treue, und das über Tausende von Generationen hin."[13]

Denen, die Gott aufrichtig dienen, wird treue Liebe verheißen, nicht nur bis in die dritte oder vierte Generation der Nachkommen (wie die Auswirkungen für die, denen Gott gleichgültig ist oder die ihn verachten), sondern praktisch unbegrenzt.

---

[9] 2. Mose 20,3 [10] 2. Mose 20,4.5 [11] 2. Mose 20,5 [12] 2. Mose 20,5 Hfa
[13] 2. Mose 20,6

(3) *„Du sollst den Namen des Herrn, deines Gottes, nicht missbrauchen; denn der Herr wird jeden bestrafen, der das tut."*[14]

Dieses Gebot verbietet es, den Namen Gottes leichtfertig oder unbekümmert zu benutzen. Wir entehren ihn, wenn wir in der Unterhaltung seinen Namen als bloße Redewendung oder Sprachfloskel verwenden, ohne überhaupt an ihn zu denken (z. B. „Ach Gott", „Gott sei Dank", „Herrgott nochmal"). Ebenso verkehrt ist es, ständig Gottes Namen im Munde zu führen oder im Alltag bei ihm zu schwören. Wir sollen seinen Namen voll Ehrfurcht und mit tiefem Ernst aussprechen.

(4) *„Achte den Sabbat als einen Tag, der mir allein geweiht ist! Sechs Tage sollst du deine Arbeit verrichten, aber der siebte Tag ist ein Ruhetag, der mir, dem Herrn, deinem Gott, gehört. An diesem Tag sollst du nicht arbeiten, weder du noch deine Kinder, weder dein Knecht noch deine Magd, auch nicht deine Tiere oder der Fremde, der bei dir lebt. Denn in sechs Tagen habe ich, der Herr, den Himmel, die Erde und das Meer geschaffen und alles, was lebt. Aber am siebten Tag ruhte ich. Darum habe ich den Sabbat gesegnet und für heilig erklärt."*[15]

Der Sabbat wurde damals am Sinai nicht als neue Anordnung eingeführt, sondern er ist seit der Schöpfung eine göttliche Stiftung. Weil durch ihn auf den Schöpfer der Natur, der Tiere und Menschen hingewiesen wird, ist die Sabbatheiligung ein Zeichen dafür, dass derjenige den wahren Gott anbetet und sich von allen falschen Göttern distanziert. Der Sabbat ist also ein Zeichen der Loyalität Gott gegenüber.

Gott hat den Menschen sechs Tage zugewiesen, in denen sie ihrer Arbeit nachgehen und allen anderen Verpflichtungen gerecht werden sollen. Der Sabbat dagegen ist eine heilige Zeit, die Raum schaffen soll für die Pflege unserer Beziehung zu Gott und den Mitmenschen. Deshalb soll am Sabbat alles unterbleiben, was dem entgegensteht, es sei denn, dass eine akute Notlage oder die Sorge für Kranke und Leidende es notwendig machen, Hilfe zu leisten. Das Gebot der Arbeitsruhe schließt alle ein, die in unserer Familie leben, selbst die Haustiere.

Das vierte Gebot ist das einzige der Zehn Gebote, das sowohl den Namen als auch den Titel des Gesetzgebers nennt (Jahwe, der Schöpfer). Dadurch enthält es Gottes Siegel.

---

[14] 2. Mose 20,7 [15] 2. Mose 20,8–11 [16] 2. Mose 20,12

(5) *„Du sollst deinen Vater und deine Mutter ehren. Dann wirst du lange in dem Land leben, das dir der Herr, dein Gott, gibt.“*[16]

Eltern haben in einem Maße Anspruch auf Achtung und Liebe, wie es niemand sonst zusteht. Wer die rechtmäßige Autorität seiner Eltern ablehnt, verwirft damit auch die Autorität Gottes. Das fünfte Gebot verlangt von den Kindern nicht nur Dankbarkeit, Unterordnung und Gehorsam den Eltern gegenüber, sondern auch Liebe, Fürsorge und Rücksichtnahme. Sie sollen ihnen die Mühsal erleichtern, auf ihren guten Ruf bedacht sein sowie im Alter für sie sorgen. Dieses Gebot schließt auch die Achtung vor Geistlichen ein.[17]

(6) *„Du sollst nicht töten.“*[18]

Damit ist nicht nur Mord oder Totschlag gemeint; die Bedeutung reicht viel weiter. Die Übertretung dieses Gebots beinhaltet alle Ungerechtigkeiten, die das Leben eines Menschen verkürzen, Hassgefühle, Rachsucht und alle Verhaltensweisen, die sich schädlich auf andere Menschen auswirken oder uns auch nur veranlassen, ihnen Böses zu wünschen (denn „wer seinen Bruder hasst, der ist ein Mörder“),[19] Vernachlässigung der Bedürftigen oder Leidenden aus selbstsüchtigen Gründen sowie zügellose Genusssucht und ein übertriebenes Arbeitspensum, das die Gesundheit zerstört.

(7) *„Du sollst nicht die Ehe brechen.“*[20]

Gott fordert nicht nur die äußerliche eheliche Treue, sondern auch die Reinheit des Herzens, der geheimsten Gefühle und Wünsche. Christus, der die umfassende Gültigkeit des Gesetzes Gottes lehrte, bezeichnete unreine Gedanken oder Blicke genauso als eine Sünde wie die vollzogene Tat.[21]

(8) *„Du sollst nicht stehlen.“*[22]

Dieses Gebot verdammt nicht nur Diebstahl und Raub, sondern fordert auch unbedingte Redlichkeit in allen Dingen des Lebens. Es verbietet das Übervorteilen im Geschäftsleben und verlangt gerechte Bezahlung bei Verpflichtungen oder Arbeitslöhnen. Es erklärt jeden Versuch, sich durch die Unwissenheit, die Schwäche oder das Missgeschick anderer Vorteile zu verschaffen, für Betrug, der in den Büchern des Himmels verzeichnet wird. Darüber hinaus verbietet es auch Menschenraub, Sklavenhandel und Eroberungskriege.

---

[17] 1. Thessalonicher 5,12; vgl. 1. Korinther 4,5 [18] 2. Mose 20,13 LB
[19] 1. Johannes 3,15 [20] 2. Mose 20,14 [21] Matthäus 5,28 [22] 2. Mose 20,15

(9) *„Du sollst nichts Unwahres über deinen Mitmenschen sagen.“*[23]

Eine vorsätzliche Täuschung ist Lüge. Man kann auch mit einem flüchtigen Blick, mit einer Handbewegung oder durch das Mienenspiel Unwahrheiten in Umlauf bringen, ohne dass ein einziges Wort fällt. Jede absichtliche Übertreibung oder Anspielung, die darauf abzielt, einen falschen Eindruck zu erwecken, ist Lüge. Dieses Gebot verbietet jeden Versuch, dem guten Ruf des Nächsten durch falsche Darstellung oder Verdächtigung, Verleumdung oder Zuträgerei zu schaden. Selbst das vorsätzliche Vertuschen der Wahrheit, aus dem anderen Schaden erwachsen kann, ist Übertretung des neunten Gebots.

(10) *„Begehre nicht, was deinem Mitmenschen gehört: weder sein Haus noch seine Frau, seinen Knecht oder seine Magd, Rinder oder Esel oder irgendetwas anderes, was ihm gehört.“*[24]

Das zehnte Gebot rührt unmittelbar an die Wurzel vieler Vergehen, indem es das selbstsüchtige Verlangen verbietet, aus dem die sündige Tat entspringt. Wer egoistische Wünsche nach Dingen bezähmt, die anderen gehören, wird davor bewahrt, sich an den Mitmenschen schuldig zu machen.

Gott verkündete seine Gebote am Sinai mit Demonstrationen seiner Macht und Herrlichkeit, weil diese Offenbarung seines Willens durch alle Generationen hindurch im Gedächtnis des Volkes Israel erhalten bleiben sollte. Darüber hinaus sollte allen die Heiligkeit und ewige Gültigkeit seines Gesetzes bewusst gemacht werden. Die Reaktion der Israeliten zeigt, dass dies gelungen war: Sie bekamen große Angst und zitterten.[25]

Zivil- und Strafgesetze

Durch das Sklavendasein in der vom Götzendienst geprägten ägyptischen Gesellschaft abgestumpft waren die Israeliten nicht darauf vorbereitet, die Tragweite der Zehn Gebote zu erfassen. Damit sie die Prinzipien des Dekalogs besser verstanden und auch erfüllten, wurden ihnen weitere Gebote gegeben, die die Grundsätze der Zehn Gebote veranschaulichten und praktisch anwandten. Diese Gebote nannte man Rechtsordnungen, weil danach im Volk Recht gesprochen werden sollte. Im Gegensatz zu den Zehn Geboten verkündete Gott sie nur Mose, der sie an das Volk weitergab und aufschrieb.

---

[23] 2. Mose 20,16 [24] 2. Mose 20,17 Hfa [25] 2. Mose 20,18.19

Das erste dieser Gesetze bezog sich auf die Dienstverhältnisse in Israel. Ein Israelit durfte nicht auf Lebenszeit als Sklave verkauft werden. Seine Dienstzeit dauerte höchstens sechs Jahre; im siebten musste er wieder freigegeben werden.[26] Es war zwar erlaubt, Nichtisraeliten als Sklaven zu halten, aber sie standen unter strengem Schutz.

Wer einen Sklaven tötete, wurde bestraft.[27] Verletzte jemand seinen Sklaven – selbst wenn er ihm nur einen Zahn ausschlug –, war das ein Grund, dass der Sklave seine Freilassung verlangen konnte.[28] Die Israeliten waren jahrhundertelang selbst Sklaven gewesen und sollten sich deshalb davor hüten, andere so zu behandeln, wie es ihre ägyptischen Herren mit ihnen getan hatten.

Die Rechte der Witwen und Waisen wurden nachdrücklich geschützt: „Benachteiligt die Witwen und Waisen nicht! Wenn ihr es doch tut und sie zu mir um Hilfe schreien, werde ich sie ganz sicher erhören. Mein Zorn wird losbrechen, und ich lasse euch von euren Feinden töten. Dann werden eure Frauen Witwen sein und eure Kinder Waisen!“[29] Auch diejenigen, die nicht zum Volk gehörten, sich aber Israel beim Auszug aus Ägypten angeschlossen hatten, bezog Gott ausdrücklich in seinen Schutz ein: „Unterdrückt die Fremden nicht! Ihr wisst ja, wie ihnen zumute sein muss, denn ihr seid selbst einmal Fremde in Ägypten gewesen.“[30]

Von einem Armen Wucherzinsen zu verlangen war ebenso verboten, wie von jemandem lebensnotwendige Dinge wie Bekleidung oder eine Decke als Pfand zu fordern. Und wenn solche Gegenstände doch einmal als Sicherheit genommen wurden, mussten sie spätestens vor Einbruch der Nacht zurückgegeben werden.[31]

Auch im juristischen Bereich machte Gott klare Vorgaben. Schwere Vergehen gegen Leib und Leben sollten mit dem Tod bestraft werden, auch Gewalt gegen die Eltern.[32] Die Richter wurden davor gewarnt, Urteile zu manipulieren, rechtswidrige Angelegenheiten zu unterstützen oder sich bestechen zu lassen. Verleumdung war ebenso verboten wie falsche Zeugenaussagen vor Gericht. Freundliches Verhalten, selbst persönlichen Feinden gegenüber, galt als Pflicht.[33]

---

[26] 2. Mose 21,2 [27] 2. Mose 21,20 [28] 2. Mose 21,26.27
[29] 2. Mose 22,21–23 Hfa [30] 2. Mose 23,9 Hfa [31] 2. Mose 22,24–26
[32] 2. Mose 21,12–17 [33] 2. Mose 23,1–8

Der Bund wird rechtskräftig

Mose sollte alle diese Gebote schriftlich festhalten und als Grundlage des nationalen Rechts sorgfältig aufbewahren. Zusammen mit den Zehn Geboten enthielten sie die Bedingungen zur Erfüllung der göttlichen Verheißungen für Israel.[34]

Gott verkündigte Mose dann folgende Botschaft für die Israeliten: „Ich verspreche euch, ich werde einen Engel vor euch hersenden, der euch unterwegs beschützt und euch sicher in das Land bringt, das ich für euch bestimmt habe. Haltet euch genau an seine Weisungen! Wenn ihr euch gegen ihn auflehnt, wird er euch das nicht vergeben, denn in seiner Person bin ich selbst mitten unter euch."[35] Auf allen Wanderungen ging ihnen der Sohn Gottes in der Wolken- und Feuersäule voran. Er war auch der Gesetzgeber, der mit Mose verkehrte.

Mose stieg vom Berg herab „und teilte ihnen die Gebote und Bestimmungen des Herrn mit. Sie antworteten einmütig: ‚Wir wollen alles tun, was der Herr befohlen hat!'"[36]

Dann folgte die Ratifizierung des Bundes. Am Fuß des Berges wurde ein Altar errichtet und daneben zwölf Steinmale zur Bestätigung dafür, dass ganz Israel dem Bündnis zustimmte.[37] Mose nahm „die Buchrolle, in der er die Gesetze des Bundes aufgeschrieben hatte, und las sie den Israeliten vor".[38] Damit jeder Israelit begriff, welche Verpflichtungen er mit seiner Zustimmung auf sich nahm, wurden alle Grundsätze und Verordnungen ausführlich erklärt. Und wiederum antwortete das Volk einmütig: „Alles, was der Herr befohlen hat, wollen wir tun! Wir wollen ihm gehorchen!"[39] „Als Mose dem Volk Israel alle Gebote des Gesetzes mitgeteilt hatte, nahm er das Blut von Kälbern und Böcken, vermengte es mit Wasser und besprengte mit Hilfe von Ysopzweigen und roter Wolle das Gesetzbuch und das ganze Volk. Dann sagte er: ‚Dieses Blut besiegelt den Bund, den Gott mit euch geschlossen hat.'"[40]

„Danach stieg Mose den Berg hinauf, und die anderen begleiteten ihn: Aaron, Nadab und Abihu und siebzig von den Ältesten Israels."[41] Diese Männer sollten Mose beratend und helfend zur Seite stehen. Gott verlieh ihnen deshalb seinen Heiligen Geist. „Droben sahen sie den Gott Israels. Der

[34] 2. Mose 34,27 [35] 2. Mose 23,20.21 [36] 2. Mose 24,3 Hfa
[37] 2. Mose 24,4 [38] 2. Mose 24,7 Hfa [39] 2. Mose 24,7
[40] Hebräer 9,19.20 Hfa; vgl. 2. Mose 24,8 [41] 2. Mose 24,7

Boden zu seinen Füßen war wie mit blauem Edelstein ausgelegt, klar und leuchtend wie der Himmel."[42] Sie sahen zwar nicht Gott selbst, aber etwas von seiner Herrlichkeit.

Nun wurden Mose und „sein Diener Josua" gerufen, Gott zu begegnen. Mose bestimmte Aaron und Hur zu seinen Stellvertretern, die die Unterstützung der Ältesten haben sollten,[43] und hielt sich bereit, Jahwe zu begegnen. Obwohl seine Geduld auf die Probe gestellt wurde, verließ er seinen Platz nicht, denn selbst dieser begnadete Diener Gottes konnte sich nicht ohne Weiteres dem Allerhöchsten nahen und die Offenbarung seiner Herrlichkeit ertragen. Sechs Tage lang musste er sich Gott in ernstem Gebet und Selbstprüfung weihen. Am siebten Tage, einem Sabbat, wurde Mose in die Wolke gerufen. „Und Mose ging mitten in die Wolke hinein und blieb auf dem Berge vierzig Tage und vierzig Nächte."[44]

Auf dem Sinai erhielt Mose Anweisungen für den Bau eines Heiligtums, in dem sich Gott auf besondere Weise offenbaren wollte.[45] Das Volk Israel sollte geehrt werden durch die ständige Gegenwart seines Königs. Er versprach: „Das Heilige Zelt wird durch die Gegenwart meiner Herrlichkeit zu einer heiligen Stätte werden. Ich werde mitten unter dem Volk Israel wohnen und als ihr Gott bei ihnen sein."[46]

Zum Schluss schärfte Gott noch einmal die Heiligung des Sabbats ein: „Für alle Zeiten ist der Sabbat ein Zeichen des Bundes zwischen mir und dem Volk Israel", erklärte der Herr. „Ich habe den Sabbat eingesetzt als Zeichen für den Bund zwischen mir und euch in allen kommenden Generationen. Daran sollen alle anderen erkennen, dass ich der Herr bin, der euch als sein heiliges Volk ausgesondert hat. Beachtet also den Sabbat!"[47]

Durch den Bund mit Gott war aus den versklavten Nachkommen Abrahams das Gottesvolk geworden, das der Herr zum Bewahrer des Gesetzes und der Gotteserkenntnis erwählt hatte. Durch das Volk Israel sollte himmlisches Licht in die dunkle Welt getragen und eine Stimme hörbar werden, die alle Völker aufforderte, sich vom Götzendienst abzuwenden und dem lebendigen Gott zu dienen. Wenn es dieser Berufung treu bleiben würde, sollte es unter dem besonderen Schutz Gottes stehen und weit über die anderen Völker erhoben werden.

---

[42] 2. Mose 24,10 [43] 2. Mose 24,12–14 [44] 2. Mose 24,16.18 Hfa
[45] 2. Mose 25,8.9 LB [46] 2. Mose 29,43.45 [47] 2. Mose 31,17.13.14

28 Der Götzendienst am Sinai*

Moses Abwesenheit war für die Israeliten eine Zeit des Wartens und der Ungewissheit, zumal er nach Wochen noch nicht vom Berg zurückgekehrt war. Langsam wurden sie ungeduldig. Hinzu kam, dass es vielen schwerfiel, einem unsichtbaren Gott zu vertrauen.

Die ägyptischen Gottheiten waren alle gegenständlich dargestellt und schufen so das Gefühl von Nähe; aber die Israeliten hatten nichts Sichtbares, was sie anbeten konnten. Sie verließen sich auf Mose als Stütze für ihren Glauben. Nun war ihr Führer bereits wochenlang abwesend. Viele im Lager am Sinai dachten schließlich, er hätte sie verlassen oder wäre vom Feuer auf dem Berg getötet worden.

Eigentlich war diese Wartezeit eine Gelegenheit, über Gottes Gesetz nachzudenken. Das hätte den Israeliten geholfen, Gottes Willen besser zu verstehen, und sie vor der Versuchung zum Abfall bewahrt. Aber stattdessen machten sich Nachlässigkeit, Leichtfertigkeit und Zügellosigkeit breit.

Alle warteten voll Ungeduld, dass es auf dem Weg in das verheißene Land weiterging. Es war ihnen aber nur unter der Bedingung des Gehorsams zugesagt worden, doch das schienen sie vergessen zu haben. Einige schlugen vor, nach Ägypten zurückzukehren. Aber ob nun vorwärts nach Kanaan oder zurück nach Ägypten, die Mehrheit des Volkes war nach Wochen entschlossen, nicht mehr länger auf Mose zu warten.

Die Nichtisraeliten unter der Menge begannen als erstes zu murren und ihren Unwillen lautstark zu äußern. Sie waren die Anführer des Abfalls von Gott, der nun folgte.

Zu den Tieren, die die Ägypter als Verkörperung ihrer Götter ansahen und verehrten, gehörte auch der Apisstier. Von denen, die den Osiriskult in Ägypten praktiziert hatten, kam der Vorschlag, ein Stierbild anzufertigen. Nachdem Mose nicht vom Berg zurückgekehrt war, wünschten sich viele eine sichtbare Darstellung Gottes, an die sie sich auf dem Weg nach Kanaan halten konnten.

* Dieses Kapitel basiert auf 2. Mose 32 bis 34.

Die Wunder, die Gott in Ägypten und am Roten Meer gewirkt hatte, sollten eigentlich das Vertrauen in ihren unsichtbaren Gott gestärkt haben. Dem Verlangen nach einem sichtbaren Zeichen seiner Gegenwart war der Herr durch die Wolken- und Feuersäule längst nachgekommen. Und er hatte sich auch am Sinai durch Naturphänomene offenbart. Dennoch kam es zur Anbetung eines Götterbildes!

Während Moses Abwesenheit hatte Aaron die Leitung übertragen bekommen. Deshalb erschien eines Tages vor seinem Zelt eine große Gruppe Unzufriedener. Sie behaupteten, die Wolke, die ihnen bisher vorangegangen war, stünde jetzt ständig über dem Berg Sinai und würde sie nicht länger auf der Wanderung begleiten. Deshalb wäre es an der Zeit, sich stattdessen ein Götterbild zu schaffen.[1] Und falls man sich für die Rückkehr nach Ägypten entscheiden sollte, würden sich die Ägypter wohlwollender verhalten, wenn man eine Verkörperung Gottes wie den Stier vor sich hertrug.

Verhängnisvolle Nachgiebigkeit

Aaron billigte das Vorhaben zwar nicht, aber seine Einwände waren schwach. Weil die Abordnung seine Unschlüssigkeit und Angst spürte, bedrängten sie ihn umso entschlossener.

Ein unvernünftiger Rausch schien die Menge zu ergreifen. Nur wenige wollten ihrem Bund mit Gott treu bleiben; die Mehrheit willigte in das Vorhaben ein. Einige von denen, die es als Götzendienst brandmarkten, wurden sogar getötet.

Weil Aaron ebenfalls um sein Leben fürchtete, gab er den Forderungen der Menge nach, statt mutig für Gott einzutreten. Frauen opferten den goldenen Schmuck, den sie von den Ägyptern erhalten hatten, und daraus goss er die Figur eines Stiers. Das Volk rief: „Das ist unser Gott, der uns aus Ägypten befreit hat!“[2]

Aaron sah dieser Beleidigung Jahwes nicht nur tatenlos zu, sondern als er merkte, wie begeistert die Leute waren, dass sie nun endlich einen sichtbaren Gott hatten, baute er sogar einen Altar und verkündete: „‚Morgen feiern wir ein Fest für den Herrn!‘ Früh am nächsten Morgen brachten die Leute Tiere, die als Brandopfer dargebracht oder für das Opfermahl geschlachtet wurden. „Sie setzten sich zum Essen und Trinken

---

[1] 2. Mose 32,1 [2] 2. Mose 32,4 Hfa

nieder und danach begannen sie einen wilden Tanz",[3] ganz ähnlich wie im unmoralischen Osiriskult.

Eine Religion, die es erlaubt, selbstsüchtigen und sinnlichen Genüssen zu frönen, würde vielen Menschen heute ebenso gut gefallen wie damals den Israeliten. Und es gibt leider zu jeder Zeit religiöse Verantwortungsträger wie Aaron, die den Wünschen unbekehrter Menschen nachgeben und sie dadurch zum Sündigen ermutigen.

Das Volk Israel bricht den Bund mit Gott

Es war erst wenige Wochen her, dass die Israeliten formal den Bund mit Gott geschlossen und versprochen hatten, auf seine Stimme zu hören. Zitternd hatten sie am Berg gestanden und die Worte Jahwes gehört: „Du sollst keine anderen Götter neben mir haben."[4] Wenn sie zum Sinai schauten, sahen sie noch den Glanz Gottes über dem Berg leuchten, doch „am Horeb machten sie sich ein Stierbild, sie warfen sich nieder vor gegossenem Metall. Die Herrlichkeit ihres Gottes vertauschten sie mit dem Bild eines Rindviehs, das Gras frisst."[5]

Gott ließ Mose auf dem Berg wissen, was im Lager vorgefallen war und befahl: „Steig schnell hinunter! Dein Volk, das du aus Ägypten hierher geführt hast, läuft ins Verderben. Sie sind sehr schnell von dem Weg abgewichen, den ich ihnen mit meinen Geboten gewiesen habe."[6] Sein Bund mit Israel war ungültig geworden. Er erklärte Mose: „Ich habe erkannt, dass dies ein widerspenstiges Volk ist. Deshalb will ich meinen Zorn über sie ausschütten und sie vernichten. Versuche nicht, mich davon abzubringen! Mit dir will ich neu beginnen und deine Nachkommen zu einem großen Volk machen."[7]

Viele Israeliten und besonders die Fremden unter ihnen neigten immer wieder dazu, sich gegen Gott aufzulehnen und sich bei Mose zu beschweren. Sie hatten nun mit ihrer großen Sünde Gottes Gunst verwirkt. Wer konnte für das Volk Israel bitten, wenn Gott beschlossen hatte, es zu vernichten?

Aber Mose glaubte, es gäbe noch Grund zur Hoffnung. Gottes Worte, „Versuche nicht, mich davon abzubringen!", verstand er nicht als Verbot, sondern als Ermutigung zur Fürsprache. Er glaubte trotz allem, Gott würde sein Volk

---

[3] 2. Mose 32,5.6 [4] 2. Mose 20,3 [5] Psalm 106,19.20 [6] 2. Mose 32,7.8
[7] 2. Mose 32,9.10

verschonen, wenn er ihn ernstlich darum bat, obwohl es so klang, als hätte er Israel endgültig verworfen. Mose argumentierte: „Ach Herr, warum willst du deinen Zorn über dein Volk ausschütten, das du eben erst mit starker Hand aus Ägypten herausgeführt hast? Du willst doch nicht, dass die Ägypter von dir sagen: ‚Er hat sie nur herausgeführt, um sie dort am Berg zu töten und völlig vom Erdboden auszurotten!' Lass ab von deinem Zorn."[8]

In den drei Monaten seit dem Auszug Israels aus Ägypten hatte sich die Nachricht von der wunderbaren Befreiung bei allen umliegenden Völkern herumgesprochen und schreckliche Vorahnungen überkamen die Heiden. Sie beobachteten nun genau, was Israels Gott mit seinem Volk tat. Würde er es jetzt vertilgen, wäre ihr Triumphgeschrei groß. Und die Ägypter würden behaupten, dass die Israeliten von Jahwe nicht in die Wüste geführt worden waren, um ihm dort Opfer zu bringen, sondern sie ihrem rachsüchtigen Gott selbst als Opfer dienten. Mit der Vernichtung seines Volkes würde Jahwe also zugleich Schande über seinen Namen bringen.

Als Mose so selbstlos für Israel eintrat und zudem Gott an seine Verheißungen an die Vorväter erinnerte, änderte der seine Absicht.[9] Jahwe bewies erneut seine Liebe und Barmherzigkeit gegenüber dem Volk Israel.

Es wurde so auch deutlich, dass Mose das Wohlergehen Israels mehr am Herzen lag als die Aussicht, Stammvater eines großen Volkes zu werden. Gott gefiel diese Treue und Lauterkeit. Darum hatte er ihm die hohe Aufgabe übertragen, die Israeliten in das verheißene Land zu führen.

Als Mose und Josua vom Berg herabkamen und sich dem Lager näherten, sahen sie ihr Volk jauchzend um das Götterbild tanzen. Es war ein Anblick wie bei heidnischen Ausschweifungen, eine Nachahmung der Götterfeste in Ägypten. Wie so ganz anders war dagegen die feierliche, ehrerbietige Anbetung Jahwes!

Mose war tief erschüttert. Er kam gerade aus der Gegenwart Gottes und war auf solch eine Demonstration der Verdorbenheit Israels nicht gefasst. Um seinen Abscheu vor dem frevelhaften Geschehen deutlich zu machen, schleuderte er die Steintafeln mit den Zehn Geboten, die Gott ihm auf dem Berg gegeben hatte, zu Boden, sodass sie vor den Augen des ganzen

---

[8] 2. Mose 32,11.12 [9] 2. Mose 32,13.14

Volkes zerbrachen.[10] Damit machte Mose allen klar: So, wie sie den Bund mit Gott gebrochen hatten, hatte nun auch Gott seinen Bund mit ihnen zerbrochen.

„Das Götterbild, das sie gemacht hatten, schmolz er ein und zerstampfte es dann zu Pulver. Das Pulver vermischte er mit Wasser und gab es den Leuten von Israel zu trinken."[11] So zeigte er ihnen, wie ohnmächtig der Götze war, den sie angebetet hatten.

Mose zieht Aaron zur Verantwortung

Danach stellte Mose seinen Bruder Aaron zur Rede. Der entschuldigte sich damit, dass ihm die aufgebrachte Menge keine andere Wahl gelassen hätte, als sich ihrer Forderung zu fügen. Hätte er das nicht getan, wäre er getötet worden. „Sie drängten mich: ‚Mach uns einen Gott, der uns schützt und führt! Denn was aus diesem Mose geworden ist, der uns aus Ägypten hierher geführt hat – niemand weiß es.' Da sagte ich zu ihnen: ‚Wer goldenen Schmuck hat, soll ihn herbringen!' Sie gaben mir das Gold, ich warf es ins Feuer und herausgekommen ist dieser Stier!"[12] Wollte er Mose etwa glauben machen, hier wäre ein Wunder geschehen, indem aus dem ins Feuer geworfenen Gold auf übernatürliche Weise ein Götterbild entstanden war? Aber solche Ausflüchte nützten nichts.

Zu Recht sah Mose in seinem Bruder Aaron den Hauptschuldigen, denn er hatte dem Begehren der Menge nachgegeben, das Götterbild gemacht, einen Altar gebaut und noch ein Fest ausgerufen. Er hatte versagt, als es galt, den Aufsässigen entschieden entgegenzutreten, und untätig zugehört, als vor dem Stierbildnis gejubelt wurde: „Das ist unser Gott, der uns aus Ägypten befreit hat!"[13] Obwohl er mit Mose auf dem Berg Sinai gewesen war und Jahwes Herrlichkeit gesehen hatte, war er denen nicht entschlossen entgegengetreten, die dessen Anbetung wieder auf das Niveau des Götzendienstes herabziehen wollten.

Wäre Aaron mutig genug gewesen, für das Recht einzustehen, hätte er den Abfall von Gott verhindern können. Hätte er mit Nachdruck das Volk daran erinnert, dass es feierlich gelobt hatte, allen Geboten Gottes zu gehorchen, wäre es nicht

[10] 2. Mose 32,15.19 [11] 2. Mose 32,20 [12] 2. Mose 32,23.24
[13] 2. Mose 32,4 Hfa

so weit gekommen. Aber seine Nachgiebigkeit hatte die Aufrührer in ihrem Vorhaben noch bestärkt. Aarons Bestreben, die Leute zufriedenzustellen, hatte ihn für die Tragweite dieser Verfehlung blind gemacht. Das kostete danach tausenden Israeliten das Leben. Welcher Gegensatz zu Mose, dem das Wohlergehen Israels mehr wert war als das eigene Ansehen oder Leben.

Gott hatte Aaron während Moses Abwesenheit die Verantwortung für Israel übertragen, aber Aaron versagte kläglich, obwohl er auf Gottes Hilfe hätte zählen können. Deshalb „war der Herr zornig und wollte ihn töten",[14] denn keine Sünde wiegt in seinen Augen so schwer wie die, andere im Bösen zu bestärken. Nur auf Moses dringende Bitte hin kam Aaron mit dem Leben davon. Und als er seine Schuld zugab und aufrichtig bereute, nahm ihn Gott wieder in Gnaden an.

Der Abfall wird bestraft

Wäre die Rebellion, die Aaron zugelassen hatte, nicht rasch bestraft worden, wäre die Bosheit enorm angewachsen und das hätte das Volk Israel zugrunde gerichtet. Deshalb durfte es keine Kompromisse geben, sondern nur ein unnachgiebiges Einschreiten.

Mose rief den Israeliten zu: „Her zu mir, wer zum Herrn hält!"[15] Wer an der Verehrung des Götterbildes nicht teilgenommen hatte, sollte sich zu seiner Rechten aufstellen, wer es getan hatte, aber bereute, zur Linken. Dabei stellte sich heraus, dass die Angehörigen des Stammes Levi sich nicht am Götzendienst beteiligt hatten. Aus den anderen Stämmen hatten viele gesündigt, bereuten es nun aber. Manche, darunter viele Fremde, blieben dagegen uneinsichtig und verstockt.

Im Namen des Gottes Israels befahl nun Mose denen, die Gott treu geblieben waren, Schwerter zu nehmen und alle, die hartnäckig bei ihrer Auflehnung blieben, zu erschlagen. „Die Leviten führten den Befehl aus und töteten an jenem Tag dreitausend Mann."[16] Alle Anführer des Aufruhrs wurden ausgerottet, aber alle, die ihr Fehlverhalten bereuten und dies gezeigt hatten, blieben verschont.

Damit Gottes Herrschaft aufrechterhalten blieb, musste der Abfall von ihm geahndet werden. Doch auch dabei zeigte sich

---

[14] 5. Mose 9,20 [15] 2. Mose 32,26 [16] 2. Mose 32,28

Gottes Gnade, denn alle Sünder bekamen erst die Gelegenheit zur Umkehr. Nur wer in der Auflehnung beharrte, musste sterben.

Man muss sehr vorsichtig sein, andere zu richten, doch wenn Gott ein Urteil über die Missetäter spricht, sollte es auch vollstreckt werden. Diejenigen, die damals dieser schmerzlichen Pflicht nachkamen, bewiesen damit, dass sie Auflehnung und Götzendienst verabscheuten. Der Herr belohnte die Treue des Stammes Levi durch das besondere Vorrecht, ihm an dem zu errichtenden Heiligtum dienen zu dürfen.

Gott möchte, dass seine Diener ihre Treue zu ihm auch dadurch zeigen, dass sie Fehlverhalten beim Namen nennen, so schmerzlich das auch sein mag. Wer von Gott mit einer besonderen Aufgabe betraut worden ist, darf nicht auf Beliebtheit aus sein oder unangenehmen Pflichten aus dem Weg gehen. Er muss vielmehr danach fragen, was Gott will, und das dann treu ausführen.

Israels Abfall musste hart bestraft werden, um den anderen Völkern zu zeigen, wie sehr Jahwe jede Art von Götzendienst verabscheute. Wenn die Israeliten später den der Heiden verurteilten, hätten die ihnen sonst mit Sicherheit vorgehalten, dass sie ja selbst am Sinai ein Götterbild angebetet hatten. Dann konnte Israel, obwohl es das eigene Versagen eingestehen musste, an Gottes Strafgericht über die Abtrünnigen als Beweis erinnern, dass Gott ihre Sünde nicht gutgeheißen hatte.

Doch nicht nur aus Gründen der Gerechtigkeit, sondern auch um der Liebe willen musste diese Auflehnung gegen Gott geahndet werden. Hätte er nicht eingegriffen, hätte sich der Abfall immer weiter im Volk Gottes ausgebreitet. Nachdem Gott den Brudermörder Kain verschont hatte, wurde deutlich, welche Folgen es haben kann, wenn Bosheit ungestraft blieb. Kains Einfluss auf seine Nachkommen führte schließlich zu der Art Verdorbenheit, die es erforderlich machte, die vorsintflutliche Menschheit bis auf eine einzige Familie zu vernichten. Es war deutlich geworden, dass Gottes Barmherzigkeit und Langmut nicht zur Umkehr der Menschen geführt hatte.

Wäre beim Abfall Israels die Strafe nicht sofort vollzogen worden, hätte man das Gleiche erlebt. Die Menschheit wäre wieder so abgrundtief böse geworden wie zu Noahs Zeit. Hätte Gott diese reuelosen Übertreter verschont, wären schlimmere Übeltaten gefolgt als nach Kains Mord. Es war ein Akt der Gnade Gottes, dass Tausende umkamen, damit nicht Millionen dem Gericht verfielen. Um viele Menschen zu bewahren, musste Gott also einige bestrafen.

Außerdem hatte das Volk auch Gottes Schutz verwirkt. Israel wäre der Macht seiner Feinde ausgeliefert gewesen und bald einem ihrer zahlreichen Gegner zum Opfer gefallen. Um den Erhalt des Volkes zu gewährleisten, war die unmittelbare Ahndung des Vergehens also auch notwendig.

Und es bedeutete nicht minder Gnade für die Sünder selbst, dass ihrem bösen Tun ein Ende gesetzt wurde. Derselbe aufrührerische Geist, der sie zur Auflehnung gegen Gott verleitete, hätte sich anderenfalls in Hass und Streit untereinander geäußert, sodass sie sich schließlich gegenseitig vernichtet hätten.

Moses Liebe zu Israel

Als den Israeliten die Tragweite ihrer Sünde zum Bewusstsein gekommen war, verbreitete sich im ganzen Lager Entsetzen. Sie befürchteten, dass nun alle Schuldigen ihr Leben verwirkt hätten. Mose versprach, Gott noch einmal um Gnade zu bitten: „Ihr habt schwere Schuld auf euch geladen. Darum will ich jetzt zum Herrn hinaufsteigen. Vielleicht kann ich erreichen, dass er euch die Schuld vergibt." Er ging auf den Berg und bekannte vor Gott: „Ach Herr, das Volk hat sich schwer gegen dich vergangen! Einen Gott aus Gold haben sie gemacht. Vergib doch ihre Schuld! Wenn nicht, dann streiche meinen Namen aus dem Buch, in dem die Namen der Deinen eingetragen sind."[17]

Wenn der Herr den Israeliten nicht vergeben würde, wollte Mose also ihre Strafe teilen. Er konnte es nicht ertragen, dass die so wunderbar Befreiten dem Gericht Gottes verfielen.

Moses Eintreten für das Volk war ein Hinweis auf den Mittlerdienst Christi für die Sünder. Aber Gott ließ es nicht zu, dass Mose wie Christus die Schuld der Übertreter auf sich nahm. „Ich streiche nur den aus meinem Buch, der gegen mich [beharrlich] sündigt", erklärte er.[18]

Mose wies in seinem Gebet auf die himmlischen Bücher hin, in denen die Namen aller Menschen und ihre Taten vermerkt sind, ob gut oder böse. Das „Buch des Lebens" enthält

---

[17] 2. Mose 32,30–32 [18] 2. Mose 32,33 Hfa

die Namen all derer, die sich je in den Dienst Gottes gestellt haben. Wurden sie Gott aber untreu oder durch verstocktes Beharren in Sünde schließlich dem Einfluss des Heiligen Geistes gegenüber verhärtet, werden ihre Namen wieder aus dem „Buch des Lebens" getilgt.[19] Sie erhalten dann kein ewiges Leben auf der neuen Erde.

In tiefer Trauer begrub das Volk seine Toten. 3000 waren durch das Schwert gefallen; bald danach war eine Seuche im Lager ausgebrochen,[20] und nun kam auch noch die Botschaft, dass Gott, der Vater, sie nicht mehr auf der Wanderung begleiten würde. „Ihr seid ein starrsinniges Volk! Wenn ich auch nur einen Augenblick mit euch käme, würde ich euch vernichten! Legt nun euren Schmuck ab, dann will ich entscheiden, was mit euch geschehen soll!" In Reue und Demut „legten die Israeliten am Berg Horeb ihren Schmuck ab",[21] denn aus solchem Schmuck hatten sie das Götterbild gemacht.

Auf Gottes Anweisung hin verlegte Mose das Zelt, das als vorläufiger Anbetungsort diente, „außerhalb des Lagers".[22] Das war ein weiterer Hinweis dafür, dass Gott den Israeliten seine Gegenwart entzogen hatte. Sie waren von dieser Maßnahme tief betroffen, und den von Gewissensbissen geplagten schien das ein Vorzeichen größeren Unglücks zu sein. Aber Gott gab ihnen Hoffnung. Das Zelt wurde außerhalb des Lagers aufgeschlagen, jedoch nannte Mose es nun „Zelt der Begegnung".[23] Alle, die aufrichtig bereuten und das Verlangen hatten, zum Herrn zurückzukehren, erhielten die Weisung, dorthin zu gehen, um ihre Sünden zu bekennen und Gottes Gnade zu erbitten. Dann trat Mose in das Zelt. Das Volk wartete auf ein Zeichen, dass seine Fürbitte angenommen war. Als sich die Wolkensäule niedersenkte und am Eingang des Zeltes stand, weinte das Volk vor Freude, „und sie warfen sich alle anbetend am Eingang ihrer Zelte nieder".[24]

Mose wusste, dass er ohne Gottes Hilfe das Volk nicht leiten konnte. Daher sagte er zu Gott: „Du befiehlst mir: Führe das Volk hinauf! und lässt mich nicht wissen, wen du mit mir senden willst, wo du doch gesagt hast: Ich kenne dich mit Namen, und du hast Gnade vor meinen Augen gefunden. Hab ich denn Gnade vor deinen Augen gefunden, so lass mich deinen Weg wissen, damit ich dich erkenne und

---

[19] Offenbarung 3,5 [20] 2. Mose 32,28.35 [21] 2. Mose 33,5.6 Hfa
[22] 2. Mose 33,7 [23] 2. Mose 33,7 [24] 2. Mose 33,10

Gnade vor deinen Augen finde. Und sieh doch, dass dies Volk dein Volk ist."[25]

Der Herr antwortete: „Ich werde mitgehen, du kannst ruhig sein."[26] Aber Mose war noch nicht zufrieden gestellt. Und so betete er, dass Gott dem Volk wieder gnädig sein möge und das Zeichen seiner Gegenwart sie auf ihrer Wanderung auch weiterhin leiten möge: „Wenn du nicht mitgehst, wäre es besser, du ließest uns hier bleiben. Woran sollen wir denn erkennen, dass wir in deiner Gunst stehen, ich und dein Volk? Doch nur daran, dass du mit uns ziehst und uns dadurch vor allen anderen Bewohnern der Erde auszeichnest, nicht nur mich, sondern auch dein ganzes Volk!"[27]

Der Herr versicherte: „Ich werde auch diese Bitte erfüllen, weil du in meiner Gunst stehst und mein Vertrauter bist." Aber Mose ließ noch immer nicht locker. Er erbat nun etwas, das nie ein Mensch zuvor gewagt hatte: „Lass mich doch den Glanz deiner Herrlichkeit sehen!"[28] Gott antwortete ihm gnädig: „Ich werde in meiner ganzen Pracht und Hoheit an dir vorüberziehen und meinen Namen ‚der Herr' vor dir ausrufen."[29]

Mose darf Gottes Herrlichkeit sehen

Erneut wurde Mose aufgefordert, auf den Gipfel des Berges zu steigen.[30] Er stand in einer Felsspalte, während die Herrlichkeit Gottes an ihm vorüberzog. Er war in der Gegenwart des Ewigen und hatte keine Angst, denn er befand sich in Übereinstimmung mit Gott. „Der Herr ist denen Freund, die ihn fürchten."[31]

Gott rief aus: „Ich bin der Herr! ‚Ich bin da' ist mein Name! Ich bin ein Gott voll Liebe und Erbarmen. Ich habe Geduld, meine Güte und Treue sind grenzenlos. Ich erweise Güte über Tausende von Generationen hin, ich vergebe Schuld, Verfehlung und Auflehnung; aber ich lasse auch nicht alles ungestraft hingehen."[32] „Da warf sich Mose anbetend vor dem Herrn nieder." Der versprach, seinen Bund mit Israel zu erneuern und Wunder zu tun, „wie sie noch niemand vollbracht hat unter allen Völkern der Erde".[33]

---

[25] 2. Mose 33,12.13 Hfa [26] 2. Mose 33,14 [27] 2. Mose 33,15.16
[28] 2. Mose 33,17.18 [29] 2. Mose 33,19 Hfa [30] 2. Mose 34,1.2
[31] Psalm 25,14 LB [32] 2. Mose 34,6.7 [33] 2. Mose 34,8.10

Dieses Erlebnis brachte Mose die Gewissheit eines guten Fortgangs seines künftigen Dienstes. Sie war ihm unendlich mehr wert als alle Gelehrsamkeit Ägyptens oder all seine Kenntnisse als Staatsmann und Heerführer. Keine irdische Macht oder Klugheit kann Gottes Gegenwart ersetzen.

Erneut blieb Mose 40 Tage auf dem Berg und wurde wie beim ersten Mal auf wunderbare Weise am Leben erhalten. Auf Gottes Befehl hin hielt er zwei Tafeln aus Stein bereit. Wieder schrieb der Herr „auf die Steintafeln die Grundregeln des Bundes zwischen Gott und seinem Volk, die Zehn Gebote".[34]

Als Mose vom Berg zurückkam, „hatte sein Gesicht einen strahlenden Glanz". Daher fürchteten sich Aaron und das Volk vor ihm.[35] Mose bemerkte, dass sie bestürzt waren, und hielt ihnen die Steintafeln hin – das Zeichen der Versöhnung mit Gott. Im Bewusstsein ihrer Schuld konnten sie den Glanz nicht ertragen, der auf seinem Gesicht lag. Mose bedeckte sein Gesicht daher mit einem Tuch und machte das auch später so, wenn er aus der Gemeinschaft mit Gott im neu errichteten Heiligtum zurückkam.[36]

Mit diesem Glanz wollte Gott den Israeliten die Heiligkeit und Erhabenheit seines Gesetzes und die Herrlichkeit der Erlösung zeigen, die im Heiligtumsdienst offenbart wurde (siehe Kapitel 30). Gott gab Mose auf dem Berg nicht nur die Tafeln mit den Zehn Geboten, er zeigte ihm auch den Erlösungsplan. Daran erkannte Mose, dass die Opfer und Dienste im künftigen Heiligtum, für die er auf dem Berg genaue Anweisungen erhalten hatte, auf das wahre Opfer Christi und seinen Mittlerdienst hinwiesen.

Der Glanz, der sich im Angesicht Moses widerspiegelte, bezeugt, dass wir umso mehr in das Bild Gottes verwandelt werden, je enger unsere Verbindung mit ihm und je klarer unsere Erkenntnis seines Willens ist.

Als Israels Fürsprecher verhüllte Mose sein Gesicht. Auch Christus verhüllte sein Gottsein unter seiner menschlichen Natur, als er auf diese Erde kam. Wäre er dabei von der Herrlichkeit Gottes umgeben gewesen, hätten die Menschen das nicht ertragen können. Darum erniedrigte er sich und kam in menschlicher Gestalt zur Erde, damit er die in Sünde gefallene Menschheit wieder zu Gott zurückführen konnte.

---

[34] 2. Mose 34,28 [35] 2. Mose 34,29.30 [36] 2. Mose 34,33–35

29 | Satans Kampf gegen das Gesetz Gottes

Schon lange bevor unsere Erde geschaffen wurde, hatte sich Luzifer gegen Gott aufgelehnt. Er stellte dessen Gesetz als Instrument der Unterdrückung dar. Mit seiner Rebellion schien er sogar eine Zeitlang Erfolg zu haben, denn ein großer Teil der Engel ließ sich täuschen und schlug sich auf seine Seite. Aber sein scheinbarer Triumph endete mit einer Niederlage. Zum Satan (Widersacher) geworden, verlor der einst höchste Engel seine Stellung in der Gegenwart Gottes.

Als er den Kampf erneut auf der Erde aufnahm, sah es anfangs so aus, als liefe alles nach seinem Plan. Indem sich unsere Ureltern von Satan zum Ungehorsam verleiten ließen, gerieten sie unter seine Herrschaft. Nun schien der Weg für ihn offen zu stehen, auf dieser Erde ein unabhängiges Reich aufzurichten und sich der Autorität Gottes und seines Sohnes zu entziehen. Aber der Erlösungsplan schob diesem Vorhaben einen Riegel vor, indem er den Menschen die Möglichkeit bot, wieder in Einklang mit Gott zu kommen und dessen Gebote zu halten.

Erneut musste Satan erkennen, dass er den Kürzeren gezogen hatte. Doch wie zuvor nahm er Zuflucht zur Täuschung, weil er hoffte, am Ende doch noch über Gott triumphieren zu können. Nun unterstellte er dem Schöpfer, ungerecht zu sein, weil der es zuließ, dass die ersten Menschen sein Gebot missachten konnten, wenn er doch vorher wusste, dass die Folgen Elend und Tod sein würden. Adams Nachkommen liehen dem Widersacher ihr Ohr und klagten über den, der als Einziger in der Lage war, sie der Herrschaft Satans zu entreißen.

Gott auf die Anklagebank zu setzen und ihm Versagen oder Ungerechtigkeit vorzuwerfen, ist bis heute gang und gäbe. Viele Menschen können oder wollen nicht begreifen, dass der Mensch zum willenlosen Roboter oder zu einer Art Marionette würde, wenn man ihm die Möglichkeit zur eigenen Entscheidung nähme. Gott will keinen Zwang ausüben, weil es dann keine wahre Liebe und kein echtes Vertrauen – die Grundlagen jeder guten Beziehung – geben könnte.

Wie die Bewohner aller anderen Welten muss auch jeder Mensch zeigen können, dass er sich auf Gottes Seite stellt, indem er Gottes Gebote befolgt. Wir können Gott gehorsam sein, weil er Satan nicht gestattet, uns zum Sündigen zu zwingen. Gott lässt keine Versuchung oder Anfechtung zu, die wir nicht mit seiner Kraft überwinden könnten.

Als die Bevölkerung der Erde wuchs, wurde leider bald deutlich, dass sich die meisten Menschen lieber der Herrschaft Satans unterwarfen, als Gottes Gebote ernst zu nehmen. Wieder sah es so aus, als würde der Widersacher sein Ziel erreichen. Doch dann griff Gott ein und setzte dem boshaften Treiben durch die Sintflut ein jähes Ende.

Wozu erwählte Gott das Volk Israel?

Nicht nur die Menschen vor der Sintflut, sondern auch Noachs Nachkommen lehnten bald Gottes Autorität ab. Der Prophet Jesaja sagte: „Wenn du die Gottlosen begnadigst, begreifen sie nicht, was Recht ist ... und erkennen dich nicht als den höchsten Gott.“[1] So geschah es auch nach der Sintflut. Viele lehnten sich bald wieder gegen Gott auf.

Schließlich schloss Gott einen Bund mit Abraham und dessen Nachkommen und erwählte sich ein Volk, das zum Hüter seines Gesetzes werden sollte. Sogleich begann Satan, seine Fallstricke neu zu legen, um auch sie zu verführen. Er verleitete Jakobs Söhne dazu, Ehen mit heidnischen Frauen zu schließen und deren Götter anzubeten.

Aber Josef blieb Gott treu und war ein Zeuge für den wahren Glauben. Satan veranlasste seine Brüder, ihn als Sklaven nach Ägypten zu verkaufen. Doch Gott fügte es, dass dieser junge Mann dort zum Zeugen Gottes wurde. Und sowohl im Haus Potifars als auch im Gefängnis erhielt Josef eine Ausbildung, die ihn auf seine hohe Stellung als oberster Minister im Staat vorbereitete. Sein Einfluss war im ganzen Land spürbar, und die Erkenntnis des wahren Gottes breitete sich auch in Ägypten aus.

Die Nachkommen Jakobs vermehrten sich dort schnell und wurden wohlhabend. Die Gott treu blieben, übten einen weitreichenden Einfluss aus. Die ägyptischen Priester sahen das freilich mit wachsendem Unbehagen. Mit der gleichen Feind-

---

[1] Jesaja 26,10 Hfa

schaft erfüllt, die Satan im Himmel gegen Gott gehegt hatte, nahmen sie sich vor, die wahre Gotteserkenntnis zu unterdrücken. Da ihnen die Erziehung der Thronerben anvertraut war, konnten sie die Persönlichkeit der künftigen Pharaonen prägen. Dies führte letztlich zu der grausamen Unterdrückung der Israeliten.

Die Erhebung Moses zum Thronfolger in Ägypten und seine Treue zu Gott stellten eine Gefahr für die ägyptische Religion dar; doch nach seiner Flucht nach Midian schien sie vorbei zu sein. Jahr um Jahr wurde das Gottvertrauen der Israeliten schwächer. Die Pharaonen und ihr Volk verhöhnten den Gott Israels. Diese Gesinnung breitete sich aus, bis sie in jenem Pharao ihren Höhepunkt erreichte, von dem Mose im Auftrag Gottes forderte: „Lass mein Volk ziehen!"[2] Als er mit dieser Botschaft Jahwes zum Pharao kam, war es nicht Unkenntnis über den wahren Gott, sondern trotzige Feindschaft, die den König antworten ließ: „Wer ist denn dieser ‚Herr'? ... Weshalb sollte ich ihm gehorchen und Israel gehen lassen? Ich kenne den Herrn nicht und lasse sein Volk nicht frei!"[3] Von Anfang bis Ende gründete sich der Widerstand des Pharaos auf Hass und Verachtung gegenüber dem wahren Gott.

Zu Josefs Zeit war Ägypten für die Israeliten ein Zufluchtsort gewesen. Mit den Wohltaten, die man seinem Volk erwiesen hatte, war Gott geehrt worden, und deshalb ließ der Herr in seiner Barmherzigkeit zwischen jedem Strafgericht durch die Plagen eine Gnadenfrist verstreichen. Alle, die es wollten, konnten sich vor ihm demütigen und den Plagen entgehen. Letztlich sorgte der Starrsinn des Königs dafür, dass viele Ägypter erkannten, dass Jahwe, der Gott der Israeliten, mächtiger war als all ihre Götter zusammen.

Der Götzendienst der Ägypter und die grausame Unterdrückung während der letzten Zeit ihres Aufenthaltes dort sollten den Israeliten Abscheu gegen die Abgötterei einflößen. Dann würden sie bei dem Gott ihrer Väter Zuflucht suchen. Aber Satan trübte ihren Blick und verführte sie dazu, sich den heidnischen Bräuchen der Ägypter anzupassen. Wegen deren abergläubischer Verehrung einiger Tiere, die den Israeliten als Opfer dienten, wurde ihnen verboten, überhaupt Opfer darzubringen. Daher wurden ihre Gedanken nicht mehr auf den kommenden Erlöser gerichtet. Satan war fest entschlossen,

[2] 2. Mose 5,1 [3] 2. Mose 5,2 Hfa

dieses inzwischen zahlenmäßig groß gewordene Volk in Sklaverei, Unwissenheit und Aberglauben zu halten und auch noch den letzten Rest Gotteserkenntnis auszulöschen.

Als Aaron die Wunder vor dem Pharao tat, war Satan sofort zur Stelle, um deren Wirkung zu vereiteln. Durch die Magier unternahm er alles, um sie nachzuahmen und den König zu bestärken, sich dem Willen Gottes zu widersetzen. Die einzige Folge jedoch war, dass er den Weg für noch größere Offenbarungen göttlicher Macht bereitete. „So führte [Gott] sein auserwähltes Volk heraus ... damit sie seinen Weisungen gehorchten und seine Gebote hielten."[4]

Während der Sklaverei in Ägypten wussten viele Israeliten kaum noch etwas von den Geboten Gottes oder hatten ihre Vorschriften mit heidnischen Bräuchen und Überlieferungen vermischt. Deshalb führte Gott sie zunächst zum Berg Sinai und verkündete ihnen sein Moralgesetz.

Doch auch dort war Satan am Wirken, um das Volk zum Sündigen zu verleiten. Indem er sie zum Götzendienst verführte, untergrub er den Wert und Zweck aller Anbetung, denn niemand kann durch die Verehrung von selbst geschaffenen Abbildern einer Gottheit geistlich und moralisch erhoben werden. Vielmehr werden dann die bösen Neigungen der Herzen zügellos und Satan bekommt die Kontrolle.

Die 40 Tage, in denen Mose auf dem Berg bei Gott war, nutzte Satan, um Zweifel und Auflehnung zu erregen. Als Mose mit den Zehn Geboten zurückkam, die die Israeliten zu befolgen gelobt hatten, sah er, wie sie ausgelassen um das Stierbild tanzten. Satan glaubte, dass sich der Herr nun endgültig von diesem widerspenstigen Volk lossagen würde, weil sich erwiesen hatte, wie niederträchtig es war. Damit würde auch die Prophezeiung über die Nachkommen Abrahams zunichte, die die Erkenntnis des lebendigen Gottes bewahren sollten und aus denen der Erlöser geboren würde, der Satan überwinden sollte. Aber erneut schlug sein Plan fehl. Zwar wurden alle, die sich auf seine Seite gestellt hatten, getötet, aber Gott verzieh denen, die sich demütigten und ihre Sünde bereuten.

Die Engel und die vernunftbegabten Geschöpfe der sündlosen Welten waren Zeugen der Ereignisse am Sinai. Jeder von ihnen konnte sehen, welcher Unterschied zwischen der Herrschaft Gottes und den Machenschaften Satans besteht.

---

[4] Psalm 105,43.45 Hfa

Satans Kampf gegen die Zehn Gebote

Gottes Anspruch auf Verehrung und Anbetung gründet sich auf die Tatsache, dass er der Schöpfer ist. Der Prophet Jeremia erklärte: „Der Herr hat die Erde geschaffen und dadurch seine Macht gezeigt: Das feste Land ist ein Werk seiner Weisheit, der Himmel darüber ein Beweis für sein überlegenes Können ... Kein Mensch kann das begreifen, sprachlos vor Staunen steht jeder davor. Und alle, die Götterbilder gemacht haben, müssen sich ihrer Machwerke schämen; denn diese Bilder sind Betrug, kein Hauch von Leben ist in ihnen."[5]

Der Sabbat als Gedenktag der Schöpfung weist auf den hin, der Himmel und Erde gemacht hat. Deshalb ist dieser Tag ein unveränderliches Zeugnis der Macht, Weisheit und Liebe Jahwes. Wäre der Sabbat stets heilig gehalten worden, hätte es niemals Gottesleugner oder Götzendiener gegeben.

Der Sabbat stammt aus dem Paradies und ist so alt wie die Menschheit. Von Beginn an war er für alle Gottgetreuen der heilige Tag Gottes. Aber während ihrer Sklaverei konnten die Israeliten ihn nicht beachten. Als Gott das Gesetz am Sinai verkündete, lauteten die ersten Worte des vierten Gebotes: „Gedenke des Sabbattages, dass du ihn heiligest."[6] Sie zeigen, dass der Sabbat nicht erst zu dem Zeitpunkt eingesetzt wurde. Am Schluss des Gebots wird sein Ursprung auf die Schöpfung zurückgeführt.[7]

Satans Ziel war es, dieses wichtige Erinnerungszeichen zu beseitigen. Wenn er Menschen dahin bringen kann, ihren Schöpfer zu vergessen, geben sie sich kaum noch Mühe, der Macht des Bösen zu widerstehen, und Satan kann ungehindert über sie herrschen.

Satans Kampf gegen das Gesetz Gottes trieb ihn, jedes der Zehn Gebote zu bekämpfen. Weil durch bildliche Darstellungen Gottes die Vorstellung der Menschen von seinem Wesen und seiner Macht herabgesetzt wird, förderte Satan den Götzendienst und die Verehrung von Bildern, wo er nur konnte.

Weil oft die Missachtung der elterlichen Autorität auch zur Geringschätzung Gottes führt, tat Satan alles, um die Verpflichtungen des fünften Gebots abzuschwächen. Bei manchen Völkern wurden die Eltern sich selbst überlassen oder gar umgebracht, wenn sie nicht mehr für sich sorgen konnten. In Familien wurde die Mutter oft geringschätzig behandelt,

---

[5] Jeremia 10,12.14 [6] 2. Mose 20,8 LB [7] 2. Mose 20,11

und nach dem Tode des Ehemannes musste sie sich dem ältesten Sohn unterordnen. Demgegenüber schärfte Gott den Israeliten Ehrfurcht vor beiden Elternteilen ein.

Satan war „von Anfang an ein Mörder", wie Jesus erklärte.[8] Sobald der Teufel Macht über die Völker gewann, trieb er sie nicht nur dazu, sich gegenseitig zu hassen und umzubringen, sondern machte das Töten von Menschen sogar zu einem Bestandteil religiöser Kulte. Viele Heidenvölker wurden zu der Annahme verleitet, die Gunst der Götter sei nur durch Menschenopfer zu erlangen.

Zu den grausamen Riten gehörte der Brauch, Kinder vor den Götterbildern durch ein Feuer gehen zu lassen. Bestand ein Kind diese Prüfung unversehrt, glaubte das Volk, die Opfer wären angenommen. Ein auf diese Weise gerettetes Kind hielt man für einen Liebling der Götter. Man überhäufte es mit Wohltaten und verehrte es. Mochte seine Schuld auch noch so groß sein, wurde es dennoch niemals bestraft. Blieb das Kind dagegen nicht unversehrt, wenn es durch das Feuer lief, war sein Schicksal besiegelt. Man glaubte den Zorn der Götter nur dadurch besänftigen zu können, dass man es tötete und als Opfer darbrachte. In Zeiten des größten Abfalls geschahen solche Gräueltaten sogar bei den Israeliten.[9]

Auch das Verbot des Ehebruchs wurde schon früh im Namen der Religion übertreten. Bei vielen heidnischen Völkern war Unzucht ein fester Bestandteil der Feste zu Ehren der Götter. Die wurden oft selbst höchst unkeusch dargestellt und das ermutigte ihre Anbeter, ihren niedrigen Leidenschaften im Namen der Religion zu frönen.

Die Vielehe gehörte zu den Sünden, die den Zorn Gottes über die vorsintflutliche Menschheit hervorriefen. Auch danach war sie bald wieder verbreitet. Es war Satans wohldurchdachtes Bestreben, die Ehe zu verderben, ihre Verbindlichkeit infrage zu stellen und ihre Heiligkeit herabzuwürdigen. Es gab keinen zuverlässigeren Weg, das Bild Gottes im Menschen zu entstellen und dem Laster Tür und Tor zu öffnen.

Bis heute fallen die Massen auf Satans Täuschungen herein und wenden sich von Gottes Geboten ab. Aber trotz aller Anstrengungen Satans kommt Gott doch zu seinem Ziel. Er hat seine Güte und Gerechtigkeit den Menschen in vielfacher Weise offenbart. Durch Satans Versuchungen sind sie zwar

---

[8] Johannes 8,44 [9] Siehe 2. Könige 16,3; 17,17; 21,6

zu Übertretern des Gesetzes geworden, aber das Opfer Jesu Christi hat ihnen den Weg zur Versöhnung mit Gott eröffnet. Und wer sich von ihm angenommen weiß und vom Heiligen Geist innerlich erneuert wurde, nimmt auch die Gebote Gottes ernst. So sammelte sich Gott zu allen Zeiten inmitten von Auflehnung und Abfall einen Überrest, der ihm treu war, oder wie es der Prophet Jesaja ausdrückt: „... in dessen Herzen mein Gesetz ist".[10]

Gott wird die Früchte des Wirkens Satans, das der so lange im Verborgenen fortgesetzt hat, einmal vollständig enthüllen. Im Gericht wird für alle Menschen offenbar werden, welche Folgen es hat, wenn Gottes Gebote missachtet werden. Sie werden zugeben, dass Gottes Gesetz gerecht und gut ist. Selbst Satan wird dann vor dem ganzen Universum die Gerechtigkeit der Herrschaft Gottes und seines Gesetzes anerkennen.

Die Gesetzgebung – ein Bild des künftigen Gerichts

Die Schrecken am Berg Sinai sollten dem Volk Israel eine Vorstellung vom zukünftigen Gericht über die Gottlosen und die Scheinchristen vermitteln. Der Schall des Widderhorns forderte die Israeliten auf, Gott zu begegnen. Am Ende der Weltgeschichte werden „die Stimme des Erzengels und die Posaune Gottes" die Lebenden und die Toten vor den Richterstuhl Christi rufen.[11] Dann wird Christus „in der Herrlichkeit seines Vaters mit seinen Engeln kommen" und „alle Völker der Erde werden vor ihm versammelt werden".[12]

Der Psalmist erklärt: „Unser Gott kommt, er schweigt nicht länger. Vor ihm her läuft vernichtendes Feuer, um ihn stürmt und wütet das Wetter. Himmel und Erde ruft er als Zeugen auf, denn er will sein Volk zur Rechenschaft ziehen."[13] Und der Apostel Paulus ergänzt: „Wenn Jesus als der Herr mit allen seinen mächtigen Engeln vom Himmel kommen wird, [wird] wie ein vernichtendes Feuer sein Urteil alle treffen, die von Gott nichts wissen wollen und die rettende Botschaft von Jesus, unserem Herrn, ablehnen."[14]

Als Mose vom Berg Sinai zum zweiten Mal aus der 40-tägigen Gemeinschaft mit Gott zurückkam, konnte das schuldig gewordene Volk den Glanz nicht ertragen, der von ihm aus-

---

[10] Jesaja 51,7 LB [11] 1. Thessalonicher 4,16 LB [12] Matthäus 16,27; 25,31.32
[13] Psalm 50,3.4 Hfa [14] 2. Thessalonicher 1,7.8 Hfa

ging. Wie viel weniger können verhärtete Sünder den Sohn Gottes anschauen, wenn er in der Herrlichkeit seines Vaters kommen wird, umgeben von unzähligen Engeln, um Gericht zu halten über alle, die sein Gesetz übertreten und das Angebot der Erlösung abgelehnt haben. Johannes sah diese Szene und beschrieb sie in der Offenbarung so: „Alle Menschen versteckten sich in Höhlen und zwischen den Felsen der Berge: die Könige und Herrscher, die Heerführer, die Reichen und Mächtigen und alle Sklaven und Freien. Sie riefen den Bergen und Felsen zu: ‚... Fallt auf uns und verbergt uns vor dem Blick dessen, der auf dem Thron sitzt, und vor dem Zorn des Lammes!' Der große Tag, an dem sie Gericht halten, ist gekommen. Wer kann da bestehen?'"[15]

Satan hat es den Menschen so dargestellt, als würde sich aus der Übertretung der Gebote nur Gutes ergeben; aber letztlich muss jeder erkennen, dass „die Sünde mit dem Tod bezahlt"[16] wird – und zwar mit dem unwiderruflichen und endgültigen – dem sogenannten „zweiten Tod".[17] „Denn es kommt der Tag, an dem mein Zorn wie loderndes Feuer brennt. Dann werden alle Bösen, die mich voll Übermut verachten, dahingerafft wie Stroh, das vom Feuer verzehrt wird. Nichts bleibt von ihnen übrig, weder Wurzeln noch Zweige."[18]

Aber Gottes Kinder brauchen sich mitten im göttlichen Gericht nicht zu ängstigen, denn er hat gesagt: „An dem Tag, wenn ich mein Urteil spreche, werden diese Menschen zu mir gehören. Ich will sie verschonen, so wie ein Vater seinen Sohn verschont, der zu ihm gehalten hat."[19]

Der Erlösungsplan wird damit enden, dass die Welt wieder uneingeschränkt unter Gottes Herrschaft und Gunst steht. Alles, was durch die Sünde verlorengegangen ist, wird wiederhergestellt werden. Nicht nur der Mensch ist dann erlöst, sondern die ganze Erde ist mit Feuer gereinigt und erneuert, damit sie für ewig die Wohnstätte der Kinder Gottes sein kann.[20]

Dann wird verwirklicht sein, was von Anfang an Gottes Bestimmung für die Menschen war: „Das heilige Volk Gottes, des Allerhöchsten, [wird] die Herrschaft empfangen und sie für alle Zeiten behalten."[21] Dann werden erneut Gottes Gebote, die Satan so abgrundtief hasst und bekämpft, das Leben der Menschen in Gottes neuer, sündloser Welt allezeit leiten.

---

[15] Offenbarung 6,15–17 [16] Römer 6,23 Hfa [17] Offenbarung 20,14.15
[18] Maleachi 3,19 [19] Maleachi 3,17 Hfa [20] 2. Petrus 3,10–13 [21] Daniel 7,18 Hfa

30 | Das Heiligtum und sein Dienst*

Als Mose auf dem Berg Sinai war, bekam er von Gott den Auftrag: „Die Israeliten sollen mir ... ein Heiligtum bauen, denn ich will bei ihnen wohnen."[1] Gott sagte zu Mose: „Ich zeige dir jetzt das Modell meiner Wohnung und der dazugehörigen Geräte, damit ihr es genau nach diesem Muster herstellen könnt."[2] Dazu wurden ihm ausführliche Anweisungen für den Bau des Heiligtums erteilt.

Durch ihren Abfall hatten die Israeliten das Recht auf Gottes Gegenwart verloren. Doch der Herr ließ Gnade vor Recht ergehen und nahm sich ihrer wieder an. Daher konnte Mose darangehen, den Auftrag entsprechend den Anweisungen auszuführen, die er von Gott bezüglich der Größe und Gestaltung des Heiligtums, der zu verwendenden Materialien und aller seiner Geräte empfangen hatte.

Dazu musste das Volk genügend wertvolles Material spenden.[3] Aber der Herr nahm nur freiwillige Opfer an. Mose legte den Israeliten die Angelegenheit vor, und sie waren dazu bereit. „Alle, die es dazu trieb, brachten ein freiwilliges Opfer für das Heilige Zelt, seine Ausstattung und die Priesterkleider."[4] Sie brachten Gold- und Silberschmuck, Edelsteine, kupferne Spiegel, Stoffe, Tierfelle und Öle.[5]

Während das Heiligtum im Bau war, brachte das Volk auch weiterhin Opfergaben, bis die Aufsichtführenden feststellten, dass mehr zusammengekommen war, als gebraucht wurde. Deshalb befahl Mose, im ganzen Lager auszurufen: „‚Niemand, weder Mann noch Frau, soll von jetzt an noch eine Spende für das Heiligtum abliefern!' So hörte der Spendenfluss auf."[6]

Solche Hingabe und Freigebigkeit sind ein nachahmenswertes Beispiel. Alle, die gern zum Gottesdienst gehen, sollten denselben Opfergeist an den Tag legen, wenn es gilt, ein Haus zu bauen, in dem Gott ihnen begegnen kann. Jeder sollte frei-

---

* Dieses Kapitel basiert auf 2. Mose 25 bis 30, 35,4 bis 36,7, 3. Mose 16 und Hebräer 9,1–26. [1] 2. Mose 25,8 Hfa [2] 2. Mose 25,9 [3] 2. Mose 25,2–7 [4] 2. Mose 35,21 [5] 2. Mose 35,22–29 [6] 2. Mose 36,6

willig einen angemessenen Beitrag leisten, damit die Verantwortlichen – wie einst die Erbauer des Heiligtums – sagen können: „Die Leute bringen zu viel. Wir haben mehr als genug."[7]

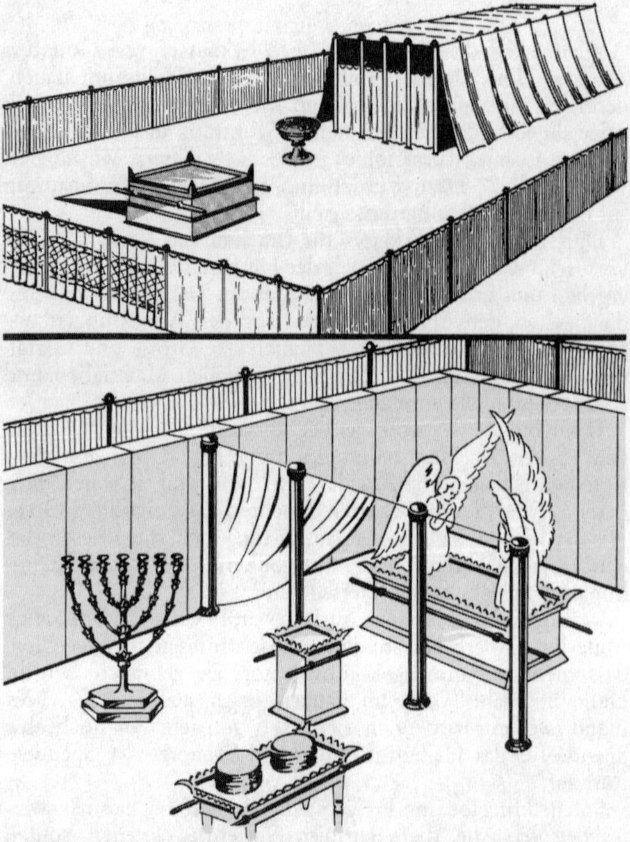

Das Heiligtum des alten Bundes
Oben: Vorhof und Heiligtum mit Brandopferaltar und Reinigungsbecken.
Unten die beiden Abteilungen des Heiligtums:
– das „Heilige" mit Schaubrottisch, Leuchter und Rauchopferaltar,
– das „Allerheiligste" mit der Bundeslade und dem „Gnadenthron" darüber.

7 2. Mose 36,5

Das Heiligtum war zwar nur etwa 15 Meter lang und je 5 Meter breit und hoch, dennoch sah es prachtvoll aus. Die Außenwände bestanden aus Akazienholz, das für Fäulnis weniger anfällig war als alle anderen Bäume am Sinai. Sie waren aus aufrechten Brettern gefertigt, die auf silbernen Sockeln standen, durch Querbalken gehalten wurden und ganz mit Gold überzogen waren.[8] Das Dach des Heiligtums bildeten zwei Lagen aus Zeltbahnen und zwei Lagen aus Fellen.[9]

Das Heiligtum war von einem Vorhof umgeben, der etwa 50 mal 25 Meter groß war. Vorhänge aus kostbarem, meisterhaft verarbeiteten Stoff schlossen ihn ab.[10] Im Vorhof stand in der Nähe des Eingangs der Brandopferaltar aus Akazienholz mit Kupfer überzogen.[11] Auf ihm wurden dem Herrn alle Opfer dargebracht, die verbrannt wurden.

Zwischen dem Altar und dem Eingang zum heiligen Zelt befand sich das kupferne Waschbecken. Es war aus dem Material der Spiegel gefertigt worden, die israelitische Frauen gespendet hatten. Im Becken sollten sich die Priester ihre Hände und Füße waschen, bevor sie in die heiligen Räume gingen oder an den Altar traten, um die Tieropfer darzubringen.[12]

Die zwei Abteilungen des Heiligtums

Ein sehr kostbarer, farbiger Vorhang teilte das Heiligtum in zwei Räume; ein ähnlicher Vorhang hing vor der vorderen Abteilung. Aus Gold- und Silberfäden waren darin Engelwesen dargestellt.[13]

Im ersten Raum, dem sogenannten Heiligen, standen der Tisch für die Schaubrote, der Leuchter und der Räucheraltar. Der Tisch an der Nordseite war mit Gold überzogen. Auf ihn sollten die Priester an jedem Sabbat zwölf Brote legen, in zwei Schichten angeordnet.[14] An der Südseite stand der siebenarmige Leuchter aus massivem Gold. Seine Arme waren mit fein gearbeiteten Blumen geschmückt. Er sollte Tag und Nacht brennen.[15]

Dicht vor dem Vorhang, der das Heilige vom Allerheiligsten trennte, stand der goldene Räucheraltar. Darauf sollte ein Priester am Morgen und am Abend Räucherwerk verbrennen.

---

[8] 2. Mose 26,15–30 [9] 2. Mose 26,1–14 [10] 2. Mose 27,9–18
[11] 2. Mose 27,1.2 [12] 2. Mose 30,18–20 [13] 2. Mose 26,31–33.36
[14] 2. Mose 25,23–30; 3. Mose 24,5–8 [15] 2. Mose 25,31–39; 27,20.21

Die Hörner des Räucheraltars wurden mit dem Blut einiger Sündopfer bestrichen und am großen Versöhnungstag mit Blut besprengt.[16] Das Feuer auf diesem Altar entzündete Gott selbst; es war also „heiliges Feuer". Ununterbrochen verbreitete der Weihrauch seinen Wohlgeruch in den heiligen Räumen und weit um das Heiligtum herum.

Hinter dem zweiten Vorhang war das Allerheiligste, der Mittelpunkt des sinnbildlichen Sühne- und Mittlerdienstes, das Bindeglied zwischen Himmel und Erde. Hier stand die Bundeslade aus Akazienholz, ebenfalls innen und außen mit Gold überzogen. Sie diente als Aufbewahrungsort für die Steintafeln mit den Zehn Geboten und wurde „Lade des Bundes" genannt, weil die Zehn Gebote die Grundlage des Bundes zwischen Gott und Israel waren.[17]

Der Deckel der Bundeslade wurde „Gnadenthron" genannt; er war aus einer massiven Goldplatte gefertigt. Goldene Cherubim bedeckten ihn, je einer zu beiden Seiten.[18] Die Haltung der Cherubim, die sich einander zuwandten und auf die Lade hinabschauten, stellte die Ehrfurcht dar, mit der die himmlischen Wesen auf das Gesetz Gottes sehen, und veranschaulichte ihre Anteilnahme am Erlösungswerk.

In der Schechina[19] über dem Gnadenthron offenbarte sich Gott als der Gegenwärtige. Hin und wieder wurden dem Hohenpriester dort göttliche Botschaften durch eine Stimme aus der Wolke übermittelt.

Das in der Lade aufbewahrte Gesetz war die Richtschnur für die Gerechtigkeit vor Gott und sein Gericht. Es verurteilte die Übertreter zum Tode; aber über dem Gesetz auf dem Gnadenthron offenbarte sich Gottes Barmherzigkeit, durch die reuige Sünder aufgrund des Sühneopfers Vergebung empfingen. So kommt es, dass „Güte und Treue einander begegnen, Gerechtigkeit und Friede sich küssen".[20]

Mit Worten kann die Herrlichkeit, die sich dem Priester im Heiligtum darbot, nur ungenügend beschrieben werden. Die vergoldeten Wände, die das Licht des goldenen Leuchters zurückwarfen, der Tisch, der Räucheraltar – alles glänzte golden, ebenso hinter dem zweiten Vorhang die heilige Lade und darüber der Gnadenthron mit den beiden Engeln.

---

[16] 2. Mose 30,1–10; 3. Mose 4,7.18; 16,18.19
[17] 2. Mose 25,10–16; 4. Mose 10,33 LB [18] 2. Mose 25,17–22 LB
[19] Hebräisch „das Wohnen" [20] Psalm 85,11 LB

Dieses heilige Zelt war aber nur ein mattes „Abbild des himmlischen Heiligtums",[21] in dem Jesus Christus, unser Hoherpriester, seit Pfingsten nach seiner Himmelfahrt die Verdienste seines Opfers für uns wirksam werden lässt.

Die Handwerker und Künstler brauchten etwa ein halbes Jahr für den Bau des Heiligtums. Nach der Vollendung prüfte Mose ihre Arbeit. „Es war alles genauso geworden, wie der Herr es angeordnet hatte. Und Mose segnete sie."[22]

Während sich das Volk um das Heiligtum scharte, schwebte die Wolkensäule herab und hüllte es ein. „Die Herrlichkeit des Herrn erfüllte mit ihrem Glanz die ganze Wohnung."[23] Gott offenbarte sich majestätisch, und eine Zeitlang konnte nicht einmal Mose das heilige Zelt betreten. Bewegt spürte das Volk an diesem Zeichen, dass ihr Werk angenommen war. Heilige Scheu lag über allen, denn sie begriffen, dass sich Gott herabneigte, um bei seinem Volk zu wohnen.

In den Tagen Abrahams war das Priestertum das angestammte Recht des ältesten Sohnes. Nach dem Abfall durch den Götzendienst mit dem Stierbild bestellte der Herr den Stamm Levi, der ja als einziger treu geblieben war, an Stelle der Erstgeborenen ganz Israels zum Dienst am Heiligtum.[24] Doch nur Aaron und seine Söhne durften als Priester vor Gott dienen; die übrigen Leviten waren mit der Pflege und dem Transport des Heiligtums und ihrer Geräte betraut.[25]

Die Kleidung der Priester

Beim Dienst im Heiligtum mussten die Priester eine genau vorgeschriebene Kleidung tragen. Ihr Gewand bestand aus weißem Leinen, in einem Stück gewebt. Es wurde um die Hüfte von einem blau, purpurn und rot bestickten weißen Leinengürtel zusammengehalten. Ein Turban, einem hohen Hut vergleichbar, vervollständigte das äußere Gewand.[26]

Die Priester durften das Heiligtum nicht mit Schuhen betreten. Bevor sie im Heilgen oder am Brandopferaltar dienten, sollten sie sich im kupfernen Becken Hände und Füße waschen.[27] So wurden sie ständig gemahnt, alle Unreinheit abzulegen, wenn sie sich Gott nahen wollten.

---

[21] Hebräer 9,24.23 Hfa [22] 2. Mose 39,43 [23] 2. Mose 40,34 [24] 4. Mose 3,6–13
[25] 2. Mose 28,1; 4. Mose 1,49–51 [26] 2. Mose 28,40.42 [27] 2. Mose 30,18–20

Die Gewänder des Hohenpriesters waren kunstvoll aus kostbarem Material angefertigt. Über dem einfachen Leinenrock der Priester trug er ein blaues Oberkleid, ebenfalls aus einem Stück gewebt. Rund um den Saum war es mit goldenen Glöckchen und Granatäpfeln aus blauem und rotem Stoff verziert. Darüber trug er den sogenannten Efod, einen kürzeren Überrock. Ein schön gearbeiteter Gürtel aus demselben Stoff hielt es zusammen. Der ärmellose Efod besaß auf seinen beiden Schulterstücken zwei große Onyxsteine mit den Namen der zwölf Stämme Israels.[28]

Auf dem Efod war eine Brusttasche angebracht. In Form eines Vierecks hing sie an einer blauen Schnur von den Schultern herab. Den Saum bildete eine Auswahl von Edelsteinen – die gleichen, die auch die zwölf Grundsteine der zukünftigen Stadt Gottes bilden. Auf jedem Stein stand der Name eines der zwölf Stämme Israels.[29]

Gottes Anweisung lautete: „Auf diese Weise soll Aaron jedes Mal, wenn er ins Heiligtum geht, die Namen der Stämme Israels auf seinem Herzen tragen. Dann werde ich mich den Israeliten freundlich zuwenden."[30] So trägt auch Christus, der große Hohepriester, der die Sünder vertritt und auf sein Blut hinweist, den Namen jedes reuigen Gläubigen auf seinem Herzen.

In der Brusttasche befanden sich zwei große Steine, Urim und Tummim genannt.[31] Wenn Gott Fragen zur Entscheidung vorgelegt wurden, war ein Lichthof um den einen Edelstein das Zeichen göttlicher Zustimmung, während ein Schatten um den anderen Stein Ablehnung bedeutete.

Die Kleidung der Priester sollte den Israeliten die Heiligkeit Gottes bewusstmachen, aber auch die Reinheit derer, die in seine Gegenwart kamen.

Nicht nur das Heiligtum mit seiner Einrichtung, sondern auch der Dienst der Priester sollte als „Abbild und Schatten des Himmlischen" dienen.[32] Er bestand aus zwei Phasen, einem täglichen und einem jährlichen Dienst. Der tägliche Dienst vollzog sich am Brandopferaltar im Vorhof und im Heiligen des Zeltes, der jährliche Dienst fand im Allerheiligsten statt. Mit Ausnahme des Hohenpriesters durfte es niemand betreten und auch er nur einmal im Jahr.

---

[28] 2. Mose 28,6–12.33.34 [29] 2. Mose 28,15–21; vgl. Offenbarung 21,19.20
[30] 2. Mose 28,29 [31] 2. Mose 28,30 Hfa [32] Hebräer 8,5 LB

Der tägliche Dienst der Priester

Jeden Morgen und jeden Abend wurde ein einjähriges Lamm auf dem Altar im Vorhof verbrannt.[33] Es sollte die tägliche Hingabe des Volkes Israel an Jahwe und die Abhängigkeit von der Sünde durch Christi Tod veranschaulichen. Nur ein fehlerloses Opfertier konnte Sinnbild für die vollkommene Reinheit dessen sein, der sich als ein „unschuldiges und unbeflecktes Lamm“ opfern würde.[34] Der Apostel Paulus wandte dieses tägliche Opfer auch auf Christen an: „Stellt euer ganzes Leben Gott zur Verfügung! Bringt euch Gott als lebendiges Opfer dar, ein Opfer völliger Hingabe, an dem er Freude hat.“[35] Wer Gott wirklich liebt, wird nichts sehnlicher wünschen, als dass sein Denken, Fühlen und Handeln in Übereinstimmung mit dem Willen seines Herrn ist.

Beim Räucheropfer kam der Priester unmittelbarer in Gottes Nähe als während jedes anderen Teils des täglichen Dienstes. Da der Vorhang vor dem Allerheiligsten nicht bis zur Decke des Zeltes reichte, war die Herrlichkeit Gottes über dem Gnadenthron auch vom ersten Raum aus teilweise sichtbar. Wenn der Priester ein Räucheropfer vor dem Herrn darbrachte, stand er der Bundeslade zugewandt.[36] Stieg dann die Weihrauchwolke auf, senkte sich Gottes Herrlichkeit auf den Gnadenthron herab und erfüllte das Allerheiligste, sodass sich der Priester oft bis zum Eingang des Heiligtums zurückziehen musste.

Wie er im Glauben zum Gnadenthron hinschaute, den er nicht sehen konnte, so sollen die Gläubigen heute ihre Gebete an Christus richten, ihren wahren Hohenpriester, der im himmlischen Heiligtum für sie eintritt.

Der Weihrauch stellt symbolisch Christi Verdienste und seine Vermittlung dar – seine vollkommene Gerechtigkeit, die seinen Nachfolgern durch den Glauben zugerechnet wird. Durch sie allein kann Gott die Anbetung sündiger Menschen in Gnaden annehmen. Die mit Blut oder Weihrauch verbundenen Handlungen im alttestamentlichen Heiligtumsdienst sollten auf Christus, den eigentlichen Vermittler hinweisen. Durch ihn allein können dem reumütigen Sünder Gnade und Erlösung zuteil werden.

---

[33] 2. Mose 29,38–42 [34] 1. Petrus 1,19 LB [35] Römer 12,1
[36] 2. Mose 30,6–8

Wenn die Priester morgens und abends das Heilige betraten, war das tägliche Opfer so weit vorbereitet, dass es auf dem Altar im Vorhof dargebracht werden konnte. Das war eine Zeit gespannter Erwartung für die Anbeter, die sich am Heiligtum versammelt hatten. Nach ernster Selbstprüfung mussten sie ihre Sünden bekennen. So stiegen ihre Bitten gleichsam mit der Weihrauchwolke empor. Im Glauben sollten sie sich an die Verdienste des verheißenen Erlösers halten, der für sie sichtbar durch das Opfer des Lammes dargestellt war.

Selbst als die Juden über 800 Jahre später in der Verbannung leben mussten, richteten sie zur für die Opfer vorgeschriebenen Stunde ihr Gesicht nach Jerusalem und legten Jahwe ihre Bitten vor. Diese Gewohnheit ist vielen Christen Vorbild für ihre Morgen- und Abendandacht geworden. Gott freut sich über jeden, der sich ihm morgens und abends zuwendet, um seinen Segen und Vergebung zu erbitten.

Die „Schaubrote" waren eine Art ständiges Opfer. Man nannte sie so, weil sie ständig vor Gottes Angesicht lagen.[37] Damit bekannte das Volk seine Abhängigkeit von Gott, ob es nun um das tägliche Brot ging oder um die geistliche Speise, die man auch nur durch Christi Fürsprache empfangen kann. Gott hatte Israel mit Manna, dem Brot vom Himmel versorgt. Es war auch weiterhin abhängig von seinen Gaben zur leiblichen Nahrung und zum geistlichen Segen. Manna und Schaubrote wiesen beide auf Christus als das Lebensbrot hin. Jesus hat selbst gesagt: „Ich bin das lebendige Brot, das vom Himmel gekommen ist."[38]

Der wichtigste Teil des täglichen Dienstes der Priester waren jene Opfer, die für einzelne Israeliten dargebracht wurden. Der reuige Sünder brachte sein Opfertier an den Eingang des Vorhofes, legte die Hand auf dessen Kopf, bekannte seine Sünden und übertrug sie damit symbolisch von sich auf das unschuldige Opfer. Dann musste er es eigenhändig schlachten. Das Blut wurde an die Hörner des Brandopferaltars gestrichen, und alles fette Fleisch auf dem Altar verbrannt. Einen Teil des übrigen Fleisches musste der Priester essen.[39] Bei Sünden des Hohenpriesters oder des ganzen Volkes wurde das Blut in das Heiligtum gebracht und vor den Vorhang gesprengt, hinter dem die Lade mit dem Gesetz stand, das der Sünder übertreten hatte. Zudem strich der Hohepriester etwas

[37] 2. Mose 25,30 [38] Johannes 6,51 [39] 3. Mose 4,27–31; 10,17

Blut an die Hörner des Räucheraltars.[40] Alle diese Zeremonien sollten veranschaulichen, dass die Schuld nun quasi vom reuevollen Israeliten auf das Heiligtum übertragen worden war.

Der Dienst am großen Versöhnungstag

Israels Sünden, die so auf das Heiligtum übertragen worden waren, befleckten diesen heiligen Ort. Darum bedurfte es eines besonderen Dienstes, um diese Schuld endgültig zu entfernen. Gott gebot deshalb, einmal im Jahr, am sogenannten großen Versöhnungstag, das heilige Zelt zu reinigen.

Dazu warf der Hohepriester am Eingang des heiligen Zeltes über zwei Ziegenböcken das Los. Ein Bock sollte als Sündopfer für das Volk geschlachtet werden. Der Hohepriester musste das Blut hinter den zweiten Vorhang bringen und es auf den Gnadenthron sprengen. „Auf diese Weise reinigt er das Allerheiligste, das durch die Sünden der Israeliten befleckt worden ist, und anschließend reinigt er das ganze heilige Zelt, das mitten im Lager der Israeliten steht und durch ihre Verfehlungen unrein wird."[41] Verweilte der Hohepriester im Heiligtum über die gewohnte Zeit hinaus, befürchteten die Israeliten, er könnte ihrer oder seiner Sünden wegen durch die Herrlichkeit des Herrn getötet worden sein.

„Wenn Aaron das Allerheiligste und das Heiligtum sowie den Altar gereinigt hat, holt er den zweiten Ziegenbock, legt die Hände auf seinen Kopf und bekennt alle Vergehen und alle Schuld des Volkes. So lädt er die Sünden der Israeliten auf den Kopf des Ziegenbocks und lässt ihn durch einen Mann, den er dazu bestimmt hat, in die Wüste treiben. Der Ziegenbock trägt alle Schuld mit sich hinaus in die Wüste."[42] Erst wenn das Tier fortgebracht worden war, sah sich das Volk von aller Sündenlast befreit.

Während des Versöhnungstages sollte jeder Israelit fasten und mit Trauer an seine Schuld denken. Alle Tätigkeit unterblieb, und die ganze Gemeinde Israel verbrachte den Tag in Demut vor Gott mit Gebet und Selbstprüfung.[43]

Dieser jährliche Dienst im Heiligtum sollte dem Volk die Bedeutung der Sühnung vor Augen führen. Aufgrund der im Verlauf des Jahres dargebrachten Sündopfer hatte Gott wohl

---

[40] 3. Mose 4,3–7.13–18 [41] 3. Mose 16,15.16 [42] 3. Mose 16,20–22 Hfa
[43] 3. Mose 16,29–31

Tiere an Stelle der Sünder angenommen, aber Sühne brachte deren Blut nicht. Sie waren nur das Mittel, mit dem die Schuld auf das Heiligtum übertragen wurde.

Mit dem vergossenen Blut bekannte sich der Sünder seiner Übertretung des Gesetzes schuldig und bekundete zugleich den Glauben an den, der die Sünden der Welt wegnehmen sollte. Aber er war noch nicht völlig vom „Fluch des Gesetzes“ befreit.[44] Am Versöhnungstag ging daher der Hohepriester nach dem Opfer für das ganze Volk mit dessen Blut in das Allerheiligste und sprengte es auf den Gnadenthron über den Gesetzestafeln in der Lade.

So wurde der Anspruch des Gesetzes Gottes – das Leben des Sünders fordernd – abgegolten. Dann nahm der Hohepriester in seiner Eigenschaft als Mittler die Sünden auf sich und kam mit Israels Schuld beladen aus dem Heiligtum. Nun legte er seine Hände auf den zweiten Ziegenbock, der Satan repräsentierte, und bekannte über ihm alle Verfehlungen der Israeliten und legte die Sündenschuld bildlich ihrem Anstifter auf. Erst als der Bock in die Wüste gebracht worden war, sah man die Schuld als für immer vom Volk getrennt an.

Das wahre Heiligtum im Himmel

Das irdische Heiligtum war „nur eine schwache Nachbildung, ein unvollkommenes Abbild des himmlischen Heiligtums“.[45] Christus, unser Hoherpriester, ist ein „Priester in dem einzig wahren Heiligtum, das vom Herrn selbst und nicht von Menschen errichtet worden ist“.[46]

Als dem Apostel Johannes anlässlich einer Vision ein Blick in den himmlischen Tempel Gottes gewährt wurde, sah er dort einen Engel. „Mit einem goldenen Weihrauchgefäß trat er vor den [Räucher-]Altar. Ihm wurde viel Weihrauch gereicht; er sollte ihn auf dem Altar vor Gottes Thron als Opfer darbringen, zusammen mit den Gebeten der Menschen, die zu Gott gehören.“[47] Hier durfte Johannes in die erste Abteilung des himmlischen Heiligtums sehen. Bei einer anderen Gelegenheit „öffnete sich der Tempel Gottes im Himmel, und die Bundeslade war zu sehen“.[48] Das war offensichtlich im himmlischen Allerheiligsten.

---

[44] Galater 3,13 [45] Hebräer 8,5 Hfa [46] Hebräer 8,2 Hfa
[47] Offenbarung 8,3 [48] Offenbarung 11,19

Der Verfasser des Hebräerbriefs erklärte, dass „das heilige Zelt das Abbild des himmlischen Heiligtums hier auf der Erde“ war.[49] Das Heiligtum im Himmel, in dem Jesus um unseretwillen dient, ist das Vorbild, von dem das irdische Heiligtum und ab der Zeit König Salomos der Tempel in Jerusalem ein Abbild war.

Das irdische Heiligtum mit seinen Diensten sollte wesentliche Erkenntnisse über das große Erlösungswerk vermitteln, das im Himmel für die Menschen geschehen würde. Nach seiner Himmelfahrt begann Christus seinen hohepriesterlichen Dienst zu Pfingsten für uns. „Schließlich ging Christus nicht in ein von Menschen erbautes Heiligtum, das ja nur ein Abbild des wahren Heiligtums ist. Er betrat den Himmel selbst, um sich bei Gott für uns einzusetzen.“[50]

Wie sich Christi Dienst in zwei großen Abschnitten vollziehen sollte, von denen jeder eine bestimmte Zeit dauern und einen eigenen Platz im himmlischen Heiligtum haben würde, so bestand auch der sinnbildliche Dienst auf Erden aus zwei Teilen (dem täglichen und dem jährlichen) und jedem war eine Abteilung im heiligen Zelt zugeordnet.

Um zu zeigen, dass der Sohn Gottes im Himmel in die Gegenwart Gottes tritt, um sein Blut für die reuevollen Gläubigen geltend zu machen, versprengte der Priester beim täglichen Dienst für die Sünder das Blut des Opfertiers im Heiligtum. Das Blut Christi würde den reuigen Sünder von der Verurteilung durch das Gesetz Gottes befreien, aber die Sünden nicht aus den himmlischen Berichtsbüchern tilgen. Sie bleiben dort verzeichnet bis zur endgültigen Auslöschung, wie ja auch im israelitischen Opferdienst das Blut des Sündopfers die Übertretung zwar vom reuigen Israeliten wegnahm, die Schuld aber bis zum großen Versöhnungstag im Heiligtum blieb.

In einer Phase des Gerichtes Gottes, das vor der Wiederkunft Jesu stattfindet, wird untersucht, wer von denen, die an Christus geglaubt und seine Vergebung in Anspruch genommen haben, ihm auch treu nachgefolgt ist, am Bund mit ihm festgehalten hat und seine Gebote nach bestem Wissen gehalten hat – ähnlich wie die Israeliten durch ihr Fasten, ihre Arbeitsruhe und ihr In-sich-gehen am großen Versöhnungstag zeigten, dass sie an die Sühne durch das Opferblut glaubten,

---

[49] Hebräer 9,23 Hfa [50] Hebräer 9,24 Hfa

am Bund mit Gott festhielten und ihm treu sein wollten. Wer im Gericht als treues Gotteskind erfunden wird, dessen Sünden werden aus den Berichtsbüchern im Himmel (oder welches Speichersystem Gott auch benutzt) vollständig gelöscht. Auf diese Weise wird das himmlische Heiligtum von den verzeichneten Sünden gereinigt.

Im alten Bund wurde dieses abschließende Versöhnungswerk, die Tilgung der Sünden, durch die Dienste am großen Versöhnungstag dargestellt. Alle Schuld wurde symbolisch dem lebendigen Bock auferlegt, der Satan repräsentierte, und der trug sie in die Wüste hinaus, sodass sie für immer von der Gemeinde getrennt war.

Weil Satan der Urheber der Sünde und der Anstifter zu allen Übertretungen ist, die den Tod des Sohnes Gottes nötig machten, fordert die Gerechtigkeit auch Satans Bestrafung. Christi Werk zur Erlösung der Menschen und zur Reinigung des Weltalls wird abgeschlossen, indem alle Sünden auf Satan gelegt werden, der die volle Strafe tragen muss und schließlich vernichtet wird.[51]

Die Israeliten erlebten an jedem Tag in dem Heiligtum Handlungen, die sich auf Christi Tod und seinen Mittlerdienst bezogen. Und einmal im Jahr wurden ihre Gedanken auf jene abschließenden Ereignisse des großen Konfliktes zwischen Christus und Satan gelenkt: auf die endgültige Reinigung des Universums von Sünde, Satan und allen verstockten Sündern.

---

[51] Hesekiel 28,18.19; Offenbarung 20,10

31 | Das Gesetz und der neue Bund

Die Prinzipien des Gesetzes Gottes waren den ersten Menschen vertraut und ihnen ins Herz geschrieben. Als sie Gottes Willen missachteten, wurde das Gesetz nicht geändert, aber ein Heilsplan in Gang gesetzt, indem Gott ihnen einen Erlöser verhieß. Um die Menschen auf den stellvertretenden Tod Christi als Sühne für ihre Schuld hinzuweisen, verordnete Gott fortan das Opfern unschuldiger Tiere.

Gottes Gebote wurden den folgenden Generationen mündlich überliefert, aber nur wenige Menschen befolgten sie konsequent. Die Erde wurde schließlich so verderbt, dass Gott sie durch eine Flut von der Bosheit reinigen musste.

Noah lehrte seine Nachkommen die Gebote Gottes. Als sie wieder vom Herrn abwichen, erwählte der Abraham, der seine Gebote und sein Gesetz hielt.[1] Als Gott seinen Bund mit ihm erneuerte, ordnete er an, alle männlichen Babys als Zeichen dafür zu beschneiden,[2] dass sie sich vom Götzendienst fernhalten und Gottes Geboten gehorchen wollten.

Als Jakobs Nachkommen in Ägypten das immer weniger taten, ließ Gott es zu, dass sie in Knechtschaft gerieten. Durch den Einfluss der götzendienerischen Umgebung und die Unterdrückung wurden die göttlichen Prinzipien mit heidnischen Anschauungen vermischt. Da erbarmte sich der Herr der Israeliten wegen seiner Verheißungen an Abraham und führte sie aus der Sklaverei.

Wenn sie den Bund gehalten hätten, dessen Zeichen die Beschneidung war, hätten sie weder zum Götzendienst verführt werden können noch die Knechtschaft in Ägypten erdulden müssen. Dann wäre es nicht notwendig gewesen, am Sinai einen anderen Bund mit ihnen zu schließen. Hätten sie Gottes Gebote bewahrt und befolgt, hätte Gott sie ihnen nicht selbst auf solch majestätische Weise vom Sinai verkündigen müssen.

Nun allerdings vertraute Gott nicht mehr auf die mündliche Weitergabe seiner Gebote von Generation zu Generation, sondern schrieb sie auf Steintafeln nieder, um zu verhindern,

---

[1] 1. Mose 26,5 LB [2] 1. Mose 17,10.11

dass sie verfälscht oder geändert wurden. Zudem gab Gott Mose weitere moralische Gebote und Rechtsordnungen, die detailliert festlegten, wie sich die Israeliten verhalten sollten. Dies waren Ausführungsbestimmungen zu den Zehn Geboten, die sie auf bestimmte Alltagssituationen anwandten.

Der Umgang der Israeliten mit den Götzendienern in Ägypten hatte auch ihre Anbetung Gottes verfälscht. Zudem durften sie während ihrer Sklaverei keine Tieropfer mehr bringen. Deshalb gab der Herr Mose auf dem Sinai genaue Anweisungen über den Opfer- und Priesterdienst im Heiligtum, das sogenannte Zeremonialgesetz. Mose sollte sie alle schriftlich festhalten und die Buchrolle *neben* die Bundeslade legen. Die Zehn Gebote, die Gott selbst auf Steintafeln geschrieben hatte, wurden dagegen *in* der Bundeslade aufbewahrt.[3]

Das Moralgesetz und die zeremoniellen Vorschriften

Viele Christen unterscheiden zwischen beiden nicht, weil der Apostel Paulus den Begriff „Gesetz" auf die fünf Bücher Mose, auf das Moral- oder das Zeremonialgesetz bezog, ohne weitere Erklärungen zu geben. (Seine damaligen Leser erkannten aus dem Zusammenhang, was er meinte.) Daher benutzen Christen seine Aussagen über das Zeremonialgesetz, um nachzuweisen, dass das Moralgesetz mit den Zehn Geboten nach Jesu Tod nicht mehr verbindlich sei. Das ist jedoch ein Missbrauch der Bibel. „Durch sein Sterben hat er" lediglich „das jüdische [Zeremonial-]Gesetz mit all seinen Geboten und Forderungen endgültig außer Kraft gesetzt",[4] weil dessen Vorschriften über die Tieropfer, den Priesterdienst und die jährlichen Festsabbate auf seinen Tod am Kreuz und seinen Dienst als Hoherpriester im himmlischen Heiligtum hinwiesen. All die alttestamentlichen Rituale waren „nur schwache Abbilder, ein Schatten von dem, was in Christus Wirklichkeit geworden ist".[5] Daher waren sie mit dem Kreuzestod Jesu erledigt. Zum Zeichen dafür zerriss der Vorhang im Tempel von oben nach unten.[6]

Über die Zehn Gebote dagegen erklärte Paulus: „Das Gesetz ist der heilige Wille Gottes, und die Gebote sind heilig, gerecht und gut."[7] Nehemia sagte über Gott: „Du kamst

---

[3] 5. Mose 31,24–26; 10,1–5 [4] Epheser 2,14.15 Hfa [5] Kolosser 2,15 Hfa
[6] Matthäus 27,51 [7] Römer 7,12; vgl. 7,7

hernieder auf den Berg Sinai, du sprachst zu [den Israeliten] vom Himmel her. Klare Ordnungen gabst du ihnen, Gesetze, die das Leben verlässlich regeln, mit guten Vorschriften und Geboten."[8] Der Psalmdichter erklärt daher: „Dein Gebot hat unbegrenzte Geltung ... Für immer hast du dein Gesetz gegeben."[9] Und Jesus Christus stellte klar: „Denkt nicht, ich sei gekommen, um das Gesetz und die Weisungen der Propheten außer Kraft zu setzen. Ich bin nicht gekommen, um sie außer Kraft zu setzen, sondern um sie zu erfüllen und ihnen volle Geltung zu verschaffen. Ich versichere euch: Solange Himmel und Erde bestehen, wird kein i-Punkt und kein Komma im Gesetz gestrichen. Das ganze Gesetz muss erfüllt werden. Wer also ein noch so unbedeutendes Gebot für ungültig erklärt und die Menschen in diesem Sinne lehrt, wird in der neuen Welt Gottes den letzten Platz einnehmen."[10] Gerade die Tatsache, dass Christus sterben musste, um die Übertretungen des Gesetzes zu sühnen, beweist seine Unveränderlichkeit.

Das Wirken des Sohnes Gottes in alttestamentlicher Zeit

Wer behauptet, Christus sei gekommen, um das Gesetz oder das ganze Alte Testament zu beseitigen, erweckt den Eindruck, als habe die Religion der Israeliten vor allem aus Zeremonien und Äußerlichkeiten bestanden. Dabei war doch der Sohn Gottes selbst die Grundlage und die Mitte des ganzen Opferdienstes.

Seit dem Sündenfall unserer Voreltern hat Gott die Welt in die Hände dessen gelegt, der durch sein Leben als Mensch auf Erden die Autorität des Gesetzes bestätigen und durch sein Opfer und seinen Mittlerdienst die Menschen erlösen sollte. In all den Jahrtausenden nach dem Sündenfall hat Gott „in Christus ... die Welt mit sich selber" versöhnt.[11] Die Verbindung zwischen dem Himmel und der in Sünde gefallenen Menschheit war nur durch den Sohn Gottes möglich. Er war es, der Adam und Eva die Erlösung verhieß. Er erschien Noach, Abraham, Isaak, Jakob und Mose und redete mit ihnen. Sie erfuhren das Evangelium von dem, der später in menschlicher Gestalt als unser Retter auf die Erde kam.

---

[8] Nehemia 9,13 [9] Psalm 119,96.152 [10] Matthäus 5,17–19
[11] 2. Korinther 5,19 LB; vgl. Hebräer 9,15

Der Sohn Gottes führte die Israeliten aus Ägypten und auf ihrem Weg durch die Wüste als der „Engel des Bundes", der in der Wolkensäule verhüllt vor dem Volk herging.[12] Vom Berg Sinai verkündete er die Zehn Gebote und gab sie Mose auf Steintafeln. Er gab ihm auch all die Gebote des Zeremonial- und des Hygienegesetzes sowie des Zivil- und Strafgesetzes.

Der Sohn Gottes sprach auch durch all die alttestamentlichen Propheten zu seinem Volk, wie der Apostel Petrus erklärte: „Schon die Propheten haben nach dieser Rettung gesucht und geforscht, und sie haben vorausgesagt, wie reich Gott euch beschenken würde. In ihnen wirkte bereits der Geist *Christi*. Er zeigte ihnen, dass Christus leiden müsste und danach Ruhm und Herrlichkeit empfangen würde."[13]

Es ist der Sohn Gottes, der durch das Alte Testament zu uns redet und in ihm offenbart wird. Als er persönlich unter den Menschen lebte, sagte er: „Ihr forscht doch in den Heiligen Schriften und seid überzeugt, in ihnen das ewige Leben zu finden – und gerade sie weisen auf mich hin."[14] Damals gab es nur die Bücher des Alten Testamentes, auf die er sich bezog.

Die Vorschriften des Zeremonialgesetzes weisen in vielfältiger Weise auf Jesus Christus hin. Die blutigen Opfer auf dem Altar zeugten von dem kommenden Erlöser. Die mit den Gebeten der Anbeter aufsteigende Weihrauchwolke stellte Christi Gerechtigkeit dar, die allein unsere Gebete vor Gott angenehm machen kann. Und der Priesterdienst wies auf Jesu Dienst im himmlischen Heiligtum hin. So blieb durch all die Jahrhunderte der Finsternis und des Abfalls Israels der Glaube bei manchen Israeliten lebendig, bis der verheißene Erlöser tatsächlich kam.

Der Sohn Gottes war schon das „Licht für die Welt",[15] ehe er in Menschengestalt auf diese Erde kam, denn von ihm kamen alle Strahlen der Hoffnung. Seitdem sich Christus für uns geopfert hat, von den Toten auferstand und in den Himmel zurückkehrte, „um sich bei Gott für uns einzusetzen",[16] strömt Licht vom Kreuz auf Golgatha und vom himmlischen Heiligtum auf die durch Sünde jeglicher Art verfinsterte Erde. Das Evangelium von Christus gibt dem Zeremonialgesetz seine eigentliche Bedeutung. Auch wenn der irdische Priester- und Opferdienst aufgehört hat, so machen doch die Wahrheiten,

---

[12] Judas 5; 1. Korinther 10,1.4 [13] 1. Petrus 1,10.11 Hfa [14] Johannes 5,39
[15] Johannes 8,12 [16] Hebräer 9,24 Hfa

die ihm zugrunde lagen, Gottes Wesen und Absichten deutlich. Gott hat keine Trennwand zwischen den Israeliten und dem Rest der Welt errichtet; seine unendliche Liebe gilt allen Menschen zu allen Zeiten. Am Beispiel Israels wird das deutlich. Selbst wenn sein Volk ihn zurückwies, hat Gott ihm immer wieder seine Liebe und Fürsorge zuteil werden lassen. Er segnete das Volk Israel, damit es anderen zum Segen würde.

Gottes Absicht mit dem Volk Israel

Schon Abraham zog sich keineswegs von seiner Umwelt zurück, sondern pflegte freundschaftliche Beziehungen zu den Herrschern der benachbarten Stämme und Völker. So wurde der Gott des Himmels durch ihn bekannt.

In ähnlicher Weise bekundete sich Gott durch Josef den Ägyptern. Er ließ ihn in den Palast des Pharaos gelangen, damit sich die Erkenntnis Gottes auch dort ausbreiten konnte. So wurde Josef ein Botschafter Christi. Die Ägypter sollten in ihrem Wohltäter die Liebe Gottes erkennen. Auch mit Mose stellte Gott neben den Thron des damals bedeutendsten Reiches der Welt ein Licht, damit alle etwas von dem wahren, lebendigen Gott erfuhren.

Durch die Befreiung Israels aus Ägypten verbreitete sich das Wissen um die Macht Gottes unter den Völkern des Nahen Ostens. Noch Jahrhunderte nach dem Auszug erinnerten zum Beispiel die Priester der Philister ihr Volk an die Plagen Gottes über Ägypten und warnten es davor, dem Gott Israels zu widerstehen.[17]

Gott erwählte Israel, um sich durch dieses Volk allen Menschen zu offenbaren. Damit dieses Vorhaben gelang, befahl er den Israeliten, sich nicht mit den götzendienerischen Völkern ihrer Umgebung einzulassen. Damals wie heute war es gleichermaßen notwendig, dass sich Gottes Gemeinde „von der Welt unbefleckt“ hält.[18] Aber Gott wollte nicht, dass sich sein Volk selbstgerecht von den anderen Völkern zurückzog, weil es dann keinen Einfluss mehr auf sie gehabt hätte. Doch weil die Israeliten selbstgerecht und ungläubig waren, verbargen sie oftmals ihr Licht, statt es auf die anderen Völker strahlen zu lassen. Sie sonderten sich stolz von ihnen ab, als würden Gottes Liebe und Fürsorge allein ihnen gelten.

---

[17] 1. Samuel 6,2.6 [18] Jakobus 1,27 LB

Der neue und der alte Bund

Den Bund der Erlösung schloss Gott mit den Menschen bereits im Garten Eden, als er Adam und Eva nach dem Sündenfall die Verheißung gab, einer ihrer Nachkommen werde der Schlange den Kopf zertreten.[19] Dieser Bund bot jedem Menschen Vergebung und die helfende Gnade Gottes an, um Gottes Gebote halten zu können. Er verhieß auch ewiges Leben unter der Bedingung der Treue. So besaßen unsere Ureltern die Hoffnung auf Erlösung.

Derselbe Bund wurde mit Abraham durch die Zusage erneuert: „Alle Völker der Erde sollen durch dich gesegnet werden."[20] Abraham vertraute auf die Vergebung seiner Schuld durch den Erlöser. Der Glaube wurde „ihm zur Gerechtigkeit gerechnet".[21] Dieser Bund bestätigte auch die Autorität des Gesetzes Gottes: Der Herr betonte ausdrücklich, dass Abraham „meiner Stimme gehorsam gewesen ist und gehalten hat meine Rechte, meine Weisungen und mein Gesetz".[22] Der Bund wurde nach der Beinahe-Opferung Isaaks durch „Gottes Zusage und seinen Eid" bekräftigt, „zwei Tatsachen, auf die wir uns verlassen können".[23]

Obwohl der Bund der Erlösung mit Adam geschlossen und mit Abraham erneuert worden war, konnte er erst durch den Tod Christi besiegelt werden. Er bestand durch die Verheißung Gottes und musste im Glauben angenommen werden. Man nannte ihn wegen der späteren Bestätigung durch Jesu Blut den „neuen Bund". Aufgrund dieses Bundes sollten die Menschen wieder mit Gott in Einklang gebracht und dazu befähigt werden, seinem Gesetz zu gehorchen.

Eine weitere Übereinkunft wurde zwischen Gott und dem Volk Israel am Berg Sinai geschlossen und mit dem Blut eines Opfertieres bestätigt.[24] Er wird später der „erste" oder „alte" Bund genannt, weil das Blut, das ihn besiegelte, früher als das Blut des „neuen" Bundes vergossen wurde.[25]

Wenn aber der Bund mit Abraham bereits die Verheißung der Erlösung enthielt, wozu dann noch ein weiterer Bund am Sinai? In der Sklaverei hatten die Israeliten die Grundsätze des Bundes weitgehend aus den Augen verloren. Als Gott sie aus

---

[19] 1. Mose 3,15 [20] 1. Mose 12,3 Hfa [21] 1. Mose 15,6 LB; vgl. Römer 4,1–5
[22] 1. Mose 26,5 LB [23] Hebräer 6,13.18 Hfa; vgl. 1. Mose 22,16–18
[24] 2. Mose 24,6–8 [25] Hebräer 9,15; vgl. Jeremia 31,31.32

Ägypten befreite, wollte er ihnen seine Macht und Barmherzigkeit zeigen, damit sie lernten, ihn zu lieben und ihm zu vertrauen. Er hatte sich mit ihnen als ihr Befreier unauflöslich verbunden. Aber sie hatten weder eine rechte Vorstellung von seiner Heiligkeit noch von ihrer Erlösungsbedürftigkeit.

Gott gab ihnen sein Gesetz und verhieß ihnen unter der Bedingung des Gehorsams großen Segen: „Werdet ihr nun meiner Stimme gehorchen und meinen Bund halten, so sollt ihr ... mir ein Königreich von Priestern und ein heiliges Volk sein.“[26] Die Israeliten erkannten aber damals weder ihre Sündhaftigkeit noch die Unmöglichkeit, ohne Gottes Geist sein Gesetz halten zu können. In dem Bewusstsein, aus sich heraus zur Rechtschaffenheit fähig zu sein, erklärten die Israeliten: „Alles, was der Herr befohlen hat, wollen wir tun.“[27] Bereitwillig gingen sie den Bund mit Gott ein.

Aber es vergingen nur wenige Wochen, bis sie ihn brachen und sich anbetend vor einem Götterbild niederwarfen. Nun endlich begriffen sie ihre Sündhaftigkeit, die Notwendigkeit der Vergebung und der geistlichen Erneuerung. Jetzt spürten viele, wie dringend sie den Erlöser brauchten, der schon im Bund mit Abraham offenbart worden war und in den Opfern bereits symbolisch seinen Schatten auf das Volk warf. Nicht nur ihre Vorhaut, sondern auch ihre Herzen sollten beschnitten sein.[28] Nun erst waren sie darauf vorbereitet, die Segnungen des Erlösungsbundes richtig zu erfassen.

Die Bedingung des alten Bundes war: Gehorche und lebe! So hatte es Gott gesagt: „Richtet euch nach meinen Geboten! Jedem, der sie befolgt, bringen sie Leben.“[29] Und es galt: „Verflucht ist, wer sich nicht an dieses ganze Gesetz hält und danach lebt!“[30]

Der neue Bund und die Rechtfertigung aus Glauben

Der neue Bund beruht auf „besseren Zusagen“,[31] nämlich den Verheißungen der Sündenvergebung und der Gnade Gottes, die das Herz erneuert und in Übereinstimmung mit dem Gesetz Gottes bringt. „Der neue Bund mit dem Volk Israel wird ganz anders aussehen: Ich schreibe mein Gesetz in ihr Herz, es soll ihr ganzes Denken und Handeln bestimmen. Ich

---

[26] 2. Mose 19,5.6 LB [27] 2. Mose 24,7 Hfa [28] 5. Mose 30,6; Römer 2,28.29
[29] 3. Mose 18,5 Hfa [30] 5. Mose 27,26 Hfa [31] Hebräer 8,6

werde ihr Gott sein, und sie werden mein Volk sein ... Ich vergebe ihnen ihre Schuld und denke nicht mehr an ihre Sünden."[32]

Das einst auf Steintafeln geschriebene Gesetz gibt der Heilige Geist nun in die Herzen der Gläubigen. An Stelle des Versuchs, unsere eigene Rechtschaffenheit aufzurichten, nehmen wir die Gerechtigkeit Christi an. Sein Blut sühnt unsere Schuld. Sein Gehorsam wird uns zugerechnet. Und wenn der Geist Christi in uns wohnt, werden wir nach demselben Grundsatz leben wie Jesus: „Deinen Willen, mein Gott, tue ich gern, und dein Gesetz habe ich in meinem Herzen."[33]

Der Apostel Paulus stellte die Beziehung zwischen Glaube und Gesetz im neuen Bund klar heraus: „Nachdem wir durch den Glauben von unserer Schuld freigesprochen sind, haben wir Frieden mit Gott durch unseren Herrn Jesus Christus."[34] Er fragte rhetorisch: „Bedeutet das etwa, dass wir durch den Glauben das Gesetz Gottes abschaffen? Nein, im Gegenteil! Wir bringen es neu zur Geltung."[35] Das erklärte er so: „Das Gesetz konnte uns nicht helfen, so zu leben, wie es Gott gefällt, weil wir, an die Sünde versklavt, zu schwach sind, es zu erfüllen. Deshalb sandte Gott seinen Sohn zu uns. Er wurde Mensch und war wie wir der Macht der Sünde ausgesetzt. An unserer Stelle nahm er Gottes Verurteilung der Sünde auf sich. So erfüllt sich in unserem Leben der Wille Gottes, wie es das Gesetz schon immer verlangt hat; denn jetzt bestimmt Gottes Geist und nicht mehr die sündige menschliche Natur unser Leben."[36]

Beginnend mit der ersten Verheißung der guten Botschaft über die Zeit der Patriarchen und des Volkes Israel bis in die Gegenwart enthüllten sich Gottes Absichten mit dem Erlösungsplan immer deutlicher. Die Nebel und Schatten verschwanden, denn Jesus, der Erlöser der Welt, hat sich offenbart. Er, der am Sinai sein Gesetz verkündete, hat auch die Bergpredigt gehalten. Die Liebe zu Gott, die er als Grundlage des Gesetzes und der Botschaften der Propheten predigte, ist nur eine Wiederholung dessen, was er bereits durch Mose gesagt hatte.[37] Der große Lehrer ist im Alten wie im Neuen Testament derselbe – der Sohn Gottes.

---

[32] Jeremia 31,33.34 Hfa [33] Psalm 40,9 LB; vgl. Hebräer 10,7
[34] Römer 5,1 Hfa [35] Römer 3,31 [36] Römer 8,3.4 [37] 5. Mose 6,5

Teil V

Die Wanderung in der Wüste

32 Tod im Heiligtum*

Nach der Einweihung des Heiligtums wurden die Priester in ihr Amt eingeführt. Die Gottesdienste dazu dauerten sieben Tage.[1] Am achten Tag vollzog Aaron die von Gott gebotenen Opfer. Nachdem alles, was Gott befohlen hatte, geschehen war, offenbarte er seine Herrlichkeit in einzigartiger Weise: Feuer vom Himmel verzehrte das Opfer auf dem Altar. Die Israeliten jauchzten vor Begeisterung, lobten Gott und fielen anbetend auf die Knie.[2]

Doch bald danach traf die Familie des Hohenpriesters Aaron ein furchtbares Unglück. Seine Söhne Nadab und Abihu verwendeten im Dienst „Fremdes Feuer", um in ihren Räucherpfannen Weihrauch zu entzünden.[3] Damit übertraten sie eine strikte Anweisung Gottes. Sie nahmen gewöhnliches Feuer statt der heiligen Glut, die er selbst angezündet hatte. Um dieser Sünde willen ging ein verzehrendes Feuer vom Herrn aus und tötete sie auf der Stelle.[4]

Nach Mose und Aaron hatten Nadab und Abihu die höchste Stellung in Israel innegehabt. Gott hatte sie in besonderer Weise ausgezeichnet, als sie mit den 70 Ältesten auf dem Berg seine Herrlichkeit sehen durften. Deshalb wogen ihre Leichtfertigkeit und ihr Ungehorsam umso schwerer.

Niemand betrüge sich selbst mit der Vorstellung, er könne ungestraft sündigen, weil er viel Erkenntnis hat und mit Gott große Erfahrungen machen durfte. Niemand denke, Gott werde um solcher Vorrechte willen Leichtfertigkeit oder Ungehorsam großzügig übersehen. Wer große Erkenntnis oder viele Segnungen empfangen hat, von dem wird auch ein entsprechendes Verhalten erwartet. Wenn Gott einen Menschen besonders segnet, ist das kein Freibrief zum Sündigen, sondern ein Ansporn zum willigen Dienst.

Nadab und Abihu waren in ihrer Jugend nicht an Selbstbeherrschung gewöhnt worden. Aarons Nachgiebigkeit hatte ihn dazu verleitet, die Erziehung seiner Söhne zu vernachlässi-

---

* Dieses Kapitel basiert auf 3. Mose 10.

[1] 3. Mose 8,33 [2] 3. Mose 9,7.23.24 [3] 3. Mose 10,1 LB [4] 3. Mose 10,2

gen. Weil er zu selten korrigierend eingriff, waren die beiden jungen Männer daran gewöhnt, ihren eigenen Neigungen nachzugehen. Schließlich wurden sie so von dieser Lebensart beherrscht, dass nicht einmal ihre große Verantwortung das verändern konnte. Sie erkannten nicht, wie notwendig es war, Gottes Anweisungen gewissenhaft auszuführen. Das hatte fatale Folgen.

Halbherziger Gehorsam reicht nicht

Gott lässt keinen teilweisen Gehorsam gelten. Es genügte damals nicht, dass bei all den feierlichen Gottesdiensten *beinahe* alles so geschah, wie er es angeordnet hatte. Niemand sollte sich zu der Annahme verleiten lassen, manche Gebote Gottes müssten nicht ganz so genau genommen werden. Es ist auch ein Irrtum zu glauben, Ungehorsam gegenüber manchen Weisungen Gottes könnte wettgemacht werden durch besondere Genauigkeit in anderen Bereichen. Wenn Gott in seinem Wort ein Gebot gegeben hat, steht es nicht in unserem Belieben, seinen Willen zu befolgen oder nicht. Wer einen anderen Weg wählt als den des konsequenten Gehorsams, wird früher oder später die Folgen tragen müssen. Solche Wege führen schließlich zum ewigen Tod.

Damals sagte Mose zu Aaron und dessen jüngeren Söhnen Eleasar und Itamar: „Lasst ... die anderen Israeliten um die beiden Männer trauern, die der Herr bestraft hat! Ihr aber dürft eure Haare nicht ungepflegt hängen lassen und eure Kleider nicht zerreißen ... denn ihr seid mit heiligem Öl zu Priestern des Herrn geweiht.“[5] Und seinen Bruder erinnerte Mose an Gottes Worte: „Ich erweise mich als der heilige Gott an denen, die mir nahen dürfen; und meine Macht und Hoheit zeige ich vor meinem ganzen Volk.“[6] Aaron schwieg dazu. Der Tod seiner älteren Söhne, die wegen ihrer Pflichtverletzung sterben mussten, hatte ihn in tiefe Verzweiflung gestürzt. Dennoch durfte er mit keiner Äußerung von Kummer den Anschein erwecken, als beschönige er deren Unrecht oder zweifle an Gottes Gerechtigkeit. Das Volk durfte nicht dazu verleitet werden, Gottes Handeln infrage zu stellen. Der Herr wollte sein Volk dazu erziehen, seine Strafen als gerecht anzuerkennen, damit andere sich fürchteten.

---

[5] 3. Mose 10,6.7 [6] 3. Mose 10,3

Gottes Tadel gilt jedem falschen Mitgefühl für Sünder, das deren Vergehen zu entschuldigen sucht. Sünde stumpft das sittliche Empfinden ab, sodass der Sünder die Schwere seiner Schuld nicht mehr erkennt. Ohne die überzeugende Kraft des Heiligen Geistes bleibt er ihr gegenüber oft regelrecht blind. Christi Diener haben die Pflicht, solche Menschen auf die Gefahr aufmerksam zu machen, in der sie stehen. Infolge unangebrachten oder falschen Mitleids sind schon viele Menschen zugrunde gegangen.

Die Rolle des Alkoholgenusses

Nadab und Abihu hätten die folgenschwere Sünde nicht begangen, wären sie nicht durch den Genuss von Wein angetrunken gewesen. Ihre Sinne waren verwirrt und ihr sittliches Urteilsvermögen getrübt; deshalb konnten sie nicht mehr klar zwischen Heiligem und Alltäglichem unterscheiden. Aaron und allen künftigen Priestern galt daher das Gebot: „Ihr sollt weder Wein noch andere berauschende Getränke trinken, wenn ihr das heilige Zelt betretet; sonst werdet ihr sterben!“[7]

Der Genuss alkoholischer Getränke hindert die Menschen nur allzu oft daran, geistliche Dinge im rechten Licht zu sehen oder die bindende Kraft der Gebote Gottes zu erfassen. Wer geistliche Verantwortung trägt, sollte strikte Enthaltsamkeit von Alkohol und Drogen üben, damit er klar zwischen Recht und Unrecht, Gut und Böse unterscheiden kann.

Diese Verpflichtung gilt allerdings nicht nur für geistliche Leiter, sondern für alle Nachfolger Jesu Christi, denn Petrus erklärt: „Ihr aber seid ein von Gott auserwähltes Volk, seine königlichen Priester, ihr gehört ganz zu ihm und seid sein Eigentum.“[8] Wer Rauschmitteln zuspricht – in welcher Form auch immer –, wird früher oder später erleben, dass sein Gewissen unempfindlich wird gegen die Sünde und er bald nicht mehr unterscheiden kann zwischen gewöhnlich und heilig, falsch und richtig. Deshalb mahnt der Apostel Paulus: „Wisst ihr nicht, dass euer Leib ein Tempel des Heiligen Geistes ist, der in euch wohnt? ... Wer den Tempel Gottes zugrunde richtet, wird dafür von Gott zugrunde gerichtet. Denn der Tempel Gottes ist heilig, und dieser Tempel seid ihr.“[9]

---

[7] 3. Mose 10,9 Hfa [8] 1. Petrus 2,9 Hfa [9] 1. Korinther 6,19; 3,17

33 Das Murren geht weiter*

Die Regierung des Volkes Israel war durchgängig klar organisiert. Gott war der unsichtbare Herrscher, Mose der Leiter auf Erden, der dem Volk die göttlichen Verordnungen übermittelte und dafür sorgte, dass sie befolgt wurden. Später kam zu seiner Unterstützung ein Rat von siebzig Männern hinzu, der Mose bei den alltäglichen Belangen beistand.[1] Dazu kamen die Priester, die für den Dienst am Heiligtum verantwortlich waren. Oberhäupter regierten jeweils ihre Stämme. Ihnen untergeordnet waren „Oberste über tausend, über hundert, über fünfzig und über zehn als Amtleute".[2]

Das Lager war in drei große Bezirke eingeteilt. In der Mitte stand das Heiligtum, die irdische Wohnung des unsichtbaren Königs. Um sie herum wohnten die Priester und Leviten, um die sich dann alle anderen Stämme gruppierten. Der Standort jedes Stammes war genau bezeichnet.[3] Jeder sollte bei seinem Feldzeichen wandern und lagern. Die Fremden, die sich den Israeliten beim Auszug aus Ägypten angeschlossen hatten, mussten in den Außenbezirken des Lagers wohnen. Ihre Nachkommen durften sich erst in der dritten Generation der Gemeinschaft Israels anschließen.[4]

Überall waren absolute Sauberkeit und strenge Ordnung Pflicht. Gott erließ Hygieneregeln, die der Gesunderhaltung des Volkes dienten. Mose erklärte: „Der Herr, euer Gott, ist mitten unter euch in eurem Lager! Er beschützt euch und gibt euch den Sieg über eure Feinde. Deshalb muss euer Lager heilig sein."[5]

Wenn Israel unterwegs war, zog die Bundeslade vor ihnen her.[6] In deren Nähe hielten sich Priester mit silbernen Trompeten auf. Sie übermittelten mithilfe ihrer Instrumente Moses Anweisungen. Wenn die Signale ertönten, war das für die Obersten jeder Abteilung das Zeichen, nun ihrerseits die entsprechenden Anweisungen zu geben.

---

* Dieses Kapitel basiert auf 4. Mose 10,33 bis 12,15.

[1] 4. Mose 11,16.17 [2] 5. Mose 1,15 LB [3] 4. Mose 1,52.53; 2,2–31
[4] 5. Mose 23,8.9 [5] 5. Mose 23,15 Hfa [6] 4. Mose 10,33

Gott will keine Unordnung. Das ganze Universum gründet sich auf Ordnung, und Gehorsam bestimmt auch das Verhalten der Engel. Nur aufeinander abgestimmtes, harmonisches Handeln gewährleistet Erfolg. Auch heute verlangt Gott in seinem Werk sinnvolle Strukturen und wohldurchdachte Planungen sowie Sorgfalt und Treue in allem.

Auf allen ihren Wanderungen führte der Sohn Gottes selbst die Israeliten. Senkte sich die Wolkensäule herab, zeigte das den jeweiligen Lagerplatz an. Und solange sie über dem Heiligtum verharrte, mussten die Israeliten an diesem Ort bleiben. Sollte die Wanderung fortgesetzt werden, erhob sich die Wolke und gab damit das Zeichen zum Aufbruch.[7]

Vom Berg Sinai aus war das an der Grenze Kanaans gelegene Kadesch in elf Tagen zu erreichen. Mit der Aussicht, bald in das gelobte Land zu kommen, setzte das Volk die Wanderung fort, als Gott durch die Wolke – nach einem Jahr Aufenthalt zum Bau des Heiligtums – das Zeichen gab.[8] Welche Segnungen standen für die Israeliten jetzt wohl bereit, da sie nun offiziell das Volk des Allerhöchsten waren?

Doch viele verließen den Platz, an dem sie ein Jahr lang gelebt hatten, nur widerstrebend. Das Gebiet war mit der Gegenwart Gottes und seinen Machterweisen so sehr verbunden, dass es ihnen zu heilig erschien, um es leichten Herzens zu verlassen. Aber als das Signal der Trompeten ertönte, stellte sich dann doch das ganze Lager auf und alle waren gespannt, in welche Richtung die Wolke sie führen würde. Als sie sich ostwärts bewegte, wo sich nur schwarze, öde Bergmassive erhoben, kam in manchen ein Gefühl von Trauer und auch Besorgnis auf.

Je weiter sie kamen, desto beschwerlicher wurde der Weg. Manchmal ging es durch dunkle und steinige Engpässe, dann wieder durch heiße Wüstenlandschaft, „durch ein dürres und zerklüftetes Land, das trocken und dunkel ist, das niemand durchwandert und wo kein Mensch wohnt."[9] Durch die felsigen Bergschluchten wanderten Männer, Frauen und Kinder, Wagen und lange Reihen von Groß- und Kleinvieh. Der Treck kam nur mühsam und unter Anstrengungen vorwärts. Nach der langen Ruhezeit am Sinai war das Volk auch nicht mehr gut auf die Gefahren und Widrigkeiten eines solchen Marsches eingestellt.

---

[7] 4. Mose 9,17–23 [8] 5. Mose 1,2; 4. Mose 10,11.12 [9] Jeremia 2,6 Hfa

Das Volk verlangt Fleisch

Nach drei Tagen kamen Murren und Klagen auf, zunächst in den Reihen der Fremden. Ständig hatten sie etwas auszusetzen an der Art, wie Mose sie führte. Da Unzufriedenheit ansteckend ist, griff die Verdrossenheit bald im ganzen Lager um sich. Erneut schrie die Menge nach Fleisch, denn sie waren des Mannas überdrüssig. Viele der Ägypter, die nun unter ihnen lebten, waren daheim üppige Kost gewohnt gewesen und gehörten zu den Ersten, die ihren Unmut lautstark äußerten.[10]

Es wäre Gott ein Leichtes gewesen, alle ebenso mit Fleisch zu versorgen, wie er es täglich mit Manna tat. Aber er wollte ihnen Nahrung geben, die ihren Bedürfnissen besser entsprach. Ihr verbildeter Geschmack sollte sich Gesünderem zuwenden, damit ihnen die natürliche Nahrung wieder schmeckte. Aber Satan verführte sie dazu, in dem Entzug von Fleisch eine ungerechte, harte Einschränkung zu sehen. Er wusste, dass zügellose Esslust Lüsternheit erregt und er das Volk auf diese Weise leichter in seine Gewalt bringen konnte. Seitdem er Eva verführt hat, von der verbotenen Frucht zu essen, hat er durch Anstachelung der Esslust viele zur Sünde verleitet. Unmäßigkeit im Essen und Trinken macht krank und führt oft dazu, auch andere moralische Richtlinien zu übertreten.

Gott führte die Israeliten aus Ägypten heraus, damit sie in Kanaan als ein vorbildliches, heiliges und glückliches Volk leben sollten. Wären sie bereit gewesen, ihre Esslust zu bezähmen, wären ihnen Schwäche und Krankheit weitgehend unbekannt geblieben und ihre Nachkommen hätten größere körperliche und sittliche Widerstandskraft besessen. Sie hätten auch eine bessere Vorstellung von Wahrheit und Pflicht, ein klareres Unterscheidungsvermögen und eine gesündere Urteilskraft gehabt.

Der Psalmdichter beschrieb diese Phase in der Geschichte Israels so: „Sie forderten Gott heraus und verlangten von ihm die Speise, auf die sie gerade Lust hatten. Voller Misstrauen fragten sie: ‚Ist Gott denn überhaupt in der Lage, uns hier in der Wüste den Tisch zu decken? Den Felsen hat er zwar gespalten und das Wasser floss in Strömen heraus – aber kann er auch Brot herbeischaffen, kann er für sein Volk Fleisch auf-

---

[10] 4. Mose 11,4–6

treiben?‘ Als der Herr das hörte, wurde er zornig; sein Zorn entflammte über Israel wie ein zerstörendes Feuer.“[11]

Die Israeliten waren ständig Zeugen der Kraft und Fürsorge Gottes geworden. Deshalb luden sie mit ihrem Unglauben und der Unzufriedenheit umso größere Schuld auf sich. Außerdem hatten sie gelobt, Jahwe zu gehorchen. Jetzt war ihr Murren eine Auflehnung, die schnell bestraft werden musste, wenn das Volk vor Anarchie und Untergang bewahrt bleiben sollte. „Das Feuer des Herrn“ – Blitze – „loderte auf unter ihnen“ und tötete die, die sich am lautesten beschwert hatten. Entsetzt flehte das Volk Mose an, den Herrn um Gnade zu bitten. Er tat es, und die Blitze verschwanden.[12]

Aber statt zur Demut und Reue zu führen, schien dieses Strafgericht den Unwillen unter den Israeliten noch zu steigern. „Das Jammern nahm kein Ende. Unter den Israeliten waren viele Fremde, die sich dem Volk angeschlossen hatten, als es Ägypten verließ. Sie forderten nun besseres Essen, und schon fingen auch die Israeliten wieder an zu klagen: ‚Niemand gibt uns Fleisch zu essen! In Ägypten war das anders! Da bekamen wir umsonst so viel Fisch, wie wir wollten, da gab es Gurken, Melonen, Lauch, Zwiebeln und Knoblauch. Aber hier haben wir nichts. Wir hungern! Alles, was es hier gibt, ist dieses Manna!‘“[13]

Als Mose das Geschrei hörte, verlor selbst er den Mut. Hatte er nicht mit Gott gerungen, dass eher sein eigener Name aus dem Buch des Lebens getilgt werden sollte, als dass sein Volk dem Verderben überlassen würde? Und das war der Dank der Israeliten. Ihr Murren machte die Last seiner Verantwortung zusätzlich schwer. In seiner Bedrängnis kam sogar er in Versuchung, an Gott zu zweifeln. Sein Gebet klang wie eine Anklage: „Warum tust du mir, deinem Diener, dies alles an? Womit habe ich es verdient, dass du mir eine so undankbare Aufgabe übertragen hast? Dieses Volk liegt auf mir wie eine drückende Last ... Fleisch wollen sie; sie liegen mir in den Ohren mit ihrem Geschrei. Woher soll ich Fleisch nehmen für ein so großes Volk? Ich allein kann dieses ganze Volk nicht tragen, die Last ist mir zu schwer.“[14]

Der Herr wies Mose daraufhin an, siebzig Männer aus dem Kreis der Ältesten zu berufen, die ein gutes Urteilsvermögen

---

[11] Psalm 78,18–21 Hfa [12] 4. Mose 11,1.2 LB [13] 4. Mose 11,4–6 Hfa
[14] 4. Mose 11,11.13.14

und Erfahrung besaßen, damit sie mit ihm die Verantwortung teilten.[15] Ihr Einfluss würde ihm helfen, weiteren Aufruhr zu vermeiden, aber aus ihrer Beförderung resultierten bald ernste Probleme. Hätte Mose sich ganz und gar auf Gott verlassen, würde der Herr ihm allezeit den Weg gewiesen und genügend Kraft in jeder schwierigen Lage gegeben haben.

Mose kündigte dem Volk die Ernennung der siebzig leitenden Männer an und versammelte sie um das Heiligtum. „Da kam der Herr in der Wolke herab und redete mit Mose. Er nahm einen Teil des Geistes, den er Mose gegeben hatte, und gab ihn den siebzig Ältesten. Als der Geist Gottes über sie kam, gerieten sie vorübergehend in ekstatische Begeisterung wie Propheten."[16] Wie die Jünger Jesu zu Pfingsten wurden sie mit „Kraft von oben" ausgestattet.[17] Der Herr hielt es für nötig, ihnen in Gegenwart der Israeliten Ansehen zu verschaffen, damit sie Vertrauen zu diesen Männern bekamen.

Dann erfüllte sich Gottes Ankündigung, dem Volk Fleisch zu essen zu geben. Es erhob sich vom Meer her ein starker Wind und brachte Scharen von Wachteln heran: Sie blieben „im Umkreis von einem Tagesmarsch rings um das Lager" tot auf der Erde liegen. Die Tiere lagen fast einen Meter hoch.[18] Den ganzen Tag über, in der Nacht und am folgenden Tage sammelte das Volk die ihnen auf wunderbare Weise zugeflogene Nahrung.

Gott gab den Israeliten, was sie verlangt hatten, obwohl das nicht zum Besten für sie war. Deshalb mussten sie auch die Folgen tragen. Nachdem sie hemmungslos geschwelgt hatten, wurde ihre Unmäßigkeit schnell bestraft. „Da traf sie der Zorn des Herrn und viele starben."[19] Sie hatten zwar bekommen, was sie wollten, aber es bekam ihnen nicht. Viele bezahlten ihr Aufbegehren und ihre Gier nach Fleisch mit dem Leben.

Die nächste Lagerstätte war Hazerot. Dort erlebte Mose eine noch schmerzlichere Erfahrung. Aaron und Mirjam waren in Israel hoch angesehen und als Führungspersönlichkeiten anerkannt. Beide waren Moses Mitarbeiter und Ratgeber. Da Mirjam poetisch und musikalisch begabt war, führte sie an der Küste des Roten Meeres Israels Frauen im Gesang an.[20] Nur Mose und Aaron rangierten in der Wertschätzung des Volks und Gottes noch vor ihr.

---

[15] 4. Mose 11,16.17 [16] 4. Mose 11,25 [17] Lukas 24,49 [18] 4. Mose 11,18.31
[19] 4. Mose 11,33 [20] 2. Mose 15,20.21

Aarons und Mirjams Eifersucht

Bei der Auswahl und Ernennung der 70 Ältesten waren Mirjam und Aaron allerdings von Mose nicht zu Rate gezogen worden. Das weckte in ihnen Neid. Da sie bisher nach Gottes Willen Moses Berater gewesen waren und gemeinsam mit ihm die Lasten der Führung getragen hatten, fühlten sie sich nun übergangen und hielten solch ein Gremium auch für überflüssig.

Mose war sich seiner menschlichen Unzulänglichkeit bewusst und hielt sich deshalb an Gott als seinen Ratgeber. Aaron schätzte sich selbst jedoch nicht richtig ein. Am Sinai war das an seinem mangelnden Gottvertrauen und der Nachgiebigkeit gegenüber dem Volk deutlich geworden, als er die Götzenanbetung zuließ. Blind vor Eifersucht und Ehrgeiz verloren Mirjam und Aaron das nun alles aus den Augen und beschwerten sich: „Redet denn der Herr allein durch Mose? Redet er nicht auch durch uns?“[21]

Weil Mirjam der Unzufriedenheit nachgab, fand sie sogar Grund zur Klage bei Dingen, die Gott selbst so gefügt hatte. Sie missbilligte Moses Heirat. Dass Mose seine Frau aus einem anderen Volk gewählt hatte, empfand sie als Missachtung der Familie und dem Volk Israel gegenüber. Darum behandelte sie Zippora auch mit unverhohlener Verachtung und nannte sie abschätzig eine „Äthiopierin“.[22]

Aber sie war im Unrecht, denn Moses Frau war eine Midianiterin und somit eine Nachfahrin Abrahams.[23] Sie hatte nur eine etwas dunklere Hautfarbe als die Israeliten. Zwar gehörte Zippora nicht zu ihnen, aber sie betete den wahren Gott an. Sie war von Natur aus schüchtern und zurückhaltend und schmerzlich berührt beim Anblick von Leid. Deshalb hatte Mose auf dem Weg nach Ägypten eingewilligt, dass sie nach Midian zurückkehrte.

Als Zippora ihrem Mann später in der Wüste wieder begegnete, sah sie ihm an, wie sehr die Belastungen an seinen Kräften zehrten, und sprach darüber mit ihrem Vater Jitro, der dann die Maßnahmen zu Moses Entlastung anregte. Das war der Hauptgrund für Mirjams Abneigung ihr gegenüber. Sie sah Zippora als die Ursache ihrer eigenen Zurücksetzung.

Schweigend ertrug Mose die Beschuldigungen seiner Geschwister, denn er „war ein sehr demütiger Mensch, mehr als

---

[21] 4. Mose 12,2 LB [22] 4. Mose 12,1 [23] 2. Mose 2,16.21; vgl. 1. Mose 25,1.2

alle Menschen auf Erden";[24] eben deshalb wurden ihm mehr als anderen Menschen göttliche Weisheit und Führung zuteil.

Gott selbst hatte Mose zum Führer Israels erwählt. Mit ihrem Aufbegehren wurden Mirjam und Aaron nicht nur an ihrem Bruder schuldig, sondern auch an Gott.

„Der Herr kam in der Wolkensäule herab und stellte sich an den Eingang des Zeltes. Er rief Aaron und Mirjam, und sie traten vor."[25] Ihren Anspruch auf die Gabe der Weissagung bestritt Gott nicht. Aber Mose gewährte er eine engere Gemeinschaft als ihnen. „‚Er darf sogar mich selbst sehen. Wie könnt ihr es wagen, ihm etwas vorzuwerfen?' Voll Zorn ging der Herr weg." Zum Zeichen seines Unwillens wurde Mirjam „von Aussatz befallen".[26]

Aaron blieb zwar verschont, aber Mirjams Bestrafung war auch für ihn eine deutliche Zurechtweisung. Als nun ihr Hochmut gedemütigt war, bekannte Aaron ihrer beider Sünde. Er flehte darum, dass seine Schwester nicht durch die Abscheu erregende, tödliche Plage zugrunde gehen müsse. Auf Moses Fürbitte hin heilte Gott den Aussatz. Mirjam wurde jedoch für sieben Tage des Lagers verwiesen. Während dieser Zeit blieb das ganze Volk in Hazerot, da es auf Mirjams Rückkehr warten musste.[27]

Diese Äußerung göttlichen Missfallens sollte für ganz Israel eine Warnung sein und dazu beitragen, der wachsenden Unzufriedenheit und dem rebellischen Geist abzusagen. Neid ist einer der teuflischsten Wesenszüge des Menschen und in seinen Auswirkungen auch einer der unheilvollsten. Auf Neid und Eifersucht ging die erste Zwietracht im Himmel zurück. Wo man sie duldet, bringen sie großes Elend über die Menschen.

Die Bibel lehrt ausdrücklich, dass wir uns vor leichtfertigen Anklagen gegen diejenigen hüten sollen, die Gott als Leiter berufen hat. „Eine Klage gegen einen Ältesten höre nur an, wenn sie von zwei oder drei Zeugen bestätigt wird."[28] Gott hat manchen Menschen große Verantwortung als Leiter und Lehrer seiner Gemeinde auferlegt. Das Strafgericht über Mirjam sollte eine Mahnung für alle Gemeindeglieder sein, die ihre Leiter geringschätzig behandeln, gegen sie murren oder auf sie neidisch sind.

---

[24] 4. Mose 12,3 LB [25] 4. Mose 12,5 Hfa [26] 4. Mose 12,8–10
[27] 4. Mose 12,11–15 [28] 1. Timotheus 5,19

34 | Die zwölf Kundschafter*

Die Israeliten lagerten bei Kadesch in der Wüste Paran, nicht weit entfernt von der Grenze des verheißenen Landes. Hier kam vom Volk der Vorschlag, Kundschafter auszuschicken. Mose legte die Angelegenheit dem Herrn vor und erhielt dessen Zustimmung. Man wählte zwölf Männer aus – aus jedem Stamm einen – die erkunden sollten, wie stark die dort wohnenden Völker waren. Auch auf die Beschaffenheit des Bodens und dessen Fruchtbarkeit sollten sie achten sowie einige Früchte des Landes mitbringen.[1]

Also zogen die Männer los und erkundeten das ganze Land. Nach 40 Tagen kamen sie zurück und wurden freudig begrüßt. Sie hatten Proben von Früchten des Landes bei sich als Beweis für dessen Fruchtbarkeit, darunter Feigen und Granatäpfel, die dort in Hülle und Fülle wuchsen. Es war gerade die Zeit der Weinlese, und daher brachten sie auch eine Traube mit, die so groß war, dass zwei Männer sie tragen mussten.[2]

Aufmerksam hörten die Israeliten zu, als die Kundschafter Mose Bericht erstatteten. „Wir haben das Land durchzogen, in das du uns geschickt hast, und wir haben alles genau angesehen. Es ist wirklich ein Land, das von Milch und Honig überfließt. Sieh hier seine Früchte!"[3] Die Israeliten waren begeistert; sie wollten am liebsten unverzüglich aufbrechen, um das Land einzunehmen. Aber dann beschrieben zehn der zwölf Männer ausführlich die großen, befestigten Städte und die Bewohner, die sehr groß und stark waren.

Schlagartig schlug die Stimmung um. Hoffnung und Mut wichen kleinmütigem Gejammer. Die Herzen der zehn Berichterstatter waren von Mutlosigkeit erfüllt, die Satan ihnen eingeflößt hatte. Ihr Unglaube warf düstere Schatten auf die ganze Versammlung. Plötzlich waren die Macht Gottes und alles, was er bereits für sein Volk getan hatte, vergessen. Viele Israeliten dachten nicht mehr daran, wie sich auf wunderbare Weise das Meer geteilt hatte, als ihnen das ägyptische Heer auf

---

* Dieses Kapitel basiert auf 4. Mose 13 und 14.

[1] 4. Mose 13,1–3.17–20 [2] 4. Mose 13,23.25 [3] 4. Mose 13,27

den Fersen war. Sie vergaßen Gott über ihren Zweifeln, als hinge alles nur von ihrer eigenen Stärke ab.

Wegen ihres Unglaubens verfielen sie in den alten Fehler, erneut Mose und Aaron Vorwürfe zu machen. Sie beschuldigten ihre Anführer, das Volk zu täuschen und Schwierigkeiten über das Volk Israel zu bringen.

Kaleb, neben Josua der einzige Kundschafter, der Gott voll vertraute, erfasste zuerst, wie kritisch die Lage war. Unerschrocken tat er alles, was in seiner Macht stand, um den negativen Einfluss seiner kleingläubigen Begleiter zu entkräften. Er stellte die geschilderten Gefahren nicht in Abrede, sondern bestätigte, dass die Mauern der Städte tatsächlich hoch und die Kanaaniter stark waren. Aber dann erinnerte er die Israeliten daran, dass Gott Israel das Land als ewigen Besitz zugesagt hatte. „Wir können das Land sehr wohl erobern", erklärte er. „Wir sind stark genug!"[4]

„Doch die anderen Kundschafter sagten: ‚Wir können es nicht! Das Volk im Land ist viel stärker als wir!' Sie erzählten den Israeliten schreckliche Dinge über das Land, das sie erkundet hatten. ‚In diesem Land kann man nicht leben, es verschlingt seine Bewohner', sagten sie. ‚Alle Männer, die wir gesehen haben, sind riesengroß, besonders die Nachkommen Anaks! Wir kamen uns ihnen gegenüber wie Heuschrecken vor und genauso winzig müssen wir ihnen vorgekommen sein!'"[5]

Nachdem die zehn Kundschafter erst einmal eine falsche Richtung eingeschlagen hatten, widersetzten sie sich hartnäkkig erst Kaleb und Josua, dann Mose und schließlich Gott. Sie verfälschten die Wahrheit, um ihre Befürchtungen zu rechtfertigen: „In diesem Land kann man nicht leben, es verschlingt seine Bewohner", behaupteten sie. Das war nicht nur übertrieben, sondern glatt gelogen.

Alle Kundschafter hatten berichtet, das Land sei fruchtbar und die Menschen riesengroß und stark. All das wäre bei einem solch ungesunden Klima, von dem man sagen könnte, das Land verschlänge seine Einwohner, schwer zu begreifen. Aber das schien niemandem aufzufallen. Deshalb nahmen Aufruhr und offene Auflehnung ihren Lauf; viele Israeliten waren anscheinend jeder Vernunft beraubt.

---

[4] 4. Mose 13,30 [5] 4. Mose 13,31–33

Der Unglaube und die Revolte des Volkes

Die Israeliten klagten und weinten die ganze Nacht. Am nächsten Morgen schimpften sie auf Mose und Aaron. Erneut erklärten sie, es wäre besser, in der Wüste zu sterben. Dann richtete sich ihr Zorn gegen Gott: „Warum will der Herr uns in dieses Land bringen? Wir werden im Kampf umkommen und unsere Frauen und kleinen Kinder werden den Feinden in die Hände fallen. Es wäre besser, wir kehrten wieder nach Ägypten zurück!‘ Schon gaben einige die Parole aus: ‚Wir wählen einen neuen Anführer und gehen zurück nach Ägypten!‘“[6] Mit diesen Worten klagten sie nicht nur Mose, sondern den Herrn selbst der Täuschung an, weil er ihnen ein Land verheißen hatte, das sie nicht in Besitz nehmen konnten.

Kaleb und Josua wollten die Gemüter beschwichtigen und sprangen unter das Volk. Ihre Stimmen hörte man über das Jammergeschrei rufen: „Das Land, das wir erkundet haben, ist sehr gut! Dort gibt es alles im Überfluss! Wenn der Herr Gefallen an uns hat, wird er uns dorthin bringen und uns das Land schenken. Lehnt euch nicht gegen ihn auf! Ihr müsst keine Angst vor den Leuten dort haben. Wir werden sie leicht überwältigen, denn sie haben keinen Schutz mehr. Ihr braucht euch nicht vor ihnen zu fürchten, der Herr ist auf unserer Seite!“[7]

Das Land war den Israeliten durch Gottes Bund zugesichert worden. Aber sie glaubten dem zweifelhaften Bericht der zehn Kundschafter mehr als Gott und forderten sogar, Kaleb und Josua zu steinigen. Mit wütendem Geschrei stürmten einige auf die beiden Männer los. Doch da fielen ihnen die Steine aus den Händen. Sie zitterten vor Angst.

Gott selbst griff ein. Seine Herrlichkeit erhellte plötzlich das Heiligtum wie eine Feuerflamme.[8] Keiner wagte, weiteren Widerstand zu leisten. Die Kundschafter jedoch, die das Volk so negativ beeinflusst hatten, duckten sich und schlichen schreckensbleich zu ihren Zelten.

Nun erhob sich Mose und trat in das Heiligtum. Der Herr sprach zu ihm: „Wie lange will mich dieses Volk noch verhöhnen? Wie lange weigern sie sich noch, mir zu vertrauen? Habe ich ihnen nicht genug Beweise meiner Macht und Fürsorge gegeben? Ich will sie an der Pest sterben lassen, ich will das

---

[6] 4. Mose 14,3.4 [7] 4. Mose 14,7–9 Hfa [8] 4. Mose 14,10

ganze Volk ausrotten. Mit dir will ich neu beginnen und deine Nachkommen zu einem Volk machen, das noch größer und stärker ist als sie."[9] Doch erneut argumentierte Mose: „Wenn du nun ganz Israel auf einen Schlag tötest, dann werden alle diese Völker, die schon so viel von dir gehört haben, davon erfahren und sagen: ‚Der Herr konnte dieses Volk nicht in das Land bringen, das er ihnen mit einem Eid versprochen hat. Er hat sie in der Wüste abgeschlachtet.' Darum bitte ich dich, Herr: Zeige deine Macht auf andere Weise. Du hast gesagt: ‚Meine Geduld ist groß, und meine Liebe kennt kein Ende. Ja, ich vergebe die Schuld, doch ich strafe auch. Wer sündigt, muss die Folgen tragen, aber nicht nur er, sondern auch seine Kinder, Enkel und Urenkel!' Herr, weil deine Liebe so groß ist, bitte ich dich: Vergib diesem Volk, wie du es auf dem ganzen Weg von Ägypten bis hierher immer wieder getan hast."[10]

Gott versprach tatsächlich erneut, das Volk Israel nicht zu vertilgen. Aber wegen ihres Unglaubens und Kleinmuts konnte er nicht seine Macht gegen die Feinde Israels einsetzen und den Weg ins Land Kanaan frei machen. Daher ließ er das Volk in die Richtung des Roten Meer zurückziehen.

In ihrer Rebellion hatten die Israeliten gerufen: „Ach dass wir ... noch in dieser Wüste stürben!"[11] Dieser Bitte kommt Gott nun nach: „Was ihr da gesagt habt, lasse ich in Erfüllung gehen – so gewiss ich lebe! In dieser Wüste sollt ihr sterben, alle wehrfähigen Männer von zwanzig Jahren an aufwärts. Das ist die Strafe dafür, dass ihr euch gegen mich aufgelehnt habt ... Eure kleinen Kinder dagegen, von denen ihr gesagt habt: Sie werden den Feinden in die Hände fallen – die werde ich in das Land hineinbringen, das ihr verschmäht habt; genau sie werden es in Besitz nehmen."[12] Und das galt auch für die treuen Josua und Kaleb: „Meinen Diener Kaleb will ich in das Land bringen, das er erkundet hat; seine Nachkommen sollen dort leben. Denn in ihm war ein anderer Geist, er ließ sich nicht beirren und hat mir vertraut."[13]

Wie die Kundschafter 40 Tage für ihre Erkundungsreise gebraucht hatten, so sollten die Israeliten 40 Jahre lang in der unwirtlichen Region zwischen dem Sinaigebirge und Kanaan unterwegs sein, ehe das Volk das verheißene Land in Besitz nehmen würde.[14]

---

[9] 4. Mose 14,11.12 [10] 4. Mose 14,15–19 Hfa [11] 4. Mose 14,2 LB
[12] 4. Mose 14,28.29.31 [13] 4. Mose 14,24 [14] 4. Mose 14,33.34

Ein Beispiel falscher Reue

Als Mose dem Volk die göttliche Entscheidung bekanntgab, wusste er, dass die Bestrafung gerecht war. Die zehn ungläubigen Kundschafter wurden von Gott geschlagen und kamen vor den Augen des Volkes um.[15] Daran erkannten die Israeliten ihr eigenes Schicksal.

Sie weinten und klagten.[16] Anscheinend bereuten sie ihr Murren, aber sie trauerten mehr über die angekündigten Folgen ihres Aufruhrs als über ihren Unglauben und ihre Undankbarkeit Gott gegenüber. Als sie merkten, dass er sein Urteil nicht änderte, schoss der Eigensinn von neuem in ihnen hoch. Sie erklärten, nicht in die Wüste zurückkehren zu wollen.

Mit seiner Anweisung dazu wollte Gott prüfen, ob ihre Reue echt war. Nun zeigte sich eindeutig, dass sie ihre Auflehnung und ihren Vertrauensmangel nicht wirklich bereuten. Sie waren nach wie vor halsstarrig. Es bedurfte nur eines geringen Anlasses und sie würden erneut murren oder rebellieren. Hätten sie ihre Sünde aufrichtig bedauert, wäre das harte Urteil nicht über sie ergangen. Aber sie grämten sich nur wegen der Folgen und der angekündigten Strafe. Ihre Trauer war keine echte Reue, deshalb konnte Gott seine Entscheidung auch nicht zurücknehmen. Das hätte nur ihre rebellischen Herzen bestärkt.

Gott wollte, dass sie zu der Zeit in das Land Kanaan einziehen, wenn er es anordnen würde. Aber nach ihrer eigensinnigen Weigerung aufgrund des negativen Berichts der zehn Kundschafter musste er die Landnahme verschieben, denn ohne völliges Vertrauen und entsprechenden Gehorsam konnte er nichts für sie bewirken.

Die Israeliten trauerten die ganze Nacht über, aber am Morgen wollten sie die Folgen ihrer Feigheit wettmachen. Sie wollten losziehen, um das Land Kanaan einzunehmen. Als sie es sollten, hatten sie sich geweigert; als Gott den Rückzug in die Wüste anordnete, begehrten sie erneut auf.

Sie sagten zu Mose „Wir haben gegen den Herrn, unseren Gott, gesündigt. Jetzt wollen wir doch in das Land gehen und kämpfen, wie er es uns befohlen hat.“[17] Sie waren nun völlig verblendet; denn niemals hatte ihnen der Herr befohlen,

---

[15] 4. Mose 14,36 [16] 4. Mose 14,39 [17] 5. Mose 1,41; vgl. 4. Mose 14,40

loszuziehen und zu kämpfen. Sie sollten das Land nicht durch Kampf gewinnen, sondern durch das Wirken Gottes. Dazu war ein Glaube erforderlich, der zum Halten seiner Gebote und zum Befolgen seiner Anweisungen führte.

„Wir haben gegen den Herrn gesündigt", bekannten sie und räumten damit ein, dass der Fehler bei ihnen und nicht bei Gott lag, dem sie leichtfertig unterstellt hatten, er würde seine Verheißungen nicht erfüllen. Wenn auch ihr Bekenntnis keiner echten Reue entsprang, diente es doch dazu, Gottes Handeln zu rechtfertigen.

Der Herr bewegt noch heute Menschen in ähnlicher Weise, ihn ungewollt zu ehren, indem sie die Gerechtigkeit seines Handelns öffentlich anerkennen. Auch wenn sich die Gesinnung, die zu der Bosheit oder dem Unrecht führte, nicht wirklich gewandelt hat, tragen solche Bekenntnisse zur Rechtfertigung Gottes und aller derer bei, die zuvor angefeindet oder verleumdet wurden, weil sie die Sünden klar beim Namen nannten.

Eigenmächtiges Handeln führt zur Katastrophe

Ohne auf Gottes Anordnung zu achten, bereiteten die Israeliten nun die Eroberung Kanaans vor. Ihrer Meinung nach waren sie für den Kampf gut gerüstet. Aber sie zogen gegen den Befehl Gottes und gegen das Verbot ihrer Leiter in den Krieg.

Mose eilte ihnen nach mit der Warnung: „Warum wollt ihr gegen den ausdrücklichen Befehl des Herrn handeln? Das kann nicht gutgehen. Ich sage euch: Zieht nicht hinauf; denn der Herr wird nicht mit euch gehen! Die Feinde werden euch in die Flucht schlagen. Die Amalekiter und die Kanaaniter sind gerüstet und warten auf euch; ihr werdet alle umkommen. Ihr habt euch vom Herrn abgewandt; denkt nur nicht, dass er euch jetzt beistehen wird!"[18]

Die Kanaaniter hatten von der geheimnisvollen Kraft, die dieses Volk zu bewahren schien, gehört. Darum boten sie nun eine große Streitmacht auf, um die Eindringlinge zurückzuschlagen. Die angreifenden Israeliten waren führungslos und niemand betete, dass Gott ihnen den Sieg verleihen möge. Obwohl kriegsunerfahren hofften sie, den Gegner mit einem

[18] 4. Mose 14,41–43

plötzlichen, ungestümen Angriff zu überwältigen. Vermessen forderten sie den Feind heraus, der es nicht gewagt hatte, sie anzugreifen.

Die Kanaaniter hatten auf einer felsigen Hochebene Aufstellung genommen, die man nur in steilem, gefährlichem Aufstieg erreichen konnte. Als die Israeliten zum Angriff übergingen, donnerten schwere Felsblöcke herab und erschlugen viele. Die den Gipfel erreichten, wurden dort niedergemetzelt oder zurückgeworfen. Schließlich waren die israelitischen Angreifer vollständig geschlagen.[19] Ihre zahlenmäßige Überlegenheit machte ihre Niederlage nur umso schlimmer.

Israels Feinde, die das Herannahen des mächtigen Heeres voller Angst erwartet hatten, gewannen ihr Selbstvertrauen zurück. Sie hielten nun alle Erzählungen von den erstaunlichen Dingen, die Gott für sein Volk getan hatte, für erlogen und meinten, keinen Grund mehr zur Angst zu haben.

Mit dieser ersten Niederlage Israels nahmen die Schwierigkeiten der Landnahme außerordentlich zu, weil sie den Völkern, die in Kanaan wohnten, Mut und Entschlossenheit einflößte. Es blieb dem Volk Israel nichts anderes übrig, als vor den siegreichen Feinden in die Wüste zurückzuweichen – und das in dem Bewusstsein, dass diese Einöde das Grab einer ganzen Generation werden würde.

---

[19] 4. Mose 14,45; 5. Mose 1,44

35 | Korach stiftet Aufruhr an*

Die Tatsache, dass Gott das Murren der Israeliten meist schnell bestrafte, half eine Zeitlang, ihr Aufbegehren in Schranken zu halten. Aber der rebellische Geist steckte noch immer in ihnen und führte schließlich zu einer von langer Hand vorbereiteten Revolte mit dem Ziel, die von Gott eingesetzten Führer zu stürzen.

Der führende Kopf dieser Bewegung war Korach, ein fähiger und einflussreicher Mann, ein Levit und Vetter von Mose. Er war mit seiner Stellung unzufrieden und strebte nach der Würde des Priestertums. Eine Zeitlang widersetzte er sich den Anordnungen Moses und Aarons nur hinter vorgehaltener Hand und wagte keine offene Auflehnung. Schließlich aber fasste er den kühnen Plan, beide zu stürzen. Datan und Abiram, zwei einflussreiche Männer aus dem Stamm Ruben, schlossen sich Korachs ehrgeizigen Plänen an.[1] Sie wollten die Ehre des Priestertums mit ihm teilen.

Die Stimmung im Volk begünstigte ihr Vorhaben. Durch Enttäuschungen verbittert, regten sich bei vielen Israeliten erneut Zweifel, Eifersucht und Hass. Wiederum konzentrierten sich die Klagen auf Mose. Dabei vergaßen sie erneut, dass er seine Botschaften und Anweisungen alle von Gott empfing. Da sie auf keinen Fall in der Wüste sterben wollten, waren sie geneigt zu glauben, dass nicht Gott, sondern Mose dieses harte Urteil gesprochen hatte. Obwohl sie die Folgen ihrer Auflehnung noch vor Augen hatten, nahmen sie sich die Lehre nicht zu Herzen.

Der Herr hatte den Israeliten allerlei Warnungen und Lehren erteilt, sodass sie die Machenschaften der Verschwörer hätten durchschauen können. Sie hatten miterlebt, wie Gott sofort auf Mirjams Eifersucht und ihre Anklagen gegen Mose reagiert hatte. Dabei hatte der Herr erklärt: „Ich rede mit Mose von Angesicht zu Angesicht ... Er kann mich sogar sehen. Wie könnt ihr es da wagen, ihn anzugreifen?“[2] Diese

* Dieses Kapitel basiert auf 4. Mose 16 und 35.

[1] 4. Mose 16,1 [2] 4. Mose 12,8 Hfa

Belehrung war nicht nur für Aaron und Mirjam bestimmt gewesen, sondern für alle Israeliten.

Korach und seine Mitverschwörer gehörten zu denen, die mit Mose auf den Berg Sinai steigen und die Herrlichkeit Gottes sehen durften. Anfänglich war die Versuchung zur Eifersucht klein gewesen, aber als sie ihr nachgaben, erhielt sie immer stärkeren Auftrieb, bis Satan ihre Gedanken beherrschte. Zuletzt glaubten sie wirklich, ihr Tun geschähe zum Wohl des Volkes und aus Eifer für Gott. So führte ihre Eifersucht zum Neid und der Neid schließlich zur Rebellion.

Zunächst äußerten Korach, Datan und Abiram ihre Unzufriedenheit nur insgeheim und im kleinen Kreis, doch nach und nach gelang es ihnen, 250 leitende Männer in die Verschwörung hineinzuziehen.[3] Mit diesen einflussreichen Helfern meinten sie, eine gründliche Verbesserung der Administration von Mose und Aaron herbeiführen zu können.

Dabei täuschten sie sich und andere mit der Annahme, Mose hätte die Regierung und Aaron das Hohepriesteramt eigenmächtig an sich gerissen. Sie wären doch nicht heiliger als die übrigen Israeliten, denen Gott seine Gegenwart und seinen Schutz gewährt hatte!

Korachs Strategie: Dem Volk zum Mund reden

Korach und seine Gesinnungsgenossen versuchten nun, die Unterstützung anderer Israeliten zu erlangen. Sie erklärten, dass die Beschuldigung Moses, das Murren des Volkes hätte Gottes Zorn über sie gebracht, falsch sei. Das Volk wäre nicht zu tadeln, weil es nur sein Recht verlangt hätte. Mose wäre ein herrischer Leiter, der die Schuld stets den Israeliten in die Schuhe schiebe, obwohl sie doch ein heiliges Volk wären.

Korachs Zuhörer meinten nun klar zu erkennen, dass ihre Schwierigkeiten vermeidbar gewesen wären, wenn Mose sie anders geführt hätte. Dass sie nicht nach Kanaan hinein durften, wäre der falschen Leitung durch Mose und Aaron zuzuschreiben. Wenn dagegen Korach ihr Führer wäre, würden die Dinge ganz anders laufen. Er würde ihre guten Taten loben, anstatt ständig ihre Sünden zu tadeln und immer ihnen die Schuld an allem anzulasten. Statt in der Wüste ohne Ziel herumzuirren, würde er sie geradewegs ins verheißene Land führen.

---

[3] 4. Mose 16,2

Der Zuspruch, den Korach von allen Seiten bekam, vergrößerte seine Selbstsicherheit. Schließlich behauptete er, Gott habe ihm die Augen für die Missstände geöffnet und ihn ermächtigt, Änderungen in der Führung des Volkes herbeizuführen, ehe es zu spät sei.

Unfaire Angriffe gegen Mose

Viele Israeliten wollten Korachs Anklagen gegen Mose allerdings nicht gelten lassen, da sie dessen geduldigen, aufopferungsvollen Dienst für ihr Volk kannten. Der Aufrührer musste ihm daher selbstsüchtige Beweggründe unterstellen. So wiederholte er den alten Vorwurf, Mose hätte sie aus Ägypten geführt, damit sie in der Wüste umkämen und er sich ihre Besitztümer aneignen könne.

Zunächst geschah diese Wühlarbeit verdeckt. Aber sobald die Bewegung stark genug war, um einen offenen Bruch zu unterstützen, erhob Korach öffentlich Anklage gegen Mose und Aaron. „Ihr nehmt euch zu viel heraus! Alle Israeliten gehören dem Herrn in gleicher Weise und er ist mitten unter ihnen. Warum erhebt ihr euch über die Gemeinde des Herrn?“[4]

Mose hatte solch ein hinterhältiges Verhalten nicht vermutet. Als er den Umfang der Revolte erkannte, fiel er auf sein Angesicht und legte die Angelegenheit in stillem Gebet Gott vor. Dann erhob er sich ruhig und gefasst, denn Gott hatte ihm Weisungen erteilt. Zu den Aufrührern sagte er: „Morgen wird der Herr zeigen, wer zu ihm gehört und wen er als heilig anerkennt. Er wird nur den in seine Nähe kommen lassen, den er ausgewählt hat.“ Die nach dem Priesteramt strebten, sollten mit einer Pfanne kommen und vor dem Heiligtum Räucherwerk verbrennen.[5] Jeder wusste, dass die Priester Nadab und Abihu sterben mussten, weil sie es gewagt hatten, mit „fremdem Feuer“ zu opfern.[6] Mose forderte seine Ankläger also auf, sich einem Gottesgericht zu stellen, wenn sie das wagen sollten.

Korach und seine Anhänger aus dem Stamm Levi sprach Mose gesondert an: „Der Gott Israels hat euch aus der ganzen Gemeinde ausgesondert, er lässt euch in seine Nähe kommen und den Dienst an seiner Wohnung verrichten; ihr dürft vor

---

[4] 4. Mose 16,3 [5] 4. Mose 16,5–7 [6] 3. Mose 10,1.2 LB

der Gemeinde stehen und ihr Dienste leisten. Ist euch das noch nicht genug? Dir, Korach, und den übrigen Leviten hat der Herr dieses Vorrecht gegeben und nun wollt ihr auch noch das Priesteramt? Gegen den Herrn habt ihr euch zusammengerottet, du und dein ganzer Haufen! Wer ist schon Aaron? Euer Murren geht doch nicht gegen ihn!"[7]

Datan und Abiram hatten nicht so eindeutig Stellung genommen wie Korach. Mose forderte sie deshalb auf, vor ihm zu erscheinen, damit er ihre Anklagen hören konnte. Aber sie weigerten sich, seine Autorität anzuerkennen. „Es reicht gerade, dass du uns aus Ägypten, dem Land, das von Milch und Honig überfließt, weggeführt hast und uns in der Wüste sterben lässt! Du willst dich auch noch als Herr über uns aufspielen? Hast du uns vielleicht in ein Land gebracht, das von Milch und Honig überfließt? Hast du uns Äcker und Weinberge zum Besitz gegeben? Du machst diesen Leuten doch nur etwas vor! Wir jedenfalls werden nicht kommen."[8]

So machten sie deutlich, dass sie von sich ihm nicht länger führen lassen würden – heute nach Kanaan, morgen in die Wüste, wie es eben am besten in seine ehrgeizigen Pläne passte. Sie stellten Mose als eigensüchtigen Herrscher dar und klagten ihn an, er wäre schuld, dass sie nicht in Kanaan einzögen.

Die Entscheidung Gottes

Am folgenden Tag fanden sich mit Korach an der Spitze 250 Oberste am Heiligtum ein, in der Hand ihre Räucherpfannen. Auch das Volk versammelte sich.[9] Nicht Mose hatte es zusammengerufen, um die Niederlage Korachs und seiner Anhänger mitzuerleben, sondern die Rebellen, damit alle Zeugen ihres erwarteten Sieges würden. Ein großer Teil der Versammelten stand offen auf Korachs Seite.

Korach war zu Datan und Abiram gegangen, als Mose in Begleitung der 70 Ältesten bei den beiden Männern erschien, die sich geweigert hatten, zu ihm zu kommen. Mose wollte sie ein letztes Mal warnen. Auf Gottes Anweisung hin gebot er dann der Menge: „Geht weg von den Zelten dieser gottlosen Menschen, und fasst nichts an, was ihnen gehört, sonst

---

[7] 4. Mose 16,9–11 [8] 4. Mose 16,13.14 [9] 4. Mose 16,18.19
[10] 4. Mose 16,25.26

kommt ihr mit ihnen um!"[10] Die meisten folgten der Aufforderung, denn auf allen lag eine ahnungsvolle Furcht vor einem drohenden Gericht. Die Rebellen sahen sich plötzlich im Stich gelassen von denen, die sie verführt hatten. Wie zum Trotz gegen die göttliche Warnung standen sie mit allen ihren Familienangehörigen am Eingang ihrer Zelte.

Im Namen des Gottes Israels erklärte Mose nun den Versammelten: „An dem, was jetzt geschieht, werdet ihr erkennen, ob der Herr mich gesandt hat oder ob ich eigenmächtig handle. Wenn diese Männer hier eines natürlichen Todes sterben, dann hat der Herr mich nicht gesandt. Wenn aber der Herr etwas Unerhörtes tut, wenn die Erde sich öffnet und sie samt ihrem Besitz verschlingt, sodass sie lebendig in die Totenwelt hinuntermüssen, dann wisst ihr, dass sie sich gegen den Herrn aufgelehnt haben."[11]

Kaum hatte Mose das gesagt, teilte sich auch schon die Erde und verschlang die Aufrührer mit Hab und Gut und allen Angehörigen. „Die Erde schloss sich über ihnen. Ohne eine Spur zu hinterlassen, waren sie mitten aus der Gemeinde heraus verschwunden."[12] Da flohen die Versammelten, weil sie sich mitschuldig gemacht hatten.

Doch das Gericht war noch nicht beendet. Feuer fuhr aus der Wolke und tötete die 250 Obersten, die Räucheropfer gebracht hatten. Diese Männer wurden nicht zusammen mit den Hauptverschwörern getötet. Sie durften deren Ende miterleben und bekamen dadurch noch eine letzte Gelegenheit zur Umkehr. Aber ihre Sympathien waren auf Seiten der Rebellen, und darum mussten sie auch deren Schicksal teilen.

Viele Israeliten hatten mehr oder weniger mit ihnen sympathisiert und damit Schuld auf sich geladen. Doch da sie sich hatten täuschen lassen, gewährte Gott ihnen eine Frist zur Umkehr. Der Engel des Herrn versuchte, sie vor dem Verderben zu bewahren; er war trotz allem vergebungsbereit. Das Gericht war um Haaresbreite an ihnen vorbeigegangen, denn ursprünglich wollte Gott sie alle vernichten.[13] Das eindeutige Handeln des Herrn mahnte sie zur Umkehr. Wenn sie sich nun der Leitung Gottes neu anvertrauten, konnten sie gerettet werden. Aber ihre Widerspenstigkeit war noch längst nicht verflogen. Sie gingen an diesem Abend zwar erschreckt, aber nicht reumütig in ihre Zelte zurück.

---

[11] 4. Mose 16,28–30 [12] 4. Mose 16,33 [13] 4. Mose 16,21.22

Korach hatte ihnen so lange Schmeichelhaftes gesagt, bis sie tatsächlich selbst glaubten, ein heiliges Volk zu sein, das nur von Mose zu Unrecht beschuldigt worden war. Uneinsichtig hatten sie die Hoffnung genährt, dass jetzt eine Neuordnung aller Dinge vorgenommen würde, bei der Lob an die Stelle von Tadel, und Ruhe an die Stelle von Konflikten treten würde. Die Rebellen hatten schmeichlerische Worte für sie gefunden und sie ihrer Anteilnahme versichert. Daher meinten sie nun, Mose wäre auf irgendeine Art die Ursache für den Untergang der drei Anführer.

Viele Israeliten ließen jene Prüfungsnacht vergehen, ohne Reue zu empfinden und ohne ein Sündenbekenntnis abzulegen. Sie sannen vielmehr auf eine Möglichkeit, jene Beweise zu entkräften, die sie als große Sünder entlarvten. Noch immer empfanden sie Groll gegen die von Gott erwählten Leiter und versteiften sich in ihrem Widerstand gegen deren Führung.

„Am nächsten Morgen versammelte sich die ganze Gemeinde und murrte gegen Mose und Aaron. ‚Ihr habt das Volk des Herrn getötet!', warfen die Männer Israels ihnen vor."[14] Sie waren wieder drauf und dran, gewaltsam gegen ihre Führer vorzugehen.

Da erlebten sie eine neue Offenbarung der göttlichen Herrlichkeit über dem Heiligtum, und eine Stimme aus der Wolke sprach zu Mose und Aaron: „Geht weg von diesen Leuten. Ich werde sie auf einen Schlag vernichten!"[15]

Mose zögerte und bewies in dieser Situation erneut wahren Hirtensinn für die ihm anvertraute Herde. Er bat Gott inständig, sein Volk nicht völlig zu vernichten. Aber der Bote des Zorns war bereits unterwegs, und eine Seuche begann ihr tödliches Werk. Auf Anweisung seines Bruders nahm Aaron eine Räucherpfanne und lief mitten unter das Volk, um Sühne für die Israeliten zu schaffen. Als dem Sterben Einhalt geboten wurde, lagen bereits 14 700 Israeliten tot auf dem Boden.[16]

Die Israeliten waren nun genötigt, die schreckliche Wahrheit ernst zu nehmen, dass sie in der Wüste sterben würden. „Wir werden noch alle umkommen. Bald wird keiner mehr von uns übrig sein."[17] Nun bekannten sie, dass sie gesündigt hatten, als sie sich gegen Mose und Aaron auflehnten, und Korach mit seinen Anhängern zu Recht von Gott bestraft worden war.

---

[14] 4. Mose 17,6 [15] 4. Mose 17,7.10 Hfa [16] 4. Mose 17,11–14 [17] 4. Mose 17,27

Lehren aus Korachs Aufruhr

Sind dieselben Sünden, die zu Korachs Untergang führten, nicht immer noch in Gottes Volk vorhanden? Stolz und Ehrgeiz sind weit verbreitet und führen zum Machtstreben. Nichtchristen, die das bemerken, werden dadurch von Gott entfremdet und geraten unmerklich immer mehr unter Satans Einfluss. Manche Gemeindeglieder denken vorrangig an ihre eigene Ehre und arbeiten daran, höhere Stellungen zu erreichen – wie damals Korach und seine Anhänger. In ihren Bestrebungen scheuen sie sich nicht, die Wahrheit zu verdrehen, Gerüchte über die Diener des Herrn zu verbreiten und Verleumdungen über sie in Umlauf zu bringen. Und indem sie diese Unwahrheiten beharrlich wiederholen, halten sie sie schließlich selbst für wahr.

Freiwillig fügten sich damals die Israeliten den Anweisungen und Einschränkungen des Herrn nicht. Sie wollten weder Tadel noch Zurechtweisung annehmen. Das war der Grund für ihr häufiges Murren gegen Mose. Durch die ganze Geschichte der christlichen Kirchen hindurch hatten Gottes treue Diener mit einer solchen Einstellung zu tun.

Wer sich gegen die biblische Erkenntnis sperrt, dem bleibt vieles unverständlich und er verhärtet sich innerlich mehr und mehr. So fällt es leichter, den nächsten verkehrten Schritt zu tun und bessere Einsichten zurückzuweisen, bis schließlich das sündige Verhalten zur Gewohnheit geworden ist. Wer Gottes Wort gewissenhaft verkündigt und dabei auch das Fehlverhalten der Christen beim Namen nennt, dem wird es oft genug mit Geringschätzung, Hass oder Feindschaft vergolten.

Erfolge, die Gott seinen berufenen Mitarbeitern schenkt, werden von den Neidischen und Nörglern kleingeredet, weil sie sich sie nicht an ihre Fahne heften können. Mit ihren Eifersüchteleien und ihrer Kritik säen sie Zwietracht in den Gemeinden und schaden dem Werk Gottes, ohne dabei ein schlechtes Gewissen zu haben. So war es zur Zeit von Mose, Paulus, Luther, Wesley und anderen Reformern. Und heute ist es oft nicht anders.

Gott hatte dem Volk Israel oftmals und in überwältigender Weise Gewissheit darüber gegeben, dass er es führte und nicht Mose. Aber Korach und seine Anhänger wiesen diese Erkenntnis von sich, bis sie so verblendet waren, dass nicht einmal mehr das klare Eingreifen Gottes genügte, um sie zu überzeugen. Alles Wirken Gottes schrieben sie schließlich menschlichen oder satanischen Mächten zu. Und das färbte natürlich auf die Israeliten ab. Sie hatten durch die wundersame Vernichtung der drei Rebellen den untrüglichen Beweis dafür bekommen, dass ihr Verhalten Gott missfiel. Dennoch wagten viele es, dieses Gericht Satan zuzuschreiben und zu behaupten, Mose und Aaron hätten den Tod der frommen Männer um Korach verursacht, um sie mundtot zu machen.

Damit begingen sie das, was Jesus als die Lästerung des Heiligen Geistes bezeichnete. Er erklärte den Pharisäern, die sein Wirken als satanisch hinstellten: „Jede Sünde und jede Gotteslästerung kann den Menschen vergeben werden. Wer aber den Heiligen Geist verlästert, der wird niemals Vergebung finden."[18] Warum das? Durch den Heiligen Geist tritt Gott mit den Menschen in Verbindung und nur durch dessen Wirken kann er uns zur Reue führen und innerlich verändern. Wer dieses Wirken aber vorsätzlich als satanisch abstempelt, der hat die Verbindung zu Gott abgeschnitten.

Für jemand, der sich dem Wirken des Heiligen Geistes gänzlich verschließt, kann Gott nichts mehr tun. Derjenige hat sich von ihm losgesagt und Gott kann ihn nur in sein eigenes, ewiges Verderben laufen lassen. Dann „gibt es kein Opfer mehr, um unsere Sünden gutzumachen. Wir müssen dann ein schreckliches Gericht fürchten; denn wie ein Feuer wird Gottes Zorn alle vernichten, die sich gegen ihn auflehnen. Wer gegen das Gesetz Moses verstößt, wird ohne Mitleid getötet, wenn seine Schuld durch zwei oder drei Zeugenaussagen festgestellt ist. Um wie viel schlimmer wird dann bestraft werden, wer den Sohn Gottes mit Füßen tritt und das Blut des Bundes, das ihn rein und heilig gemacht hat, wie eine gewöhnliche Sache abtut und den Geist beleidigt!"[19] Das ist eine sehr ernste Warnung des Apostels vor der Verhärtung gegen die Mahnungen des Heiligen Geistes, vor dem Abfall von Christus und vor der Auflehnung gegen Gott.

---

[18] Markus 3,28–30 Hfa [19] Hebräer 10,26–29

36 | Fast 40 Jahre in der Wüste*

Über die nun folgende knapp 40-jährige Wanderung des Volkes Israel in der Einöde der Halbinsel Sinai wird kaum etwas berichtet. Mit dem Aufruhr bei Kadesch hatten die Israeliten Gott als ihren Führer verworfen, und zeitweilig hatte auch er sie verworfen. Weil sie seinem Bund untreu geworden waren, durften sie auch das Zeichen dieses Bundes nicht mehr empfangen, die Beschneidung.[1] Durch die Absicht, nach Ägypten zurückzukehren, hatte das Volk gezeigt, dass es der Freiheit nicht würdig war. Deshalb sollte auch das Passahfest, das an ihre Befreiung erinnerte, von ihnen vorerst nicht mehr gefeiert werden.

Doch der ununterbrochene Dienst im Heiligtum zeigte, dass Gott das Volk trotz allem nicht aufgegeben hatte. Der von Nehemia überlieferte Lobgesang der Leviten schildert eindrucksvoll Gottes Fürsorge für das Volk Israel selbst in diesen Jahren der Bestrafung: „Du aber, in deinem großen Erbarmen, hast sie dort in der Wüste nicht verlassen. Du nahmst die Wolkensäule nicht weg, sie blieb ihr Begleiter an jedem Tag ... Du gabst ihnen deinen guten Geist, um sie zu rechter Einsicht zu führen. Auch weiterhin sättigtest du sie mit Manna und gabst ihnen Wasser für ihren Durst. Vierzig Jahre, bei ihrem Zug durch die Wüste, versorgtest du sie mit dem, was sie brauchten."[2] Mose erklärte rückblickend: „Der Herr hat immer dafür gesorgt, dass es euch an nichts fehlt. Er hat euch gesegnet und all eure Arbeit gelingen lassen. Durch diese weite Wüste hat er euch begleitet und ist die ganzen vierzig Jahre bei euch gewesen."[3]

Diese Wüstenwanderung sollte auch die heranwachsende Generation der Israeliten erziehen und sie auf den Einzug ins verheißene Land vorbereiten. Mose sagte später zu ihnen: „In diesen vierzig Jahren ist eure Kleidung nicht verschlissen, und eure Füße sind nicht geschwollen. Daran könnt ihr erkennen, dass der Herr, euer Gott, es gut mit euch meint. Er erzieht euch wie ein Vater seine Kinder ... Er ließ euch in Schwierig-

* Dieses Kapitel basiert auf 5. Mose 8,2–5; 3. Mose 24,10–23; 4. Mose 15,30–36.
[1] Josua 5,4–6 [2] Nehemia 9,19–21 [3] 5. Mose 2,7Hfa

keiten geraten, um euch auf die Probe zu stellen. So wollte er sehen, wie ihr euch entscheiden würdet: ob ihr nach seinen Geboten leben würdet oder nicht. Er legte euch Entbehrungen auf und ließ euch hungern. Dann gab er euch das Manna zu essen, das weder ihr noch eure Vorfahren kanntet. Er wollte euch damit zeigen, dass der Mensch nicht allein von Brot lebt, sondern von allem, was der Herr ihm zusagt."[4] Viele Generationen später bekannten die Israeliten: „Er hat uns seinen Engel gesandt und unserer Not ein Ende gemacht; denn unsere Bedrängnis machte ihm selber Not. Er war voll Liebe und Erbarmen zu uns und hat uns immer wieder gerettet – wie ein Vater hat er für uns gesorgt in so vielen Generationen. Wir aber lehnten uns gegen ihn auf."[5]

Ein Fall von Gotteslästerung

Die Fremdlinge, die aus Ägypten mitgekommen waren, gaben zwar vor, dem Götzendienst abgesagt zu haben und den wahren Gott anzubeten, aber in Wirklichkeit bestimmten immer noch abergläubische Verhaltensweisen und althergebrachte religiöse Vorstellungen das Verhalten vieler. Und mit ihrer mangelnden Ehrfurcht vor Gott steckten diese Leute auch immer wieder Israeliten an.

Auch nach dem Aufruhr Korachs gab es vereinzelte Fälle, bei denen eine ähnliche Missachtung der göttlichen Autorität sichtbar wurde.

Eines Tages betrat der Sohn einer Israelitin und eines Ägypters den Bereich der Israeliten und forderte das Recht, sein Zelt dort aufschlagen zu dürfen. Daraus entstand ein Streit zwischen ihm und einem Israeliten. Die Angelegenheit kam vor die Richter, die gegen ihn entschieden.

Wütend darüber verfluchte der Mann sie und lästerte den Namen Gottes. Deshalb brachte man ihn zu Mose. Er wurde in Gewahrsam genommen, bis der den Willen Gottes erfahren hatte. Gott selbst sprach das Urteil: Jeder Gotteslästerer sollte außerhalb des Lagers gesteinigt werden.

Die Zeugen des Vergehens legten ihre Hände auf sein Haupt und bekräftigten auf diese Weise die Wahrheit der Anklage gegen ihn. Nachdem sie die ersten Steine geworfen hatten, vollstreckte das Volk das Urteil.[6]

---

[4] 5. Mose 8,2–5 Hfa [5] Jesaja 63,9.10 [6] 3. Mose 24,10–16.23; 5. Mose 17,7

Was soll mit einem Sabbatschänder geschehen?

Ein Mann war so erbost über Gottes Ankündigung, er werde Israel vorerst nicht in das Land Kanaan bringen, dass er dem Herrn seine Verachtung zeigen wollte. Der Sabbat sollte ein Ruhetag von gewöhnlicher Arbeit sein. Es war ausdrücklich verboten, sabbats ein Feuer zu machen.[7] Dies galt später im Land Kanaan nicht mehr, aber in der Wüste war tagsüber kein Feuer nötig, um Wärme zu spenden. Indem der Mann am Sabbat für alle sichtbar Holz sammelte, übertrat er Gottes Gebot willentlich – eine vorsätzliche Sünde.

Er wurde zu Mose gebracht, der den Fall Gott vorlegte. Der erklärte: „Der Mann hat sein Leben verwirkt. Die ganze Gemeinde soll ihn draußen vor dem Lager durch Steinigung hinrichten."[8] So geschah es.

Vorsätzliche Übertretungen der Gebote wurden damals mit dem Tod bestraft, weil sie gleichermaßen Ausdruck von Gottesverachtung waren.[9] Heute geschieht das nicht mehr, weil Gottes Kinder kein geschlossenes Volk bilden. Erst im Gericht Gottes wird die willentliche Übertretung der Gebote mit dem Tod bestraft, wenn der Sünder das nicht bereut hat.

Die Israeliten wurden damals an jedem sechsten Wochentag durch die doppelte Menge Manna an die Heiligkeit des Sabbats erinnert. Aber der Herr klagte später: „Auch den Sabbat achteten sie nicht als Ruhetag."[10] Dies wurde als einer der Gründe aufgeführt, weshalb die ältere Generation der Israeliten aus dem verheißenen Land ausgeschlossen wurde.

Als die Epoche der Wüstenwanderung schließlich zu Ende ging, „kamen die Israeliten, die ganze Gemeinde, in die Wüste Zin. Längere Zeit blieben sie in der Oase Kadesch. Während dieser Zeit starb Mirjam und wurde dort bestattet."[11]

Von den Jubelszenen an der Küste des Roten Meeres, wo Israel mit Gesang und Reigentanz Gottes Sieg feierte, bis zum Grab in der Wüste war Mirjams Schicksal lebenslange Wanderschaft – wie das von mehr als einer Million anderer auch, die Ägypten einst mit hohen Erwartungen verlassen hatten. Durch eigene Schuld hatte sich eine ganze Generation um den Segen gebracht, der ihr von Gott zugedacht war. Würde es die jüngere Generation besser machen?

---

[7] 2. Mose 35,2.3 [8] 4. Mose 15,32–36 [9] 4. Mose 15,30.31
[10] Hesekiel 20,13 Hfa [11] 4. Mose 20,1

37 | Moses Versagen*

Als Mose auf Gottes Befehl zu Beginn der Wüstenwanderung mit dem Stab gegen den Felsen geschlagen hatte, ergoss sich ein wahrer Lebensstrom in die Wüste.[1] Überall, wo es nötig war, geschah dasselbe Wunder. „Als der Herr sie durch die Wüste führte, mussten sie keinen Durst leiden, denn er sorgte für Wasser: Er spaltete den Felsen, und ein Bach sprudelte hervor."[2] Der Apostel Paulus schrieb: „Gott gab ihnen allen dasselbe Brot vom Himmel zu essen und dasselbe Wasser aus einem Felsen zu trinken. Dieser Felsen hatte eine besondere Bedeutung: Er kam mit ihnen, und durch ihn war Christus selbst bei ihnen."[3] Der Sohn Gottes war die Quelle aller ihrer irdischen und geistlichen Segnungen.

Wie das Leben spendende Wasser aus dem Felsen floss, so fließt von Christus, der von Gott „wegen unserer Schuld ... gequält und wegen unseres Ungehorsams geschlagen" wurde,[4] der Strom des Heils für die verlorene Menschheit. Wie der Fels *einmal* geschlagen wurde, „so wurde auch Christus nur einmal geopfert, um die Sünden aller Menschen wegzuschaffen".[5] Unser Erlöser musste kein zweites Mal sterben. Wer die Segnungen seiner Gnade erfahren möchte, braucht nur in seinem Namen darum zu bitten. Solche Gebete werden Christus veranlassen, sein Leben spendendes Blut so reichlich wirksam werden zu lassen, wie das belebende Wasser für Israel es damals veranschaulichte.

Unmittelbar bevor die Israeliten Kadesch erreichten, versiegte der Wasserstrom, der so viele Jahre an ihren Lagern vorübergeflossen war. Gott wollte sie noch einmal auf die Probe stellen und sehen, ob sie seiner Fürsorge wirklich vertrauten oder sich so wankelmütig verhielten wie ihre Eltern.

Kanaans Berge waren schon in Sichtweite, und es war nicht mehr weit bis Edom, dessen Bewohner Nachkommen Esaus waren. Durch ihr Land führte der direkte Weg nach Kanaan.

---

* Dieses Kapitel basiert auf 4. Mose 20,1–13.

[1] 2. Mose 17,5.6 [2] Jesaja 48,21 Hfa [3] 1. Korinther 10,3.4 Hfa
[4] Jesaja 53,5 [5] Hebräer 9,28

Mose bekam die Anweisung: „Ihr seid nun lange genug hier umhergezogen. Geht jetzt nach Norden, und durchquert das Gebirge Seïr, das Gebiet der Edomiter! Wenn ihr von ihnen etwas zu essen und zu trinken wollt, dann nehmt es nicht mit Gewalt, sondern kauft es ihnen ab."[6]

Diese Anweisungen hätten als Erklärung genügen sollen, weshalb die Versorgung mit Wasser aufhörte. Das Volk war ja im Begriff, durch ein reich bewässertes, fruchtbares Land zu ziehen, geradewegs auf Kanaan zu. Deshalb hätte das Versiegen des wunderbaren Wasserstroms eigentlich Anlass zur Freude sein sollen, denn das war ein Zeichen dafür, dass ihre Wüstenwanderung zu Ende ging.

Das Wasser versiegte bereits, bevor sie Edom erreichten. Nun hatten sie für kurze Zeit Gelegenheit, ihren Weg „im Glauben und nicht im Schauen" zu gehen.[7] Doch nun zeigte sich, dass die junge Generation dieselbe Gesinnung wie ihre Väter hatte. Sobald Schwierigkeiten auftraten, schienen sie zu vergessen, dass Gott all die Jahre hindurch immer für das Lebensnotwendige gesorgt hatte. Doch anstatt sich Gottes Fürsorge anzuvertrauen, klagten sie ihn an und riefen in ihrer Verzweiflung: „Ach, wären wir doch auch ums Leben gekommen, als der Herr unsere Brüder getötet hat!"[8] Das heißt, sie hätten lieber zu denen gehört, die beim Aufruhr Korachs umgekommen waren, als unter den augenblicklichen Umständen weiterzuleben.

Als Mose und Aaron das hörten, gingen sie zum Heiligtum und fielen dort anbetend vor Gott nieder. Er befahl Mose: „Nimm deinen Stab! Ruf mit deinem Bruder Aaron das Volk vor dem Felsen dort zusammen! Sprecht laut zu dem Stein, so dass alle es hören! Dann wird Wasser aus ihm herausfließen, und ihr könnt den Menschen und Tieren zu trinken geben."[9]

Die beiden Brüder, inzwischen hochbetagte Männer, hatten lange Israels Aufsässigkeit ertragen. Aber angesichts des Jammergeschreis verlor nun auch Mose die Geduld. Er herrschte die Israeliten an: „Hört, ihr Ungehorsamen, werden wir euch wohl Wasser hervorbringen können aus diesem Felsen?"[10] Und statt mit dem Felsen zu reden, wie es Gott geboten hatte, schlug er ihn zweimal mit seinem Stab.

---

[6] 5. Mose 2,3.4.6 Hfa [7] 2. Korinther 5,7 LB [8] 4. Mose 20,3 Hfa
[9] 4. Mose 20,6–8 Hfa [10] 4. Mose 20,10 LB

Tatsächlich strömte das Wasser in Fülle aus der Felswand. Dennoch war ein nicht wieder gutzumachender Schaden angerichtet worden. Mose hatte im Zorn gerufen: „Ihr Widerspenstigen!“[11] Diese Beschuldigung traf zwar zu, aber nicht einmal die Wahrheit sollte unbeherrscht gesagt werden. Unkontrollierte Ausbrüche und mangelnde Selbstbeherrschung betrüben den Heiligen Geist. Moses zornige Reaktion gab den Israeliten nämlich Anlass zu der Frage, ob er in der Vergangenheit immer unter Gottes Leitung gestanden hatte. Jetzt hatten sie einen Vorwand, um alle Vorhaltungen Gottes durch seinen Diener infrage zu stellen oder zurückzuweisen.

Mangel an Gottvertrauen

Hier zeigte sich auch bei Mose mangelndes Gottvertrauen. „Werden *wir* euch wohl Wasser hervorbringen können?“, fragte er, als ob der Herr nicht zu seinen Verheißungen stünde. Offensichtlich hatte das Versiegen des Wassers und das ständige Aufbegehren des Volkes sogar den Glauben von Mose und Aaron ins Wanken gebracht. Daraufhin erklärte Gott ihnen: „Ihr habt mir nicht vertraut und meinen heiligen Namen nicht geehrt, sondern euch selbst in den Mittelpunkt gestellt. Deshalb dürft ihr mein Volk nicht in das Land bringen, das ich ihnen geben werde.“[12] Die Generation, die aus Ägypten ausgezogen war, musste ihres Unglaubens wegen in der Wüste sterben. Würden nun auch sie die Erfüllung der Verheißung nicht erleben?

Müde und verzagt hatten sich Mose und Aaron keine Mühe mehr gegeben, gegen den Strom der verbreiteten Unzufriedenheit zu schwimmen und dem Volk diese Angelegenheit so darzustellen, dass es die Glaubensprüfung bestand. Wie viel Unheil wäre verhütet worden, wenn sie dem Jammern bei Kadesch sofort Einhalt geboten hätten!

Der Fels als Sinnbild für Christus war einmal geschlagen worden, weil er einmal geopfert werden sollte. Deshalb sollte Mose hier mit dem Felsen nur reden, denn nun brauchen wir lediglich um die Segnungen Gottes im Namen Jesu zu bitten. Indem Mose den Felsen ein zweites Mal schlug, wurde die auf Christus hinweisende geistliche Symbolik zerstört.

---

[11] 4. Mose 20,10 Hfa [12] 4. Mose 20,12 Hfa

Aber nicht nur das: Mose und Aaron hatten sich eine Vollmacht angemaßt, die allein Gott zusteht. Sie sollten den Israeliten Gott als den Handelnden darstellen, um sie Ehrfurcht vor ihm zu lehren und ihren Glauben an dessen Macht und Güte zu stärken. Als sie jedoch zornig ausriefen: „Werden *wir* euch wohl Wasser hervorbringen können?“, stellten sie sich an Gottes Stelle, als ob sie die Macht dazu besäßen. Mose hatte in seinem Zorn Gott aus den Augen verloren und unabhängig von ihm gehandelt.

So fiel auf seine Lebensgeschichte durch eine menschliche Schwachheit zum Schluss ein dunkler Schatten. Der Mann, der am Ende seines Lebenswerkes lauter, treu und selbstlos hätte dastehen können, war zuletzt doch schuldig geworden.

Bei dieser Gelegenheit sprach Gott keine Strafe über das Volk aus, das Mose und Aaron durch seine Aufsässigkeit so aufgebracht hatte. Der Vorwurf traf allein die beiden Führer, weil die sich persönlich gekränkt und angegriffen fühlten, obwohl das Murren des Volkes in Wirklichkeit gegen Gott gerichtet war. Damit stellten sie die eigene Ehre über Gottes Ehre und versäumten es, dem Volk klarzumachen, wie sehr es sich am Herrn versündigt hatte.

Deshalb lautete Gottes Strafe: Ihr werdet das Volk Israel nicht in das verheißene Land bringen! Nach menschlichem Ermessen ein hartes Urteil, denn selbst der Herr konnte ihnen keine absichtliche Sünde zur Last legen. Eine plötzliche Versuchung hatte sie überwältigt, und sie bereuten ihr Verhalten sogleich aufrichtig. Der Herr nahm ihre Reue an, aber er konnte ihnen die Strafe nicht erlassen, weil ihre Sünde großen Schaden unter dem Volk anrichten würde.

Warum ein solch hartes Urteil?

Mose fügte sich widerwillig der Entscheidung Gottes. Er teilte dem Volk mit, dass er es nicht ins verheißene Land führen dürfe, weil er Gott nicht die Ehre gegeben habe. „Der Herr war euretwillen zornig auf mich“,[13] sagte Mose.

Während der langen Wanderung hatte Mose dem Volk, wenn es murrte, immer wieder gesagt, dass es sich damit an Gott versündige, denn nicht er habe es aus der Sklaverei befreit, sondern Jahwe. Aber Moses unbeherrschte Worte und

[13] 5. Mose 3,26 Hfa

sein Verhalten am Felsen waren geeignet, die Israeliten in ihrem Unglauben zu bestärken und ihr Jammern zu rechtfertigen. Diese Auswirkung wollte Gott wirksam beim Volk unterbinden, indem er Mose das verheißene Land nicht betreten ließ. Das war zugleich ein unmissverständlicher Hinweis darauf, dass nicht Mose der Führer des Volkes war, sondern der „Engel des Herrn", wie Gott, der Vater, es am Sinai zugesagt hatte: „Ich werde einen Engel vor euch hersenden, der euch auf dem Weg bewahrt und in das versprochene Land bringt. Hört zu, und achtet auf seine Worte! Widersetzt euch ihm nicht! Er wird euch nicht vergeben, wenn ihr euch gegen ihn auflehnt, denn ich selbst bin in ihm gegenwärtig."[14]

Die Israeliten sollten sich bewusst machen, dass der Herr Mose zur Rechenschaft gezogen hatte für etwas, was sie durch ihr Murren heraufbeschworen oder doch zumindest mit verschuldet hatten. Er ließ sie auch wissen, wie sehr er Gott gebeten hatte, ihm die Strafe zu erlassen, aber der hatte das abgelehnt.[15]

Die ganze Gemeinde wusste also um Moses Schuld. Hätte Gott sie bei ihm durchgehen lassen, wäre der Eindruck entstanden, bei den Verantwortlichen würden Anmaßung und Ungeduld in Belastungssituationen nachsichtig behandelt. Als aber bekannt wurde, dass Mose und Aaron wegen dieser einen Sünde das Land Kanaan nicht betreten durften, begriff das Volk, dass es bei Gott „kein Ansehen der Person" gibt.[16]

Die Menschen aller künftigen Zeiten sollten in Gott einen gerechten Richter sehen, der Sünde unter keinen Umständen gutheißt. Seine Güte und Liebe treiben ihn, mit der Sünde stets als einem Übel umzugehen, das den Frieden und das Glück einzelner Geschöpfe und des ganzen Universums zerstört.

Dem Volk hatte Gott größere Schuld vergeben, aber was die Sünde angeht, konnte er Führer und Geführte nicht gleich behandeln. Er hatte Mose mehr ausgezeichnet als jeden anderen Menschen auf Erden. Weil der so große Erkenntnisse und Verantwortung besaß, wog seine Sünde umso schwerer. Treue in der Vergangenheit kann auch nicht *eine* unrechte Tat sühnen. Je größer die Gotteserkenntnis und die Vorrechte sind, die einem Menschen geschenkt wurden, desto schwerer wiegt sein Versagen und desto härter ist die Strafe.

---

[14] 5. Mose 1,37; 3,25.26; 4,21.22 [15] 2. Mose 23,20.21 Hfa
[16] Römer 2,11 LB

Moses Sünde war aus menschlicher Sicht ein ganz gewöhnlicher Vorfall. Der Psalmdichter sagt, „dass ihm unbedachte Worte entfuhren".[17] Nach unserem Ermessen mag das unerheblich gewesen sein. Aber da Gott wegen solch eines Vergehens so streng mit seinem treuesten Diener verfuhr, wird er es auch bei anderen nicht entschuldigen. Sich über andere Gläubige zu erheben und die Neigung, sie zu kritisieren oder herabzuwürdigen, missfallen Gott. Je verantwortungsvoller die Stellung und je größer der Einflussbereich, desto dringender ist es, sich in Demut und Geduld zu üben.

Wenn Satan Christen, die große Verantwortung tragen, dazu bringen kann, die Gott gebührende Ehre für sich in Anspruch zu nehmen, hat er einen wichtigen Sieg gewonnen. Jede Veranlagung oder Neigung, die wir besitzen, sollte ständig unter dem Einfluss des Heiligen Geistes stehen. Wenn jemand eine große geistliche Erkenntnis besitzt und sich des Segens Gottes erfreut, sollte er dennoch stets demütig vor dem Herrn sein und ihn darum bitten, dass er alle Triebe kontrollieren möge.

Die Last, die Mose zu tragen hatte, war ungemein schwer. Wenige werden jemals so hart auf die Probe gestellt wie er. Und doch war das alles keine Entschuldigung für sein Versagen. Wie schwer die Belastung auch sein mag, falsches Verhalten bleibt doch immer unsere Tat. Keine Macht im Himmel und auf Erden kann uns zum Sündigen zwingen.

Wie hart oder unerwartet die Versuchung auch kommen mag, Gott ist immer bereit, uns zu helfen. Durch seine Kraft können wir sie überwinden. Paulus versicherte: „Was eurem Glauben bisher an Prüfungen zugemutet wurde, überstieg nicht eure Kraft. Gott steht zu euch. Er lässt nicht zu, dass die Versuchung größer ist, als ihr es ertragen könnt."[18]

---

[17] Psalm 106,33 LB [18] 1. Korinther 10,13 Hfa

38 | Auf dem Weg rund um Edom*

Das israelitische Lager bei Kadesch lag dicht an der Grenze des Gebietes der Edomiter. Mose und das Volk wollten den Weg in das verheißene Land durch dieses Gebiet nehmen. Dies entsprach auch dem Willen Gottes, denn er sagte: „Geht jetzt nach Norden, und durchquert das Gebirge Seïr, das Gebiet der Edomiter! Sie sind euer Brudervolk, weil sie von Esau abstammen. Sie haben zwar Angst vor euch, aber hütet euch davor, gegen sie Krieg zu führen! Ich werde euch keinen Fußbreit von ihrem Land geben, denn das Gebirge Seïr gehört ihnen. Sie haben es von mir bekommen. Wenn ihr von ihnen etwas zu essen und zu trinken wollt, dann nehmt es nicht mit Gewalt, sondern kauft es ihnen ab."[1]

Doch die Israeliten zögerten loszuziehen und nach einiger Zeit schickten sie eine Botschaft an den Edomiterkönig: „Lass uns bitte durch euer Land ziehen. Wir werden keinen Acker und keinen Weinberg betreten, ja, nicht einmal Wasser aus euren Brunnen trinken. Wir versprechen, dass wir auf der großen Straße bleiben und sie an keiner Stelle verlassen, bis wir euer Gebiet durchquert haben." Auf diese höfliche Bitte wurde drohend und abschlägig geantwortet: „Ihr werdet nicht durch unser Land ziehen, sonst kommen wir euch mit Schwertern bewaffnet entgegen!"[2]

Daraufhin erging ein zweites Ersuchen an den König mit dem Versprechen: „Wir wollen wirklich nur die Straße durch euer Land benutzen. Und wenn wir oder unser Vieh von eurem Wasser trinken, dann werden wir es bezahlen. Wir möchten nur durch euer Land hindurch, weiter nichts."[3] Wieder lautete die harsche Antwort: „Ihr dürft nicht durchziehen!"[4] Zugleich stellten die Edomiter an den Gebirgspässen bewaffnete Truppen auf, sodass ein friedlicher Vormarsch in diese Richtung unmöglich war. Gewalt gegen das Brudervolk anzuwenden war den Israeliten aber ausdrücklich verboten.

---

* Dieses Kapitel basiert auf 5. Mose 2,2–8; 4. Mose 20,14–29 und 21,1–9.

[1] 5. Mose 2,3–6 Hfa [2] 4. Mose 20,17+18 Hfa [3] 4. Mose 20,19 Hfa

[4] 4. Mose 20,20

Hätten sie Gott vertraut und sofort entsprechend gehandelt, hätte der Engel des Herrn sie sicher durch Edom hindurchgeführt. Die Einwohner hätten ihnen statt Feindseligkeit freundliches Entgegenkommen erwiesen. Aber die Israeliten hatten nicht unverzüglich gemäß dem Auftrag Gottes gehandelt und so wurde die goldene Gelegenheit verpasst. Als sie schließlich dem König ihre Bitte vortrugen, schlug er sie ab.

Seit ihrem Auszug aus Ägypten bemühte sich Satan ununterbrochen, den Israeliten Hindernisse in den Weg zu legen, um sie von Kanaan fernzuhalten. Und durch ihren Unglauben spielten sie ihm selbst wiederholt in die Hände.

Sobald Gott seinen Kindern gebietet voranzugehen, bringt Satan sie in Versuchung, dem Herrn durch Zaudern und Unschlüssigkeit zu missfallen. Er setzt alles daran, Streitigkeiten zu inszenieren, Unfrieden zu stiften und Unglauben zu wecken, um sie so der Segnungen zu berauben, die Gott ihnen zugedacht hat. Gottes Diener sollen entschlossen handeln, sobald Gott ihnen Wege öffnet. Jedes Zögern gibt Satan Zeit, ihnen Hindernisse in den Weg zu legen oder Niederlagen zuzufügen.

Die Edomiter waren Nachkommen Esaus, Isaaks und Abrahams, und um ihretwillen hatte Gott ihnen das Gebirge Seïr südlich des Toten Meeres als Besitz gegeben. Sie sollten von dort nicht vertrieben werden, es sei denn, sie verspielten durch ihre Sünden Gottes Gunst. Die Bewohner Kanaans dagegen sollten von den Israeliten vollständig vernichtet werden, weil das Maß ihrer Bosheit in Jahwes Augen nun voll war. Die Edomiter hatten dagegen noch eine Bewährungszeit, deshalb sollten sie auch rücksichtsvoll behandelt werden. Der Herr gewährt immer eine Gnadenzeit, ehe er Strafgerichte schickt.

Den Israeliten wurde sogar untersagt, weder sogleich noch in der Zukunft die Beleidigung zu vergelten, die die Edomiter ihnen mit der Verweigerung des Durchzugs zugefügt hatten. Sie sollten auch nicht damit rechnen, jemals einen Teil des Landes Edom zu besitzen. Gott hatte ihnen ein beträchtliches Erbe verheißen, aber sie sollten nicht denken, dass sie allein Ansprüche auf die Erde hätten und alle anderen Völker beiseitedrängen durften. Deshalb wurde ihnen befohlen, sich im Umgang mit den Edomitern vor Unrecht zu hüten. Sie sollten von ihnen etwas kaufen und alles sofort bezahlen. Als Ermutigung, ihm zu vertrauen und seinem Auftrag zu gehorchen, hatte Gott die Israeliten daran erinnert: „Denn der

Herr, euer Gott, hat immer dafür gesorgt, dass es euch an nichts fehlt."[5] Sie hatten einen an Mitteln reichen Gott. Im Umgang mit den Edomitern sollten sie das göttliche Gebot vorleben: „Liebe deinen Mitmenschen wie dich selbst."[6]

Wäre Israel durch Edom gezogen, wie Gott es beabsichtigte, hätte das für die Bewohner des Landes segensreich werden können. Es hätte ihnen nämlich Gelegenheit gegeben, Gottes Volk und seinen Gottesdienst kennenzulernen und zu erfahren, wie der Gott Jakobs denen Wohlergehen schenkt, die ihn lieben und anbeten. All das verhinderte der Unglaube der Israeliten. Deshalb mussten sie den weiten Weg südlich um Edom herum in Kauf nehmen.[7]

Also wandte sich die große Schar der Israeliten wieder südwärts und suchte einen Weg durch unwirtliches Gelände, das nach dem flüchtigen Blick auf die grünenden Flächen zwischen Edoms Bergen noch viel trostloser erschien als früher.

Aaron soll in Moses Armen sterben

Aus der Gebirgskette, die diese trübselige Öde überragte, erhob sich der Berg Hor. Auf seinem Gipfel sollte Aaron sterben und begraben werden. Als die Israeliten dorthin kamen, befahl Gott seinem Knecht Mose: „Nimm Aaron und seinen Sohn Eleasar mit dir auf den Berg Hor. Dort zieh Aaron die Priesterkleider aus und lege sie seinem Sohn an. Denn Aaron wird dort oben sterben."[8]

Gemeinsam stiegen die beiden weißhaarigen Männer mit ihrem jüngeren Begleiter den Berg hinauf. In ihrem langen, ereignisreichen Leben hatten Mose und Aaron die schwersten Prüfungen durchstanden und die höchsten Ehren erfahren, die je Menschen zuteil wurden. Sie waren Männer mit großen Fähigkeiten, die all ihre Kräfte durch den Umgang mit dem ewigen Gott entfaltet und veredelt hatten. Ihre Gesichtszüge zeugten von Geisteskraft und Entschlossenheit, von edler Gesinnung und starker Zuneigung.

Viele Jahre hindurch hatten Mose und Aaron gemeinsam unzähligen Gefahren getrotzt. Nun war die Zeit gekommen, sich zu trennen. Sehr langsam stiegen sie hinauf, denn jeder Augenblick des Beisammenseins war kostbar. Zudem ging es steil und mühsam bergauf. In den häufigen Ruhepausen

---

[5] 5. Mose 2,7 Hfa [6] 3. Mose 19,18 [7] 5. Mose 2,8 [8] 4. Mose 20,25.26

sprachen sie über Vergangenheit und Zukunft. Unten in der Ebene lagerte das Volk, für das sich die beiden Männer in den besten Jahren ihres Lebens verausgabt und aufgeopfert hatten. Irgendwo hinter den Bergen Edoms lag der Weg, der ins verheißene Land führte, das Mose und Aaron nicht betreten durften.[9] Trauer lag auf ihren Gesichtern, wenn sie daran dachten, wodurch sie das Betreten des Landes, das ihren Vorvätern versprochen worden war, verwirkt hatten.

Aarons Arbeit für Israel war getan. 40 Jahre zuvor hatte Gott ihn im Alter von 83 Jahren zusammen mit Mose in seinen Dienst genommen. Aaron hatte Moses Hände gestützt, als das Heer Israels gegen die Amalekiter kämpfte. Er durfte mit auf den Berg Sinai steigen und Gottes Herrlichkeit sehen. Gott hatte Aaron zum Hohenpriester bestimmt und die Ehre seines heiligen Amtes durch das Gottesgericht verteidigt, mit dem er Korach und dessen Anhänger vertilgte. Als Aarons ältere Söhne starben, weil sie Gottes klaren Befehl missachtet hatten, begehrte Aaron nicht auf und murrte nicht einmal.

Und doch wurde seine ansonsten vortreffliche Lebensgeschichte mehrfach getrübt. Zum ersten Mal, als er am Berg Sinai dem Drängen des Volkes nachgab und das goldene Stierbild goss. Seine zweite schwere Sünde war sein und Mirjams Neid auf Mose und ihr Murren gegen ihn. Zuletzt erzürnte er gemeinsam mit Mose den Herrn bei Kadesch, als er dem Befehl, mit dem Felsen zu reden, damit der Wasser gab, nicht gehorchte.

Aaron trug als Hoherpriester die Namen der Stämme Israels auf seiner Brust. Er teilte dem Volk den Willen Gottes mit. Am Großen Versöhnungstag betrat er als Mittler für Israel das Allerheiligste. Gerade wegen der Erhabenheit seines heiligen Amtes als Repräsentant des wahren Hohenpriesters Christus wog Aarons Sünde bei Kadesch so schwer.

Zutiefst betrübt nahm Mose seinem Bruder die heiligen Gewänder ab und legte sie Eleasar an,[10] der so durch Gottes Verordnung dessen Nachfolger wurde. Wegen des Vorfalls bei Kadesch blieb es Aaron versagt, als Hohenpriester in Kanaan zu amtieren und Gott das erste Opfer im gelobten Land darzubringen. Mose sollte seine Bürde weiterhin tragen und das Volk bis unmittelbar an die Grenze Kanaans führen, aber betreten durfte auch er das Land nicht.

---

[9] 4. Mose 20,24 [10] 4. Mose 20,28

Hätten diese Diener Gottes vor dem Felsen bei Kadesch der Belastung standgehalten, wie ganz anders hätte sich ihre Zukunft gestaltet! Keine unrechte Tat lässt sich ungeschehen machen. So kann es kommen, dass ein ganzes Lebenswerk nicht aufzuwiegen vermag, was in einem Moment der Versuchung oder der Gedankenlosigkeit verlorenging.

Als sich die Israeliten im Volk umschauten, wurden sie gewahr, dass fast alle Erwachsenen, die einst aus Ägypten ausgewandert waren, in der Wüste den Tod gefunden hatten. Da überfiel sie die Ahnung schlimmen Unheils, weil sie an das über Mose und Aaron verhängte Urteil dachten. Manche kannten den Zweck jener geheimnisvollen Wanderung zum Berg Hor, und die Sorge um ihre Führer wurde noch gesteigert durch schmerzliche Erinnerungen und Selbstanklagen.

Viele Israeliten hielten Ausschau nach Mose und seinen Begleitern. Endlich erkannten sie ihn und Eleasar, die langsam den Berg herabkamen. Eleasar trug die hohenpriesterlichen Gewänder. Damit war klar, dass er Nachfolger seines Vaters in diesem heiligen Dienst geworden war.

Als sich die Israeliten um sie versammelten, erzählte ihnen Mose, dass Aaron auf dem Berg in seinen Armen gestorben war und sie ihn dort begraben hatten. Da brach das ganze Volk in lautes Wehklagen aus. „Als die Israeliten von Aarons Tod erfuhren, trauerten sie dreißig Tage lang um ihn."[11]

Über das Begräbnis des israelitischen Hohenpriesters sagt die Heilige Schrift schlicht: „Dort starb Aaron und wurde begraben."[12] Heutzutage wird bei der Beerdigung angesehener Persönlichkeiten meist übermäßig viel Aufwand betrieben. Aber mit großem Gepränge und hohen Bestattungskosten für einen Toten kann man Gott nicht ehren. Als Aaron starb, waren nur zwei der nächsten Angehörigen Zeugen seines Todes, und sie begruben ihn auch. Sein Grab blieb den Blicken der Israeliten für immer verborgen.

Aarons Tod erinnerte Mose zwangsläufig daran, dass auch sein Ende nahe war, und er empfand den Verlust seines Bruders und Weggefährten schmerzlich. So viele Jahre hatte Aaron als einziger mit ihm Freud und Leid, Hoffnungen und Befürchtungen geteilt. Nun sollte Mose das Werk allein fortsetzen. Aber er wusste, dass Gott sein Verbündeter war, auf den er sich nun umso mehr stützte.

---

[11] 4. Mose 20,29 Hfa [12] 5. Mose 10,6 Hfa

Auf dem Weg rund um das Gebiet der Edomiter

Bald nachdem die Israeliten den Berg Hor verlassen hatten, erlitten sie eine Niederlage gegen den kanaanitischen König von Arad. Als sie Gott jedoch ernstlich baten, gewährte er ihnen seine Hilfe, und sie konnten diese Kanaaniter alle ausrotten.[13] Doch anstatt dankbar zu sein, machte der Sieg die Israeliten eher stolz und selbstsicher.

Als sie ihre Wanderung nach Süden fortsetzten, führte sie der Weg durch ein heißes, sandiges Tal ohne jeden Schatten. Der Weg war beschwerlich und alle waren müde und durstig. Wieder einmal bestanden sie eine Glaubens- und Geduldsprobe nicht. Weil sie immer nur die Schattenseiten ihrer Erlebnisse sahen, entfernten sie sich innerlich mehr und mehr von Gott. Sie vergaßen oder verdrängten, dass ihnen die Wanderung um das Gebiet der Edomiter herum erspart geblieben wäre, wenn sie nicht aufbegehrt hätten, als ihnen bei Kadesch das Wasser ausging. Stattdessen bildeten sie sich ein, sie könnten längst im Besitz des verheißenen Landes sein, wenn Gott und Mose sie nicht daran gehindert hätten. Nachdem sie ihr Los selbst schwerer gemacht hatten als nötig, nährten sie Misstrauen Gott gegenüber und waren schließlich mit allem unzufrieden. Ägypten erschien ihnen wieder begehrenswerter als die Freiheit und das Land, wohin Gott sie führte.

„Aber unterwegs verlor das Volk die Geduld und sie beklagten sich bei Gott und bei Mose: ‚Warum habt ihr uns aus Ägypten weggeführt, damit wir in der Wüste sterben? Hier gibt es weder Brot noch Wasser, und dieses elende Manna hängt uns zum Hals heraus!'"[14]

Gewissenhaft hielt Mose daraufhin dem Volk dessen große Sünde vor. Gottes Macht allein hatte es beschützt und „durch die große und gefährliche Wüste geführt, wo giftige Schlangen und Skorpione hausen, wo alles ausgedörrt ist und es nirgends einen Tropfen Wasser gibt".[15] Auf allen Wegen hatten sie Wasser gefunden und Brot vom Himmel, dazu Schatten unter der Wolkensäule am Tag und Sicherheit und Wärme unter der Feuersäule während der Nacht. Engel schützten sie, wenn es felsige Berge hinaufging oder der Weg über schier endlose Wüstenpfade führte. Trotz aller Beschwernisse gab es keinen Kraftlosen in ihren Reihen. Ihre Füße waren auf der langen

[13] 4. Mose 21,1–3 [14] 4. Mose 21,4.5 [15] 5. Mose 8,15

Wanderung nicht wund geworden, ihre Kleider nicht abgenutzt.[16] Gott hatte die Raubtiere vor ihnen verscheucht und die giftigen Tiere der Wüste ferngehalten.

Gott zieht seine Hand zurück

Beschützt durch Gottes Macht hatten die Israeliten die zahllosen Gefahren, die sie ständig umgaben, gar nicht wahrgenommen. In ihrem Unglauben sahen sie dauernd den Tod voraus; nun ließ der Herr ihn tatsächlich über sie kommen. Die giftigen Reptilien, die jenen Teil der Wüste unsicher machten, nannte man „feurige Schlangen" wegen der Folgen ihres Bisses, der Vergiftungen und einen baldigen Tod nach sich zog.[17] Als Gott seine schützende Hand zurückzog, wurden viele Israeliten von diesen Giftschlangen gebissen.

Fast in jedem Zelt gab es Sterbende oder Tote. Oft zerrissen durchdringende Schreie die Stille der Nacht und kündeten von neuen Opfern. Man bemühte sich ständig um die Leidenden oder versuchte verzweifelt, diejenigen zu schützen, die noch nicht gebissen worden waren. Wenn das Volk die augenblicklichen Leiden mit früheren Schwierigkeiten und Prüfungen verglich, schienen die kaum noch der Rede wert zu sein.

Die Israeliten kamen mit dem Bekenntnis zu Mose. „Es war nicht recht, dass wir uns gegen den Herrn und gegen dich aufgelehnt haben." Kurz zuvor hatten sie ihn noch angeklagt, er sei schuld an allem Elend und aller Not. Aber sobald wirkliche Bedrängnis über sie kam, flüchteten sie doch wieder zu ihm als dem Einzigen, der bei Gott für sie eintreten konnte: „Leg doch beim Herrn ein Wort für uns ein, damit er uns von diesen Schlangen befreit!"[18]

Auf Gottes Befehl hin musste Mose eine bronzene Schlange schaffen und sie mitten im Lager auf einen Pfahl aufrichten. Auf sie sollten alle schauen, die gebissen wurden.[19] Durch das ganze Lager verbreitete sich die freudige Nachricht, dass alle Betroffenen die Schlange ansehen und dadurch leben könnten. Viele waren inzwischen allerdings gestorben. Und als Mose die Schlange an dem Pfahl emporhob, wollten manche nicht glauben, dass allein der Blick auf das metallene Bildnis sie heilen konnte. Damit verhängten sie ihr eigenes Todesurteil.

---

[16] 5. Mose 8,4 [17] 4. Mose 21,6 LB [18] 4. Mose 21,7 [19] 4. Mose 21,8.9

Doch viele vertrauten dem komischen Heilmittel, das ihnen Gott in Gestalt der bronzenen Schlange anbot. Unermüdlich bemühten sich Väter und Mütter, Brüder und Schwestern, ihren leidenden und sterbenden Angehörigen dabei zu helfen, ihren Blick auf die Schlange zu richten. Wenn sie nur ein einziges Mal hinaufschauten, wurden sie gesund, auch wenn sie schon dem Tod nahe waren.

Die bronzene Schlange – ein Hinweis auf den Erlöser

Das Aufrichten der bronzenen Schlange sollte für die Israeliten eine bedeutende Lehre sein. Sie konnten sich nämlich nicht selbst von dem tödlichen Gift in ihrem Körper befreien. Gott allein vermochte sie zu heilen. Sie mussten aber ihr Vertrauen in die Vorsorge, die er getroffen hatte, zeigen und zu der Schlange aufschauen, wenn sie leben wollten. Sie bewiesen ihren Glauben, indem sie auf sie sahen. Sie wussten wohl, dass dem Abbild selbst keine Macht innewohnte, es aber ein Hinweis auf den kommenden Erlöser war.

Bisher hatten viele Israeliten dem Herrn ihre Opfer in der Überzeugung dargebracht, damit selbst etwas zur Sühne ihrer Vergehen getan zu haben. Darum wollte der Herr ihnen nun zeigen, dass ihre Opfer an sich nicht mehr Macht hatten als die bronzene Schlange. Sie sollten vielmehr ihren Glauben auf Christus, das wahre Sühneopfer, richten.

„Wie Mose in der Wüste eine Schlange aus Bronze an einem Pfahl aufrichtete," erklärte Jesus später, „so muss auch der Menschensohn erhöht werden. Jeder, der ihm vertraut, wird das ewige Leben haben."[20] Alle, die je auf Erden lebten, haben den tödlichen Biss der „alten Schlange, die auch Teufel oder Satan genannt wird",[21] zu spüren bekommen. Die unheilvolle Wirkung der Sünde kann nur durch Gottes Vorsorge beseitigt werden. Viele Israeliten retteten damals ihr Leben, weil sie der Zusage Gottes glaubten und zuversichtlich auf ihre Genesung vertrauten. So kann ein Sünder auf Christus blicken und wird leben. Er empfängt Vergebung durch den Glauben an Christi stellvertretendes Opfer.

Ein Mensch kann sich zwar nicht selbst retten, muss aber doch etwas zu seiner Erlösung tun. „Wer zu mir kommt", sagte Jesus, „den werde ich nicht hinausstoßen."[22] Wir müssen

---

[20] Johannes 3,14.15 Hfa [21] Offenbarung 12,9 [22] Johannes 6,37 LB

zu ihm kommen, unsere Sünden bekennen, und dann glauben, dass er uns annimmt und uns vergibt. Zwar ist der Glaube eine Gabe Gottes, aber er muss praktiziert werden. Glaube ist die Hand, mit der ein Mensch das Geschenk der Gnade und Barmherzigkeit ergreifen kann.

Viele Gläubige meinen, sie müssten und könnten selbst etwas dazu tun, um sich dieser Gnade würdig zu erweisen. Sie haben nicht von sich weggeschaut und können nicht glauben, dass die Erlösung durch Jesus allumfassend ist. Wir dürfen nicht auf den Gedanken kommen, dass uns eigene Verdienste und Anstrengungen retten werden; unsere einzige Hoffnung auf Erlösung liegt in Christus. Er allein hat die Macht, den reuigen Sünder zu heilen und zu verändern.

Erkennen wir unsere Sündhaftigkeit, dann sollten wir nicht befürchten, keinen Erlöser zu haben oder einen, der uns nicht gnädig gesinnt ist. Gerade wegen unserer Hilflosigkeit lädt Jesus uns ein, zu ihm zu kommen, damit wir gerettet werden.

Manche Israeliten sahen in dem Heilmittel, das der Himmel ihnen anbot, keine Hilfe. Überall lagen Sterbende, die zwar erkannten, dass ihr Tod ohne Gottes Eingreifen unvermeidlich war, aber über ihren sicheren Tod weiterklagten, bis ihnen die Augen erloschen, obwohl sie Heilung hätten finden können.

Wenn wir unsere Hilflosigkeit ohne Christus erkennen, dürfen wir uns nicht entmutigen lassen, sondern können auf die Verdienste des gekreuzigten und auferstandenen Herrn bauen. Sieh auf ihn und lebe! Jesus hat sein Wort gegeben, dass er alle rettet, die zu ihm kommen. Niemand wird verlorengehen, der Jesu Verdienste im Glauben für sich in Anspruch nimmt und mit ihm in Verbindung bleibt.

Viele Menschen wandern im Irrgarten der Philosophien oder Religionen umher und suchen nach Beweisen, die sie niemals finden werden, während sie das Zeugnis verwerfen, das Gott ihnen in seiner Güte gab. Er gibt Beweise genug, auf die sich der Glaube gründen kann. Lässt man sie nicht gelten, bleibt man geistlich blind. Wenn die von den Schlangen Gebissenen sich mit Zweifeln und Fragen aufgehalten hätten statt aufzuschauen, wären sie umgekommen. Wir müssen im Vertrauen auf Jesus sehen, dann wird er uns heilen und neues Leben schenken.

39 | Von Sieg zu Sieg*

Nachdem die Israeliten südlich um das Gebiet der Edomiter herumgezogen waren, wandten sie sich wieder nach Norden in Richtung auf den Jordan zu. Ihr Weg führte jetzt durch eine weite Hochebene, über die frische Winde von den Bergen her wehten. Nach der Wanderung durch ausgetrocknete Täler war das eine willkommene Abwechslung, und hoffnungsvoll beschleunigten sie ihre Schritte. Der Herr befahl ihnen: „Kämpft nicht gegen die Moabiter, greift sie nicht an; denn auch von ihrem Land werde ich euch nichts geben. Sie sind die Nachkommen Lots und ich habe ihnen das Gebiet von Ar als bleibenden Besitz zugesprochen."[1] Dieselbe Anweisung erhielten sie auch bezüglich der Ammoniter – ebenfalls Nachkommen Lots –, als sie an deren Gebiet vorbeikamen.[2]

Bald darauf erreichten sie das Land der Amoriter. Dieses starke, kriegerische Volk beherrschte ursprünglich nur den südlichen Teil Kanaans. Als es aber an Zahl zunahm, überschritt es den Jordan, fing Krieg mit den Moabitern an und eroberte einen Teil ihres Landes.[3] Durch dieses Gebiet führte der Weg zum Jordan. Darum sandte Mose eine freundliche Botschaft an den Amoriterkönig Sihon: „Erlaube uns, durch dein Land zu ziehen. Wir wollen nur die Straße benutzen und werden weder nach rechts noch nach links davon abgehen. Was wir an Brot und Wasser brauchen, werden wir bezahlen. Wir wollen nichts weiter als durchziehen."[4] Doch der weigerte sich und die Amoriter boten ihr ganzes Heer auf, um den Weitermarsch der Eindringlinge zu verhindern.

Der Anblick des feindlichen Heeres machte den Israeliten Angst, denn sie wussten, dass sie dessen Stärke und Erfahrung nichts entgegenzusetzen hatten. Nach menschlichem Ermessen würde ein Kampf mit diesem weit überlegenen Gegner für das Volk Israel das Ende bedeuten.

Aber Mose hielt seinen Blick fest auf die Wolkensäule gerichtet und ermutigte die Israeliten mit dem Hinweis, dass das

---

* Dieses Kapitel basiert auf 5. Mose 2,8 bis 3,11.
[1] 5. Mose 2,9 [2] 5. Mose 2,19 [3] 4. Mose 21,26.29 [4] 5. Mose 2,27.28

Zeichen der Gegenwart Gottes noch immer vor ihnen herzog. Zugleich ordnete er an, dass sich die Israeliten auf einen Kampf vorbereiten sollten. Die Amoriter hielten sie für eine leichte Beute, weil sie wussten, dass sie ihnen unterlegen waren. Doch sie täuschten sich, denn Jahwe befahl den Israeliten: „Brecht jetzt auf und überschreitet den Arnonfluss! Ich habe den Amoriterkönig Sihon, der in Heschbon regiert, in eure Hand gegeben. Eröffnet den Kampf gegen ihn und nehmt sein Land in Besitz! Von heute an werde ich allen Völkern der Erde Furcht und Schrecken vor euch einjagen. Sie werden zittern vor euch und sich winden vor Angst, wenn sie hören, was man sich von euch erzählt.“[5]

Auch die Amoriter hätten Gott kennenlernen können

Die Völker an den Grenzen Kanaans wären verschont geblieben, wenn sie nicht Gott getrotzt und den Vormarsch Israels zu verhindern gesucht hätten. Gott hatte Abraham erklärt, seine Nachkommen würden erst nach vier Menschenaltern „hierher zurückkehren; denn die Schuld der Amoriter, die jetzt dieses Land bewohnen, hat ihr volles Maß noch nicht erreicht.“[6] Obwohl sie Götzen verehrten, schonte Gott die Amoriter noch viele Jahrhunderte lang. Unmissverständlich wollte er ihnen zeigen, dass er allein der wahre Gott ist.

Sie erfuhren von allen seinen Wundern, die er vollbracht hatte, als er das Volk Israel aus Ägypten führte. Als er es zum zweiten Mal an die Grenzen Kanaans führte, gewährte Gott den heidnischen Völkern weitere Beweise seiner Macht. Sie wussten, dass die Israeliten den König von Arad besiegt und die Kanaaniter getötet hatten, weil er auf ihrer Seite war. Und sie erfuhren auch von dem Wunder, das er an denen getan hatte, die von Schlangen gebissen worden waren. Sie hatten also genug gehört und gesehen, um die Wahrheit über Jahwe zu kennen. Aber sie verwarfen diese Erkenntnis und hielten an ihren Götzen fest.

Es hatte sich ebenfalls herumgesprochen, dass die Israeliten während ihrer Wanderungen es stets vermieden hatten, den dortigen Einwohnern in irgendeiner Weise zu schaden. Als sie an die Grenzen des Amoriterlandes kamen, erbaten sie wiederum nur die Erlaubnis, geradewegs durch das Land ziehen zu

---

[5] 5. Mose 2,24.25 [6] 1. Mose 15,16

dürfen. Sie versprachen, dieselben Regeln zu beachten wie im Umgang mit den anderen Völkern. Als der Amoriterkönig diese Bitte abschlug und sein Heer trotzig zum Kampf sammelte, war in Gottes Augen das Maß der Bosheit voll. Nun setzte der Herr seine Macht gegen sie ein.

Die Israeliten überquerten auf Gottes Befehl hin den Arnon und rückten gegen den Feind vor. Es kam zum Gefecht, bei dem sie mit Gottes Hilfe siegten. Sie nahmen alle Städte der Amoriter ein und töteten sämtliche Bewohner.[7] Gott hatte die Feinde seines Volkes überwältigt. Er hätte das Gleiche schon 38 Jahre früher tun können, wenn Israel ihm damals vertraut hätte.

Der Kampf gegen den König von Baschan

Mutig drängte Israels Heer jetzt vorwärts. Bald erreichte es ein Land, an dem es seinen Mut und sein Gottvertrauen erneut beweisen konnte. Vor ihm lag nämlich das mächtige Königreich Baschan südöstlich des (später so genannten) Sees Genezareth mit „sechzig Städten ... Jede von ihnen war eine Festung mit hohen Mauern und verriegelbaren Toren."[8] Die Mauern waren aus schwarzen Steinblöcken erbaut und von solcher Größe, dass sie für jeden Feind uneinnehmbar schienen.

Die Einwohner waren durchweg außergewöhnlich groß und wegen ihrer Grausamkeit gefürchtet. Sie waren der Schrecken aller umwohnenden Völker, und Og, ihr König, überragte alle noch an Körpergröße und Tapferkeit.[9]

Aber die Wolkensäule bewegte sich rasch vorwärts und die israelitischen Kämpfer rückten auf Edreï vor, wo sie der König mit seinem Heer erwartete. Og hatte den Kampfplatz geschickt gewählt. Die Stadt lag am Rand einer Hochebene, die steil aus dem Flachland aufstieg und mit zerklüfteten Felsen bedeckt war. Man konnte nur auf schmalen, steilen Pfaden hinaufkommen. Für den Fall einer Niederlage konnten sich Ogs Kämpfer in diese Felsenregion zurückziehen. Fremde würden sie dort nicht finden.

Siegesgewiss und mit herausforderndem Kriegsgeschrei stellten sich der König und sein Heer den Eindringlingen im offenen Gelände entgegen. Als die Israeliten den riesigen König, seine großen Soldaten und die scheinbar uneinnehmbare Fes-

---

[7] 5. Mose 2,32–34 [8] 5. Mose 3,3–5 Hfa [9] 5. Mose 3,11

tung Edreï sahen, hinter der sich noch unzählige weitere Kämpfer verschanzt hatten, überfiel sie große Angst. Aber Mose blieb ruhig und zuversichtlich, denn der Herr hatte mit Blick auf den König von Baschan gesagt: „Hab keine Angst vor ihm! Ich gebe ihn, sein ganzes Heer und sein Land in eure Gewalt. Ihr sollt ihn vernichten wie den Amoriterkönig Sihon aus Heschbon."[10]

Christus, dem Befehlshaber der Heere Gottes, konnten weder Riesen noch befestigte Städte, weder bewaffnete Heere noch Gebirgsfestungen standhalten. Er selbst ging seinem Volk voran und siegte für Israel. Der König von Baschan und sein Heer wurden vernichtend geschlagen und die Israeliten nahmen das ganze Land in Besitz. So wurde dieses eigenartige Volk, das sich so völlig einem abscheulichen Götzendienst ergeben hatte, vom Erdboden vertilgt.[11]

Die Fehler der Väter nicht wiederholen

Nun erinnerten sich die ältesten Israeliten der Ereignisse bei Kadesch, die das Volk Israel 38 Jahre zuvor zu der langen Wüstenwanderung gezwungen hatten. Sie begriffen, dass der Bericht der Kundschafter über das verheißene Land in vieler Hinsicht gestimmt hatte. Die Städte waren wirklich von hohen Mauern umgeben und von riesenhaften Menschen bewohnt, denen gegenüber sich die Israeliten wie Zwerge vorkamen. Aber sie erkannten nun auch den verhängnisvollen Irrtum ihrer Eltern, die der Macht Gottes nicht vertraut hatten. Das hatte sie damals daran gehindert, das gelobte Land sofort einzunehmen.

Der Sohn Gottes hatte den Israeliten verheißen, er werde vorangehen und für sie kämpfen, wenn sie ihm gehorchten. Er wollte die Feinde Israels vertreiben – nicht durch Kampf oder Schwerter, sondern durch andere Mittel.[12] Anfangs herrschte in Kanaan noch kaum Angst vor den Israeliten. Deshalb wurde auch wenig getan, um sich gegen sie zu wappnen. Aber inzwischen hatte sich das geändert. Als der Herr nun gebot vorwärtszugehen, mussten sie gegen wachsame, mächtige Feinde anrücken und gegen schlagkräftige Heere kämpfen, die den Vormarsch Israels mit allen Mitteln verhindern wollten.

---

[10] 5. Mose 3,2 Hfa [11] 5. Mose 3,6; 4. Mose 21,33–35
[12] 2. Mose 23,28; 5. Mose 7,20;

40 | Bileam – ein Prophet auf Abwegen*

Nach der Eroberung von Baschan zog das Volk Israel östlich des Jordans wieder nach Süden und lagerte sich dann in der Ebene oberhalb dessen Mündung in das Tote Meer.[1] Das Gebiet der Moabiter schloss sich südlich an.

Sie waren von den Israeliten bisher zwar verschont worden, verfolgten aber mit großer Sorge, was sich in ihrer Nähe abspielte. Die Israeliten hatten die Amoriter ausgerottet und besaßen nun das Gebiet, das diese zuvor den Moabitern entrissen hatten. Auch das Volk des Königs von Baschan war durch die geheimnisvolle Macht in der Wolkensäule gefallen, trotz der als uneinnehmbar geltenden Festungen. „Den Moabitern graute vor den Israeliten."[2] Balak, ihr König, wagte keinen Angriff, denn angesichts der übernatürlichen Mächte, die für das Volk Israel stritten, erschien ihm ein Kampf sinnlos. Aber wie einst der Pharao beschloss er, Gottes Absichten mithilfe von Magie zu durchkreuzen.

Da die Moabiter mit den Midianitern enge Verbindungen unterhielten (sie waren sogar miteinander verwandt),[3] bat Balak die Sippenältesten der Midianiter um Unterstützung für sein Vorhaben mit folgender Botschaft über die Israeliten: „Diese Riesenmenge wird rings um uns das ganze Land in Besitz nehmen. Sie sind wie eine Rinderherde, die noch den letzten Grashalm abfrisst."[4]

Von Bileam, einem Mann aus Mesopotamien, wurde behauptet, er besitze magische Fähigkeiten. Das war Balak zu Ohren gekommen und er wollte sich dieses Mannes bedienen. Daher sandte er Boten zu ihm nach Petor an den Eufrat. „Die führenden Männer der Moabiter und Midianiter zogen also zu Bileam, und sie brachten seinen Lohn gleich mit."[5] Sie richteten ihm vom König aus: „Ein großes Volk bedroht mich! Siesind aus Ägypten gekommen und haben sich hier niederge-

---

* Diese Kapitel basiert auf 4. Mose 22 bis 24.

[1] 4. Mose 22,1 [2] 4. Mose 22,3 LB [3] Moab war ein Sohn Lots, des Neffen Abrahams, und Midian ein Sohn Abrahams aus der zweiter Ehe mit Ketura, siehe 1. Mose 19,36.37; 25,1–4. [4] 4. Mose 22,4 [5] 4. Mose 22,5.7 Hfa

lassen; direkt an meiner Grenze haben sie ein riesiges Lager aufgeschlagen. Ich kann nicht mit ihnen fertigwerden; deshalb komm bitte und hilf mir! Wenn du einen Fluch gegen sie ausprichst, wird es mir vielleicht gelingen, sie zu besiegen und zu vertreiben ... Wen du segnest, dem muss alles glücken, und wen du verfluchst, der rennt in sein Verderben."[6]

Bileam war ein Prophet des wahren Gottes gewesen, aber abtrünnig geworden und der Habgier verfallen. Als die Boten ihm das Ansinnen Balaks unterbreiteten, wusste er genau, dass es seine Pflicht war, es abzulehnen. Aber er wagte das Spiel mit der Versuchung. Mit der Begründung, er könnte sich zu der Angelegenheit erst äußern, wenn er Gott um Rat gefragt hätte, bat er die Gesandten, über Nacht bei ihm zu bleiben.

Bileam war sich darüber im Klaren, dass er den Israeliten mit seinem Fluch nicht schaden konnte, aber die Botschaft Balaks schmeichelte seiner Eitelkeit und die Aussicht auf eine große Belohnung stachelte seine Habgier an. Deshalb suchte er einen Weg, wie er Balak zufriedenstellen konnte.

In der Nacht erschien ihm der Engel des Herrn – der Sohn Gottes – und sagte: „Geh nicht mit ihnen! Du darfst dieses Volk nicht verfluchen, denn ich habe es gesegnet."[7]

Widerwillig entließ Bileam die Gesandten am anderen Morgen, teilte ihnen aber nicht mit, was der Herr ihm gesagt hatte. Er war ärgerlich, dass die Aussicht auf Gewinn und Ansehen so schnell zerronnen war und sagte verdrießlich: „Ihr müsst allein in euer Land zurückkehren. Der Herr erlaubt mir nicht, mit euch zu gehen."[8]

Wie die Habgier Satan die Kontrolle ermöglicht

Bileam „liebte das Geld, das er als Lohn für seine böse Tat erhalten sollte".[9] Seine Habsucht hatte seine Redlichkeit zerstört und so gewann Satan vollends Kontrolle über ihn. Der Versucher verspricht häufig irdischen Gewinn oder Ehre, um Menschen vom Dienst für Gott abzubringen. Er redet ihnen ein, es läge an ihrer übergroßen Gewissenhaftigkeit, wenn sie keinen Erfolg hätten. So lassen sich viele dazu verleiten, der Rechtschaffenheit den Rücken zu kehren und krumme Wege zu gehen. Nach dem ersten Schritt in diese Richtung fällt der nächste meist leichter, und man wird

[6] 4. Mose 22,5.6 [7] 4. Mose 22,12 [8] 4. Mose 22,13 Hfa [9] 2. Petrus 2,15

immer leichtfertiger. Wer sich einmal der Habgier oder der Machtgier verschrieben hat, wird sich schließlich kaum davor scheuen, die schlimmsten Taten zu begehen, um zu bekommen, was er will. Viele beruhigen sich mit dem Gedanken, dass sie die Rechtschaffenheit zeitweise beiseite lassen und ihr Verhalten wieder ändern könnten, wenn sie ihr Ziel erreicht hätten. So verstricken sie sich in Satans Schlingen und entkommen ihnen nur selten wieder.

Die zurückgekehrten Boten berichteten Balak, Bileam habe sich geweigert, sie zu begleiten, verschwiegen ihm aber, dass Gott es ihm verboten hatte. In der Annahme, Bileam zögere nur, um eine höhere Belohnung herauszuschlagen, „sandte Balak wieder Boten nach Petor, diesmal noch mehr und noch bedeutendere Männer".[10] Sie hatten Vollmacht, auf alle Forderungen Bileams einzugehen. Balaks drängende Aufforderung an ihn lautete: „Lass dich nicht abhalten, zu mir zu kommen. Ich werde dich reich belohnen und alles tun, was du willst."[11]

Bileam, zum zweiten Mal auf die Probe gestellt, versicherte den Gesandten heuchlerisch: „Balak mag mir alles Silber und Gold geben, das er besitzt – gegen den Befehl des Herrn, meines Gottes, kann ich auch nicht den kleinsten Schritt tun."[12] Aber es verlangte ihn danach, die Bitte des Königs irgendwie zu erfüllen. Obgleich ihm Gottes Wille klar mitgeteilt worden war, drängte er die Boten zum Bleiben, damit er Gott noch einmal befragen konnte.

In der Nacht erschien ihm der Herr erneut und sagte: „Geh mit den Männern, die dich holen wollen! Aber tu nur das, was ich dir sage."[13] Der Herr ließ es zu, dass Bileam seinem Eigenwillen folgte, weil er sich innerlich schon dazu entschieden hatte. Bileam wollte eigene Wege gehen, für diese aber die Zustimmung Gottes erlangen.

Tausende Christen machen es heute ähnlich. Die Bibel zeigt ihnen klar, was sie tun oder lassen sollten, oder die Umstände und die Vernunft machen es ihnen deutlich. Doch wenn diese Hinweise ihren Wünschen entgegenstehen, lassen sie sie beiseite und beten dann darum, dass Gott ihnen Klarheit gibt. Aber Gott lässt nicht mit sich spielen. Oft lässt er es zu, dass sie ihren Willen durchsetzen und die Folgen tragen. Er klagt: „Aber mein Volk hat nicht auf mich gehört, sie haben nicht

---

[10] 4. Mose 22,15 Hfa [11] 4. Mose 22,16.17 Hfa [12] 4. Mose 22,18
[13] 4. Mose 22,20 Hfa

mit sich reden lassen. Da überließ ich sie ihrer Starrköpfigkeit, und sie machten, was sie wollten."[14] Wer seine Pflicht klar erkennt, sollte Gott nicht um Erkenntnis bitten, wie er sie umgehen kann.

Ein Esel sieht mehr als ein Prophet

Bileam hatte vom Herrn zwar die Erlaubnis erhalten, mit den Gesandten mitzuziehen, doch weil sie verärgert waren über sein Zögern und eine erneute Absage befürchteten, waren sie bereits abgereist. Damit war jede Entschuldigung, auf Balaks Forderung einzugehen, entfallen. Aber Bileam war fest entschlossen, sich die Belohnung zu sichern. Sofort machte er sich auf den Weg und ritt den Gesandten nach.

„Darüber wurde Gott zornig. Während Bileam mit seinen beiden Dienern dahinritt, stellte sich ihm der Engel des Herrn in den Weg ... mit dem gezogenen Schwert."[15] Bileam sah ihn nicht, aber die Eselin; sie wandte sich seitwärts vom Weg auf das Feld. Mit brutalen Schlägen scheuchte Bileam sie zurück auf den Weg.

An einer schmalen Stelle zwischen zwei Weinbergmauern erschien der Engel des Herrn erneut. Bei dem Versuch, der drohenden Gestalt auszuweichen, presste das Tier den Fuß Bileams gegen die Mauer. Der erkannte immer noch nicht, dass Gott ihm den Weg versperrte. Zornig schlug er auf seine Eselin ein und zwang sie weiterzugehen.

Noch einmal versperrte der Engel „an einer anderen Stelle den Weg, die so eng war, dass man weder rechts noch links vorbeikommen konnte".[16] Die zitternde Eselin ging in die Knie. Da packte Bileam die Wut und er schlug das Tier mit seinem Stock noch grausamer. Jetzt öffnete der Herr der Eselin den Mund; sie „sprach mit menschlicher Stimme und hinderte den Propheten daran, sein unsinniges Vorhaben auszuführen".[17] Sie klagte: „Was habe ich dir getan? Warum hast du mich jetzt schon zum dritten Mal geschlagen?"[18]

Wütend wandte sich Bileam an die Eselin, als hätte er ein vernunftbegabtes Wesen vor sich, und es entspann sich ein seltsamer Dialog: „‚Weil du mich zum Narren hältst! Hätte ich nur ein Schwert zur Hand, ich würde dich töten!' Das Tier

---

[14] Psalm 81,12.13 Hfa [15] 4. Mose 22,22.23 Hfa [16] 4. Mose 22,26 Hfa
[17] 2. Petrus 2,16 [18] 4. Mose 22,28 Hfa

erwiderte: ‚Bin ich nicht deine Eselin, auf der du schon immer geritten bist? Habe ich jemals so etwas getan wie heute?‘ Bileam sagte: ‚Nein.‘ Da öffnete der Herr ihm die Augen, und er sah den Engel mit dem Schwert in der Hand auf dem Weg stehen. Bileam erschrak zu Tode und verneigte sich vor ihm bis zum Boden. Der Engel des Herrn sprach: ‚Warum hast du deine Eselin dreimal geschlagen? Ich war es, der dich aufgehalten hat, weil dein Weg sonst ins Verderben führt. Deine Eselin hat mich gesehen und ist mir dreimal ausgewichen. Hätte sie es nicht getan, dann hätte ich dich mit dem Schwert getötet und sie am Leben gelassen.‘“[19]

Dem Tier, das er so grausam behandelt hatte, verdankte Bileam sein Leben. Der Mann, der ein Prophet zu sein vorgab, war aus Habsucht und Ehrgeiz so blind, dass er den Engel des Herrn nicht wahrnehmen konnte. Die „Ungläubigen hat der Satan, der Herrscher dieser Welt, verblendet“.[20] Wie viele sind auf verbotenen Wegen unterwegs, übertreten die Gebote Gottes und nehmen nicht wahr, dass Gottes Engel Zeugen all dessen sind. Und wie Bileam sind sie auf die wütend, die ihr Verderben verhüten möchten.

„Ein guter Mensch kümmert sich um das Wohl seiner Tiere; ein böser hat kein Herz für sie.“[21] Nicht jeder ist sich darüber im Klaren, dass es eine Sünde ist, Tiere zu vernachlässigen oder gar zu misshandeln. Sie wurden geschaffen, um den Menschen zu dienen, aber die haben nicht das Recht, ihnen mutwillig Leid zuzufügen.

Wer Tiere misshandelt, die sich nicht wehren können, ist ein Feigling und ein Tyrann zugleich. Manche meinen, dass ihre Grausamkeit Tieren gegenüber nicht bekannt werden kann, weil die nichts davon verraten können. Aber wenn diesen Menschen die Augen geöffnet würden, sähen sie einen Engel Gottes, der in den Vorhöfen des Himmels gegen sie als Zeuge auftreten kann. Es kommt einmal der Tag, an dem diejenigen, die Gottes Geschöpfe misshandelt haben, die gerechte Strafe treffen wird.

Als Bileam den Engel erblickte, rief er erschrocken: „Ich habe Unrecht getan. Ich habe nicht gewusst, dass du dich mir in den Weg gestellt hattest. Ich werde sofort umkehren, wenn du mit dieser Reise nicht einverstanden bist.“[22] Der Herr ließ

---

[19] 4. Mose 22,29–33 Hfa [20] 2. Korinther 4,4 Hfa [21] Sprüche 12,10
[22] 4. Mose 22,34

ihn seine Reise zwar fortsetzen, gab ihm jedoch zu verstehen, dass seine Vorhersagen von ihm kontrolliert werden würden. Gott wollte den Moabitern beweisen, dass die Israeliten unter seinem Schutz standen, und das geschah sehr wirkungsvoll, indem er ihnen Bileams Ohnmacht zeigte, dem es unmöglich sein würde, das Volk Gottes zu verfluchen.

Als dem Moabiterkönig gemeldet wurde, dass Bileam bald eintreffen würde, zog er ihm entgegen, um ihn gebührend zu empfangen. Als er seiner Verwunderung darüber Ausdruck gab, dass sich der Prophet trotz der Aussicht auf große Belohnung so geziert hatte, antwortete dieser: „Nun bin ich ja hier. Aber ich kann nicht einfach sagen, was ich will, sondern nur, was Gott mir eingibt.“[23] Nach außen hin gab er sich fromm, aber innerlich bedauerte er diese Einschränkung, weil er deswegen die versprochene Belohnung wohl nicht einheimsen konnte.

Bileam darf das Volk Israel nicht verfluchen

Gemeinsam mit den höchsten Würdenträgern seines Reichs geleitete Balak Bileam auf die „Baalshöhen“, von denen aus er das Lager der Israeliten überblicken konnte.[24] Wie ahnungslos waren die über das, was ganz in der Nähe vor sich ging! Wie wenig wussten sie über Gottes bewahrende Hände, die Tag und Nacht über ihnen ausgebreitet waren.

Bileam besaß eine gewisse Kenntnis über den Opferdienst der Israeliten. Er hoffte, mit aufwändigen Opfern den Segen Gottes zu erlangen und gleichzeitig die Erfüllung seiner sündhaften Absicht erreichen zu können. So sehr war sein Denken inzwischen verblendet.

Auf Bileams Befehl wurden sieben Altäre errichtet, auf denen er und Balak je ein Opfer darbrachten. Dann zog er sich auf eine Anhöhe zurück, um Gott zu begegnen.[25] Der König stand mit den Fürsten der Moabiter neben den Opfern und wartete auf die Rückkehr des Propheten. Schließlich kam Bileam. Alle erwarteten einen Spruch, der die geheimnisvolle Macht, die den Israeliten bisher geholfen hatte, für immer unwirksam machen würde. Bileam begann zu reden: „Vom Osten her, vom Aramäerland und seinen Bergen, rief mich König Balak und er befahl:

---

[23] 4. Mose 22,37.38 Hfa [24] 4. Mose 22,41 [25] 4. Mose 23,1–3

‚Du sollst das Jakobsvolk mit einem schweren Fluch
belegen! Verwünschen sollst du dieses Israel!'
Wie kann ich dieses Volk verwünschen, wenn Gott,
der Herr, es nicht verwünschen will? ...
Sie sind ein Volk von ganz besonderer Art,
das sich mit andern Völkern nicht vermischt.
Kein Mensch kann diese Jakobsleute zählen ...
die Scharen Israels, die vielen Tausend."[26]

Als Bileam auf das Lager der Israeliten herabsah, nahm er mit Erstaunen die große Ordnung dort wahr. Man hatte sie ihm als eine wilde, ungeordnete Horde entlaufener Sklaven geschildert, die räuberisch das Land unsicher machte und für die einheimischen Völker zur Plage geworden war. Aber was er nun entdeckte, war das ganze Gegenteil. Er sah die zweckmäßige Gestaltung des Lagers, in dem überall Ordnung und Zucht zu erkennen war. Ihm wurde gezeigt, mit welchem Wohlwollen Gott auf Israel schaute und welch besonderes Gepräge sein auserwähltes Volk hatte. Es würde nicht auf gleicher Stufe mit den andern Völkern stehen, sondern sie alle überragen. „Sie sind ein Volk von ganz besonderer Art."[27] Wie genau hat sich diese Weissagung in der Geschichte Israels erfüllt! Durch die Jahrhunderte hindurch, in denen es in viele Länder zerstreut war, ist es ein besonderes Volk geblieben.

Bileam sah im Geist auch das Wachstum und Wohlergehen des wahren Volkes Gottes bis an das Ende der Zeit. Er sah die besondere Gnade Gottes für die, die ihn lieben und ehren, und wie sein Arm sie trägt, wenn sie ins dunkle Tal des Todes kommen. Er sah die Erlösten aus ihren Gräbern hervorkommen, gekrönt mit Herrlichkeit, Ehre und Unsterblichkeit, und er sah sie als Bürger der neuen Welt Gottes. All das drängte ihn zu der abschließenden Bitte: „Wenn ich nur eines Tages so in Frieden sterben könnte wie [sie], wenn mein Ende nur dem ihren gleichen würde!"[28]

Hätte Bileam die Neigung gehabt, die ihm von Gott geschenkte Erkenntnis anzunehmen, hätte er sofort alle Verbindungen mit den Moabitern abgebrochen. Er wäre in tiefer Reue zum Herrn zurückgekehrt. Aber er „liebte den Lohn der Ungerechtigkeit" mehr als Gott.[29]

Balak hatte einen Fluch über die Israeliten erwartet, der wie ein vernichtender Pesthauch auf sie fallen sollte. Darum schrie

---

[26] 4. Mose 23,7-10 [27] 4. Mose 23,9 [28] 4. Mose 23,10 Hfa [29] 2. Petrus 2,15 LB

er erbost: „Was tust du mir an? Ich habe dich geholt, damit du meine Feinde verfluchst. Und nun segnest du sie!“ Bileam erklärte ihm scheinheilig: „Muss ich nicht genau das sagen, was der Herr mir aufträgt?“[30]

König Balak lässt nicht locker

Aber Balak wollte seine Absicht nicht aufgeben. Er vermutete, dass der großartige Anblick des israelitischen Lagers Bileam so beeindruckt hatte, dass er keinen Fluch gegen das Volk auszusprechen wagte. Deshalb beschloss er, ihn an einen Platz zu führen, von dem nur ein kleiner Teil des Lagers zu überblicken war. Wieder wurden sieben Altäre errichtet und Opfer dargebracht wie beim ersten Mal. König und Fürsten blieben dabei stehen, während sich Bileam erneut zurückzog, um Gott zu begegnen.[31]

Abermals wurde er mit einer göttlichen Botschaft betraut, die er weder ändern noch verheimlichen konnte. Als er wieder erschien, fragte Balak: „Was hat der Herr dir gesagt?“[32] Erneut erschraken der König und seine Fürsten über die Aussagen Bileams.

„Du darfst nicht meinen, Gott sei wie ein Mensch!
Er lügt nicht und er ändert niemals seinen Sinn ...
Er gab mir Weisung, dieses Volk zu segnen;
und wenn er segnen will, kann ich's nicht ändern.
Es bleibt dabei: Kein Unglück wird sie treffen,
kein Unheil wird in Israel zu sehen sein.
Der Herr steht ihnen bei, er ist ihr Gott;
er ... streitet für sie wie ein wilder Stier.
Mit Zauberei und mit Beschwörungsformeln
ist gegen dieses Volk nichts auszurichten.“[33]

Bileam hatte versucht, seine Magie gegen Israel anzuwenden, doch solange das Volk unter Gottes Schutz stand, konnte kein anderes Volk ihm widerstehen, nicht einmal mit Satans Hilfe. Alle Welt sollte über das wunderbare Wirken Gottes für Israel staunen. Hier wurde ein abgefallener Prophet so sehr von Gott kontrolliert, dass er anstelle von Flüchen köstliche Verheißungen in dichterischer Schönheit aussprach. Wenn Satan künftig Menschen dazu verleitete, Gottes Volk zu ver-

---

[30] 4. Mose 23,11.12 Hfa [31] 4. Mose 23,13–15 [32] 4. Mose 23,17 Hfa
[33] 4. Mose 23,19–23

leumden oder gar zu versuchen, es zu vernichten, sollte gerade diese Begebenheit den Mut und das Vertrauen in Gott stärken.

Entmutigt und bedrückt rief Balak: „Du sollst es weder verfluchen noch segnen."[34] Er wagte einen letzten Versuch und führte Bileam auf den Berg Pegor, wo ein Tempel zur Anbetung Baals stand. Hier wurde dieselbe Menge an Opfern dargebracht. „Bileam wusste nun, dass der Herr Israel segnen wollte. Deshalb versuchte er nicht, ihn durch Zauberei zu befragen."[35] Er richtete seinen Blick auf das Lager der Israeliten und rief vom Geist Gottes bewegt aus:

„Wie schön sind deine Zelte, Israel!
Wie blühend sehen deine Dörfer aus! ...
Sie werden mächtiger als ihre Nachbarn ...
Ihr Gott errettete sie aus Ägypten,
er streitet für sie wie ein wilder Stier.
Sie werden ihre Feinde ganz vernichten,
so wie ein Raubtier seine Beute frisst ...
Ein jeder, der dich segnet, hat ... teil an diesem Segen.
Wer dich verflucht, wird selbst vom Fluch getroffen!"[36]

Balak ist bitter enttäuscht

Balak war von Enttäuschung, Wut und Angst überwältigt und empört, dass Bileam ihm Hoffnung auf den gewünschten Ausgang gemacht hatte. Nun verachtete er das zwiespältige und betrügerische Verhalten des Propheten. Grimmig rief er: „Verschwinde, mach, dass du nach Hause kommst! Ich hatte versprochen, dich reich zu belohnen. Doch daraus wird nichts. Der Herr hat es nicht gewollt."[37] Bileam entgegnete, er habe den König vorher gewarnt, dass er nur sagen könne, was Gott ihm eingeben würde.

Ehe Bileam in seine Heimat zurückkehrte, sprach er eine der schönsten Weissagungen über den Erlöser der Welt und die endgültige Vernichtung der Feinde Gottes aus:

„Ganz fern erblick ich ihn, er kommt bestimmt!
Ein Stern geht auf im Volk der Jakobssöhne,
ein König steigt empor in Israel.
Er wird die Moabiter tödlich treffen,
die ganze Sippe Sets wird er vernichten."[38]

---

[34] 4. Mose 23,25 LB [35] 4. Mose 24,1 Hfa [36] 4. Mose 24,5–9
[37] 4. Mose 24,11 Hfa [38] 4. Mose 24,17

Bileam schloss also mit einer Voraussage der vollständigen Vernichtung der Moabiter und Edomiter, der Amalekiter und der Keniter und ließ damit Balak nicht den geringsten Hoffnungsschimmer.

In der Erwartung auf Reichtum und Ansehen enttäuscht und in dem Bewusstsein, sich das Missfallen Gottes zugezogen zu haben, kehrte Bileam von seiner selbst gewählten Mission in die Heimat zurück. Nun verließ ihn auch die kontrollierende Macht des Geistes Gottes, und seine Habsucht gewann endgültig die Oberhand. Ihm war jedes Mittel recht, um doch noch zu Balaks versprochener Belohnung zu kommen.

Bileam verstand, dass Israels Wohlergehen vom Gehorsam Gott gegenüber abhing und das Volk nicht zu überwinden war, es sei denn, man könnte es zur Sünde verleiten. Er kehrte um und unterbreitete dem König einen Plan. Bileams Absicht war es, die Israeliten von Gott zu trennen, indem sie zum Götzendienst verführt wurden.[39] Wenn man sie dazu bringen konnte, den ausschweifenden Kult für Baal und Aschera mitzumachen, würde sich Jahwe gegen sie stellen, sodass sie bald den heidnischen Völkern zur Beute werden müssten. Diesen Plan griff Balak bereitwillig auf, und Bileam blieb bei ihm, um bei dessen Verwirklichung zu helfen.

Er konnte sich bald tatsächlich davon überzeugen, dass seine teuflische Absicht verwirklicht wurde (siehe nächstes Kapitel). Er sah, wie der Fluch Gottes das Volk heimsuchte und Tausende dessen Strafgerichten verfielen. Aber Gottes Gerechtigkeit, die Israels Sünde bestrafte, ließ auch die Verführer nicht entkommen. Im Kampf der Israeliten gegen die Midianiter wurde Bileam später getötet.[40] Er hatte kein rechtschaffenes Leben geführt und war der Habgier verfallen, deshalb wurde sein Schicksal unvermeidlich das der Feinde Gottes.

Es ist gefährlich, auch nur an einem unchristlichen Wesenszug festzuhalten. Nach und nach wird *eine* Sünde, die beharrlich gehegt wird, den Charakter verderben. Das Frönen einer schlechten Gewohnheit legt früher oder später die seelische Abwehrkraft lahm, öffnet dem Satan die Tür und bringt uns vom rechten Weg ab. Das sicherste Mittel dagegen ist, täglich wie David zu beten: „Erhalte meinen Gang auf deinen Wegen, dass meine Tritte nicht gleiten."[41]

---

[39] 4. Mose 31,16 [40] 4. Mose 31,8b [41] Psalm 17,5 LB

41 | Der Abfall am Jordan*

Mit gestärktem Glauben an Gott war Israels siegreiches Heer aus Baschan zurückgekehrt. Nun rechnete das Volk mit einer schnellen Eroberung Kanaans (später Palästina genannt). Zwischen ihnen und dem verheißenen Land lag nur noch der Jordan. Jenseits des Flusses breitete sich eine fruchtbare, wasserreiche Ebene aus. Am Westrand erhoben sich die Türme und Paläste Jerichos, auch Palmenstadt genannt.

Auch auf der Ostseite des Jordans zog sich eine mehrere Kilometer breite Ebene am Fluss entlang. Dort herrschte tropisches Klima. In dieser Gegend schlugen die Israeliten inmitten von Akazienhainen ihr Lager auf.

Aber gerade hier stießen sie auf ein Übel, das tödlicher war als die Waffen der Feinde oder die Giftschlangen der Wüste. Die Einwohner hatten das Land durch ihren Götzendienst entweiht. Im Rahmen des Baalkultes spielten sich öffentlich entwürdigende, lasterhafte Riten ab. Überall gab es Stätten, die für ihre Abgötterei und Ausschweifungen bekannt waren.

Die Israeliten blieben davon nicht unberührt. Der Reiz der heidnischen Festlichkeiten und das bequemere Leben wurden zur Bedrohung für ihren Glauben und die sittlichen Maßstäbe im Volk Gottes. Ohne dass es ihnen recht bewusst wurde, entfernten sich viele von Gott und wurden so bald zur leichten Beute der Versuchung.

Während sie am Jordan lagerten, bereitete Mose die Einnahme Kanaans vor. Er wurde von dieser Aufgabe voll in Anspruch genommen. Für das Volk dagegen war diese Zeit der Untätigkeit schwer zu ertragen und machte es anfällig für die heidnischen Praktiken und für moralische Verfehlungen.

Es begann damit, dass sich auf die Initiative Bileams midianitische Frauen mit der Absicht ins Lager einschlichen, die Israeliten zur Unzucht zu verleiten und zur Abgötterei zu verführen. Allerdings wurde das sorgfältig unter dem Deckmantel der Freundschaft verborgen. Die Völker waren ja eng verwandt, denn Midian war wie Israel ein Sohn Abrahams, allerdings aus dessen zweiter Ehe mit Ketura.[1]

---

* Dieses Kapitel basiert auf 4. Mose 25 und 31,1–10. [1] 1. Mose 25,1.2

Auf Bileams Anregung hin veranstaltete Balak, der König der Moabiter, auf dessen reiche Belohnung er es ja abgesehen hatte, ein großes Fest zu Ehren seiner Götter. Bileam selbst wollte die Israeliten veranlassen, daran teilzunehmen. Da sie ihn für einen Propheten Gottes hielten, fiel es ihm nicht schwer, das tatsächlich zu erreichen.

Bezaubert von Musik und Tanz und angelockt von der Schönheit der heidnischen Priesterinnen brachen sie Jahwe die Treue.[2] Der Weingenuss umnebelte ihre Sinne und riss alle Schranken der Selbstbeherrschung nieder. Nachdem sie einmal ihr Gewissen durch Unzucht besudelt hatten, konnte man sie auch überreden, sich vor Götzenbildern zu beugen. Sie opferten auf heidnischen Altären und beteiligten sich an entwürdigenden Bräuchen.

Das Gift des Abfalls breitete sich wie eine tödliche Seuche im israelitischen Lager aus. Auf dem Schlachtfeld hatten die Israeliten ihre Feinde besiegt, aber nun wurden sie durch die List heidnischer Frauen und die List eines abtrünnigen Propheten zu Verlierern. Das Volk war wie verzaubert.

Zu den Ersten, die schuldig wurden, gehörten führende Männer Israels, und aus dem Volk waren es so viele, dass der Abfall allgemein wurde. „Sie hängten sich an den Baal vom Berg Pegor."[3] Als heidnische Riten sogar im eigenen Lager praktiziert wurden, bemerkte Mose endlich, was geschehen war. Der betagte Leiter war empört und auch Gottes Zorn entbrannte über die Israeliten.

Gottes Strafe erfolgte sogleich

Das lasterhafte Treiben vollbrachte an den Israeliten, was alle magischen Künste Bileams nicht vermocht hatten – es trennte sie von Gott. Er befahl, die Anführer des Abfalls aufhängen zu lassen.[4] Das geschah auf der Stelle, damit das Volk sah, wie sehr Gott Israels sündiges Verhalten verabscheute. Unter dem Volk brach eine Seuche aus, der viele zum Opfer fielen.

Die meisten Israeliten waren einsichtig und empfanden die Strafe als gerechtfertigt. Sie eilten zum Heiligtum, um zerknirscht und unter Tränen ihre Sünden zu bekennen. Priester und andere führende Männer warfen sich auf die Erde und flehten Jahwe an, das Volk zu schonen.

---

[2] 4. Mose 25,1.2; 31,16 [3] 4. Mose 25,3 [4] 4. Mose 25,4.5

Als sie so vor Gott weinten, betrat Simri, der Oberste einer Sippe des Stammes Simeon, dreist das Lager und führte eine midianitische Dirne in sein Zelt.[5] Nie zuvor hatte sich die Verdorbenheit so schamlos gezeigt. Der Übeltäter prahlte vor den Augen der Gemeinde mit seiner Untat, als wollte er Gottes Rache herausfordern und die Richter verspotten, die die Anführer hinrichten sollten. Da erhob sich Pinhas, der Sohn des Hohenpriesters Eleasar. Er griff nach einem Spieß, „folgte den beiden in den innersten Raum des Zeltes und durchbohrte sie."[6] Damit wurde der todbringenden Seuche, die bereits 24 000 Israeliten das Leben gekostet hatte, Einhalt geboten.

Dem Priester aber, der das göttliche Urteil vollstreckt hatte, wurde in Gegenwart des ganzen Volks Ehre erwiesen. „Pinhas, der Sohn Eleasars und Enkel des Priesters Aaron, hat die Israeliten vor meiner Strafe gerettet", lautete die Botschaft Gottes. „Ich will einen besonderen Bund mit ihm schließen: Er und seine Nachkommen sollen für immer meine Priester sein. Das verspreche ich ihm, weil er sich für mich eingesetzt und das Volk Israel mit mir versöhnt hat."[7]

Das Strafgericht vernichtete die letzten Überlebenden jener großen Schar, die beinahe vierzig Jahre zuvor Gottes Urteil heraufbeschworen hatten: „In dieser Wüste sollen sie aufgerieben werden und dort sterben."[8] Eine von Gott angeordnete Volkszählung zeigte: „Von den Männern, die Mose und Aaron bei der ersten Volkszählung in der Wüste Sinai erfasst hatten, lebte niemand mehr ... Nur Kaleb, der Sohn Jefunnes, und Josua, der Sohn Nuns, waren übriggeblieben."[9]

Gott ließ die Strafgerichte über Israel kommen, weil es den Verlockungen der Midianiter nachgegeben hatte; aber auch die Verführer sollten ihrer gerechten Strafe nicht entgehen. „Bestrafe die Midianiter für das, was sie den Israeliten angetan haben", lautete Gottes Befehl an Mose, „danach wirst du sterben."[10] Aus jedem der zwölf Stämme wurden 1000 Mann ausgewählt und unter der Führung von Pinhas ausgesandt.

„Sie griffen die Midianiter an, wie der Herr es Mose befohlen hatte, und töteten alle Männer, auch die fünf Könige der Midianiter ... Auch Bileam, den Sohn Beors, töteten sie."[11] So endeten alle, die Böses gegen Israel im Schilde geführt hatten.

---

[5] 4. Mose 25,6.14 [6] 4. Mose 25,7.8 [7] 4. Mose 25,11–13 Hfa
[8] 4. Mose 14,35 LB [9] 4. Mose 26,64.65 [10] 4. Mose 31,2 [11] 4. Mose 31,7.8

Die Macht von Verführerinnen

Als man Bileam gerufen hatte, um die Israeliten zu verfluchen, konnte er ihnen nicht schaden. Deshalb versuchte Satan, sie mit einer List zur Sünde zu verleiten, und sandte heidnische Frauen. Als sie der Versuchung nachgaben und Gottes Gebote übertraten, verloren sie ihren Schutz.

Die Israeliten, die weder durch Waffen noch durch Magie zu überwinden waren, wurden zur leichten Beute midianitischer Dirnen. Die Macht fragwürdiger Frauen im Dienst Satans ist so groß, dass sie selbst gläubige Menschen verblendet und zugrunde richtet. Auf diese Weise verriet Simson den Philistern das Geheimnis seiner Stärke und so strauchelte auch David. Sogar Salomo, der weiseste der Könige, wurde durch seine vielen Frauen zum Sklaven der Leidenschaft und opferte seine Rechtschaffenheit. Es gelang Satan, viele weitere Könige Israels mit denselben Versuchungen zu Fall zu bringen, mit denen er damals am Jordan Erfolg hatte. Und wenn heute die Hüter des Gesetzes Gottes seine Gebote missachten, können sie ihren Feinden auch nicht widerstehen.

Satan hat diese Taktik jahrtausendelang gründlich erprobt. Da wir uns dem Ende der Zeit nähern und Gottes Volk an der Grenze des himmlischen Kanaans steht, wird er wie damals alles versuchen, um es am Einzug in das verheißene Land zu hindern. Er wird seine Versuchungen gerade auf die geachteten und einflussreichen Persönlichkeiten richten. Denn wenn es ihm gelingt, sie zu Fall zu bringen, richtet er damit zugleich viele andere zugrunde. Durch Nachgiebigkeit gegenüber dem Zauber der weiblichen Schönheit, durch Vergnügungssucht und ausgelassene Fröhlichkeit bei Alkohol und Festgelagen verleitet Satan viele zur Übertretung des siebten Gebots.

Wer Gottes Bild entehrt und seinen Tempel – unseren Körper – entweiht, wird auch nicht davor zurückschrecken, Gott auf irgendeine Art Schande zu bereiten, wenn es um die Erfüllung der Wünsche seines verdorbenen Herzens geht. Solchen Sklaven der Leidenschaft ist es unmöglich, die heiligen Verpflichtungen des Gesetzes Gottes zu erkennen, das Sühnopfer Christi zu schätzen oder den Wert des ewigen Lebens zu ermessen. Güte, Reinheit und Aufrichtigkeit, Ehrfurcht vor Gott und Liebe zu geistlichen Dingen – alle diese edlen Eigenschaften werden oft im Feuer der Sinneslust verzehrt. Der Mensch wird erniedrigt; am Ende ist er innerlich leer.

Die Gefahren, sich mit Gottlosen zu verbinden

Wenn Satan Christi Nachfolger zum vertrauten Umgang mit gottlosen Menschen veranlassen und zur Teilnahme an deren Vergnügungen verführen kann, gelingt es ihm meistens auch, sie zur Sünde zu verleiten. Gott verlangt auch heute noch von seinem Volk, dass es sich in seinen Gewohnheiten und Grundsätzen von der Welt unterscheidet. Die Israeliten waren deutlich davor gewarnt worden, sich mit den Heiden zu vermischen und deren Gewohnheiten anzunehmen, ebenso später wir Christen.[12] Deshalb sollten wir uns vor Beziehungen hüten, die von Gott wegführen und unseren Glauben untergraben. Wenn wir zwar beten: „Lass uns nicht in Versuchung geraten",[13] aber nicht bereit sind, der Gefahr aus dem Weg zu gehen, wird uns das nichts nützen.

Die Israeliten kamen ausgerechnet in einer Zeit äußerer Ruhe und Sicherheit zu Fall. Ihr Müßiggang machte sie anfällig für Versuchungen. Verräter aus den eigenen Reihen waren es, die ihre festen Grundsätze niederrissen und Israel satanischen Mächten auslieferten. Auf diese Weise versucht Satan noch immer, Menschen vollends zu verderben. Ehe ein Christ offen sündigt, gehen meist lange vorher in seinem Inneren entscheidende Veränderungen vor sich. Die Gesinnung ändert sich ja nicht plötzlich von Reinheit und Heiligkeit in Gottlosigkeit und Verdorbenheit. Wer unsauberen Gedanken nachhängt, kann sich schließlich so verändern, dass er an der Sünde, die er einst verabscheute, Gefallen findet.

Man kann heutzutage kaum durch die Straßen unserer Städte gehen, ohne der Unmoral und dem Bösen zu begegnen. Zeitschriften, Magazine, Werbung und das Internet machen das Niedrige und Gemeine salonfähig, erregen Leidenschaften und wecken die Gier nach Verbotenen.

Viele der heute in Mode gekommenen Vergnügungen sind auch bei vorgeblichen Christen beliebt und zielen doch auf das gleiche Ende ab wie damals bei den Heiden. Satan benutzt Filme, Musik, den Karneval, Tanz und manches andere, um moralische Grundsätze auszuhöhlen und der Zügellosigkeit Tür und Tor zu öffnen. Mit jedem Vergnügen, bei dem die Eitelkeit gefördert wird oder Schwelgerei üblich ist, bindet Satan den Menschen stärker an sich. Man vergisst Gott und verliert Ewigkeitswerte aus den Augen.

---

[12] 2. Korinther 6,14–18 [13] Matthäus 6,13 Hfa

Wie kann man der Versuchung widerstehen?

Das Herz muss durch Gottes Geist erneuert werden. Wer sich dagegen sträubt, strebt vergeblich nach Reinheit des Lebens. Wer einen anständigen Charakter ohne die Gnade Christi entwickeln will, baut sein Haus auf Sand. In den Stürmen der Versuchungen wird es ganz sicher einstürzen. Wie David sollte jeder Gläubige beten: „Erschaffe in mir ein reines Herz, o Gott; erneuere mich und gib mir Beständigkeit!“[14]

Allerdings müssen wir auch selbst etwas tun, um der Versuchung zu widerstehen. Wer den satanischen Anschlägen nicht zum Opfer fallen will, muss die Zugänge zu seinem Innenleben gut bewachen. Alles, was unreine Gedanken wecken könnte, muss er beim Lesen, Sehen oder Hören vermeiden. Das erfordert ernstes Gebet und ständige Wachsamkeit. Der Einfluss des Heiligen Geistes wird die Gedanken beeinflussen, sich mit reinen und erhebenden Dingen zu beschäftigen.

Israels Abfall am Jordan brachte Gottes Strafgerichte über das Volk. Wenn solche Sünden heute nicht sofort bestraft werden, sollte niemand denken, dass Gott stillschweigend darüber hinwegsieht. Paulus schrieb: „Deshalb warne ich euch eindringlich vor jeder verbotenen sexuellen Beziehung! Denn mit keiner anderen Sünde vergeht man sich so sehr am eigenen Körper wie mit sexueller Zügellosigkeit. Oder habt ihr etwa vergessen, dass euer Körper ein Tempel des Heiligen Geistes ist, der in euch wohnt und den euch Gott gegeben hat? Ihr gehört also nicht mehr euch selbst ... Wer diesen Tempel zerstört, den wird Gott richten.“[15]

Naturgemäß sind mit sexueller Zügellosigkeit ernste Folgen verbunden, die früher oder später jeden Schuldigen treffen. Gerade diese Sünde ist mehr als alle anderen Ursache für die Verbreitung vieler Krankheiten. Menschen mögen ihre Fehltritte vor anderen verbergen können; aber ganz sicher werden sie die Folgen tragen. Und nach einem solchen Leben kommt das Gericht. Paulus führte unter den Verhaltensweisen derer, die nicht in Gottes neue Welt kommen (sofern sie nicht umkehren) unter anderem auf: „sexuelle Zügellosigkeit, ein sittenloses und ausschweifendes Leben, Götzenanbetung und abergläubisches Vertrauen auf übersinnliche Kräfte ... Neid, Trunksucht, üppige Gelage.“[16]

---

[14] Psalm 51,12 Hfa [15] 1. Korinther 6,18.19; 3,17 Hfa [16] Galater 5,19–21 Hfa

42 Moses Abschiedsreden*

Der Herr kündete Mose an, dass die Zeit zur Einnahme Kanaans gekommen sei. Da stand nun der bejahrte Leiter auf den Anhöhen am Rand des Jordantals und sah staunend und tief bewegt das verheißene Land. Inständig bat er: „Herr, mein Gott, du hast begonnen, mir, deinem Diener, deine Größe und Macht zu zeigen. Nirgends im Himmel und auf der Erde gibt es einen Gott, der so gewaltige Taten und erstaunliche Wunder vollbringt wie du. Lass mich nun auch über den Jordan ziehen und das schöne Land dort sehen, dieses ganze herrliche Bergland bis hinauf zum Libanon!" Gott aber antwortete: „Genug! Kein Wort mehr davon! Steig auf den Gipfel des Berges Pisga [Nebo] und schau nach allen Seiten, nach Westen, nach Norden, nach Süden und nach Osten. Du darfst das Land mit deinen Augen sehen, aber den Jordan darfst du nicht überschreiten."[1]

Mose fügte sich dem Ratschluss Gottes, ohne weiter dagegen aufzubegehren. Aber ihn erfüllte große Sorge um das Volk Israel. Daher betete er: „Herr, du Gott, von dem alles Leben kommt, setze einen Mann ein, der das Volk führt, der an der Spitze des Heeres mit ihm auszieht und an seiner Spitze wieder mit ihm heimkehrt. Sonst wird deine Gemeinde wie eine Herde sein, die keinen Hirten hat."[2]

Der Herr antwortete: „Nimm Josua, den Sohn Nuns; ihn habe ich durch meinen Geist dazu befähigt. Lass ihn vor den Priester Eleasar und die ganze Gemeinde treten und bestelle ihn vor ihnen allen zu deinem Nachfolger. Leg deine Hände auf ihn und gib ihm von deiner Vollmacht, damit ihm die ganze Gemeinde Israel gehorcht."[3] Josua hatte Mose fast 40 Jahre lang gedient; da er ein kluger, tiefgläubiger Mann war, bestimmte Gott ihn zum Nachfolger Moses.

Durch Handauflegen wurde Josua zum Führer Israels eingesetzt. Gott ließ ihm ausrichten: „Bei allen wichtigen Entscheidungen soll er sich an den Priester Eleasar wenden, damit

---

* Dieses Kapitel basiert auf 4. Mose 27,12–23; 5. Mose 3,23 bis 7,16 und Kap. 28,1–68. [1] 5. Mose 3,24–27 [2] 4. Mose 27,16.17 [3] 4. Mose 27,18–20

der durch die heiligen Lose meine Weisung einholt. Nach dem Bescheid Eleasars sollen dann er und alle Israeliten handeln."[4]

Dann trat Mose vor das Volk, um es ein letztes Mal zu warnen und zu ermutigen. Auf seinem Angesicht lag der Glanz himmlischen Lichts. Sein Haar war schneeweiß, aber er stand aufrecht; seine Augen waren klar und ungetrübt. Er erinnerte die Israeliten an die Liebe und Barmherzigkeit Jahwes: „Durchforscht doch einmal die Vergangenheit, die ganze Zeit, seit Gott die Menschen geschaffen hat! Durchforscht die ganze Erde von einem Ende zum andern! Ist irgendwann sonst etwas so Großes geschehen? Weiß man irgendwo sonst von etwas dergleichen zu erzählen? Hat je ein Volk die Stimme Gottes aus dem Feuer heraus gehört und ist am Leben geblieben, wie ihr das erlebt habt? Hat jemals ein Gott es unternommen, ein Volk aus einem anderen Volk herauszuholen und zu seinem Eigentum zu machen, wie das der Herr, euer Gott, in Ägypten an euch getan hat? Vor euren Augen hat er unerhörte Wunder vollbracht, er hat eure Unterdrücker in Furcht und Schrecken versetzt und hat furchtbare Plagen über sie gebracht. Ja, er hat selbst für euch gekämpft; mit starker Hand und ausgestrecktem Arm hat er euch aus ihrer Mitte herausgeführt! Das alles hat der Herr euch erleben lassen, damit ihr erkennt, dass er wahrhaftig Gott ist und es außer ihm keinen anderen Gott gibt."[5]

Und er fügte die bedeutende Aussage hinzu: „Das tat er nicht etwa, weil ihr größer seid als die anderen Völker – ihr seid vielmehr das kleinste unter ihnen! Nein, er tat es einzig deshalb, weil er euch liebte und das Versprechen halten wollte, das er euren Vorfahren gegeben hatte. Nur deshalb hat er euch herausgeholt aus dem Land, in dem ihr Sklaven wart; nur deshalb hat er euch mit seiner starken Hand aus der Gewalt des Pharaos befreit. Er wollte euch zeigen, dass er allein der wahre Gott ist und dass er Wort hält. Er steht zu seinem Bund und erweist seine Liebe bis in die tausendste Generation an denen, die ihn lieben und seine Gebote befolgen."[6]

Wie oft waren die Israeliten während der langen Wüstenwanderung ungeduldig und widerspenstig gewesen! Aber dafür, dass sich die Einnahme Kanaans so lange hinauszögerte, war nicht Gott verantwortlich, sondern das Volk Israel. Er war darüber mehr betrübt als sie, denn er hätte sie gern direkt

---

[4] 4. Mose 27,21 [5] 5. Mose 4,32–35 [6] 5. Mose 7,7–9

in das verheißene Land geführt und dabei seine gewaltige Macht vor den Völkern offenbart. Doch mit ihrem Unglauben waren die Israeliten noch nicht reif dafür.

Hätten sich ihre Eltern der Führung Gottes anvertraut und seine Gebote befolgt, hätten sie längst als glückliches und gesegnetes Volk in Kanaan wohnen können. Aber durch ihr mangelndes Vertrauen, ihren Ungehorsam und ihre Widerspenstigkeit hatten sie Gott entehrt und ihm vor den Augen der Völker Schande bereitet.

Mose erklärte: „Ich verkünde euch jetzt die Gebote und Rechtsbestimmungen, so wie sie mir der Herr, mein Gott, für euch gegeben hat, damit ihr sie befolgt in dem Land, das ihr nun in Besitz nehmt. Beachtet sie also und handelt danach! Dann werdet ihr unter den Völkern für eure Weisheit berühmt werden. Denn wenn die anderen Völker hören, nach was für Geboten ihr lebt, werden sie voll Achtung auf euch blicken und sagen: ‚Wie klug und einsichtig ist doch dieses große Volk!'"[7] Dann rief Mose der Menge zu: „Kein anderes von den großen Völkern hat ja einen Gott, der ihm mit seiner Hilfe so nahe ist wie uns der Herr, unser Gott. Er hilft uns, sooft wir zu ihm rufen. Und kein anderes großes Volk hat so gute Gebote und Rechtsbestimmungen wie die, die ich euch heute gebe."[8] Die Gesetze, die Gott seinem Volk gegeben hat, waren weiser, zweckmäßiger und menschlicher als die aller zivilisierten Völker auf Erden.

Mose ermahnte die Israeliten: „Seht euch vor, dass ihr nicht den Bund vergesst, den der Herr, euer Gott, mit euch geschlossen hat! ... Der Herr, euer Gott, ist ein verzehrendes Feuer, ein leidenschaftlich liebender Gott, der es nicht hinnimmt, wenn ihr irgendetwas anderes außer ihm verehrt ... Wenn ihr so etwas tut, werdet ihr euch nicht in dem Land halten können, das ihr jetzt in Besitz nehmt! Es wird dann sehr schnell um euch geschehen sein."[9]

„Der Herr, euer Gott, bringt euch jetzt in das Land, das er euch zum Besitz geben will, wie er das euren Vorfahren Abraham, Isaak und Jakob geschworen hat. Ihr werdet dort große und schöne Städte vorfinden, die ihr nicht selbst gebaut habt, und Häuser voll von Besitz, den ihr nicht selbst erworben habt, Brunnen, die ihr nicht gegraben, und Weinberge und Olivenhaine, die ihr nicht angelegt habt. Wenn es euch dann

---

[7] 5. Mose 4,5.6 [8] 5. Mose 4,7.8 [9] 5. Mose 4,23.24.26

gut geht und ihr euch satt essen könnt, dann gebt Acht, dass ihr den Herrn nicht vergesst, der euch aus Ägypten herausgeführt hat, wo ihr Sklaven gewesen seid!"[10]

Weiter versicherte Mose den Israeliten: „Der Herr, euer Gott, wird euch in ein schönes und fruchtbares Land bringen. In der Ebene wie im Bergland gibt es dort Quellen und Bäche, die unerschöpflich aus der Tiefe hervorsprudeln. Es gibt Weizen und Gerste, Trauben, Feigen und Granatäpfel, Oliven und Honig. Ihr werdet euer Essen nicht sorgsam einteilen müssen, es wird euch an nichts fehlen. Das Land hat sogar eisenhaltiges Gestein und in seinen Bergen könnt ihr Kupfer schürfen ... Der Herr, euer Gott, kümmert sich selbst um das Gedeihen und blickt das ganze Jahr über, vom Anfang bis zum Ende, freundlich auf das Land."[11]

Wie mögen diese Worte die Israeliten bewegt haben, weil ausgerechnet Mose, der ihnen die Segnungen des verheißenen Landes in so leuchtenden Farben malte, von der Teilnahme am Erbe seines Volkes ausgeschlossen bleiben würde. Und das letztlich wegen ihres wiederholten Murrens.

Nach dieser Abschiedsrede vervollständigte Mose die Niederschrift aller Gebote, Verordnungen und Rechte, die Gott dem Volk Israel gegeben hatte, und aller Vorschriften für den Opferdienst. Diese Buchrolle übergab er den zuständigen Leviten zur sicheren Verwahrung neben der Bundeslade. Alle sieben Jahre sollte es auf dem Laubhüttenfest öffentlich verlesen werden.[12]

Gottes Segen ist an Bedingungen geknüpft

Aber noch immer befürchtete Mose, das Volk könnte von Gott abweichen. In einer ergreifenden Ansprache stellte er deshalb den Israeliten die Segnungen vor Augen, die sie empfangen würden, wenn sie gehorchten, aber auch die Strafen, die sie als Folge der Übertretung treffen würden: „Wenn ihr auf den Herrn, euren Gott, hört und alle seine Gebote, die ich euch heute verkünde, sorgfältig befolgt, wird er euch hoch über alle Völker der Erde erheben. Die ganze Fülle seines Segens wird euch zuteil werden, wenn ihr den Weisungen des Herrn, eures Gottes, gehorcht. In der Stadt und auf dem Feld schenkt er euch Gedeihen: Gesunde Kinder gibt er euch und

[10] 5. Mose 6,10–12 [11] 5. Mose 8,7–9; 11,12 [12] 5. Mose 31,11.24–26

reiche Ernten; eure Rinder, Schafe und Ziegen werden sich vermehren, Korb und Backtrog nicht leer werden. Das Glück wird euch begleiten, wenn ihr auszieht und wenn ihr wieder heimkehrt. Wenn sich Feinde gegen euch erheben, wird der Herr sie vor euch zu Boden werfen. Auf *einem* Weg werden sie gegen euch anrücken und auf *sieben* nach allen Richtungen vor euch fliehen. Der Herr wird eure Vorratshäuser füllen und euch alles gelingen lassen, was ihr tut. In allem wird er euch segnen in dem Land, das er euch geben wird."[13]

Aber Mose verschwieg auch die Folgen des Ungehorsams nicht: „Wenn ihr aber nicht auf den Herrn, euren Gott, hört und seine Gebote und Weisungen, die ich euch heute verkünde, nicht befolgt, wird nicht sein Segen, sondern sein Fluch über euch kommen: Missgeschick wird euch verfolgen in der Stadt und auf dem Feld ... Der Herr wird euch vor euren Feinden zu Boden werfen. Auf *einem* Weg werdet ihr gegen sie ausziehen und auf *sieben* nach allen Richtungen vor ihnen fliehen. Alle Völker der Erde werden schaudernd sehen, wie es euch ergeht ... Er wird euch und den König, den ihr über euch gesetzt habt, in die Verbannung führen ... Unter den Völkern, zu denen der Herr euch verstoßen wird, werdet ihr zum abschreckenden Beispiel und sie werden ihren Spott mit euch treiben ... Aber selbst dort werdet ihr keine Bleibe finden, sondern ruhelos umherirren; denn der Herr wird euch in Angst, Finsternis und Verzweiflung hineintreiben. Ihr werdet ständig um euer Leben zittern müssen und euch keinen Augenblick sicherfühlen, weder bei Nacht noch bei Tag. Am Morgen werdet ihr den Abend herbeisehnen und am Abend den Morgen. Denn alles, was ihr erlebt, wird euch immer neue Angst einjagen."[14]

In prophetischer Schau sah Mose die ferne Zukunft und schilderte die schrecklichen Ereignisse, die sich bei Israels endgültigem Untergang als Nation und bei der Zerstörung Jerusalems durch ein römisches Heer genau so abspielen sollten. Anschaulich beschrieb er die Leiden, die fünfzehn Jahrhunderte später über das Volk kamen, als Titus die Stadt Jerusalem belagerte: „Sie werden euch in euren Städten einschließen, auf deren mächtige Mauern ihr euch verlassen habt, überall in dem Land, das der Herr, euer Gott, euch gegeben hat. Sie werden euch belagern und bekämpfen, bis sie die Mauern

---

[13] 5. Mose 28,1–8 [14] 5. Mose 28,15.16.25.36.37.65–67

zum Einsturz bringen. In der Hungersnot, die während der Belagerung in euren Städten herrscht, werdet ihr das Fleisch eurer eigenen Kinder essen, der Söhne und Töchter, die der Herr, euer Gott, euch geschenkt hat ... Die verwöhnteste Dame, die vor lauter Vornehmheit keinen Fuß auf die Erde setzt, wird in der höchsten Not ihre Nachgeburt verzehren und sogar das Kind, das sie soeben geboren hat; sie wird es in aller Heimlichkeit tun und nicht einmal dem geliebten Mann und den übrigen Kindern etwas davon gönnen."[15]

Mose schloss seine Rede mit den Worten: „Himmel und Erde sind meine Zeugen: Ich habe euch heute Segen und Fluch, Leben und Tod vor Augen gestellt. Wählt das Leben, damit ihr am Leben bleibt, ihr und eure Nachkommen! Liebt den Herrn, euren Gott! Gehorcht ihm und bleibt ihm treu! Denn davon hängt es ab, ob ihr auf die Dauer als Volk fortbesteht und in dem Land bleiben dürft, das der Herr euren Vorfahren Abraham, Isaak und Jakob mit einem Eid versprochen hat."[16]

Um diese Wahrheiten noch eindrucksvoller zu gestalten, kleidete Mose sie in die Form einer Dichtung und trug sie dem Volk vor.[17] Die Israeliten sollten ihre dichterisch gefasste Geschichte im Gedächtnis behalten und sie an ihre Kinder und Enkel weitergeben, damit sie niemals vergessen würde.

Mose hatte die Israeliten bereits zu Beginn seiner Rede angewiesen: „Wenn eure Kinder später fragen, wozu all die Weisungen, Gebote und Rechtsbestimmungen gut sind, die ihr vom Herrn, eurem Gott, bekommen habt, dann gebt ihnen zur Antwort: „Als Sklaven mussten wir dem König von Ägypten dienen, doch der Herr befreite uns mit seinem starken Arm. Wir haben mit eigenen Augen gesehen, wie er durch seine Staunen erregenden Wundertaten Verderben über den Pharao und seine Familie und über alle Ägypter brachte. Uns aber hat er aus Ägypten herausgeführt und hierher gebracht, um uns das Land zu geben, das er unseren Vorfahren versprochen hatte. Er hat uns befohlen, ihn, unseren Gott, ernst zu nehmen und alle diese Gebote zu befolgen, damit es uns gut geht und er uns am Leben erhalten kann, wie das heute tatsächlich der Fall ist. Unser Tun findet beim Herrn Anerkennung, wenn wir alles genau befolgen, was er, unser Gott, uns befohlen hat!'"[18]

---

[15] 5. Mose 28,52.53.56.57 [16] 5. Mose 30,19.20 [17] 5. Mose 31,30; 32,1–44
[18] 5. Mose 6,20–25

43 | Moses Lebensende*

Im Umgang Gottes mit dem Volk Israel gibt es viele Beispiele für seine Liebe und Barmherzigkeit, aber auch für seine strikte und unparteiische Gerechtigkeit. Wegen seiner einen Unbeherrschtheit vor dem Volk sollte Mose das verheißene Land nicht betreten. Selbst sein inständiges Bitten und Flehen konnte diese Entscheidung nicht rückgängig machen. Gott machte ihm unmissverständlich klar, dass seine Entscheidung endgültig war: „Genug damit. Ich will von dieser Sache nichts mehr hören."[1]

Dennoch hatte Mose sich unermüdlich bemüht, das Volk auf den Einzug nach Kanaan vorzubereiten. Auf Gottes Anweisung begab er sich mit Josua zum heiligen Zelt, als die Wolkensäule herabkam und über dem Eingang verharrte. Feierlich wurde Josua die Leitung des Volkes übertragen.[2]

Vor der versammelten Menge ermutigte Mose Josua mit der Zusage Gottes: „Sei mutig und entschlossen! Ich werde dir beistehen und du wirst das Volk Israel in das Land bringen, das ich ihm mit einem Eid zugesagt habe."[3] Dann ermahnte Mose ein letztes Mal die Sippenältesten und die Aufseher des Volkes, die Unterweisungen, die er von Gott empfangen und an sie weitergegeben hatte, genau zu befolgen. Damit war seine Tätigkeit als Leiter Israels beendet.

Die Israeliten blickten auf den alt gewordenen Mann, der bald von ihnen genommen werden sollte. Sie dachten an seine väterliche Güte und sein rastloses Wirken. Sie erinnerten sich, wie oft er für das Volk eingetreten war und es vor Strafen oder gar der Vernichtung bewahrt hatte. Beschämt erinnerten sie sich auch daran, dass ihm letztlich wegen ihrer Halsstarrigkeit der Einzug ins gelobte Land verwehrt blieb.

Das Wegnehmen ihres Leiters war für die Israeliten eine größere Zurechtweisung als alles, was Mose durch ein weiteres Wirken noch hätte erreichen können. Gott wollte sie dahin führen, ihrem künftigen Leiter Josua das Leben nicht so schwer zu machen, wie sie es bei Mose getan hatten.

---

* Dieses Kapitel beruht auf 5. Mose 31,1–18 und 34,1–8.

[1] 5. Mose 3,25.26 Hfa [2] 5. Mose 31,14.15 [3] 5. Mose 31,23

Die letzten Segensworte Moses

Zum letzten Mal stand Mose vor dem Volk Israel. Wiederum ruhte der Geist Gottes auf ihm. Mit ergreifenden Worten sprach er über jeden Stamm einen Segen und schloss dann mit der Versicherung: „Glücklich seid ihr Israeliten! Wer hat es so gut wie ihr? Ihr seid das Volk, das der Herr gerettet hat. Er beschützt euch wie ein Schild, und im Kampf ist er euer Schwert. Er bringt euch zu hohem Ansehen. Eure Feinde müssen sich vor euch verbeugen, und ihr besitzt ihr ganzes Land."[4]

An diesem Tag erhielt Mose den Befehl: „Steig auf den Berg Nebo ... Sieh dir von dort aus das Land Kanaan an, das ich den Israeliten schenke. Danach wirst du dort oben sterben."[5] Als Mose dieses Mal auf einen Berg stieg, war das ein Gang ohne Wiederkehr. Dort sollte er sein Leben in die Hände des Schöpfers zurückgeben. Mose wusste, dass er allein sterben würde; kein irdischer Freund durfte ihm in seinen letzten Stunden beistehen.

Obwohl sein Herz vor dem Unbekannten zurückschreckte, bekümmerte ihn fast noch mehr die Trennung von dem Volk, dem vierzig Jahre lang seine ganze Hingabe gehört hatte. Doch im Vertrauen auf Gott überließ er sich und das Volk bedingungslos seiner Liebe und Gnade.

Mose wandte sich vom Volk ab und machte sich auf den Weg auf die Spitze des Berges Nebo. Von dort konnte er im Westen das Mittelmeer, im Norden das Jordantal, im Osten die Hochebene um Moab und im Süden die Wüste sehen, in der er lange herumgewandert war.

In der Einsamkeit hielt Mose Rückschau auf sein Leben seit er sich vom Pharaonenhof und einer möglichen Herrschaft über Ägypten abgewandt hatte, um seine Zukunft mit Gottes erwähltem Volk zu verbinden. Er dachte an die Jahrzehnte mit Jitros Herden in der Einöde, an die Erscheinung des Herrn im brennenden Busch und an seinen Auftrag, das Volk Israel zu leiten. Er sah die Wunder vor sich, durch die Gottes Macht an seinem Volk offenbar geworden war, und dachte an dessen Barmherzigkeit in den Jahren der Wanderschaft und der Auflehnung der Israeliten. Obwohl Gott so viel für sie getan und Mose sich für sie eingesetzt hatte, wurden von allen Erwachsenen aus dem großen Volk, das Ägypten verlassen

[4] 5. Mose 33,29 Hfa [5] 5. Mose 32,49.50 Hfa

hatte, nur zwei für treu und würdig gehalten, das verheißene Land zu betreten. Als Mose an das Ergebnis seiner mühevollen Arbeit dachte, schien es ihm, als habe er sein an Schwierigkeiten reiches Leben fast vergeblich gelebt.

Dennoch bedauerte er nicht, die Last auf sich genommen zu haben. Gott selbst hatte ihm den Auftrag gegeben und das Werk übertragen, das Volk aus Ägypten zu führen. Anfangs war er zwar vor der Verantwortung zurückgeschreckt, aber nachdem er die Aufgabe übernommen hatte, war er seiner Berufung treu geblieben. Selbst als Gott beabsichtigte, ihn von seinem Amt zu entbinden, indem er das widerspenstige Volk vernichtete, hatte er dem nicht zugestimmt.

Mose hatte immer wieder Gottes besondere Zeichen der Gunst und Hilfe erfahren und in der Gemeinschaft mit ihm auf der Wüstenwanderung bereichernde Erfahrungen gemacht. Er wusste, dass er die richtige Entscheidung getroffen hatte, als er es vorzog, „gemeinsam mit Gottes Volk Unterdrückung und Verfolgung zu erleiden, als für kurze Zeit das gottlose Leben am Königshof zu genießen".[6]

Und doch musste Mose sich eingestehen, dass *ein* falsches Verhalten seine Lebensbilanz beeinträchtigte. Wenn nur jene Schuld ausgelöscht werden könnte, wäre er bereit zu sterben. Der Herr versicherte ihm, dass Reue und Vertrauen auf das verheißene Sühneopfer alles waren, was er verlangte. Mose bekannte ihm noch einmal seine Sünde und bat ihn um Vergebung.

Mose sieht in einer Vision die Zukunft Israels

Nun wurde Mose das verheißene Land gezeigt – nicht undeutlich und trübe in der Ferne, sondern klar und in voller Schönheit, so wie es durch Gottes Segen werden könnte. Die Berge waren von Zedern bedeckt, die Hügel mit Olivenbäumen und Weinstöcken; in weiten, fruchtbaren Ebenen leuchteten Wiesen im Blumenschmuck und wogten Getreidefelder im Wind. Mose sah hier tropische Palmen, dort sonnige Täler mit murmelnden Bächen und fischreichen Seen sowie schöne Städte mit wundervollen Gärten und reichen Feldern darum herum. Herden weideten an den Abhängen, und überall sammelten wilde Bienen Honig.

---

[6] Hebräer 11,25 Hfa

Er sah die verschiedenen Stämme Israels in Kanaan wohnen und bekam ihre künftige traurige Geschichte gezeigt mit dem häufigen Abfall von Gott und dessen Folgen. Er sah, wie die Israeliten unter Heidenvölker verschleppt wurden, wie Jerusalem in Trümmern lag und deren Einwohner als Gefangene in Babylon leben mussten. Er sah sie nach Jerusalem zurückkehren, den Tempel wiederaufbauen und schließlich unter die Herrschaft Roms geraten.

Er durfte die Geburt des Erlösers in Bethlehem sehen und vernahm die Stimmen der Engelschar, die Loblieder auf Gott sang und den Gläubigen Frieden verkündete. Er sah den Stern am Himmel, der die weisen Männer aus dem Osten zu Jesus führte, und verstand die Vorhersage Bileams: „Ein Stern steigt auf von den Nachkommen Jakobs, ein Zepter erhebt sich in Israel."[7] Er sah das bescheidene Leben Jesu in Nazareth als Zimmermann und seinen Dienst in Liebe und Mitgefühl mit den vielen Heilungen.

Mose sah, wie Jesus von den geistlichen Führern Israels bekämpft wurde, und hörte erstaunt deren überhebliche Betonung des Gesetzes Gottes, während sie den, der es dem Volk gegeben hatte, verachteten und verwarfen. Er sah Jesus auf dem Ölberg über Jerusalem weinen und die Zerstörung der Stadt und des Tempels ankündigen als Folge der weitgehenden Verwerfung des Messias durch das Volk, für das Mose sogar willig gewesen war, sein ewiges Leben zu opfern.

Mose verfolgte Jesu Ringen und Todesangst im Garten Getsemane, den Verrat, die Verhöhnung, die Geißelung und die Kreuzigung. Er weinte aus Mitleid über die schrecklichen Leiden Jesu und erkannte nun: Wie er in der Wüste die bronzene Schlange aufgerichtet hatte, so musste der Sohn Gottes „erhöht werden, damit alle, die sich im Glauben ihm zuwenden, durch ihn ewiges Leben bekommen".[8] Schmerz, Zorn und Bestürzung überkamen Mose, als er die Heuchelei und den Hass der Schriftgelehrten und Priester gegenüber Jesus sah.

Er hörte den verzweifelten Schrei Christi am Kreuz: „Mein Gott, mein Gott, warum hast du mich verlassen?",[9] und sah ihn in einem Felsengrab liegen. Hoffnungslosigkeit schien die Welt einzuhüllen. Aber dann erlebte er, wie Jesus auferstand, seinen Jüngern erschien und dann zum Himmel auffuhr.

---

[7] 4. Mose 24,17 Hfa [8] Johannes 3,14.15 [9] Markus 15,34

Mose sah die Jünger Jesu in alle Welt gehen, um die Erlösungsbotschaft zu verkündigen. Anstelle des Volkes Israel waren sie nun „das Licht für die Welt".[10] Obgleich Israel Gottes Segen als sein auserwähltes Volk verwirkt hatte, verwarf der Herr es dennoch nicht; es war ja Abrahams Nachkommenschaft. Alle, die durch den Glauben an Christus Kinder Gottes werden würden, sollten zu Abrahams Kindern zählen und Erben der Bundesverheißungen sein. Wie die Israeliten waren sie dazu berufen, die Gebote Gottes und das Evangelium seines Sohnes in der Welt bekanntzumachen. Dieses Licht leuchtete durch die ersten Christen in alle Welt und tausende Heiden nahmen Christus an. Als Mose das wahrnahm, freute er sich über das Wachstum und Wohlergehen des Israels Gottes.

Aber dann zog ein anderes Geschehen an ihm vorüber. Er hatte bereits gesehen, wie Satan die jüdische Obrigkeit dazu verführte, Jesus zu verwerfen, während sie zugleich behauptete, das Gesetz Gottes zu ehren. Nun sah er, wie die christlichen Leiter es umgekehrt machten: Sie gaben vor, Christus zu folgen, verwarfen jedoch Gottes Gesetz – zwar nicht als Ganzes, aber einige Gebote. Mose erkannte, wie der Sabbat des vierten Gebots durch menschliche Verordnungen abgeschafft und durch den Sonntag ersetzt wurde. Erneut überkamen ihm Staunen und Schrecken. Wie konnten sie, die an den Sohn Gottes glaubten, sein Gesetz verwerfen, das er selbst auf dem Sinai verkündet hatte?

Mit Freude sah Mose, dass es zu jeder Zeit dennoch einige Christen gab, die Gottes Gebote ehrten und beachteten. Doch in dem letzten großen Konflikt würden politische und religiöse Mächte gerade die zu vernichten suchen, die alle Gebote befolgen. Mose sah, wie Gott sieben schreckliche Plagen über die Unterdrücker seines Volkes kommen lassen, seine Getreuen aber davor beschützen würde. Dann erlebte er die Wiederkunft Christi in Herrlichkeit, die Auferstehung der gerechten Toten zu unsterblichem Leben, die Verwandlung der lebenden Christen und ihren gemeinsamen Einzug in die Stadt Gottes.

Mose sah die von aller Sünde gereinigte neue Erde – noch schöner als das Land der Verheißung, das ihm zu Beginn gezeigt worden war – ohne Sünde, ohne Leid und Tod. Freude, die man nicht in Worte fassen kann, erfüllte Mose über diese herrliche Befreiung, die seine kühnsten Hoffnungen übertraf.

---

[10] Matthäus 5,14

Die irdische Wanderung des Volkes Gottes ist dann vorbei; es wird endlich das himmlische Kanaan erreicht haben.

Als diese Vision endete, sah Mose wieder jenes Kanaan, das sich in der Ferne vor ihm ausbreitete. Nun legte er sich wie ein müder Wanderer zur Ruhe. „So starb Mose, der Bevollmächtigte Gottes, im Land Moab, wie der Herr es bestimmt hatte. Gott begrub ihn dort ... Bis heute weiß niemand, wo sein Grab ist."[11] Um der Gefahr vorzubeugen, dass Moses Grab zu einer Kultstätte wurde, sollte der Ort unbekannt bleiben. Engel Gottes legten sein Leichnam in ein Grab und bewachten die Stätte.

Die Auferweckung des Mose

Mose sollte nicht lange im Tod bleiben. Der Sohn Gottes kam selbst vom Himmel herab, um seinen schlafenden Diener aufzuerwecken.

Die Macht des Todes war bis dahin niemals gebrochen worden. Satan beanspruchte alle, die in den Gräbern lagen, für immer als seine Gefangenen. Als sich nun der Schöpfer und seine Engel dem Grab Moses näherten, geriet Satan in große Unruhe. Er war zur Stelle, um jeden Eingriff in sein Hoheitsgebiet zu unterbinden. Er wollte dem Sohn Gottes „den Leichnam des Mose streitig machen"[12] und erklärte, nicht einmal Mose habe das Gesetz Gottes halten können, sondern Ehre für sich beansprucht, die Jahwe gebührte. Das sei die Sünde, die zu seiner – Satans – Verbannung aus der Gegenwart Gottes geführt hatte! Der Teufel brachte wieder die alte Anklage gegen Gott vor, er habe ihn ungerecht behandelt.

Der Sohn Gottes hätte Satan aufzeigen können, dass seine Täuschungen im Himmel den Untergang vieler Engel zur Folge haben würde. Er hätte auf die Lügen im Garten Eden hinweisen können, durch die der Teufel Eva zur Sünde verführt und den Tod über die Menschheit gebracht hatte. Er hätte Satan daran erinnern können, dass der es gewesen war, der so oft bei den Israeliten Murren und Auflehnung angefacht hatte, bis Mose einmal seine Geduld verlor und sich zu einer unbedachten Äußerung hinreißen ließ. Doch Christus stellte das alles seinem Vater anheim, indem er sagte: „Der Herr soll dich strafen!"[13]

---

[11] 5. Mose 34,5.6 [12] Judas 9 Hfa [13] Judas 9

Der Sohn Gottes ließ sich auf keinen Streit mit seinem Widersacher ein, aber begann nun, die Macht Satans zu brechen, indem er Tote zum Leben erweckte. Hier bewies er seine Überlegenheit. Die Toten, die durch den Glauben an ihn als Erlöser vor Gott gerecht dastehen, sollten wieder leben und Satan würde so seiner Beute beraubt werden.

Mose kam mit einem neuen, herrlichen Körper aus dem Grab hervor und wurde von seinem Erretter in die ewige Stadt Gottes im Himmel aufgenommen. Der hatte ihn zwar vom irdischen Kanaan ausgeschlossen, aber nur, um deutlich zu machen, dass er uneingeschränkten Gehorsam verlangt und sich Menschen davor hüten sollen, die Ehre, die ihrem Schöpfer gebührt, für sich selbst zu beanspruchen. Er konnte Moses flehentliche Bitte, doch das Land Kanaan betreten zu dürfen, nicht erhören, aber er verstieß und vergaß seinen Diener nicht. Vom Gipfel des Berges Nebo rief ihn der Sohn Gottes zu einem viel herrlicheren Erbe, als es das irdische Kanaan jemals gewesen wäre.

Auf dem Verklärungsberg erschienen Mose und der später ebenfalls in den Himmel aufgenommene Prophet Elia Jesus auf Erden und redeten mit ihm über die Vollendung seines Erlösungswerkes durch die Kreuzigung.[14] Dabei ging schließlich doch noch in Erfüllung, worum Mose fünfzehn Jahrhunderte zuvor gebeten hatte: Er stand auf einem Berg mitten in dem Land, in das er sein Volk so gern geführt hätte.

[14] Lukas 9,28–31

Teil V

Die Einnahme des Landes Kanaan

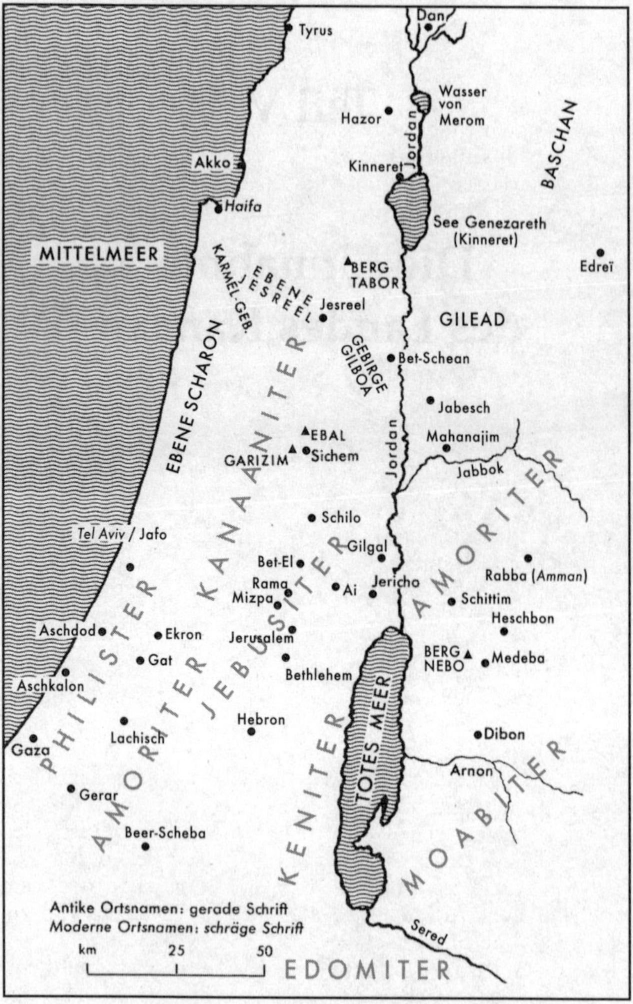

Kanaan zur Zeit der Landname

44 | Übergang über den Jordan*

Erst nachdem Mose gestorben war, begriffen viele Israeliten, wie wertvoll seine Ratschläge gewesen waren und wie viel sie seiner väterlichen Güte und unwandelbaren Treue zu verdanken hatten. Daher wirkte sein Einfluss über seinen Tod hinaus. Wie die untergehende Sonne die Bergspitzen vergoldet, selbst wenn sie schon hinter dem Horizont verschwunden ist, so leuchtet das Wirken gläubiger Menschen oft noch in der Welt, lange nachdem sie gestorben sind. „Der Gerechte wird nimmermehr vergessen."[1]

Moses Tod war ein herber Verlust für das Volk, dennoch fühlte es sich nicht verlassen, weil nach wie vor am Tag die Wolkensäule über dem Heiligtum stand und nachts die Feuersäule leuchtete als Zusicherung, dass Jahwe Israels Führer und Helfer bleiben würde, solange es seine Gebote befolgte.

Nun war Josua der Leiter des Volkes. Er war mutig und entschlossen und ein Mann, der seine eigenen Interessen immer dem Wohl Israels unterordnete. Vor allem aber beseelte ihn ein lebendiger Glaube an Gott. Während der Wüstenwanderung war er Moses „rechte Hand" und Heerführer gewesen. In unerschütterlicher Treue blieb er fest, wenn andere wankten, und entschieden, wenn es galt, für das Recht einzutreten. Das hatte ihn zu einer Führungsperson heranreifen lassen, die gut geeignet war, Mose Nachfolge anzutreten.

Josua selbst war allerdings besorgt, wenn er an die vor ihm liegende Aufgabe dachte. Doch seine Bedenken wurden durch Gottes Zusicherung zerstreut: „Ich werde dir dein Leben lang zur Seite stehen, genauso wie ich Mose zur Seite gestanden habe. Niemals werde ich dir meine Hilfe entziehen, nie dich im Stich lassen. Sei mutig und entschlossen! Du wirst diesem Volk das Land, das ich ihren Vorfahren mit einem Eid zugesagt habe, als bleibenden Besitz zuteilen."[2]

Gottes Auftrag an Josua lautete: „Halte dich mutig und entschlossen an das, was mein Diener Mose gesagt hat! Befolge

---

* Dieses Kapitel basiert auf Josua 1,1 bis 5,12.

[1] Psalm 112,6 LB [2] Josua 1,5.6

mein Gesetz, das er dir übergeben hat, und lass nicht das Geringste davon außer Acht; dann wird dir alles gelingen, was du unternimmst. Sprich die Weisungen aus meinem Gesetzbuch ständig vor dich hin und denke Tag und Nacht darüber nach, damit dein ganzes Tun an meinen Geboten ausgerichtet ist. Dann wirst du Erfolg haben und wirst alles, was du beginnst, glücklich vollenden ... Nun mach dich auf und zieh mit dem ganzen Volk über den Jordan in das Land, das ich euch geben will!"[3]

Josua wusste, dass Gott für alles, was er befahl, auch die Wege ebnen würde, und in diesem Vertrauen traf er alle erforderlichen Vorkehrungen für den Einmarsch.

Ihrem Lagerplatz gegenüber lag das stark befestigte Jericho, ein schier unüberwindbares Hindernis auf dem Weg in das verheißene Land. Deshalb schickte Josua zunächst zwei junge Männer als Kundschafter in die Stadt, um sich über die Bevölkerung, ihre Mittel und die Stärke der Befestigungen zu informieren. Für die beiden war das ein gefährliches Unterfangen, denn die Bewohner waren angesichts der Bedrohung durch die Israeliten argwöhnisch und wachsam. Wenn die Prostituierte Rahab, bei der die Kundschafter Unterkunft gefunden hatten, sie nicht versteckt und ihnen unter Einsatz des eigenen Lebens zur Flucht verholfen hätte, wären sie nicht lebend aus Jericho herausgekommen. Als Dank dafür sagten die Männer ihr zu, dass sie und ihre Angehörigen am Leben bleiben würden, wenn die Stadt eingenommen wird.[4]

Die Kundschafter kehrten mit der Nachricht zurück: „Der Herr hat das ganze Land in unsere Hand gegeben. Alle seine Bewohner zittern vor uns."[5] In Jericho ging die Angst um. Rahab hatte die allgemeine Stimmung treffend so wiedergegeben: „Wir haben gehört, dass euer Gott euch einen Weg durch das Schilfmeer gebahnt hat, als ihr aus Ägypten gezogen seid. Wir wissen auch, dass ihr auf der anderen Seite des Jordans die beiden Amoriterkönige Sihon und Og besiegt und getötet habt. Deshalb haben wir allen Mut verloren. Keiner von uns wagt, gegen euch zu kämpfen. Denn der Herr, euer Gott, hat die Macht im Himmel und auf der Erde."[6]

Nun gab Josua den Befehl, sich zum Einmarsch in Kanaan bereitzuhalten. Das Volk sollte sich mit Nahrung für drei Tage versorgen und das Heer sich zum Kampf rüsten.

---

[3] Josua 1,7.8.2 [4] Josua 2,1–6,15–19 [5] Josua 2,24 [6] Josua 2,10.11

Der Durchzug durch den Jordan

Die Israeliten verließen das Lager und gingen zum Jordanufer. Alle wussten, dass der Übergang über den Fluss ohne Gottes Hilfe nicht möglich sein würde, denn zu dieser Jahreszeit hatte die Schneeschmelze in den Bergen im Norden den Jordan so anschwellen lassen, dass er über die Ufer trat und an den üblichen Furten nicht zu überqueren war. Gott wollte Israels Übergang auf wunderbare Weise geschehen lassen.

Auf Gottes Anweisung gebot Josua den Israeliten, ihre Sünden zu bekennen und sich auch rituell zu reinigen. „Macht euch bereit! Sorgt dafür, dass ihr rein seid, wie der Herr es von seinem Volk verlangt. Denn morgen wird der Herr ein Wunder für euch tun.“[7] Und den Priestern gebot er, die Lade vor dem Volk herzutragen, denn „die Bundeslade des Herrn, dem die ganze Erde gehört, wird voranziehen und euch einen Weg durch den Jordan bahnen.“[8]

Zur festgelegten Zeit begann der Aufbruch. Die Priester trugen die Lade auf ihren Schultern voraus, das Volk folgte in einem Abstand von fast einem Kilometer. Alle beobachteten gespannt, wie die Priester zum Jordan hinabstiegen. Sie sahen sie mit der heiligen Lade ruhig auf den reißenden Fluss zugehen. Als die Füße der Träger ins Wasser tauchten, wurde es weit oberhalb wie von einem Damm aufgehalten, während es unterhalb weiterfloss und so den Übergang möglich machte.[9]

Die Priester schritten bis zur Flussmitte und blieben dort stehen, während die Israeliten an das andere Ufer überwechselten. Auf diese Weise wurde ihnen bewusst gemacht, dass die Macht, die das Jordanwasser zum Stehen gebracht hatte, dieselbe war, die vor fast vierzig Jahren ihren Vätern den Weg durch das Rote Meer gebahnt hatte. Erst als alle das Ufer erreicht hatten, wurde auch die Bundeslade aus dem Flussbett herausgetragen. Als die Priester „mit ihren Fußsohlen aufs Trockene traten, kam das Wasser des Jordans wieder an seine Stätte und floss wie vorher über alle seine Ufer“.[10]

Noch während die Priester mit der Bundeslade mitten im Jordan standen, nahmen zwölf vorher bestimmte Männer, aus jedem Stamm einer, je einen Stein aus dem Flussbett und trugen ihn auf die Westseite. Aus den Steinen wurde am ersten Lagerplatz jenseits des Jordans ein Denkmal errichtet, das spä-

[7] Josua 3,5 [8] Josua 3,11 [9] Josua 3,14–16 [10] Josua 4,17.18

tere Generationen an dieses Wunder Gottes erinnern sollte.[11] Zugleich war es für das Volk Israel eine Bürgschaft dafür, dass Gottes Gegenwart und sein Schutz immer bei ihm sein würde. Er war auch ein Beweis, dass er durch Josua vollenden wollte, was einst Mose begonnen hatte.

Als die Könige der Amoriter und Kanaaniter die Nachricht erreichte, dass Gott vor den Israeliten die Wasser des Jordans zum Stillstand gebracht hatte, erstarrten sie vor Angst.[12] Die Heidenvölker und ganz Israel hatten einen unumstößlichen Beweis dafür erhalten, dass der lebendige Gott, der König des Himmels und der Erde, mitten unter seinem Volk war und es nicht verlassen würde.

Unweit des Jordans schlugen die Israeliten ihr erstes Lager in Kanaan auf. Nicht lange nach dem Auszug aus Ägypten, seit der Auflehnung bei Kadesch, hatte Gott den Israeliten wegen ihres Ungehorsams die Beschneidung und das Feiern des Passahfests untersagt.[13] Doch nun war die Zeit gekommen, die Beschneidung als Zeichen der Zugehörigkeit zu Jahwe wieder durchzuführen. Gottes Begründung lautete: „Heute habe ich die Schande von euch genommen."[14]

Die Heiden hatten den Herrn und sein Volk geschmäht, weil es Kanaan nicht gleich nach dem Auszug aus Ägypten in Besitz nahm. Sie hatten wegen der langen Wüstenwanderung triumphiert und gespottet, Jahwe könnte sein Volk nicht in das Land bringen. Nun hatte er seine Macht deutlich offenbart und Israel über den Jordan geführt. Sie hatten nicht länger Grund, es zu schmähen.

„Bei Gilgal, in der Ebene von Jericho, feierten die Israeliten am 14. Tag des 1. Monats abends das Passahfest. Am nächsten Tag aßen sie zum ersten Mal etwas aus ihrem neuen Land ... Und genau an diesem ersten Tag nach dem Passah, an dem sie etwas vom Ertrag des Landes gegessen hatten, blieb das Manna aus."[15] Die lange Zeit der Wüstenwanderung war zu Ende, Israel war endlich im verheißenen Land.

---

[11] Josua 4,1–9 [12] Josua 5,1 [13] Josua 5,4–6 [14] Josua 5,9
[15] Josua 5,10 Hfa

45 | Die Eroberung Jerichos*

Die Israeliten hatten Kanaan zwar betreten, aber noch nicht eingenommen. Dort wohnten starke Völker, die sich gegen die Eroberung ihrer Heimat zu wehren wussten. Mit ihren Pferden und eisernen Kampfwagen, der Kenntnis des Territoriums und ihrer kriegerischen Erfahrung waren sie den Israeliten in fast allen Belangen überlegen. Außerdem gab es Städte, die „durch himmelhohe Mauern geschützt" waren, wie Mose gesagt hatte.[1] Nur wenn sich die Israeliten nicht auf ihre eigene Kraft verließen, konnten sie in den bevorstehenden Auseinandersetzungen auf Erfolg hoffen.

Nicht weit vom Lager bei Gilgal lag Jericho. Diese stolze Stadt trotzte dem Gott Israels. Sie war der Fruchtbarkeitsgöttin Astarte[2] geweiht. Hier war alles Schlechte und Niedrige der kanaanitischen Religion beisammen. Die Israeliten konnten nur mit Abscheu und Entsetzen auf diese heidnische Stadt blicken, denn die schrecklichen Folgen ihres Götzendienstes bei Bet-Pegor waren ihnen noch frisch in Erinnerung.

Josua sah in der Eroberung Jerichos den ersten Schritt zur Unterwerfung Kanaans. Als er das Lager zum Gebet verlassen hatte, begegnete ihm ein hoch gewachsener Krieger mit gezücktem Schwert. Auf die Frage: „Gehörst du zu uns oder zu unsern Feinden?", bekam Josua die Antwort: „Zu keinem von beiden, ich bin hier als Befehlshaber über das Heer Gottes."[3] Der Sohn Gottes stand vor dem Leiter Israels. Von Ehrfurcht ergriffen warf er sich nieder, betete ihn an und fragte nach Befehlen. Er bekam die Zusicherung: „Ich gebe die Stadt, ihren König und seine Soldaten in eure Gewalt",[4] und erhielt konkrete Anweisungen für die Einnahme der Stadt.

Josua ordnete das israelitische Heer, wie es der Herr angeraten hatte. Es sollte kein Angriff stattfinden, sondern die Bundeslade nur um Jericho getragen werden. Die Priester

---

* Dieses Kapitel basiert auf Josua 5,13 bis 7,26.

[1] 5. Mose 9,1 [2] Astarte, die griech. Bezeichnung für die semitische Göttin der Fruchtbarkeit; entspricht der babylonisch-assyrischen Göttin Ischtar.

[3] Josua 5,13.14 Hfa [4] Josua 6,2

gingen dem Zug voraus, die Kämpfer folgten.[5] Man hörte keinen Laut außer den Tritten der riesigen Menge und dem Getön der Widderhörner, das von den Bergen und in den Straßen Jerichos widerhallte.[6]

Verblüfft meldeten die Wächter den Stadtoberen jede Bewegung des Feindes. Als sie die schier endlose Reihe der Männer Israels jeden Tag einmal mit der heiligen Lade um ihre Stadt marschieren sahen, schauderte es die Bewohner angesichts solch unbegreiflichen Geschehens. Immer wieder überprüften sie ihre Verteidigungsanlagen und waren überzeugt, dass sie auch dem stärksten Angriff erfolgreich widerstehen konnten. Manche machten sich darüber lustig, dass die Israeliten wohl meinten, sie könnten ihnen durch den täglichen Umzug irgendwie schaden; anderen wurde das Ganze von Tag zu Tag unheimlicher. Sie entsannen sich, dass einst das Rote Meer vor den Israeliten zurückgewichen war und sich der Jordan erst kürzlich für ihren Durchzug geteilt hatte.

Gottes Methode, eine Stadt zu erobern

Sechs Tage lang zogen die Israeliten um die Stadt. Am siebten Tag ordnete Josua bei Morgengrauen das Heer Israels. Jetzt erhielt es den Befehl, siebenmal um Jericho zu marschieren und zuletzt beim Ton der Widderhörner ein Kriegsgeschrei anzustimmen, weil Gott ihnen die Stadt übergeben würde.[7]

Feierlich umrundete das gewaltige Heer die Befestigungen. Alles schwieg. Man hörte nur den gleichmäßigen Tritt vieler Füße. Die Wächter auf den Festungsmauern sahen mit wachsendem Unbehagen, wie dem ersten Umzug ein zweiter folgte und dem ein dritter, vierter, fünfter und sechster. Was mochte der Sinn dieses geheimnisvollen Unternehmens sein?

Sie brauchten nicht endlos zu warten. Als der siebte Umzug beendet war, stand das Heer Israels still. Die Hörner, die eine Zeitlang geschwiegen hatten, brachen mit einem starken Geschmetter los und die Erde erbebte. Da wankten die festen Steinmauern mit ihren Türmen und Zinnen, brachen aus den Fundamenten und stürzten mit lautem Krachen zusammen. Die Einwohner Jerichos waren vor Schreck wie gelähmt, während die israelitischen Krieger in die Stadt eindrangen, sie erstürmten und die Bewohner töteten.[8]

---

[5] Josua 6,3.4 [6] Josua 6,13 [7] Josua 6,15.16 [8] Josua 6,20

Im Hebräerbrief heißt es: „Durch den Glauben fielen die Mauern Jerichos."[9] Der Befehlshaber des Heeres Gottes trat nur mit Josua in Verbindung und offenbarte sich nicht allen Israeliten. Ihnen blieb es überlassen, Josuas Worten zu glauben oder sie in den Wind zu schlagen. Sie konnten das Heer der Engel nicht sehen, das sie unter der Führung des Sohnes Gottes begleitete. Sie hätten auch die Märsche um die Stadtmauern für lächerlich erklären können! Doch es sollte sich ihnen tief einprägen, dass ihre Kraft nicht in menschlicher Weisheit oder militärischer Stärke bestand, sondern allein in Jahwe, ihrem Herrn. Er tut Großes an denen, die ihm vertrauen. Er will seinen Kindern auch in schwierigen Lagen beistehen, wenn sie nur ihr volles Vertrauen auf ihn setzen und ihm gehorchen.

Die Israeliten hatten den Sieg nicht mit eigener Kraft errungen. Deshalb sollte Jericho mit allem, was die Stadt enthielt, quasi als „Erstlingsfrucht" des Landes dem Herrn als Opfer gehören. Die Israeliten sollten nicht nach Reichtümern oder Eigenruhm streben, sondern nach der Verherrlichung Jahwes, ihres Königs. Deshalb war ihnen vor der Einnahme Jerichos von Josua befohlen worden: „Hütet euch davor, irgendetwas für euch zu behalten, worüber Gott sein Urteil verhängt hat! Ihr dürft nicht die Strafe Gottes vollstrecken und euch zugleich selbst schuldig machen. Sonst wird Gottes Zorn auch uns treffen und Unheil über unser Volk bringen."[10]

Alles Lebendige in der Stadt sollte getötet werden. Nur die gläubige Rahab und ihre Angehörigen blieben verschont, wie es ihr die Kundschafter versprochen hatten.[11] Paläste und Tempel, die Wohnhäuser samt ihrer Einrichtung wurden von den Flammen verzehrt. Was nicht dem Feuer zum Opfer fiel, „alles Silber und Gold und alle Geräte aus Bronze und Eisen", wurde dem Schatz des Heiligtums hinzugefügt.[12] Jericho sollte nie wieder als Festung aufgebaut werden. Jedem, der es wagen würde, die Mauern wiederaufzurichten, die Gottes Macht zerstört hatte, drohte ein Strafgericht.[13]

Die vollständige Vernichtung der Einwohner Jerichos war nur der Vollzug früherer Befehle von Mose bezüglich der Bevölkerung Kanaans: „Ihr sollt Gottes Urteil an ihnen vollstrecken und sie töten."[14] „Denn von den Völkern, die hier bisher gelebt haben, dürft ihr niemanden am Leben lassen."[15]

---

[9] Hebräer 11,30 LB [10] Josua 6,18 Hfa [11] Josua 6,22.23 [12] Josua 6,19
[13] Josua 6,26 [14] 5. Mose 7,2 Hfa [15] 5. Mose 20,16 Hfa

Manchem scheinen solche Anordnungen in Widerspruch zu dem Geist der Liebe und Barmherzigkeit zu stehen, der den Gläubigen an anderen Stellen der Bibel geboten wird. Kanaans Einwohner hatten jedoch viele Gelegenheiten zur Umkehr gehabt. 40 Jahre zuvor bewiesen die Strafgerichte über Ägypten die Macht des Gottes Israels. Und jüngst hatte auch der Untergang der Könige von Heschbon und Baschan gezeigt, dass Jahwe über allen Göttern stand. Seine Abscheu vor Unzucht und sittlichem Verfall sprach aus den Gerichten, mit denen er Israels Teilnahme an den abscheulichen Bräuchen des Baals von Pegor heimgesucht hatte, und aus der Vernichtung der Midianiter. Alle Leute in Jericho kannten diese Ereignisse und manche teilten Rahabs Überzeugung, dass der Gott Israels „der wahre Gott oben im Himmel und hier unten auf der Erde" ist,[16] auch wenn sie nicht danach handelten.

Wie bei den Menschen vor der Sintflut führte auch das Verhalten der Kanaaniter dazu, dass sie die Erde verdarben und den Himmel lästerten. Deshalb erforderten sowohl Liebe als auch Gerechtigkeit die Vernichtung dieser Feinde der Israeliten und Rebellen gegen Gott.

Gott wollte die Israeliten in Kanaan ansiedeln. Sie sollten nicht nur Erben des wahren Glaubens sein, sondern auch Gottes Grundsätze in der ganzen Welt verbreiten. Die Kanaaniter dagegen hatten sich dem widerwärtigsten Götzendienst ergeben, der für uns heute kaum vorstellbar ist. Deshalb sollte das Land von allem gereinigt werden, was Gottes Absichten verhindern konnte.

Eine fatale Niederlage

Bald nach dem Fall Jerichos beschloss Josua, Ai anzugreifen, eine kleine Stadt in den Bergschluchten, die sich wenige Kilometer westlich des Jordantals erstrecken. Kundschafter brachten die Nachricht, die Stadt habe nur wenige Einwohner, deshalb genüge zur Eroberung eine kleine Streitmacht.

Der große Sieg, den Gott in Jericho für sie erfochten hatte, hob das Selbstvertrauen der Israeliten. Sie fühlten sich sicher und vergaßen darüber, dass allein Gottes Hilfe ihnen Erfolg schenken konnte. Sogar Josua legte seine Pläne zur Eroberung von Ai, ohne Gott um Rat zu fragen.

---

[16] Josua 2,11 Hfa

Die Israeliten begannen, verächtlich auf ihre Feinde herabzuschauen. Man rechnete mit einem leichten Sieg und hielt 3000 Kämpfer für ausreichend, Ai einzunehmen. Doch schon am Stadttor stießen sie auf erbitterten Widerstand. Durch den Mut und die gute Vorbereitung der Verteidiger in Schrecken versetzt, flohen die Israeliten verwirrt den steilen Abhang hinab, ungestüm verfolgt von den Kanaanitern. Obwohl der zahlenmäßige Verlust gering war – nur 36 Israeliten wurden getötet –, erwies sich die Niederlage als verheerend. „Da verlor das Volk allen Mut."[17] Josua sah in diesem Misserfolg den Ausdruck göttlichen Unwillens. Er „und die Ältesten Israels waren so erschüttert, dass sie ihre Kleider zerrissen, Erde auf den Kopf streuten und sich vor der Bundeslade des Herrn zu Boden warfen. So lagen sie bis zum Abend."[18]

„Ach, Herr", betete Josua, „du mächtiger Gott! Warum hast du uns über den Jordan gebracht? Nur um uns in die Hände der Amoriter fallen zu lassen und uns zu vernichten? ... Was soll ich dazu sagen, Herr, dass die Männer Israels vor ihren Feinden geflohen sind? Wenn die Kanaaniter und die übrigen Bewohner des Landes davon hören, werden sie alle kommen und uns aus dem Land treiben. Was willst du dann noch tun, um die Ehre deines großen Namens zu retten?"[19]

Jahwe antwortete ihm: „Steh auf! Warum liegst du auf dem Boden? Die Israeliten haben Schuld auf sich geladen, sie haben den Bund gebrochen, den ich mit ihnen geschlossen habe. Sie haben heimlich etwas von den Dingen, die vernichtet werden sollten, weggenommen und sich angeeignet." Jetzt war die Stunde zu schnellem, entschiedenem Handeln gekommen und nicht zur Verzweiflung und zu Klagen. Es gab im Lager eine geheime Sünde, die es zu erforschen und zu ahnden galt, denn Gott hatte angekündigt: „Ich werde euch nicht mehr beistehen, wenn ihr nicht alles vernichtet, was ihr gegen mein Verbot weggenommen habt."[20]

Ein Mann brachte Unheil über das ganze Volk

Einer von denen, die Gottes Gericht vollstrecken sollten, hatte des Herrn Gebot missachtet, und für seine Schuld wurde das ganze Volk mit verantwortlich gemacht. Der Übeltäter sollte durch das göttliche Los ermittelt werden.

---

[17] Josua 7,5 [18] Josua 7,6 [19] Josua 7,7–9 [20] Josua 7,10–12

Früh am Morgen versammelte Josua das Volk. Schritt für Schritt ging die Untersuchung voran. Immer näher kam dem Schuldigen die Enttarnung. Erst wurde der Stamm, dann die Sippe, die Familie und schließlich der Sünder durch das Los selbst identifiziert. Achan, ein Mann aus dem Stamm Juda, wurde von Gott als derjenige benannt, der für Israels Niederlage verantwortlich war.[21]

Erst als Josua ihn beschwor, Gott die Ehre zu geben, legte der Dieb ein Geständnis ab: „Ich habe das Gebot des Herrn, des Gottes Israels, verletzt. Unter der Beute sah ich einen wertvollen Mantel aus Babylonien, zwei Kilo Silber und einen Goldbarren, ein Pfund schwer. Ich konnte einfach nicht widerstehen und nahm es mit. Ich habe alles im Boden meines Zeltes vergraben, das Silber zuunterst."[22] Einige Männer gruben an dem genannten Platz. „Sie fanden alles, wie er es beschrieben hatte. Sie brachten die Beutestücke zu Josua und allen Israeliten und legten sie vor der Bundeslade des Herrn nieder."[23]

Das Urteil wurde gesprochen: „Du hast uns ins Unglück gestürzt. Dafür stürzt der Herr auch dich jetzt ins Unglück."[24] Das Volk war für Achans Sünde mitverantwortlich gemacht worden und hatte unter den Folgen gelitten, darum sollte es auch an der Bestrafung teilhaben. „Alle Israeliten steinigten Achan."[25] Im Buch Chronik wird Achan als der erwähnt, „der Israel ins Unglück brachte".[26] Er versündigte sich, weil er die ausdrücklichen Anweisungen Gottes und dessen machtvolle Offenbarungen missachtet hatte. Die Tatsache, dass allein die Macht Gottes den Israeliten den Sieg verlieh, sie sich Jerichos also nicht aus eigener Kraft bemächtigten, gab dem Befehl, keine Beute zu machen, großes Gewicht. Gott hatte diese Festung vernichtet; deshalb sollte die Stadt mit allem, was darin war, ihm allein überlassen werden.

In ganz Israel gab es nur einen einzigen Mann, der es gewagt hatte, Gottes Gebot zu übertreten. Das kostbare Kleidungsstück hatte Achans Begierde geweckt; sogar im Angesicht des Todes bezeichnete er es noch als einen „wertvollen Mantel aus Babylon".[27] Er eignete sich auch Gold und Silber an, das für die Schatzkammer Gottes bestimmt war, und raubte ihm damit etwas von der „Erstlingsfrucht" des Landes Kanaan.

---

[21] Josua 7,16–18 [22] Josua 7,20.21 Hfa [23] Josua 7,22.23 [24] Josua 7,25
[25] Josua 7,25 [26] 1. Chronik 2,7 LB [27] Josua 7,21

Habgier – eine schwere Sünde

Wie selten wird heutzutage die Übertretung des zehnten Gebots gerügt, das Eigentum anderer nicht zu begehren! Dass diese Sünde schwerwiegend ist und schreckliche Folgen haben kann, sind die Lehren aus Achans Geschichte. Er hatte die Habgier so lange genährt, bis sie zu einer Gewohnheit geworden war, deren Fesseln er kaum noch lösen konnte. Der Gedanke, dass seine Tat dem Volk Israel zum Verhängnis werden könnte, hätte ihn mit Abscheu erfüllt, aber seine Empfindungen für diese Sünde waren so abgetötet, dass er eine leichte Beute der Versuchung wurde.

In der Bibel finden wir neben Achan weitere Beispiele dafür, wie Habsucht Menschen in den Untergang führt: Judas Iskariot, der Verräter Jesu, und Hananias und Saphira, zwei Christen der Gemeinde in Jerusalem.[28] Und auch bei der Rebellion Luzifers spielte die Gier, etwas haben zu wollen, was ihm nicht zustand, eine Rolle. Jesus warnte uns: „Hütet euch vor jeder Art von Habgier"[29] und erklärte: „Ihr könnt nicht beidem zugleich dienen: Gott und dem Mammon."[30]

Trotz dieser Warnungen ist die Habgier weit verbreitet. Sie schafft Streit in Familien, führt zu unethischen Geschäftsgebahren, treibt manche Reiche zur Ausbeutung anderer Menschen und erregt bei Armen Neid und Hass auf die Reicheren.

Auch in den Christengemeinden findet man Selbstsucht, Geiz, Vernachlässigung von wohltätigem Handeln und Untreue in Bezug auf den Zehnten und die Gaben. Mancher Christ besucht regelmäßig die Gottesdienste und nimmt am Abendmahl teil, obwohl er manches unrechtmäßig Erworbene besitzt oder Dinge, die Gott verflucht hat.

Wie Achan opfern viele für unrechtmäßigen Reichtum ihr Bürgerrecht im Reich Gottes. Darüber bleiben die Rufe der Bedürftigen unbeachtet, und die Verkündigung des Evangeliums wird finanziell kaum unterstützt. Obwohl solche Verhaltensweisen das christliche Bekenntnis Lügen strafen, hören habgierige Gläubige nicht auf, sich irdische Schätze anzuhäufen. Schon in alter Zeit fragte Gott: „Ist es in Ordnung, dass der Mensch Gott beraubt?"[31] Diese Frage müsste auch manche von uns beunruhigen!

---

[28] Siehe Johannes 12,5.6; Matthäus 26,14.15; Apostelgeschichte 5,1–10

[29] Lukas 12,15 [30] Matthäus 6,24 [31] Maleachi 3,8

Wegen eines Menschen Sünde kann Gottes Missfallen so lange auf einer Gemeinde ruhen, bis das Unrecht ans Licht gebracht und beseitigt ist. Was sie am meisten fürchten sollte, sind nicht ihre offensichtlichen Gegner, sondern den Einfluss einiger unaufrichtiger Christen, die verkehrte Einstellungen und Verhaltensweisen hegen. Sie hemmen Gottes Segen und schwächen Gemeinde. Jeder Christ sollte nach eingehender Selbstprüfung die vor anderen Menschen verborgenen Sünden bereuen, die Gottes Gegenwart ausschließen.

Echtes oder erzwungenes Bekenntnis?

Achan sah, wie Israels Kämpfer geschlagen und entmutigt von Ai zurückkamen, und trat doch nicht vor, um sein Vergehen zu bekennen. Er sah, wie sich Josua und die Ältesten tief betroffen zur Erde beugten und beteten, aber er schwieg weiter. Er hörte die öffentliche Bekanntgabe, dass jemand ein schweres Unrecht begangen habe, und wusste genau, worum es sich handelte. Aber er blieb stumm. Sein Herz bebte vor Angst, als das Los Gottes seinen Stamm traf, dann sein Geschlecht und schließlich seine Familie. Aber er legte kein Geständnis ab, bis Gott direkt auf ihn wies. Erst jetzt gab er seine Schuld zu.

Es ist ein großer Unterschied, ob man Tatsachen zugibt, die klar erwiesen sind, oder ob man Sünden bekennt, von denen nur Gott und man selbst etwas weiß. Achans Bekenntnis entsprang nicht wirklicher Reue, keiner Sinnesänderung noch Abscheu vor dem Bösen. Es diente lediglich dazu zu zeigen, dass er wirklich schuldig und seine Bestrafung gerecht war.

In ähnlicher Weise werden die verhärteten Sünder einmal Bekenntnisse vor Gottes Richterstuhl ablegen, nachdem jeder Fall bereits offenbar wurde. Solche Eingeständnisse werden den Verlorenen durch das Bewusstsein der Verdammnis und des unabwendbaren Urteils abgenötigt. Doch sie werden den Sünder nicht mehr retten.

Wenn einst die Bücher des Himmels aufgetan werden, wird Gott solchen Menschen ihre Schuld nicht mit Worten beschreiben, sondern sie mit durchdringendem Blick ansehen und den Übeltätern ihr Verhalten ins Bewusstsein bringen. Die lange verborgenen Sünden werden dann vor dem ganzen Universum bekannt werden und Gott wird mit seinem Verdammungsurteil gerechtfertigt sein.

46 | Segen und Fluch*

Nach der Steinigung Achans erhielt Josua den Befehl, seine Streitkräfte neu aufzustellen und noch einmal gegen Ai vorzurücken. Dieses Mal war Gott mit ihnen, sodass sie die Stadt mit einer List einnehmen konnten.[1]

Die Israeliten sehnten sich danach, in Kanaan Fuß zu fassen. Seit vier Jahrzehnten hatten sie weder feste Wohnungen noch Grund und Boden für ihre Familien. Um endlich heimisch zu werden, mussten sie allerdings die Kanaaniter vertreiben. Doch eine wichtige Pflicht erforderte zuerst ihre Aufmerksamkeit: Ihr Bund mit Gott musste erneuert werden.

In seiner letzten Unterweisung hatte Mose angeordnet, dass sich die Stämme bei Sichem auf den Bergen Ebal und Garizim zur feierlichen Anerkennung des Gesetzes Gottes versammeln sollten.[2] Dieser Anweisung folgten sie nun. Männer, Frauen, Kinder und die Fremden, die mit ihnen zogen, verließen das Lager bei Gilgal und marschierten durch feindliches Gebiet ins Tal Sichem, das etwa in der Mitte Kanaans lag. Wie zur Zeit Jakobs kam „ein Gottesschrecken über die Städte, die um sie her lagen",[3] sodass sie unbehelligt blieben.

Abraham und Jakob hatten an dieser Stätte ihre Zelte aufgeschlagen und Jakob hatte das Feld gekauft, auf dem später auch Josefs Gebeine beigesetzt wurden. Der gewählte Platz war dem Geschehen, das hier stattfinden sollte, durchaus würdig. Zu beiden Seiten des fruchtbaren Tals mit Olivenhainen und Wiesen erhoben sich die Berge Ebal und Garizim. Sie lagen so nahe beieinander, dass ihre unteren Ausläufer eine natürliche Kanzel bildeten, von der aus jedes Wort auf beiden Seiten deutlich zu verstehen war, während die Berghänge Raum für eine riesige Versammlung boten.

Die Israeliten errichteten auf dem Ebal ein Denkmal aus großen Steinen. Die überzogen sie mit einer Kalkschicht, auf die das Gesetz geschrieben wurde, und zwar nicht nur die Zehn Gebote, die auf den Steintafeln standen, sondern auch

---

* Dieses Kapitel basiert auf Josua 8,1–7.30–35 und 5. Mose 27.

[1] Josua 8,1.2.21.22 [2] 5. Mose 27,4.12.13 [3] 1. Mose 35,5 LB

die Gebote, die Mose empfangen und in ein Buch geschrieben hatte. Neben diesem Denkmal baute Josua einen Altar aus unbehauenen Steinen, um dem Herrn zu opfern.[4] Dadurch sollte deutlich werden, dass das Volk Israel zwar wegen seiner Gesetzesübertretungen Gottes Gericht verdiente, aber im Blick auf Christus, den Erlöser, auf den alle Opfer hinwiesen, begnadigt wurde.

Sechs Stämme stellten sich auf dem Berg Garizim auf, die anderen auf dem Berg Ebal. Die Priester standen mit der Bundeslade im Tal zwischen ihnen. Dann verlas Josua vor der Versammlung den Segen, der allen galt, die sich an Gottes Gesetze halten würden.[5] Alle Stämme auf dem Garizim antworteten mit: Amen! Dann verlas er die Flüche, die auf Ungehorsam und Abfall standen, und die Stämme auf dem Ebal stimmten in gleicher Weise zu.[6] Tausende und Abertausende von Stimmen vereinigten sich zu einem gemeinsamen Treueschwur. Anschließend wurde das ganze Gesetz mit den Verordnungen und Rechten, die Mose ihnen überliefert hatte, verlesen.

Vom Berg Sinai hatte Gott die Zehn Gebote selbst verkündet. Diese heiligen Gebote waren von seiner Hand niedergeschrieben worden und wurden in der Bundeslade aufbewahrt.[7] Jetzt waren sie außerdem für alle lesbar aufgeschrieben worden. Jeder konnte die Bedingungen des Bundes sehen, unter denen die Israeliten Kanaan besitzen sollten. Obwohl nur wenige Wochen vergangen waren, seit Mose vor dem Volk über Gottes Gebote gesprochen hatte, las Josua sie erneut vor.

Nicht nur Israels Männer, sondern auch die Frauen und Kinder waren in diese Kundgebung einbezogen.[8] Sie sollten ebenfalls wissen, was Gott von ihnen erwartete. Mose hatte angeordnet: „Ruft dann das ganze Volk zusammen, Männer, Frauen und Kinder und auch die Fremden, die bei euch leben. Sie sollen dieses ganze Gesetz hören, damit sie lernen, den Herrn, euren Gott, ernst zu nehmen und alle seine Weisungen in diesem Gesetzbuch genau zu befolgen. Auch eure Kinder, die dieses Gesetz noch nicht kennen, sollen es hören, damit sie lernen, den Herrn, euren Gott, ernst zu nehmen und ihm zu gehorchen. So soll es sein während der ganzen Zeit, die ihr in dem Land lebt, das ihr jetzt in Besitz nehmen werdet."[9]

---

[4] Josua 8,30–32; vgl. 5. Mose 27,2–8 [5] Josua 6,33.34 [6] 5. Mose 27,13–26
[7] 5. Mose 10,4.5 [8] Josua 8,35 [9] 5. Mose 31,12.13

Sich und seinen Kindern Gottes Wort einprägen

Satan ist ständig bemüht, Gottes Wort zu verdrehen, den Sinn und das Verständnis der Menschen zu trüben und sie zur Sünde zu verleiten. Gott tut dagegen alles, um sie näher an sich zu binden, damit Satan sie nicht verführen kann. Der Sohn Gottes ließ sich herab, um den Israeliten selbst die Zehn Gebote zu verkünden und sie eigenhändig auf zwei Steintafeln niederzuschreiben, damit sie verlässliche Richtlinien für ihr Leben haben. Weil Satan alles unternimmt, um die Aufmerksamkeit und das Interesse der Menschen von den Geboten und Verheißungen Gottes abzulenken, ist es erforderlich, sich immer wieder mit ihnen zu beschäftigen und sich ins Gedächtnis zu rufen, was Gott zugesagt hat und was er von uns erwartet, und all das in Gedanken zu bewegen.

Kindern sollten die biblischen Geschichten in einer Art nahegebracht werden, die ihrem Verständnis angepasst ist. Es gibt verschiedenartige Wege, wie Eltern ihre Kinder dazu anregen können, sich mit der Bibel zu beschäftigen, und ihnen das notwendige Wissen über Gott und Christus, ihre Zusagen und Gebote und den Glauben nahebringen können. (Viele gute Bücher geben dazu Anregungen.) Das wird jedoch nur gelingen, wenn die Eltern selbst vom Wort Gottes ergriffen sind und aus dem Glauben leben. Wer möchte, dass seine Kinder Gott lieben und ehren lernen, erzähle ihnen von dessen Güte und Macht, wie sie sich in den Werken der Schöpfung, in der Geschichte des Volkes Israel, in dem Wirken Christi auf der Erde und in der eigenen Erfahrung zeigen.

Die Heilige Schrift enthält nicht nur Botschaften, die den Glauben an Gott und unsere Erlösung betreffen, sondern bietet auch eine Fülle von Hinweisen, die uns zu einem sinnvollen, erfüllten und glücklichen Leben verhelfen können. Würden wir uns an diese Ratschläge und Gebote halten, könnten wir ähnlich geführt werden, wie es die Israeliten während der Wüstenwanderung durch die Wolken- und die Feuersäule erlebt haben.

47 | Bündnis mit den Gibeonitern*

Von Sichem kehrten die Israeliten in das Lager bei Gilgal zurück. Dort erschien bald darauf eine merkwürdige Delegation. Die Männer gaben vor, aus einem fernen Land zu kommen. Ihr Aussehen schien das zu bestätigen: Ihre Kleidung war alt und abgetragen, die Sandalen dürftig geflickt, die Vorräte waren verschimmelt und die Weinschläuche gerissen oder sahen aus, als ob sie unterwegs notdürftig ausgebessert worden wären. Die Männer berichteten, in ihrer weit entfernten Heimat – angeblich jenseits der Grenzen Kanaans – habe man von den Wundertaten Gottes gehört, und sie seien entsandt worden, um ein Bündnis mit dem Volk Israel zu schließen.[1]

Die Israeliten waren von Gott ausdrücklich davor gewarnt worden, mit den Götzendienern Kanaans Verträge einzugehen, und die Leiter Israels hegten zunächst auch Zweifel an der Aufrichtigkeit der Fremden: „Vielleicht wohnt ihr ganz in unserer Nähe." Darauf erwiderten sie nur: „Wir sind deine Ergebenen." Auch als Josua sie direkt fragte: „Wer seid ihr? Woher kommt ihr?",[2] wiederholten sie ihre Angaben und fügten hinzu: „Nun seht hier unser Brot: Es war noch warm, als wir von zu Hause aufbrachen; jetzt ist es hart geworden und zerbröckelt. Seht unsere Weinschläuche: Sie waren noch neu, als wir sie füllten, aber jetzt sind sie rissig. Und unsere Kleider und Schuhe sind zerschlissen von der langen Reise."[3]

Diese Darstellung wirkte überzeugend. Deshalb versäumten die Leiter Israels, „vorher den Herrn zu fragen. Josua gab den Leuten aus Gibeon die vertragliche Zusicherung, sie am Leben zu lassen. Und die Stammesoberhäupter der Israeliten versprachen ihnen das mit einem Eid."[4] So kam ein gültiger Vertrag zustande. Die Einwohner von Gibeon hatten zu dieser List gegriffen, um ihr Leben zu retten.

Als die Israeliten weiterzogen und nach drei Tagen die Städte der Gibeoniter erreichten, die mitten in Kanaan lagen, merkten sie, dass sie sie hintergangen hatten. Das Volk war empört,

---

* Dieses Kapitel basiert auf Josua 9,1 bis 10,15.
[1] Josua 9,3–6 [2] Josua 9,7.8 [3] Josua 9,12.13 [4] Josua 9,14.15 Hfa

doch die Stammesoberhäupter weigerten sich, den Vertrag rückgängig zu machen, obwohl er durch Betrug zustande gekommen war, denn sie hatten den Gibeonitern „im Namen des Herrn, des Gottes Israels, Frieden geschworen. Darum dürfen wir ihnen nichts antun", argumentierten sie.[5]

Die Gibeoniter hatten sich verpflichtet, ihren Götzendienst aufzugeben und hinfort nur noch Jahwe anzubeten. Insofern war ihre Verschonung keine Verletzung des göttlichen Gebots, alle götzendienerischen Bewohner zu töten. Obwohl der Schwur durch Betrug zustande gekommen war, blieb er rechtsgültig, denn „wer darf wohnen auf [Gottes] heiligem Berg? ... Wer seinen Eid hält, auch wenn es ihm schadet."[6]

Die Gibeoniter durften zwar am Leben bleiben, wurden aber dem Heiligtum als Leibeigene für alle niedrigen Dienste zugeordnet. „Josua machte sie zu Sklaven, die für die Israeliten und für den Opferdienst am Altar des Herrn Holz fällen und Wasser schöpfen mussten." Die Betroffenen nahmen dies willig hin, denn sie waren froh, auf diese Art ihr Leben erkauft zu haben. „Wir sind in deiner Hand", sagten sie zu Josua, „mach mit uns, was du für richtig hältst".[7]

Das Gebiet der Gibeoniter umfasste vier Städte, die von einem Ältestenrat regiert wurden. „Gibeon war eine bedeutende Stadt, so wie die anderen Königsstädte. Sie war noch größer als Ai und besaß ein starkes Heer."[8] Das Vorgehen der Gibeoniter war ein Beispiel dafür, wie groß die Angst der Kanaaniter vor den anrückenden Israeliten war.

Sie wären aber viel besser weggekommen, wenn sie ehrlich gewesen wären, da sie bereit waren, sich vom Götzendienst abzuwenden. Gott hatte nämlich vorgesehen, dass alle, die sich vom Heidentum lossagten und dem Volk Israel anschlossen, auch an den Segnungen seines Bundes teilhaben sollten. Die Gibeoniter hätten unter die Fremdlinge fallen können, die sich mit wenigen Ausnahmen derselben Segnungen und Rechte erfreuten wie die Israeliten. Die Täuschung dagegen brachte den Gibeonitern Schande und Sklaverei ein. Für die Bewohner einer Stadt, deren Bürger alle als tapfere Kämpfer bekannt waren, war es eine schwere Demütigung, über Generationen hinweg Holzhauer und Wasserschöpfer zu sein. Auf diese Weise bezeugte ihr Sklavenstand allen späteren Generationen, wie sehr Gott die Lüge hasst.

---

[5] Josua 9,16–19 [6] Psalm 15,1.4 LB [7] Josua 9,27.25 [8] Josua 10,2 Hfa

Die Israeliten stehen zu den Gibeonitern

Die Unterwerfung der Gibeoniter unter die Israeliten verärgerte die fünf verbliebenen Könige der Ammoniter. Sie schlossen einen Bund gegen die Gibeoniter und handelten so rasch, dass die auf keine Verteidigung vorbereitet waren.[9] Deshalb wandten sie sich mit einem Hilferuf an Josua: „Lass uns nicht im Stich! Wir sind deine Sklaven und haben uns unter deinen Schutz gestellt. Komm uns schnell zu Hilfe und rette uns! Alle Könige der Amoriter hier oben im Bergland haben sich gegen uns zusammengetan!"[10] Gefahr drohte nicht nur den Gibeonitern, sondern auch den Israeliten, denn die Stadt Gibeon beherrschte die Pässe nach Mittel- und Südpalästina und musste unter allen Umständen gehalten werden, wenn Israel das ganze Land erobern wollte.

Die Einwohner der belagerten Stadt fürchteten, Josua würde ihre Bitte wegen ihrer Täuschung ignorieren. Doch weil sie sich Israels Herrschaft unterworfen hatten und zudem Jahwe verehrten, fühlte sich Josua verpflichtet, sie zu schützen. Und der Herr ermutigte ihn zum Handeln: „Hab keine Angst vor ihnen! Ich habe sie alle in deine Hand gegeben. Keiner wird sich gegen dich behaupten können."[11] Josua brach sofort mit seinem ganzen Heer nach Gibeon auf.

Kaum hatten die verbündeten Könige ihre Heere um die Stadt zusammengezogen, da überraschte Josua sie. Die Überlebenden flohen über einen Bergpass. „Als die Fliehenden bei Bet-Horon ins Tal liefen, ließ der Herr sie durch ein schweres Hagelunwetter erschlagen. Durch den Hagel starben mehr Amoriter als durch die Schwerter der Israeliten."[12]

Während die Hals über Kopf davonstoben, sah Josua vom Bergkamm, dass der Tag nicht ausreichen würde, um den Sieg zu vollenden. Er wusste: Wenn die Feinde nicht endgültig vernichtet werden konnten, würden die den Kampf gegen das Volk Israel früher oder später wieder aufnehmen. „Josua betete zum Herrn und rief vor ganz Israel: ‚Sonne, steh still über Gibeon, du, Mond, überm Tal von Ajalon!' Und die Sonne stand still, auch der Mond blieb stehn; Israels Feinde mussten untergehn ... Fast einen Tag lang blieb die Sonne hoch am Himmel stehen und bewegte sich nicht von der Stelle."[13] Bevor die Nacht hereinbrach, hatte sich Gottes Verheißung erfüllt: Die Feinde waren vernichtet.

---

[9] Josua 10,3–5 [10] Josua 10,6 [11] Josua 10,8 [12] Josua 10,11 Hfa

Dieses Wunder bezeugt, dass die Schöpfung unter der Kontrolle Gottes steht, und weist all diejenigen zurecht, die die Natur über deren Schöpfer stellen.

Josua hatte die Zusage, dass Gott die Feinde Israels in seine Hände gegeben hatte. Doch er machte so große Anstrengungen, als hinge der Erfolg allein von dem Heer Israels ab. Er tat alles, was menschliche Kraft vermochte; dann rief er im Glauben nach göttlicher Hilfe. Das Geheimnis guten Gelingens liegt in der Verbindung göttlicher Macht mit menschlichem Einsatz. Der Mann, der gebot, „Sonne, steh still über Gibeon!", ist derselbe, der im Lager von Gilgal stundenlang im Gebet vertieft am Boden lag. Männer des Gebets sind starke Männer.

Die Ereignisse dieses Tages blieben Israel noch lange in Erinnerung. „Weder vorher noch nachher hat der Herr jemals auf das Gebet eines Menschen hin so etwas getan. Der Herr selbst kämpfte auf der Seite Israels."[14] Noch viele Jahrhunderte später schwärmte der Prophet Habakuk: „Ihren Aufgang vergaß die Sonne, und der Mond stand still; beim Glänzen deiner Pfeile verblassen sie, beim Leuchten deines blitzenden Speeres. Du zertratest das Land im Zorn und zerdroschest die Heiden im Grimm. Du zogest aus, deinem Volk zu helfen."[15]

Wenn Gott die Feinde seiner Gemeinde töten will, kann er dabei auch die Kräfte der Natur nach seinem Gutdünken einsetzen, nämlich „Hagel, Blitze und Stürme, die seinen Befehl ausführen."[16] Am Ende der Weltgeschichte wird er das laut einer Vorhersage des Apostels Johannes wieder tun. „Es hagelte zentnerschwere Eisbrocken vom Himmel auf die Menschen. Sie verfluchten Gott wegen dieses Hagels, denn er war schrecklich."[17]

---

[13] Josua 10,12.13 [14] Josua 10,14 [15] Habakuk 3,10–13 LB [16] Psalm 148,8
[17] Offenbarung 16,21

48 Die Verteilung des Landes*

Dem Sieg über die Amoriter folgte sogleich die Eroberung des Südens Kanaans. Josua „besiegte alle Könige und ließ niemand in diesem ganzen Gebiet am Leben; an allen vollstreckte er den Bann, wie der Herr, der Gott Israels, es befohlen hatte. In einem einzigen Feldzug eroberte Josua dieses Gebiet und besiegte alle Könige, die dort regiert hatten; denn der Herr, der Gott Israels, kämpfte für sein Volk."[1]

Erschrocken über diesen Erfolg Israels schlossen sich die Völker Nordpalästinas zu einem Bündnis zusammen. „Alle Könige brachen mit ihren Truppen auf; es war ein riesiges Heer mit unzähligen Soldaten, Pferden und Kriegswagen ... Der Herr aber sprach zu Josua: ‚Hab keine Angst vor ihnen! Ich helfe euch, morgen um diese Zeit werdet ihr sie bereits besiegt haben.'"[2]

In der Nähe von Hazor nördlich des Sees Genezareth überrannte Josua das Lager der Verbündeten. „Der Herr verhalf den Israeliten zum Sieg: Sie schlugen ihre Feinde und verfolgten sie nach Norden ... Keiner der Fliehenden entkam."[3] Ihre Wagen und Pferde, die der Stolz der Kanaaniter gewesen waren, sollten sich die Israeliten jedoch nicht aneignen. Auf Gottes Befehl wurden die Wagen verbrannt und die Pferde kampfunfähig gemacht.

Eine Stadt nach der andern wurde eingenommen und Hazor, das Bollwerk der Verbündeten, dem Erdboden gleichgemacht.[4] Die Kämpfe dauerten zwar noch einige Jahre, aber am Ende war Josua Herr über fast ganz Kanaan. „Das Land hatte nun Ruhe und Frieden."[5]

Obwohl die Macht der Kanaaniter gebrochen war, waren sie noch nicht überall vertrieben worden.[6] Dennoch sollte Josua den Kampf beenden. Das ganze Land, sowohl die bereits eroberten als auch die noch nicht unterworfenen Gebiete, sollte unter den Israeliten aufgeteilt werden. Es war nur die Pflicht

---

* Dieses Kapitel basiert auf Josua 10,29–43, 11,1–23, 14,1–15, 17,14–18, 20,1–9 und 22,1–34 sowie 4. Mose 35.

[1] Josua 10,40.42.43 [2] Josua 11,4.6 Hfa [3] Josua 11,8 Hfa [4] Josua 11,10 [5] Josua 11,23 [6] Siehe Josua 13,1–5

jedes Stammes, das ihm als Erbe zugewiesene Gebiet selbst einzunehmen. Wenn sie Gott vertrauten, würde er ihre Feinde vor ihnen vertreiben.

Jedem Stamm wurde sein Siedlungsgebiet durchs Los zugewiesen.[7] Die Leviten bekamen 48 Städte in verschiedenen Gegenden Kanaans mit dazugehörigem Weideland.[8]

Die selbstlose Wahl Kalebs

Zuvor aber meldete Kaleb seinen Anspruch an. Er und Josua waren die einzigen Kundschafter gewesen, die einst positiv über das Land Kanaan berichtet und das Volk ermutigt hatten, hinaufzuziehen und es mit Gottes Hilfe einzunehmen. Jetzt erinnerte Kaleb Josua daran, was ihm damals Mose als Lohn für seine Treue verheißen hatte: „Der Teil des Landes, den du als Kundschafter betreten hast, soll für alle Zeiten dir und deinen Nachkommen als Erbbesitz gehören. Das ist der Lohn dafür, dass du dich an den Herrn, meinen Gott, gehalten und ihm vertraut hast."[9] Deshalb äußerte Kaleb die Bitte, ihm Hebron als Besitz zu geben.

Dort war jahrelang Abrahams, Isaaks und Jakobs Heimat gewesen und dort, in der Höhle von Machpela, lagen sie auch begraben. In Hebron saßen die gefürchteten Anakiter, über deren Angst erregende Erscheinung die Kundschafter so entsetzt gewesen waren, dass ihres negativen Berichts wegen alle Israeliten den Mut verloren, das Land einzunehmen. Gerade diese Stadt erwählte sich Kaleb im Vertrauen auf Gott zu seinem Erbteil.

„Seither sind 45 Jahre vergangen", erklärte er, „und der Herr hat mein Leben bewahrt, wie er es mir versprochen hatte, in der ganzen Zeit, während die Israeliten in der Wüste umhergezogen sind. Sieh mich an! Ich bin 85 Jahre alt und bin noch genauso stark wie damals, als Mose mich ausschickte, und kann noch ebenso gut in den Krieg ziehen. Darum gib mir nun als meinen Anteil das Bergland, von dem der Herr gesprochen hat. Du weißt noch von damals, dass dort die Anakiter in großen, stark befestigten Städten wohnen. Vielleicht steht der Herr mir bei, sodass ich sie vertreiben kann; er hat es mir ja zugesagt."[10]

---

[7] Josua 15–19 [8] 4. Mose 35,2–4; Josua 21 [9] Josua 14,9; vgl. 5. Mose 1,36
[10] Josua 14,10–12

Seine Bitte wurde erfüllt. „Josua segnete Kaleb und gab ihm die Stadt Hebron als Erbbesitz."[11] Kaleb hatte auf Gottes Zusage vertraut, dass der sein Volk in den Besitz Kanaans bringen würde. Er hatte die lange Wüstenwanderung ertragen und alle Enttäuschungen und Beschwernisse mit seinem Volk geteilt. Kaleb klagte niemals darüber, sondern rühmte Gottes Gnade, die ihn in der Wüste bewahrte, als seine Volksgenossen dahingerafft wurden. Er erbat sich kein Land, das bereits erobert war, sondern die Stadt, die die anderen Kundschafter vor allem als unbezwingbar bezeichnet hatten. Ihm lag daran, Gott zu ehren und die Israeliten zu ermutigen, das Land, das ihre Väter für uneinnehmbar gehalten hatten, vollständig zu erobern.

Im Vertrauen auf Gott „vertrieb er von dort die drei Söhne Anaks" und ihre Sippen.[12] Nachdem Kaleb für sich und seine Angehörigen Besitz erworben hatte, ließ er sich keineswegs nieder, um nun das alles zu genießen, sondern machte weitere Eroberungen zum Besten des Volkes und zur Ehre Gottes.

Alle Feiglinge und Rebellen waren in der Wüste umgekommen, aber die beiden gottesfürchtigen Kundschafter waren in Kanaan eingezogen. Die Kleingläubigen, die trotz der Verheißungen Gottes behauptet hatten, es sei unmöglich, das Land zu erobern, nahmen es auch nicht in Besitz. Aber diejenigen, die auf die Macht ihres Herrn vertrauten, betraten das verheißene Land.

Einen ganz anderen Geist als Kaleb verriet die Forderung der Nachkommen Josefs, der Stämme Efraïm und Manasse. In Anbetracht ihrer großen Zahl verlangten sie einen doppelten Gebietsanteil. Dabei war ihnen schon das ertragreichste und größte Gebiet zugefallen; die fruchtbare Scharon-Ebene gehörte dazu. Aber in dem Tal besaßen die Kanaaniter noch viele wichtige Städte. Vor der Mühe und Gefahr, ihren Besitz erst erobern zu müssen, schreckten viele zurück und verlangten zusätzlich bereits erobertes Gebiet.

Der Stamm Efraïm zählte zu den größten in Israel. „Warum hast du uns bei der Landverteilung nur den Anteil eines einzigen Stammes gegeben?", fragten die Efraïmiter Josua. „Wir sind doch sehr zahlreich, weil uns der Herr so gesegnet hat." Aber Josua blieb unnachgiebig und antwortete: „Wenn ihr so zahlreich seid, dass euch das Bergland von Efraïm zu eng ist, dann

---

[11] Josua 14,13 [12] Josua 15,14 LB

zieht in das Waldgebiet hinauf, in das Land der Perisiter und Rafaïter, und rodet euch dort Acker- und Weideland." [13]

Ihre Antwort zeigte den wahren Grund ihrer Beschwerde: Es fehlte ihnen an dem Vertrauen und Mut, die Kanaaniter zu vertreiben. „Das Bergland ist nicht groß genug für uns und drunten in der Ebene sind die Kanaaniter", erklärten sie. „Sie haben überall eiserne Streitwagen." Hätten die Efraïmiter Kalebs Glaubensmut besessen, hätte ihnen kein Feind widerstehen können.

Ihrem eigensüchtigen Wunsch, Gefahren aus dem Wege zu gehen, begegnete Josua mit Festigkeit. „Ihr seid ein zahlreiches Volk und habt Kraft. Deshalb fällt euch auch kein gewöhnlicher Anteil zu, sondern ihr bekommt ein bewaldetes Bergland", sagte er. „Ihr werdet sogar die Kanaaniter vertreiben, auch wenn sie noch so stark sind und eiserne Streitwagen haben." [14] Wer auf Gott vertraut, muss keine Feinde fürchten.

Bis dahin war Gilgal das Hauptquartier der Israeliten. Dort stand auch das Heiligtum. Nun sollte sie einen neuen Standort finden, und zwar in Schilo, einer kleinen Stadt im Siedlungsbereich von Efraïm. Sie lag etwa in der Mitte des Landes und war von allen Stämmen leicht zu erreichen. Dieses Gebiet war bereits vollständig in israelitischer Hand, sodass die Anbeter dort ungefährdet waren.[15] Über 300 Jahre blieb das Heiligtum in Schilo der religiöse Mittelpunkt Israels, bis die Stadt wegen der Sünden der Söhne des Hohenpriesters Eli zerstört wurde und die Bundeslade in die Hände der Philister fiel.[16]

Als das gesamte Land verteilt war, stellte auch Josua seine Forderung. Er bat nicht um ein großes Gebiet, sondern um eine einzige Stadt.[17] Man nannte sie Timnat-Serach – „der Teil, der übrig bleibt". Statt sich das beste Stück Kanaans zu sichern, stellte er seine Ansprüche zurück, bis alle anderen mit Land versorgt waren.

Die Asylstädte als Zufluchtsorte

Sechs der 48 Städte, die den Leviten zugewiesen worden waren, wurden zu Asylstädten erklärt.[18] Gott hatte bereits durch Mose angeordnet: „Wenn ihr den Jordan überquert und ins Land Kanaan kommt, sollt ihr Asylstädte auswählen, in die

---

[13] Josua 17,14.15 [14] Josua 17,16–18 [15] Josua 18,1 [16] 1. Samuel 4,10.11; um 1050 vor Chr. [17] Josua 19,49.50 [18] Josua 20,7–9

jeder fliehen kann, der unbeabsichtigt einen Menschen getötet hat. Kein Verwandter der getöteten Person darf dort an ihm die Blutrache vollziehen. Er darf nur getötet werden, wenn er in einer öffentlichen Gerichtsverhandlung schuldig gesprochen worden ist."[19]

Diese Maßnahme war wegen der Blutrache nötig, einer alten Sitte, bei der die Bestrafung eines Mörders dem nächsten Verwandten oder Erben des Getöteten zufiel. War die Schuld klar erwiesen, brauchte man nicht auf die Gerichtsverhandlung durch die Obrigkeit zu warten; der Rächer konnte den Schuldigen überallhin verfolgen und ihn töten, wo er ihn fand. Gott ließ diesen Brauch damals nicht abschaffen, traf aber Vorsorge für diejenigen, die jemanden aus Versehen getötet hatten.

Die Asylstädte waren so verteilt, dass sie aus jeder Gegend Kanaans innerhalb eines halben Tages erreicht werden konnten. Die dahin führenden Straßen sollten immer in gutem Zustand sein.[20] Unterwegs standen Wegweiser mit dem Wort „Zuflucht", damit der Flüchtende keine Zeit verlor. Jeder – ob Israelit, Fremder oder Gast – konnte in einer Asylstadt Schutz suchen. Die zuständigen Richter hatten den Fall des Flüchtlings unparteiisch zu prüfen, aber bleibenden Schutz genoss er nur, wenn er von vorsätzlichem Mord freigesprochen wurde. Stellte sich dagegen heraus, dass jemand bewusst und absichtlich getötet hatte, wurde er dem Bluträcher ausgeliefert.

Jeweils beim Tod des amtierenden Hohenpriesters konnten alle, die in den Asylstädten Schutz gesucht hatten, in ihren Heimatort zurückzukehren.[21]

Bei der Anklage wegen Mordes durfte der Beschuldigte nicht auf die Aussage eines einzelnen Zeugen hin verurteilt werden, selbst dann nicht, wenn die Umstände gegen ihn sprachen. Die Anweisung Gottes lautete: „Niemand darf wegen eines Mordes zum Tod verurteilt werden, wenn nicht mindestens zwei Zeugen für die Tat vorhanden sind. Auf eine einzige Zeugenaussage hin darf kein Todesurteil gefällt werden."[22]

Wurde der Angeklagte des Mordes für schuldig befunden, konnten ihn weder Sühne noch Lösegeld retten. „Einen Mörder, der schuldig gesprochen ist, dürft ihr nicht gegen ein Lösegeld freilassen; er muss hingerichtet werden. Entweiht nicht das Land, in dem ihr lebt! Es wird entweiht

---

[19] 4. Mose 35,10–12 [20] 5. Mose 19,3 [21] 4. Mose 35,16–25; 5. Mose 19,4–6.11–13; Josua 20,3–6 [22] 4. Mose 35,30

durch das Blut eines Ermordeten und kann nur wieder rein werden durch das Blut dessen, der den Mord begangen hat."[23] Die Sicherheit und moralische Integrität der Nation forderten bei Mord eine harte Bestrafung.

Die Asylstädte waren ein Sinnbild für die Zuflucht, die Christus bietet. Er schuf durch sein sühnendes Blut für die Übertreter des Gesetzes einen sicheren Schutz vor dem zweiten, ewigen Tod. Keine Macht der Welt kann diejenigen aus seiner Hand reißen, die ihn reumütig um Vergebung bitten.

Wer in eine Asylstadt fliehen wollte, durfte nicht lange zögern. Ihm blieb keine Zeit, sich noch groß von allen zu verabschieden. Der Flüchtling wagte es besser nicht, seinen Schritt zu verlangsamen, ehe er innerhalb der rettenden Stadt war.

Wie Zögern und Sorglosigkeit den Fliehenden um die einzige Überlebenschance bringen konnten, so können auch heute noch Zaudern und Gleichgültigkeit das Verderben eines Menschen bedeuten. Satan ist jedem Übertreter des Gesetzes Gottes auf den Fersen. Wer nicht seine Zuflucht bei Christus sucht, fällt dem Bösen unabwendbar zum Opfer.

Wer die Asylstadt wieder verließ, war dem Bluträcher ausgeliefert. Ebenso genügt es für einen Sünder nicht, an die Vergebung durch Jesus Christus zu *glauben*; er muss auch durch Vertrauen und Gehorsam in ihm *bleiben*.[24]

Ein falscher Verdacht

Die Stämme Ruben und Gad und der halbe Stamm Manasse hatten ihr Erbteil bereits bekommen, bevor sie den Jordan überschritten.[25] Die Hochebenen und Waldgebiete von Gilead östlich des Jordans und das Weideland von Baschan waren ein Anreiz, den nicht einmal Kanaan selbst zu bieten hatte. Die zweieinhalb Stämme wollten sich darum dort niederlassen und versicherten, dass sie ihren Anteil an bewaffneten Männern stellen und die anderen Israeliten über den Jordan begleiten würden. Gemeinsam mit ihnen wollte man kämpfen, bis auch sie ihr Land in Besitz genommen hatten.[26]

Als die zehn Stämme in Kanaan einzogen, gingen „die Männer der Stämme Ruben und Gad und des halben Stammes Manasse ... kampfbereit vor den übrigen Israeliten her ... Etwa

[23] 4. Mose 35,31.33 [24] Siehe Johannes 15,4–6 [25] 4. Mose 32,1–5.33; 5. Mose 3,12–20 [26] 4. Mose 32,16–19; Josua 1,12–16

40 000 Kriegsleute zogen ... zum Kampf in die Ebene von Jericho."[27] Jahrelang kämpften sie tapfer an der Seite ihrer Volksgenossen. Und wie sie gemeinsam gekämpft hatten, so teilten sie auch die Beute miteinander. Sie kamen „reich beladen nach Hause zurück, mit Silber, Gold, Bronze, Eisen ... und einer Menge Vieh", wovon sie denen abgeben sollten, die bei den Familien und Herden geblieben waren.[28]

Die Stämme Ruben und Gad wohnten nun ziemlich weit vom Heiligtum in Schilo entfernt. Deshalb sah Josua sie besorgt scheiden. Er wusste, wie stark die Versuchung sein würde, die Gewohnheiten ihrer heidnischen Nachbarn anzunehmen.

Während er und einige andere Stammesführer noch bange Ahnungen hegten, erreichte sie auch schon die beunruhigende Nachricht, die zweieinhalb Stämme hätten am Jordan einen großen Altar errichtet, der dem Brandopferaltar in Schilo ähnelte. Gottes Gesetz verbot aber bei Todesstrafe jede Opferung außerhalb des Heiligtums.[29] Daher beschloss man, eine Abordnung zu den Stämmen zu schicken und von ihnen eine Erklärung zu verlangen. Die Gesandtschaft bestand aus zehn Fürsten, aus jedem Stamm einer.[30] An ihrer Spitze stand der Hohepriester Pinhas, der sich schon beim Abfall am Jordan durch seinen Eifer für Gott ausgezeichnet hatte.

Da die Abgesandten ihre Brüder von vornherein für schuldig hielten, machten sie ihnen sofort heftige Vorwürfe. Sie bezichtigten sie der Auflehnung gegen den Herrn und erinnerten an das Gericht, das über das Volk hereingebrochen war, als es Götzendienst mit dem Baal von Pegor getrieben hatte. Wenn sie nicht ohne Opferaltar auskommen könnten, sollten sie herüberkommen und an den Besitztümern und Vorrechten der Stämme auf der andern Seite des Jordans teilhaben.[31]

Aber die Beschuldigten erklärten, dass ihr Altar nicht als Opferstätte gedacht sei, sondern einfach als Zeuge dafür, dass sie doch denselben Glauben hätten wie ihre Verwandten in Kanaan. Sie befürchteten, ihre Kinder könnten in Zukunft vom Heiligtumsdienst ausgeschlossen werden, weil sie kein Landanteil in Kanaan hatten. Dann sollte dieser Altar bezeugen, dass seine Erbauer ebenfalls Anbeter des lebendigen Gottes waren.[32]

---

[27] Josua 4,12.13 [28] Josua 22,8 [29] 3. Mose 17,8.9; 5. Mose 12,13.14
[30] Josua 22,10–14 [31] Josua 22,16–19 [32] Josua 22,23–29

Diese Erklärung nahmen die Gesandten befriedigt an, kehrten zurück und erstatteten den übrigen Israeliten Bericht, die daraufhin Gott lobten. Und die Stammesführer Rubens und Gads setzten eine Inschrift auf den Altar, die seinen Zweck deutlich machte: „Er ist ein Zeichen zwischen uns, das bezeugt, dass der Herr unser Gott ist."[33] Auf diese Weise wollten sie allen Missverständnissen und jedem Missbrauch des Altars vorbeugen.

Unnötigen Streit vermeiden

Wie oft entstehen auch heute noch aus bloßen Missverständnissen unnötigerweise Streitereien! Sie können unheilvolle Folgen haben, wenn man es an der gebotenen Höflichkeit und Zurückhaltung fehlen lässt. Die zehn Stämme beschlossen, rasch durchzugreifen. Sie tadelten und verurteilten ihre Brüder, ohne sich vorher sachkundig gemacht zu haben. Hätten die Beschuldigten in gleicher Weise reagiert, wäre es zu einem schweren Zerwürfnis gekommen, möglicherweise zum Kampf. Selbstverständlich ist es richtig, falschem Verhalten nicht gleichgültig zuzusehen; das darf aber nicht zu grundlosen Verdächtigungen oder zu einer Vorverurteilung führen.

Durch Vorwürfe bringt man niemanden zur Einsicht. In der Regel tragen sie nur dazu bei, dass sich die Fronten verhärten und alle Wege zur Verständigung blockiert werden. Freundlichkeit, Entgegenkommen und Nachsicht sind eher geeignet, Missverständnisse zu klären und Verständnis für das Verhalten anderer zu wecken.

Die Rubeniter und Gaditer wurden grundlos verdächtigt und voreilig verurteilt, blieben aber trotzdem höflich und geduldig und hörten sich die Vorwürfe der Gesandtschaft an, bevor sie sich verteidigten, ihre Beweggründe darlegten und ihre Unschuld bewiesen.

Wer im Recht ist, darf auch dann ruhig und besonnen bleiben, wenn er fälschlicherweise verdächtigt oder angeklagt wird. Er kann seine Sache getrost in Gottes Hände legen, denn der kennt die Wahrheit und alles, was dem menschlichen Auge verborgen ist. Er wird jeden verteidigen, der sein Vertrauen auf ihn setzt. „Der Herr schafft Gerechtigkeit und Recht allen, die Unrecht leiden."[34]

---

[33] Josua 22,34 [34] Psalm 103,6 LB

49 Josuas letzte Ermahnungen*

Als die Kämpfe zur Eroberung Kanaans vorüber waren, zog sich Josua in die friedvolle Stadt im Gebirge zurück, die er sich als Erbe erbeten hatte. „Seit langer Zeit lebten die Israeliten nun in Frieden und Sicherheit. Der Herr sorgte dafür, dass die Völker ringsum sie nicht bedrohten. Josua war inzwischen sehr alt geworden. Eines Tages rief er die Ältesten, die Sippenoberhäupter, die Richter und die führenden Männer Israels zusammen.“[1]

Josua spürte die Auswirkungen seines Alters – er war inzwischen über 100 Jahre alt – und ihm war bewusst, dass sich sein Leben dem Ende zuneigte. Aber ihn erfüllte die Sorge um die Zukunft seines Volkes. Zwar waren die Kanaaniter unterworfen worden, aber sie beherrschten immer noch einen beträchtlichen Teil des Israel verheißenen Landes. Deshalb ermahnte Josua das Volk eindringlich, Gottes Befehl nicht zu vergessen, diese götzendienerischen Völker endgültig zu vertreiben.

Man zögerte allgemein die Vertreibung der Heiden hinaus. Die israelitischen Stämme hatten sich auf die ihnen zugewiesenen Gebiete verteilt und das Heer war aufgelöst worden. So sahen viele Israeliten in der Wiederaufnahme des Kampfes ein schwieriges und bedenkliches Unternehmen. Aber Josua ermutigte sie: „Ihr habt mit eigenen Augen gesehen, wie der Herr, euer Gott, die Völker dieses Landes besiegt hat; denn er war es, der für euch kämpfte ... Der Herr, euer Gott, wird auch sie verstoßen und vertreiben. Ihr werdet ihr Land in Besitz nehmen, wie er es versprochen hat. Bemüht euch darum, alles zu befolgen, was im Gesetzbuch des Mose aufgeschrieben ist! Weicht nicht davon ab! Vermischt euch nicht mit den Völkern, die noch in eurem Land wohnen! Nehmt die Namen ihrer Götter nicht in den Mund, und schwört nicht bei ihnen! Dient ihnen nicht, und betet sie nicht an!“[2]

Josua betonte, dass Gott seine Verheißungen treu erfüllt hatte: „Der Herr ... hat alle seine Zusagen erfüllt, nichts ist aus-

---

* Dieses Kapitel basiert auf Josua 23 und 24

[1] Josua 23,1.2 Hfa [2] Josua 23,3.5–7 Hfa

geblieben von all dem Guten, das er euch versprochen hatte; alles ist eingetroffen." Josua stellte dann klar, dass der Herr ebenso, wie er seine Versprechen erfüllt hatte, im Falle des Ungehorsams seine Drohungen wahrmachen würde: „Wie all das Gute eingetroffen ist, das der Herr euch zugesagt hatte, wird auch das Böse eintreffen, das er euch angedroht hat, bis er euch vernichtet und aus dem guten Land weggeschafft hat, das er euch gab. Der Herr, euer Gott, hat einen Bund mit euch geschlossen und erwartet von euch, dass ihr diesem Bund treu bleibt. Wenn ihr euch anderen Göttern zuwendet und sie anbetet, wird euch sein brennender Zorn treffen, und ihr werdet sehr schnell aus dem guten Land verschwunden sein, das er euch gegeben hat."[3]

Satan täuscht viele mit der plausiblen Theorie, Gottes Liebe zu seinem Volk wäre so groß, dass er mit dessen Sünden nachsichtig sein würde. Doch im Umgang mit den Menschen hat Gott stets die Grundsätze der Gerechtigkeit hochgehalten, indem er das Wesen der Sünde offenbarte. Er demonstrierte, dass sie nichts als Elend und Tod bringt. Es hat nie eine bedingungslose Vergebung der Schuld gegeben, und sie wird es auch nie geben. Solche Art Vergebung würde eine Abschaffung der Grundsätze der Gerechtigkeit bedeuten. Gott hat immer wieder auf die Folgen von Sünde und Untreue hingewiesen. Wenn seine Warnungen nicht gelten würden, wie könnten wir dann sicher sein, dass sich seine Verheißungen erfüllen?

Gott ist der Spender des Lebens und alle seine Gebote zielten von Anfang an auf die Erhaltung des Lebens ab. Aber die Sünde brachte die von Gott geschaffene Ordnung durcheinander. Als Folgen sind Unrecht, Leid und Tod unvermeidlich. Wir Menschen können nur deshalb hoffen, ihnen einst zu entrinnen, weil der Sohn Gottes um unseretwillen den Fluch der Sünde auf sich nahm und uns die Möglichkeit gibt, wieder in Einklang mit Gott zu kommen.

Die letzte große Versammlung mit Josua

Bevor Josua dann starb, versammelte er alle Sippenoberhäupter, Ältesten und Richter Israels noch einmal in Sichem.[4] Kein Ort im ganzen Land war mit so vielen Erinnerungen verknüpft. Hier standen die Berge Ebal und Garizim, die stum-

---

[3] Josua 23,14–16 [4] Josua 24,1

men Zeugen der Gelöbnisse, die die Vertreter Israels nun in Gegenwart Josuas noch einmal bekräftigen sollten. Josua erinnerte sie: Gott hat „euch ein Land gegeben, um das ihr euch nicht gemüht habt, und Städte, die ihr nicht gebaut habt, um darin zu wohnen, und ihr esst von Weinbergen und Ölbäumen, die ihr nicht gepflanzt habt.“[5] Noch einmal hielt er Rückschau auf die ganze Geschichte Israels und rief ihnen Gottes wunderbare Taten in Erinnerung, damit allen seine Liebe und Gnade bewusst wurde und sie Gott „aufrichtig und mit ganzer Hingabe“ dienen würden.[6]

Auf Josuas Anweisung hin war die Bundeslade von Schilo nach Sichem gebracht worden. Dieses Sinnbild der Gegenwart Gottes sollte den Eindruck der letzten Begegnung mit dem scheidenden Führer noch vertiefen. Nachdem er den Israeliten Gottes Güte aufgezeigt hatte, forderte er sie zu einer eindeutigen Hinwendung zu Gott auf.

Manche verehrten immer noch heimlich fremde Götter, deshalb bemühte sich Josua nun zum letzten Mal, sie zu einer Entscheidung zu bewegen, um diese Sünde endgültig aus Israel zu verbannen. Er sagte zu den Versammelten: „Trennt euch von den Göttern, die eure Vorfahren jenseits des Eufrats und in Ägypten verehrt haben, und dient dem Herrn!“[7] Er wünschte sich, dass sie Gott freiwillig und nicht genötigt dienten, denn er wusste, dass es keinen Wert hat, aus Hoffnung auf Belohnung oder aus Angst vor Strafe Gott zu verehren und zu gehorchen. Fromme Heuchelei und Anbetung, die eine bloße Form ist, verabscheut Gott ebenso wie offenen Abfall.

Der betagte Josua bat die Israeliten eindringlich, all das, was er ihnen noch einmal vor Augen gestellt hatte, sorgfältig zu bedenken, und forderte sie auf: „Wenn es euch aber nicht gefällt, dem Herrn zu dienen, dann entscheidet euch heute, wem ihr gehören wollt: den Göttern, die eure Vorfahren jenseits des Eufrat verehrt haben, oder den Göttern der Amoriter, in deren Land ihr lebt.“[8] Diese letzten Worte waren fast ironisch, denn diese Götzen hatten die Amoriter nicht schützen können. Wegen ihrer abscheulichen, erniedrigenden Sünden wurden sie vernichtet, und das ertragreiche Land, das sie besaßen, fiel dem Volk Gottes zu. Wie töricht wären die Israeliten, wenn sie sich Götter wählen würden, um deren Anbetung willen die Amoriter ausgerottet worden waren!

---

[5] Josua 24,13 LB [6] Josua 24,14 Hfa [7] Josua 24,14 [8] Josua 24,15 Hfa

Josua selbst hatte seine Entscheidung längst getroffen und immer zu ihr gestanden: „Ich aber und meine Familie, wir wollen dem Herrn dienen." Seine Entschlossenheit übertrug sich auf das Volk, sodass es ohne Zögern gelobte: „Niemals wollen wir den Herrn verlassen und anderen Göttern dienen!"[9]

Josua erwiderte überraschenderweise: „Stellt euch das nicht so leicht vor, dem Herrn zu dienen; denn er ist ein Gott, der durch und durch heilig ist, ein Gott, der leidenschaftlich liebt und von euch ungeteilte Liebe erwartet. Er wird es euch nicht verzeihen, wenn ihr ihm nicht treu bleibt."[10] Ehe es eine dauerhafte Erneuerung geben konnte, mussten die Israeliten ihre völlige Unfähigkeit begreifen, Gottes Gebote aus eigener Kraft halten zu können. Ein bisschen Begeisterung und guter Wille würde nicht reichen.

Solange sie sich auf ihre eigene Rechtschaffenheit und Kraft verließen, gab es für sie keine Sündenvergebung und konnten sie die Gebote Gottes nicht wirklich halten. Es war vergeblich, wenn die Israeliten im Überschwang der Gefühle gelobten, Gott zu dienen. Vergebung der Schuld und Kraft zum Gehorsam konnten sie einzig und allein durch den Glauben an den verheißenen Messias erlangen. Sie mussten sich auf dessen Verdienste und das Wirken seines Geistes verlassen.

Mit tiefem Ernst erneuerten sie ihr Treuegelöbnis noch einmal: „‚Wir wollen dem Herrn, unserem Gott, dienen und auf seine Weisungen hören.' So verpflichtete Josua an diesem Tag in Sichem die Israeliten zum Gehorsam gegen den Herrn und legte ihnen die Gebote und Rechtsordnungen vor, nach denen sie leben sollten." Dann „entließ er das Volk und jeder kehrte auf seinen Erbbesitz zurück."[11]

Josuas Aufgabe war erfüllt. Wie Kaleb war er „dem Herrn treu gefolgt".[12] Er starb im Alter von 110 Jahren und wurde in seiner Stadt begraben. Das beste Zeugnis für seinen treuen Dienst ist das Zeugnis über die Generation, der er gedient hatte: „Die Israeliten blieben auch nach Josuas Tod dem Herrn treu, solange noch die Ältesten lebten, die alles miterlebt hatten, was der Herr für Israel getan hatte."[13]

---

[9] Josua 24,15.16 Hfa [10] Josua 24,19 [11] Josua 24,24.25.28
[12] 5. Mose 1,36 LB [13] Josua 24,31

50 Der Zehnte und die Opfergaben*

Gott ist die Quelle allen Segens und ihm gebührt dafür Dank und sichtbare Anerkennung. Als Erinnerung daran, dass wir alle Dinge von ihm bekommen, ordnete er an, ihm einen Teil davon zurückzugeben: „Ehre den Herrn mit deinen Opfergaben; bringe ihm das Beste vom Ertrag deiner Arbeit.“[1]

Gott forderte die Israeliten auf, den zehnten Teil aller ihrer Einkünfte für seine Zwecke zurückzugeben. Dies war jedoch keineswegs neu. Von jeher beanspruchte Gott den Zehnten als sein Eigentum. Abraham beispielsweise entrichtete ihn an Melchisedek, dem Priester des Allerhöchsten und König von Jerusalem. Und Jakob gelobte dem Herrn: „Von allem, was du mir gibst, will ich dir den Zehnten geben.“[2]

Gott erklärte: „Ein Zehntel jeder Ernte vom Getreide und von allen Früchten gehört mir, dem Herrn, und ist heilig. Auch von den Rindern, Schafen und Ziegen gehört mir jedes zehnte Tier.“[3] Er benutzte dabei eine ähnliche Formulierung wie beim Sabbat: „Er ist ein heiliger Tag, der dem Herrn gehört.“[4] Gott beanspruchte von Anfang an einen bestimmten Teil der Zeit und der Mittel der Menschen, und niemand kann etwas davon für eigene Zwecke verwenden, ohne an ihm schuldig zu werden.

In Israel war dieser Zehnte laut Gottes Anordnung für den Lebensunterhalt der Leviten bestimmt, die ja den Dienst am Heiligtum verrichten sollten. „Den Leviten aber weise ich als Entgelt für die Arbeit am Heiligen Zelt den zehnten Teil jeder Ernte in Israel zu.“[5] Sie sollten davon wiederum den zehnten Teil an die Priester abführen.[6]

Aber der Zehnte für den Unterhalt der Leviten und Priester war keineswegs alles, was die Israeliten Gott an materiellen Dingen geben sollten. Darüber hinaus gab es verschiedene Opfergaben

---

* Dieses Kapitel basiert auf 3. Mose 27,30–33, 4. Mose 18,21–32, 2. Mose 25,1–9 und 13,11–15 sowie 5. Mose 16,1–11.

[1] Sprüche 3,9 [2] 1. Mose 14,20; 28,22 LB [3] 3. Mose 27,30.32 Hfa
[4] 2. Mose 20,8 [5] 4. Mose 18,21 [6] 4. Mose 18,26–28

Die verschiedenen Opfergaben

Der Bau des Heiligtums mit seinen goldenen und bronzenen Geräten, vergoldeten Seitenwänden und silbernen Sockeln wurde ganz allein durch freiwillige Spenden ermöglicht. Der Herr ließ die Israeliten auffordern, ihre Gaben dafür zu bringen.[7] Mose sollte sie von jedem annehmen, der sie willig und von Herzen gab. Sie wurden in solcher Fülle gebracht, dass er der Spendenfreudigkeit Einhalt gebieten musste, weil mehr gegeben wurde, als man brauchte.[8]

Damit später für notwendige Ausbesserungen und andere Zwecke Mittel zur Verfügung standen, ordnete Gott an, dass bei Volkszählungen jeder wehrfähige Israelit ein halbes Silberstück „als Opfergabe für den Herrn ... zum Dienst an dem Heiligtum" beisteuern sollte.[9]

Anlässlich der drei jährlichen Pilgerfeste brachten die Israeliten am Heiligtum viele Sünd- und Dankopfer dar. Wenn sich Israels Männer mit den ersten Früchten der Felder, der Obstgärten oder Weinberge an dem Heiligtum einfanden, dankten sie dadurch öffentlich für Gottes Güte.

Nahm der Priester die Gaben entgegen, sagte der Opfernde: „Mein Vorfahr war ein heimatloser Aramäer. Als er am Verhungern war, zog er mit seiner Familie nach Ägypten und lebte dort als Fremder." Dann schilderte er die Not in Ägypten, aus der Gott die Israeliten befreit hatte, und fuhr fort: „Er brachte uns an diese heilige Stätte und gab uns dieses Land, das von Milch und Honig überfließt. Und hier bringe ich nun die ersten Früchte der Ernte, die ich in dem Land eingebracht habe, das der Herr mir gegeben hat."[10]

Auch die Erstgeburten aller reinen Tiere sollten dem Herrn geopfert werden, und zwar mit folgender Begründung, die den Kindern erzählt werden sollte: „Als der Pharao sich hartnäckig weigerte, uns ziehen zu lassen, hat der Herr jeden ältesten Sohn und jedes erstgeborene männliche Tier in Ägypten getötet. Darum opfern wir dem Herrn unsere erstgeborenen männlichen Tiere, unsere ältesten Söhne aber kaufen wir frei."[11] Auf diese Weise wurden die Israeliten immer wieder daran erinnert, dass Gott der wahre Eigentümer ihrer Herden und Felder war und Sonnenschein und Regen zum Wachstum gab – und sie nur die Verwalter seiner Güter waren.

---

[7] 2. Mose 25,1–8 [8] 2. Mose 36,4–7 [9] 2. Mose 30,12–16 LB
[10] 5. Mose 26,5–10 [11] 2. Mose 13,12.15 Hfa

In den Sprüchen Salomos heißt es: „Manche sind freigebig und werden dabei immer reicher, andere sind geizig und werden arm dabei. Wer anderen Gutes tut, dem geht es selber gut; wer anderen hilft, dem wird geholfen.“ [12] Tausend Jahre später äußerte sich der Apostel Paulus ähnlich: „Wer mit vollen Händen sät, auf den wartet eine reiche Ernte ... [Gott] hat die Macht, euch so reich zu beschenken, dass ihr nicht nur jederzeit genug habt für euch selbst, sondern auch noch anderen reichlich Gutes tun könnt.“ [13]

Zur Zeit Israels brachte man den Zehnten und freiwillige Gaben, um den Gottesdienst aufrechtzuerhalten. Sollte Gottes Volk heute weniger geben? Christus selbst stellte den Grundsatz auf, dass unsere Gaben für Gottes Werk im Verhältnis zu der Erkenntnis und dem Segen stehen sollen, die wir genießen. Er sagte: „Wem viel gegeben worden ist, von dem wird auch viel verlangt. Je mehr einem Menschen anvertraut wird, desto mehr wird von ihm gefordert.“ [14]

Gott wollte stets, dass sein Volk der Lichtträger für alle Bewohner der Erde ist. Er hat verordnet, dass die Ausbreitung seiner Erlösungsbotschaft von dem Zeugnis, dem Einsatz und den Gaben derer abhängen soll, denen er Erkenntnis und Gnade geschenkt hat. Der Herr hätte auch den Engeln diese Aufgabe übertragen können, aber er hat sich dafür entschieden, Gläubige zu seinen Mitarbeitern zu machen.

Unser Vorrecht, als Kinder Gottes leben zu dürfen, sollte uns auch dazu veranlassen, das Werk Gottes angemessen zu unterstützen. In dem Maße, wie es sich in aller Welt ausbreitet, werden auch mehr Mittel benötigt. Das macht die Gebote über das Geben des Zehnten von allen unseren Einkünften und freiwilliger Gaben heutzutage umso bedeutsamer.

Die Verpflichtung des Zehntengebens

Nur in Bezug auf das Zehntengeben gilt die Einladung Gottes, ihn doch auf die Probe zu stellen. Sonst erwartet Gott immer Vertrauen und Gehorsam, aber beim Zehnten dürfen wir ihn prüfen und er wird uns materiell segnen, damit wir Vertrauen in das Prinzip des Zehntengebens erlangen. Viele Menschen haben das ausprobiert und erfahren, dass Gott auf vielfache Weise segnet und oft das zurückgibt, was wir ihm geben.

---

[12] Sprüche 11,24.25 Hfa [13] 2. Korinther 9,6.8 [14] Lukas 12,48

Gott hat uns zu Verwaltern seine Güter gemacht und erwartet, dass wir uns dieser Verantwortung würdig erweisen. Dazu zählt als erste Pflicht, ihm den Teil für seine Zwecke zurückzugeben der ihm gehört. Durch den Propheten Maleachi forderte der Herr die Israeliten auf: „Bringt den zehnten Teil eurer Erträge unverkürzt zu meinem Tempel, damit meine Priester nicht Hunger leiden. Habt keine Sorge, dass ihr dann selber in Not kommt! Stellt mich auf die Probe, macht den Versuch, ob ich dann nicht die Fenster des Himmels öffne und euch mit Segen überschütte!“ [15]

Jesus bestätigte das Zehntengeben als ein Gebot Gottes in seiner letzten Auseinandersetzung mit den Pharisäern: „Ihr gebt Gott den zehnten Teil von allem ... aber um das Wichtigste an seinem Gesetz, um Gerechtigkeit, Barmherzigkeit und Treue, darum kümmert ihr euch nicht. Dies solltet ihr tun, *ohne* das andere zu lassen!“ [16]

Paulus hat erklärt, dass der Zehnte in neutestamentlicher Zeit nach Jesu eigener Aussage immer noch demselben Zweck dient wie im alten Israel: dem Lebensunterhalt der Diener Gottes. Paulus schrieb an die Christen in Korinth: „Ihr wisst doch genau, dass alle, die im Tempel Dienst tun, etwas von den Tempelgaben bekommen. Ebenso hat der Herr angeordnet: Wer die rettende Botschaft verkündet, soll von diesem Dienst auch leben können.“ [17] Und seinem Mitarbeiter Timotheus erklärte er mit Bezug auf den Zehnten: „Älteste, die leitend in der Gemeinde tätig sind und ihren Dienst gut versehen, haben doppelten Lohn verdient, besonders wenn sie sich mit ganzer Kraft als Prediger und Lehrer einsetzen.“ [18]

Abraham hat – wie bereits erwähnt – dem Priester und König Melchisedek den Zehnten gegeben. Der war aber ein Vorbild auf Christus, der ein ewiger Hoherpriester „nach der Art Melchisedeks“ ist – Priester und König zugleich, ohne dass die leibliche Abstammung eine Bedeutung hat. [19]

Da wir durch den Glauben an Christus Kinder Abrahams sind,[20] gebührt es uns, der Gemeinde des Sohnes Gottes den Zehnten zum Unterhalt für die Geistlichen zu geben. Wir anerkennen damit ganz praktisch, dass wir sein Eigentum und damit errettet sind.

---

[15] Maleachi 3,10 [16] Matthäus 23,23 [17] 1. Korinther 9,13.14 Hfa
[18] 1. Timotheus 5,17 [19] Hebräer 7,1–3.13–17 [20] Galater 3,29

51 Die Vorsorge für die Armen*

Der erste Zehnte von allem Einkommen der Israeliten war zum Lebensunterhalt der Leviten bestimmt;[1] für alle Aufwendungen anlässlich der drei jährlichen Pilgerfeste am Heiligtum (siehe nächstes Kapitel) und zur Versorgung der Armen wurde in Israel noch der zweite Zehnte erhoben.

Er sollte jeweils zwei Jahre lang mit zum Heiligtum gebracht werden. Das konnte auch in Form von Geld geschehen. Nachdem die Israeliten Gott Dankopfer dargebracht und den Priestern einen Teil davon überlassen hatten, sollten sie das Übrige verwenden, um das anstehende Fest fröhlich zu feiern – zusammen mit den Leviten, Witwen, Waisen und Fremden.[2]

In jedem dritten Jahr sollte der zweite Zehnte dagegen in der Heimatstadt hinterlegt und zur Unterstützung der Leviten (falls der erste Zehnte nicht reichte) und aller Armen benutzt werden.[3] Er schuf so etwas wie einen Fonds für Wohltätigkeit.

Aber für die Armen in Israel wurde noch auf viele andere Weisen gesorgt. Die Gesetze, die Gott durch Mose gegeben hatte, zeichnen sich besonders durch fürsorgliche und großzügige Bestimmungen zugunsten der Armen aus. Gott hatte seinem Volk zwar reichen Segen verheißen, aber Mose hatte auch erklärt: „Es wird immer Arme in eurem Land geben. Deshalb befehle ich euch: Helft den Menschen großzügig, die in Armut und Not geraten sind!“[4] Damals wie heute wurden Menschen von Unglück und Krankheit heimgesucht oder sie verloren unverschuldet ihren Besitz. Aber solange die göttlichen Anweisungen befolgt wurden, gab es in Israel weder Bettler noch Hungernde.

Das Gesetz Gottes gewährte den Armen das Recht auf einen gewissen Teil des Bodenertrags. War jemand hungrig, durfte er auf das Feld seines Nachbarn, in dessen Obstgarten oder Weinberg gehen und seinen Hunger stillen.[5] Die Nachlese dort gehörte den Armen ganz: „Wenn ihr bei der Ernte eine Garbe

---

* Dieses Kapitel basiert auf 5. Mose 14,22–29, 24,10–22 und 15,1–18 sowie 3. Mose 25,1–43. [1] 4. Mose 18,21 [2] 5. Mose 14,22–27
[3] 5. Mose 14,28.29 [4] 5. Mose 15,11 [5] 5. Mose 23,25.26

auf dem Feld vergessen habt, dann geht nicht zurück, um sie zu holen. Sie soll den Fremden, den Waisen und Witwen gehören. Dafür wird der Herr euch segnen bei allem, was ihr tut. Wenn ihr die Oliven von euren Ölbäumen schüttelt, dann sucht nicht hinterher noch die Zweige ab. Sie soll den Fremden, den Waisen und Witwen gehören. Wenn ihr in eurem Weinberg die Trauben erntet, dann haltet keine Nachlese."[6]

Der Lohn eines Arbeiters sollte gerecht sein und pünktlich bezahlt werden: „Wenn ein armer, völlig mittelloser Mann um Tageslohn für dich arbeitet, darfst du ihn nicht ausbeuten ... Gib ihm seinen Lohn, bevor die Sonne untergeht; denn er braucht ihn dringend."[7]

Bestimmungen für das Sabbatjahr

In jedem siebten Jahr, dem so genannten Sabbatjahr, wurde in besonderer Weise für die Armen gesorgt. Die Israeliten sollten weder etwas aussäen noch die Weinberge pflegen. Alles, was in diesem Jahr wuchs, stand den Armen und Fremden, Witwen und Waisen zur Verfügung, ebenso den Tieren.[8]

Wie aber konnten die Israeliten ein Jahr überstehen, in dem es keine Ernten für sie gab, wenn das Land normalerweise nur so viel hervorbrachte, wie sie benötigten? Gott verhieß, dafür vorzusorgen: „Ich werde das Land im sechsten Jahr so reich segnen, dass der Ertrag für zwei Jahre ausreicht. Nachdem ihr im achten Jahr ausgesät habt, könnt ihr dann noch bis zur neuen Ernte vom Ertrag des sechsten Jahres leben."[9]

Das Sabbatjahr sollte Land und Leuten nützen. Boden, der ein Jahr lang brach lag, würde danach umso ergiebiger sein. Darüber hinaus konnten die Israeliten von der schweren Feldarbeit ausruhen. Dadurch blieb allen mehr Zeit zur Erholung und zum Sammeln neuer Kräfte. Sie hatten mehr Muße zur geistlichen Besinnung und zum Gebet und konnten sich selbst besser mit den Unterweisungen und Geboten des Herrn vertraut machen sowie ihre Kinder darin unterrichten.

Mancher Israelit musste sich seinen Landsleuten als Sklave verkaufen, weil er verarmt war. Im Sabbatjahr sollte er jedoch wieder aus dem Dienst entlassen werden. Mose mahnte die Halter: „Schick ihn aber nicht mit leeren Händen weg, son-

---

6 5. Mose 24,19–22; vgl. 3. Mose 19,9.10 7 5. Mose 24,14.15
8 2. Mose 23,10.11; 3. Mose 25,5–7 9 3. Mose 25,21.22

dern gib ihm reichlich von dem, was der Herr dir geschenkt hat: Schafe und Ziegen, Korn und Wein.“ [10]

Den Israeliten wurde auch eingeschärft, hilfsbedürftige Mitbürger dadurch zu unterstützen, dass sie ihnen Geld liehen. Es war aber verboten, von einem Armen Zinsen zu nehmen – erst recht Wucherzinsen.[11] Gottes Anweisung lautete: „Wenn dein Bruder, ein anderer Israelit neben dir, verarmt ist und seinen ganzen Besitz verloren hat, dann hilf ihm! Sorge dafür, dass er wie ein Fremder oder ein Fremdarbeiter unter euch sein Leben fristen kann. Fordere keine Zinsen von ihm, wenn du ihm Geld leihst, und verlange die Nahrungsmittel, mit denen du ihm aushilfst, nicht mit einem Aufschlag zurück.“ [12]

In jedem Sabbatjahr sollten den Armen ihre Geldschulden erlassen werden. Konnte jemand seine Schulden nicht bis zum Erlassjahr tilgen, durfte das Darlehen nicht mehr eingetrieben werden.[13] Mose ermahnte das Volk: „Wenn aber dein Bruder, ein anderer Israelit, Not leidet, irgendwo in dem Land, das der Herr euch geben wird, dann darfst du nicht hartherzig sein und deine Hand vor deinem Bruder verschließen. Leih ihm gegen ein Pfand, so viel er braucht. Sei auch nicht so gemein und berechnend, dass du denkst: ‚Das siebte Jahr ist nicht mehr fern, dann muss ich ihm die Schulden erlassen!‘ Gönne ihm das und lass ihn nicht vergeblich bitten! Wenn er sich beim Herrn über dich beklagen muss, hast du schwere Schuld auf dich geladen.“ [14]

Niemand brauchte zu befürchten, dass er durch seine Freigebigkeit selbst Mangel leiden müsste. „Ihr werdet so viel haben, dass ihr davon noch an andere Völker ausleihen könnt, doch ihr selbst braucht nichts zu borgen.“ [15]

Eine Vorkehrung gegen Armut und großen Reichtum

Jedes siebte Sabbatjahr war ein großes Erlassjahr, auch Jobeljahr genannt, weil am großen Versöhnungstag im ganzen Land Widderhörner (Jobel) ertönen sollten, die alle Israeliten dazu aufriefen, es willkommen zu heißen.[16] Wie im Sabbatjahr sollte weder gesät noch geerntet werden, und alles, was das Land hervorbrachte, galt als rechtmäßiges Eigentum der Armen.[17]

---

[10] 5. Mose 15,13.14 [11] 2. Mose 22,24 [12] 3. Mose 25,35–37
[13] 5. Mose 15,1.2 [14] 5. Mose 15,7–9.11 [15] 5. Mose 15,6
[16] 3. Mose 25,8.9 [17] 3. Mose 25,11.12

Was das Jobeljahr besonders auszeichnete, war die Rückgabe allen Landes an die Familien der ursprünglichen Besitzer. „Es ist das Erlassjahr, in dem eine allgemeine Wiederherstellung erfolgt. Jeder Israelit, der seinen erblichen Landbesitz verpfändet hat, bekommt ihn wieder zurück, und wer sich einem anderen Israeliten als Sklaven verkauft hat, darf zu seiner Sippe zurückkehren."[18]

Auf Gottes Anweisung war das Land einmal durch Los aufgeteilt worden. Danach durfte niemand mit seinem Landbesitz Handel treiben. Keiner sollte seinen Grund und Boden verkaufen, es sei denn, die Armut zwang ihn dazu. Und wann immer er oder einer seiner Verwandten das Land wieder einzulösen wünschte, durfte sich der Käufer nicht weigern. Wurde es nicht zurückgekauft, fiel es dann im Jobeljahr wieder dem ursprünglichen Besitzer oder dessen Erben zu.[19] Der Herr gebot: „Besitz an Grund und Boden darf nicht endgültig verkauft werden, weil das Land nicht euer, sondern mein Eigentum ist. Ihr lebt bei mir wie Fremde oder Gäste, denen das Land nur zur Nutzung überlassen ist."[20]

Gott war der rechtmäßige Eigentümer allen Landes. Jedem Israeliten sollte eingeprägt werden, dass die Armen und Benachteiligten das gleiche Recht auf einen Platz in Gottes Welt haben wie die Wohlhabenden. Gott traf Vorsorge, um die Not zu lindern und den Verarmten Hoffnung zu geben.

Das unaufhörliche Anhäufen von großem Reichtum in den Händen weniger und die Ausbeutung und Armut vieler führt zu gefährlichen Zuständen. Sie schüren den Zorn der Mittellosen und Benachteiligten. Ihre Verzweiflung kann zur Revolte oder zu Verbrechen aller Art führen. Die von Gott befohlene Ordnung sollte in Israel die soziale Gerechtigkeit gewährleisten. Sabbat- und Jobeljahr sollten weitgehend zurechtbringen, was in der Zwischenzeit im sozialen Leben der Nation falsch gelaufen war. Sinn dieser Anordnungen war es also, den Reichen und den Armen gleichermaßen zum Segen zu werden: Sie sollten Geiz und Habgier eindämmen und den Sinn für Barmherzigkeit und soziale Verantwortung wecken.

Alles, was zum Vertrauen und guten Miteinander zwischen verschiedenen Gesellschaftsschichten beiträgt, wird letztlich

---

[18] 3. Mose 25,10; da die Israeliten inklusiv zählten, wird in diesem Text das Jobeljahr als „50. Jahr" bezeichnet, nach unserer Zählweise war es das 49. Jahr. [19] 3. Mose 25,25–28 [20] 3. Mose 25,23

dem ganzen Volk zugute kommen. Das ist heute nicht anders als damals. Wir alle sind eingebunden in ein gesellschaftliches Geflecht, und was wir tun können, um anderen zu helfen, wird als Segen zu uns zurückkehren.

Das Prinzip gegenseitiger Abhängigkeit bestimmt das Leben aller Beteiligten. Die Armen sind auf die Wohlhabenden genauso angewiesen wie diese auf die Armen. Die einen erwarten einen Anteil von dem, was Gott ihren begüterten Nachbarn zuteil werden ließ; die anderen brauchen die Arbeitsleistung, die das Kapital der Armen und wenig Begüterten bildet.

Gottes Plan – heute noch aktuell?

Manche denken, im Sinne der Gleichberechtigung müssten alle Menschen gleichermaßen an den Segnungen der Erde teilhaben. Das ist unrealistisch und auch nicht Gottes Absicht. Ungleichheit der Verhältnisse ist eines seiner Mittel zur Bildung eines christusähnlichen Charakters. Gott möchte, dass sich die Wohlhabenden bewusst sind, nur Verwalter seiner Güter zu sein, die ihnen auch zum Wohl der Bedürftigen anvertraut wurden.

Auch Christus hat darauf hingewiesen, dass wir allezeit Arme unter uns haben werden.[21] Darin besteht eine Aufgabe für seine Nachfolger, der sie sich stellen müssen. Jesus nennt die Bedürftigen seine Repräsentanten auf Erden und erwartet von uns, dass wir ihnen mit Liebe und Fürsorge begegnen. Er erklärt: „Was ihr für einen meiner geringsten Brüder oder für eine meiner geringsten Schwestern getan habt, das habt ihr für mich getan."[22]

Wenn die Prinzipien, die in den von Gott für das Volk Israel gegebenen Ordnungen zum Ausdruck kommen, auch weiterhin bei den Völkern angewandt worden wären, sähen die gesellschaftlichen, wirtschaftlichen und moralischen Zustände in unserer Welt ganz anders aus. Es gäbe nicht die schrecklichen Resultate der Unterdrückung und Ausbeutung der Ärmeren durch die Wohlhabenden und Mächtigen; es gäbe weniger Armut und Ungerechtigkeit, weniger Konflikte und Leiden auf der Welt.

---

[21] Markus 14,7 [22] Matthäus 25,40

52 | Die jährlichen Pilgerfeste*

Jeder erwachsene, gesunde israelitische Mann war von Gott aufgerufen, dreimal im Jahr von seinem Wohnort zum Heiligtum zu pilgern, um dort ein Fest für Gott zu feiern.[1] Die Pilgerfeste fanden zunächst in Schilo statt, ab der Zeit König Davids dann in Jerusalem.

Das Ganze war zur Zeit Josuas eine kaum zu verstehende Anordnung, denn es lebten immer noch viele Kanaaniter und andere Völker in und um Israel, die darauf brannten, sich erneut des Landes zu bemächtigen. Wer konnte während der Pilgerreisen verhindern, dass die Feinde die Zeit nutzten und die Städte und Dörfer überfielen, die zurückgebliebenen Frauen und Kinder töteten oder gefangennahmen und das Land verwüsteten? Gott wollte das tun! Er hatte seinem Volk zugesagt: „Niemand wird in euer Land einfallen, während ihr dreimal jährlich zum Heiligtum kommt, um mir, dem Herrn, eurem Gott, zu begegnen."[2]

Das Passah und das Fest der ungesäuerten Brote

Passah, das erste der drei Pilgerfeste, fand im ersten Monat des jüdischen Jahres statt (nach unserem Kalender Ende März oder Anfang April), weil in dem Monat die Israeliten aus Ägypten ausgezogen waren.[3] Der Winter war vorüber, der Regen hatte aufgehört, und die Natur erstrahlte in der Frische und Schönheit des Frühlings. In den Tälern und auf den Bergen grünte es; überall leuchteten wild wachsende Blumen. Es war kurz vor Vollmond;[4] das machte die Abende reizvoll.

Aus dem ganzen Land fluteten die Pilgerscharen nach Schilo, später nach Jerusalem. Bauern, Hirten, Fischer vom See Genezareth und die Leviten – alle waren unterwegs zu dem Ort, wo Gott „wohnte". Die meisten gingen zu Fuß. Wenn

---

* Dieses Kapitel basiert auf 2. Mose 23,14–17, 5. Mose 16,1–17 und 3. Mose 23.

[1] 2. Mose 23,17 [2] 2. Mose 34,24 Hfa [3] 5. Mose 16,1; der Monat Abib wurde nach der babylonischen Gefangenschaft Nisan genannt.

[4] Die Israeliten benutzten einen Mondkalender mit einem Schaltmonat.

möglich, kamen die Frauen und Kinder mit. Die Gruppen wurden immer größer, je näher sie der Stadt kamen.

Die erwachende Natur weckte Fröhlichkeit in den Herzen der Israeliten. Man sang gemeinsam die hebräischen Psalmen, in denen die Herrlichkeit und Majestät Jahwes gepriesen wird. Zu den Klängen von Posaunen und Zimbeln sangen Hunderte von Stimmen den Dankchor: „Wie habe ich mich gefreut, als man zu mir sagte: ‚Komm mit, wir gehen zum Haus des Herrn!' Nun sind wir angelangt, wir haben deine Tore durchschritten und stehen in dir, Jerusalem."[5]

Und wenn die Berge in Sicht kamen, auf denen die Heiden ihre Opferfeuer anzuzünden pflegten, sangen die Festpilger: „Ich blicke hinauf zu den Bergen: Woher wird mir Hilfe kommen? Meine Hilfe kommt vom Herrn, der Himmel und Erde gemacht hat!"[6] Wenn sie die Höhen überwunden hatten und die heilige Stadt vor ihnen lag, blickten sie ergriffen auf die Scharen der Anbeter, die gleich ihnen den Weg zum Tempel nahmen. Wenn sie die Posaunen der Leviten hörten, die die Feierlichkeiten ankündigten, sangen sie, von der Begeisterung der Stunde mitgerissen: „Der Herr ist mächtig! Groß ist der Ruhm unseres Gottes in seiner Stadt und auf seinem heiligen Berg! Prächtig erhebt sich der Zion, eine Freude für die ganze Welt! Er ist der wahre Gottesberg; dort steht die Stadt des großen Königs."[7]

In Jerusalem standen den Pilgern alle Häuser offen; Unterkünfte wurden unentgeltlich zur Verfügung gestellt. Aber das reichte nicht aus. Deshalb schlug man an allen verfügbaren Plätzen in der Stadt und auf den Hügeln in der Umgebung Wohnzelte auf.

Am 14. Tag des ersten Monats wurde abends das Passah gefeiert. Seine eindrucksvollen Zeremonien erinnerten an die Befreiung Israels aus der Sklaverei in Ägypten und wiesen zugleich auf das Opfer Jesu hin, das uns aus der Knechtschaft der Sünde errettet. Als Christus dann auf Golgatha sein Leben opferte, verlor das Passahfest seine vorausweisende Bedeutung. An seine Stelle trat für die Christen die Feier des Abendmahls als Erinnerung an Jesu Kreuzestod.[8]

Auf das Passah folgte unmittelbar das siebentägige Fest der ungesäuerten Brote, so genannt, weil in diesen Tagen kein Sauerteigbrot gegessen werden durfte. Am ersten und siebten

---

[5] Psalm 122,1.2 [6] Psalm 121,1.2 [7] Psalm 48,2.3 [8] Lukas 22,15–20

Tag fanden Versammlungen statt; an diesen Tagen sollte nicht gearbeitet werden.[9] Am zweiten Tag wurden Gott die Erstlingsfrüchte des Jahres dargebracht. In Palästina war Gerste das früheste Getreide; es reifte gerade zu Beginn des Festes. Die Priester schwangen vor dem Altar eine Gerstengarbe als Zeichen dafür, dass alles Gott gehört. Erst nach dieser Zeremonie durfte mit der Ernte begonnen werden.[10]

Das Pfingstfest und das Laubhüttenfest

50 Tage nach der Darbringung der ersten Garbe war Pfingsten, das erste Erntefest, das nur einen Tag dauerte.[11] Als Ausdruck der Dankbarkeit für die Getreideernte wurden Gott zwei mit Sauerteig gebackene Laibe Brot dargebracht.[12] Das Pfingstfest erinnerte die Israeliten an die Gesetzgebung am Berg Sinai.

Im siebten Monat des Jahres wurde das Laubhüttenfest gefeiert. Dabei dankte man Gott für die Früchte in den Obstgärten, Olivenhainen und Weinbergen.[13] Es war die krönende Festversammlung des Jahres. Die Ernte war nun eingebracht; Früchte, Öl und Wein waren eingelagert. Das Volk kam mit seinen Dankopfern zu Gott.

Dieses Fest, das ebenfalls sieben Tage dauerte, war ein Anlass zu ausgelassener Freude. Es fand unmittelbar nach dem großen Versöhnungstag statt, an dem die Gläubigen die Gewissheit empfingen, dass ihre Sünden vergeben waren. Im Frieden mit Gott kamen sie nun vor ihn, um ihm für seine Güte zu danken und seine Barmherzigkeit zu loben. Die Erntearbeit war vorüber, die Mühsal des neuen Jahres hatte noch nicht begonnen; man konnte sich ganz der Fröhlichkeit dieser Tage hingeben. Wenn möglich, war die ganze Familie dabei, auch Fremde und Arme waren willkommen – sogar Sklaven.[14]

Wie die anderen Feste war auch das Laubhüttenfest eine Gedächtnisfeier. In Erinnerung an ihr Pilgerleben in der Wüste sollten die Israeliten jetzt die Häuser verlassen und in Hütten oder Lauben aus grünen Zweigen wohnen. Gottes Anweisung lautete: „Ihr nehmt am ersten Tag des Festes die schönsten Früchte eurer Bäume, dazu Palmzweige und Zweige von Laubbäumen und Bachweiden und feiert dann sieben Tage lang ein Freudenfest zu Ehren des Herrn, eures Gottes."[15] Bei diesen

---

[9] 2. Mose 23,15; 3. Mose 23,5–8 [10] 3. Mose 23,10.11 [11] 2. Mose 23,16; 34,22
[12] 3. Mose 23,16.17 [13] 5. Mose 16,13 [14] 5. Mose 16,14.15 [15] 3. Mose 23,40

jährlichen Zusammenkünften wurden Junge und Alte zum Dienst für Gott ermutigt. Zugleich stärkten diese Feste die Gemeinschaft, die das Volk Israel aus den verschiedenen Teilen des Landes untereinander und mit Gott verband.

Wie die Israeliten an die Befreiung ihrer Vorfahren durch Gottes Hilfe und deren Bewahrung auf den Wanderungen nach dem Auszug aus Ägypten dachten, so sollten auch wir dankbar der Wege gedenken, auf denen der Herr uns aus der Finsternis und dem Irrtum in das Licht seiner Gnade und Wahrheit geführt hat.

Wer weit vom Heiligtum entfernt wohnte, brauchte jedes Jahr mehr als einen Monat Zeit, um die jährlichen Feste zu besuchen. Dieses Beispiel der Hingabe betont die Bedeutung gemeinsamer Anbetung und die Notwendigkeit, unsere eigensüchtigen Neigungen den ewigen Werten unterzuordnen. Wenn wir die Möglichkeit zur gegenseitigen Ermutigung in der Nachfolge Jesu versäumen, geht uns etwas Entscheidendes verloren. Wir sind alle Kinder eines Vaters und aufeinander angewiesen. Geselliger Umgang mit unseren Glaubensgeschwistern bringt uns selbst Gewinn und macht andere glücklich.

Das Laubhüttenfest erinnerte nicht nur an die Wüstenwanderung, sondern wies auch auf den Tag der „Welternte" hin, wenn der Herr seine Schnitter aussenden wird, um den „Weizen" der Gerechten in die himmlischen „Scheunen" einzubringen, das „Unkraut" der Ungehorsamen dagegen zu bündeln und ins Feuer zu werfen.[16] Dann werden alle Gottesverächter umkommen und „sie sollen so spurlos verschwinden, als wären sie nie gewesen".[17] Alle Stimmen im Universum werden sich dann zum Lob Gottes vereinen.

Aber erst wenn die Erlösten des Herrn in das himmlische Kanaan aufgenommen sind, für immer befreit von den Fesseln der Sünde, werden sie sich unvergänglicher Seligkeit erfreuen. Dann ist das Versöhnungswerk Christi für die Menschen vollendet und ihre Sünden sind ausgelöscht.

„Sie, die der Herr befreit hat, kehren heim;
voll Jubel kommen sie zum Zionsberg.
Aus ihren Augen strahlt grenzenloses Glück.
Freude und Wonne bleiben bei ihnen,
Sorgen und Seufzen sind für immer vorbei."[18]

---

[16] Matthäus 13,30.39–43 [17] Obadja 16 [18] Jesaja 35,10

Teil VII

Die Zeit der Richter in Israel

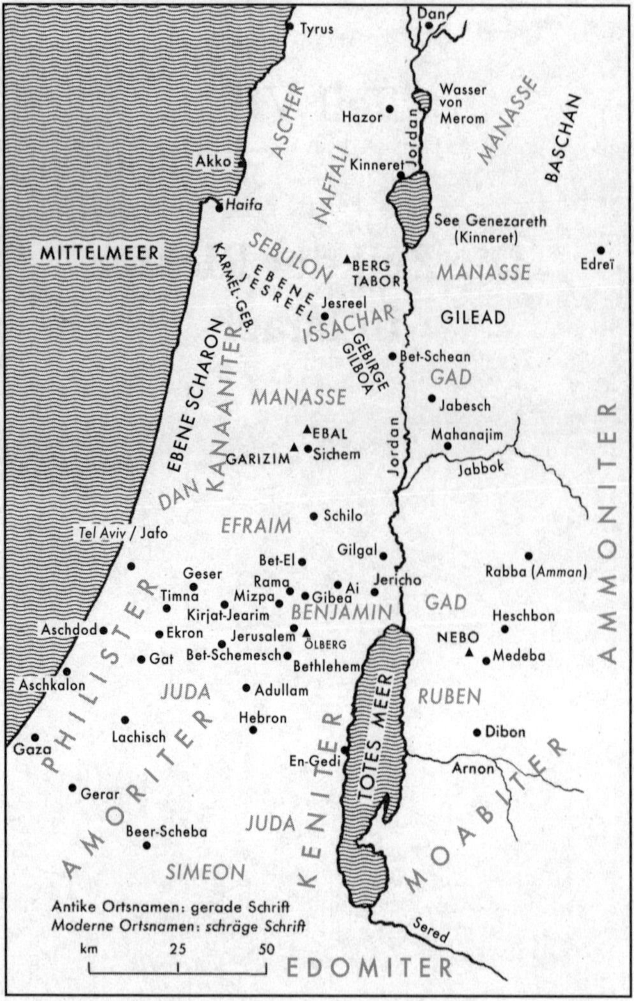

Kaanan zur Zeit der Richter

53 | Gideons Befreiungskampf*

Nach der Ansiedlung in Kanaan unternahm – trotz der letzten Ermahnungen Josuas – kein Stamm außer Juda und Simeon mehr wirkliche Anstrengungen, auch noch den Rest des Landes zu erobern.[1] Man war mit dem gewonnenen Gebiet zufrieden und der Kämpfe überdrüssig. Der Bericht sagt: „Als die Israeliten stärker wurden, zwangen sie die Kanaaniter zur Fronarbeit, trieben sie aber nicht aus dem Land."[2]

Gott hatte seine Verheißungen treu erfüllt. Israel musste nur noch die Vertreibung der heidnischen Bevölkerung vollenden; aber das geschah nicht. Die Israeliten gingen vielmehr Bündnisse mit den Bewohnern Kanaans ein. Sie übertraten damit ein ausdrückliches Gebot Gottes und erfüllten nicht die Bedingung, unter der er ihnen die vollständige Eroberung des Landes zugesagt hatte.[3]

Gott hatte sie bereits am Sinai gewarnt: „Werft euch nicht vor ihren Götterstatuen nieder, und betet sie nicht an! Übernehmt auch nicht die heidnischen Bräuche dieser Völker! Ihr müsst ihre Götterfiguren zerstören und ihre heiligen Steinsäulen zerschlagen."[4] Der Herr sicherte den Israeliten zu, ihre Feinde zu unterwerfen, wenn sie ihm gehorsam waren: „Angst und Schrecken werde ich vor euch hersenden. Ich werde die Völker, zu denen ihr kommt, in Verwirrung stürzen; alle eure Feinde werden vor euch die Flucht ergreifen. Panik werde ich vor euch her verbreiten und so die Hiwiter, Kanaaniter und Hetiter vertreiben. Allerdings werde ich sie nicht schon im ersten Jahr vollständig vertreiben, sonst bleiben weite Landstriche unbestellt und verwildern, und das Wild vermehrt sich so stark, dass ihr nicht mehr Herr darüber werdet ... Schließt keinen Bund mit ihnen und lasst euch nicht mit ihren Göttern ein. Sie dürfen nicht mit euch zusammen in eurem Land leben, sonst werden sie euch dazu verleiten, mir untreu zu werden und ihre Götter zu verehren. Und das würde euch den Untergang bringen."[5]

---

* Dieses Kapitel basiert auf Richter 2, 6 bis 8 und 10.

[1] Richter 1,27–33 [2] Richter 1,28 [3] Richter 2,1–3 [4] 2. Mose 23,24 Hfa

[5] 2. Mose 23,27–29.32.33

Die Israeliten sollten die Ausbreitung der sittlichen Verdorbenheit verhindern, die von den Kanaanitern ausging, und Gott wollte ihnen noch mächtigere Völker in die Hände geben. Mose hatte ihnen zugesichert: „Wenn ihr alle Weisungen, die ich euch verkünde, genau befolgt, den Herrn, euren Gott, liebt, euch zu ihm haltet und auf seinen Wegen bleibt, dann wird er alle diese Völker vor euch vertreiben, obwohl sie größer und stärker sind als ihr, und ihr werdet ihr Land in Besitz nehmen können ... Niemand wird sich gegen euch behaupten können.“[6]

Solange die Generation noch lebte, die Josua unterwiesen hatte, gewann der Götzendienst kaum an Boden.[7] Aber die Eltern bereiteten den Abfall ihrer Kinder vor. Ihre einfache Lebensweise hatte den Israeliten körperliche Gesundheit beschert. Aber die Bekanntschaft mit den Heiden führte dazu, dass sie ihrer Esslust und ihren Trieben freien Lauf ließen und dadurch mehr und mehr körperlich, sittlich und geistig geschwächt wurden. Darunter litt auch ihre Beziehung zu Gott, was wiederum zur Folge hatte, dass sie sich nicht länger gegen ihre Feinde durchsetzen konnten.

Israel wählte den bequemeren Weg und verspielte damit die Gelegenheiten zur völligen Eroberung Kanaans. Am Ende wurden sie schließlich von denen unterdrückt, die sie hätten unterwerfen können. Viele Generationen hindurch bedrängten die übrig Gebliebenen der götzendienerischen Völker die Israeliten. Gott hatte sie davor gewarnt: „Wenn ihr nicht alle Bewohner des Landes vertreibt, werden euch die Zurückgebliebenen hart unterdrücken. Sie werden euch quälen wie Splitter im Auge und Dornen unter den Füßen.“[8]

Schließlich setzte sich sogar der Götzendienst der Heiden durch: Die Israeliten „verließen den Gott ihrer Vorfahren, der sie aus Ägypten herausgeführt hatte, und liefen fremden Göttern nach. Sie fingen an, die Götter ihrer Nachbarvölker anzubeten, und beleidigten damit den Herrn. Weil sie an seiner Stelle den Gott Baal und die Göttin Astarte verehrten, wurde der Herr zornig auf sie. Er ließ immer wieder räuberische Beduinen über sie herfallen, die sie ausplünderten. Er gab sie auch den feindlichen Nachbarvölkern preis, sodass sie ihnen nicht mehr standhalten konnten.“[9]

---

[6] 5. Mose 11,22.23.25 [7] Richter 2,7 [8] 4. Mose 33,55 Hfa
[9] Richter 2,12–14

Die Richter als Retter des Volkes

Dennoch hatte der Herr oft Erbarmen mit seinem Volk, denn es gab stets einige Israeliten, die Jahwe treu blieben. „Immer wieder ließ der Herr bedeutende Männer erstehen, die Richter, die die Leute von Israel aus der Gewalt der plündernden Nachbarstämme befreiten. Aber selbst auf ihre Richter hörten sie nicht. Sie liefen weiter den fremden Göttern nach und warfen sich vor ihnen nieder. So rasch waren sie vom rechten Weg abgekommen und gehorchten nicht mehr den Geboten des Herrn, wie das ihre Vorfahren getan hatten. Trotzdem ließ der Herr ihnen immer wieder einen Richter als Retter erstehen, und er stand dem Richter zur Seite und befreite sie aus der Hand ihrer Feinde. Denn wenn sie über ihre Quäler und Unterdrücker klagten, tat die harte Strafe dem Herrn Leid."[10] So wiederholten sich Abfall und Bestrafung, Schuldbekenntnis und Befreiung immer wieder aufs Neue.

Zunächst waren die Könige von Mesopotamien und der Moabiter Israels Bedrücker, später Jabin, der König der Kanaaniter in Hazor mit seinem Heerführer Sisera. Die Richter Otniël, Ehud und Schamgar, die Prophetin Debora und Barak wurden zu Befreiern ihres Volkes berufen.[11]

Doch „von neuem taten die Leute von Israel, was dem Herrn missfällt. Deshalb gab er sie sieben Jahre lang in die Gewalt der Midianiter."[12] Zwar hatten die Israeliten sie nach dem von Bileam angestifteten Abfall am Jordan fast vernichtet, aber inzwischen war dieses Volk wieder stark und mächtig geworden – und dürstete nach Rache. Als Gott seine schützende Hand von Israel zurückzog, war die Gelegenheit zur Vergeltung gekommen. Bald zitterten alle vor den Raubzügen der Midianiter, die das Land vom Jordan bis zur Philisterebene wie eine verheerende Plage überzogen. Sobald die Ernte zu reifen begann, überschwemmten sie mit ihren Scharen das Land und blieben, bis die letzten Früchte eingesammelt oder gegessen waren.[13] Sie plünderten die Felder und beraubten und misshandelten die Bewohner. Daher waren die Israeliten, die im offenen Land wohnten, schließlich gezwungen, in befestigten Städten oder in Berghöhlen Zuflucht zu suchen. Sieben Jahre dauerte diese Bedrängnis. Doch als sich das Volk Israel wieder Gott zuwandte, erweckte er ihm abermals einen Retter.

---

[10] Richter 2,16–18 [11] Richter 3 und 4 [12] Richter 6,1 [13] Richter 6,3–5

Gideons Berufung

Der Ruf, Israel zu befreien, erging an Gideon aus dem Stamm Manasse. Der war gerade dabei, etwas Weizen zu dreschen. Weil er nicht auf der Tenne zu dreschen wagte, tat er es heimlich an einer Weinkelter.[14] Die Zeit der Weinlese war noch lange nicht gekommen; daher wurden die Weingärten von den Midianitern kaum beachtet. Während Gideon im Verborgenen arbeitete, dachte er über die Lage seines Volkes nach und fragte sich, wie das Joch der Unterdrücker abgeschüttelt werden könnte.

Plötzlich erschien der „Engel des Herrn" und sprach ihn mit den Worten an: „,Gott mit dir, du tapferer Krieger!' Gideon erwiderte: ,Verzeihung, mein Herr! Aber wenn wirklich Gott mit uns ist, wie konnte uns dann so viel Unglück treffen? Unsere Väter haben uns doch immer wieder erzählt: ,Der Herr hat uns aus Ägypten hierher geführt.' Wo sind denn nun alle seine Wundertaten geblieben? Nein, der Herr hat uns im Stich gelassen und uns den Midianitern ausgeliefert!' Der Herr aber trat auf Gideon zu und sagte: ,Du bist stark und mutig. Geh und rette Israel aus der Hand der Midianiter. Ich sende dich!'"[15]

Gideon erbat sich ein Zeichen, um Gewissheit zu bekommen, dass wirklich der Engel des Bundes mit ihm sprach, der in der Vergangenheit für Israel gestritten hatte. Er lief in sein Zelt, bereitete einen jungen Ziegenbock und ungesäuerte Brote zu und legte sie dem Gast zum Essen vor. Der Engel gebot ihm: „Leg das Fleisch und die Brote hier auf den Felsblock." Gideon tat es und erhielt das erbetene Zeichen: Der Sohn Gottes berührte mit seinem Stab das Fleisch und die ungesäuerten Brote. „Da schlug Feuer aus dem Felsen und verzehrte alles. Im selben Augenblick war der Engel verschwunden."[16]

Auch Gideons Vater Joasch gehörte zu den Abtrünnigen im Volk Israel. Er hatte auf einer Anhöhe nahe seinem Wohnort einen großen Altar für Baal errichtet. Den sollte Gideon nun zerstören und über dem Felsen, auf dem sein Opfer verzehrt worden war, Jahwe einen Altar errichten und dem Herrn opfern.[17] Gott Opfer darzubringen war nur den Priestern gestattet und damals auf den Altar in Schilo beschränkt. Aber Gott, der diesen zeremoniellen Dienst eingesetzt hatte, besaß auch das Recht, diese Vorschrift auszusetzen. Gideon sollte zuerst

---

[14] Richter 6,11 [15] Richter 6,12–14 [16] Richter 6,17–21 [17] Richter 6,25.26

dem Götzendienst den Kampf ansagen, ehe er auszog, um die Feinde seines Volkes zu bekämpfen.

Da er mit großem Widerstand rechnete, führte Gideon den Auftrag mithilfe von zehn seiner Knechte heimlich nachts aus. Natürlich war der Zorn der Leute von Ofra groß, als sie am nächsten Morgen kamen, um Baal anzubeten.[18] Sie fanden schnell heraus, dass Gideon den Altar zerstört hatte, und hätten ihn getötet, wenn nicht Joasch seinen Sohn verteidigt hätte, weil er vom Besuch des Herrn wusste: „Was mischt ihr euch in die Angelegenheiten Baals? Ist es vielleicht eure Sache, für ihn einzutreten? Wenn er ein Gott ist, soll er selbst kämpfen und sich dafür rächen, dass man seinen Altar eingerissen hat.“[19] Mit dieser geschickten Argumentation zerstreute Joasch die Empörung über Gideons Tat weitgehend.

Als Gideon dann kurze Zeit später den Aufstand gegen die Midianiter durch das Blasen eines Widderhorns einleitete, scharten sich die Männer von Ofra als Erste um sein Banner. Gideon sandte Boten zu seinem eigenen Stamm Manasse, ebenso zu den Stämmen Asser, Sebulon und Naftali, und alle folgten dem Ruf.[20]

300 Krieger genügen dem Herrn

Gideon brauchte Gewissheit und betete: „Bitte gib mir ein Zeichen, dass du Israel wirklich durch mich befreien willst, wie du es angekündigt hast. Ich lege frisch geschorene Wolle auf den Dreschplatz. Lass doch morgen früh die Wolle vom Tau nass sein, den Boden ringsum aber trocken! Dann weiß ich, dass du Israel durch mich retten möchtest, wie du es gesagt hast.“[21] Am Morgen war die Wolle nass und der Boden trocken. Doch nun kamen Gideon Zweifel, denn Wolle zieht naturgemäß Feuchtigkeit aus der Luft an; also konnte die Probe auch täuschen. Deshalb erbat er das Zeichen noch einmal umgekehrt. Gott gewährte ihm auch diese Bitte.[22]

Dadurch ermutigt, führte Gideon seine Streitkräfte in den Kampf gegen die Eindringlinge. „Die Midianiter und dazu die Amalekiter und die Beduinen aus dem Osten versammelten ihre ganze Streitmacht und überschritten den Jordan.“[23] Das von Gideon befehligte Heer umfasste nur 32 000 Mann. Trotz

[18] Richter 6,27.28 [19] Richter 6,30.31 [20] Richter 6,34.35
[21] Richter 6,36.37 Hfa [22] Richter 6,39.40 [23] Richter 6,33

des zahlenmäßig weit überlegenen feindlichen Streitmacht erklärte ihm der Herr: „Dein Heer ist zu groß! So kann ich die Midianiter nicht in eure Hand geben. Sonst werden die Leute von Israel am Ende prahlen und sagen: ‚Der eigenen Hand verdanken wir unsere Rettung!' Darum lass im ganzen Lager ausrufen, dass alle, die Angst haben, nach Hause gehen."[24] Viele hatten sich durch Gideons begeisternden Aufruf schnell gewinnen lassen, aber beim Anblick der Feinde fürchteten sie sich. Sie waren keine Hilfe.

Gideon gehorchte der Weisung des Herrn und sah schweren Herzens mehr als zwei Drittel seiner Streitmacht abziehen. „22 000 Mann machten kehrt, und 10 000 blieben zurück. Doch der Herr sagte zu Gideon: ‚Es sind immer noch zu viele! Führ sie [zum Wasser] hinab. Ich will dort selbst noch einmal auswählen. Ich werde dir sagen, wer mit dir ziehen soll und wer nicht.'"[25]

Gideon führte die Männer hinab ans Flussufer. Sie erwarteten, sofort gegen den Feind vorrücken zu sollen. Einige nahmen noch schnell etwas Wasser mit der Hand auf und schlürften es im Vorbeigehen; aber die meisten knieten nieder und tranken in aller Ruhe aus dem Fluss. Von 10 000 Männern schöpften nur 300 Wasser mit ihren Händen; und nur die sollten mit Gideon ziehen; die anderen durften ebenfalls heimkehren. Deren Verpflegung und Widderhörner nahmen die 300 an sich.[26]

Diese von Gott erwählten Männer besaßen nicht nur Mut und Selbstbeherrschung, sondern vertrauten auch auf ihn. Sie hatten sich nicht durch den Götzendienst verunreinigt. Gott konnte sie leiten und wollte durch sie Israel Befreiung schenken. Er wird nicht so sehr durch eine große Anzahl Kämpfer geehrt, sondern durch den Charakter derer, die sich ihm zur Verfügung stellen.

Die Israeliten stellten sich auf dem Gipfel eines Hügels auf, von dem aus sie das Tal und die Feinde übersehen konnten. Die „bedeckten die ganze Ebene wie Heuschrecken und ihre Kamele waren unzählbar wie die Sandkörner am Meeresstrand".[27] Gideon hatte Angst vor dem Kampf am kommenden Tag. Der Herr wies ihn an, zum Lager der Midianiter zu schleichen, denn dort würde er etwas Ermutigendes hören.[28]

---

[24] Richter 7,2.3 [25] Richter 7,3.4 Hfa [26] Richter 7,5–7 [27] Richter 7,12
[28] Richter 7,10.11

Gideon ging hin und als er im Dunkeln lauschte, hörte er, wie ein Mann einem andern seinen Traum erzählte: „Stell dir vor", sagte er, „ich habe im Traum gesehen, wie ein Gerstenbrot vom Berg herab in unser Lager rollte. Es stieß an unser Zelt, warf es um und kehrte das Unterste zuoberst." Die Entgegnung des anderen versetzte Gideon in Erregung: „Das kann nur eine Bedeutung haben: Der Israelit Gideon wird uns besiegen; Gott hat uns und unser Lager in seine Hand gegeben!" Gideon erkannte, dass Gott zu ihm durch diese fremden Krieger sprach. Er kehrte zu den 300 Männern zurück, die unter seinem Befehl standen, und rief ihnen zu: „Steht auf! Der Herr hat das Lager der Midianiter in eure Hand gegeben." [29]

Gottes einfache Taktik führt zum Erfolg

Nun eröffnete Gott Gideon seinen Angriffsplan. Die Männer wurden in drei Gruppen geteilt. Jeder nahm ein Widderhorn und eine Fackel, die er in einem Tonkrug verbarg. Sie wurden so aufgestellt, dass sie von verschiedenen Seiten auf das Lager der Midianiter zukamen. Auf ein Signal aus Gideons Widderhorn ließen alle 300 Männer in der stockfinsteren Nacht ihre Widderhörner erschallen. Dann zerschlugen sie ihre Krüge, hielten die brennenden Fackeln hoch und stürmten zugleich mit einem Angst einflößenden Kriegsgeschrei auf die Feinde los: „Für den Herrn und für Gideon!" [30]

Sofort waren die schlafenden Midianiter wach. Von allen Seiten sahen sie sich von brennenden Fackeln umgeben; aus jeder Richtung hörten sie Hörnerklang und das Geschrei der Angreifer. Da sie glaubten, einer Übermacht ausgeliefert zu sein, gerieten die Midianiter in Panik. Schreiend rannten sie um ihr Leben, und weil sie wegen der Dunkelheit die eigenen Kameraden für Feinde hielten, erschlugen sie sich gegenseitig.[31]

Als sich die Nachricht von diesem Sieg verbreitete, kamen Tausende von den nach Hause entlassenen Männern Israels zurück und beteiligten sich an der Verfolgung der Fliehenden. Gideon ließ dem Stamm Efraïm durch Boten ausrichten, dass sie die Midianiter an den südlichen Jordanfurten abfangen sollten. Das taten sie und töteten auch zwei Fürsten.[32]

Inzwischen ging Gideon mit seinen 300 Männern über den Jordan und verfolgte die Midianiter, die schon auf die andere

---

[29] Richter 7,13–15 [30] Richter 7,19.20 [31] Richter 7,21.22 [32] Richter 7,24.25

Seite gelangt waren. Er holte die Befehlshaber des feindlichen Heeres ein, die mit 15 000 Kriegern entkommen waren, zerstreute ihre Streitmacht vollständig und nahm ihre beiden Könige gefangen, die er später eigenhändig tötete.[33]

Bei dieser merkwürdigen Schlacht kamen 120 000 Feinde ums Leben.[34] Damit war die Macht der Midianiter gebrochen, sodass sie nie wieder Krieg gegen Israel führten. Worte können das Entsetzen der umliegenden Völker nicht beschreiben, als sie erfuhren, mit welch einfachen Mitteln die Macht eines kühnen, kriegerischen Volkes vernichtet worden war.

Gideon, Gottes Werkzeug im Kampf gegen die Midianiter, war weder ein Sippenältester noch ein Priester oder Levit. Sich selbst hielt er für den Geringsten in seines Vaters Familie. Er vertraute nicht auf seine eigene Kraft und war bereit, der Führung des Herrn zu folgen. Gott erwählt die Menschen, die er am besten gebrauchen kann. Er macht sie stark, indem er ihre Schwachheit mit seiner Kraft vereint, und klug, indem er ihr Unwissen mit seiner Weisheit verbindet.

Es gibt leider nicht viele, die Gott mit großer Verantwortung betrauen oder durch Erfolg auszeichnen kann, ohne dass sie selbstsicher werden und ihre Abhängigkeit von Gott vergessen. Das ist der Grund, weshalb der Herr bei der Auswahl seiner Werkzeuge oft diejenigen übergeht, die in den Augen der Menschen als begabt, bedeutend oder vielversprechend gelten. Sie sind oft zu stolz und selbstzufrieden und meinen, ohne Gottes Kraft und Rat auskommen zu können.

Vertrauen auf Gott und Gehorsam sind für uns im geistlichen Kampf ebenso wichtig, wie sie es für Gideon und Josua in den Kämpfen mit den Feinden waren. Christus ist heute genauso bereit, die Bemühungen seiner Gemeinde zu unterstützen und große Dinge durch schwache Werkzeuge zu vollbringen, denn seine „Kraft ist in den Schwachen mächtig".[35]

Als Gideon die Männer Israels zum Kampf gegen die Midianiter aufgerufen hatte, waren die Efraïmiter zurückgeblieben. Und da er ihnen keine besondere Aufforderung geschickt hatte, benutzten sie das als Ausrede, dem Aufruf nicht folgen zu müssen. Als aber die Siegesnachrichten kamen, waren sie neidisch, weil sie nicht beteiligt waren. Nach der Niederlage der Midianiter halfen sie zwar mit, den Sieg zu vollenden. Trotzdem waren sie missgünstig und zornig, als ob Gideon seinem

---

[33] Richter 8,4–12.21 [34] Richter 8,10 [35] 2. Korinther 12,9 LB

eigenen Willen und Urteil gefolgt wäre. Sie sahen in Israels Sieg nicht Gottes Hand. Schon das bewies, dass sie unwürdig waren, seine besonderen Werkzeuge zu sein.

Als Gideon mit der Siegesbeute heimkehrte, machten sie ihm Vorwürfe: „Warum hast du uns nicht gerufen, als du in den Kampf gegen die Midianiter gezogen bist? Das hättest du uns nicht antun dürfen!“ Er antwortete ihnen: „Der Sieg, den ich errungen habe, ist nichts, verglichen mit dem, was euch geglückt ist. Ihr kennt doch das Sprichwort: ‚Die Nachlese Efraïms ist besser als die Lese Abiësers!‘ Gott hat die Anführer der Midianiter in eure Hand gegeben; das stellt alles in den Schatten, was ich getan habe.“[36] Gideons sehr bescheidene Antwort besänftigte den Zorn der Männer Efraïms, und sie kehrten friedlich nach Hause zurück. Er zeigte hier eine Höflichkeit und Nachsicht gegenüber denen, die ihn ungerechtfertigt angriffen, wie man sie nur selten findet.

Gideons Demut und sein Fehler

Im Überschwang der Gefühle und der Freude über die Befreiung von den Midianitern wollten die Israeliten Gideon zum König machen. Aber dieser Vorschlag war eine offene Verletzung der Gottesherrschaft. Gott war der König Israels. Hätten sie einen Menschen auf den Thron gehoben, wäre das einer Ablehnung Jahwes gleichgekommen. Das erkannte Gideon und seine Antwort zeigt, wie edel und aufrichtig seine Beweggründe waren: „Ich will nicht euer Herrscher sein und auch mein Sohn soll es nicht sein; der Herr soll über euch herrschen!“[37]

Doch Gideon ließ sich zu einem anderen Fehler verleiten, der über seine Familie und ganz Israel Unheil brachte. Die Untätigkeit, die auf Kampfzeiten folgt, ist oft gefährlicher als die Auseinandersetzung selbst. Dieser Gefahr war Gideon nun ausgesetzt. Ihn packte die Unruhe. Er fing an, selbst Pläne zu schmieden, statt auf göttliche Weisungen zu warten. Aus dem früheren Befehl Gottes, auf dem Felsen, wo ihm der Engel erschienen war, einen Altar zu errichten und zu opfern, schlussfolgerte er, dass er auch zum Priesteramt berufen wäre. Ohne auf eine göttliche Erlaubnis zu warten, entschloss er sich, ein Opfersystem einrichten, das dem des Heiligtums glich.

---

[36] Richter 8,1–3 [37] Richter 8,22.23

Getragen von der Gunst des Volkes gab es keine Schwierigkeiten bei der Ausführung seines Planes. Auf seine Bitte hin händigte man Gideon alle goldenen Ringe der Midianiter als seinen Beuteanteil aus, fast 20 Kilogramm Gold. An den reich verzierten Gewändern der Midianiterkönige machte er einen Efod mit Brustschild – eine Nachbildung dessen, was der Hohepriester trug.[38] Das Ganze wurde ihm selbst, seiner Familie und dem Volk Israel zum Fallstrick, denn dieser unautorisierte Gottesdienst verführte viele nach Gideons Tod dazu, den Herrn zu verlassen und schließlich Götzen zu dienen.[39] Derselbe Mann, der einst den Baalsdienst abgeschafft hatte, brachte ungewollt das Volk wieder von Gott ab.

Auch Menschen in höchster Stellung können vom rechten Wege abkommen. Die Erfahrensten können sich irren; die Stärksten können straucheln und fallen. Unsere einzige Sicherheit liegt im bedingungslosen Vertrauen auf Gott.

Nach Gideons Tod machte das Volk Israel dessen unehelichen Sohn Abimelech zum König. Er ermordete mit einer Ausnahme alle rechtmäßigen Söhne Gideons, um seine Macht zu sichern. Ein Unrecht zog das andere nach sich und endete nach jahrelangem Bruderkrieg, in dem viel unschuldiges Blut floss, mit Abimelechs schmählichem Tod.[40]

Der Abfall wiederholt sich

Nach Abimelechs Tod geboten gottesfürchtige Richter dem Götzendienst eine Zeitlang Einhalt. Aber es dauerte nicht lange, bis Israel zu den Gewohnheiten der heidnischen Völker seiner Umgebung zurückkehrte. Dem Abfall folgte bald die Strafe. Die Ammoniter unterwarfen die östlichen Stämme, überschritten den Jordan und drangen in das Gebiet von Juda und Efraïm ein. Im Westen zogen die Philister aus der Ebene am Mittelmeer herauf, brandschatzten und plünderten weit und breit.[41] Wieder war Israel seinen Feinden preisgegeben.

Und wie immer suchte es dann Hilfe bei dem, den es verlassen und beleidigt hatte. „Sie schrien zum Herrn und bekannten: ‚Wir haben gegen dich gesündigt! Wir haben dich verlassen und anderen Göttern gedient!‘“[42] Doch das Volk klagte nur, weil seine Sünden Leiden mit sich gebracht hatten, aber

[38] Richter 8,24–27 [39] Richter 8,33 [40] Richter 9,1–6.52–54
[41] Richter 10,6–9 [42] Richter 10,10 Hfa

nicht, weil es Gott durch die Übertretung seines Gesetzes Schande bereitet hatte. Wahre Reue ist mehr als Trauer über die Folgen einer Sünde. Sie beinhaltet ein entschiedenes Abwenden vom Bösen.

Der Herr antwortete damals durch einen Propheten: „Habe ich euch nicht vor den Ägyptern, den Amoritern, Ammonitern und Philistern gerettet? Und als ihr zu mir um Hilfe rieft, weil euch die Phönizier, Amalekiter und Maoniter bedrängten, habe ich euch da nicht vor ihnen beschützt? Ihr aber habt euch von mir abgewandt und habt anderen Göttern geopfert. Deshalb werde ich euch jetzt nicht mehr helfen. Geht doch zu den Göttern, die ihr euch ausgesucht habt! Die sollen euch jetzt in der Not beistehen und euch retten!“[43]

Nun demütigten sich die Israeliten vor dem Herrn. „Sie schafften die Bilder der fremden Götter weg und dienten wieder dem Herrn. Da konnte er das Leiden der Israeliten nicht länger mit ansehen.“[44] Der Herr ging erneut auf ihre Gebete ein und erbarmte sich seines Volkes. Er berief Jiftach zum Richter, der gegen die Ammoniter in den Kampf zog und deren Macht endgültig brach.[45]

18 Jahre lang hatten die Israeliten dieses Mal unter der Bedrückung gelitten, aber wieder nichts daraus gelernt. Erneut gerieten sie auf Abwege. Da ließ sie der Herr erneut durch mächtige Feinde unterdrücken, dieses Mal durch die Philister.[46]

Die Israeliten hatten sich unter diese Götzendiener gemischt und so lange an deren Vergnügungen und deren Götzendienst teilgenommen, bis sie in Wesensart und Neigungen eins mit ihnen zu sein schienen. Doch dann wurden diese vorgeblichen Freunde zu ihren erbitterten Feinden und versuchten, die Israeliten mit allen Mitteln zu vernichten. Viele Jahrzehnte lang wurden sie von diesem grausamen, kriegerischen Volk bedrängt und zeitweise vollständig unterjocht.

Die Bibel lehrt deutlich, dass es keine Übereinstimmung zwischen dem Volk Gottes und der Umwelt geben kann. Unter dem Deckmantel vorgeblicher Freundschaft verleitet Satan durch die Gottlosen die Kinder Gottes zur Sünde. Wenn deswegen ihr Schutz von ihnen genommen ist, kehren sich Satans Werkzeuge gegen sie und sind darauf aus, sie völlig zugrunde zu richten.

---

[43] Richter 10,11–14 [44] Richter 10,16 [45] Richter 11,32.33 [46] Richter 13,1

54 | Simson – ein starker Schwächling*

Inmitten des weitverbreiteten Abfalls von Gott baten die treuen Anbeter Jahwes um Israels Befreiung. Der Herr schien nicht auf sie zu hören, denn die Unterdrückung der Israeliten durch die Philister nahm zu. Doch schon in den ersten Jahren der Bedrängnis wurde ein Kind geboren, durch das Gott diese Feinde demütigen wollte.

Eines Tages erschien Manoachs kinderloser Frau der „Engel des Herrn" mit der Botschaft, sie werde einen Sohn bekommen, durch den mit seiner Hilfe Israels Befreiung beginnen sollte. Zugleich unterwies sie der Sohn Gottes über ihre und des Kindes künftige Lebensweise: „Trinke keinen Wein oder andere berauschende Getränke. Iss nichts, was der Herr für unrein erklärt hat!" Dasselbe Verbot galt auch für den angekündigten Sohn, denn er sollte „von seiner Geburt an ein Gottgeweihter sein. Seine Haare dürfen ihm nie geschnitten werden."[1]

Voller Sorge, sie könnten bei der Erziehung des Kindes etwas falsch machen, betete Manoach: „Bitte, Herr, schick doch deinen Boten noch einmal zu uns, damit er uns genau sagt, was wir mit dem Jungen tun sollen, den wir bekommen."[2] Als der Engel des Herrn daraufhin ein zweites Mal erschien, erkundigte sich Manoach: „Wenn deine Ankündigung eingetroffen ist, wie sollen wir es dann mit dem Kind halten?" Der Engel wiederholte: „Seine Mutter soll alles meiden, was ich ihr genannt habe. Sie darf keine Trauben essen und weder Wein noch Bier trinken und sie soll auch keine unreinen Speisen essen."[3]

Vorgeburtliche Einflüsse

Der verheißene Sohn sollte eine bedeutende Aufgabe übernehmen; deshalb wurden die Lebensgewohnheiten von Mutter und Kind sorgfältig festgelegt. Die Lebensweise einer werden-

---

* Dieses Kapitel basiert auf Richter 13 bis 16.

[1] Richter 13,3–5 [2] Richter 13,8 Hfa [3] Richter 13,12–14

den Mutter wirkt sich bereits positiv oder negativ auf das Ungeborene aus. Ist die Schwangere auf sein Wohlergehen bedacht, wird sie sich entsprechend verhalten, sich von schädlichen Dingen enthalten und Selbstbeherrschung üben. Manche mögen ihr einreden, sie solle jedem Wunsch und Verlangen nachgeben, doch Gott erwartet von Müttern von Anfang an eine verantwortungsbewusste Lebensweise.

Wie die Mütter tragen auch die Väter Verantwortung. Infolge elterlicher Unmäßigkeit sind manche Kinder anfälliger als andere oder in körperlicher, geistiger und moralischer Hinsicht schwächer. Das trifft besonders zu, wenn die Eltern Raucher sind oder Alkohol trinken. Das Verlangen danach und die negativen Folgen werden bereits vor der Geburt auf die Kinder übertragen.

Mitunter zeigt es sich in solchen Familien, wie es von einer Generation zur nächsten weiter abwärts geht. Auch manche Krankheiten oder Behinderungen, mit denen Kinder geboren werden, sind auf die ungesunde Lebensweise ihrer Eltern zurückzuführen.

Viele nehmen die Bedeutung der vorgeburtlichen Einflüsse nicht ernst. Aber die Unterweisung, die der Sohn Gottes damals diesen israelitischen Eltern gab, zeigt, welche Bedeutung ihnen unser Schöpfer beimisst. Allerdings sind gute Erbanlagen und optimale vorgeburtliche Einflüsse nicht alles. Wie sich ein Kind entwickelt, hängt maßgeblich davon ab, wie es geliebt und erzogen wird und ob es den Eltern gelingt, ihnen gute Gewohnheiten nahezubringen.

Der künftige Befreier Israels sollte weder als Kind noch als Erwachsener alkoholische Getränke genießen. Die Lehren von Selbstbeherrschung und Enthaltsamkeit sollten Kindern von klein auf nahegebracht werden.

Die Unterscheidung von reinen und unreinen Speisen

Das Verbot des Herrn bezog sich auch auf „alle unreinen Speisen". Die Unterscheidung zwischen „reinen" und „unreinen" Tieren ist keine rein zeremonielle Anordnung; sie beruht vor allem auf den von Gott durch Mose gegebenen Gesundheitsgeboten.

In 3. Mose 11 ist nachzulesen, welche Tiere gegessen werden dürfen: nur jene, die „vollständig gespaltene Hufe oder Pfoten haben und wiederkäuen". Bei den Meerestieren sind es nur die, „die Flossen und Schuppen haben. Aber alle Lebewesen im Wasser ohne Flossen und Schuppen sind unrein.“[4] Dagegen dürfen die geläufigen Geflügelarten gegessen werden, jedoch keine Strauße.

Bemerkenswert ist die Begründung dieser Gebote, die auf ihre andauernde Gültigkeit verweist: „Ich bin der Herr, euer Gott. Ihr sollt heilig sein, denn ich bin heilig!“ Derselbe Grundsatz wird an anderen Stellen im Alten und Neuen Testament wiederholt.[5]

Welche Bedeutung der Verzicht auf das Fleisch unreiner Tiere hat, lässt sich daran erkennen, welch wunderbare Lebenskraft die Juden über Jahrtausende hinweg besaßen. Medizinische Untersuchungen bestätigen heutzutage, wie sinnvoll die biblischen Ernährungsgebote sind.

Ungesunde Nahrung beeinträchtigt die Gesundheit und bereitet sogar den Weg zum Alkoholismus. Biblische Mäßigkeit bedeutet, Schädliches völlig zu meiden und wohlüberlegt nur das in Maßen zu verwenden, was der Gesundheit förderlich ist. Viele sind sich heutzutage nicht darüber im Klaren, in welchem Umfang ihre Ernährungsgewohnheiten mit ihrer Gesundheit, ihrer Leistungsfähigkeit, ihrem Charakter und auch mit ihrem ewigen Schicksal zu tun haben. Unsere moralischen und geistigen Kräfte sollen der Trink- und Esslust die nötigen Grenzen setzen. Der Körper soll dem Geist untergeordnet sein.

Als Manoach den Mann, der ihnen erschienen war, zum Essen einlud und nach seinem Namen fragte, gab der merkwürdige Antworten und empfahl, Gott ein Brandopfer darzubringen. Manoach tat das und es loderte Feuer zum Himmel auf, in dem der Engel des Herrn emporfuhr und verschwand. Da begriffen Manoach und seine Frau, dass ihnen Gott selbst erschienen war.[6]

Wie vom Herrn zugesagt, wurde ihnen ein Sohn geboren, den sie Simson nannten.[7] Als der Junge heranwuchs, zeigte es sich, dass er über außergewöhnliche Körperkräfte verfügte. Daran erwies sich, dass Simson ein Gottgeweihter war. Das äußere Zeichen dafür waren bei den Israeliten die ungeschnittenen Haare.[8] Manche trugen sie nur für die Dauer ihres Gelübdes; Simson sollten sie dagegen nie geschnitten werden.

---

[4] 3. Mose 11,3.9.10 Hfa [5] 3. Mose 11,44 Hfa; vgl. 3. Mose 19,2; 1. Petrus 1,14–16 [6] Richter 13,15–22 [7] Richter 13,24 [8] 4. Mose 6,5

Simson geht eine verkehrte Ehebindung ein

Hätte Simson die göttlichen Gebote so gewissenhaft wie seine Eltern befolgt, wäre sein Leben ehrenhafter und glücklicher verlaufen. Aber der Umgang mit Götzenanbetern verdarb ihn moralisch.

Seine Heimatstadt Zora lag dicht an der Grenze zum Philisterland. Simson stand bald auf freundschaftlichem Fuß mit deren heidnischen Bewohnern. Ein Mädchen aus Timna erregte sein Interesse, und er beschloss, es zu heiraten. Seine gottesfürchtigen Eltern versuchten zwar, ihn davon abzubringen, aber er hörte nicht auf ihre Einwände, sondern wischte alle Argumente mit den Worten weg: „Die gefällt mir!“[9] Schließlich gaben seine Eltern nach, und die Hochzeit fand statt.

Ausgerechnet als Simson in das Alter kam, in dem er seiner Berufung wegen Gott hätte treu sein müssen, verband er sich mit den Feinden Israels. Er fragte nicht danach, ob er Gott mit der Wahl dieses Mädchens ehrte und welche Folgen sie für seine Aufgabe hatte.

Gott hat jedem, der ihm vertraut und ihn ehren will, versprochen, ihm Weisheit für rechte Entscheidungen zu geben.[10] Aber es gibt keine Verheißung für diejenigen, die nur an sich und die Erfüllung ihrer eigensüchtigen Wünsche denken.

Viele machen es ähnlich wie Simson. Oft werden Ehen geschlossen, bei denen allein das Gefühl den Ausschlag gibt! Die Verliebten prüfen nicht vernünftig, ob sie wirlich zusammenpassen und genügend Gemeinsamkeiten für eine dauerhafte Eheverbindung besitzen. Sie fragen weder Gott um Rat noch hören sie auf ihre Eltern oder auf andere Menschen, die es gut mit ihnen meinen. Satan ist ständig darauf aus, Macht über Gottes Kinder zu erlangen, indem er sie dazu verleitet, sich mit Ungläubigen zu verbinden. Oft gelingt ihm das auch, indem er junge Christen dazu verführt, nur auf ihre Gefühle zu achten und den eigenen Willen durchzusetzen. Aber der Herr hat deutlich davor gewarnt, sich mit denen zusammenzutun, die ihn nicht ehren und lieben. Der Apostel Paulus mahnte: „Zieht nicht an einem Strang mit Leuten, die nicht an Christus glauben! ... Was hat Christus mit dem Teufel gemeinsam? Oder was verbindet einen Glaubenden mit einem Ungläubigen?“[11]

---

[9] Richter 14,2.3 [10] Siehe Jakobus 1,5 [11] 2. Korinther 6,14.15 Hfa

Beim siebentägigen Hochzeitsfest kam Simson in noch engeren sozialen Kontakt mit denen, die den Gott Israels hassten. Er gab 30 jungen Männern ein Rätsel auf, bei dem es um 30 Festgewänder als Preis ging. Als sie es tagelang nicht erraten konnten, drohten sie Simsons Braut mit dem Tod, falls die ihnen nicht die Lösung des Rätsels verriet.

Die weiteren Festtage bedrängte Simsons Frau ihn ständig und weinte, bis er ihr die Lösung sagte. Sie verriet den Männern sogleich die Lösung des Rätsels. Aus Zorn darüber verließ Simson sie kurzerhand und kehrte allein nach Zora zurück. Nachdem er sich beruhigt hatte, kam er einige Tage später zu seiner Frau zurück. Doch sie war inzwischen seinem Brautführer gegeben worden.[12]

Aus Rache steckte Simson wahllos die Getreidefelder und Weingärten der Philister in Brand. Das wiederum erboste sie dermaßen, dass sie seine ehemalige Frau samt deren ganzer Familie umbrachten.[13] Dabei hatten doch die Drohungen der 30 Männer sie zu dem Verrat genötigt, der der Auslöser von allem war!

Simson hatte seine erstaunliche Kraft bereits mehrfach bewiesen, etwa als er mit bloßen Händen einen jungen Löwen tötete oder kurzerhand 30 Männer von Aschkelon erschlug, um den Preis für die Lösung seines Rätsels bezahlen zu können.[14] Über den feigen Mord an seiner Frau in Zorn geraten, erschlug er die dafür verantwortlichen Philister. „Dann zog er sich in die Felsenhöhle bei Etam“ im Gebiet von Juda zurück.[15]

Dorthin verfolgten ihn die Philister, um ihn gefangen zu nehmen. Obwohl die Leute von Juda schnell 3000 wehrfähige Männer aufbieten konnten, entschlossen sie sich, Simson auszuliefern. Der ließ sich von ihnen tatsächlich mit Stricken fesseln und in das Lager der Feinde führen. Dort war der Jubel groß, aber dann „nahm der Geist des Herrn von ihm Besitz, und er zerriss die Stricke an seinen Armen, als wären es Fäden, die vom Feuer versengt sind“.[16] Dann ergriff Simson die erstbeste Waffe, die er finden konnte – den Unterkieferknochen eines toten Esels – und erschlug damit 1000 der angerückten Philister.[17]

---

[12] Richter 14,10–20; 15,1 [13] Richter 15,4–6 [14] Richter 14,5.6.19
[15] Richter 15,7.8 [16] Richter 15,13.14 [17] Richter 15,15

Wären die Männer von Juda bereit gewesen, gemeinsam mit Simson diesen Sieg auszunutzen, hätten sie sich nun von ihren Unterdrückern befreien können. Aber dazu brachten sie nicht den Mut auf. Sie hatten ihre von Gott übertragene Aufgabe, die Heiden zu vertreiben, zu lange vernachlässigt. Stattdessen beteiligten sie sich an deren entwürdigenden religiösen Bräuchen und nahmen die Unterdrückung hin. Dem allen hätten sie entgehen können, wenn sie Gott gehorsam geblieben wären. Sogar als der Herr ihnen einen Befreier erweckte, ließen sie ihn im Stich und lieferten ihn ihren Feinden aus.

Nach Simsons grandiosem Sieg machten die Israeliten ihn zum Richter. Er regierte das Volk zwanzig Jahre lang.[18] Aber während dieser Zeit fragte er nicht immer nach dem Willen Gottes, sondern tat, was ihm gefiel.

Einmal wagte er sich wieder unter seine Todfeinde, um seinen Leidenschaften zu frönen. Im Vertrauen auf seine übermenschliche Kraft ging er nach Gaza, um sich mit einer Hure einzulassen. Die Einwohner der Stadt erfuhren davon und sannen auf Vergeltung. Ihr Feind Simson war innerhalb der stärksten aller ihrer Festungen! Sie waren sich ihrer Beute so sicher, dass sie bis zum Morgen warten wollten, um ihn zu töten. Aber um Mitternacht weckte die anklagende Stimme seines Gewissens Reue in Simson, als ihm bewusst wurde, wie schamlos er sein Weihegelübde erneut gebrochen hatte. Dennoch verließ Gott ihn nicht. Wieder konnte er sich durch seine ungeheure Kraft befreien: Er ging zum Stadttor, hob es aus der Verankerung und trug es auf einen Hügel am Weg nach Hebron.[19]

Von einer Frau überwunden

Zwar wagte sich Simson nicht wieder zu den Philistern, verschaffte sich aber weiterhin sexuelle Vergnügungen, die ihn schließlich ins Verderben rissen. „Nach einiger Zeit verliebte sich Simson in eine Philisterin namens Delila aus dem Tal Sorek“, nicht weit von seinem Geburtsort.[20] Soreks Weingärten bildeten für den wankelmütigen Gottgeweihten eine weitere Versuchung, weil er mit dem Weingenuss bereits eine weitere Anweisung Gottes preisgegeben hatte, die ihn doch zur Enthaltsamkeit verpflichtete.

---

[18] Richter 15,20 [19] Richter 16,1–3 [20] Richter 16,4

Die Fürsten der Philister beschlossen, durch Delila Simson in ihre Gewalt zu bekommen. Sie wagten es nicht, ihn direkt anzugreifen, solange er im Besitz übermenschlicher Kräfte war, hofften aber, seinem Geheimnis mit ihrer Hilfe auf die Spur zu kommen. Deshalb bestachen sie Delila mit 1100 Silberstücken und trugen ihr auf, ausfindig zu machen, wie sie ihn überwältigen konnten, und ihnen das dann zu verraten.[21]

Als Delila Simson mit ihren Fragen zusetzte, täuschte er sie dreimal. Er behauptete, er würde schwach sein wie andere Menschen, wenn man ihn mit frischen Bogensehnen oder unbenutzten Seilen fesseln würde oder wenn sie seine sieben Zöpfe auf ihrem Webstuhl ineinander verweben würde. Sie benachrichtigte jedes Mal die Philisterfürsten und probierte es dann vergeblich aus. Daraufhin warf Delila Simson Unwahrhaftigkeit vor: „Wie kannst du behaupten, mich zu lieben, wenn du mir kein Vertrauen schenkst? Dreimal hast du mich zum Narren gehalten und mir nicht verraten, woher deine große Kraft kommt!“[22]

Dreimal bekam Simson den eindeutigen Beweis, dass die Philister mit seiner Geliebten im Bund waren, um ihn zu töten. Aber jedes Mal, wenn ihr Plan misslang, behandelte Delila das Ganze als einen Scherz und er – wie mit Blindheit geschlagen – verscheuchte seine Angst. Ihre verführerische Macht fesselte ihn an sie.

„Tag für Tag redete sie auf ihn ein. Sie drängte ihn so sehr, dass er es zuletzt nicht mehr ertragen konnte und sein Geheimnis preisgab: ‚Ich bin von Mutterleib an Gott geweiht, niemals hat man mir die Haare geschnitten. Ohne sie würde ich meine Kraft verlieren und schwach werden wie jeder andere.‘“[23] Sofort sandte Delila einen Boten an die Fürsten der Philister und forderte sie auf, unverzüglich zu kommen. Während Simson schlief, schnitt man ihm seine Haare ab. Dann rief Delila, wie sie es schon dreimal getan hatte: „Simson, die Philister sind da!“ Er erwachte und wollte sich wie früher seiner Kraft bedienen, aber seine Arme versagten den Dienst, und er begriff, „dass der Herr sich von ihm abgewandt hatte“.[24]

Delila reizte ihn weiter, um herauszufinden, ob ihn seine Kraft wirklich verlassen hatte, denn die Philister trauten sich erst an ihn heran, als sie sich dessen sicher waren. Dann aber

---

[21] Richter 16,5 [22] Richter 16,15 [23] Richter 16,16.17 Hfa
[24] Richter 16,19.20 Hfa

ergriffen sie ihn, stachen ihm die Augen aus und nahmen ihn mit nach Gaza. Dort wurde er mit Ketten gebunden und im Gefängnis zu schwerer Arbeit gezwungen.[25]

Welch ein Absturz! Nun war Simson schwach und blind, gefangen und zu Sklavendiensten verurteilt. Nach und nach hatte er alle Bedingungen seiner heiligen Berufung verletzt. Und wie lange hatte Gott dennoch Geduld mit ihm gehabt!

Erst als Simson der Sünde so weit erlegen war, dass er sein Geheimnis preisgab, verließ ihn der Herr. Nicht in seinem langen Haar lag die Kraft, aber es war ein Zeichen seiner Treue zu Gott. Als ihn die Leidenschaft dazu verleitete, das Geheimnis zu verraten, verwirkte er damit auch den Segen, für den es ein Zeichen gewesen war.

Späte Reue und ein tragischer Sieg

Von den Philistern zur Spottfigur herabgewürdigt, wurde sich Simson in dem Leiden und der Erniedrigung seiner Schwachheit mehr als je zuvor bewusst, und sein Elend brachte ihn zur Besinnung.

Die Philisterfürsten schrieben ihren Erfolg natürlich ihren Göttern zu und verspotteten den Gott Israels. Sie veranstalteten ein Fest zu Ehren des Fischgottes Dagon,[26] den „Beschützer des Meeres". Scharen von Anbetern füllten den riesigen Tempel und drängten sich auf der Galerie. Überall herrschte Feststimmung. Dann brachte man Simson herein. Volk und Fürsten spotteten über sein Elend und huldigten ihrem Gott, der den Verwüster ihres Landes überwunden hatte.

Nach einer Weile täuschte Simson Müdigkeit vor und bat darum, sich an die beiden Hauptsäulen lehnen zu dürfen, die das Tempeldach trugen. Dann betete er still: „‚Herr, mein Gott, erinnere dich an mich! Bitte gib mir noch dies eine Mal so viel Kraft wie früher! Ich will mich dafür rächen, dass sie mir meine Augen ausgestochen haben.' Dann fasste Simson die beiden mittleren Säulen, auf denen das Dach ruhte, eine mit der rechten Hand, eine mit der linken, und stemmte sich dagegen. ‚Sollen die Philister mit mir sterben!', schrie er und riss die Säulen mit aller Kraft um. Das Gebäude brach über den Philistern und ihren Fürsten zusammen. Dabei starben mehr Menschen, als Simson in seinem ganzen Leben getötet hatte."[27]

---

[25] Richter 16,21 [26] Richter 16,23 [27] Richter 16,27–30 Hfa

Das Götterbild und seine Anbeter – Bauern und Krieger, Priester und Fürsten – wurden von den Trümmern des Dagontempels begraben. Unter ihnen lag auch Simson, den Gott zum Befreier seines Volks ausersehen hatte.

Die Nachricht drang schnell nach Israel. Da kamen seine Verwandten, bargen seinen Leichnam, ohne dass sie jemand daran hinderte, und „bestatteten ihn zwischen Zora und Eschtaol im Grab seines Vaters Manoach".[28]

Wie düster ist die Lebensgeschichte dieses Mannes, der zum Ruhm und zum Segen seines Volkes hätte wirken können! Wäre er seiner Berufung treu geblieben, hätte Gott seine Absichten durch Simson verwirklicht. Aber er erlag den Versuchungen. So endete seine Sendung mit Sklaverei und Tod.

Körperlich war Simson der stärkste Mensch auf Erden, doch was Selbstbeherrschung, Rechtschaffenheit und Standhaftigkeit betrifft, muss man ihn zu den schwächsten zählen. Wer von seinen niederen Leidenschaften beherrscht wird, ist in Wirklichkeit schwach. Wahre Größe lässt sich an der Stärke der Gefühle messen, die jemand beherrscht, nicht an der Stärke der Emotionen, die ihn beherrschen.

Manchmal werden wir auch in Versuchungen geraten, wenn wir unsere Pflichten Gott gegenüber erfüllen, aber wir können uns dann gewiss sein, dass er uns dann bewahrt. Wer sich dagegen freiwillig in Versuchung begibt, wird früher oder später zu Fall kommen. Satan greift stets an unseren Schwachstellen an, um mithilfe charakterlicher Mängel die Herrschaft über den ganzen Menschen zu gewinnen. Er weiß, dass ihm das gelingen wird, wenn wir an diesen Fehlern festhalten.

Aber niemand muss vom Bösen überwunden werden. Für jeden, der es will und Gott vertraut, gibt es Schutz und Hilfe. Gottes Engel stehen jedem bei, der Hilfe sucht und sie annimmt. Er „sendet sie aus, damit sie allen helfen, denen er Rettung schenken will".[29]

[28] Richter 16,31 [29] Hebräer 1,14 Hfa

55 Eli und seine Söhne*

Eli war Hoherpriester und Richter zugleich und verfügte damit über großen Einfluss in Israel. Aber in seiner Familie stand es nicht zum Besten, weil er seinen Kindern gegenüber zu nachsichtig war: Er korrigierte ihre schlechten Neigungen und Gewohnheiten nicht. Aus blinder Liebe vermied er Auseinandersetzungen mit ihnen und ließ ihnen ihren Willen.

Aus den Büchern Mose kannte Eli sehr wohl seine Pflicht, seine Kinder zur Ehrfurcht vor Gott und zu richtigem Verhalten zu erziehen, aber er vernachlässigte das, weil es bedeutete, sie in ihre Schranken zu weisen und gegebenenfalls auch angemessen zu bestrafen. Eli gab ihnen alles, was sie sich wünschten, und versäumte es, sie auf die Pflichten des Lebens und den Dienst für Gott vorzubereiten.

Durch Elis Nachgiebigkeit lernten seine Söhne weder das Wesen Gottes richtig kennen noch die Heiligkeit seiner Gebote. Von Kindheit an waren sie mit dem Dienst im Heiligtum vertraut, aber sie verloren bald allen Sinn für seine Heiligkeit und Bedeutung. Ihr Vater jedoch rügte weder ihren mangelnden Respekt noch ihre geringschätzige Einstellung allem Göttlichen gegenüber. Als sie das Mannesalter erreichten, hegten sie Zweifel und Rebellion gegenüber Gott.

Obwohl sie für diesen Dienst charakterlich ungeeignet waren, setzte Eli Hofni und Pinhas als Priester am Heiligtum ein. Diese boshaften Männer übertrugen ihre rebellische Haltung auf ihren Dienst. Er war für sie eher eine lästige Verpflichtung als eine heilige Aufgabe. Sie hielten sich nicht an die von Gott gegebenen Ordnungen für das Darbringen der Opfer der Israeliten.

Bei den Dankopfern sollte alles Fett auf dem Altar verbrannt werden; die rechte Keule des Opfertieres war den Priestern vorbehalten, aber das meiste wurde den Opfernden zurückgegeben, damit sie und ihre Angehörigen es bei den Pilgerfesten gemeinsam verzehren konnten.[1] So sollten ihre

---

* Dieses Kapitel basiert auf 1. Samuel 2,12–36.

[1] 3. Mose 7,29–33.15

Gedanken in Dankbarkeit und Vertrauen auf das wahre Opfer des Sohnes Gottes gelenkt werden, das die Schuld aller Menschen sühnen würde.

Elis Söhne jedoch waren nicht zufrieden mit dem, was ihnen zustand, sondern forderten oft einen größeren Anteil. Bei der großen Zahl solcher Opfer, die während der Jahresfeste dargebracht wurden, nutzten sie schamlos die Gelegenheit, sich auf Kosten des Volkes zu bereichern. Doch damit nicht genug: Sie warteten nicht einmal, bis das Fett als Opfer verbrannt war, sondern bestanden darauf, sofort zu bekommen, was sie haben wollten – notfalls mit Gewalt.[2]

Diese Unehrerbietigkeit raubte dem Opferdienst seine heilige Bedeutung. Die Anbeter konnten darin nicht mehr den Hinweis auf das große Opfer Christi erkennen. Hofni und Pinhas luden „schwere Schuld auf sich, denn sie behandelten die für den Herrn bestimmten Opfergaben mit Verachtung".[3]

Eli hatte einen schweren Fehler begangen, als er seinen Söhnen priesterliche Aufgaben übertrug. Und indem er ihr Verhalten immer wieder mit fadenscheinigen Begründungen entschuldigte, wurde er allmählich blind gegenüber ihren Sünden. Schließlich erreichten sie ein solches Ausmaß, dass er sie nicht mehr übersehen konnte.

Viele Israeliten waren empört über das unwürdige Verhalten und die lasterhafte Lebensweise der Söhne Elis, die sogar mit den Frauen schliefen, die sich am Heiligtum versammelten.[4] Sie kamen deshalb nicht mehr zur Anbetung nach Schilo. Das Volk beklagte sich über das boshafte Verhalten von Hofni und Pinhas, sodass Eli ihnen gegenüber nicht mehr schweigen konnte. Sie hörten sich seine milden Vorwürfe an,[5] waren aber davon nicht beeindruckt. Sie spürten zwar den Kummer ihres Vaters, aber das berührte ihre Herzen nicht. Sie wollten ihr Verhalten nicht ändern.

Hätte Eli seine Söhne gemäß dem Gesetz Moses behandelt, wären sie wegen ihrer sexuellen Übergriffe auf die Frauen mit dem Tode bestraft worden.[6] Aber vor einem solchen Urteil und dieser öffentlichen Schande schreckte Eli zurück und beließ sie in ihrem heiligen Amt. So gestattete er ihnen, durch ihre Verdorbenheit dem Ansehen der Priesterschaft und der Sache Gottes so sehr zu schaden, dass dies in vielen Jahren

---

[2] 1. Samuel 2,12–16 [3] 1. Samuel 2,17 Hfa [4] 1. Samuel 2,22
[5] 1. Samuel 2,23–25 [6] 3. Mose 20,10; 5. Mose 22,22

nicht wieder gutzumachen war. Zudem folgte man in Tausenden von Familien dem schlechten Vorbild von Elis nachlässiger Erziehung.

Schließlich sandte Gott einen Propheten zu Eli, der ihn an die hohe Berufung der Priester Israels erinnerte. Gott ließ ihm ausrichten: „Du, Eli, achtest deine Söhne mehr als mich und lässt zu, dass sie die besten Stücke von dem, was mein Volk mir opfert, wegnehmen, damit ihr euch daran mästen könnt. Ich habe dir einst zugesagt, dass deine Nachkommen für alle Zukunft meine Priester sein sollen. Aber jetzt widerrufe ich meine Zusage und erkläre: Wer mich ehrt, den ehre ich auch; aber wer mich verachtet, den gebe ich der Verachtung preis ... Deine Söhne Hofni und Pinhas werden beide am selben Tag sterben, und das wird für dich das Zeichen sein, dass auch alles andere eintrifft. Dann werde ich einen Priester einsetzen, der mir treu bleibt und tut, was mir gefällt."[7]

Weitreichende Erziehungsfehler

Wer seine Kinder in blinder Liebe verwöhnt, ihnen alle selbstsüchtigen Wünsche erfüllt, wer ihr Fehlverhalten nicht tadelt und Böses nicht bestraft, der zeigt damit, dass er seine Kinder mehr ehrt als Gott. Eli hätte zuerst versuchen sollen, die Boshaftigkeit seiner Söhne mit milden Maßnahmen zu zügeln, doch wenn dies nicht gelang, hätte er dem Bösen konsequent Einhalt gebieten müssen, selbst mit den härtesten Mitteln. Wer den Sünden, denen er kraft seiner elterlichen oder geistlichen Autorität entgegentreten könnte, nicht wehrt, macht sich an ihnen mitschuldig.

Eli übersah die Fehler und Vergehen seiner Söhne bereits, als sie noch Kinder waren, und lebte in der falschen Hoffnung, ihre üblen Gewohnheiten würden sich im Laufe der Zeit von selbst geben. Viele Eltern machen heute denselben Fehler. Sie begünstigen verkehrte Neigungen mit der Entschuldigung: „Die Kinder sind noch zu klein, um sie zu bestrafen. Wir warten, bis sie größer sind und man vernünftig mit ihnen reden kann." Das führt allerdings nur dazu, dass sich die schlechten Angewohnheiten mehr und mehr verfestigen und den Kindern lebenslang anhängen.

---

[7] 1. Samuel 2,29.30.34.35

Nichts hat in der Erziehung negativere Auswirkungen, als Kinder ihren Eigenwillen durchgehen zu lassen, ohne lenkend und korrigierend einzugreifen. Wenn Eltern ihnen jeden Wunsch erfüllen und stets nachgeben, werden die Kinder bald jeden Respekt vor den Eltern verlieren. Sie haben dann keine Achtung mehr – weder vor der Autorität Gottes noch vor der von Menschen – und fallen den Verführungen Satans leicht zum Opfer.

Kinder brauchen klare, nachvollziehbare Regeln – und die wollen sie im Grunde auch, selbst wenn sie es nicht zugeben. Es kommt nur darauf an, wie sie ihnen vermittelt werden und dass auf ihre Einhaltung liebevoll, aber konsequent geachtet wird. Eine Erziehung ohne Regeln und Grenzen wirkt sich dagegen verheerend auf die Gesellschaft aus. An den Folgen der Welle der antiautoritären Erziehung wird das auch heute deutlich.

Wenn gläubige Eltern ihre Kinder verziehen und ihnen keine Grenzen setzen, anstatt sich beharrlich um ihre charakterliche Entwicklung und ein wohl geordnetes Familienleben zu bemühen, das den Wert des christlichen Glaubens bezeugt, folgen sie dem schlechten Vorbild Elis. Sie schaden sich und ihren Kindern und bereiten der Sache Christi Unehre.

Die Folgen elterlicher Versäumnisse sind schon unter normalen Umständen schlimm; aber noch wesentlich größer sind sie, wenn sie in Familien vorkommen, deren Väter Verantwortungsträger in den Gemeinden sind. Durch ihr negatives Beispiel verleiten sie viele Eltern auf einen falschen Erziehungsweg. Ihre Schuld ist größer – wie die Elis –, weil sie mehr Einfluss haben.

Wirksame Handlanger des Bösen

Wer seine heilige Berufung als Deckmantel für selbstsüchtige Zwecke missbraucht, macht sich zu einem wirksamen Handlager des Bösen. Wie Hofni und Pinhas geben auch heute viele Geistliche anderen Menschen durch ihr sündiges Verhalten Anlass, den christlichen Glauben zu verachten. Eine Zeitlang mögen sie ihr fragwürdiges Tun geheimhalten können, aber wenn ihr wahrer Charakter schließlich offenbar wird, erschüttert dies das Vertrauen der Menschen oft derart, dass sie den Glauben an Gott verlieren. In vielen Fällen bleibt ein generelles Misstrauen zurück, sodass man auch den Geistlichen mit

Vorbehalten begegnet, die Gott selbstlos und mit aufrichtigem Herzen dienen.

Eli wies seine Söhne schließlich mit ernsten Worten zurecht: „Wenn jemand an einem Menschen schuldig wird, nimmt Gott ihn vielleicht noch in Schutz. Wenn jemand sich aber direkt gegen den Herrn versündigt, wie ihr es ständig tut, dann kann niemand mehr als Vermittler für ihn einspringen."[8] Hätten die beiden mit ihren Vergehen nur ihren Mitmenschen geschadet, hätte Eli als der Richter das bereinigen können, indem er eine Strafe festsetzte und Wiedergutmachung verlangte. Und wenn es keine Sünde aus Vermessenheit gewesen wäre, hätte er ein Sündopfer für sie bringen können. Aber die Schuld von Hofni und Pinhas war mit dem Dienst als Priester des Allerhöchsten so eng verknüpft und Gottes Sache wurde vor dem Volk dermaßen entweiht und entehrt, dass es für sie keine Sühne mehr gab. Ihr eigener Vater wagte nicht, für sie zu bitten, obwohl er der Hohepriester war. Er vermochte sie nicht vor dem Zorn Gottes zu schützen. Wer die von Gott vorgesehenen Mittel zur Erlösung der Menschen verächtlich macht, lädt in seinen Augen die größte Schuld auf sich.

[8] 1. Samuel 2,25 Hfa

56 | Samuels Geburt und Kindheit*

Elkana, ein Levit, der im Gebiet des Stammes Efraïm wohnte, war ein wohlhabender, einflussreicher Mann, der Gott liebte und verehrte. Seine Frau Hanna war fromm und tief gläubig. Aber sie hatte keine Kinder und der Wunsch, seine Familie nicht aussterben zu lassen, hatte Elkana dazu bewogen, eine zweite Ehe einzugehen.[1]

Doch dieser Schritt war ohne Gott gemacht worden und brachte der Familie kein Glück. Es gab zwar nun Söhne und Töchter im Haus, aber das eheliche Miteinander war gestört und der häusliche Friede dahin. Peninna, die zweite Frau, war eifersüchtig und engherzig, zudem stolz und anmaßend. Hannas Hoffnungen waren dahin und das Leben eine Last für sie. Doch sie ertrug ihr Schicksal geduldig und ohne zu klagen.

Im Heiligtum in Schilo nahm man Elkanas Dienste nicht in Anspruch, obwohl er ein Levit war. Aber er wanderte mit seiner Familie stets zu den Pilgerfesten, um Gott dort anzubeten und Opfer zu bringen. Doch selbst während der religiösen Feiern auf diesen Festen machte sich der negative Geist bemerkbar, der seine Familie belastete. Nach den Dankopfern versammelte sich die ganze Familie nach alter Gewohnheit zu einer freudigen Feier. Bei dieser Gelegenheit reichte Elkana Peninna je ein Stück vom Opferfleisch für sie und ihre Kinder. Hanna gab er ein doppeltes Teil, um ihr zu zeigen, dass er sie so liebte, als hätte auch sie ihm einen Sohn geboren. Doch diese Geste stachelte die Eifersucht und Missgunst Peninnas an. Sie sah sich wegen der Kinder, die sie ihrem Mann geschenkt hatte, in der Rolle der bevorzugten Frau und verhöhnte Hanna wegen ihrer Kinderlosigkeit.[2]

So ging das Jahr für Jahr, bis Hanna es einmal nicht mehr ertragen konnte. Sie weinte laut und verließ die Feier. Vergeblich versuchte ihr Mann, sie zu trösten. „Hanna, warum weinst du? Warum isst du nichts?“, fragte er. „Hast du an mir nicht mehr als an zehn Söhnen?“[3]

---

* Dieses Kapitel basiert auf 1. Samuel 1 und 2,18–21.
[1] 1. Samuel 1,1.2 [2] 1. Samuel 1,3–6 [3] 1. Samuel 1,7.8

Hanna machte ihm keinen Vorwurf. Sie legte aber die Last, die sie mit niemandem sonst teilen konnte, Gott vor. In einem Gebet vor dem Heiligtum schüttete sie ihm ihr Herz aus und flehte, er möge ihr einen Sohn schenken. Sie gelobte feierlich, dieses Kind von Geburt an dem Herrn zu weihen, wenn ihre Bitte erhört würde. Dabei hatte sie sich dem Eingang des Heiligtums genähert, und „unter Tränen betete sie zum Herrn".[4]

Damals herrschten in Israel so schlimme Zustände, dass Anbeter in solch innigem Zwiegespräch mit Gott vor dem heiligen Zelt selten waren. Als der Hohepriester Eli sah, dass Hanna ihre Lippen bewegte, ohne dass er etwas hören konnte, vermutete er, sie habe zu viel Wein getrunken. Deshalb sagte er unwirsch: „Wie lange willst du dich hier so aufführen? Schlaf erst einmal deinen Rausch aus!"[5]

Erschrocken und verletzt widersprach Hanna: „Aber nein, mein Herr, ich bin nicht betrunken. Ich bin nur sehr, sehr traurig und habe dem Herrn mein Herz ausgeschüttet. Halte mich bitte nicht für eine heruntergekommene Frau. Wirklich, ich habe nur aus lauter Verzweiflung so lange gebetet."[6]

Eli war tief bewegt, denn er war ein Mann Gottes. Anstelle des Tadels segnete er sie nun: „Geh in Frieden, der Gott Israels wird deine Bitte erfüllen."[7]

Hanna bringt Samuel zum Heiligtum

Hanna bekam tatsächlich bald einen Sohn. Als sie ihr Kind erblickte, sagte sie: „‚Ich habe ihn vom Herrn erbeten', und nannte ihn deshalb Samuel."[8]

Sobald der Junge alt genug war, um von seiner Mutter getrennt werden zu können, löste sie ihr Versprechen ein. Er war ihr einziger Sohn, ein besonderes Geschenk des Himmels, aber sie hatte ihn als ein Gott geweihtes Kind empfangen und wollte dem Geber sein Eigentum nicht vorenthalten.

Als Hanna wieder einmal mit ihrem Mann nach Schilo pilgerte, nahm sie Samuel mit und stellte ihn dem Hohenpriester mit den Worten vor: „Hier ist das Kind, um das ich damals Gott angefleht habe; er hat mein Gebet erhört. Auch ich will nun mein Versprechen erfüllen: Das Kind soll für sein ganzes Leben dem Herrn gehören."[9]

---

[4] 1. Samuel 1,10.11 [5] 1. Samuel 1,13.14 [6] 1. Samuel 1,15.16 Hfa
[7] 1. Samuel 1,17 [8] 1. Samuel 1,20 [9] 1. Samuel 1,27.28

Eli, selbst als Vater viel zu nachsichtig, empfand Hochachtung für sie und fühlte sich zugleich gedemütigt angesichts des großen Opfers dieser Mutter: Sie trennte sich von ihrem einzigen Kind und weihte es dem Dienst für Gott. Für ihn lag darin ein Tadel seiner eigenen selbstsüchtigen Liebe, und in Ehrfurcht beugte er sich vor dem Herrn und betete ihn an.

Hannas Herz war dagegen von Freude und Dank erfüllt. Sie drückte das vor Gott in einem inspirierten Lobgesang aus, der auf den kommenden Messias hinwies.[10]

Hanna kehrte von Schilo in ihr Zuhause nach Rama zurück und ließ den kleinen Samuel in der Obhut des Hohenpriesters, damit er für den Dienst im Heiligtum erzogen wurde.[11] Sobald ihr Sohn es begreifen konnte, hatte sie ihn gelehrt, sich als Eigentum Jahwes anzusehen. Täglich betete sie für ihn.

Sie nähte ihm auch jedes Jahr ein neues Obergewand, und wenn sie mit ihrem Mann nach Schilo pilgerte, um anzubeten, nahm sie dem Kind dieses Zeichen ihrer Liebe mit.[12] Mit jedem Nadelstich an diesem Gewand hatte sie ein Gebet verbunden, dass Samuel rein, edel und wahrhaftig heranwachsen möge. Sie bat darum, dass er den Herrn ehren und seinen Mitmenschen zum Segen werden möge.

Eli segnete Hanna bei einem dieser Besuche und wünschte ihr weitere Kinder vom Herrn. Und Gott schenkte ihr noch drei Söhne und zwei Töchter.[13] Welch eine Belohnung für Hanna und welch eine Ermutigung zur Treue!

Es gibt Möglichkeiten, die jeder Mutter gegeben sind. Ihre häusliche Arbeit und die Erziehung mit den vielen Pflichten, die Frauen oft als lästig empfinden, sollte sie als eine große, ehrenvolle Aufgabe ansehen. Wenn sie ihren Auftrag vernachlässigt, ihre Kinder anzuleiten, zu unterweisen und ihnen Grenzen zu setzen, werden diese naturgemäß schlechte Gewohnheiten annehmen und sich vom Guten abwenden.

Eine Mutter kann ihre Kinder auf Wege leiten, die bis in das Reich Gottes führen. Aber nur wenn sie im eigenen Leben Jesu Lehren zu verwirklichen sucht, kann sie hoffen, den Charakter ihrer Kinder nach seinem Vorbild zu bilden. Mütter und Väter sollten oft Gott im Gebet bitten: „Lehre uns, wie wir das Kind erziehen und wie wir mit ihm umgehen sollen." Gott wird ihnen dann Weisheit schenken.

---

[10] 1. Samuel 2,1–10 [11] 1. Samuel 2,11 [12] 1. Samuel 2,19
[13] 1. Samuel 2,20.21

Der junge Samuel im Dienst bei Eli

Samuel war ganz der Fürsorge Elis anvertraut. Mit seinem liebenswürdigen Wesen gewann er dessen Zuneigung. Er war freundlich, gehorsam und respektvoll. Der durch die Verfehlungen seiner Söhne bekümmerte Eli fand Frieden und Glück in der Gegenwart seines Pflegekindes. Kaum ein Vater hätte sein eigenes Kind mehr lieben können als er diesen Jungen.

Obwohl Samuel noch recht jung war, als Hanna ihn zum Heiligtum brachte, übertrug Eli ihm seinen Fähigkeiten entsprechende Aufgaben. Die waren nicht immer angenehm; aber Samuel erfüllte sie willig, denn er betrachtete sich als Diener Gottes und seine Arbeit als für Gott getan.

Allerdings blieb auch er nicht von schlechten Einflüssen und enttäuschenden Erfahrungen verschont, denn Elis Söhne fürchteten weder Gott noch achteten sie ihren Vater. Samuel mied darum ihre Gesellschaft und folgte auch nicht ihrem schlechten Beispiel. Er gab sich große Mühe, das zu werden, was er nach dem Willen Gottes sein sollte. Eli vertraute ihm mehr und bedeutendere Pflichten an. Obgleich Samuel noch ein Junge war und Leviten ihren Dienst sonst erst mit 25 Jahren antraten, wurde ihm ein leinener Priesterschurz angelegt als Zeichen seiner Weihe zum Heiligtumsdienst.[14]

„Je älter Samuel wurde, desto mehr Ansehen fand er beim Herrn und bei den Menschen."[15] Gott nahm seinen Dienst an, weil sie der Liebe zu ihm und dem aufrichtigen Verlangen entsprang, seinen Willen zu tun. Auf diese Weise wurde Samuel schon als Kind ein Mitarbeiter Gottes.

Wenn man Kindern nahebringen würde, ihre kleinen Alltagspflichten als einen Weg Gottes anzusehen – als eine Schule, in der sie lernen sollen, einmal treu und erfolgreich zu werden – wie viel angenehmer und wertvoller kämen ihnen dann ihre kleinen Aufgaben vor. Der Gedanke, alles für den Herrn zu tun, kann auch eine bescheidene Arbeit anziehend machen. Das verbindet die Diener Gottes auf Erden mit den Engeln, die seinen Willen im Himmel tun. Redlichkeit auch in kleinen Dingen, kleine Hilfeleistungen und Gefälligkeiten schaffen Freude im Leben. Und wenn unser Lebenswerk getan ist, wird sich zeigen, dass treu erfüllte Pflichten einen Einfluss zum Guten hatten, der niemals vergeht.

---

[14] 1. Samuel 2,18 [15] 1. Samuel 2,26 Hfa

57 | Der Verlust der Bundeslade*

Gott konnte sich dem Hohenpriester Eli und dessen Söhnen nicht mehr mitteilen, denn ihre Sünden verbannten die Gegenwart des Heiligen Geistes. Aber Samuel war in dieser Umgebung dem Herrn treu geblieben. Er wurde nun von Gott zum Propheten berufen. Seine erste Aufgabe war, eine weitere Gerichtsbotschaft an Eli zu überbringen.

„Eines Nachts schlief er an seinem gewohnten Platz und auch Samuel schlief im Heiligtum, ganz in der Nähe der Bundeslade. Die Lampe im Heiligtum brannte noch. Da rief der Herr: ‚Samuel!'" In der Annahme, es wäre Elis Stimme, ging Samuel zum Lager des Priesters und sagte: „Hier bin ich! Du hast mich gerufen." Eli antwortete: „Nein, ich habe nicht gerufen. Geh wieder schlafen!"[1] Dreimal wurde Samuel gerufen, und dreimal ging er zu Eli. Da verstand Eli endlich, dass der geheimnisvolle Ruf von Gott gekommen war.

Der Herr hatte ihn übergangen und redete nun zu einem Jungen. Schon darin lag für Eli ein bitterer, aber verdienter Vorwurf. Doch er war weder eifersüchtig noch neidisch und wies Samuel an, beim nächsten Mal zu antworten: „Sprich, Herr, dein Diener hört!" Samuel befolgte den Rat.[2]

Da sagte Gott zu ihm: „Ich werde in Israel etwas tun – die Ohren werden jedem wehtun, der davon hört. Es wird alles eintreffen, was ich Eli und seiner Familie angedroht habe. Er wusste, dass seine Söhne mich beleidigten, und doch hat er sie nicht daran gehindert. Deshalb habe ich über seine Familie ein unwiderrufliches Urteil verhängt. Ich habe ihm das schon lange angekündigt. Es gibt kein Opfer, durch das diese Schuld jemals gesühnt werden kann; das habe ich geschworen."[3]

Diese schreckliche Botschaft erstaunte Samuel und ängstigte ihn. Am nächsten Morgen ging er wie gewohnt seinen Pflichten nach, aber mit einer schweren Last auf dem Herzen. Da der Herr ihm nicht geboten hatte, über die Strafandrohung zu reden, schwieg er. Er hatte Angst vor irgendwelchen Fragen,

---

[1] Dieses Kapitel basiert auf 1. Samuel 3 bis 7.

[1] 1. Samuel 3,2–5 [2] 1. Samuel 3,8–10 [3] 1. Samuel 3,11–14

die ihn nötigen könnten, Eli, den er liebte und verehrte, Gottes schreckliches Urteil mitzuteilen.

Doch Eli spürte, dass die Botschaft Gottes für ihn und seine Familie Unglück bedeutete. Er rief Samuel zu sich und ermahnte ihn eindringlich, wahrheitsgetreu zu berichten, was der Herr ihm offenbart hatte. Der Junge gehorchte. Der alte Mann beugte sich dem Urteil Gottes: „Er ist der Herr! Er soll tun, was er für richtig hält."[4]

Dennoch zeigte Eli keine echte Reue. Er erkannte zwar sein Versagen, änderte aber nichts an seinem Verhalten den Söhnen gegenüber. Jahr um Jahr verzögerte der Herr sein angedrohtes Strafgericht. In dieser Zeit hätte Eli viel tun können, um die Versäumnisse der Vergangenheit wettzumachen. Aber er ergriff keine wirksamen Maßnahmen, die Sünden abzustellen, die das Heiligtum des Herrn verunreinigten und Tausende in Israel ins Verderben führten. Gottes und Elis Langmut machten Hofni und Pinhas nur noch selbstsicherer und dreister.

Eli machte dem ganzen Volk Israel die Gerichtsbotschaften über seine Familie bekannt. Damit hoffte er, die schlimmsten Folgen seiner Versäumnisse abzuwenden. Aber das Volk missachtete die Botschaft Gottes ebenso, wie es die Priester getan hatten. Auch die umliegenden Völker wurden kühner in ihrem Götzendienst und ihrer Bosheit. Es war notwendig, dass Gott eingriff, um seine Ehre zu wahren.

Die Bundeslade kommt in die Hände der Philister

„Es begab sich zu der Zeit, dass die Philister sich sammelten zum Kampf gegen Israel. Israel aber zog aus, den Philistern entgegen, in den Kampf."[5] Wieder einmal unternahmen die Israeliten etwas, ohne zuvor Gott um Rat zu fragen, ohne die Zustimmung durch den Hohenpriester oder einen Propheten einzuholen.

„Die Philister griffen an, und nach einem langen und zähen Kampf gelang es ihnen, die Israeliten zu schlagen. Von diesen wurden etwa 4 000 Mann im Kampf getötet. Als das Heer geschlagen ins Lager zurückkam, fragten sich die Ältesten des Volkes: ‚Warum hat der Herr das zugelassen? Warum konnten uns die Philister heute besiegen?'" Sie sahen nicht ein, dass ihre eigenen Sünden die Ursache dieser Niederlage waren, und

---

[4] 1. Samuel 3,17.18 [5] 1. Samuel 4,1 LB

beschlossen: „Wir wollen nach Schilo senden und die Bundeslade ins Lager holen! Dann wird der Herr mitten unter uns sein und uns gegen unsere Feinde helfen.“[6] Der Herr hatte weder befohlen noch erlaubt, die Bundeslade bei diesem Feldzug mitzuführen. Aber die Israeliten waren fest davon überzeugt, dass sie nun siegen würden, und brachen in Jubelgeschrei aus, als Elis Söhne die Lade mitbrachten.

Die Philister fragten sich: „‚Was ist das für ein lauter Jubel im Lager der Hebräer?‘ Als sie erfuhren, dass die Lade des Herrn im Lager Israels angekommen war, bekamen sie Angst. ‚Jetzt sind wir verloren!‘, sagten sie. ‚Ihr Gott ist zu ihnen ins Lager gekommen. Das hat es noch nie gegeben. Wer kann uns vor solch einem mächtigen Gott schützen? Das ist doch derselbe Gott, der die Ägypter in der Wüste vernichtet hat!‘ Aber ihre Anführer riefen ihnen zu: ‚Jetzt gilt es! Seid mutig, Philister, und kämpft wie Männer! Sonst werden die Hebräer euch zur Fronarbeit zwingen, so wie ihr es bisher mit ihnen gemacht habt. Zeigt, dass ihr Männer seid, und kämpft!‘“[7]

Mit dem Mut der Verzweiflung fielen die Philister über die Israeliten her und siegten. 30 000 Mann blieben tot auf dem Schlachtfeld liegen, die Bundeslade ging verloren, und auch beide Söhne Elis kamen ums Leben, als sie die Lade zu schützen versuchten.[8]

Israel erlebte das schrecklichste Unglück, das dem Volk überhaupt zustoßen konnte: Die Bundeslade war im Besitz ihrer Feinde. Das Symbol für Gottes Gegenwart und Macht war verlorengegangen. Wo immer sie in der Vergangenheit erschienen war, hatte das Volk Israel erstaunliche Siege errungen. Aber dieses Mal hatte sie die Niederlage nicht verhindert. In ganz Israel herrschte große Trauer.

Das Gesetz Gottes in der Bundeslade war ein Sinnbild seiner Gegenwart. Aber die Israeliten hatten seine Gebote missachtet und seinen Geist betrübt. Wenn sie ihn nicht durch Gehorsam gegenüber seinem Gesetz ehrten, konnte die Lade ihnen kaum mehr nützen als eine gewöhnliche Holzkiste. Sie betrachteten die Bundeslade wie die heidnischen Völker ihre Götterbilder und übertraten das darin aufbewahrte Gesetz. Damit war ihre Verehrung der Lade Heuchelei und eine Art Götzendienst.

---

[6] 1. Samuel 4,2.3 [7] 1. Samuel 4,6–9 [8] 1. Samuel 4,10.11

Eli stirbt bei der schrecklichen Nachricht

Als das Heer Israels in die Schlacht zog, war Eli in Schilo geblieben. Mit bösen Vorahnungen erwartete er den Ausgang des Kampfes, „denn er machte sich Sorgen um die Lade Gottes“.[9] Schließlich kam ein Benjaminiter, der zum Zeichen der Trauer seine Kleider zerrissen und Erde auf sein Haupt gestreut hatte. Er brachte die Nachricht von der vernichtenden Niederlage Israels und dem Verlust der Bundeslade.[10]

Der Bote berichtete Eli: „Wir sind besiegt! Unser Heer ist geflohen. Deine beiden Söhne, Hofni und Pinhas, sind tot.“ So schrecklich es auch war, bis dahin konnte Eli noch ertragen, was er hörte, denn er hatte das längst befürchtet. Aber als der Bote hinzufügte: „Die Lade Gottes ist verloren“, kam ein Ausdruck unaussprechlicher Seelenqual über sein Gesicht. Der Gedanke, dass seine Sünde Gott solche Schande bereitete und der deswegen Israel seine Gegenwart entzog, war mehr, als Eli ertragen konnte. Er wurde ohnmächtig, stürzte, „brach sich das Genick und starb“.[11]

Die schwangere Frau des Pinhas war von anderer Art als ihr Mann; sie fürchtete den Herrn. Der Tod ihres Schwiegervaters und ihres Mannes, vor allem aber die schreckliche Nachricht vom Verlust der Bundeslade, erregten sie so sehr, dass die Wehen einsetzten. Ihr Kind, das sie in dieser Unglücksstunde gebar, nannte sie „Ikabod (Fort ist die Herrlichkeit)“. Sie spürte, dass Israels letzte Hoffnung dahin war, und starb auf der Stelle mit den Worten: „Die Herrlichkeit Gottes ist fort aus Israel! Die Lade Gottes ist verloren!“[12]

Die Philister werden wegen der Bundeslade bestraft

Aber der Herr hatte sein Volk trotz allem nicht verworfen. ie Die Philister waren sein Werkzeug zur Züchtigung Israels. Doch nun sollten sie wegen des Raubs der Bundeslade bestraft werden. Unsichtbar begleitete Gott die Lade und brachte Schrecken und Verderben über die Übertreter seines Gesetzes.

Die Philister brachten die Bundeslade jubelnd nach Aschdod, eine ihrer fünf wichtigsten Städte, und stellten sie im Tempel ihres Gottes Dagon auf.[13] Sie bildeten sich ein, nun

---

[9] 1. Samuel 4,13 [10] 1. Samuel 4,12.13 [11] 1. Samuel 4,17.18
[12] 1. Samuel 4,19–22 [13] 1. Samuel 5,1.2

gehörte die geheimnisvolle Kraft der Lade ihnen und würde sie zusammen mit Dagons Macht unbesiegbar machen.

Doch als sie am nächsten Tag in den Tempel kamen, bot sich ihnen ein erschreckender Anblick. Dagon lag mit dem Gesicht nach unten vor der Lade Jahwes auf der Erde. Mit gebotener Ehrfurcht hoben die Priester das Götterbild auf und stellten es wieder an seinen Platz. Aber am anderen Morgen fanden sie es wieder vor der Lade liegend, doch dieses Mal schrecklich verstümmelt .[14]

Da packte die Priester und das Volk das Grauen. Sie sahen in diesen Vorfällen ein schlimmes Vorzeichen, das ihnen und ihren Göttern Vernichtung durch den Gott der Israeliten ankündigte. Daher trugen sie die Bundeslade aus dem Tempel und stellten sie in ein eigenes Gebäude.

Doch damit war die Gefahr nicht gebannt. Jetzt wurden Aschdods Einwohner von einer quälenden und tödlichen Seuche befallen.[15] Entsetzt erinnerten sich einige an die Erzählungen von den Plagen, die Israels Gott seinerzeit über Ägypten gebracht hatte, und schrieben ihre Leiden der geheimnisvollen Lade zu. Man beschloss deshalb, sie nach Gat zu bringen.

Aber die Seuche folgte ihr, und die Leute von Gat schickten die Lade schleunigst weiter nach Ekron. Hier empfing die Bevölkerung sie mit Schrecken und schrie: „Sie haben die Bundeslade des Gottes Israels zu uns gebracht, um uns alle umzubringen!“ Das Vernichtungswerk ging weiter, bis „überall lautes Klagen und Schreien zu hören“ war.[16]

Da die Bewohner Angst hatten, die Lade weiter in ihrer Mitte zu behalten, schaffte man sie auf ein freies Feld. Das verursachte eine Mäuseplage, die das Land verheerte und die Ernte vernichtete, und zwar in den Vorratshäusern ebenso wie auf den Feldern. Jetzt drohte den Philistern der völlige Untergang, entweder durch die Seuche oder durch eine Hungersnot.

Sieben Monate blieb die Bundeslade im Philisterland, doch in dieser Zeit unternahmen die Israeliten nichts, sie wieder an sich zu bringen. Aber inzwischen waren die Philister selbst ängstlich darauf bedacht, sie loszuwerden. Statt zu einer Kraftquelle war sie ihnen zur Last und zu einem Fluch geworden. Wohin man die Lade auch brachte, überallhin folgten ihr Gottes Strafgerichte.

---

[14] 1. Samuel 5,3.4 [15] 1. Samuel 5,6 [16] 1. Samuel 5,10.12 Hfa

Das Volk rief nach den Priestern und Wahrsagern und fragte sie: „Was sollen wir mit der Lade des Herrn machen?" Man riet, sie mit einer reichen Sühnegabe zurückzuschicken. „Dann werdet ihr wieder gesund werden", sagten die Priester. Dem damals herrschenden Aberglauben entsprechend empfahlen sie dem Volk, bildliche Darstellungen von den Plagen anzufertigen, unter denen sie litten: „Fünf goldene Beulen und fünf goldene Mäuse, je eine für jede Philisterstadt", sagten sie. „Denn alle fünf samt ihren Königen hat dieselbe Plage getroffen." [17]

Diese klugen Leute mussten einräumen, dass eine geheimnisvolle Macht die Lade begleitete. Sie rieten dem Volk allerdings nicht, sich von der Abgötterei abzuwenden und Jahwe zu dienen. Sie hassten den Gott Israels, der sie durch Strafgerichte genötigt hatte, sich seiner Macht zu beugen. Aber solches erzwungenes Nachgeben kann einen Sünder nicht retten. Ein Mensch muss sich Gott von ganzem Herzen zuwenden – von der göttlichen Gnade überwunden – ehe seine Reue angenommen werden kann.

Wie langmütig war doch Gott mit den Philistern! Tausende von Gnadenerweisen säumten unbeachtet den Lebensweg jener undankbaren, widerspenstigen Menschen. Sie wollten nicht auf Gottes Stimme in der Schöpfung hören, auch nicht auf die Warnungen und Gebote, die Gott verkündigen ließ. Daher musste er nun durch Strafgerichte zu ihnen reden.

Die Priester und Wahrsager warnten davor, so halsstarrig zu sein wie der Pharao und die Ägypter, und dadurch noch größeres Elend heraufzubeschwören.[18] Sie machten schließlich einen Vorschlag, der allgemeine Zustimmung fand und umgehend verwirklicht wurde. Versehen mit den goldenen Sühnegaben setzte man die Lade auf einen neuen Wagen, der jede Gefahr einer Verunreinigung ausschloss. Davor wurden zwei Kühe gespannt, auf deren Nacken noch nie ein Joch gekommen war. Ihre Kälber sperrte man ein und ließ die Kühe gehen, wohin sie wollten. Wenn die Lade über Bet-Schemesch, der nächstgelegenen levitischen Stadt, zu den Israeliten zurückkehrte, wollten die Philister das als Beweis dafür werten, dass wirklich der Gott Israels das Unheil über sie gebracht hatte. „Fährt sie in eine andere Richtung, dann wissen wir wenigstens, dass wir nicht vom Herrn bestraft worden sind, sondern die Plage uns nur zufällig getroffen hat." [19]

---

[17] 1. Samuel 6,2–4 [18] 1. Samuel 6,6 [19] 1. Samuel 6,9–11

Die Bundeslade kommt nach Bet-Schemesch

Als man die Kühe freiließ, wandten sie sich von ihren Kälbern ab und schlugen brüllend den direkten Weg nach Bet-Schemesch ein.[20] Ohne menschliches Zutun behielten die Tiere die Richtung bei. Engel geleiteten die Bundeslade und brachten sie sicher zurück. Die Fürsten der Philister folgten ihr. Nachdem sie sich davon überzeugt hatten, dass sie in Bet-Schemesch in Empfang genommen wurde, kehrten sie nach Ekron zurück. Als dort die Seuche sogleich aufhörte, wussten sie, dass ihr Unglück ein Strafgericht Jahwes gewesen war.

„Die Leute von Bet-Schemesch waren gerade unten im Tal bei der Weizenernte. Als sie von der Arbeit aufblickten, sahen sie die Bundeslade herankommen. Ihre Freude darüber war groß. Der Wagen fuhr bis zum Feld von Joschua und blieb neben einem Felsblock stehen. An Ort und Stelle zerhackten die Leute von Bet-Schemesch den Wagen zu Brennholz und opferten die Kühe dem Herrn als Brandopfer.“[21]

Die Israeliten sind dreister als die Philister

Schnell sprach es sich in Israel herum, dass die Bundeslade in Bet-Schemesch war. Von nah und fern strömten die Menschen herbei, um ihre Rückkehr zu feiern. Sie brachten dem Herrn zahlreiche Opfer dar. Hätten sie nun wirklich ihre Sünden bereut, hätte Gottes Gunst wieder auf ihnen ruhen können. Sie freuten sich zwar über die Rückkehr der Bundeslade und sahen darin ein gutes Zeichen, aber das rechte Verständnis für ihre Heiligkeit hatten sie offensichtlich nicht, denn sie ließen die Lade einfach auf dem Erntefeld stehen. Einige fragten sich, woher ihre besondere Macht kam. Dann packte sie die Neugier; sie entfernten die schützenden Decken und wagten es, die Lade zu öffnen.

Ganz Israel war darüber belehrt worden, der Bundeslade mit großer Ehrerbietung zu begegnen. Nur der Hohepriester durfte sie einmal im Jahr ansehen. Nicht einmal die heidnischen Philister hatten es gewagt, die Decken abzunehmen, denn himmlische Engel begleiteten die Lade auf allen Wanderungen. Die Dreistigkeit der Einwohner von Bet-Schemesch wurde sofort bestraft. 70 Männer ereilte der Tod.[22]

---

[20] 1. Samuel 6,12 [21] 1. Samuel 6,13.14 [22] 1. Samuel 6,19

Trotzdem brachte dieses Strafgericht die Überlebenden nicht zur Erkenntnis ihrer Schuld; sie sahen lediglich mit abergläubischer Angst auf die Bundeslade. Aber nun lag auch ihnen daran, sie so schnell wie möglich loszuwerden. Deshalb forderten sie die Bewohner von Kirjat-Jearim auf: „Kommt und holt sie zu euch!“ [23]

Glücklich begrüßten diese die heilige Lade, brachten sie in ihre Stadt und stellten sie in das Haus des Leviten Abinadab. Dieser beauftragte seinen Sohn Eleasar, sie zu bewachen und zu schützen. Dort blieb sie viele Jahrzehnte bis in die Zeit, als König David sie nach Jerusalem holen ließ.[24]

Samuel wird Prophet und Richter in Israel

Nach dem göttlichen Strafgericht über Eli und dessen Söhne anerkannten die israelitischen Stämme Samuel als Propheten Gottes. Mit der gewissenhaften Weitergabe der Gerichtsbotschaft an Eli hatte Samuel seine Zuverlässigkeit als Gottes Sprecher bewiesen, so bedrückend und schmerzlich das für ihn auch gewesen war. „Der Herr stand ihm bei und ließ alle Worte in Erfüllung gehen, die er durch Samuel sprach. Ganz Israel von Dan bis Beerscheba erkannte, dass der Herr ihn zu seinem Propheten bestimmt hatte.“ [25]

Samuel durchzog die Städte und Dörfer im ganzen Land und versuchte, das Volk zum Glauben an den Gott der Väter zurückzuführen. Seine Bemühungen hatten Erfolg. Nachdem die Israeliten die Unterdrückung durch die Philister 20 Jahre lang ertragen hatten, wollten sie wieder mit ihrem Gott ins Reine kommen. Samuel riet ihnen: „Wenn ihr euch wirklich wieder dem Herrn zuwenden wollt, dann werft erst einmal die anderen Götter und Göttinnen weg. Setzt euer ganzes Vertrauen auf den Herrn, und gehorcht ihm allein, so wird er euch von den Philistern befreien.“ [26] Hier zeigt sich, dass Samuel tätigen Glauben predigte, wie es später auch Christus und die Apostel taten.

Bei all denen, die zu Gott zurückkehren wollen, müssen Sündenerkenntnis und Reue zu erkennen sein. Jeder – wir selbst eingeschlossen – sollte sich vor Gott demütigen und den „Götzen“ aller Art absagen, denen er bisher gedient hat. Ist

---

[23] 1. Samuel 6,21 [24] 1. Samuel 7,1.2 [25] 1. Samuel 3,19.20
[26] 1. Samuel 7,3 Hfa

alles getan, was wir tun können, wird der Herr uns seine Erlösung erfahren lassen.

In Mizpa fand eine große Volksversammlung statt, die mit einer feierlichen Fastenzeit begann. Demütig bekannten die Israeliten nun ihre Sünden.[27] Danach vertraute das Volk Samuel das Richteramt an.

Die Philister deuteten diese Zusammenkunft allerdings als Kriegsrat und brachen auf, um die Israeliten zu zerstreuen, ehe deren Pläne ausgereift waren. Die Nachricht vom Anrücken der Feinde löste Angst und Schrecken aus. Samuel wurde angefleht: „Lass uns nicht im Stich! Hör nicht auf, zum Herrn, unserem Gott, um Hilfe zu rufen, dass er uns gegen die Philister beisteht und uns vor dem Untergang rettet."[28]

Während Samuel ein Lamm als Brandopfer darbrachte, machten sich die Philister zum Kampf bereit. Da offenbarte der Gott Israels, der das Rote Meer geteilt und Israel einen Weg durch den Jordan gebahnt hatte, abermals seine Macht. Ein so schreckliches Unwetter brach über das feindliche Heer herein, dass die Erde übersät war mit Erschlagenen.

Zitternd vor Angst und Hoffnung sahen die Israeliten, wie Jahwe ihre Feinde vernichtete. Daraus erkannten sie, dass Gott ihren Gesinnungswandel angenommen hatte. Obwohl sie nicht auf einen Kampf vorbereitet waren, ergriffen sie nun die Waffen der toten Philister und verfolgten die Fliehenden.[29]

Damit dieses Ereignis nicht in Vergessenheit geriet, errichtete Samuel einen großen Stein. Er nannte ihn „Eben-Eser – Stein der Hilfe", und sagte zum Volk: „Bis hierher hat uns der Herr geholfen."[30]

Diesen bemerkenswerten Sieg errangen die Israeliten auf demselben Schlachtfeld, auf dem die Philister sie 20 Jahre zuvor geschlagen, ihre Priester getötet und die Bundeslade geraubt hatten. Die Philister waren nun so vollständig besiegt, dass sie alle befestigten Städte zurückgaben, die sie Israel abgenommen hatten, und sich viele Jahre lang aller Feindseligkeiten enthielten. Die Amoriter folgten ihrem Beispiel, und daher hatten die Israeliten Frieden, solange Samuel lebte und ihr Richter war.[31]

---

[27] 1. Samuel 7,6 [28] 1. Samuel 7,7.8 [29] 1. Samuel 7,11 [30] 1. Samuel 7,12
[31] 1. Samuel 7,13.14

58 | Die Schulen der Propheten

Gott hatte den Israeliten mehrfach geboten, ihren Kindern immer wieder von seinen machtvollen Taten in der Geschichte des Volkes und von der Verheißung des kommenden Erlösers zu berichten. Durch symbolische Handlungen wie das Passahmahl und anschauliche Illustrationen wie die Opfer konnten die vermittelten Lehren fest im Gedächtnis verankert werden. Die Kinder lernten, Gott in den Überlieferungen der Väter und in der Natur zu erkennen. Die Schöpfung, der Opferdienst am Heiligtum und die Worte Moses und der Propheten waren die Offenbarungsquellen Gottes.

Im Volk Israel wurde neben der Erziehung in der Familie auch durch die Prophetenschulen für die Unterweisung mancher Jugendlicher gesorgt. Sie standen jedem jungen Mann offen, der tiefer in die Wahrheiten Gottes eindringen wollte, um selbst einmal Lehrer in Israel zu werden.

Gegründet wurden diese Ausbildungsstätten von Samuel als Gegengewicht zum Einfluss des Heidentums und der verbreiteten Verdorbenheit, die im Volk Israel herrschte. Er sorgte nicht nur für die Vermittlung von Wissen, sondern vor allem für die moralische und geistliche Erziehung der Jugendlichen und damit für das künftige Wohlergehen des Volkes. Zugleich bildete Samuel auf diese Weise fähige Männer als spätere Ratgeber oder Leiter heran.

Dazu wählte er junge Männer aus, die gläubig, intelligent und fleißig waren. Man nannte sie Prophetenjünger. Die Lehrer dieser Schulen waren nicht nur mit der göttlichen Wahrheit vertraut, sondern standen selbst in enger Gemeinschaft mit Gott, denn sie hatten die geistliche Gabe der Prophetie empfangen. Deshalb genossen sie großes Vertrauen im Volk.

Zur Zeit Samuels gab es zwei dieser Schulen, eine in Rama, wo er wohnte, die andere in Kirjat-Jearim. Später kamen noch weitere hinzu.

Die Schüler bestritten ihren Lebensunterhalt selbst durch Ackerbau oder ein Handwerk. In Israel sah man es damals als ein Verbrechen an, Kinder ohne die Kenntnis nützlicher Arbeit aufwachsen zu lassen. Deshalb erlernte jeder Junge einen Beruf, selbst wenn er zum Stamm Levi gehörte und für den Dienst am Heiligtum bestimmt war. Auch viele Lehrer in Israel lebten von ihrer Hände Arbeit.

Die wichtigsten Lehrfächer an den Schulen der Propheten waren das Gesetz Gottes, die Geschichte Israels, geistliche Dichtung und Musik. Auch die Art des Unterrichts unterschied sich wesentlich von der an heutigen theologischen Ausbildungsstätten, an denen die Studenten zwar viele Prüfungen ablegen, aber die Institution oft mit mehr Zweifeln und weniger Klarheit über Gott und die Lehren der Bibel verlassen, als sie zuvor besaßen.

An den Prophetenschulen war das wichtigste Ziel allen Studierens, Gottes Handeln und die Pflichten der Menschen ihm gegenüber zu verstehen. Man erklärte den Schülern die großen, im Dienst der Priester und in den Opfern dargestellten Wahrheiten, und im Glauben erfassten sie das Zentrum des Heiligtumsdienstes: das „Lamm Gottes" – der Messias, der die Schuld aller Menschen wegnehmen sollte.

Die Schüler wurden gelehrt, wie sie beten konnten, wie sie sich ihrem Schöpfer nahen durften, wie sie an ihn glauben und wie sie seine Lehren verstehen und ihm gehorchen sollten. Die Gegenwart des Geistes Gottes offenbarte sich in Weissagungen und geistlichen Liedern.

Rechte Musik erhebt die Menschen zu Gott

Die Musik wurde von Gott geschaffen, um die Gedanken auf das zu richten, was rein, edel und erhebend ist. Sie soll im Herzen Ehrfurcht und Dankbarkeit gegenüber Gott wecken. Aber viele benutzen heute diese Gabe zum eigenen Ruhm, statt Gott damit zu verherrlichen! Die Vorliebe für gewisse Arten von Musik ist eines der erfolgreichsten Mittel Satans, um Menschen in seinem Sinne zu beeinflussen und die Gedanken von den Pflichten gegenüber Gott und von der Besinnung auf ewige Dinge abzulenken.

Im Himmel gehört Gesang zum Gottesdienst. Darum sollten wir uns bemühen, in unseren Liedern dem Wohlklang der himmlischen Chöre so nahe wie möglich zu kommen. Das Singen geistlicher Lieder ist ebenso Ausdruck der Anbetung wie das Gebet. Das Herz muss allerdings mit dem Geist des Liedes übereinstimmen, damit die Verehrung Gottes recht ausgedrückt werden kann.

Was wir von den Prophetenschulen lernen können

Auch für heutige Lehrer und Schulleiter gäbe es manches von den Prophetenschulen zu lernen. Erfolg oder Misserfolg in der Erziehung und Bildung hängt wesentlich davon ab, ob sie in Übereinstimmung mit Gottes Prinzipien erfolgen.

Das eigentliche Ziel christlicher Erziehung besteht darin, Gottes Bild im Menschen wiederherzustellen. Die Sünde hat dieses Abbild verzerrt. Die Menschen wieder in die Harmonie von Körper, Seele und Geist zu führen, mit der sie einst geschaffen wurden, ist das eigentliche Lebensziel. Deshalb ist es Aufgabe von Eltern und Lehrern, bei der Erziehung der Jugendlichen Gottes Absicht zu verfolgen. Alle Eigenschaften und Fähigkeiten, mit denen uns der Schöpfer ausgestattet hat, sollen zu seiner Ehre und zum Segen für unsere Mitmenschen entwickelt und eingesetzt werden!

Wenn man dieses Prinzip gebührend beachtete, würden sich manche Erziehungsmethoden radikal ändern. Anstatt Ehrgeiz und Konkurrenzdenken ihrer Schüler anzustacheln, würden sich die Lehrer bemühen, die Liebe zum Guten, Wahren und zu Gott zu wecken. Die Schüler würden nicht alles daransetzen, andere zu übertreffen, sondern sich darum bemühen, die Absicht des Schöpfers für ihr Leben zu erkennen und zu verwirklichen. Statt von dem Verlangen getrieben zu werden, selbst möglichst gut dazustehen und einen guten Abschluss zu erreichen, würden die Schüler vor allem eine Beziehung zu ihrem Schöpfer und Erlöser aufbauen.

Wenn die Jugendlichen die Liebe Gottes zu ihnen erkennen und die hohe Bestimmung, zu der sie berufen sind – Söhne und Töchter Gottes zu sein –, werden sich Tausende mit Abscheu von selbstsüchtigen Zielen und fragwürdigen Vergnügungen abwenden, die sie bisher so gefesselt haben. Sie würden lernen, Unrecht zu meiden – nicht nur wegen der Aussicht auf Belohnung oder aus Angst vor Strafe, sondern aus dem Empfinden heraus, dass es in sich Böse ist.

„Alle Weisheit beginnt damit, dass man Ehrfurcht vor Gott hat. Den heiligen Gott kennen, das ist Einsicht!“[1] Dies zu vermitteln und den Charakter entsprechend zu prägen sollte das Ziel jedes Lehrers sein. Der Psalmdichter sagt: „Dein Wort macht mich klug ... Alle deine Gebote sind gerecht.“[2] Durch

---

[1] Sprüche 9,10 Hfa [2] Psalm 119,104.172 LB

die Heilige Schrift und durch das Buch der Natur sollen wir Gott und seinen Willen kennenlernen.

Unser Geist passt sich allmählich dem an, womit wir uns beschäftigen. Sind das lediglich belanglose Dinge, wird er verkrüppelt und schwach werden. Wenn sich der Verstand nicht mit schwierigen Themen und Problemen auseinandersetzt, verliert er mit der Zeit die Fähigkeit zum intellektuellen und moralischen Wachstum.

Die Bibel als Bildungsmittel

Als eine erziehende Macht sucht die Bibel ihresgleichen. Sie kommt aus der Quelle göttlicher Wahrheit, und der Herr hat durch die Jahrtausende hindurch dafür gesorgt, dass ihre Botschaft klar und rein blieb. Sie erhellt die weit zurückliegende Vergangenheit, in die menschliche Forschung vergeblich einzudringen versucht. Nur in der Bibel finden wir eine Geschichte der Menschheit, die weder von menschlichen Vorurteilen noch von Überheblichkeit verfälscht ist.

Darin wird von den Kämpfen, den Niederlagen und Siegen der bedeutendsten Persönlichkeiten berichtet, die diese Welt jemals kannte. Der Schleier, der die sichtbare Welt von der unsichtbaren trennt, wird darin gelüftet, und wir erkennen den Konflikt zwischen den Mächten des Guten und des Bösen vom Einbruch der Sünde in diese Welt bis zum endgültigen Sieg der Gerechtigkeit Gottes. In all dem offenbart sich das Wesen Gottes. Auf diese Weise kommt der Lernende dem Geist des Ewigen näher. Solch ein Studium wird nicht nur den Charakter bilden und veredeln, sondern auch die geistigen Kräfte stärken und entfalten.

Die Bibel zeigt uns die Prinzipien, die das Fundament zum Wohlergehen der Gesellschaft und zum Schutz der Familien bilden. Wenn man sie erforscht und befolgt, wird das Wort Gottes Menschen mit solider Charakterstärke, scharfer Auffassungsgabe und gesundem Urteilsvermögen heranbilden – zu Menschen also, die ein Segen für ihre Umwelt sind.

Jede wahre Naturwissenschaft ist eine Interpretation der Handschrift Gottes in der Schöpfung. Sie bringt neue Belege für seine Weisheit und Macht. Richtig verstanden machen uns beide, die Natur und die Bibel, mit Gott vertraut, indem sie uns die Gesetze und Prinzipien lehren, durch die er wirkt.

Die heutigen Lehrer sollten sich Jesus, den größten Lehrer, zum Vorbild nehmen, der seine Lehren durch bildhafte Darstellungen veranschaulichte und einprägte. Vögel und Blumen, das Ackerland und das Getreide sowie vieles andere mehr benutzte er, um Menschen mit den Wahrheiten Gottes vertraut zu machen. So brachte er die sichtbaren Werke des Schöpfers in Verbindung mit der Botschaft, die er verkündigte.

Wenn wir es wollen, können wir überall in der Natur Gottes Schöpferhand und Liebe erkennen. Unsere Welt ist keineswegs nur geprägt von Leid und Elend, sondern auf jeder sich öffnenden Blüte und jeder Frucht ist zu lesen: „Gott ist Liebe."[3] Selbst Disteln haben Blüten, und auf dornigen Stielen wachsen wunderschöne Rosen. So vieles in der Natur zeugt von Gottes Absicht, seine Geschöpfe glücklich zu machen.

Wenn Gott etwas verbietet, tut er es nicht, um seine Macht zu demonstrieren, sondern er hat das Wohlergehen der Menschen im Auge. Und er verlangt nie von seinen Kindern, auf etwas zu verzichten, was zu ihrem Besten dienen könnte.

Der Nutzen körperlicher Arbeit

Es lohnt sich auch, die Kombination von körperlicher, intellektueller und religiöser Ausbildung nachzuahmen, die in den Prophetenschulen praktiziert wurde. Zwischen Körper und Geist besteht eine enge Beziehung. Und um einen hohen geistigen und moralischen Stand zu erreichen, ist es unumgänglich, die Gesetzmäßigkeiten zu beachten, die unseren körperlichen Zustand bestimmen. Unser Körper braucht praktische Arbeit und Bewegung, um gesund zu bleiben.

Wie zur Zeit Israels sollten sich auch heute möglichst viele junge Menschen irgendwelche handwerklichen Fähigkeiten aneignen. Selbst wenn jemand genau weiß, dass er seinen Lebensunterhalt nie damit zu verdienen braucht, sollte er dennoch unterwiesen werden, handwerklich zu arbeiten. Ohne körperliche Betätigung wird sich niemand kräftig und gesund entwickeln und die Disziplin einer regelmäßigen Arbeit ist wichtig für die Entwicklung eines aktiven Verstandes und eines edlen Charakters.

Jeder Schüler sollte einen Teil des Tages mit körperlicher Arbeit und Bewegung an der frischen Luft zubringen. Geschä-

---

[3] 1. Johannes 4,8

he das, blieben die jungen Leute vor manchem Bösen und schlechten Gewohnheiten bewahrt, die oft die Folge von Freizeit und Müßiggang sind. Gott möchte nicht, dass die Jugendlichen ihre Ziele niedrig stecken; sie sollen sich vielmehr Ziele setzen, die über das Selbstsüchtige und bloß Irdische hinaus gehen und die Ewigkeit im Blick haben.

Der Glaube fördert die Gesundheit und macht froh

Die Ansicht, Religion sei der Gesundheit oder dem Lebensglück abträglich, ist blanker Unsinn. In den Sprüchen Salomos heißt es: „Wer Gott achtet und ehrt, hat ein gutes Leben. Er kann ruhig schlafen, denn Angst vor Unglück kennt er nicht." Und an anderer Stelle: Meine Worte „geben dir ein erfülltes Leben und erhalten dich gesund".[4]

Echter Glaube bringt die Menschen in Übereinstimmung mit Gottes Gesetzen – den natürlichen, geistigen und moralischen. Er führt zu Gelassenheit, zum Maßhalten und zur Selbstbeherrschung. Die biblische Religion erhebt den Verstand, veredelt die Gesinnung und heiligt die Urteilskraft. Der Glaube an die Liebe Gottes und an seine lenkende Fürsorge wirkt der Angst und den Sorgen entgegen. Er macht das Herz froh und zufrieden. Die Beziehung zu Gott fördert die Gesundheit, verlängert das Leben und steigert die Freude an den Segnungen des Lebens. Sie erschließt der Seele eine unversiegbare Quelle des Glücks. Keine wahre Freude kann auf den Wegen gefunden werden, die derjenige verboten hat, der weiß, was das Beste für uns Menschen ist.

Die in diesem Leben begonnene Bildung wird im künftigen ihre Fortsetzung finden. Tag für Tag werden sich dann Gottes wunderbare Werke, die Beweise seiner Weisheit und Macht in der Erschaffung und Erhaltung des Universums und die Größe seiner Liebe und Weisheit in der Durchführung des Erlösungsplanes dem menschlichen Geist in neuer Schönheit eröffnen. „Was kein Auge jemals gesehen und kein Ohr gehört hat, worauf kein Mensch jemals gekommen ist, das hält Gott bereit für die, die ihn lieben."[5] Nur die Ewigkeit kann die herrliche Bestimmung offenbaren, die Männer und Frauen, wiederhergestellt zum Bild Gottes, erreichen können.

---

[4] Sprüche 19,23 Hfa; 4,21.22 Hfa [5] 1. Korinther 2,9

Teil VIII

Die ersten beiden Könige Israels

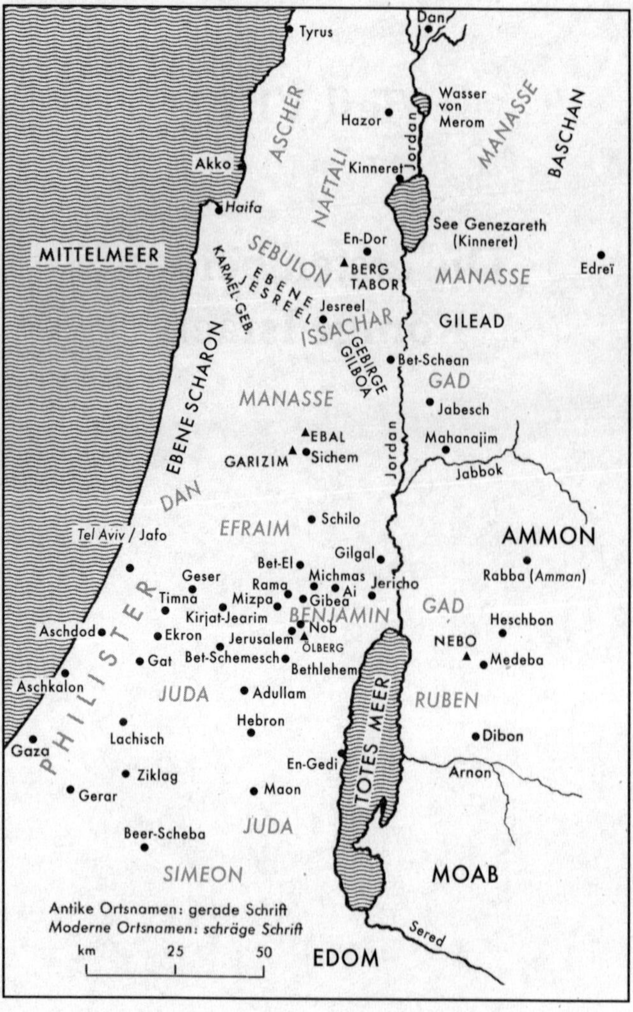

Kanaan zur Zeit der ersten Könige

59 | Saul wird der erste König*

Das Volk Israel wurde im Namen und Auftrag Gottes regiert. Moses Aufgabe war es gewesen, zusammen mit den siebzig Ältesten, den Obersten und den Richtern Gottes Geboten Geltung zu verschaffen, aber neue Gesetze zu erlassen war ihnen nicht gestattet. Das war die Bedingung für Israels Existenz als Nation. Es war eine Theokratie – eine Gottesherrschaft.

Der Herr sah voraus, dass sich das Volk Israel später einen König wünschen würde, aber das Grundprinzip der Gottesherrschaft sollte sich dadurch nicht ändern. Der König sollte nur der sichtbare Repräsentant des Allerhöchsten sein, während Jahwe nach wie vor das unsichtbare Haupt der Nation bleiben würde.

Nach der Landnahme lebten die Israeliten unter Josuas Leitung im Wohlstand. Aber der Umgang mit den anderen Völkern bewirkte im Lauf der Zeit einige Veränderungen. Die Israeliten übernahmen viele Gewohnheiten ihrer heidnischen Nachbarn und wussten ihre Vorzugsstellung als Jahwes auserwähltes Volk nicht mehr zu schätzen.

Fasziniert vom Prunk der heidnischen Fürsten wurden sie der Schlichtheit ihrer Regierungsform überdrüssig. Neid keimte auch zwischen den Stämmen auf und innere Streitigkeiten schwächten sie. Zudem waren sie ständig Übergriffen heidnischer Nachbarvölker ausgesetzt. Im Volk Israel verbreitete sich zunehmend die Ansicht, dass alle Stämme unter einer starken Zentralregierung vereinigt sein sollten. So wuchs das Verlangen nach einem eigenen König.

Unter Samuels Führung ging es dem Volk erneut gut. Die Ordnung war wiederhergestellt, die Gottesverehrung wurde wieer reiner und intensiver und die Unzufriedenheit verstummte eine Zeitlang. Als Samuel älter wurde, setzte er seine beiden Söhne als Richter ein, um ihn zu entlasten. Aber es stellte sich bald heraus, dass sie ihrer Verantwortung nicht würdig waren. Beide „folgten nicht dem Vorbild ihres Vaters, sondern suchten sich zu bereichern. Sie ließen sich durch

* Dieses Kapitel basiert auf 1. Samuel 8 bis 12.

Bestechung in ihrem Urteil beeinflussen."[1] Das selbstlose Verhalten ihres Vaters hatte nicht auf sie abgefärbt, denn auch Samuel war wie Eli zu nachsichtig mit seinen Söhnen gewesen. Die Folgen zeigten sich nun in ihrem Charakter.

Dieser Missstand bot den gewünschten Vorwand für die Änderung, die viele Israeliten seit Langem wünschten. „Da kamen alle Ältesten Israels zusammen und gingen zu Samuel nach Rama. Sie sagten zu ihm: ‚Du bist alt geworden und deine Söhne folgen nicht deinem Beispiel. Setze deshalb einen König über uns ein, der bei uns für Recht sorgt, wie es bei allen Völkern üblich ist!'"[2]

Wären Samuel die Verfehlungen seiner Söhne bekannt gemacht worden, hätte er sie sofort ihrer Ämter enthoben; aber daran war den Ältesten nicht gelegen. Er erkannte deren wahre Beweggründe – Unzufriedenheit und Stolz – und sah ihr Begehren gegen seine Regierung gerichtet, obwohl gegen ihn keinerlei Klagen erhoben wurden. Samuel äußerte aber seine Gedanken und Gefühle nicht, weil er die ganze Angelegenheit zuerst Gott vorlegen und von ihm Weisungen erbitten wollte.

Der Herr sagte zu Samuel: „Erfülle ihnen nur ihren Wunsch! Nicht dich lehnen sie ab, sondern mich. Ich soll nicht länger ihr König sein! Seit ich sie aus Ägypten herausgeführt habe, sind sie mir immer wieder untreu geworden und haben sich anderen Göttern zugewandt. Das ist bis heute so geblieben. Jetzt ergeht es dir ebenso."[3] Dies war eine leise Zurechtweisung, weil Samuel das Verlangen der Ältesten als gegen sich gerichtet empfand.

Zeiten des Wohlstands hatte das Volk Israel immer dann erlebt, wenn es sich zu Jahwe als seinem König bekannte, seine Gebote beachtete und die Gottesherrschaft als anderen Regierungsformen überlegen anerkannte. Weil die Israeliten aber von seinen Gesetzen abwichen, wurden sie nicht zu dem Volk, das Gott aus ihnen machen wollte. Sie schrieben jedoch die bitteren Folgen ihrer Sünden und Torheiten der Regierung Gottes zu. So sehr waren sie verblendet.

Gott wünschte, dass die Israeliten in ihm allein ihren Herrn, Gesetzgeber und die Quelle ihrer Kraft sahen. Im Bewusstsein ihrer Abhängigkeit von ihm sollten sie sich immer mehr zu ihm hingezogen fühlen. Sie würden erhoben und

---

[1] 1. Samuel 8,1.3 [2] 1. Samuel 8,4.5 [3] 1. Samuel 8,7.8

geadelt werden, sodass sie für die hohe Bestimmung geeignet waren, zu der sie als Gottes auserwähltes Volk berufen waren. Aber wenn ein Mensch den Thron bestieg, würde das dazu führen, das Denken der Israeliten von Gott abzulenken. Sie würden sich mehr auf menschliche Stärke als auf Gottes Macht verlassen. Und die Fehler ihres Königs würden sie zur Sünde verleiten und die Nation von Gott trennen.

Der Herr hatte zwar durch Mose bereits gesagt, dass Israel einmal von einem König regiert werden würde, und dafür Anweisungen gegeben,[4] aber daraus folgt nicht, dass diese Regierungsform die beste für das Volk war oder gar dem Willen Gottes entsprach. Gott ließ dem Volk jedoch seinen Wunsch, weil es sich nicht länger von seinem Rat leiten lassen wollte. Wenn Menschen unbedingt eigene Wege gehen wollen, lässt er ihr Verlangen oft zu, damit sie zur Einsicht ihrer Dummheit kommen. Was jemand gegen den Willen Gottes begehrt, wird sich zuletzt als Fluch statt als Segen erweisen.

Gott wies Samuel an, dem Verlangen des Volkes zu entsprechen, aber er sollte deutlich machen, dass der Herr es nicht billigte, und sie vor den Folgen warnen, die die Einsetzung eines Königs mit sich bringen würde.

Gewissenhaft setzte Samuel den Israeliten auseinander, welche Lasten sie auf sich nehmen müssten im Vergleich zu den derzeitigen Verhältnissen, die ihnen Freiheit und Wohlstand brachten. Ihr König würde an Prunk und Aufwand anderen Herrschern nicht nachstehen wollen. Er würde viele Männer in seinen Dienst stellen: als Dienerschaft und Palastwache, Wagenlenker, Soldaten und vieles andere. Der König würde die besten Ländereien für sich beanspruchen und sie müssten dann *seine* Felder bestellen und *seine* Ernten einbringen. Auch ihre tüchtigsten Knechte und ihr Vieh würde er ihnen wegnehmen und in seinen Dienst stellen und außerdem den zehnten Teil ihrer Ernten, Tiere und aller Einkünfte verlangen, um die großen Summen für seinen Hofstaat aufzubringen.[5] „Ihr selbst seid alle seine Untertanen", schloss Samuel. „Dann werdet ihr bereuen, dass ihr euch je einen König gewünscht habt. Doch wenn ihr dann zum Herrn um Hilfe schreit, wird er euch keine Antwort geben."[6] War das Königtum erst einmal errichtet, konnte es nicht nach Belieben wieder abgeschafft werden.

---

[4] 5. Mose 17,14–20 [5] 1. Samuel 8,11–17 [6] 1. Samuel 8,17.18 Hfa

Das Volk Israel verwirft den Herrn als König

Aber das Volk gab Samuel zur Antwort: „Nein, wir wollen einen König! Es soll bei uns genauso sein wie bei den anderen Völkern! Ein König soll uns Recht sprechen und uns im Krieg anführen!"[7] „... wie bei den anderen Völkern" – ein verräterisches Argument. Die Israeliten hatten immer noch nicht begriffen, welch ein Vorzug es war, in vieler Hinsicht nicht wie die anderen Völker zu sein. Gott hatte das Volk Israel erwählt, um es zu seinem besonderen Eigentum und zu einem anziehendem Vorbild für andere Völker zu machen. Aber nun wollte es ihnen lieber gleich sein.

Dieses Verlangen besteht auch heute oft bei denen, die sich Christen nennen. In dem Maß, wie sie sich innerlich von Gott entfernt haben, wächst das Bedürfnis, sich den negativen Gewohnheiten der Umwelt anzupassen. Viele argumentieren, dass die Verbindung mit säkularen Menschen und die Anpassung an ihre Gepflogenheiten auf sie einen größeren Einfluss ausüben würden. Aber damit trennen sie sich von der geistlichen Kraftquelle. Jakobus erklärte: „Wer ein Freund dieser Welt sein will, der wird zum Feind Gottes."[8]

Betroffen hörte Samuel die Aussagen der Israeliten, doch der Herr sagte zu ihm: „Gib ihrer Forderung nach und setze einen König über sie ein!"[9] Der Prophet hatte sie gewarnt, war aber auf taube Ohren gestoßen. Schweren Herzens brach er auf, um die gewünschte Veränderung in der Regierungsform vorzubereiten.

Gott beruft Saul zum König

Gott stellte sich dem Begehren Israels nach einem König nicht in den Weg, behielt sich aber vor, ihn selbst zu bestimmen. Das Volk respektierte das.

Gottes Wahl fiel auf Saul, einen Sohn des Kisch aus dem Stamm Benjamin. „Der war jung und stattlich, schöner und einen Kopf größer als alle anderen jungen Männer in Israel."[10] Auf den ersten Blick also ein Mann von edlem und würdevollem Aussehen, wie zum Herrschen geboren, ganz nach den Vorstellungen des Volkes. Allerdings fehlte es ihm an jenen

---

[7] 1. Samuel 8,19.20 [8] Jakobus 4, 4 Hfa [9] 1. Samuel 8,22
[10] 1. Samuel 9,2

inneren Werten, die echte Weisheit verbürgen. Er hatte nicht gelernt, seine Affekte zu kontrollieren, und nie die umwandelnde Kraft des Geistes Gottes erfahren.

Saul war der Sohn eines reichen Sippenoberhauptes, aber er arbeitete – wie damals allgemein üblich – als Landwirt. Eines Tages entliefen einige Eselinnen seines Vaters und Saul sollte mit einem Knecht nach ihnen suchen. Als ihre Suche vergeblich blieb und sie in die Nähe von Rama kamen, wo Samuel wohnte, schlug der Knecht vor, den Propheten nach den entlaufenen Tieren zu befragen.[11]

Als sie sich nach Samuel erkundigten, sagte man ihnen, es werde an dem Tag ein Gottesdienst mit ihm stattfinden.[12] Es war nun um die Anbetung Gottes in Israel wieder besser bestellt als in der Zeit, als Samuel als Kind an das Heiligtum kam. Da es keinen Dienst am heiligen Zelt in Schilo gab, weil die Bundeslade in Kirjat-Jearim stand, wurden die Opfer anderenorts dargebracht, und zwar in den Städten der Priester und Leviten, wo das Volk hinkam, um geistliche Unterweisung zu erhalten. Die höchsten Erhebungen um die Städte waren die Opferstätten, daher nannte man sie „Höhen".

Am Stadttor traf Saul den Propheten. Gott hatte Samuel wissen lassen, dass sich der künftige König Israels um diese Zeit einfinden würde. Als sie sich nun Auge in Auge gegenüberstanden, sprach der Herr zu Samuel: „Das ist der Mann, von dem ich gesprochen habe. Er soll mein Volk regieren."[13] Daraufhin versicherte Samuel Saul, dass die gesuchten Tiere gefunden worden seien, und drängte ihn, zu bleiben und am Opferfest teilzunehmen. Zugleich deutete er ihm seine Berufung mit den merkwürdigen Worten an: „Außerdem gehört alles Wertvolle in Israel ohnehin dir und deinen Verwandten." In bescheidener Untertreibung erwiderte Saul: „Wie kommst du darauf? Ich bin doch nur ein Benjaminiter, ich gehöre zum kleinsten und unbedeutendsten Stamm Israels, und meine Sippe ist eine der kleinsten von ganz Benjamin."[14]

Samuel führte Saul zum Versammlungsplatz. Auf seine Anordnung räumte man ihm den Ehrenplatz ganz oben ein und setzte ihm beim Festmahl das beste Stück Fleisch vor.[15] Danach nahm Samuel ihn mit zu sich nach Hause und unterhielt sich lange mit ihm. Er erklärte ihm die wichtigsten

---

[11] 1. Samuel 9,3–6 [12] 1. Samuel 9,12 [13] 1. Samuel 9,15–17
[14] 1. Samuel 9,20.21 Hfa [15] 1. Samuel 9,22–24

Grundsätze, auf denen Israels Regierung beruhte, und versuchte ihn so auf seine hohe Stellung vorzubereiten.

Als Saul am nächsten Morgen aufbrach, begleitete Samuel ihn. Nachdem sie das Stadttor hinter sich gelassen hatten, sollte Saul stehenbleiben, um eine Botschaft von Gott zu empfangen. „Da nahm Samuel ein Horn mit Olivenöl, goss das Öl über Sauls Kopf aus, küsste ihn und sagte: ‚Im Auftrag des Herrn habe ich dich nun mit diesem Öl gesalbt als Zeichen dafür, dass du der König seines Volkes Israel werden sollst.'"[16] Er gab Saul die Zusicherung, der Geist Gottes werde ihn für die große Aufgabe befähigen: „Dann wird der Geist des Herrn auf dich kommen ... Von da an wirst du wie umgewandelt sein ... Pack die Aufgaben an, die sich dir stellen! Gott wird dir beistehen."[17]

Als Saul seines Weges ging, traf alles genau so ein, wie Samuel es ihm vorausgesagt hatte. Man berichtete ihm, dass die Eselinnen gefunden worden seien, und bei Gibea, seiner Heimatstadt, kehrte eine Gruppe von Prophetenschülern von einer Opferhöhe zurück, die Loblieder sang, von Instrumenten begleitet. Als Saul sich ihnen näherte, kam der Geist Gottes auch auf ihn. Er stimmte in den Lobgesang ein und weissagte wie sie. Er sang so inbrünstig und redete so voller Weisheit, dass alle, die ihn kannten, erstaunt ausriefen: „Was ist denn mit Saul los? Gehört er auch zu den Propheten?"[18]

Während Saul gemeinsam mit ihnen sang, ging durch die Wirkung des Heiligen Geistes eine große Veränderung in ihm vor. Göttliches Licht strahlte in die Dunkelheit seines sündigen Herzens. Saul sah sich so, wie Gott ihn sah, und begriff den Wert echter Frömmigkeit. Nun war er dazu aufgerufen, den Kampf mit seinen Sünden aufzunehmen, und er begriff, dass seine Stärke in diesem Konflikt nur von Gott kommen konnte. Gott schenkte ihm auch ein Verständnis für den Erlösungsplan, der ihm zuvor unklar und fragwürdig erschienen war. Er segnete ihn mit Mut und Weisheit für sein hohes Amt.

Saul wird zum König ausgerufen

Bis dahin wusste das Volk nichts von Sauls Salbung zum König. Gottes Wahl sollte öffentlich durch das göttliche Los bekanntwerden. Dazu berief Samuel das Volk nach Mizpa.

[16] 1. Samuel 10,1 Hfa [17] 1. Samuel 10,6.7 [18] 1. Samuel 10,10.11 Hfa

Die Versammlung begann mit einem Gebet um Gottes Führung. Dann erfolgte das feierliche Losen mithilfe der besonderen Steine, die zur Ausrüstung des Hohenpriesters gehörten. Schweigend wartete die Menge auf das Ergebnis. Nacheinander bezeichnete das Los den Stamm, die Sippe, die Familie, und schließlich Saul als den Erwählten.[19]

Aber als man ihn suchte, war er nicht zu finden. Angesichts der großen Verantwortung, die er künftig tragen sollte, hatte er sich unbemerkt zurückgezogen. Schließlich spürte man ihn beim Tross auf. Als er vor die Menge trat, registrierte das Volk mit Genugtuung seine königliche Haltung und seine edle Gestalt, denn er „war einen Kopf größer als alle". Samuel rief aus: „Hier ist der Mann, den der Herr ausgewählt hat! Seht ihn euch an! Keiner im ganzen Volk ist wie er." Und das versammelte Volk antwortete mit anhaltendem Jubel und dem Wunsch: „Lang lebe der König!"[20]

Dann machte Samuel die Israeliten mit den Rechten des Königs bekannt, und legte die Grundsätze dar, auf denen die israelitische Monarchie beruhen sollte. Der König war kein absoluter Herrscher, sondern sollte seine Macht im Gehorsam gegenüber dem Willen Jahwes ausüben. All dies hielt Samuel in einer Buchrolle fest.[21] Obwohl das Volk alle Warnungen des treuen Propheten in den Wind geschlagen hatte, war er bemüht, die Rechte der Israeliten gegenüber ihrem König so weit wie möglich zu wahren.

Zwar war die Mehrheit des Volkes bereit, Saul als König anzuerkennen, aber es gab auch eine starke Opposition. Die Wahl eines Königs aus Benjamin, dem kleinsten Stamm Israels, empfanden die Gegner aus den beiden größten und mächtigsten Stämmen, Juda und Efraïm, als eine Geringschätzung, die sie nicht akzeptieren wollten. Diejenigen, die vorher am lautesten für einen König plädiert hatten, weigerten sich nun, den Mann der Wahl Gottes anzuerkennen.

Obwohl Saul zum König Israels gewählt worden war, überließ er die Regierungsgeschäfte weiterhin Samuel und kehrte nach Gibea zurück. Er machte keinen Versuch, sein Recht auf den Thron mit Gewalt durchzusetzen. Wie gewohnt ging er seinen Aufgaben als Landwirt nach und überließ es Gott, seine Autorität als König zu etablieren.

---

[19] 1. Samuel 10,20.21 [20] 1. Samuel 10,23.24 [21] 1. Samuel 10,25

Sauls Kampf gegen die Ammoniter

Bald nach Sauls Berufung fielen die Ammoniter in das Gebiet der Stämme östlich des Jordans ein und bedrohten die Stadt Jabesch in Gilead. Die Bewohner versuchten den Frieden dadurch zu erkaufen, dass sie den Ammonitern anboten, ihnen Tribut zu zahlen. Aber der Ammoniterkönig wollte nur unter der Bedingung darauf eingehen, dass er allen Männern das rechte Auge ausstechen ließ.[22] Die Ältesten konnten mit ihm aber eine Frist von sieben Tagen aushandeln, um Hilfe anzufordern.

Daraufhin wurden Boten zu den Stämmen westlich des Jordans geschickt. Als Saul abends „mit seinen Rindern von der Feldarbeit heimkam", hörte er lautes Wehklagen. Als er die schmachvolle Geschichte erfuhr, „nahm der Geist Gottes von ihm Besitz und es packte ihn ein glühender Zorn. Er nahm zwei von den Rindern, zerhackte sie und sandte die Stücke in alle Gegenden Israels. Die Überbringer sollten überall ausrufen: ‚Wer nicht mit Saul und Samuel in den Kampf zieht, dessen Rindern wird es ebenso ergehen!'"[23]

Bald darauf versammelten sich 330 000 Männer. In einem nächtlichen Eilmarsch überschritten Saul und sein Heer den Jordan und erreichten Jabesch noch im Dunkeln. Er teilte seine Streitmacht in drei Abteilungen und überfiel das feindliche Lager zu so früher Stunde, dass die Ammoniter völlig überrascht waren und kaum Widerstand leisteten. „Die wenigen Überlebenden wurden in alle Himmelsrichtungen auseinander gejagt, so dass nicht einmal zwei beieinander blieben."[24]

Entschlossenheit und Tapferkeit sowie auch strategisches und taktisches Geschick waren Eigenschaften, die die Israeliten von ihrem König erwarteten, um sich gegen ihre zahlreichen Feinde behaupten zu können. Saul hatte bewiesen, dass er über diese Fähigkeiten verfügte. Deshalb erkannte ihn nun ganz Israel als König an. Allerdings beging das Volk erneut den alten Fehler, den Sieg menschlichen Fähigkeiten zuzuschreiben. Darüber vergaßen sie, dass ohne Gottes Hilfe alle ihre Anstrengungen vergeblich gewesen wären.

In ihrer Begeisterung über den Sieg hatten einige vor, all diejenigen zu töten, die Saul anfangs nicht anerkennen wollten. Aber der König erhob Einspruch: „Am heutigen Tag soll

[22] 1. Samuel 11,1.2 [23] 1. Samuel 11,4–7 [24] 1. Samuel 11,8.11 Hfa

niemand getötet werden! Denn heute hat der Herr sein Volk Israel gerettet.“ [25] Anstatt den Ruhm für sich zu beanspruchen, gab Saul Gott die Ehre. Statt Rache zu üben, bewies er Großmut und Vergebungsbereitschaft. Wer sich so verhält, zeigt damit, dass Gottes Gnade sein Herz verändert hat.

Samuel legt sein Richteramt nieder

Samuel machte nun den Vorschlag, eine Volksversammlung nach Gilgal einzuberufen, damit Sauls Königtum öffentlich bestätigt wurde. „Alle Israeliten zogen nach Gilgal. Feierlich krönten sie Saul in der Gegenwart des Herrn zum König. Anschließend feierten sie ein großes Fest. Als Zeichen ihrer Freude brachten sie dem Herrn viele Dankopfer dar.“ [26]

In der geschichtsträchtigen Ebene, die mit so vielen packenden Erinnerungen verknüpft war, stand Samuel nun mit Saul. Als die Begrüßungsrufe für den König verklungen waren, richtete der greise Prophet als bisheriger Leiter des Volkes bewegende Worte an die versammelte Menge.

Er hatte bereits früher die Grundsätze dargelegt, die König und Volk leiten sollten. Nun wollte Samuel dem das Gewicht seines eigenen Beispiels an Selbstlosigkeit hinzufügen.[27] Von Kind auf war er mit dem Werk Gottes verbunden gewesen, und während seines langen Lebens hatte ihm nur ein Ziel vor Augen gestanden: die Ehre Gottes und das Wohl Israels.

Infolge ihrer Sünden hatten die Israeliten ihr Vertrauen auf Gott und dessen Macht und Weisheit verloren, sein Volk recht zu regieren und zu erhalten. Ehe sie aber wahren Frieden finden konnten, mussten sie gerade die Sünden er- und bekennen, derer sie sich schuldig gemacht hatten.

Samuel rief den Israeliten noch einmal ihre Geschichte in Erinnerung von dem Tage an, als Gott sie aus Ägypten geführt hatte. Jahwe, der König der Könige, hatte ihre Kämpfe selbst geführt. Oft waren sie um ihrer Sünden willen in die Gewalt von Feinden geraten. Aber sobald sie von ihrem verkehrten Verhalten abließen, erweckte Gott ihnen einen Befreier. „Da schickte der Herr ihnen erst Gideon, ein anderes Mal Barak, dann Jiftach und schließlich mich, Samuel. Durch diese Männer half Gott euren Vorfahren und jetzt auch euch: Vorher wart ihr von Feinden umgeben, jetzt könnt ihr ruhig

---

[25] 1. Samuel 11,12.13 [26] 1. Samuel 11,14.15 Hfa [27] 1. Samuel 12,3.5

und sicher in eurem Land wohnen. Doch als der Ammoniterkönig Nahasch gegen euch in den Krieg zog, da kamt ihr zu mir mit der Forderung: ‚Wir wollen einen König haben!' Dabei wusstet ihr genau, dass Gott, der Herr, euer König ist."[28]

Als Beweis, dass dies in dessen Augen wirklich eine Sünde war, bat Samuel Gott darum, in dieser Erntezeit, in der es immer trocken war, ein Gewitter mit starkem Regen zu schicken. Und Gott tat es noch am selben Tag.[29]

Nun bekannten die Israeliten in Demut jene Sünde, der sie sich schuldig gemacht hatten: „Bitte den Herrn, deinen Gott, für uns, dass wir nicht sterben müssen! Wir sind sündige Menschen, und nun haben wir auch noch die Untat begangen, einen König zu verlangen."[30]

Samuel ließ die Versammelten aber nicht niedergeschlagen und zerknirscht zurück, denn das hätte sie daran gehindert, sich um ein besseres Verhalten zu bemühen. Und Gott als hart und nicht vergebungsbereit anzusehen würde sie vielen Versuchungen aussetzen. „Habt keine Angst!", sagte Samuel deshalb. „Ihr habt zwar all dieses Unrecht getan, aber haltet von jetzt an treu zum Herrn und gehorcht ihm von ganzem Herzen. Lauft nur nicht den ohnmächtigen Götzen nach! Sie können euch nicht helfen und euch nicht retten, weil sie *nichts* sind. Der Herr bleibt sich selbst treu; er wird euch nicht verstoßen, nachdem er einmal beschlossen hat, euch zu seinem Volk zu machen."[31]

Samuel verlor kein Wort über den Undank, mit dem die Israeliten ihm seinen lebenslangen Dienst vergolten hatten. Vielmehr sicherte er ihnen zu, dass er auch weiterhin vor Gott für sie Fürbitte einlegen würde: „Auch ich werde weiter wie bisher mit meinen Gebeten beim Herrn für euch eintreten und euch den guten und geraden Weg weisen. Ich würde ja Schuld auf mich laden, wenn ich damit aufhörte. Aber ihr müsst den Herrn ehren und ihm in Treue und von ganzem Herzen gehorchen. Denkt doch daran, was für gewaltige Dinge er für euch getan hat! Wenn ihr trotz alledem weiter Unrecht tut, werdet ihr samt eurem König weggefegt werden."[32] Mit dieser letzten Ermahnung entließ er das Volk.

---

[28] 1. Samuel 12,11.12 Hfa [29] 1. Samuel 12,17.18 [30] 1. Samuel 12,19
[31] 1. Samuel 12,20–22 [32] 1. Samuel 12,23–25

60 | Sauls Anmaßung*

Nach der Versammlung in Gilgal entließ Saul das große Heer, das auf seinen Ruf hin gekommen war, um gegen die Ammoniter zu kämpfen. Lediglich 3000 Männer behielt er bei sich.[1] Das war ein Fehler. Durch den Sieg war das Heer voller Hoffnung und Mut. Wenn Saul sofort gegen die noch verbliebenen Feinde vorgegangen wäre, hätte er einen entscheidenden Schlag zur Befreiung Israels führen können.

Stattdessen handelten die Philister. Sie hielten noch immer einige Bergfestungen in Israel und setzten sich nun auch noch im Landesinneren fest. Während der langen Zwangsherrschaft hatten sie ihre Macht noch dadurch vergrößert, dass sie den Israeliten verboten, das Schmiedehandwerk zu betreiben, damit sie keine Waffen herstellen konnten. Selbst während der Friedenszeit mussten sich die Israeliten wegen ihrer Schmiedearbeiten weiterhin an die Philister wenden.[2]

Aus Bequemlichkeit und infolge der Abhängigkeit, die solch eine lange Bedrückung mit sich brachte, hatten Israels Männer versäumt, sich mit wirksamen Waffen auszustatten, abgesehen von Bögen und Steinschleudern. Außer Saul und seinem Sohn Jonatan besaß kaum jemand einen Speer oder ein Schwert.[3]

Erst in seinem zweiten Regierungsjahr machte Saul den Versuch, die Philister zu unterwerfen. Den ersten Schlag führte Jonatan mit 1000 Männern, die die Wachposten der Philister in Geba überwältigten. Verärgert über diese Niederlage bereiteten die Philister einen Gegenangriff vor. Nun ließ Saul im ganzen Land zum Krieg blasen und alle wehrfähigen Männer aufrufen, sich in Gilgal einzufinden, einschließlich der Stämme jenseits des Jordans.[4]

Die Philister hatten eine große Streitmacht bei Michmas versammelt, „3000 Streitwagen [mit] 6000 Mann Besatzung und eine ungeheure Menge Fußsoldaten, unzählbar wie der Sand

---

* Dieses Kapitel basiert auf 1. Samuel 13 und 14.

[1] 1. Samuel 13,2 [2] 1. Samuel 13,19.20 [3] 1. Samuel 13,22

[4] 1. Samuel 13,3.4

am Meer".[5] Saul und seine Männer erschraken bei dem Gedanken, solch einer Übermacht im Kampf begegnen zu müssen. Viele waren so entmutigt, dass sie von vornherein gar nicht kamen. Manche liefen einfach davon, andere versteckten sich in Höhlen oder zwischen Felsen. Je näher der Tag der Schlacht kam, desto größer wurde die Zahl der Fahnenflüchtigen. Und die meisten derer, die beim Heer blieben, waren voller Angst.[6]

Nachdem Saul zum König gesalbt worden war, hatte ihm Samuel auch eine genaue Anweisung gegeben, wie er sich vor einer Schlacht gegen die Philister verhalten sollte: „Geh mir voraus nach Gilgal und warte sieben Tage auf mich. Ich werde dorthin kommen und dem Herrn Opfer darbringen. Dann will ich dich wissen lassen, was du tun sollst."[7]

Saul wartete Tag um Tag, jedoch ohne seine Männer zu ermutigen und ihnen Gottvertrauen einzuflößen. Noch ehe die vom Propheten festgesetzte Frist voll verstrichen war, plagte ihn die Ungeduld, zumal ihm immer mehr Kämpfer davonliefen.[8] Statt seine Leute gewissenhaft auf den Gottesdienst vorzubereiten, den Samuel mit ihnen halten wollte, hing Saul Zweifeln nach.

Gott beim Opferdienst zu begegnen war kein bloßes Ritual, sondern ein feierlich-ernstes Geschehen. Der Herr erwartete von seinem Volk Selbstprüfung und Reue über ihre Sünden, damit er ihre Opfer annehmen und dem Heer einen Sieg schenken konnte. Aber Saul war unruhig geworden, und die Männer schauten auf ihn als König und Feldherrn, anstatt Hilfe von Gott zu erwarten.

Der Herr hatte sie keineswegs verlassen, sondern ließ sie lediglich in eine schwierige Situation geraten, um ihnen zu zeigen, wie töricht es ist, sich auf menschliche Stärke zu verlassen. Sie sollten sich an ihn als einzige Hilfe wenden.

Für Saul war die Zeit der Prüfung gekommen. Nun würde sich zeigen, ob er Gott vertraute und wartete, wie Samuel es ihm gesagt hatte. Er musste beweisen, dass Gott sich auf ihn als Führer des Volkes verlassen konnte – selbst unter Druck. Würde der König von Israel auf den König des Himmels hören? Würde er seine entmutigten Kämpfer auf den Einen hinweisen, bei dem allein Stärke und Rettung zu finden ist?

---

[5] 1. Samuel 13,5 Hfa [6] 1. Samuel 13,6.7 [7] 1. Samuel 10,8
[8] 1. Samuel 13,8

Sauls anmaßende Opferhandlung

Mit wachsender Ungeduld wartete Saul auf Samuels Ankunft. Er machte den ausbleibenden Propheten für das Elend und die Auflösung seines Heeres verantwortlich. Die festgesetzte Zeit verstrich, aber der Mann Gottes erschien nicht. Gott selbst hatte diese Verzögerung veranlasst.

Saul meinte nun, er müsse etwas tun, um seine Männer zu beruhigen, und entschloss sich, selbst mit einem Opfer Gottes Hilfe zu erbitten. Er wusste, dass er damit seine Befugnisse überschritt, denn nur geweihte Priester durften ein Opfer darbringen. Aber Saul befahl: „Bringt mir die Tiere für das Brandopfer!" Dann trat er an den Altar und opferte sie.[9]

„Als er gerade mit dem Brandopfer fertig war, kam endlich Samuel."[10] Der sah sofort, dass Saul seine ausdrückliche Anweisung zu warten missachtet hatte. Wenn er die Bedingungen erfüllt hätte, von denen Gottes Hilfe abhing, hätte der Herr Israel auf wunderbare Weise von den Philistern befreit.

Der König war von sich so überzeugt, dass er dem Propheten entgegenging und Lob statt Tadel erwartete. Auf Samuels Frage: „Was hast du da getan?", rechtfertigte Saul seine Anmaßung: „‚Die Leute begannen auseinanderzulaufen, als du zur vereinbarten Zeit nicht hier warst, und die Philister standen schon in Michmas. Da dachte ich: Nun werden sie nach Gilgal herunterkommen und mich angreifen, und ich habe den Herrn noch nicht um Hilfe angefleht. Deshalb habe ich es gewagt, selbst das Brandopfer darzubringen.' Samuel aber sagte: ‚Das war unbesonnen von dir! Warum hast du dich nicht an den Befehl gehalten, den der Herr, dein Gott, dir gegeben hat? Dann hätte er dir und deiner Familie das Königtum über Israel für alle Zeiten zugesprochen. Nun wird dein Königtum keinen Bestand haben, weil du dem Herrn nicht gehorcht hast. Er hat sich schon einen anderen ausgesucht, einen Mann, an dem er Gefallen hat. Den hat er zum Anführer seines Volkes bestimmt.' Samuel verließ Gilgal und ging seiner Wege."[11]

Entweder galten in Israel die von Gott festgelegten Prinzipien, auf denen die Königsherrschaft beruhte, oder es hörte auf, das Volk Gottes zu sein. Nur solange sich das Volk und ihr König von Gott abhängig machten und seinen Geboten ge-

[9] 1. Samuel 13,9 [10] 1. Samuel 13,10 [11] 1. Samuel 13,11–15

horchten, konnte er sie schützen. Kein Königtum konnte in Israel erfolgreich sein, das nicht in allen Dingen Gott als höchste Autorität anerkannte.

Sauls Anmaßung in dieser Situation zeigte, dass er nicht als Repräsentant Gottes für sein Volk geeignet war. Er führte es falsche Wege und setzte seinen eigenen statt Gottes Willen in Israel durch. Wenn Saul treu geblieben wäre, wäre sein Königtum für immer bestätigt worden; aber weil er versagt hatte, musste ein anderer Gottes Absichten ausführen. Ein gottesfürchtiger Mann, der das Volk nach dem Willen Gottes führte, sollte irgendwann die Herrschaft übernehmen.

Eine weitere Anmaßung

Saul war bei Gott in Ungnade gefallen und dennoch nicht bereit, sich zu demütigen und umzukehren. Er wusste um Israels frühere Niederlage gegen die Philister, nachdem Elis Söhne ohne Gottes Anweisung die Bundeslade ins Kriegslager gebracht hatten. Dennoch beschloss auch Saul, nach der Lade und den Priestern zu schicken.[12] Er hoffte, dem Volk durch die Lade neues Vertrauen einflößen und sein zerstreutes Heer wieder zum Kampf gegen die Philister sammeln zu können. Dann könnte er seine Ziele auch ohne Samuel erreichen, dessen Vorwürfe und Zurechtweisungen ihm zuwider waren.

Davon, dass zu Beginn seines Königtums Gottes Geist über Saul gekommen war, um seinen Verstand zu erleuchten und sein Wesen zu verändern, war nicht mehr viel zu spüren. Halsstarrig hielt Saul an seinem verkehrten Kurs fest. Er hatte in seiner Kindheit nicht gelernt, Gott zu lieben und zu vertrauen und sein impulsives Wesen war nicht kontrolliert worden. Auch als König neigte er dazu, sich gegen Gottes Autorität aufzulehnen.

Sauls Bemühungen, das Volk aufzurütteln, erwiesen sich als fruchtlos. Seine Streitmacht war auf 600 Mann zusammengeschrumpft, und daher zog er sich auf die Bergfestung Geba zurück, an der Südseite eines tiefen Tals zehn Kilometer nördlich von Jerusalem gelegen. An dessen Nordseite lagerte die Streitmacht der Gegner, während einzelne Trupps von ihnen in alle Richtungen ausschwärmten, um das Land zu plündern und die Bewohner zu drangsalieren.[13]

---

[12] 1. Samuel 14,3 [13] 1. Samuel 13,15–18

Jonatans mutige Tat

Gott ließ es zu solch einer Krise kommen, um Sauls Eigensinn zu rügen und sein Volk Demut und Vertrauen zu lehren. Saul hatte mit seiner vermessenen Opferung gesündigt, darum verwehrte ihm der Herr den Ruhm eines Sieges über die Philister. Er erwählte Jonatan, den glaubensstarken Sohn des Königs dazu, das Volk Israel zu befreien.

Durch göttliche Eingebung schlug er seinem Waffenträger vor, einen geheimen Angriff auf das feindliche Lager zu wagen. „Vielleicht hilft uns der Herr", sagte er, „denn für ihn ist es nicht schwer, den Sieg zu schenken, ganz gleich, ob nun viele oder wenige kämpfen."[14]

Sein Waffenträger, ebenfalls ein Mann des Glaubens, unterstützte den Plan. Heimlich verließen beide das Lager, damit Kameraden sie nicht davon abhalten konnten. Nach ernstem Gebet einigten sie sich auf ein Zeichen von Gott, das über ihr Vorgehen entscheiden sollte.[15] Dann stiegen sie die Felsenschlucht hinunter, die beide Heere voneinander trennte. Als sie sich dem Lager der Philister näherten, wurden sie von den Feinden bemerkt, die höhnisch riefen: „Seht nur, da kommen ein paar Hebräer aus den Löchern, in die sie sich verkrochen haben! ... Kommt herauf zu uns! Wir haben ein Wörtchen mit euch zu reden!"[16] Das hieß wohl, sie würden den beiden Israeliten ihre Dreistigkeit heimzahlen. Für Jonatan und seinen Begleiter war diese Aufforderung aber genau das Zeichen dafür, dass der Herr ihr Unternehmen gelingen lassen würde.

Sie gelangten über einen verborgenen, schwer begehbaren Pfad auf eine Klippe, von der die Philister dachten, dass sie schwer erreichbar war, und die daher nicht gut bewacht wurde. So drangen sie ins feindliche Lager ein. Die überraschten Wachtposten fielen einfach zu Boden; Jonatans Waffenträger erschlug sie.[17]

Engel beschützten beide und kämpften an ihrer Seite, sodass die Feinde vor ihnen fielen. Dann bebte die Erde, als käme eine riesige Menge von Reitern und Wagen daher. Jonatan erkannte darin ein Zeichen göttlicher Hilfe, und selbst die Philister spürten, dass Jahwe zur Befreiung Israels eingriff. Sie gerieten in Panik und fingen daher an, sich gegenseitig zu erschlagen.[18]

---

[14] 1. Samuel 14,6 [15] 1. Samuel 14,8–10 [16] 1. Samuel 14,11.12
[17] 1. Samuel 14,13.14 [18] 1. Samuel 14,15

Bald hörte man den Kampflärm im israelitischen Lager. Die Kundschafter Sauls meldeten, dass bei den Philistern ein großes Durcheinander herrsche. Er ließ nachforschen, wer von seinen Männern fehlte, und als er erfuhr, dass es Jonatan war, ließ er zum Angriff blasen.[19] Die vorher zum Feind übergelaufenen Israeliten kehrten sich nun ebenfalls gegen die Unterdrücker. Und auch die Männer, die sich aus Angst vor den Philistern im Gebirge verkrochen hatten, kamen hervor und jagten den Fliehenden nach.[20] Die Israeliten fügten den Philistern schwere Verluste zu.

Saul verhält sich erneut unklug

Um den Vorteil zu nutzen und keine Zeit zu verlieren, gebot Saul seinen Männern, den ganzen Tag über nichts zu essen und verfluchte Übertreter seines Befehls: „Fluch über jeden, der vor Abend etwas isst – bevor ich mich an meinen Feinden gerächt habe!“[21] Der Sieg war schon ohne Sauls Wissen und Mitwirkung errungen worden, aber er hoffte, sich wenigstens durch die völlige Vernichtung der Besiegten hervorzutun. Mit dem unvernünftigen Befehl, sich jeder Nahrung zu enthalten, zeigte er, dass ihm die Bedürfnisse seines Volkes gleichgültig waren, sobald es um seine eigene Ehre ging. Seine Begründung lautete nicht etwa, „damit der Herr sich an seinen Feinden rächen kann“, sondern: bis „*ich* mich an *meinen* Feinden gerächt habe“.

Die Männer hatten den ganzen Tag gekämpft. Sie waren erschöpft und hungrig. Kaum war daher die vorgeschriebene Zeit vorbei, fielen sie über die Beute her, schlachteten hastig Tiere und verschlangen das noch blutige Fleisch. Dadurch versündigten sie sich; denn das Gesetz Gottes verbot ausdrücklich den Genuss von Blut im Fleisch.[22]

Jonatan wusste natürlich von dem Befehl seines Vaters nichts. So verletzte er dessen Anweisung unwissentlich, als er beim Durchstreifen eines Waldes Honig aß.[23]

Saul hatte bekanntgeben lassen, dass jede Missachtung seiner Anordnung mit dem Tod bestraft würde. Obwohl Jonatan kein vorsätzliches Unrecht begangen hatte, erklärte der König,

---

[19] 1. Samuel 14,16.17.20 [20] 1. Samuel 14,21.22 [21] 1. Samuel 14,24
[22] 1. Samuel 14,32.33; vgl. 3. Mose 7,27.28; 17,10–12
[23] 1. Samuel 14,27

das Urteil müsste auch an ihm vollstreckt werden. „Gott soll mich schwer bestrafen, wenn ich dich für diese Tat nicht töten lasse!", erklärte Saul.[24] Wenn er schon keinen Siegesruhm für sich beanspruchen konnte, so hoffte er offenbar auf Ehre wegen der Konsequenz, mit der er die Heiligkeit des Eides hochhielt. In Wirklichkeit war auch das wieder eine impulsive Überreaktion.

Seine Soldaten verhinderten jedoch die Vollstreckung des Urteils. Mutig traten sie dem wütenden König entgegen und sagten: „Soll er sterben, nachdem er diesen großen Sieg für Israel errungen hat? Nie und nimmer! So gewiss der Herr lebt: Wir werden nicht zulassen, dass ihm auch nur ein Haar gekrümmt wird! Nur mit Gottes Hilfe hat er heute solche Taten vollbringen können."[25] Jonatans Freispruch war für den unbesonnenen König ein schwerer Vorwurf. Er begann zu ahnen, dass seine Flüche einmal auf ihn selbst zurückfallen würden. Kurz entschlossen brach er den Kampf gegen die Philister ab und kehrte verärgert nach Hause zurück.

Wer schnell dabei ist, eigenes Unrecht zu entschuldigen, verurteilt andere oft unangemessen hart. Selbst wenn sie sich – wie Saul – davon überzeugen lassen müssen, dass sie selbst Fehler gemacht haben, suchen viele die Ursache für ihre Schwierigkeiten nicht bei sich selbst. Stolz und anmaßend erlauben sie sich harte Urteile über andere, die tatsächlich besser sind als sie.

Gerade Leute, die sich selbst erhöhen wollen, kommen oft in Lagen, die ihren wahren Charakter bloßstellen. So war es bei Saul. Ihm bedeuteten königliche Ehre und Autorität mehr als Gerechtigkeit und Barmherzigkeit.

Hätten sich Israels Männer nicht für Jonatan eingesetzt, wäre ihr Befreier auf Befehl des eigenen Vaters getötet worden. Mit welchem Argwohn müssen sie fortan Saul beobachtet haben! Sie erkannten jetzt mehr und mehr, wie verkehrt es gewesen war, den von Gott eingesetzten Leiter zu verwerfen und einen König zu fordern. Sie hatten den gottesfürchtigen Propheten, dessen Fürbitte ihnen Segen brachte, gegen einen König eingetauscht, der einen Fluch auf sie herabwünschte.

---

[24] 1. Samuel 14,38.39.44 Hfa [25] 1. Samuel 14,45

61 Sauls letzte Chance*

Trotz seiner anmaßenden Opferung vor dem Feldzug gegen die Philister bekam Saul von Gott noch eine weitere Gelegenheit das zu lernen, was er bisher versäumt hatte: die Gebote und Anweisungen Gottes genau zu befolgen und auf das zu vertrauen, was Gott ihm durch seinen Propheten sagte.

Als Samuel Saul in Gilgal wegen der anmaßenden Opferung tadelte, fühlte er sich ungerecht behandelt und brachte allerlei Entschuldigungen für sein Tun vor. Samuel liebte ihn wie einen eigenen Sohn, aber Saul nahm ihm die Zurechtweisung so übel, dass er ihm fortan aus dem Weg ging.

Doch Jahwe sandte seinen Propheten mit einer neuen Botschaft zu Saul. „Der Herr, der allmächtige Gott, hat gesagt: ‚Ich habe noch nicht vergessen, was die Amalekiter meinem Volk angetan haben. Als die Israeliten damals unterwegs waren von Ägypten nach Kanaan, versperrten die Amalekiter ihnen den Weg. Darum sollst du nun gegen dieses Volk in den Kampf ziehen. Du sollst es restlos auslöschen! Verschone nichts und niemanden.'"[1]

Dieses Urteil Gottes über die Amalekiter und die Gründe dafür waren schon Jahrhunderte zuvor durch Mose angekündigt worden: „Als ihr von der beschwerlichen Wanderung [in der Wüste] müde wart, haben sie euch von hinten angegriffen und alle niedergemetzelt, die erschöpft zurückgeblieben waren. Sie kümmerten sich nicht um Gott und seine Gebote. Wenn ihr das Land in Besitz genommen habt, das der Herr, euer Gott, euch geben will ... dann müsst ihr die Amalekiter so gründlich ausrotten, dass nichts von ihnen übrig bleibt."[2]

Fast 400 Jahre lang war die Vollstreckung des Urteils hinausgeschoben worden. Dennoch wandten die Amalekiter sich nicht von ihren gräulichen Sünden ab. Und Gott sah voraus, dass sie bald sein eigenes Volk vernichten würden. Daher war nun die Zeit gekommen, das Urteil auszuführen.

---

* Dieses Kapitel basiert auf 1. Samuel 15.

[1] 1. Samuel 15,2.3 Hfa [2] 5. Mose 25,18.19

Das darf nicht so verstanden werden, als würde Gott Rachefeldzüge anordnen, um seine Macht zu beweisen. Gewalt und Vernichtung sind ihm zuwider; es ist ein seinem Wesen fremdes Werk,[3] denn er ist ein barmherziger Gott. Er erklärte: „So gewiss ich lebe, mir macht es keine Freude, wenn ein Mensch wegen seiner Vergehen sterben muss. Nein, ich freue mich, wenn er seinen falschen Weg aufgibt und am Leben bleibt."[4] Und Mose gegenüber sagte er: „Ich bin ein Gott voll Liebe und Erbarmen. Ich habe Geduld, meine Güte und Treue sind grenzenlos. Ich erweise Güte über Tausende von Generationen hin, ich vergebe Schuld, Verfehlung und Auflehnung; aber ich lasse auch nicht alles ungestraft hingehen."[5]

Wenn Gott Gericht hält, tut er das nie, ohne vorher gewarnt und Gelegenheiten zur Umkehr gegeben zu haben. Aber er kann dem sündigen Treiben nicht endlos zusehen, sondern muss um seiner Kinder und aller Menschen willen eingreifen, um die Welt vor völliger Verdorbenheit zu bewahren, damit wenigstens einige mit Gott leben können.

Aber in Gottes Gerichten gibt es immer Barmherzigkeit für die Barmherzigen. Jakobus erklärte später: „Wer selbst kein Erbarmen gehabt hat, über den wird auch Gott erbarmungslos Gericht halten. Wenn aber jemand barmherzig war, dann gilt: Das Erbarmen triumphiert über das Gericht."[6] Saul sollte zwar die unbarmherzigen Amalekiter vernichten, aber die Keniter warnen, die unter ihnen wohnten, sodass sie wegziehen konnten. Angehörige dieses Volkes, aus dem Moses Frau Zippora stammte, hatten den Israeliten auf der Wüstenwanderung geholfen. Sie beteten auch Jahwe an.[7]

Sauls Vorgehen gegen die Amalekiter

Saul rief alle wehrfähigen Männer Israels zu den Waffen, um gegen die Amalekiter vorzugehen. 210 000 kamen zusammen.[8] Gott wollte, dass sich die Israeliten weder des Sieges rühmen noch irgendwelche Beute machen sollten. Dieser Krieg sollte ausschließlich aus Gehorsam Gott gegenüber geführt werden. Nach seiner Absicht sollten alle Feinde Israels das Unheil über ein Volk sehen, das sich ihm auf Dauer widersetzt hatte und unbarmherzig war.

---

[3] Jesaja 28,21 LB [4] Hesekiel 33,11 [5] 2. Mose 34,6.7 [6] Jakobus 2,13
[7] 1. Samuel 15,6; 4. Mose 10,29–32; vgl. Richter 1,16 [8] 1. Samuel 15,4

„Dann griff Saul die Amalekiter an und schlug sie vernichtend von Hawila bis Schur an der ägyptischen Grenze. Ihren König Agag nahm Saul gefangen. An den anderen Amalekitern vollstreckte er den Bann und ließ sie mit dem Schwert niedermachen. Saul und die Männer Israels verschonten jedoch nicht nur Agag, sondern auch vom Vieh – den Schafen, Ziegen und Rindern – die gesunden und kräftigen Tiere, das Mastvieh und die Lämmer und überhaupt alles, was wertvoll war; daran wollten sie nicht den Bann vollstrecken."[9]

Sauls Krieger behielten das beste Vieh für sich und entschuldigten ihren Verstoß gegen Gottes Befehl, keinerlei Beute zu nehmen, damit, dass die Tiere als Opfer für den Herrn gedacht wären. Sie wollten sie jedoch anstelle ihrer eigenen Tiere opfern.

Dieser Sieg über die Amalekiter ließ Sauls Stolz – seine gefährlichste Schwäche – aufs Neue entflammen. Er wollte den Triumph bei seiner Heimkehr dadurch steigern, dass er den besiegten König als Gefangenen mit sich führte. Damit folgte er einer Sitte der heidnischen Völker. Diese arrogante Missachtung der Anweisungen Gottes zeigte erneut, dass Saul der königlichen Macht in Israel unwürdig und kein Werkzeug Gottes war.

Während er und sein Heer mit großer Siegesfreude heimkehrten, ließ der Herr seinen Propheten wissen: „Es reut mich, dass ich Saul zum König gemacht habe; denn er hat sich von mir abgewandt und meine Befehle nicht befolgt." Samuel weinte und betete die ganze Nacht inständig, Gott möge dieses Urteil rückgängig machen.[10]

Gottes Reue, von der hier die Rede ist, hat nichts zu tun mit unserer menschlichen Reue. Wenn wir etwas bereuen, hat das mit Sinnesänderung oder der Erkenntnis zu tun, dass wir etwas falsch gemacht haben. Gottes Reue hat dagegen mit der Änderung von Umständen und Beziehungen zu tun.

Jemand kann sein Verhältnis zu Gott bessern, indem er die Bedingungen erfüllt, unter denen man Gottes Gnade erlangt – Reue und Bekenntnis des Vergehens –, oder sich durch sein eigenes Verhalten von ihr ausschließen. Sauls Ungehorsam änderte sein Verhältnis zu Gott, aber die Bedingungen für die Annahme bei Gott blieben unverändert.

---

[9] 1. Samuel 15,7–9 [10] 1. Samuel 15,11

Saul zeigt keinerlei Einsicht

Bekümmert machte sich Samuel am nächsten Morgen auf, um den ungehorsamen König zu treffen. Er hoffte noch immer, Saul würde seine Schuld einsehen und bereuen und so Gottes Gunst wiedererlangen. Doch Saul war durch seinen häufigen Ungehorsam innerlich verhärtet und begrüßte den Propheten sogar mit einer Lüge: „Sei vom Herrn gesegnet! Ich habe den Befehl des Herrn ausgeführt!“[11]

Auf die unverblümte Frage: „Woher kommt dann das Gebrüll und Geblöke, das ich höre?“, entgegnete Saul: „Die [Tiere] haben wir von den Amalekitern mitgebracht. Die Soldaten wollten die besten Rinder, Schafe und Ziegen nicht einfach niedermetzeln. Sie haben die Tiere verschont, um sie dem Herrn, deinem Gott, als Opfer darzubringen. Doch sonst haben wir alles und jeden umgebracht.“[12] Um sich zu schützen, legte er seinen Ungehorsam dem Heer zur Last.

Die Ankündigung von Sauls Verwerfung lag dem Propheten als schwere Last auf der Seele, zumal er Gottes Entscheidung vor den versammelten Soldaten verkünden müsste, die so stolz auf den Sieg waren. Sie schrieben diesen Sieg der Tapferkeit und Kriegskunst ihres Königs zu, denn Saul hatte den Erfolg nicht mit Gott in Verbindung gebracht.

Als aber Samuel nun die Beweise für die Rebellion Sauls sah, überwog die Empörung darüber, dass der König in seiner Widersetzlichkeit auch seine Soldaten zum Ungehorsam verführt hatte. Daher sagte er ärgerlich zu Saul: „Hör auf damit! Der Herr hat in der letzten Nacht mit mir geredet. Ich habe dir etwas auszurichten ... Als du zum Oberhaupt über das ganze Volk wurdest, kamst du dir selbst klein und unwürdig vor. Und doch hat der Herr gerade dich als König über Israel eingesetzt.“[13] Dann erinnerte er Saul an den strikten Befehl Jahwes zur Tötung aller Amalekiter und aller ihrer Tiere und verlangte, den Grund für den Ungehorsam zu erfahren.

Aber Saul zeigte keine Einsicht, sondern blieb bei seiner alten Rechtfertigung: „Ich habe ihm doch gehorcht. Ich habe getan, was er mir aufgetragen hatte: An den Amalekitern habe ich den Bann vollstreckt und ihren König Agag hierher gebracht. Meine Leute aber ließen die besten von den erbeuteten Schafen und Rindern am Leben, um sie hier in Gilgal dem Herrn, deinem Gott, zu opfern.“[14]

---

[11] 1. Samuel 15,13 [12] 1. Samuel 15,14.15 Hfa [13] 1. Samuel 15,16.17 Hfa

Der Prophet wischte Sauls verlogene Ausreden beiseite und fragte ihn: „Was denkst du, worüber freut sich der Herr mehr: über viele Brand- und Schlachtopfer oder über Gehorsam gegenüber seinen Weisungen? Ich sage dir eines: Gehorsam ist wichtiger als das Schlachten von Opfertieren. Es ist besser, auf den Herrn zu hören, als ihm das beste Opfer zu bringen. Auflehnung ist ebenso schlimm wie Zauberei, und Eigensinn ist nichts anderes als Götzendienst. Weil du es abgelehnt hast, den Befehl des Herrn auszuführen, hat er dich als König abgesetzt: Du wirst nicht mehr lange regieren!“ [15]

Als Saul das hörte, jammerte er: „Ich habe gesündigt! Ich habe den Befehl des Herrn und deine Anweisungen nicht befolgt; denn ich hatte Angst, mich meinen Soldaten zu widersetzen, und ließ ihnen daher ihren Willen.“ [16] Erschrocken bekannte Saul nun zwar seine Schuld, aber seine Reue war nicht echt, denn er schob auch weiterhin die Schuld auf seine Männer. Nicht Leid über sein Unrecht, sondern Angst vor Strafe trieb ihn zu der Bitte an Samuel: „Vergib mir bitte diese Sünde, und komm mit mir zu den anderen zurück, damit ich in deiner Gegenwart den Herrn anbete!“ [17] Wäre seine Reue echt gewesen, hätte er nun ein öffentliches Schuldbekenntnis abgelegt; aber seine größte Sorge war es, sein Ansehen zu wahren und sich die Gunst des Volkes zu erhalten. Er wollte die Anwesenheit des allseits anerkannten Propheten nur dazu benutzen, den eigenen Einfluss im Volk zu stärken.

„Ich kehre nicht mit dir zurück“, antwortete Samuel, „denn du hast es abgelehnt, den Befehl des Herrn auszuführen; darum hat er dich als König abgesetzt.“ Als sich Samuel zum Gehen wandte, „packte Saul ihn am Mantel, um ihn zurückzuhalten. Dabei riss er ein Stück Stoff ab.“ Der Prophet nutzte diesen symbolträchtigen Vorfall und erklärte: „Genauso hat der Herr dir heute die Herrschaft über Israel entrissen, um sie einem zu geben, der würdiger ist als du.“ [18]

Saul beunruhigte die Entfremdung von Samuel viel stärker als Gottes Missfallen. Er wusste, dass das Volk weit mehr Vertrauen zu dem Propheten besaß als zu ihm. Sollte nun ein anderer zum König gesalbt werden, wäre es ihm sicher unmöglich, die eigene Autorität aufrechtzuerhalten. Er befürchtete sogar einen sofortigen Aufruhr, wenn Samuel ihn fallen ließ,

---

[14] 1. Samuel 15,20.21 [15] 1. Samuel 15,22.23 Hfa [16] 1. Samuel 15,24 Hfa
[17] 1. Samuel 15,25 Hfa [18] 1. Samuel 15,26–28 Hfa

und bat ihn daher dringend, sein Ansehen vor den Ältesten und dem Volk zu heben, indem sie gemeinsam einen öffentlichen Gottesdienst abhielten. Auf göttliche Weisung kam Samuel der Bitte des Königs nach, damit es keinen Anlass zu einem Aufstand gab; aber er blieb ein stummer Zeuge.[19]

Nun galt es noch – so hart und schrecklich das auch war – einen Akt der Gerechtigkeit zu vollziehen. Samuel befahl, den König der Amalekiter herbeizuschaffen. Von allen, die durch das Schwert Israels fielen, war Agag der Schlimmste und Erbarmungsloseste, einer, der das Volk Gottes hasste und es zu vernichten suchte und der dem Götzendienst am meisten Vorschub leistete. Auf Samuels Befehl hin kam er und dachte, die Todesgefahr sei vorüber. Aber der Prophet sagte zu ihm: „‚Durch dein Schwert haben viele Mütter ihre Söhne verloren. Genauso soll nun auch deine Mutter kinderlos werden.' Dann stach er Agag vor dem Altar in Gilgal nieder und hieb ihn in Stücke."[20] Danach kehrte Samuel nach Rama zurück und Saul nach Gibea. Fortan sahen sich beide nur noch einmal.

Gott ließ an Saul nichts unversucht

Als Saul zum König berufen wurde, fehlte es ihm an Kenntnissen für diese verantwortungsvolle Aufgabe, außerdem wies er bedenkliche Charakterfehler auf. Aber Gott verlieh ihm den Heiligen Geist und brachte ihn in Situationen, in denen er die Eigenschaften entwickeln konnte, die er als König Israels brauchte. Wäre Saul demütig geblieben, wären seine guten Wesenszüge stärker geworden, während die schlechten Neigungen unter dem Einfluss des Geistes ihre kontrollierende Macht verloren hätten. Das ist Gottes Absicht mit allen, die sich ihm zur Verfügung stellen. Er lässt sie ihre charakterlichen Mängel erkennen und gibt ihnen die Stärke, sie zu korrigieren.

Bei seiner Berufung war Saul noch bescheiden und misstrauisch gegenüber sich selbst; aber der Erfolg machte ihn selbstsicher und eigenwillig. Sein Mut und die Führungsgabe, die er bei der Befreiung von Jabesch in Gilead von den Ammonitern bewies, versetzten das ganze Volk in Begeisterung. Zuerst gab Saul noch Gott die Ehre, aber später beanspruchte er den Ruhm für sich. Er verlor seine Abhängigkeit von Jahwe zunehmend aus den Augen und entfernte sich auch

[19] 1. Samuel 15,30.31 [20] 1. Samuel 15,32.33 Hfa

innerlich immer weiter von ihm. Damit war der Weg für die anmaßende Opferung bei Gilgal bereitet. Dieselbe blinde Selbstsicherheit ließ ihn Samuels Vorhaltungen zurückweisen. Wäre er bereit gewesen, sein Vergehen zu bekennen, hätte ihn diese bittere Erfahrung in der Zukunft vor anderen Übertretungen der Gebote bewahren können.

Dennoch zog sich der Herr nicht völlig von Saul zurück, sonst würde er nicht abermals durch seinen Propheten zu ihm gesprochen und ihn mit einer wichtigen Aufgabe betraut haben. Gott gab ihm noch eine Möglichkeit, aus den Fehlern der Vergangenheit zu lernen und seine Verhaltensweise zu ändern. Doch indem Saul erneut bewusst ungehorsam war und dann in eigensinniger Selbstrechtfertigung verharrte, vergab er die letzte Chance, die ihn noch hätte retten können.

In Gilgal beraubte ihn die Opferung entgegen dem Gebot Gottes genau der Hilfe, die er eigentlich dadurch zu gewinnen suchte und die ihm Gott auch gern gewährt hätte, wenn er gehorsam gewesen wäre. Bei der Vernichtung der Amalekiter war Saul ebenfalls ungehorsam und verteidigte das erneut hartnäckig. Aber Gott ist mit teilweisem Gehorsam und Uneinsichtigkeit nicht zufrieden.

Echter Glaube führt zum Gehorsam

„Gehorsam ist besser als Opfer," erklärte Samuel.[21] Wenn religiöse Opfer oder Riten nicht ein Ausdruck von Vertrauen, Liebe und Gehorsam sind, haben sie für Gott keine Bedeutung. Als Saul vorschlug, die Tiere der Amalekiter zu opfern, die nach Gottes Anweisung getötet worden sein sollten, war das eine offene Verachtung der Autorität Gottes. Solch ein Opfer wäre eine Beleidigung Gottes gewesen.

Viele Christen handeln heutzutage ähnlich! Sie bringen Gott ihre formalen Gottesdienste und Gebete dar, während sie bestimmte Anweisungen seines Gesetzes nicht ernst nehmen oder übertreten. Mögen sie noch so eifrig fromme Formen erfüllen, wenn sie eines seiner Gebote absichtlich übertreten, kann der Herr sie nicht annehmen.

„Auflehnung ist ebenso schlimm wie Zauberei, und Eigensinn ist nichts anderes als Götzendienst."[22] Wer sich gegen Gottes Herrschaft auflehnt, verbündet sich dadurch mit

[21] 1. Samuel 15,22 LB [22] 1. Samuel 15,23 Hfa

seinem Widersacher. Satan wird alles in einem falschen Licht erscheinen lassen. Wie unsere ersten Eltern lassen sich viele von ihm unbemerkt betören und sehen nur die scheinbaren Vorteile einer Übertretung der Gebote.

Viele Christen erliegen dabei auch noch der Selbsttäuschung, sie würden Gott dienen. So verhielten sich die jüdischen Schriftgelehrten, Ältesten und Hohenpriester zur Zeit Jesu. Sie gaben vor, für Gottes Ehre einzutreten – und sorgten dafür, dass sein Sohn gekreuzigt wurde. Derselbe Geist lebt auch heute noch in den Gläubigen, die ihrem Eigenwillen folgen und Gottes ausdrückliche Gebote übertreten.

Die verhängnisvolle Anmaßung und Verhärtung Sauls lässt sich nur damit erklären, dass er mehr und mehr unter satanischen Einfluss geraten war. Als er bewusst Gottes ausdrückliche Befehle übertrat, war er kaum weniger von Satan geleitet als Leute, die Magie betreiben. Als Samuel Saul wegen seines Ungehorsams rügte, kam zu dessen Auflehnung noch Starrsinn hinzu. Der König hätte den Geist Gottes nicht stärker beleidigen können, wenn er sich ganz offen den Götzendienern angeschlossen hätte.

Mit Saul hatte Gott den Israeliten einen König nach *ihrem* Herzen gegeben, wie Samuel bei dessen Einsetzung sagte: „Ihr habt den König bekommen, den *ihr* gewollt habt."[23] Sein Auftreten und seine Erscheinung stimmten ganz mit den Vorstellungen der Israeliten von königlicher Würde überein. Dazu kamen die persönliche Tapferkeit und das Talent zum Heerführer – alles Eigenschaften, die dazu angetan waren, Achtung und Ansehen bei andern Völkern zu erwecken. Die Israeliten verlangten nicht nach einem König, der Gott liebte und vertraute und einen edlen Charakter besaß. Sie suchten nicht Gottes, sondern ihren Weg; deshalb gab ihnen der Herr einen König, wie sie ihn sich wünschten und der ihrem eigenen Wesen entsprach.

Hätte Saul sich auf den Herrn verlassen, wäre er stets mit ihm gewesen. Aber als der König es vorzog, ohne ihm zu handeln, musste Gott ihn beiseitesetzen. Nun berief er einen Mann „nach seinem Herzen"[24] als König – keinen Mann ohne Charakterfehler, aber einen, der sich auf Gott statt auf sich selbst verließ, sich seiner Führung anvertraute und – wenn er gesündigt hatte – für Zurechtweisungen offen war.

---

[23] 1. Samuel 12,13 [24] 1. Samuel 13,14 LB

62 David wird zum König gesalbt*

Zehn Kilometer südlich von Jerusalem lag Betlehem. Auf den Hügeln in der Umgebung hütete der junge David die Herden seiner Familie. Manchmal sang er dabei Lieder, die er selbst gedichtet hatte, und begleitete sie auf seiner handlichen Kastenleier. Gottes Wahl für einen König, „der ihm Freude machen wird",[1] fiel auf David. In der Abgeschiedenheit bereitete er ihn für die Aufgabe vor, die er ihm später anvertrauen wollte.

In dieser Zeit sprach Gott zum Propheten Samuel: „‚Wie lange trauerst du noch um Saul? Ich habe ihn verstoßen … Fülle jetzt ein Horn mit Salböl und geh nach Betlehem zu Isai. Unter seinen Söhnen habe ich mir einen als König ausgewählt.' … Samuel gehorchte dem Herrn und machte sich auf den Weg. In Betlehem kamen ihm die Ältesten der Stadt besorgt entgegen und fragten: ‚Dein Kommen bedeutet doch nichts Schlimmes?' ‚Nein', antwortete Samuel. ‚Ich komme, um dem Herrn ein Opfer darzubringen.'"[2]

Die Ältesten nahmen die Einladung zum Opfermahl an, und Samuel rief auch Isai und dessen Söhne dazu. Die ganze Familie war unter den Anwesenden außer David, dem jüngsten Sohn; er musste die Herden bewachen.

Noch vor dem Beginn des Opfermahls begann Samuel, sich die Söhne Isais genau anzusehen. Der Älteste, Eliab, glich Saul in Größe und Aussehen am meisten. Als Samuel die vornehme Haltung Eliabs wahrnahm, dachte er: „Das ist gewiss der, den der Herr ausgewählt hat", und erwartete die Aufforderung Gottes, ihn zu salben.

Aber Eliab hatte keine Ehrfurcht vor Gott. Als König wäre er ein stolzer und fordernder Herrscher geworden. Daher sagte Gott im Geist zu Samuel: „Lass dich nicht davon beeindrucken, dass er groß und stattlich ist. Er ist nicht der Erwählte. Ich urteile anders als die Menschen. Ein Mensch sieht, was in die Augen fällt; ich aber sehe ins Herz."[3] Samuels Irrtum zeigt, wie fragwürdig es ist, Menschen aufgrund ihres schönen

---

* Dieses Kapitel basiert auf 1. Samuel 16,1–13.

[1] 1. Samuel 13,14 Hfa [2] 1. Samuel 16,1.4.5 [3] 1. Samuel 16,6.7

Aussehens oder ihrer eindrucksvollen Gestalt zu beurteilen. Gottes Gedanken über uns gehen über unsere begrenzte Sicht hinaus. Aber wenn wir uns seinem Willen unterstellen, wird er uns dahin führen, den Platz auszufüllen, für den wir qualifiziert und befähigt sind, um Gottes Werk voranzutreiben.

Nun ließ sich Samuel der Reihe nach die sechs Brüder Eliabs vorstellen, die ebenfalls zum Opfermahl gekommen waren. Aber bei keinem gab Gott zu erkennen, dass er ihn erwählt hatte. Irritiert und ratlos fragte Samuel Isai: „Sind das wirklich alle deine Söhne?" Der Vater antwortete: „Nein, der jüngste fehlt noch. Er ist auf den Feldern und hütet unsere Schafe und Ziegen." Samuel ordnete an, ihn zu rufen, und sagte mit Nachdruck: „Wir werden uns nicht ohne ihn an die Festtafel setzen."[4]

David wurde von dem unerwarteten Boten aufgeschreckt, der ihm die Nachricht brachte, Samuel sei nach Bethlehem gekommen und lasse ihn rufen. Erstaunt fragte David sich, weshalb der Prophet und Richter Israels gerade ihn sehen wollte. Aber er gehorchte und lief ohne zu zögern nach Hause.

„Er war ein gutaussehender junger Mann, braungebrannt und mit schönen Augen." Während Samuel den attraktiven und doch bescheiden wirkenden jungen Mann betrachtete, sagte Gott zu ihm: „Das ist er, salbe ihn."[5] David hatte bis dahin gewissenhaft und unerschrocken als einfacher Hirte gearbeitet, doch nun erwählte ihn Gott, einst der Führer seines Volkes zu werden. Bei einer günstigen Gelegenheit nach dem Mahl „nahm Samuel das Horn mit dem Öl und goss es ... über Davids Kopf aus. Sogleich kam der Geist des Herrn über David und verließ ihn von da an nicht mehr." Dann kehrte der Prophet erleichtert nach Rama zurück.[6]

Samuel hatte seinen Auftrag nicht einmal der Familie Isais verraten, sondern Davids Salbung heimlich vollzogen. Für den war das als ein Hinweis auf Gottes Berufung gedacht. Dieses Wissen sollte ihn in den vielfältigen Erlebnissen und Gefahren der kommenden Jahre befähigen, Gott treu zu bleiben und seiner Führung zu folgen.

Diese große Ehrung machte David nicht stolz. Genauso demütig und bescheiden, wie er vor seiner Salbung war, kehrte er in die Berge zurück, ging seiner Beschäftigung nach, und wartete geduldig die weitere Entwicklung der göttlichen Pläne ab.

---

[4] 1. Samuel 16,11 [5] 1. Samuel 16,12.13 Hfa [6] 1. Samuel 16,13 Hfa

63 | David besiegt Goliat*

Als König Saul begriff, dass Gott ihn verworfen hatte, war er empört und verzweifelt zugleich. Er verstand nicht, wie sehr er sich an Gott versündigt hatte, und unternahm nichts, um seine Einstellung und sein Verhalten zu ändern. Dauernd brütete er über die vermeintliche Ungerechtigkeit Gottes nach, der ihm laut Samuels Worten sein Königtum nehmen und seinen Nachkommen die Thronfolge verwehren wollte. Es graute ihm vor dem Untergang seiner Familie.

Saul nahm die Zurechtweisung Gottes nicht demütig an; vielmehr schlug sein Hochmut in Verzweiflung um, bis er am Rand des Wahnsinns war.

Seine Ratgeber hofften, dass ihn Musik besänftigen könnte, und legten Saul nahe, nach jemandem suchen zu lassen, dessen Spiel ihn beruhigen sollte. Ein junger Mann empfahl David und man ließ ihn als tüchtigen Leierspieler vor den König holen.[1] Und tatsächlich hatten seine Musik und seine Lieder die gewünschte Wirkung. Die dunkle Wolke, die Sauls Gemüt verdüsterte, verflog.

Wenn David am Königshof nicht gebraucht wurde, kehrte er zu den Herden in die Berge zurück und führte dort wieder sein gewohntes Hirtenleben.[2] Obwohl Saul seine Freude über David und dessen Lieder zum Ausdruck brachte, verließ der den Königshof stets mit einem Gefühl der Erleichterung. Aber Sauls Schwermut kehrte in gewissen Abständen wieder, sodass David häufig gerufen wurde.

Seine Aufenthalte am Königshof waren für David bedeutungsvoll, denn dort erfuhr er manches über die Verantwortung, die das Regieren eines Volkes mit sich brachte. Allmählich konnte er sich ein eigenes Bild von Sauls merkwürdigem Wesen und Verhalten machen. Er erfuhr auch, dass Sauls Familienleben unglücklich war. All das beunruhigte David, und manchmal musste er zur Leier greifen, um seine Gedanken auf Gott zu lenken, damit seine Sorgen über die Zukunft

---

* Dieses Kapitel basiert auf 1. Samuel 16,14–23 und 17,1–54.

[1] 1. Samuel 16,15–19 [2] 1. Samuel 17,15

verflogen. Wie Gott Mose Jahrhunderte zuvor an einem Königshof und bei den Schafherden für seine künftigen Aufgaben befähigt hatte, so bereitete er nun David darauf vor, sein erwähltes Volk zu führen.

Die einsamen Hügel und Bergschluchten, wo David die Herden weidete, waren auch Schlupfwinkel von mancherlei Raubtieren. Damals gab es noch Löwen und Bären in Kanaan. Oft versuchten sie, Tiere aus Davids Herden zu reißen. Der war zwar nur mit Schleuder und Hirtenstab bewaffnet, bewies aber Mut, wenn es galt, die ihm anvertrauten Tiere zu schützen. König Saul beschrieb er das einmal so: „Als ich die Schafe und Ziegen meines Vaters hütete, kam es immer wieder vor, dass ein Löwe oder ein Bär die Herde überfiel, ein Schaf packte und es wegschleppen wollte. Dann lief ich ihm nach, schlug auf ihn ein und riss ihm seine Beute aus dem Maul. Stürzte er sich dann wütend auf mich, packte ich ihn an der Mähne oder am Fell und schlug ihn tot."[3] Solche Erlebnisse vergrößerten Davids Mut, Tapferkeit und Vertrauen auf Gottes Hilfe.

Schon bevor David an den Königshof gerufen wurde, ging ihm ein guter Ruf voraus. Einer der Ratgeber Sauls beschrieb David mit den Worten: „Er ist nicht nur ein ausgezeichneter Harfenspieler, sondern auch mutig und kampferprobt. Er findet in jeder Situation das treffende Wort und sieht gut aus. Der Herr steht ihm bei."[4]

Erneuter Kampf mit den Philistern

„Die Philister sammelten ihre Truppen bei Socho im Gebiet des Stammes Juda zum Krieg ... Auch Saul rief seine Soldaten zusammen." Drei der Söhne Isais traten in Sauls Heer ein.[5]

David blieb zu Hause. Einige Zeit später beauftragte sein Vater ihn, seinen älteren Brüdern und dem Heer Verpflegung zu bringen.[6] Isai ahnte nicht, dass Israels Armee in Gefahr war und Gott sein Volk ausgerechnet durch seinen jüngsten Sohn retten wollte.

Als David in das Lager kam, standen sich die Israeliten und die Philister in Schlachtordnung gegenüber. Goliat, der drei Meter große, schier unbezwingbare Einzelkämpfer der Philister, stand vor dem Heer. Er verspottete die Israeliten und

---

[3] 1. Samuel 17,34.35 Hfa [4] 1. Samuel 16,18 Hfa [5] 1. Samuel 17,1.2.13
[6] 1. Samuel 17,17.18

forderte sie dazu auf, einen Mann aus ihren Reihen zum Zweikampf zu stellen.[7] Als David erfuhr, dass sich dieses beschämende Schauspiel Tag für Tag wiederholte, ohne dass es jemand gewagt hatte, den Kraftprotz zum Schweigen zu bringen, brannte er vor Eifer, den Ruf Israels zu verteidigen.

Er hörte die Soldaten untereinander reden: „Hast du gesehen? Dort kommt er wieder! Hör nur, wie er uns wieder verspottet." David erkundigte sich nach der Belohnung, die Saul dem versprochen hatte, der den Philister erschlug, und erfuhr, dass der König demjenigen seine Tochter zur Frau geben und dessen Sippe von Steuern befreien wollte. Dann erklärte David bestimmt: „Wir können doch nicht dulden, dass dieser unbeschnittene Philister sich über das Heer des lebendigen Gottes lustig macht!"[8]

Dieser Ausruf Davids war auch ein Vorwurf an seine Brüder, zu feige zu sein. Der geheimnisvolle Besuch Samuels im Haus ihres Vaters hatte ihren Argwohn über dessen tatsächliche Absichten und auch eine gewisse Eifersucht auf David geweckt, der extra zum Festmahl geholt worden war. Eliab fuhr David an: „Was hast denn du hier zu suchen! ... Ich weiß, wie vorwitzig du bist; ich kann mir schon denken, was dich hergetrieben hat. Du bist gekommen, um einmal den Krieg zu sehen!" Höflich, aber bestimmt antwortete David: „Was hab ich denn getan? Ich frage doch nur!"[9]

David wird vor den König gebracht

Da David seine Aussage über Goliat gegenüber anderen Soldaten wiederholte, berichtete man dem König davon. Der ließ ihn zu sich bringen. David sagte zu ihm: „Von diesem Kerl müssen wir uns doch nicht einschüchtern lassen! Ich will den Kampf mit ihm aufnehmen." Saul versuchte, ihn davon abzubringen, aber David erzählte von seinen Erfahrungen und erklärte zuversichtlich: „Der Herr, der mich aus den Klauen von Löwen und Bären gerettet hat, der wird mich auch vor diesem Philister beschützen." Saul gab daraufhin nach: „Gut, du sollst mit ihm kämpfen. Möge der Herr dir beistehen."[10]

40 Tage lang zitterte Israels Heer schon vor dem Philister Goliat. „Gerüstet war er mit einem Helm, einem schweren

---

[7] 1. Samuel 17,20–23.4.8 [8] 1. Samuel 17,25.26 Hfa [9] 1. Samuel 17,28.29
[10] 1. Samuel 17,32–37 Hfa

Schuppenpanzer und mit Beinschienen, alles aus Bronze. Auf der Schulter trug er eine bronzene Lanze. Sein Brustpanzer wog 60 Kilogramm und war praktisch undurchdringlich, „sein Speer war so dick wie ein kleiner Baum, und allein die Eisenspitze des Speeres war über 7 Kilogramm schwer. Vor ihm her marschierte sein Schildträger mit einem riesigen Schild." Jeden Tag forderte Goliat: „Wählt euren besten Mann aus, und schickt ihn herunter zu mir! Wenn er mich töten kann, dann werden wir eure Sklaven sein. Aber wenn ich ihn erschlage, dann sollt ihr uns als Sklaven dienen."[11]

Saul hatte wenig Hoffnung, dass David gegen ihn bestehen konnte. Er befahl, David seine Waffenrüstung anzulegen. Man setzte ihm den schweren Helm auf, legte ihm den Schuppenpanzer an und gab ihm Sauls Schwert. So ausgerüstet, begab er sich auf den Weg ins Tal. Aber nach wenigen Schritten kehrte er wieder um. Die Israeliten dachten, er wage es doch nicht, sein Leben aufs Spiel zu setzen. Aber David kam nur zurück, um die schwere Rüstung abzulegen: „Ich kann darin nicht gehen", erklärte er. „Er legte alles wieder ab und nahm seinen Hirtenstock. Im Bachbett suchte er fünf glatte Kieselsteine und steckte sie in seine Hirtentasche. In der Hand hielt er seine Schleuder; so ging er dem Philister entgegen."[12]

Der kurze Kampf mit Goliat

Goliat kam hinter seinem Waffenträger mit großen Schritten heran, denn er meinte, nun auf den stärksten Kämpfer Israels zu treffen. Als er einen Jugendlichen ohne Rüstung und Waffen erblickte, rief er überrascht und wütend: „‚Was willst du denn mit deinem Stock? Bin ich vielleicht ein Hund?' Dann rief er den Zorn seiner Götter auf David herab. ‚Komm nur her', spottete er, ‚dein Fleisch will ich den Geiern und Raubtieren zu fressen geben!'"[13]

Doch David ließ sich nicht einschüchtern und rief: „Du, Goliat, trittst gegen mich an mit Schwert, Lanze und Wurfspieß. Ich aber komme mit der Hilfe des Herrn. Er ist der Herr, der allmächtige Gott, und der Gott des israelitischen Heeres. Ihn hast du eben verspottet. Heute noch wird der Herr dich in meine Gewalt geben, ich werde dich besiegen und dir den Kopf abschlagen. Dann werfe ich die Leichen

---

[11] 1. Samuel 17,5–9 Hfa [12] 1. Samuel 17,38–40 [13] 1. Samuel 17,43.44

deiner Leute, der Philister, den Geiern und Raubtieren zum Fraß vor. Die ganze Welt soll erfahren, dass wir Israeliten einen mächtigen Gott haben. Und alle Soldaten hier sollen sehen, dass der Herr weder Schwert noch Speer nötig hat, um uns zu retten. Er selbst führt diesen Krieg und wird euch in unsere Gewalt geben."[14]

David hatte so laut gesprochen, dass Tausende Krieger seine Worte deutlich vernehmen konnten. Wutentbrannt schob der Philister das Visier seines Helmes hoch und stürmte los. „David lief ihm entgegen, griff in seine Hirtentasche, holte einen Stein heraus, schleuderte ihn und traf den Philister am Kopf. Der Stein durchschlug die Stirn und Goliat stürzte vornüber zu Boden."[15]

Die Überraschung war auf beiden Seiten groß. Alle hatten damit gerechnet, dass David den Zweikampf nicht überleben würde. Aber dann traf der Stein den Philister mit ungeheurer Wucht an der einzig ungeschützten Stelle. Alle sahen, wie der Riese taumelte und dann wie ein vom Blitz gefällter Baum zu Boden stürzte. David sprang auf den am Boden liegenden Gegner zu und packte Goliats Schwert mit beiden Händen. Kurz zuvor hatte der Riese noch geprahlt, er werde damit David den Kopf abschlagen und seinen Körper den Tieren zum Fraß vorwerfen. Nun schwang der junge Hirte das Schwert, und im nächsten Moment rollte der Kopf des Philisters in den Staub.[16]

Ein großes Jubelgeschrei erhob sich. Die Philister dagegen waren entsetzt und flohen in panischer Angst. Das Triumphgeschrei der Israeliten hallte von den Bergen wider, als sie ihren fliehenden Feinden nachjagten. Sie „verfolgten die Philister bis in die Ebene hinunter, bis vor die Tore der Stadt Ekron. Auf dem ganzen Weg ... sah man die Leichen der Philister liegen. Schließlich kehrten die Israeliten von ihrer Verfolgungsjagd zurück und plünderten das verlassene Lager der Philister."[17]

---

[14] 1. Samuel 17,45–47 Hfa [15] 1. Samuel 17,48.49 [16] 1. Samuel 17,51
[17] 1. Samuel 17,52.53 Hfa

64 | Sauls Neid auf David*

Nachdem David den Philister Goliat besiegt hatte, behielt ihn Saul „bei sich und ließ ihn nicht mehr zu seiner Familie zurückkehren ... So kam David ins Haus Sauls und trat in seinen Dienst. Der König gewann ihn lieb und machte ihn zu seinem Waffenträger.“[1] Saul glaubte, dass sein Königtum sicherer wäre, wenn er jemanden um sich hatte, der eine enge Verbindung zu Jahwe besaß. David stand ja offensichtlich unter Gottes Schutz und seine Nähe könnte daher auch Saul schützen, wenn sie gemeinsam in den Kampf zogen. Saul übertrug ihm auch andere Aufgaben.

Davids Sieg über Goliat gewann ihm die Zuneigung des ganzen Volkes und des Königshofes. Als er und Saul aus der siegreichen Schlacht gegen die Philister heimkehrten, „zogen Frauen aus allen Städten König Saul entgegen. Sie sangen und tanzten, schlugen die Tamburine und empfingen die Sieger mit Jubel und Freudenliedern.“ Eine Gruppe sang: „Saul hat tausend Mann erschlagen“, eine andere nahm die Melodie auf und antwortete: „David aber zehntausend“.[2] Da wurde Saul auf ihn neidisch und eifersüchtig. „Dieses Lied gefiel Saul ganz und gar nicht und er wurde sehr zornig. ‚David schreiben sie zehntausend zu‘, dachte er, ‚und mir nur tausend! Jetzt fehlt nur noch, dass er König wird!‘ Von da an blickte Saul mit Argwohn auf David.“[3]

Sauls Verlangen nach Lob und Anerkennung beeinflusste inzwischen all sein Denken und Handeln. Sein Maßstab für Recht und Unrecht war die Zustimmung des Volkes – eine sehr niedrige und gefährliche Norm. Saul wollte in der Wertschätzung der Israeliten stets der Erste sein. Bei ihm setzte sich die Überzeugung fest, David würde ihre Herzen gewinnen und ihm dann den Thron rauben.

Je mehr Saul dem Neid und der Eifersucht Raum gab, desto stärker vergiftete er dadurch seine Seele. Er ließ sich in seinem Urteil so sehr von seinen Empfindungen leiten, bis er in Rage

---

* Dieses Kapitel basiert auf 1. Samuel 18 bis 22.

[1] 1. Samuel 18,2; 16,21 [2] 1. Samuel 18,6.7 Hfa [3] 1. Samuel 18,8.9

geriet. In seinen Wutanfällen war Saul sogar bereit, jeden zu töten, der ihm zu widersprechen wagte. Nach solchen Tobsuchtsanfällen verfiel er in Selbstverachtung und Niedergeschlagenheit und Gewissensbisse plagten ihn.

Saul hörte David gern auf der Kastenleier spielen; der böse Geist, der ihn plagte, schien dann eine Zeitlang von ihm zu weichen.[4] Aber als David auf seinem Instrument wieder einmal wohlklingende Melodien spielte und dazu Gott lobte, schleuderte Saul plötzlich seinen Speer nach ihm. David konnte ihm zweimal ausweichen.[5] Je mehr Sauls Hass auf David wuchs, desto eifriger suchte er nach einer Gelegenheit, ihn umzubringen. Doch der Herr hielt jedes Mal seine Hand schützend über David. Er vertraute Gott rückhaltlos und wusste sich trotz allem in seiner Hand geborgen. Er betete oft, dass er sich recht verhalten möge.

Gottes Vorsehung hatte David mit Saul zusammengeführt. Davids Stellung am Königshof vermittelte ihm Kenntnisse über die Regierungsgeschäfte und ermöglichte es ihm, das Vertrauen des Volkes zu gewinnen. Und die Schwierigkeiten, die ihm aus Sauls Neid und Feindseligkeit erwuchsen, ließen ihn seine Abhängigkeit von Gott umso mehr spüren.

Das Volk erkannte bald, dass David ein kompetenter Mann war, der alle ihm übertragenen Angelegenheiten geschickt und weise erledigte. Seinen Ratschlägen konnte man ohne Bedenken folgen, während das Urteil Sauls unzuverlässig war.

„Saul begann, sich vor David zu fürchten, denn er merkte, dass der Herr sich von ihm abgewandt hatte und auf Davids Seite war."[6] Saul empfand schon dessen Verhalten als steten Vorwurf, weil dadurch der Unterschied zwischen seinem und Davids Charakter deutlich wurde, der seinem weit überlegen war. Sein Neid machte Saul zu einem erbärmlichen Menschen.

Wie viel Unheil hat dieser Wesenszug im Lauf der Geschichte in unserer Welt angerichtet! Neid ist ein Kind des Stolzes; nährt man ihn im Herzen, führt er schließlich zu Hass, Rachsucht oder gar Mord – wie bei Saul.

Der König beobachtete David sehr genau, weil er einen Anlass oder Vorwand suchte, um ihn beseitigen zu lassen. Allerdings durfte dabei kein Verdacht auf ihn selbst fallen.

Saul stellte David eine Falle, indem er ihn drängte, den Kampf gegen die Philister mit größerem Nachdruck zu füh-

---

[4] 1. Samuel 16,23 [5] 1. Samuel 18,10.11 [6] 1. Samuel 18,12 Hfa

ren, und setze ihn „als Hauptmann über tausend Soldaten ein. An der Spitze dieser Truppe unternahm David seine Feldzüge."[7] Saul spekulierte darauf, dass David dabei getötet würde, ohne dass er selbst etwas tun musste.

Zur Belohnung versprach Saul ihm seine älteste Tochter zur Frau.[8] Sie hätte David eigentlich schon als Sieger über Goliat zugestanden. Er antwortete auf Sauls Ansinnen geschickt: „Wer bin ich denn? Was hat meine Familie und die Sippe meines Vaters in Israel schon zu bedeuten? Wie könnte ich da Schwiegersohn des Königs werden!" Wie unaufrichtig Saul gewesen war, zeigte sich kurze Zeit später, als er diese Tochter einem anderen Mann gab.[9]

Michal, Sauls jüngste Tochter, „hatte David lieb", und das gab dem König erneut Gelegenheit, ihm eine Falle zu stellen. Saul bot ihm deren Hand unter der Bedingung an, dass David ihm den Beweis für den Tod von 100 Feinden brachte. „Aber Saul trachtete danach, David umzubringen durch die Hände der Philister."[10] Doch Gott stand David erneut bei und schützte ihn: Der erschlug 200 Philister und wurde daraufhin Sauls Schwiegersohn. „Saul sah, dass der Herr auf der Seite Davids stand und dass seine Tochter Michal ihn liebte. Deshalb fürchtete er sich noch mehr vor David und wurde zu seinem unversöhnlichen Feind."[11]

Das Scheitern seiner Intrigen bestärkte Saul nur noch mehr in der Annahme, dass David der Mann war, von dem der Herr durch Samuel gesagt hatte, er wäre besser als Saul und würde an dessen Stelle das Volk Israel regieren. Schließlich ließ der König die Maske fallen und sprach im vertrauten Kreis ganz offen darüber, dass David getötet werden müsste.[12]

Jonatan und Michal schützen David

David hatte zum Glück am Königshof einen zuverlässigen Freund: Sauls Sohn Jonatan. „Vom ersten Augenblick an liebte Jonatan David sehr ... [Beide] schlossen einen Bund und schworen sich ewige Freundschaft. Jonatan sagte: ‚David, du bist mir so lieb wie mein eigenes Leben!' Dann zog er den Mantel und die Waffenrüstung aus und schenkte sie David, dazu noch sein Schwert, den Bogen und den Gürtel."[13]

---

[7] 1. Samuel 18,13 Hfa [8] 1. Samuel 18,17 [9] 1. Samuel 18,18.19
[10] 1. Samuel 18,20.21.25 LB [11] 1. Samuel 18,27–29 [12] 1. Samuel 19,1

Diese Freundschaft war eine Fügung Gottes und rettete David mehrmals das Leben. Jonatan verriet seinem Freund das schändliche Vorhaben seines Vaters. Und dem redete er ins Gewissen, indem er erwähnte, was David zum Ruhm und zur Rettung seines Volkes getan hatte, und darlegte, welch eine große Schuld sein Mörder auf sich laden würde. „Saul ließ sich von Jonatan umstimmen und schwor: ‚So gewiss der Herr lebt: David soll nicht sterben!' Jonatan rief David zu sich und erzählte ihm alles. Dann brachte er ihn zu Saul, und David stand wieder in Sauls Diensten wie zuvor."[14]

Erneut brach der Kampf mit den Philistern aus. David befehligte das Heer gegen sie. Die Israeliten errangen einen großen Sieg, und das Volk rühmte Davids Klugheit und Tapferkeit.[15] Da brach Sauls Neid auf David wieder durch. Als er vor ihm auf der Leier spielte, übermannte den König die Wut und er schleuderte erneut einen Speer nach David. Aber der konnte ausweichen und floh in sein Haus.[16]

„Saul schickte bewaffnete Männer aus, die das Haus Davids bewachen und ihn am nächsten Morgen umbringen sollten. Michal warnte David und sagte zu ihm: ‚Wenn du dich nicht noch heute Nacht in Sicherheit bringst, bist du morgen ein toter Mann.' Sie ließ David durchs Fenster hinab und er entkam." Am nächsten Tag behauptete sie, er sei krank, um ihm einen Vorsprung zu sichern.[17]

David floh zu Samuel nach Rama.[18] Der nahm ihn freundlich auf. Samuels Haus war ein friedlicher Ort im Vergleich mit dem Königshof. Hier inmitten der Berge war Samuel weiterhin tätig. In seinem Haus lebten einige Prophetenschüler, die mit ihm die Bücher Mose studierten. Auch David empfing wertvolle Einsichten von dem greisen Lehrer Israels.

Gott vereitelt erneut Sauls Mordabsicht

Als Saul erfuhr, wo sich David aufhielt, sandte er bewaffnete Männer dorthin, um ihn nach Gibea zu holen, wo er seine Mordabsicht auszuführen gedachte. Davids Verbindung mit Samuel erregte Sauls Argwohn. Er befürchtete, dass der in ganz Israel als Prophet Gottes verehrte Mann seinen Einfluss für das Emporkommen des Nebenbuhlers einsetzen würde.

---

[13] 1. Samuel 18,1.3.4. Hfa [14] 1. Samuel 19,2–7 [15] 1. Samuel 19,8; vgl. 18,5
[16] 1. Samuel 19,9.10 [17] 1. Samuel 19,11.12.14 [18] 1. Samuel 19,18

Die Männer machten sich auf den Weg, um ihren Auftrag auszuführen, aber ein Größerer als Saul hinderte sie daran. „Als sie dort ankamen, waren alle Propheten in Ekstase und weissagten unter der Leitung Samuels. Kaum sahen die Boten Sauls die Propheten, kam der Geist Gottes über sie, so dass auch sie in Ekstase gerieten und prophetisch zu reden begannen. Als Saul davon erfuhr, schickte er sogleich andere Boten nach Rama. Doch es ging ihnen nicht anders als den ersten. Und auch die dritte Gruppe, die der König nach Rama sandte, geriet schon bei der Ankunft in Ekstase."[19]

Nun machte Saul sich selbst auf den Weg. Er wollte David eigenhändig umbringen, welche Folgen das auch haben würde. Aber der Geist Gottes kam bereits auf dem Weg auch über ihn, sodass Saul im Weitergehen betete, weissagte und geistliche Lieder sang. Am Haus des Propheten in Rama angekommen, „zog er sein Obergewand aus, tanzte vor Samuel umher und weissagte, bis er schließlich hinfiel. Den ganzen Tag und auch die ganze folgende Nacht blieb er halb nackt am Boden liegen."[20] Die Leute liefen zusammen, um das seltsame Bild zu sehen, und erzählten überall, was dem König widerfahren war.

Saul sicherte David in Rama zwar zu, fortan Frieden mit ihm zu halten, aber der hatte wenig Vertrauen in den Sinneswandel des Königs und nutzte die Gelegenheit zur erneuten Flucht. Er sehnte sich nach einem Wiedersehen mit seinem Freund Jonatan.

Jonatan hilft David erneut

David suchte ihn auf und klagte: „Was habe ich deinem Vater getan? Was wirft er mir denn vor, dass er mich umbringen will?" Jonatan war fest überzeugt, sein Vater würde David nicht mehr nach dem Leben trachten, und erklärte: „Mein Vater sagt mir doch immer, was er vorhat, ob es nun etwas Wichtiges oder etwas Unwichtiges ist. Warum sollte er mir ausgerechnet dies verheimlichen? Glaub mir, es ist nichts daran!"[21] Nachdem sein Vater die Macht Gottes deutlich erfahren hatte, mochte Jonatan nicht glauben, dass er David noch immer töten wollte, denn das wäre Rebellion gegen Gott.

Aber David ließ sich nicht überzeugen und erklärte Jonatan: „Natürlich weißt du nichts davon, denn dein Vater hat

[19] 1. Samuel 19,20.21 Hfa [20] 1. Samuel 19,23.24 Hfa [21] 1. Samuel 20,1.2

längst gemerkt, dass du mein Freund bist. Darum will er dich nicht damit belasten. Doch ich sage dir: So gewiss der Herr lebt und so gewiss du selbst lebst: Mein Leben hängt an einem seidenen Faden!"[22]

Wenn es Neumond wurde, gab es in Israel stets ein Fest.[23] David und Jonatan wurden dazu an der königlichen Tafel erwartet. Aber David hatte Angst davor hinzugehen, und so verabredeten sie, dass Jonatan behaupten sollte, David besuche seine Brüder in Bethlehem. Drei Tage wollte David der Gegenwart des Königs fernbleiben und sich dann auf einem Feld nicht weit von der Festhalle verborgen halten. Jonatan sollte während der Zeit die Wirkung auf Saul beobachten. Verriet der König keinerlei Ärger über Davids Abwesenheit, sondern sagte: „Es ist gut", könnte David beruhigt an den Hof zurückkehren.[24]

Am ersten Festtag sagte Saul nichts. Als aber Davids Platz auch am zweiten Tag leer blieb, fragte er: „Weißt du, warum dieser Sohn Isais weder gestern noch heute zum Essen gekommen ist?" Jonatan antwortete: „Er hat mich dringend gebeten, ihn zu entschuldigen, damit er nach Bethlehem gehen kann. Er sagte mir: ‚Wir feiern zu Hause das jährliche Opferfest unserer Familie. Mein ältester Bruder wollte mich unbedingt dabeihaben. Willst du mir einen Gefallen tun, dann befreie mich von meinen Verpflichtungen, damit ich meine Verwandten besuchen kann.' Ich habe es ihm erlaubt, und darum war er gestern und heute nicht hier."[25] Als Saul das hörte, wurde er wütend und behauptete, solange David lebe, könnte Jonatan den Thron Israels nicht besteigen. Er befahl, David sofort holen zu lassen, um ihn zu töten. Erneut trat Jonatan bittend für seinen Freund ein: „Warum soll er getötet werden? Was hat er denn getan?" Diese Fragen versetzten den König in solche Wut, dass er völlig die Beherrschung verlor und einen Speer nach seinem eigenen Sohn schleuderte.[26]

Gekränkt und bekümmert verließ Jonatan die königliche Tafel. Er war sehr bedrückt, als er David aufsuchte. Der finstere Neid Sauls überschattete das Leben der beiden jungen Männer. Sie fanden in ihrem Schmerz kaum Worte, weinten miteinander bitterlich und küssten sich zum Abschied. Ehe sich ihre Wege trennten, sagte Jonatan: „Geh in Frieden,

---

[22] 1. Samuel 20,3 Hfa [23] 4. Mose 10,10 [24] 1. Samuel 20,5–7
[25] 1. Samuel 20,26–29 Hfa [26] 1. Samuel 20,31–33

David! Vergiss nie, was wir einander im Namen des Herrn geschworen haben. Es soll für immer gelten, auch für deine und meine Nachkommen. Der Herr selbst ist unser Zeuge."[27]

David erneut auf der Flucht

David floh nach Nob, einer Stadt im Gebiet des Stammes Benjamin, die nur wenige Kilometer entfernt lag. Dorthin hatte man das heilige Zelt von Schilo gebracht und Ahimelech amtierte als Hoherpriester. Der war erstaunt, als David so eilig und ohne Begleitung erschien. Er fragte ihn, was ihn hergeführt habe. In seiner verzweifelten Lage bediente sich David einer Täuschung: Er erzählte Ahimelech unter dem Siegel der Verschwiegenheit, der König habe ihn in geheimem Auftrag gesandt.[28]

David fehlte es in dieser schwierigen Situation an Vertrauen auf Gott. Seine Lüge hatte schlimme Folgen: Sie kostete später Ahimelech und vielen anderen Menschen das Leben. Wäre David bei der Wahrheit geblieben, hätte Ahimelech sicher Rat gewusst. Gott erwartet von seinen Kindern auch dann Wahrhaftigkeit, wenn sie in schwierige Situationen geraten.

Doëg, der Aufseher über die Hirten Sauls, ein Edomiter, löste gerade an dieser Anbetungsstätte ein Gelübde ein.[29] Als David ihn sah, entschloss er sich, anderswo Zuflucht zu suchen, sich aber vorher für alle Fälle in den Besitz einer Waffe zu bringen. Er bat Ahimelech um ein Schwert. Der erklärte ihm, er habe nur Goliats Schwert zur Hand, das im heiligen Zelt aufbewahrt wurde. „Ja, gib es mir", forderte David, „ein besseres bekomme ich nicht".[30]

David floh zu Achisch, dem König von Gat, weil er meinte, unter Israels Feinden sicherer zu sein als im Herrschaftsbereich Sauls. Aber man berichtete Achisch, David sei der Mann, der vor Jahren Goliat erschlagen habe. Jetzt drohte David auch hier Gefahr. Indem er sich wie ein Wahnsinniger gebärdete, konnte David die Philister so lange täuschen, bis sich ihm eine Gelegenheit zur Flucht bot.[31]

Davids erster Fehler war es, in Nob an Gottes Hilfe zu zweifeln, der zweite sein Betrug beim König von Gat. In der Bewährungsprobe geriet Davids Glaube nun ins Wanken, und

---

[27] 1. Samuel 20,41.42 Hfa [28] 1. Samuel 21,2.3 [29] 1. Samuel 21,8
[30] 1. Samuel 21,10 [31] 1. Samuel 21,11–14

menschliche Schwächen kamen zum Vorschein. In seiner Bedrängnis witterte der Gehetzte überall Spione und Verräter. Die Verfolgung durch Saul trübte ihm den Blick für Gott als seinen Vater und Retter.

Alles Versagen der Kinder Gottes ist auf einen Mangel an Vertrauen zurückzuführen. Wenn uns Dunkelheit umgibt, müssen wir nach oben schauen, denn jenseits der Finsternis ist Licht. David brauchte nicht einen Augenblick an Gottes Schutz zu zweifeln, denn er war der Gesalbte des Herrn und ihm treu. Hätte er auch in dieser schwierigen Lage Gott vertraut, hätte er selbst im Schatten des Todes inneren Frieden empfunden.

David suchte nun im Bergland im Gebiet des Stammes Juda Schutz und gelangte zu einer Höhle in der Nähe der Stadt Adullam, die mit wenigen Getreuen gegen eine Übermacht zu verteidigen war. „Als seine Brüder und seine ganze Sippe davon erfuhren, kamen sie zu ihm dorthin."[32] Davids Angehörige fühlten sich ebenfalls bedroht, denn sie mussten annehmen, dass sich Sauls unvernünftige Verdächtigungen irgendwann auch gegen sie richten würden. Sie wussten nun, was allmählich in ganz Israel bekannt geworden war: Gott hatte David zum künftigen Herrscher seines Volkes erwählt.

In der Höhle von Adullam war Davids ganze Familie in Liebe und Eintracht beisammen. Er hatte das Misstrauen seiner Brüder ihm gegenüber als innere Last empfunden. Dass jetzt Harmonie und Einvernehmen zwischen ihnen herrschte, tat ihm wohl, und so konnte er in dieser Zeit fröhlich auf seiner Kastenleier spielen und dazu singen. Hier dichtete David den 57. Psalm.

Viele Israeliten hatten längst das Vertrauen zu Saul als König verloren, da nicht zu übersehen war, dass Gottes Geist ihn nicht mehr leitete. Daher sammelten sich bei David „alle möglichen Leute, die verfolgt, verschuldet oder verbittert waren, schlossen sich ihm an, insgesamt etwa 400 Mann. David wurde ihr Anführer."[33] Er hatte damit ein eigenes kleines Reich, in dem Ordnung und Disziplin herrschten. Diese Erfahrung war nützlich, denn Gott gab David damit Gelegenheit, ein weiser Heerführer und ein gerechter und barmherziger König zu werden. Einige dieser Männer wurden später seine engen Vertrauten.

---

[32] 1. Samuel 22,1 [33] 1. Samuel 22,2

Aber selbst mit ihnen fühlte David sich auf Dauer nicht sicher, denn immer wieder gab es Hinweise darauf, dass der König seine Mordabsicht nicht aufgegeben hatte. David brachte seine Sippe daher am Königshof der Moabiter unter. Und als Gat, ein Prophet Gottes, ihn vor einem Anschlag Sauls warnte, setzte sich David mit seinen Männern in die Wälder von Heret ab.[34] Saul plante nämlich, ihn in der Höhle von Adullam einzuschließen.

Als Saul entdeckte, dass David ihm erneut entkommen war, schäumte er vor Wut. Es war ihm ein Rätsel, wie der von der geplanten Aktion Wind bekommen haben konnte. Saul vermutete, dass es in seinem Lager einen Verräter geben müsse.

Hass und Verrat führen zu einem Blutbad

Seinen Ratgebern gegenüber behauptete Saul, es habe sich eine Verschwörung gegen ihn gebildet. Mit dem Versprechen von kostbaren Geschenken und Ehrenstellungen bestach er sie, ihm zu verraten, wer von seinen Leuten mit David verbündet war. Da wurde Doëg, der Edomiter, zum Denunzianten. Ehrgeizig und habsüchtig wie er war, voller Hass gegen den Hohenpriester, der seine Sünden gerügt hatte, berichtete er von Davids Besuch bei Ahimelech.[35] Er stellte die Angelegenheit so dar, dass Saul auf den Gottesmann zornig wurde.

Rasend vor Wut erklärte Saul, die ganze Familie des Priesters müsse sterben. Er ließ Ahimelech und alle 85 Priester aus Nob holen. Sie wurden auf Befehl des Königs von Doëg getötet, weil keiner der anderen Männer Sauls wagte, es zu tun. „Dann ließ Saul alle Einwohner der Priesterstadt Nob mit dem Schwert ermorden, Männer und Frauen, Kinder und Säuglinge."[36]

Dieses Wüten und Morden war ein schrecklicher Beweis dafür, wie weit sich Saul bereits der Kontrolle Satans ausgeliefert hatte. Diese Untat erregte in ganz Israel Entsetzen. Der König, den sie erwählt hatten, war für solch eine Schandtat verantwortlich! Die Bundeslade war zwar in ihrer Mitte, aber nun waren die Priester auf Anordnung des eigenen Königs ermordet worden. Was würde Saul noch alles über Israel bringen?

---

[34] 1. Samuel 22,3–5 [35] 1. Samuel 22,8–10 [36] 1. Samuel 22,11.17–19 Hfa

65 | Davids Großmut gegen Saul*

Sauls entsetzlichem Blutbad in Nob entkam ein Sohn des Hohenpriesters Ahimelech. Abjatar floh zu David und berichtete ihm alles. David war entsetzt und gab sich die Schuld, dass es so weit gekommen war. Er lud Abjatar ein, bei ihm zu bleiben, weil Saul ihm ebenfalls nach dem Leben trachtete.[1]

David erfuhr, dass die Stadt Keïla von den Philistern bedrängt wurde. Durch Abjatar, der den Efod seines Vaters mitgebracht hatte, befragte David den Herrn, ob er den Bewohnern zu Hilfe eilen sollte. Eine zweimalige positive Antwort überzeugte seine Männer von dem Sinn des Unternehmens. Es war erfolgreich: Sie brachten den Philistern eine schwere Niederlage bei.[2]

Durch Befragen des Herrn erfuhr David, dass Saul schon wieder auf seiner Fährte war und die geretteten Bewohner Keïlas ihn an Saul ausliefern würden. Deshalb zog er sich mit seinen Männern in die Einöde von Sif zurück.[3]

Es gab in jener Zeit wenig Erfreuliches in Davids Leben. Umso mehr beglückte ihn daher ein Besuch Jonatans, der seinen Zufluchtsort erfahren hatte. Sie berichteten einander von ihren Erlebnissen und genossen jeden Moment miteinander. Jonatan ermutigte David: „Hab keine Angst! Mein Vater wird dich nicht in seine Gewalt bringen. Du wirst König über Israel werden und ich werde der zweite Mann nach dir sein. Das weiß auch mein Vater ganz genau." Das tröstete den gehetzten David sehr. Dann schworen sie einander erneut die Treue.[4]

Ein paar Männer aus der Einöde von Sif teilten Saul inzwischen mit, dass sie wussten, wo sich David verborgen hielt, und bereit wären, Saul zu dessen Versteck zu führen. Aber David wurde gewarnt und konnte rechtzeitig Zuflucht in den Bergen zwischen Maon und dem Toten Meer suchen.[5]

Erneut wurde Saul Davids Versteck gemeldet. „Saul wählte 3000 Elitesoldaten aus ganz Israel aus und machte sich auf die

---

* Dieses Kapitel basiert auf 1. Samuel 22,20 bis 28,2.

[1] 1. Samuel 22,19–23 [2] 1. Samuel 23,1–6 [3] 1. Samuel 23,9–13
[4] 1. Samuel 23,17.18 [5] 1. Samuel 23,19.20.25

Suche nach David und seinen Leuten."[6] In einer abgelegenen Höhle wartete der mit seinen inzwischen 600 Männern auf Gottes Weisungen. Da betrat Saul ganz allein ausgerechnet diese Höhle, um seine Notdurft zu verrichten.

Als Davids Männer das bemerkten, bedrängten sie ihn, Saul zu töten. Der König wehrlos in ihrer Gewalt –, das war für sie das sichere Zeichen dafür, dass ihnen Gott selbst ihren Feind in die Hände gegeben hatte. David war versucht, sich ihrer Sicht anzuschließen, aber sein Gewissen sagte ihm deutlich: Lege deine Hand nicht an den Gesalbten des Herrn! „Da schlich sich David nach vorne und schnitt unbemerkt einen Zipfel von Sauls Mantel ab."[7]

Saul erhob sich und verließ die Höhle wieder, um weiter nach David zu suchen. Da hörte er hinter sich eine Stimme, die ihn zusammenfahren ließ: „Mein Herr und König!" Er wandte sich um, und sah den Mann, den er schon so lange in seine Gewalt zu bringen suchte, um ihn zu töten. David verbeugte sich tief vor dem König. Dann fragte er ihn: „Warum lässt du dir einreden, dass ich dich ins Verderben stürzen will? Heute kannst du dich mit eigenen Augen vom Gegenteil überzeugen. Hier in der Höhle hatte der Herr dich in meine Hand gegeben; meine Leute haben mir zugesetzt, dass ich dich umbringen soll. Aber ich habe dich geschont, weil ich dachte: ‚Ich werde nicht Hand an meinen Gebieter legen; denn er ist der gesalbte König des Herrn.' Mein Vater, sieh diesen Zipfel deines Gewandes hier in meiner Hand! Ich hätte dich töten können, aber ich habe nur dieses Stück von deinem Gewand abgeschnitten. Daran musst du doch erkennen, dass ich kein Verräter bin und dir nichts Böses antun will. Ich habe dir nichts getan, und doch stellst du mir nach und willst mich umbringen."[8]

Saul war beschämt, als er erkannte, wie wehrlos er in der Gewalt des Mannes gewesen war, dem er nach dem Leben trachtete. Laut weinend rief er: „Du bist im Recht gegen mich. Du bist gut zu mir gewesen, obwohl ich dir Böses angetan habe. Heute hast du es bewiesen; denn du hast mich verschont. Der Herr hatte mich in deine Hand gegeben, aber du hast mich nicht getötet. Wo kommt so etwas vor, dass einer seinen Feind in der Hand hat und ihn unbehelligt laufen lässt? Der Herr wird dich dafür belohnen. Ich weiß ja, du wirst

---

[6] 1. Samuel 24,2.3 Hfa [7] 1. Samuel 24,5–7 Hfa [8] 1. Samuel 24,9–12

König werden und in deiner Hand wird das Königtum in Israel festen Bestand haben."[9] Auf Sauls Bitte schwor David ihm, dass er dessen Familie nicht ausrotten würde. Doch er konnte den Zusicherungen Sauls nicht trauen und blieb weiterhin in den schützenden Bergen, als der mit seinen Soldaten abzog.[10]

Mitunter kommt es vor, dass Menschen ihre schlechten Absichten, Worte und Taten gegenüber anderen bedauern und eingestehen, weil der Geist Gottes an ihnen wirkt. Aber wenn sie sich erneut Satan öffnen, erwacht die alte Abneigung oder Feindschaft wieder. Solche Menschen kann Satan dann mit noch größerem Erfolg benutzen, weil sie wider besseres Wissen handeln.

Alle trauern wegen Samuels Tod

„In dieser Zeit starb Samuel. Ganz Israel kam nach Rama, wo er gewohnt hatte, und hielt für ihn die Totenklage. Danach beerdigten sie ihn in seinem Familiengrab."[11] Mit Samuel trat ein bedeutender Prophet und hervorragender Richter von der Bühne ab. Von Jugend an war er den Israeliten durch seinen unerschütterlichen Glauben, seine Lauterkeit und Gewissenhaftigkeit ein glaubwürdiges Vorbild gewesen. Deshalb war auch sein Einfluss größer als der Sauls.

Nun erkannte das Volk, wie unklug es gewesen war, sich einen König zu wünschen, nur um es den Nachbarvölkern gleichzutun. Viele Israeliten beunruhigte der nicht zu übersehende moralische und religiöse Verfall in Israels Gesellschaft. Zu Recht beklagten sie Samuels Tod, der ein treuer Prophet des Herrn gewesen war.

Israel hatte den Gründer und Leiter der Prophetenschulen verloren und den Mann, zu dem jeder mit seinen Sorgen gehen konnte und von dem alle wussten, dass er vor Gott stets für das Wohl des Volkes eingetreten war. Samuels Fürbitte hatte ihnen ein Gefühl der Sicherheit gegeben, denn „des Gerechten Gebet vermag viel, wenn es ernstlich ist".[12] König Saul dagegen war launisch und unberechenbar, nun fast ein Geisteskranker. Das Recht wurde gebeugt, und aus Ordnung war Wirrwarr geworden.

---

[9] 1. Samuel 24,17–21 [10] 1. Samuel 24,22.23 [11] 1. Samuel 25,1 Hfa
[12] Jakobus 5,16 LB

Voller Trauer schauten die Israeliten auf Samuels schlichtes Grab und schämten sich ihrer Torheit, ihn als Leiter abgelehnt zu haben, hatte er doch in einem so engen Verhältnis zu Gott gestanden, dass er ganz Israel mit seinem Thron zu verbinden schien. Samuel hatte sie gelehrt, Gott zu lieben und ihm zu gehorchen. Nun sahen sie sich einem König ausgeliefert, der dem Bösen verfallen war und das Volk von Gott trennen und ins Unglück führen würde.

David konnte an der Trauerfeier nicht teilnehmen. Er wusste, dass mit Samuels Tod eine weitere Schranke für Sauls Bosheit gefallen war, und fühlte sich noch bedrohter als zu Lebzeiten des Propheten. Deshalb floh er in die Wüste Paran. Dort dichtete er den 120. und 121. Psalm.

Nabals Schroffheit und Abigajils Eingreifen

David und seine Männer beschützten in der Nähe der Bergstadt Maon die Herden eines reichen Mannes namens Nabal, vor räuberischen Übergriffen. Nabal, ein Nachkomme Kalebs, war missmutig und geizig.[13]

Zur Zeit der Schafschur war man damals besonders gastfrei. Und weil David für seine Leute dringend Nahrungsmittel brauchte, wollte er diese Gelegenheit nutzen. So sandte er zehn junge Männer zu Nabal und ließ ihm ausrichten: „Ich wünsche dir alles Gute! Glück und Heil für dich und deine Familie und für alles, was dir gehört! Ich habe gehört, dass du deine Schafe scheren lässt. Darf ich dich daran erinnern, dass deine Hirten die Schafe ganz in unserer Nähe weiden ließen? Wir haben ihnen nichts zuleide getan, und während der ganzen Zeit ist ihnen ... kein einziges Schaf abhanden gekommen. Frage sie nur, sie werden es dir bestätigen. Nimm also meine Boten freundlich auf! Heute ist doch ein Festtag für dich. Hab die Güte und gib ihnen mit, was du für deinen ergebenen Diener David erübrigen kannst."[14]

Davids Männer hatten Nabals Herden wie eine Schutzmauer umgeben;[15] nun baten sie diesen reichen Mann, ihnen für die geleisteten Dienste etwas von seinem Überfluss für ihren Lebensunterhalt abzugeben. Aber ihre Gefälligkeiten machten auf Nabal keinen Eindruck.

---

[13] 1. Samuel 25,2.3 [14] 1. Samuel 25,6–8 [15] 1. Samuel 25,16

Nabals Antwort war bezeichnend für sein Wesen: „Was ist das für einer, dieser David? Heutzutage gibt es haufenweise solche davongelaufenen Sklaven! Und da sollte ich Essen und Trinken und sogar das Fleisch meiner Schafe, die ich für die Scherer geschlachtet habe, solchen dahergelaufenen Landstreichern geben? Ich weiß ja nicht einmal, woher sie kommen!"[16]

Diese Antwort erzürnte David. Er befahl seinen Männern, ihre Schwerter umzugürten, denn er war entschlossen, den Mann zu bestrafen, der ihm verweigerte, was ihm eigentlich zustand, und der ihn obendrein noch beschimpfte. Solch eine leidenschaftliche Erregung passte freilich mehr zu Sauls als zu Davids Wesen, aber er musste noch Geduld lernen.

Nachdem Davids Boten so barsch abgewiesen worden waren, eilte einer von Nabals Knechten zu dessen Frau Abigajil und berichtete ihr, was vorgefallen war. Ohne ihrem Mann etwas zu sagen, stellte sie einen reichlichen Vorrat an Broten und anderen Backwaren zusammen und schickte sie mit fünf zubereiteten Schafen und zwei Krügen Wein unter der Obhut von Knechten voraus.[17] Dann machte sie sich selbst auf, um David aufzusuchen.

„Als Abigajil David auf sich zukommen sah, stieg sie schnell von ihrem Esel und warf sich David zu Füßen. Sie verneigte sich, bis ihr Gesicht den Boden berührte. Dann begann sie: ‚Ich allein bin schuld, mein Herr. Bitte lass deine Dienerin reden, und hör, was ich dir sagen will!'"[18]

Abigajil begegnete David mit so viel Ehrerbietung, als wäre er der König. Mit freundlichen Worten versuchte sie, seinen Zorn zu besänftigen und ihren Mann zu entschuldigen. Sie machte David klar, dass das barsche Verhalten ihres Mannes nicht als persönliche Beleidigung aufzufassen sei, sondern der Ausdruck seines mürrischen, selbstsüchtigen Wesens wäre.

Dann bot sie Davids Leuten die mitgebrachten Vorräte als Friedensgabe an. Schließlich sagte sie zu David: „Ich weiß, der Herr wird dich zum König machen und dein Königshaus wird für immer bestehen. Du bist ja der Mann, durch den der Herr seine Kriege führt; und dein Leben lang wird dir niemand ein Unrecht vorwerfen können." Geschickt erinnerte Abigajil David daran, dass es seine Aufgabe war, die Kriege des Herrn zu führen, nicht aber sich für persönlich erlittenes Un-

---

[16] 1. Samuel 25,10.11 Hfa [17] 1. Samuel 25,14.18.19
[18] 1. Samuel 25,23.24 Hfa

recht zu rächen. Deshalb fuhr sie fort: „Wenn dann der Herr alle seine Zusagen eingelöst und dir die Herrschaft über Israel gegeben hat, wirst du froh sein, dass dein Gewissen rein ist und du dir nicht selbst zu deinem Recht verholfen und ohne Grund Blut vergossen hast. Und denk dann auch an mich, deine Dienerin, wenn der Herr dich so weit gebracht hat.“[19]

Es war nicht bloß weibliche Klugheit, die Abigajil solche Worte finden ließ. Ihre Frömmigkeit wirkte sich auf ihre Einstellung und ihr ganzes Verhalten aus. Der Geist Gottes wohnte in ihr. Ihre Worte Verbreiteten einen himmlischen Einfluss. David erschrak bei dem Gedanken, welche Folgen seine vorschnellen Absichten hätten haben können.

„Glücklich sind, die Frieden stiften, denn Gott wird sie seine Kinder nennen.“[20] Gäbe es doch mehr solche Frauen wie Abigajil, die mit weisen Worten Zorn besänftigen, voreilige Entschlüsse verhindern und großes Unheil verhüten können!

Unter dem Einfluss der Worte Abigajils verflog nun Davids Zorn. Demütig nahm er die indirekte Zurechtweisung an und handelte damit nach seinen eigenen Worten: „Wer Gott gehorcht, darf mich zurechtweisen, wenn ich schuldig werde, denn er meint es gut mit mir.“[21] Er dankte Abigajil herzlich und segnete sie, weil sie ihn gut beraten hatte. Nur wenige Menschen sind in der Lage, Tadel mit Dank hinzunehmen und diejenigen zu segnen, die sie davor bewahrt haben, Unrecht zu tun.

Als Abigajil heimkehrte, fand sie Nabal und seine Gäste bei einem Trinkgelage. Darum berichtete sie ihrem Mann erst am nächsten Morgen von der Begegnung mit David. Als Nabal klar wurde, wie nahe er sich durch seine Schroffheit dem Tod gebracht hatte, bekam er einen Schlaganfall und war völlig gelähmt. Zehn Tage später starb er.[22]

David war von Abigajil so beeindruckt, dass er die Witwe bald heiratete. Seine erste Frau Michal war von Saul einem anderen Mann gegeben worden, aber David hatte sich bereits eine weitere Frau genommen, Ahinoam aus der Stadt Jesreel.[23] Die Sitten jener Zeit hatten auch auf ihn abgefärbt und seine Sicht für das, was der Stifter der Ehe eigentlich wollte, getrübt. Er bekam dann lebenslang auch die schmerzlichen Folgen davon spüren, dass er mehrere Frauen hatte.

---

[19] 1. Samuel 25,28–31 [20] Matthäus 5,9 Hfa [21] Psalm 141,5 Hfa
[22] 1. Samuel 25,36–38 [23] 1. Samuel 25,40.43.44

Nach Samuels Tod hatte David für einige Monate Ruhe vor Saul und zog sich wieder in die Einöde von Sif zurück. Aber die Leute dort waren ihm nach wie vor nicht wohlgesinnt. In der Hoffnung, Sauls Gunst zu gewinnen, verrieten sie ihm Davids Versteck. Wieder bot Saul seine Krieger zur Verfolgung auf. Aber David erfuhr davon durch seine Kundschafter und suchte daraufhin mit einigen Männern Sauls Lager auf.[24]

Saul erneut in der Hand Davids

Die Nacht war hereingebrochen, als sie im Mondlicht vor sich die Zelte des Königs und seines Gefolges sahen. Niemand bemerkte sie, denn vom Marsch erschöpft lagen alle in tiefem Schlaf. Als David sagte: „Ich schleiche mich zu Saul ins Lager. Wer von euch kommt mit?", antwortete Abischai, ein Neffe Davids, „Ich gehe mit dir."[25]

Im Schatten der Berge betraten David und sein Begleiter das feindliche Lager. Dort fanden sie auch den schlafenden Saul. Sein Speer steckte in der Erde, ein Krug mit Wasser stand neben ihm. Um ihn herum lagen Abner, sein Heerführer, und einige Soldaten. Abischai hob den Spieß und flüsterte David zu: „Heute hat Gott dir deinen Feind ausgeliefert! Ich durchbohre ihn mit seinem eigenen Speer und spieße ihn an den Boden; ein einziger Stoß genügt!"

Er wartete auf die Erlaubnis, aber an sein Ohr drangen ebenso leise die Worte: „Vergreif dich nicht an ihm! Wer die Hand ausstreckt gegen den gesalbten König des Herrn, wird der Strafe nicht entgehen. So gewiss der Herr lebt, er selbst wird ihm das Ende bereiten; er kann ihn eines natürlichen Todes sterben oder in der Schlacht umkommen lassen. Der Herr bewahre mich davor, dass ich Hand an seinen gesalbten König lege! Nimm jetzt den Speer dort neben seinem Kopf und seine Wasserflasche – und dann weg von hier!' Niemand sah etwas, niemand merkte etwas und niemand wachte auf; denn der Herr hatte alle in einen tiefen Schlaf fallen lassen."[26]

Als David in sicherer Entfernung war, rief er Abner mit lauter Stimme: „,Du bist doch ein Mann, mit dem es keiner in Israel aufnehmen kann! Warum hast du deinen Herrn, den König, nicht besser bewacht? Eben war jemand im Lager, der hätte ihn töten können. Da hast du wahrlich kein Glanzstück

[24] 1. Samuel 26,1–4 [25] 1. Samuel 26,6 [26] 1. Samuel 26,8–12

vollbracht! So gewiss der Herr lebt: Ihr alle habt den Tod verdient, weil ihr euren Herrn, den von Gott gesalbten König, nicht beschützt habt. Sieh doch einmal nach: Der Speer hinter seinem Kopf ist weg und die Wasserflasche auch!' Da erkannte ihn Saul an der Stimme und rief: ‚Ist das nicht deine Stimme, mein Sohn David?' ‚Ja, mein Herr und König', rief David zurück und er fuhr fort: ‚Warum verfolgst du mich, deinen Diener? Was habe ich dir getan? Was ist meine Schuld?'"[27]

Erneut musste der König zugeben: „Ich bin im Unrecht. Komm wieder zurück, mein Sohn David! Ich werde dir nie mehr etwas Böses antun, weil du heute mein Leben so hoch geachtet hast. Ich sehe, was für ein Narr ich war! Ich habe mich schwer an dir vergangen.' David sagte darauf: ‚Hier ist dein Speer, mein König! Einer von deinen Leuten soll kommen und ihn holen.'"[28]

Obwohl Saul ihm versprochen hatte, „Ich werde dir nie mehr etwas Böses antun," und ihn sogar mit dem Wunsch entließ: „Gott segne dich, mein Sohn David! Alles, was du unternimmst, wirst du erfolgreich zu Ende bringen",[29] begab sich David nicht in Sauls Gewalt. Er glaubte nicht mehr daran, dass Saul halten würde, was er im Überschwang der Gefühle versprach, und hatte die Hoffnung aufgegeben, dass es zwischen ihnen jemals zu einer Aussöhnung kommen würde. David sagte sich: „Eines Tages werde ich doch noch Saul in die Hände fallen. Es gibt für mich keinen besseren Schutz, als dass ich schleunigst ins Gebiet der Philister fliehe. Dann bin ich vor Saul sicher. Solange ich in Israel bin, wird er nicht aufhören, überall nach mir zu suchen."[30]

Wieder eine falsche Entscheidung

Davids Überzeugung, Saul würde seine Mordabsichten eines Tages doch ausführen, war nicht von Gott bewirkt. Selbst als Saul seine Absicht zu verwirklichen suchte, war der Herr am Werk, David die Herrschaft zu sichern. Gott führt seine Pläne durch, auch wenn sie dem menschlichen Auge verborgen bleiben. Viele Gläubige können Gottes Wege nicht verstehen. Da sie auf äußere Anzeichen sehen, deuten sie Versuchungen und Prüfungen, die Gott über sie kommen lässt, als widrige

---

[27] 1. Samuel 26,15–18 [28] 1. Samuel 26,21.22 [29] 1. Samuel 26, 21.25
[30] 1. Samuel 27,1

Umstände, die sie zugrunde richten sollen. So achtete auch David nur auf die offenbaren Widerstände und verließ sich zu wenig auf Gottes Verheißungen. Er bezweifelte nun, dass er je Israel regieren würde. Die dauernden Anfechtungen hatten ihn im Glauben müde gemacht und seine Geduld erschöpft.

Es war nicht Gott, der David zu Israels erbitterten Feinden schickte, um bei ihnen Schutz zu suchen. Aber nachdem er jedes Vertrauen zu Saul verloren hatte und sein Glaube erschüttert war, lieferte sich David den Philistern auf Gedeih und Verderb aus. Gott hatte ihn dazu berufen, sein Banner im Land Juda aufzupflanzen. Aus Mangel an Vertrauen verließ er nun den ihm zugewiesenen Platz ohne Gottes Anweisung.

Tatsächlich wurde Gott durch Davids Verhalten entehrt. Die Philister hatten weniger Angst vor Saul und dessen Heer als vor David. Indem er sich unter ihren Schutz stellte, offenbarte er ihnen selbst die Schwäche seines Volkes. Das ermutigte diese hartnäckigen Gegner natürlich, Israel noch mehr zu unterdrücken. David war aber gesalbt worden, um Gottes Volk zu schützen!

Die Israeliten mussten zudem damals den Eindruck gewinnen, David wäre zu den Heiden übergelaufen und diente nun auch deren Göttern. Das weckte natürlich Vorurteile. David hörte zwar nie auf, Gott anzubeten und sich auch weiterhin der Sache des Herrn zu widmen, aber er vertraute ihm seine eigene Sicherheit nicht mehr an.

Achisch, der König der Philister in Gat, nahm David freundlich bei sich auf, denn er bewunderte ihn und fühlte sich geschmeichelt, dass dieser berühmte Hebräer bei ihm Schutz suchte. David brachte daher seine Familie und alle bewegliche Habe mit, und das Gleiche taten seine Männer.[31] Es hatte den Anschein, als wollten sie sich dauerhaft im Land der Philister niederlassen. Achisch freute sich darüber und versprach, die Flüchtlinge zu schützen.

Als David ihn um einen Wohnsitz bat, gab ihm der König Ziklag zum Besitz.[32] In einer Stadt, die ihnen ganz allein überlassen blieb, konnten sie Gott freier anbeten als in Gat, wo die heidnischen Riten zum Problem geworden wären.

Solange David in dieser abseits gelegenen Stadt lebte, führte er Kriege gegen die anderen Völker im Land und ließ dabei niemand am Leben, der Nachricht davon nach Gat hätte brin-

---

[31] 1. Samuel 27,2.3 [32] 1. Samuel 27,5.6

gen können. Wenn er vom Kampf zurückkehrte, tat er gegenüber Achisch stets so, als hätte er Israeliten bekämpft.[33] Mit dieser Heuchelei erweckte David den Eindruck, er handle ganz im Sinne der Philister. Der König glaubte ihm und dachte: „Er hat sich bei seinen Landsleuten so verhasst gemacht, dass er gar keine andere Wahl hat, als für immer in meinem Dienst zu bleiben."[34] Aber mit solchen Täuschungen handelte David nicht im Sinne Gottes.

„In dieser Zeit zogen die Philister wieder ihre Truppen zusammen, um Israel anzugreifen. Achisch sagte zu David: ‚Ich erwarte von dir, dass du und deine Männer mit uns in den Kampf ziehen!'" David antwortete dem König ausweichend: „Du wirst selbst sehen, was ich fertigbringe."[35] Achisch deutete diese Worte als Zusage und war so sehr von Davids Pflichttreue überzeugt, dass er ihn sogar für den Feldzug zu seinem Leibwächter ernannte und ihm damit eine herausragende Stellung am Hof verschaffte.

Obwohl Davids Glaube an Gottes Verheißungen in dieser Phase seines Lebens bedrohlich ins Wanken geraten war, vergaß er nicht, dass Samuel ihn zum König Israels gesalbt hatte. Er dachte an Gottes große Gnade, die ihn vor Saul gerettet hatte, und beschloss, seine hohe Berufung nicht zu verraten. Obwohl Saul ihm nach dem Leben trachtete, wollte David sich nicht mit seinen Männern den Feinden Israels anschließen, um gegen sein eigenes Volk zu kämpfen. Doch wie sollte er aus dieser Situation herauskommen?

---

[33] 1. Samuel 27,8–11 [34] 1. Samuel 27,12 [35] 1. Samuel 28,1.2 Hfa

66 | Sauls Untergang*

„Die Philister hatten ihre Truppen zusammengezogen; sie rückten bis nach Schunem vor und schlugen dort ihr Lager auf. Saul rief die Männer Israels zu den Waffen; sie hatten ihr Lager auf dem Gilboa-Gebirge. Als Saul das Heer der Philister sah, erschrak er und wurde ganz verzagt."[1]

Saul war mutlos und in großer Bedrängnis, denn er wusste, dass Gott ihn verlassen hatte. Zudem hatte er erfahren, dass David zu den Philistern gegangen war. Saul rechnete damit, dass er diese Gelegenheit nutzen würde, sich für das durch ihn erlittene Unrecht zu rächen.

Statt alles zur Verteidigung Israels und zur Vertreibung der Feinde zu unternehmen, hatte Saul sein Heer oft aufgeboten, um David in seine Hände zu bekommen. Diese Lage nutzten die Philister aus und drangen bis ins Herz Israels vor. Während Saul unter satanischem Einfluss alles daransetzte, David zu töten, stachelte derselbe Geist die Philister an, Saul und das Volk Israel zu vernichten.

Sehr oft bedient sich Satan auch heute noch derselben Methode! Er verführt irgendeinen ungeheiligten Christen dazu, Streit in der Gemeinde anzuzetteln, und benutzt dann die entstandene Uneinigkeit, um das Volk Gottes durch seine Werkzeuge zugrundezurichten.

Am nächsten Tag musste Saul gegen die Philister kämpfen. Ihn überschatteten dunkle Wolken drohenden Unheils. Nun verlangte ihn nach Weisung von Gott. „Doch der Herr gab ihm keine Antwort, weder durch einen Traum noch durch das Los noch durch das Wort eines Propheten."[2]

Gott weist keinen Menschen ab, der sich aufrichtigen Herzens an ihn wendet. Warum also ließ Gott Saul ohne Antwort? Dafür gab es mehrere Gründe. Saul hatte sich selbst der Wege beraubt, durch die er Gott direkt befragen könnte: Die Anweisungen durch den Propheten Samuel hatte er mehrfach missachtet, den gesalbten David vertrieben und die Priester

---

* Dieses Kapitel basiert auf 1. Samuel 28 und 31.

[1] 1. Samuel 28,4.5 [2] 1. Samuel 28,6

des Herrn ermorden lassen. Saul wandte sich auch nicht in reuiger Demut an Gott. Er wollte keine Sündenvergebung erlangen, sondern lediglich vor seinen Feinden gerettet werden. Durch seine Rebellion hatte er sich selbst von Gott getrennt. Ein Zurück gab es nur auf dem Weg der Reue und Umkehr.

Der stolze König entschied sich aber in seiner Verzweiflung, auf einem anderen Weg Rat einzuholen, und befahl seinen Getreuen: „Sucht mir eine Frau, die Verstorbene herbeirufen kann! Ich will zu ihr gehen und sie um Rat fragen."[3]

Saul wusste, dass Gott okkulte Praktiken wie Magie und Geisterbeschwörung und auch deren Inanspruchnahme bei Todesstrafe verboten hatte.[4] Saul hatte selbst zu Beginn seiner Regentschaft angeordnet, alle Wahrsager und Totenbeschwörer in Israel zu töten.[5] Nun nahm er selbst zu jenem Mittel Zuflucht, das er früher als ein Gräuel vor Gott verdammt und zu vernichten gesucht hatte.

Man berichtete dem König, dass wenige Kilometer entfernt in En-Dor eine Frau lebte, die Tote heraufbeschwören konnte. Verkleidet machte sich Saul mit zwei Männern auf den Weg zur Wahrsagerin.[6] Wie erbärmlich: Der König des Volkes Gottes ist unterwegs, um von einem Werkzeug Satans Hilfe zu erbitten! Vertrauen zu Gott und Gehorsam gegenüber seinen Anweisungen waren die Bedingungen, unter denen Saul König von Israel geworden war. Hätte er sie eingehalten, wäre sein Königtum gesichert gewesen; Gott wäre dann sein Führer und sein Schutz geblieben.

Obwohl Eigensinn und Widerspenstigkeit die Stimme Gottes in seinem Innern fast gänzlich zum Schweigen gebracht hatten, bestand für Saul immer noch die Möglichkeit zur Umkehr. Aber als er Satans Hilfe suchte, zerschnitt er das letzte Band zwischen sich und Gott. Damit lieferte er sich völlig jener bösen Macht aus, deren Einfluss er seit Jahren immer wieder erlegen war.

Saul bei der Geisterbeschwörerin

Im Schutz der Dunkelheit schlichen Saul und seine Begleiter unbemerkt am Heer der Philister vorbei und überquerten den Bergsattel zu dem einsam gelegenen Haus der Wahrsagerin.

---

[3] 1. Samuel 28,7 [4] 3. Mose 20,6.27; vgl. 5. Mose 18,9–12
[5] 1. Samuel 28,3b [6] 1. Samuel 28,7.8

Obwohl Saul verkleidet war, erkannte sie an seiner Größe und seinem Auftreten, dass er kein gewöhnlicher Soldat war. Die angebotene großzügige Bezahlung bestärkte sie in ihrem Verdacht.

Auf Sauls Bitte, den Geist eines Toten heraufzubeschwören, erwiderte sie: „,Du weißt doch selbst, dass der König so etwas verboten hat. Er hat die Totenbeschwörer und Wahrsager im ganzen Land ausgerottet. Du willst mir nur eine Falle stellen, damit ich getötet werde.' Aber Saul schwor: ,So gewiss der Herr lebt, es wird dir nichts geschehen!' ,Wen soll ich dir denn heraufrufen?', fragte die Frau. Saul antwortete: ,Rufe Samuel!'" Daran erkannte sie, dass ihr Besucher der König Israels selbst sein musste, und war erschrocken.[7]

Doch Saul beruhigte sie und fragte, was sie sähe. Nachdem sie ihre magischen Riten vollzogen hatte, erklärte sie: „,Ich sehe einen Geist aus der Erde heraufsteigen ... Es ist ein alter Mann, er trägt einen Prophetenmantel.' Daran erkannte Saul, dass es Samuel war. Er warf sich vor ihm nieder, das Gesicht zur Erde."[8]

Allerdings spricht nichts dafür, dass der, den die Frau zu sehen vorgab, wirklich Samuel war, denn der befand sich nicht an dem Aufenthaltsort böser Geister. (Näheres dazu im nächsten Kapitel.) Es handelte sich lediglich um ein Trugbild; denn so, wie es Satan möglich ist, als „Engel des Lichts" oder in menschlicher Gestalt zu erscheinen,[9] so konnte er auch das Aussehen Samuels annehmen.

Die Botschaft des angeblichen Propheten an Saul lautete: „Warum hast du meine Ruhe gestört und mich heraufkommen lassen?" Saul antwortete: „Ich bin in Todesängsten. Die Philister sind gegen mich aufmarschiert und Gott hat mich verlassen. Er gibt mir keine Antwort mehr, weder durch Propheten noch durch Träume. Darum habe ich dich rufen lassen. Sag mir, was ich tun soll!"[10]

Zu Samuels Lebzeiten hatte Saul den Rat des Propheten verschmäht, und nun bemühte er ein Werkzeug Satans, um mit Samuel zu reden! Saul hatte sich nun ganz der Macht Satans ausgeliefert, der die Gelegenheit gern nutzte, den verzagten König völlig zugrundezurichten, denn es ist sein Vergnügen, Menschen unglücklich zu machen und sie zu zerstören.

---

[7] 1. Samuel 28,8–12 [8] 1. Samuel 28,13.14 [9] 2. Korinther 11,14
[10] 1. Samuel 28,15

Saul bekam – angeblich aus Samuels Mund – den schrecklichen Bescheid: „Wozu musst du mich noch fragen? Du siehst doch: Der Herr hat sich von dir abgewandt und ist dein Feind geworden. Er führt jetzt aus, was er durch mich angekündigt hat: Er nimmt dir das Königtum und gibt es David. Der Herr befahl dir, sein Vernichtungsurteil an den Amalekitern zu vollstrecken. Weil du ihm nicht gehorcht hast, verfährt er jetzt so mit dir. Er wird dich und das Heer Israels in die Hand der Philister geben. Morgen wirst du mit deinen Söhnen bei mir in der Totenwelt sein."[11]

Sauls Auflehnung gegen Gottes Willen hatte ihn immer tiefer in dämonische Verstrickungen getrieben. Er hatte nicht bemerkt, dass er immer mehr satanischen Schmeicheleien und Täuschungen erlegen war. Es ist seit jeher die Taktik des Teufels, Sünden zu verharmlosen, die Übertretung der Gebote verlockend erscheinen zu lassen, das Unrechtsbewusstsein zu trüben und Menschen für Gottes Warnungen unempfänglich zu machen. Bei Saul zeigte sich das deutlich, indem er stets Entschuldigungen oder Ausreden suchte, wenn Samuel ihm berechtigte Vorhaltungen machte. Nun wandte sich Satan gegen Saul, zeigte ihm die enorme Tragweite seiner Sünden und nahm ihm alle Hoffnung. Nichts war geeigneter, Saul mutlos zu machen, seine Verzweiflung zu nähren und ihn in die Selbstvernichtung zu treiben.

Nach dieser furchtbaren Ankündigung war Saul tief getroffen, voller Gewissensbisse und vor Hunger erschöpft. Sein Körper wankte und stürzte zu Boden. Die Geisterbeschwörerin erschrak. Sie hatte Angst, man würde sie töten, wenn der König sterben würde, und drängte ihn, etwas zu essen, damit er wieder zu Kräften kam. Auf Zureden seiner Männer willigte Saul ein. Die Frau setzte ihm Fleisch und Fladenbrot vor.[12] Noch vor dem Morgengrauen kehrte Saul mit seinen Begleitern zum seinem Heer zurück.

Indem er den dämonischen Geist konsultierte, zerstörte er sich letztlich selbst. Von Verzweiflung niedergedrückt konnte Saul seinem Heer unmöglich Mut einflößen, und selbst von der Quelle der Kraft getrennt konnte er die Gedanken der Israeliten nicht auf Gott als ihren Helfer lenken. So half die Vorhersage des Unheils, es geradewegs herbeizuführen.

---

[11] 1. Samuel 28,16–19 [12] 1. Samuel 28,20–24

Das bittere Ende Sauls

„Im Gilboa-Gebirge kam es zwischen Israel und den Philistern zur Schlacht." Obwohl ihm die schreckliche Vorhersage alle Hoffnung genommen hatte, kämpfte Saul mit dem Mut der Verzweiflung, jedoch vergeblich. „Die Männer Israels mussten fliehen; viele wurden von den Feinden niedergemacht."[13] Auch drei Söhne Sauls starben an seiner Seite. Durch Pfeile schwer verwundet konnte Saul weder kämpfen noch fliehen. Es gab kein Entrinnen mehr.

Aber lebend wollte er den Philistern nicht in die Hände fallen. Nachdem sein Waffenträger es abgelehnt hatte, ihn zu töten, stürzte sich Saul selbst in sein Schwert und starb von eigener Hand.[14] So endete Israels erster König mit dem Makel der Selbsttötung behaftet. Er ging unehrenhaft und schmachvoll unter – ein verfehltes Leben.

Die Nachricht von der Niederlage verbreitete sich rasch im ganzen Land und wirkte auf alle Bewohner Israels wie ein Schock. Sie flohen aus den Städten, die daraufhin von den Philistern kampflos in Besitz genommen wurden.[15] Weil Saul weitgehend unabhängig von Gott regiert hatte, geriet sein Volk an den Rand des Untergangs.

Am Tag nach der Schlacht fanden die Philister die Leichname Sauls und seiner drei Söhne. „Sie schlugen Saul den Kopf ab und zogen ihm seine Rüstung aus. Kopf und Rüstung ließen sie durch Boten in ihrem ganzen Gebiet herumzeigen. So verkündeten sie ihren Götzen und ihrem Volk die Siegesnachricht."[16] Den Sieg schrieben sie ihren Göttern zu, und der Name Jahwes wurde zum Gespött.

Die Leichname Sauls und seiner Söhne wurden in Bet-Schean an der Stadtmauer aufgehängt und den Vögeln zum Fraß überlassen. Aber tapfere Männer aus Jabesch in Gilead erinnerten sich dankbar daran, dass Saul einst in seinen glücklicheren Jahren ihre Stadt befreit hatte. Sie marschierten die Nacht hindurch, bargen die Körper des Königs und seiner Söhne und bereiteten ihnen ein würdevolles Begräbnis in Jabesch.[17] So sicherte eine edle Tat viele Jahre später in der Niederlage und Schmach eine feierliche Bestattung.

---

[13] 1. Samuel 31,1 [14] 1. Samuel 31,2–4 [15] 1. Samuel 31,7
[16] 1. Samuel 31,9 [17] 1. Samuel 31,11–13

67 Spiritismus damals und heute

Der Bericht vom Besuch Sauls bei der Geisterbeschwörerin in En-Dor bereitet vielen Bibellesern Schwierigkeiten. Manche glauben, damals wäre Saul wirklich der Prophet Samuel erschienen. Aber aus mehreren Gründen kann dies nicht der Fall gewesen sein.

Wenn Samuel nach seinem Tod im Himmel war, wie einige behaupten, muss er entweder durch Gottes oder Satans Macht von dort herabgerufen worden sein. Aber niemand wird ernsthaft glauben, dass Satan die Macht hat, Gottes Propheten durch die Beschwörungen einer Spiritistin vom Himmel herbeizuzwingen. Und es war bestimmt nicht Gott, der Samuel zu der Geisterbeschwörerin schickte, denn er hatte es bereits abgelehnt, auf Sauls Fragen zu antworten. „Weder durch einen Traum noch durch das Los [des Hohenpriesters] noch durch das Wort eines Propheten" erhielt Saul eine Auskunft, wie der biblische Bericht sagt.[1] Das aber waren die von Gott vorgesehenen Möglichkeiten der Mitteilung, und er hat sie gewiss nicht umgangen, um Saul eine Botschaft durch ein Medium Satans zu übermitteln.

Die Botschaft selbst verrät ihren Ursprung. Ihr Zweck war nicht, Saul zur Umkehr zu bewegen, sondern ihn noch tiefer in die Verzweiflung zu treiben; doch das ist nie Gottes Absicht, sondern das Ziel Satans. Und in der Heiligen Schrift wird Sauls Befragung einer Zauberin als Grund dafür angeführt, dass Gott ihn verwarf: „Saul fand den Tod, weil er dem Herrn untreu geworden war. Er hatte seine Weisungen nicht befolgt und sogar *eine Totenbeschwörerin befragt*, anstatt sich an den Herrn zu wenden. Darum ließ der Herr ihn sterben und machte an seiner Stelle David ... zum König."[2] Saul hat bestimmt nicht mit Samuel, dem Propheten Gottes, gesprochen, sondern mit Satan oder einem seiner Dämonen. Der Teufel konnte den wirklichen Samuel nicht erscheinen lassen, denn der ruhte tot im Grab; Satan täuschte lediglich dessen Erscheinen vor.

---

[1] 1. Samuel 28,6 [2] 1. Chronik 10,13.14

Kontaktaufnahme zu den Toten

Im Altertum beruhten Geisterbeschwörung und Hexerei auf dem Glauben, man könnte Kontakt mit den Geistern der Verstorbenen aufnehmen. Die gängige Anschauung war: „Befragt doch die Geister der Verstorbenen, die Wahrsagegeister, die euch flüsternd und murmelnd Auskunft geben! Ein Volk kann sich doch Rat holen bei seinen *Göttern*, die Lebenden können sich doch von den *Toten* helfen lassen!“[3] Die Heiden hielten viele Götter für die Geister verstorbener Helden, die auf die Stufe von Gottheiten erhoben worden seien.

Die Religion vieler Heidenvölker war im Wesentlichen eine Verehrung der Toten. Psalm 106 zeigt, welcher Art von Göttern Opfer dargebracht wurden. Bezüglich des Abfalls der Israeliten heißt es: „Sie hängten sich an den *Baal-Pegor* und aßen von den Opfern für die *Toten*.“[4] In späterer Zeit „nahmen sie ihre Söhne und Töchter und brachten sie den *Dämonen* als Opfer dar. Das Blut von Schuldlosen vergossen sie, das Blut ihrer eigenen Kinder, die sie für die *Götzen Kanaans* schlachteten.“[5] Mit ihrem Götzendienst und ihrer Totenverehrung beteten sie in Wirklichkeit Dämonen an – abgefallene Engel Gottes.

In fast jeder heidnischen Religion glaubte man, die Toten würden den Menschen ihren Willen bekunden und ihnen auf Anfrage Rat erteilen. Sogar in manchen christlich geprägten Ländern war und ist das Befragen der Geister von Toten weit verbreitet. Manchmal erscheinen Geistwesen in der Gestalt eines verstorbenen Familienangehörigen, schildern Vorfälle aus dessen Leben und verhalten sich auch wie derjenige. Auf diese Weise verführen sie die Menschen zu dem Glauben, ihre verstorbenen Lieben seien nun bei Gott oder selbst Engel, und deren Äußerungen wird oft größeres Gewicht beigemessen als dem Worte Gottes. Es gibt viele alte und neue Praktiken, durch die angeblich Verbindung zu den Geistern von Toten aufgenommen werden kann. Das „Channeling“ des New Age ist ein Beispiel aus unserer Zeit.

Andererseits sehen viele den Spiritismus als reinen Schwindel und die Erscheinungen der Toten als Betrug an. Verwunderlich ist das nicht, denn oftmals wurden Betrügereien als echte Zauberei ausgegeben. Aber es gibt auch klare Beweise für das Wirken von übernatürlichen Mächten. Wer spiritisti-

---

[3] Jesaja 8,19 [4] Psalm 106,28 LB [5] Psalm 106,37.38

sche Praktiken lediglich als Ergebnis geschickter Irreführung ansieht, wird dessen Ansprüche anerkennen, wenn er sich mit Erscheinungen konfrontiert sieht, die er weder leugnen noch erklären kann. So verfällt derjenige den Täuschungen Satans.

Der moderne Spiritismus beruht wie die Geisterbeschwörung im Altertum auf dem Prinzip der Kommunikation mit den Toten. Das Ganze gründet sich auf die Lügen Satans gegenüber Eva im Paradies: „Ihr werdet keineswegs des Todes sterben, sondern ... ihr werdet sein wie Gott."[6] Gottes Wort erklärt dagegen: „Die Toten aber wissen gar nichts ... Nie mehr werden sie beteiligt sein an dem, was auf der Welt geschieht."[7] Und an anderer Stelle: Die Menschen „müssen sterben und zu Staub zerfallen und mit ihnen vergehen auch ihre Pläne".[8] Die Toten ruhen im Grab ohne Bewusstsein, ihr Körper zerfällt. Die Geister, die erscheinen, sind nicht die unsterblichen „Seelen" der Toten (die gibt es nicht!), sondern Satans Dämonen.

Gott erklärte durch Mose: „Wenn jemand sich an Wahrsager wendet und an Leute, die die Geister der Toten befragen, ist das Götzendienst."[9] Der heutige Spiritismus ist nur ein Neuaufguss der Geisterbeschwörung und Dämonenverehrung, die Gott seit jeher verboten hat. Die Bibel sagt voraus, „dass in den letzten Zeiten einige von dem Glauben abfallen und *verführerischen Geistern* und teuflischen Lehren *anhängen*" werden.[10]

Die spiritistischen und esoterischen Lehrer leugnen, dass Jesus Gottes Sohn ist. Johannes sagt über sie: „Wer ist der Lügner? Der, der verneint, dass in Jesus der Sohn Gottes erschienen ist. Das ist der Antichrist; er verneint mit dem Sohn auch den Vater."[11] Indem der Spiritismus Christus nicht als Sohn Gottes anerkennt, verleugnet er damit auch Gott, und das nennt die Bibel eine Manifestation des Antichristen Satan.

Was Formen des Spiritismus für viele so anziehend macht, ist seine angebliche Macht, zukünftige Ereignisse zu enthüllen. Gott hat uns in seinem Wort wichtige Ereignisse der Zukunft offenbart – all das, was für uns wichtig zu wissen ist. Satans Absicht ist es, das Gottvertrauen der Menschen zu untergraben, damit sie das ablehnen, was Gott uns in seinem Wort mitteilt, und sie zugleich zu veranlassen, Kenntnis von den Dingen erlangen zu wollen, die Gott uns in seiner Weis-

---

[6] 1. Mose 3,4.5 LB [7] Prediger 9,5.6 Hfa [8] Psalm 146,4 [9] 3. Mose 20,6
[10] 1. Timotheus 4,1 LB [11] 1. Johannes 2,22.23

heit vorenthält, und das auf Wegen, die gefährlich sind, weil Satan dabei im Spiel ist und sie beeinflusst.

Es beunruhigt viele, dass sie den Ausgang gewisser Ereignisse nicht kennen. Weil sie die Ungewissheit schwer ertragen können, wollen sie nicht abwarten. Sie geben rebellischen Gefühlen Raum und versuchen, auf verbotenen Wegen Einblick in verborgene Dinge zu gewinnen. Das offenbart ihren Mangel an Glauben. Wenn sie mehr Gottvertrauen besäßen und zum Herrn beten würden, könnten sie getrost und zuversichtlich werden!

Durch das Enthüllen verborgener Dinge weckt Satan Vertrauen zu seiner angeblichen Fähigkeit, Zukünftiges offenbaren zu können. Aus langer Erfahrung kann er von der Ursache auf die Wirkung schließen und damit sogar bis zu einem gewissen Grad Zukünftiges voraussagen – typischerweise negative Ereignisse –, um Menschen in seinen Bann zu ziehen.

Gott selbst ist das Licht seines Volkes. Er möchte, dass wir den Blick auf die zukünftige Herrlichkeit richten, die unseren Augen noch verborgen ist. Wer dieses Licht von Gott kennt, wird kein Verlangen nach dem trüben Licht der Werkzeuge oder Mittel Satans haben.

Die Botschaft des Dämons sollte Saul nicht verändern, sondern ihn noch tiefer in Verzweiflung und Unheil stürzen. Häufiger benutzt Satan jedoch Schmeichelei, um Leute auf den Weg des Verderbens zu führen. Die Wahrheit wird leichtfertig verworfen und Unmoral erlaubt.

Der Spiritismus erklärt, dass es keine Sünde, keinen wirklichen Tod, kein Gericht und keine Bestrafung durch Gott gibt. Lust sei das höchste Ziel. Der Mensch sei nur sich selbst verantwortlich. Auf diese Weise werden die Schranken, die Gott errichtet hat, um Wahrheit, Reinheit und Ehrfurcht zu schützen, niedergerissen und Menschen ermutigt zu sündigen.

Gott führt seine Kinder aus den sündigen Verstrickungen dieser Welt heraus, damit sie seine Gebote beachten. Deshalb kennt die Wut Satans auf sie keine Grenzen, wie die Offenbarung berichtet: „Denn der Teufel ... hat einen großen Zorn und weiß, dass er wenig Zeit hat.“[12] Er ist fest entschlossen, Gottes Volk zu verderben und es um sein Erbe zu bringen. Die Mahnung Jesu: „Bleibt wach und betet, damit ihr der Versuchung widerstehen könnt“,[13] war nie aktueller als heute.

---

[12] Offenbarung 12,12 LB [13] Markus 14,38 Hfa

68 | David bei den Philistern*

David und seine Männer mussten sich – so wie er gehofft hatte – nicht an dem Kampf zwischen Sauls Heer und den Philistern beteiligen, obwohl sie mit ihnen bis zum Schlachtfeld marschiert waren. David war in große Verlegenheit geraten, weil der Philisterkönig Achisch darauf bestanden hatte, dass David mit in den Kampf zog – sogar als sein Leibwächter.[1] Er konnte die ihm zugewiesene Stellung nicht einfach verlassen; das wäre Verrat an Achisch und undankbar gewesen, denn der hatte ihn beschützt. Solch ein Verhalten hätte zudem David Schande bereitet und den Zorn von Feinden heraufbeschworen, die schlimmer waren als Saul.

Aber David war auch keinen Moment bereit gewesen, gegen Israel anzutreten. Er wäre zum Verräter an seinem Vaterland geworden – ein Feind Gottes und seines Volkes. Zudem hätte ihm das den Weg auf den Thron Israels für immer verbaut; und wenn Saul in der Schlacht fiel, hätte man ihm seinen Tod angelastet.

David begriff, dass es klüger gewesen wäre, in den Bergen Zuflucht vor Saul zu suchen statt bei den Feinden Israels. Aber in seiner Gnade strafte Gott David nicht, indem er ihn in dessen Zwickmühle und Ratlosigkeit allein ließ. Zwar war Davids Verhältnis zu Jahwe in jener Zeit nicht mehr so eng wie früher und er hatte auch den Pfad strikter Integrität verlassen, aber es war dennoch seine Herzensabsicht, dem Herrn treu zu bleiben.

Deshalb beeinflussten Engel einige Philisterfürsten, Bedenken gegen Davids Beteiligung am Kampf gegen Israel anzumelden. Sie fragten Achisch: „Was haben denn die Hebräer hier zu suchen?" Der antwortete: „,Das ist doch David, der früher dem Israelitenkönig Saul gedient hat und jetzt seit Jahr und Tag in meinen Diensten steht. Die ganze Zeit, seit er zu mir übergelaufen ist, habe ich noch nie etwas an ihm auszusetzen gehabt.' Doch die Philisterfürsten waren empört und forderten von Achisch: ‚Schick den Mann zurück! Er soll an dem Ort

---

* Dieses Kapitel basiert auf 1. Samuel 29 und 30 sowie 2. Samuel 1.

1 1. Samuel 28,1.2

bleiben, den du ihm als Wohnsitz angewiesen hast. Er darf auf keinen Fall mit uns in den Kampf ziehen, sonst wird er sich noch mitten in der Schlacht auf die Seite des Feindes schlagen. Eine bessere Gelegenheit findet er nicht mehr, die Gunst seines Herrn wiederzugewinnen, als wenn er ihm die Köpfe unserer Männer vor die Füße legt! Das ist doch derselbe David, von dem sie bei ihren Reigentänzen singen: ‚Tausend Feinde hat Saul erschlagen, doch zehntausend waren's, die David erschlug.'"[2] Sie glaubten nicht, dass David gegen sein eigenes Volk kämpfen würde. Und in der Hitze des Gefechts konnte er den Philistern mehr schaden als Sauls ganzes Heer.

Achisch musste schließlich nachgeben. Er rief David zu sich und sagte: „So gewiss der Herr lebt: Du bist ein zuverlässiger Gefolgsmann, und ich finde es gut, dass du mit mir in den Kampf ziehst. Denn in der ganzen Zeit, seit du bei mir bist, habe ich nichts an dir auszusetzen gefunden. Aber die Philisterfürsten trauen dir nicht. Kehr deshalb wieder um und verhalte dich ruhig! Tu nichts, was ihren Unwillen auf dich ziehen könnte."[3] Damit war der Loyalitätskonflikt gelöst, in den David sich selbst gebracht hatte. Er durfte gehen, allerdings Achisch nicht merken lassen, wie froh und erleichtert er darüber war.

Anscheinend alles verloren

Nach einem dreitägigen Marsch erreichte David mit seinen 600 Männern wieder Ziklag, ihre derzeitige Heimat im Philisterland. Dort machten sie eine schreckliche Entdeckung: Die Amalekiter hatten Davids Abwesenheit dazu genutzt, sich für seine Überfälle auf ihr Gebiet zu rächen. Sie hatten die unbewachte Stadt überfallen, geplündert und alle Frauen und Kinder als Gefangene mitgenommen, dazu noch reiche Beute.[4]

Stumm vor Entsetzen und Bestürzung starrten David und seine Männer auf die rauchenden Ruinen der leeren Stadt. „Da schrieen sie vor Schmerz laut auf und weinten, bis sie völlig erschöpft waren."[5] Erneut erntete David die traurigen Früchte seines Kleinglaubens, der ihn dazu geführt hatte, sich unter den Feinden Israels niederzulassen. Obendrein machten ihn seine Männer für das Unglück verantwortlich, denn er

---

[2] 1. Samuel 29,3–5 [3] 1. Samuel 29,6.7 [4] 1. Samuel 30,1.2
[5] 1. Samuel 30,4 Hfa

hatte durch die Überfälle auf die Amalekiter deren Rachsucht regelrecht herausgefordert und zudem Ziklag unbewacht zurückgelassen. In ihrer Wut über den Verlust ihrer Familien wollten die Männer David sogar steinigen.[6]

Nun schien David jedes menschlichen Rückhalts beraubt zu sein. Alles, was ihm auf Erden lieb war, hatte er verloren. Saul hatte ihn aus seiner Heimat vertrieben, die Amalekiter hatten Ziklag geplündert, seine Frauen und Kinder waren verschwunden und die vertrauten Kameraden wollten ihn töten.

In dieser Stunde größter Verzweiflung rief er sich die vielen Beweise göttlicher Gunst ins Gedächtnis und wandte sich an Gott um Hilfe; er „stärkte sich in dem Herrn".[7] Obwohl David noch keinen Ausweg erkennen konnte, spürte er, dass Gott ihm zeigen würde, was er tun sollte.

Er ließ den Priester Abjatar rufen, der nach wie vor mit ihm zog, und befragte durch die göttlichen Lose den Herrn: „Soll ich diese Räuberbande verfolgen? Werde ich sie einholen?" Die Antwort lautete: „Verfolge sie! Du wirst sie einholen und die Gefangenen retten."[8]

David brach sogleich zur Verfolgung der Amalekiter auf. Der Trupp marschierte so schnell, dass 200 Männer wegen Erschöpfung an einem Bach zurückbleiben mussten. David aber stürmte mit den übrigen 400 Kämpfern weiter.[9]

Unterwegs stießen sie auf einen ägyptischen Sklaven, der vor Schwäche zu sterben drohte. Nachdem er viel getrunken und etwas gegessen hatte, erfuhren sie von ihm, dass sein Herr, einer der räuberischen Amalekiter, ihn zurückgelassen hatte, als er krank geworden war. Auf Davids Versprechen hin, ihn weder zu töten noch seinem Herrn auszuliefern, erklärte er sich bereit, ihn zum Lager der Amalekiter zu führen.[10]

Als David und seine Männer das Lager erreichten, staunten sie nicht wenig über die Schwelgerei, die da im Gange war. Die Amalekiter „hatten sich über die ganze Gegend zerstreut. Sie aßen und tranken und feierten ein Freudenfest, denn sie hatten bei ihren Raubzügen durch das Land der Philister und durch Juda reiche Beute gemacht."[11] David gab den Befehl zum sofortigen Angriff. Die Amalekiter waren überrascht und gerieten völlig durcheinander. Der Kampf dauerte die ganze Nacht hindurch und ging am folgenden Tag weiter, bis fast

---

[6] 1. Samuel 30,6 [7] 1. Samuel 30,6 LB [8] 1. Samuel 30,7.8 ; vgl. 23,6
[9] 1. Samuel 30,9.10 [10] 1. Samuel 30,11–15 [11] 1. Samuel 30,16 Hfa

alle Feinde getötet waren; nur 400 junge Männer entkamen. „David befreite alle Gefangenen und auch seine beiden Frauen. Niemand wurde vermisst; seine Männer bekamen alle ihre Kinder gesund wieder. Auch alles, was die Amalekiter erbeutet hatten, wurde zurückerobert.“ [12]

Hätte Gott die Amalekiter nicht zurückgehalten, wären die Einwohner von Ziklag an Ort und Stelle getötet worden. Sie waren nur verschont worden, um den Siegesruhm zu vergrößern, indem man viele Gefangene mitführte, die als Sklaven verkauft werden konnten. So erfüllten die Amalekiter unbewusst die Absicht Gottes, die Familien Davids und seiner Männer am Leben zu lassen.

Jubelnd traten sie zusammen den Heimweg an. Als sie ihre zurückgelassenen Kameraden erreichten, verlangten einige der Kämpfer, dass diese Männer keinen Anteil an der Beute haben sollten. Aber David war anderer Meinung und ließ sich nicht darauf ein. Er erklärte: „Meine Brüder, wir verdanken doch alles, was wir erbeutet haben, dem Herrn! So könnt ihr nicht darüber verfügen. Der Herr war es, der uns beschützt hat; er hat uns diese Räuber ausgeliefert, die uns überfallen hatten. Niemand wird gutheißen, was ihr da vorhabt. Vielmehr soll gelten: ‚Zum Kampf geht der eine, den Tross schützt der andre. Die Beute des Krieges wird ehrlich geteilt.‘“ [13]

Ihnen waren viele Schafe und Rinder in die Hände gefallen, die den Amalekitern gehörten. Man nannte sie „Davids Beute“. Als David wieder in Ziklag war, sandte er davon Geschenke an die Ältesten seines Stammes Juda. Er bedachte auch alle, die ihm und seinen Männern Freundlichkeiten erwiesen hatten, als er vor Saul von einem Ort zum andern fliehen musste. [14]

Davids Reaktion auf die Nachricht von Sauls Tod

Man begann, die Häuser wieder bewohnbar zu machen und wartete zugleich auf Nachrichten über den Ausgang des Kampfes zwischen den Israeliten und den Philistern. Am dritten Tag kam ein Mann in die Stadt. „Zum Zeichen der Trauer hatte er seine Kleider zerrissen und Erde auf seinen Kopf gestreut.“ [15] Man brachte ihn sofort zu David, vor dem er sich ehrfurchtsvoll wie vor einem König verneigte. David wollte

---

[12] 1. Samuel 30,17–19 [13] 1. Samuel 30,22–24 [14] 1. Samuel 30,20.26–31
[15] 2. Samuel 1,2 Hfa

natürlich wissen, wie die Schlacht verlaufen war. Daraufhin berichtete der Mann von der Niederlage, von Sauls Ende und auch von Jonatans Tod.[16] Um sich hervorzutun, ging er aber über eine bloße Darstellung der Tatsachen hinaus. Offensichtlich setzte er voraus, dass David gegen Saul feindselige Gefühle hegte. Prahlerisch berichtete der Fremde, dass er während der Schlacht den König von Israel verwundet angetroffen und ihn auf dessen Bitte hin getötet hätte. Den Stirnreif und die goldenen Armspangen hatte er David mitgebracht.[17] Zuversichtlich erwartete er, für seine Tat reich belohnt zu werden.

Stattdessen „zerriss David sein Gewand, und dasselbe taten die Männer, die bei ihm waren. Sie weinten und fasteten bis zum Abend und hielten die Totenklage um Saul und um seinen Sohn Jonatan und um das Heer des Herrn, um alle Männer Israels, die in der Schlacht gefallen waren."[18]

Als David die erste Erschütterung über die furchtbaren Nachrichten verwunden hatte, fiel ihm der Fremde wieder ein. „David fragte den jungen Mann, der ihm die Nachricht überbracht hatte: ‚Woher stammst du?' Er antwortete: ‚Ich bin der Sohn eines Fremden, eines Amalekiters, der in Israel Aufnahme gefunden hat.' Da fuhr David ihn an: ‚Wie konntest du es wagen, den gesalbten König des Herrn zu töten!'"[19]

Zweimal hatte David es abgelehnt, seine Hand gegen den zu erheben, der auf Gottes Befehl zum Herrscher über Israel gesalbt worden war. Dieser Amalekiter jedoch bezichtigte sich selbst eines todeswürdigen Verbrechens und wollte daraus auch noch Kapital schlagen. David sagte daher: „Dein Blut finde keinen Rächer! Du hast dir selbst das Urteil gesprochen, als du sagtest: ‚Ich habe den gesalbten König des Herrn getötet.'" Einer der Männer Davids sollte ihn töten.[20]

Davids Schmerz über Sauls Tod war aufrichtig und tief und zeugte von einer edlen Gesinnung. Er triumphierte nicht über den Sturz seines Feindes. Das Hindernis, das ihm den Zugang zum Thron versperrt hatte, war nun zwar beseitigt, doch er empfand keine Genugtuung darüber. Er dachte nur an das, was gut und edel an Saul gewesen war. Dessen Name war ja auch eng verknüpft mit Jonatan, dessen Freundschaft zu David so treu und selbstlos gewesen war.

---

[16] 2. Samuel 1,3.4 [17] 2. Samuel 1,9.10 [18] 2. Samuel 1,11.12
[19] 2. Samuel 1,13.14 [20] 2. Samuel 1,16

69 | David wird endlich König*

Mit Sauls Tod waren die Gefahren vorüber, die David zum Verbannten hatten werden lassen, und der Weg zur Rückkehr in seine Heimat frei. Als die Trauerzeit über Sauls und Jonatans Tod vorüber war, „befragte David den Herrn: ‚Soll ich jetzt in eine der Städte des Stammes Juda übersiedeln?' Er erhielt die Antwort: ‚Ja!' ‚Wohin soll ich gehen?', fragte er weiter. Die Antwort war: ‚Nach Hebron.'"[1]

David und seine Gefährten machten sich sogleich auf den Weg. Als die Karawane in die Stadt einzog, warteten die Bewohner bereits darauf, David als ihren neuen König willkommen zu heißen. Unverzüglich wurden die Vorbereitungen für seine Einsetzung getroffen. „Die Männer des Stammes Juda kamen nach Hebron und salbten David zu ihrem König."[2] Aber er unternahm nichts, um seine Herrschaft auch auf die anderen Stämme auszudehnen.

Als David von der mutigen Tat der Männer von Jabesch hörte, die die Leichname Sauls und seiner Söhne geborgen und ihnen ein ehrenvolles Begräbnis bereitet hatten, schickte er Boten zu ihnen: „Der Herr möge euch segnen zum Lohn dafür, dass ihr Saul, eurem König, diese Liebe erwiesen und ihn beigesetzt habt! Er erweise auch euch seine beständige Liebe, und ich selbst werde es ebenso halten, weil ihr das getan habt."[3]

Die Philister waren nicht darüber aufgebracht, dass David zum König von Juda ausgerufen wurde. Sie hofften, dass sich sein Machtzuwachs zu ihrem Vorteil auswirken würde, weil König Achisch David und seine Männer aufgenommen und so freundlich behandelt hatte.

Abner macht Isch-Boschet zum Gegenkönig

Mit Davids Amtsantritt begann eine trübe Geschichte von Verschwörungen und Aufruhr. Zwar hatte ihn Gott selbst zum König Israels erwählt, doch kaum hatte sein eigener

---

* Dieses Kapitel basiert auf 2. Samuel 2,1–13 und 3,1 bis 5,5.

[1] 2. Samuel 2,1 [2] 2. Samuel 2,4 [3] 2. Samuel 2,5.6

Stamm Juda ihn anerkannt, da wurde Sauls Sohn Isch-Boschet, ein schwacher und unfähiger Mann, von den anderen Stämmen zum König von Israel ausgerufen. Die treibende Kraft dabei war Abner, Sauls oberster Heerführer und der angesehenste Mann in Israel.[4]

Abner wusste genau, dass David von Gott für den Thron bestimmt worden und dafür hervorragend qualifiziert war, aber nachdem er ihn so lange verfolgt hatte, wollte er ihn nicht als Nachfolger Sauls akzeptieren – auch aus Angst davor, David könnte sich an ihm rächen.

Abner war ehrgeizig und skrupellos. Saul hatte ihn so stark beeinflusst, dass auch er David verabscheute. Abners Hass war noch intensiver geworden, nachdem David heimlich den Wasserkrug und den Speer von Sauls Seite weggenommen hatte und dann Abner mit beißendem Spott überschüttete, weil der währenddessen seelenruhig daneben geschlafen hatte.

Abner war entschlossen, die Spaltung Israels herbeizuführen, weil er selbst dabei nur gewinnen konnte. Er benutzte den Erben des alten Königs, um seine eigenen selbstsüchtigen Absichten voranzutreiben. Er wusste, dass das Heer die erfolgreichen Feldzüge Sauls nicht vergessen hatte. Mit einer Entschiedenheit, die einer besseren Sache wert gewesen wäre, ging Abner daran, seine Pläne auszuführen.

Er wählte Mahanajim auf der anderen Seite des Jordans zur Hauptstadt. Hier erfolgte Isch-Boschets Einsetzung als Gegenkönig. Nach und nach erkannten alle Stämme ihn an – außer Juda. Zwei Jahre lang genoss Sauls Sohn die Ehre eines Königs in seiner abgeschiedenen Hauptstadt. Dann wollte Abner dessen Macht gewaltsam über ganz Israel ausdehnen. „Der Krieg zwischen den Anhängern Sauls und den Anhängern Davids zog sich lange hin. David gewann immer mehr die Oberhand, während das Königshaus Sauls an Macht und Einfluss verlor."[5]

Schließlich überwarf sich Abner mit dem unfähigen Isch-Boschet. Der hatte ihn zur Rede gestellt, weil er mit einer ehemaligen Nebenfrau Sauls verkehrte.[6] Abner sandte Boten zu David mit dem Angebot, ihm die Herrschaft über alle Stämme Israels zu sichern. Er nahm es unter der Bedingung an, dass Abner ihm seine erste Frau Michal zurückführte.[7]

---

[4] 2. Samuel 2,8–10 [5] 2. Samuel 3,1 [6] 2. Samuel 3,7.8
[7] 2. Samuel 3,12.21

Die freundliche Aufnahme dieses fähigen Heerführers erregte jedoch den Argwohn Joabs, des Oberbefehlshabers von Davids Armee. Zwischen den beiden herrschte eine Blutfehde, denn im Krieg zwischen Israel und Juda hatte Abner Joabs Bruder Asaël erschlagen.[8] Nun kam für Joab die Gelegenheit, dessen Tod zu rächen und sich eines möglichen Nebenbuhlers zu entledigen. Er ließ Abner holen und gab vor, mit ihm reden zu wollen, ermordete ihn dabei aber hinterhältig.[9]

Als David davon hörte, rief er aus: „Mich und mein Königtum trifft auf ewig keine Schuld vor dem Herrn am Tod von Abner! Joab allein ist dafür verantwortlich, er und seine ganze Familie sollen dafür büßen."[10] David konnte ihn wegen dessen Macht nicht belangen, äußerte aber öffentlich seine Abscheu über die Tat, als Abner mit Ehren bestattet wurde. Er folgte der Bahre als erster und brach am Grab in eine Klage aus, die für den Mörder ein scharfer Vorwurf war: „Abner, warum musstest du wie ein Verbrecher sterben? ... Mördern fielst du in die Hände, du warst ihnen schutzlos ausgeliefert."[11]

Davids Ehrenerweisung für den Mann, der sein erbitterter Feind gewesen war, gewann ihm das Vertrauen und die Bewunderung des Volkes. „Alle, die dabei waren, erkannten an diesem Tag, dass der König nichts mit dem Mord an Abner zu tun hatte. Auch in ganz Israel sprach sich das herum."[12]

Im engsten Kreis seiner Ratgeber und Begleiter erklärte David, dass er den Mörder nicht so bestrafen konnte, wie es hätte sein müssen. Deshalb überließ er ihn dem Urteil Gottes. „Heute ist ein großer und bedeutender Mann aus Israel umgebracht worden", sagte er. „Ich bin erst vor kurzem zum König gesalbt worden und besitze noch nicht genug Macht, um gegen meine beiden Neffen Joab und Abischai vorzugehen. Möge der Herr sie für ihre Bosheit bestrafen!"[13]

„Als Isch-Boschet erfuhr, dass Abner in Hebron umgebracht worden war, verlor er allen Mut und alle in Israel waren bestürzt."[14] Ein zweiter Verrat vollendete wenig später den Zusammenbruch seiner schwindenden Macht. Zwei seiner Hauptleute ermordeten Isch-Boschet, schlugen ihm den Kopf ab und eilten damit zum König von Juda – in der Erwartung, Dank zu ernten.[15]

---

[8] 2. Samuel 2,22.23; 3,30 [9] 2. Samuel 3,26.27 [10] 2. Samuel 3,28.29
[11] 2. Samuel 3,34 Hfa [12] 2. Samuel 3,36.37 [13] 2. Samuel 3,38–40
[14] 2. Samuel 4,1 [15] 2. Samuel 4,7

David wollte aber keine Verräter zur Festigung seiner Macht um sich haben. Er teilte den beiden Mördern mit, was er mit dem Mann getan hatte, der sich gerühmt hatte, Saul erschlagen zu haben. „Was meint ihr, wie ich erst mit Verbrechern verfahre, die einen rechtschaffenen Mann in seinem Haus mitten im Schlaf umbringen! Ich ziehe euch für diesen Mord zur Rechenschaft. Ihr habt euer Leben verwirkt." David befahl seinen Leuten, diese Mörder hinzurichten. Isch-Boschets Kopf wurde ehrenvoll bestattet.[16]

Nach dessen Tod wurde unter den Ältesten Israels allgemein der Wunsch laut, David zum König über das ganze Volk zu krönen. „Aus allen Stämmen Israels kamen Gesandte zu David nach Hebron und sagten zu ihm: ‚Wir sind dein Volk und gehören zu dir. Schon damals, als Saul noch König war, bist du es gewesen, der Israels Heer in den Kampf geführt und siegreich wieder zurückgebracht hat. Zu dir hat der Herr gesagt: ‚Du bist der Mann, der mein Volk Israel weiden soll wie ein Hirte seine Schafe. Dich habe ich zum neuen König über Israel bestimmt." Dann versammelten sich alle Ältesten Israels in Hebron. König David schloss mit ihnen einen Bund, und sie riefen den Herrn als Zeugen an. Sie salbten David und setzten ihn zum König über Israel ein."[17] So wurde ihm nach sieben Jahren der Weg zum Thron Israels geebnet.

Man spürte den Gesinnungswandel im Volk deutlich. Der Umschwung war friedlich vor sich gegangen, dem bedeutungsvollen Geschehen angemessen. Nahezu eine halbe Million Menschen drängten sich in Hebron und Umgebung. David empfing nun die höchste Ehre, die Menschen verleihen konnten. Priester und Älteste, Offiziere und Soldaten und Gesandte aus anderen Ländern wurden Zeugen seiner Krönung.

David wurde das königliche Gewand angelegt. Der Hohepriester bestrich seine Stirn mit heiligem Öl, denn die Salbung durch Samuel hatte nur prophetisch auf das hinweisen sollen, was bei der Amtseinsetzung als König stattfinden würde. Nun wurde David feierlich für seinen Dienst als Gottes Statthalter geweiht. Man reichte ihm das Zepter, der Bund seiner rechtmäßigen Herrschaft wurde schriftlich niedergelegt und das Volk leistete den Treueid. Israel hatte einen König göttlicher Wahl. David erlebte nach langem, geduldigem Warten die Erfüllung dessen, was Gott ihm verheißen hatte.

---

[16] 2. Samuel 4,11 [17] 2. Samuel 5,1–3 Hfa

70 | Davids Herrschaft über Israel*

Als David König über ganz Israel geworden war, hielt er Ausschau nach einem geeigneteren Platz für die künftige Hauptstadt seines Reiches. Er entschied sich für einen Ort etwa 30 Kilometer nördlich von Hebron, der auf einer Anhöhe lag und von schützenden Bergen umgeben war. An der Grenze zwischen den Stammesgebieten von Juda und Benjamin gelegen, könnte diese Hauptstadt auch vom nahen Gebiet Efraïms und dem der anderen Stämme gut erreicht werden.

Um sich diesen Platz zu sichern, mussten die Israeliten die dort noch ansässigen Kanaaniter vertreiben, die auf den Bergen Zion und Morija eine befestigte Stellung hielten. Sie hieß Jebus und hatte jahrhundertelang als uneinnehmbar gegolten. David belagerte sie und durch Joabs Mut wurde sie erobert. Zur Belohnung wurde er zum Oberbefehlshaber des israelitischen Heeres ernannt.[1] Der Name Jebus wurde durch Jerusalem, „Stadt des Friedens", ersetzt. „Nach der Eroberung machte David die Festung zu seiner Residenz und nannte sie ‚Stadt Davids'. Ringsum baute er die Stadt weiter aus. Er begann damit bei den Verteidigungsanlagen und ging dann nach innen vor bis zur Festung. So wurde Davids Macht immer größer, denn der Herr, stand ihm bei.[2]

Hiram, der König der reichen Hafenstadt Tyrus im Norden, wollte eine Allianz mit David schließen und half daher beim Errichten eines Palastes in Jerusalem. Aus Tyrus kamen Gesandte, begleitet von Baumeistern und Handwerkern, die wertvolles Zedernholz mitbrachten.[3]

Die wachsende Stärke des vereinigten Israels unter Davids Herrschaft stachelte die Feindschaft der Philister erneut an. Sie fielen wieder ins Land ein und bezogen nicht weit von Jerusalem Stellung. David zog sich in die Festung auf dem Berg Zion zurück und „fragte den Herrn: ‚Soll ich die Philister angreifen? Wirst du mir den Sieg geben?' Der Herr antwortete: ‚Greif an! Ich verspreche dir, dass du sie schlagen wirst.'"[4]

---

* Dieses Kapitel basiert auf 2. Samuel 5,6 bis 7,22 und 9,1 bis 10,19.

[1] 2. Samuel 5,6–8; 1. Chronik 11,4.6 [2] 2. Samuel 5,9.10 [3] 2. Samuel 5,11

Daraufhin rückte David gegen die Feinde aus, schlug sie vernichtend und nahm ihnen die Götterbilder weg, die sie als Sicherung für den Sieg mit sich geführt hatten.

Erbittert über ihre Niederlage sammelten die Philister eine noch größere Streitmacht und stellten sich erneut zum Kampf. Wie schon zuvor wandte sich David wieder an den Herrn, um dessen Rat einzuholen. Dieses Mal lautete Gottes konkrete Weisung: „Greif sie nicht an, sondern umgehe sie und fall ihnen bei den Bakabäumen in den Rücken. Sobald du ein Geräusch hörst, wie wenn jemand durch die Baumwipfel schreitet, schlägst du los. Denn dann weißt du, dass ich vor dir her in die Schlacht gezogen bin, um das Heer der Philister zu besiegen." David richtete sich nach Gottes Anweisung. Die Israeliten schlugen die Philister und vertrieben sie.[5]

Die Überführung der Bundeslade nach Jerusalem

„In allen Ländern wurde David berühmt. Der Herr sorgte dafür, dass alle Völker ihn fürchteten."[6] Nachdem Davids Herrschaft nun gefestigt war, wandte er sich einem lang gehegten Plan zu, nämlich die Bundeslade nach Jerusalem zu bringen. Während der ganzen Regierungszeit Sauls stand sie im etwa 15 Kilometer entfernten Kirjat-Jearim. Aber es erschien David angemessen, diesem Symbol der Gegenwart Gottes einen Ehrenplatz in der neuen Hauptstadt zu geben.

Diese Überführung sollte eindrucksvoll geschehen und feierlich begangen werden. Frohgemut folgte das Volk der Einladung des Königs. Über 30 000 Männer kamen, darunter Priester und Leviten sowie die Fürsten und Ältesten aller Stämme. David sprühte vor heiligem Eifer. Die Lade wurde aus dem Haus Abinadabs getragen und auf einen neuen, von Ochsen gezogenen Wagen gesetzt, den zwei seiner Söhne, Usa und Achjo, führten.[7]

Das Volk folgte mit Jubelrufen und Freudengesängen zum Klang der Musikinstrumente. „David und alle Israeliten ... tanzten und lobten den Herrn mit Lauten und Harfen, mit Tamburinen, Rasseln und Zimbeln."[8] Würdevoll und zugleich fröhlich zog die lange Prozession über Berge und Täler nach Jerusalem.

---

[4] 2. Samuel 5,17–19 Hfa [5] 2. Samuel 5,22–25 [6] 1. Chronik 14,17 Hfa
[7] 2. Samuel 6,1–3; vgl. 1. Chronik 13,1–7 [8] 2. Samuel 6,5 Hfa

„Bei dem Dreschplatz, der einem Mann namens Nachon gehörte, brachen die Rinder plötzlich aus, und der Wagen drohte umzustürzen. Schnell streckte Usa seine Hand aus und hielt die Bundeslade fest. Da wurde der Herr sehr zornig über ihn, weil er es gewagt hatte, die Bundeslade zu berühren, und er ließ Usa auf der Stelle tot zu Boden fallen."[9]

Die eben noch jubelnde Menschenmenge erstarrte vor Entsetzen. David war fassungslos und zweifelte an Gottes Gerechtigkeit. Warum hatte er durch dieses furchtbare Strafgericht die Freude in Trauer und Klage verwandelt?

David hatte das Empfinden, es wäre gefährlich, die Lade in seiner Nähe zu haben. Deshalb brach er die Überführung ab und ließ die Bundeslade dort, wo sie gerade war. Im Haus von Obed-Edom fand man einen Platz für sie.[10]

Usa starb, weil er ein ausdrückliches Gebot Gottes übertreten hatte. Niemand außer dem Hohenpriester durfte die Bundeslade berühren oder sie auch nur ansehen, es sei denn, sie war verhüllt. Für die für ihren Transport zuständigen Leviten galt: „Wenn die Kehatiter die heiligen Dinge selbst berühren, müssen sie sterben."[11]

Auch für die Beförderung der Bundeslade hatte Gott klare Anweisungen gegeben. „Den Kehatitern gab Mose keinen Wagen; sie waren für jene Gegenstände verantwortlich, die nur [mit Stangen] auf den Schultern getragen werden durften."[12] Die Art und Weise, wie David die Bundeslade von Kirjat-Jearim holen ließ, war also eine klare Missachtung der Gebote Gottes.

Auch wenn die Überführung der Bundeslade in guter Absicht geschah und die Israeliten mit frohem Herzen dabei waren, konnte der Herr ihren Dienst nicht annehmen, weil er nicht seinen Anweisungen entsprechend verrichtet wurde. Die Philister hatten einst in Unkenntnis des Gesetzes Gottes die Lade auf einen Wagen gesetzt, als sie sie nach Israel zurückschickten, und der Herr ließ ihr Bemühen gelten, weil sie seine Anordnungen nicht kannten. Die Israeliten dagegen konnten sie in den Büchern Mose nachlesen, von der Abschriften verbreitet waren. Ihre Nachlässigkeit entehrte Gott.

Usa machte sich zudem der Vermessenheit schuldig. Seine Übertretungen der Gebote Gottes hatten seinen Sinn für ihre

---

[9] 2. Samuel 6,6.7 Hfa [10] 2. Samuel 6,8–10 [11] 4. Mose 4,15 Hfa
[12] 4. Mose 7,9 Hfa

Heiligkeit getrübt. Er hatte sich auf seinen Dienst nicht recht vorbereitet und nicht alle seine Sünden bekannt. In dieser Verfassung wagte er es trotz der klaren Warnung Gottes, die Bundeslade anzufassen. Sein Tod zeigte, dass Gott keinen teilweisen Gehorsam und kein oberflächliches Befolgen seines Willens annehmen kann. Das warnende Beispiel der Bestrafung Usas konnte tausende Israeliten vor dem Verderben retten, wenn sie es zum Anlass nahmen, ihre Sünden zu bekennen.

David spürte, dass er selbst nicht völlig im Reinen mit Gott war. Angesichts des ganzen Geschehens fürchtete er sich nun vor der Bundeslade. Obed-Edom dagegen begrüßte sie als Verheißung der Gnade Gottes für alle, die Gottes Gebote halten wollen. Ganz Israel richtete nun seine Aufmerksamkeit darauf, wie es ihm und seiner Familie ergehen würde. „Der Herr aber segnete Obed-Edom und sein ganzes Haus.“ [13]

Die Zurechtweisung Gottes blieb nicht ohne Wirkung auf David. Mehr als zuvor erkannte er die Heiligkeit der Gebote Gottes und die Notwendigkeit unbedingten Gehorsams. Nach drei Monaten unternahm er einen erneuten Versuch, die Bundeslade nach Jerusalem zu bringen. Dieses Mal beachtete er Gottes Anweisungen sehr sorgfältig.[14]

Wieder versammelte sich eine große Menschenmenge, dieses Mal am Haus Obed-Edoms. Ehrfurchtsvoll hoben die von Gott dafür bestimmten Leviten die Lade an Tragestangen auf ihre Schultern und der ganze Zug setzte sich in Bewegung. David hatte befohlen, dabei Gott Tiere zum Opfer darzubringen.[15] Nach anfänglicher Ängstlichkeit kam langsam bei den versammelten Israeliten Freude auf.

David hatte seine königlichen Gewänder abgelegt und trug stattdessen einen leinenen Schurz, wie es auch Priester taten. Das sollte nicht bedeuten, dass er priesterliche Rechte beanspruchte, sondern er wollte bei diesem Dienst auf derselben Stufe wie seine Untertanen stehen. An diesem Tag sollte nur Jahwe geehrt werden.

„Als der Zug sich wieder in Bewegung setzte, tanzte David voller Hingabe neben der Bundeslade her, um den Herrn zu loben“, ganz im Rhythmus der Musik.[16]

Mitunter haben Christen, die ihr Verlangen nach Tanzveranstaltungen und Vergnügungen rechtfertigen wollen, auf

---

[13] 2. Samuel 6,11 [14] Siehe 1. Chronik 15 [15] 2. Samuel 6,12.13
[16] 2. Samuel 6,14 Hfa

dieses Beispiel Davids verwiesen. Aber solch ein Vergleich ist abwegig. Heutzutage ist das Tanzen meist mit anderen Vergnügungen und trivialer Belustigung bis in die Nacht hinein verbunden; oft wird reichlich Alkohol dabei getrunken und sexuelle Ausschweifungen folgen. Besucher solcher Veranstaltungen haben nicht Gott vor Augen und erst recht keine ehrfürchtige Haltung. Deshalb ist es absurd, zwischen dem Tanzen Davids und den heutigen Tanzveranstaltungen Gemeinsamkeiten entdecken zu wollen.

Christen sollten nicht an Vergnügungen teilnehmen, die ihre Aufgeschlossenheit für geistliche Dinge und die Freude am Dienst für Gott schmälern. Die Musik und der Tanz bei der Überführung der Bundeslade haben nichts gemeinsam mit dem negativen Einfluss heutigen Tanzens. Das eine diente der Ehre Gottes, das andere führt nur allzu oft dazu, dass Menschen Gott vergessen und seine Gebote übertreten.

Die triumphale Prozession näherte sich Jerusalem. Ein gewaltiger Gesang forderte die Wächter auf der Mauer dazu auf, die Tore der Stadt zu öffnen: „Öffnet euch weit, ihr ehrwürdigen Tore! Der König will einziehen, dem alle Macht gehört!" Eine Gruppe von Sängern fragte zurück: „Wer ist dieser mächtige König?" Eine andere gab die Antwort: „Es ist der Herr, der Starke und Gewaltige! Der Herr, der Sieger in jedem Kampf!" Daraufhin fielen Hunderte in den Refrain ein: „Öffnet euch weit, ihr ehrwürdigen Tore! Der König will einziehen, dem alle Macht gehört!" Erneut kam die Frage: „Wer ist dieser mächtige König?" Und die Menge erwiderte: „Es ist der Herr über Himmel und Erde! Er ist der höchste König, ihm gehört alle Macht!"[17]

Dann wurden die Stadttore der Festung Jerusalem weit geöffnet, die Bundeslade zog ein und in ehrfurchtsvoller Scheu setzten die Leviten sie in dem vorbereiteten Zelt ab. Die Überführung endete mit einem Segen, den David selbst über sein Volk sprach, und der Austeilung von Wegzehrung für alle Anwesenden.[18]

Diese Überführung war das ehrwürdigste Ereignis der bisherigen Regierung Davids. Als die letzten Strahlen der untergehenden Sonne das Zelt mit schimmerndem Glanz vergoldeten, dankte er aus vollem Herzen Gott dafür, dass das Zeichen seiner Gegenwart nun in seiner Stadt war.

---

[17] Psalm 24,7–10 [18] 2. Samuel 6,17–19

Sinnend kehrte David in seinen Palast zurück, aber dort wartete jemand auf ihn, der das Geschehen mit ganz anderen Gefühlen verfolgt hatte. „Als die Bundeslade in die Davidsstadt getragen wurde, stand Davids Frau Michal, die Tochter Sauls, am Fenster.

Sie fand es unpassend, dass David als König vor dem Herrn her tanzte und hüpfte, und sie verachtete ihn in ihrem Herzen." Sie ging ihrem Ehemann abends entgegen und überschüttete ihn mit einer Flut von Kränkungen. Ihr Spott war eiskalt und verletzend: „Heute hat der König von Israel aber Ehre eingelegt! Vor den Frauen seiner Diener hat er sich schamlos entblößt, wie es nur das niedrigste Gesindel tut!"[19]

David spürte, dass seine Frau nicht nur ihn verachtete, sondern auch den Dienst für Gott; deshalb entgegnete er: „Ich habe dem Herrn zu Ehren getanzt. Er hat deinem Vater und seinen Nachkommen die Herrschaft genommen und sie mir anvertraut. Mich hat er zum König über sein Volk Israel eingesetzt, und ihm zu Ehren will ich auch künftig tanzen. Ja, ich wäre sogar bereit, mich noch tiefer zu erniedrigen als heute. Du magst mich verachten, aber die Sklavinnen, über die du eben so herablassend gesprochen hast, sie werden mich schätzen und ehren."

Dieser Zurechtweisung fügte Gott noch seine eigene hinzu, die für Michal sehr bitter war, denn wegen ihres Stolzes und ihrer Anmaßung bekam sie ihr Leben lang keine Kinder.[20]

David plant einen Tempel für die Bundeslade

Die Feierlichkeiten bei der Überführung der Bundeslade nach Jerusalem machten auf die Israeliten einen nachhaltigen Eindruck und belebten aufs Neue ihre Hingabe an Gott. David versuchte, diesen Eindruck dadurch zu vertiefen, dass er Gesänge zum festen Bestandteil der Gottesdienste machte und Psalmen verfasste, die das Volk auf den Reisen zu den jährlichen Festen in Jerusalem singen konnten.[21]

Das alles trug dazu bei, die Israeliten vom Götzendienst zu befreien. Und die benachbarten Völker wurden dazu angeregt, über den Gott Israels nachzudenken, der so große Dinge für sein Volk getan hatte.

---

[19] 2. Samuel 6,16.20 [20] 2. Samuel 6,21–23 Hfa
[21] 1. Chronik 16,4; Psalm 120–134

David hatte für sich einen Palast bauen lassen und er hielt es für unangemessen, dass die Lade Gottes in einem Zelt stand. Deshalb beschloss er, Jahwe einen schönen Tempel zu bauen, der bezeugen sollte, dass Israel die ständige Gegenwart seines himmlischen Königs zu würdigen wusste.

Als David dem Propheten Nathan seine Absicht mitteilte, erhielt er die ermutigende Antwort: „Was immer du vorhast – tu es! Der Herr wird dir dabei helfen."[22]

Aber noch in derselben Nacht erhielt Nathan von Gott eine Botschaft für den König. Er sollte David erinnern, dass Jahwe nie verlangt hatte, ihm einen Tempel zu bauen, und ihm ausrichten: „Du hast große Kriege geführt und dabei viele Menschen getötet. Weil du so viel Blut vergossen hast, sollst du mir keinen Tempel bauen. Aber du wirst einen Sohn bekommen, der ein Leben in Frieden führen wird, denn ich werde dafür sorgen, dass ihn keiner seiner Feinde angreift. Salomo (der Friedliche) wird er heißen. Unter seiner Herrschaft wird Israel in Ruhe und Frieden leben. Salomo wird mir einen Tempel bauen. Er wird mein Sohn sein und ich werde sein Vater sein. Für alle Zeiten werden seine Nachkommen als Könige über Israel regieren."[23]

Obwohl ihm die Erfüllung seines Herzenswunsches versagt blieb, war David für diese Botschaft dankbar, denn die Bestätigung des Königtums für alle Zukunft bedeutete ihm sehr viel. Natürlich wäre es für ihn eine Ehre gewesen, wenn er sein Vorhaben hätte verwirklichen können, aber er war bereit, sich dem Willen Gottes zu fügen.

Wie oft halten Menschen, die ihre Lebensmitte bereits überschritten haben, an dem Gedanken fest, noch etwas Besonderes schaffen zu müssen, für das sie jedoch nicht recht geeignet sind. Gottes Geist möchte ihnen klarmachen, dass ihre Aufgabe vielleicht darin besteht, anderen den Weg dafür zu bereiten. Aber statt dankbar den Hinweisen Gottes zu folgen, fühlen sich manche beleidigt. Wenn sie nicht das tun können, was sie unbedingt wollen, machen sie lieber gar nichts. Andere versuchen erfolglos etwas zu vollbringen, für das sie nicht befähigt sind, während sie darüber das vernachlässigen, was sie wirklich leisten könnten. Manchmal behindern sie damit sogar ein größeres Werk, das Gott vollbringen möchte.

---

[22] 2. Samuel 7,2.3 Hfa [23] 1. Chronik 22,8–10 Hfa; vgl. 2. Samuel 7,4–16

David erfüllt ein Versprechen gegenüber Jonatan

Anlässlich seines Freundschaftsbunds mit Jonatan hatte David ihm versprochen, er werde dem Hause Sauls stets Wohlwollen erweisen. Nun entsann er sich dieser Zusage und fragte: „Ist eigentlich von Sauls Familie noch jemand am Leben? Ich möchte dem Betreffenden eine Gunst erweisen – meinem verstorbenen Freund Jonatan zuliebe."[24] Man berichtete ihm von Mefi-Boschet, einem Sohn Jonatans, der verkrüppelte Füße hatte. Seine Amme hatte ihn auf der hastigen Flucht fallen lassen, nachdem sie vom Tod Sauls und Jonatans erfahren hatte.

David bat den jungen Mann an seinen Hof und überließ ihm großzügig den ganzen Besitz Sauls zum Unterhalt seiner Familie. Ihn selbst aber lud er als ständigen Gast an die königliche Tafel.[25] Durch das Gerede von Davids Gegnern war Mefi-Boschet zunächst voreingenommen dem König gegenüber. Als der aber ihn herzlich aufnahm und so freundlich behandelte, gewann er das Herz des jungen Mannes.

Feinde verbünden sich erneut gegen Israel

Nach Davids Salbung zum König erfreute sich Israel einer langen Zeit des Friedens. Angesichts seiner gewachsenen Stärke hielten es die Nachbarvölker für ratsam, von offenen Feindseligkeiten abzusehen. Auch David verzichtete auf Angriffskriege, denn er war mit dem Aufbau und der Organisation seines Königreiches beschäftigt.

Schließlich „griff David erneut die Philister an. Er zwang sie in die Knie und beseitigte endgültig ihre Herrschaft über das Gebiet Israels." Er führte auch erfolgreich Krieg gegen die Moabiter und machte sie tributpflichtig.[26]

Danach schlossen andere benachbarte Völker ein Bündnis gegen David, das die größten Kriege seiner Regierungszeit und auch den größten Machtzuwachs Israels zur Folge hatte. Dieses Bündnis kam aus Neid auf Davids wachsende Macht zustande. Er hatte jedoch nichts getan, um es provozieren – im Gegenteil.

David erhielt die Nachricht, dass der Ammoniterkönig Nahasch gestorben war. Er hatte David Freundlichkeiten erwiesen, als er vor Saul auf der Flucht war. Um nochmals

---

[24] 2. Samuel 9,1 [25] 2. Samuel 4,4; 9,3–7 [26] 2. Samuel 8,1.2

seine Wertschätzung für die Hilfe auszudrücken, schickte David eine Gesandtschaft mit einem Beileidsschreiben zu Hanun, dem Sohn und Nachfolger des Verstorbenen.[27]

Aber diese freundliche Geste wurde völlig missverstanden oder absichtlich falsch gedeutet. „Die führenden Männer der Ammoniter redeten ... dem neuen König ein: ‚Glaubst du wirklich, dass David seine Gesandten nur geschickt hat, um deinen Vater zu ehren und dir sein Beileid auszusprechen? Er will bestimmt unsere Hauptstadt auskundschaften lassen, damit er sie zerstören kann.'"[28] Sie konnten sich nicht vorstellen, dass Davids Beileidsbekundung frei von Hintergedanken war.

Hanun hörte auf seine Ratgeber, beschuldigte Davids Gesandte der Spionage, verhöhnte und demütigte sie: „Da nahm Hanun die Gesandten Davids gefangen, ließ ihnen den Bart auf einer Seite abrasieren und die Kleider bis über das Gesäß abschneiden. Dann jagte er sie davon."[29]

Gott ließ das geschehen, damit David die wahre Gesinnung der Obersten der Ammoniter erkennen konnte, denn es war nicht sein Wille, dass Israel ein Bündnis mit diesem hinterlistigen Volk einging.

Die Ammoniter wussten, dass diese Beleidigung nicht ohne Folgen bleiben würde, deshalb rüsteten sie sich zum Krieg und versuchten, ein Bündnis gegen Israel zu schmieden. Das gelang und mehrere Völker zwischen dem Oberlauf des Eufrat und dem Libanon taten sich mit den Ammonitern zusammen, um das Königreich Israel zu vernichten.[30]

Aber David wartete den Angriff auf sein Land nicht ab. Unter Joabs Führung schickte er sein Heer über den Jordan, um auf die Hauptstadt der Ammoniter vorzurücken. Das Heer besiegte die Gegner mit einer geschickten Taktik.[31]

Die Aramäer sammelten aber im folgenden Jahr erneut ein großes Heer. Nun übernahm David selbst den Oberbefehl. Mit Gottes Hilfe fügte er dem Gegner eine so vernichtende Niederlage zu, dass die Syrer vom Libanon bis zum Eufrat fortan nicht nur auf Krieg verzichteten, sondern Israel tributpflichtig wurden.[32]

Die feindlichen Aktionen, die die Nation Israel vernichten sollten, erwiesen sich als das Mittel zu einem noch nie dagewe-

---

[27] 2. Samuel 10,1.2 [28] 2. Samuel 10,3 [29] 2. Samuel 10,4 Hfa
[30] 2. Samuel 10,6 [31] 2. Samuel 10,7–14 [32] 2. Samuel 10,15–19; vgl. 8,3–6

senen Aufstieg Israels. In Erinnerung an diese außergewöhnliche Befreiung dichtete David einen Psalm, in dem es am Ende heißt:

„Der Herr lebt! Ihn will ich preisen,
meinen schützenden Fels!
Gott, meinen Retter, will ich rühmen! ...
Er hat mir die Völker unterworfen
und mich vor zornigen Feinden gerettet.
Er hat mir den Sieg gegeben über meine Gegner ...
Darum will ich dich preisen
und deinen Ruhm besingen unter den Völkern.
Du schenkst deinem König große Siege,
du erweist deinem Erwählten deine Güte."[33]

Wer die Psalmen Davids liest, wird feststellen, wie viel dem König daran gelegen war, dem Volk einzuprägen, dass Rettung und Stärke allein von Jahwe zu erwarten waren: „Manche schwören auf gepanzerte Wagen, andere verlassen sich auf Pferde; doch wir vertrauen auf den Herrn, unseren Gott!"[34]

Nun erlebte das Volk Israel in vollem Umfang die Erfüllung der Verheißung, die Gott Abraham gegeben hatte: „Deinen Nachkommen gebe ich dieses Land, von der Grenze Ägyptens bis an den Eufrat."[35] Israel war eine mächtige Nation geworden, von den umliegenden Völkern gleicherweise geachtet und gefürchtet.

Wie nur wenige Herrscher nach ihm besaß David die Zuneigung und Ergebenheit seines Volkes. Er hatte Gott die Ehre gegeben, darum gab ihm nun Gott eine solche Ehrenstellung. Aber mitten im Wohlergehen lauerte die Gefahr. Ausgerechnet in der Zeit seines größten Triumphs geriet David in die größte Gefährdung und erlebte seine demütigendste Niederlage.

---

[33] Psalm 18,47–51 [34] Psalm 20,8; vgl. 33,16.17 [35] 1. Mose 15,18

71 Davids großes Vergehen*

In der Bibel werden Menschen nur selten gelobt, denn alle ihre guten Eigenschaften sind in erster Linie Gaben Gottes und ihre wahrhaft guten Taten werden in der Kraft seines Geistes aus der Verbindung zu Gott vollbracht. Zudem bringt das Rühmen Menschen in die Gefahr, ihre Abhängigkeit von Gott aus den Augen zu verlieren, und dann kommen sie früher oder später zu Fall.

Wenn Satan Menschen dazu bringen kann, sich von Gott zu trennen, ist es für ihn leicht, egoistische und unheilige Begierden zu wecken. Das Ganze fängt meist mit scheinbar kleinen Dingen an: Nachlässigkeiten in der Beziehung zu Gott und im Beten, die Neigung, den Gepflogenheiten der Welt zu folgen und an ihren Vergnügungen teilzuhaben.

Selbstüberschätzung und Überheblichkeit schufen die Voraussetzung für Davids großes Vergehen. Macht, Luxus, Wohlleben, Schmeicheleien und der Umgang mit heidnischen Königen verfehlten ihre Wirkung nicht. Es gehörte zum Gewohnheitsrecht orientalischer Herrscher, viele Frauen zu haben,[1] und ungestraft Unrecht begehen zu dürfen, das bei ihren Untertanen nicht geduldet würde. Dies alles trug dazu bei, Davids Bewusstsein dafür zu trüben, wie abscheulich Sünde wirklich ist, und er begann, mehr seiner eigenen Klugheit und Kraft zu vertrauen.

Nach dem glorreichen Sieg über die Aramäer kehrte David nach Jerusalem zurück und überließ den weiteren Kampf gegen die Ammoniter wieder Joab.[2] Ihre vollständige Niederlage war nur noch eine Frage der Zeit. Nun konnte David ungehindert die Früchte seiner Erfolge und die Ehre für seine kluge Herrschaft genießen.

In dieser Zeit, als David entspannt sein konnte, nutzte Satan die Gelegenheit, in ihm verführerische Gedanken zu wecken. „Eines Nachmittags, als David seine Mittagsruhe beendet hatte, ging er auf dem flachen Dach seines Palasts spazieren. Da

---

* Dieses Kapitel basiert auf 2. Samuel 11 und 12 sowie Psalm 32 und 51.

[1] Zu Davids Frauen siehe 2. Samuel 3,2–5 und 5,13. [2] 2. Samuel 11,1

fiel sein Blick auf eine Frau, die im Hof eines Nachbarhauses ein Bad nahm. Sie war sehr schön. David wollte unbedingt wissen, wer sie war, und schickte einen Diener los, der es herausfinden sollte. Man berichtete ihm: ‚Die Frau heißt Batseba. Sie ist ... verheiratet mit Urija, einem Hetiter.' David sandte Boten zu ihr und ließ sie holen. Batseba kam, und er schlief mit ihr."[3] David gab der Versuchung nach und lud Schuld auf sich. Der Führer des Volkes, von Gott dazu bestimmt, seinem Gesetz Geltung zu verschaffen, übertrat selbst dessen Gebote. Statt Übeltätern konsequent entgegenzutreten, bestärkte er sie durch sein eigenes Fehlverhalten.

„Nach einiger Zeit merkte Batseba, dass sie schwanger war. Sie schickte einen Boten zu David, der es ihm sagen sollte."[4] Schuldbeladen, aber ohne Reue, versuchte David – statt Weisung von Gott zu erbitten – sich selbst aus der Gefahr herauszuwinden, in die ihn sein Ehebruch gebracht hatte. Batseba war die Frau Urijas, eines seiner tapfersten und treusten Offiziere. Gottes Strafgesetz sprach über Ehebrecher das Todesurteil. Der stolze, betrogene Mann hätte sich selbst rächen können, indem er David tötete oder einen Aufstand anzettelte.

Davids Vertuschungsversuche

David ließ Urija vom Kriegsschauplatz kommen und sich Bericht erstatten. „Schließlich forderte er Urija auf: ‚Geh nun nach Hause zu deiner Frau, bade dich und ruh dich aus!' ... Doch Urija ging nicht nach Hause, sondern zur königlichen Leibwache am Tor des Palasts. Dort übernachtete er. David hörte davon und ließ Urija gleich am nächsten Morgen zu sich rufen. ‚Warum hast du nicht zu Hause bei deiner Frau übernachtet?', fragte er ihn. ‚Du warst doch jetzt so lange von ihr getrennt!' Urija antwortete: ... ‚Selbst der Heerführer Joab und seine Offiziere übernachten auf offenem Feld am Boden. Und da sollte ich nach Hause gehen, essen, trinken und mit meiner Frau schlafen? So wahr du, mein Herr, lebst: Niemals könnte ich so etwas tun!'"

David bat Urija, noch einen Tag zu bleiben. „Am Abend lud David ihn zum Essen ein und machte ihn völlig betrunken. Doch auch diesmal ging Urija nicht nach Hause, sondern schlief wieder bei der Leibwache am Palast."[5]

---

[3] 2. Samuel 11,2–4 Hfa [4] 2. Samuel 11,5 Hfa [5] 2. Samuel 11,7–13 Hfa

Alle Versuche Davids, seinen Ehebruch zu vertuschen, waren also gescheitert. Gefahr umlauerte ihn und eine Schmach, die bitterer als der Tod war, stand ihm bevor. Bereits in den Fängen Satans sah er nur eine Möglichkeit, der Bloßstellung zu entgehen: Urija musste beseitigt werden.

David machte den ahnungslosen Urija zum Überbringer des eigenen Todesurteils. Er sollte Joab einen Brief des Königs aushändigen, der den geheimen Befehl enthielt: „Stellt Urija in die vorderste Linie, wo der Kampf am härtesten ist! Dann zieht euch plötzlich von ihm zurück, sodass er erschlagen wird und den Tod findet."[6]

David meinte, niemand würde darauf kommen, dass er dahintersteckte, wenn Urija an der Front durch Feindeshand fiel. Dann war Batseba frei und konnte seine Frau werden. Damit wäre jedem Verdacht vorgebeugt und seine Ehre gerettet – so hoffte David.

Bis dahin hatte seine Lauterkeit ihm das Vertrauen und die Gefolgschaft des Volkes beschert. Aber als er von Gott abwich, wurde er eine Zeitlang zum Handlanger Satans. Weil er königliche Autorität besaß, konnte er Gehorsam verlangen. Dies brachte jedoch seinen Heerführer Joab in Seelengefahr. Der hätte den Befehl des Königs nicht befolgen dürfen, denn es galt auch schon damals, was Petrus später einmal so formulierte: „Man muss Gott mehr gehorchen als den Menschen!"[7]

Doch Joab war dem König mehr ergeben als Jahwe. Bereits mit der Schuld des kaltblütigen Mordes an Abner beladen, zögerte er nicht, der Anweisung Davids zu folgen. „Joab wusste, wo die Gegner ihre tapfersten Kämpfer hatten. Als nun die Israeliten die Stadt weiter belagerten, stellte er Urija genau an diese Stelle. Einmal machten dort die Belagerten einen Ausfall ... Auch Urija fand dabei den Tod."[8]

Joabs Rückmeldung über das Geschehen war so geschickt abgefasst, dass weder der König noch er selbst belastet werden konnte: „Die Feinde waren stärker als wir, sie machten einen Ausfall ... Einige von deinen Leuten fielen, auch dein Diener Urija, der Hetiter, fand dabei den Tod." Der König beauftragte den zurückkehrenden Boten zynisch, Joab auszurichten: „Nimm die Sache nicht so schwer! Das Schwert holt sich bald diesen, bald jenen. Nur Mut!"[9]

---

[6] 2. Samuel 11,15 [7] Apostelgeschichte 5,29 LB [8] 2. Samuel 11,16.17
[9] 2. Samuel 11,23–25

Dieser Mann, dessen feines Gewissen nicht einmal in eigener Lebensgefahr gestattet hatte, die Hand gegen König Saul zu erheben, war so tief gefallen, dass er einen seiner tapfersten und treusten Kämpfer töten ließ! Glücklich ist, wer beizeiten umkehrt, wenn er sich auf Abwege begeben hat und die bitteren Früchte seines Vergehens erntet!

„Als Batseba hörte, dass Urija gefallen war, hielt sie die Totenklage für ihren Mann. Gleich nach der Trauerzeit ließ David sie zu sich in den Palast holen und heiratete sie. Bald darauf brachte sie einen Sohn zur Welt."[10]

Gott sendet seinen Propheten

In seiner Barmherzigkeit ließ es Gott im Fall Davids nicht zu, dass er durch den trügerischen Lohn seines Ehebruchs völlig ins Verderben gerissen wurde. Und auch um seines Volkes willen war Gottes Eingreifen unerlässlich, denn im Laufe der Zeit wurde Davids Ehebruch doch bekannt und es regte sich der Verdacht, dass er hinter Urijas überaschendem Umkommen steckte. Gott hatte David zum König erhoben und reich gesegnet, doch nun bereitete er ihm durch Ehebruch und Mord Schande. Das führte dazu, dass der Standard der Frömmigkeit im Volk Israel vermindert wurde und bei vielen das Bewusstsein nachließ, wie hassenswert Sünde wirklich ist.

Deshalb bekam der Prophet Natan den Auftrag, David Gottes Missbilligung seines Verhaltens deutlich zu machen. Das war eine schwierige und nicht ungefährliche Aufgabe, denn manch ein Herrscher hätten den Überbringer einer solchen Botschaft töten lassen. Doch Natan erfüllte seinen Auftrag so geschickt und mit Weisheit von Gott, dass er das Mitgefühl Davids weckte, dessen Gewissen aufrüttelte und ihm das eigene Todesurteil entlockte.

Natan wandte sich an David als den obersten Richter seines Volkes und erzählte ihm die Geschichte eines Unrechts, das Wiedergutmachung verlangte: „Ich muss dir einen Rechtsfall vortragen: Zwei Männer lebten in derselben Stadt. Der eine war reich, der andere arm. Der Reiche besaß eine große Zahl von Schafen und Rindern. Der Arme hatte nichts außer einem einzigen kleinen Lämmchen. Er hatte es gekauft und zog es zusammen mit seinen Kindern bei sich auf. Es aß von

---

[10] 2. Samuel 11,26.27 Hfa

seinem Brot, trank aus seinem Becher und schlief in seinem Schoß. Er hielt es wie eine Tochter. Eines Tages bekam der reiche Mann Besuch. Er wollte keines von seinen eigenen Schafen oder Rindern für seinen Gast hergeben. Darum nahm er dem Armen das Lamm weg und setzte es seinem Gast vor."[11]

Der König rief zornig und empört: „So wahr der Herr lebt: Dieser Mann hat den Tod verdient! Dem Armen soll er vier Lämmer geben für das eine, das er ihm rücksichtslos weggenommen hat." Natan sah den König ernst an und erklärte: „Du bist dieser Mann! Der Herr, der Gott Israels, lässt dir sagen: ‚Ich habe dich zum König von Israel erwählt und dich beschützt ... Den gesamten Reichtum Sauls und auch seine Frauen habe ich dir gegeben ... Warum hast du getan, was ich verabscheue? Den Hetiter Urija hast du ermordet und dann seine Frau geheiratet ... Von mir hast du dich abgewandt und Urija die Frau weggenommen. Darum sollen ... einige deiner Nachkommen einen grausamen Tod erleiden. Ich, der Herr, sage dir: Jemand aus deiner eigenen Familie wird dich ins Unglück stürzen ... Du musst erleben, wie ein Mann, der dir sehr nahe steht, dir deine Frauen wegnimmt und in aller Öffentlichkeit mit ihnen schläft. Was du, David, heimlich getan hast, das lasse ich am helllichten Tag geschehen."[12]

Die Vorwürfe des Propheten trafen David ins Gewissen; seine Schuld stand ihm plötzlich in vollem Ausmaß vor Augen. Erschüttert bekannte er: „Ich habe gegen den Herrn gesündigt."[13] David hatte sich an Urija und Batseba schwer versündigt, aber noch viel größer war seine Schuld Gott gegenüber.

David zitterte. Er hatte Angst vor einem plötzlichen Strafgericht Gottes, das ihn schuldig und ohne Vergebung hinwegraffen könnte. Doch Natan versicherte ihm: „Der Herr hat dir vergeben, du wirst nicht sterben."[14]

Vergebung bedeutet aber nicht, dass alle Konsequenzen und Folgen aufgehoben werden. David wurde zwar Gelegenheit zur Reue und Umkehr gegeben, doch nach seinem eigenen Urteilsspruch sollte er seinen Mord „vierfach bezahlen".[15] Natan erklärte ihm den ersten Schlag: „Wegen deiner Tat spotten die Feinde Gottes noch mehr über ihn. Darum [wird] der Sohn, den Batseba dir geboren hat, sterben."[16]

---

[11] 2. Samuel 12,1-4 [12] 2. Samuel 12,5–12 Hfa [13] 2. Samuel 12,13 Hfa
[14] 2. Samuel 12,13 Hfa [15] 2. Samuel 12,6 LB [16] 2. Samuel 12,14

Für David waren das Leiden und Sterben des eigenen Kindes bitterer, als es sein Tod gewesen wäre. Als der Sohn schwer erkrankte, flehte David unter Fasten um dessen Leben. Er legte sein Königsgewand ab und betete Tag und Nacht für das unschuldige Kind, das wegen seiner Sünde leiden musste. Als er erfuhr, dass es gestorben war, unterwarf er sich aber demütig der Fügung Gottes und betete ihn im Heiligtum an.[17]

Der Sinn der Geschichte von Davids Vergehen

Manche Christen fragen, warum Gott diese dunkle Seite seines Erwählten vor aller Welt offen darlegte. Immer wieder haben ja Ungläubige auf diesen Makel in Davids Leben hingewiesen und höhnisch gefragt: „Das soll ein Mann nach dem Herzen Gottes sein?!" Damit wurde Gott geschmäht und sie dreister in ihren Übertretungen.

Aber der biblische Bericht heißt Davids Sünde in keiner Weise gut. Nur solange er in Verbindung mit Gott blieb und seinen Geboten und Anweisungen folgte, war er „ein Mann nach seinem Herzen", wie Samuel zu Saul gesagt hatte.[18] Als David sündigte, traf das nicht mehr zu. Gottes Wort sagt ausdrücklich: „Dem Herrn missfiel, was David getan hatte."[19] Und obwohl er aufrichtig bereute, musste David die bitteren Früchte der selbst gestreuten Sündensaat ernten. Die Folgen, die seine Sünden über ihn und seine Kinder brachten (mehr dazu im nächsten Kapitel) und die Gott zuließ, bezeugen deutlich dessen Abscheu über Davids großes Vergehen.

David war wegen seiner Fehler mit ihren weitreichenden Folgen innerlich gebrochen. Er fühlte sich in den Augen seiner Untertanen gedemütigt und hatte beträchtlich an Einfluss verloren. Da viele von seinem Vergehen erfahren hatten, wurden sie dadurch ermutigt, unbekümmerter zu sündigen. Besonders in seiner Familie war Davids Autorität angeschlagen. Oft ließ ihn sein Schuldbewusstsein schweigen, wo er bei seinen Kindern Unrecht hätte verurteilen und bestrafen müssen. Sein negatives Beispiel wirkte sich besonders auf seine ältesten Söhne aus. Gott griff nicht ein, um die Folgen abzuwenden. Auf diese Weise wurde David hart bestraft. Keine Reue konnte bewirken, dass er der Scham und den Folgen seiner Sünden entkam, die sein ganzes weiteres Leben verdüsterten.

---

[17] 2. Samuel 12,15–17.22.23 [18] 1. Samuel 13,14 LB [19] 2. Samuel 11,27

Wer mit dem Hinweis auf Davids Beispiel die Schuld seiner eigenen Sünden zu verharmlosen sucht, sollte aus der Bibel lernen, dass der Weg der Übertretung der Gebote sehr aufreibend ist. Selbst wenn er sich wie David von seinem bösen Wandel abwendet, wird er die Folgen seiner Sünden in diesem Leben bitter zu spüren bekommen.

Gott wollte, dass die Geschichte von Davids Vergehen jenen zur Warnung dient, die er reich gesegnet hat, damit sie sich nicht in falscher Sicherheit wiegen. Das erreichte er bei denen, die demütig beherzigten, was er sie lehren wollte. Davids Fehler weckten bei ihnen das Misstrauen gegen sich selbst. Sie erkannten, dass sie nur in Gott Stärke und Sicherheit finden, und hüteten sich vor dem ersten Schritt auf Satans Boden.

Davids Bußpsalmen anlässlich seines Vergehens

Schon bevor Natan Gottes Zurechtweisung überbrachte, spürte David deutlich die Früchte seiner Übertretung und Verhärtung. Die Seelenangst, die er damals erduldete, fand in Psalm 32 einen ergreifenden Ausdruck:

„Herr, erst wollte ich meine Schuld verschweigen;
doch davon wurde ich so krank,
dass ich von früh bis spät nur stöhnen konnte.
Ich spürte deine Hand bei Tag und Nacht;
sie drückte mich zu Boden,
ließ meine Lebenskraft entschwinden
wie in der schlimmsten Sommerdürre.
Darum entschloss ich mich,
dir meine Verfehlungen zu bekennen."[20]

Das war der entscheidende Unterschied zwischen den beiden ersten Königen Israels: David demütigte sich und bekannte seine Sünden, während Saul Zurechtweisungen verachtete und sich rechtfertigte und innerlich immer mehr verhärtete.

Psalm 51 offenbart Davids tiefe Reue, nachdem Natan ihn zurechtgewiesen hatte:

„Nicht nur an Menschen bin ich schuldig geworden,
gegen dich selbst habe ich gesündigt;
ich habe getan, was du verabscheust.
Darum bist du im Recht, wenn du mich schuldig sprichst;
deinen Richterspruch kann niemand tadeln ...

---

[20] Psalm 32,3–5

Nimm meine Schuld von mir, dann werde ich rein!
Wasche mich, dann werde ich weiß wie Schnee! Sieh
nicht auf meine Verfehlungen, tilge meine ganze Schuld!
Gott, schaffe mich neu: Gib mir ein [reines] Herz ...
und einen Geist, der beständig zu dir hält.
Vertreibe mich nicht aus deiner Nähe,
entzieh mir nicht deinen Heiligen Geist!
Mach mich doch wieder froh durch deine Hilfe
und gib mir ein gehorsames Herz!"[21]

Davids Reue war aufrichtig und tief. Er beschönigte nichts von seinem Unrecht. Seine Gebete entsprangen auch nicht dem Wunsch, den angedrohten Folgen zu entgehen. Er hasste seine Sünde und sah die Verdorbenheit seines Herzens. Deshalb betete er nicht nur um Vergebung seiner Schuld, sondern auch um Herzensreinheit. Er sah in Gottes Verheißungen für reuige Sünder den Beweis seiner Vergebung und Annahme und schrieb: „Wenn ein Mensch dir Herz und Geist hingibt, wenn er mit sich am Ende ist und dir nicht mehr trotzt – ein solches Opfer weist du nicht ab."[22]

Der Herr richtete David wieder auf, obwohl er so tief gefallen war. In der Freude über seine Vergebung sang der König: „Freuen dürfen sich alle, denen Gott ihr Unrecht vergeben und ihre Verfehlungen zugedeckt hat! Freuen dürfen sich alle, denen der Herr die Schuld nicht anrechnet."[23] In dieser Weise erzählte Israels König selbst von seinen Sünden, seiner Reue und seiner Vergebung durch Gottes Gnade, damit andere durch den Bericht über seine Vergehen und deren Folgen abgeschreckt würden.

Dieses Geschehen in Davids Leben gehört zu den eindrucksvollsten Illustrationen von Versuchung und Sünde sowie aufrichtiger Reue und Vergebung. Die Erinnerung an Davids Erfahrung war zu allen Zeiten für gestrauchelte Kinder Gottes, die sich mit der Last ihrer Schuld abquälten, eine Ermutigung, sich zu besinnen, ihre Vergehen zu bekennen und wieder auf den Weg der Gebote Gottes zurückzukehren.

Wer sich wie David vor Gott demütigt und seine Sünden bekennt und bereut, kann gewiss sein, dass es auch für ihn Hoffnung gibt. Der Herr wird keinen wirklich reuigen Menschen abweisen. Wer Gottes Verheißungen im Glauben annimmt, wird Vergebung geschenkt bekommen.

---

[21] Psalm 51,6.9.11–14 [22] Psalm 51,19 [23] Psalm 32,1.2

72 Abschaloms Aufruhr*

Nach dem Tod des kleinen Kindes „ging David zu seiner Frau Batseba und tröstete sie. Er schlief mit ihr, und sie brachte wieder einen Sohn zur Welt. David nannte ihn Salomo (der Friedliche). Der Herr liebte das Kind, darum gab er dem Propheten Natan den Auftrag, hinzugehen und dem Jungen einen zweiten Namen zu geben: Jedidja (Liebling des Herrn).“[1] Salomo wurde später von Gott erwählt, Davids Nachfolger und Vorfahre des Erlösers zu werden.[2] Welch ein Zeichen göttlicher Gnade und Vergebung!

Doch die Folgen von Davids großem Vergehen blieben unvermeidlich. Der Schuldige „soll vierfach bezahlen,“ urteilte er ahnungslos über sich, nachdem er Natans Geschichte gehört hatte.[3] Genau das widerfuhr David: Nach dem im Ehebruch gezeugten Sohn kamen noch seine drei ältesten Söhne um.

Alles begann damit, dass Davids erstgeborener Sohn Amnon sich in seine schöne Halbschwester Tamar verliebte, sie aber vergewaltigte, als sie sich ihm widersetzte.[4] Nach Gottes Gesetz hatte er sich der Unzucht und der Blutschande schuldig gemacht.[5] David war zornig, als er von Amnons Schandtat erfuhr, aber weil er seinen Sohn liebte und eingedenk seiner eigenen schweren Vergehen brachte er es nicht fertig, ihn zur Rechenschaft zu ziehen.[6]

Das wiederum veranlasste Abschalom, den älteren Bruder der entehrten Tamar, auf Rache zu sinnen. Zwei Jahre lang verheimlichte er seine Absichten, dann aber schlug er zu. Auf einem Fest der Königssöhne, zu dem er sie nach auswärts eingeladen hatte, ließ er den Blutschänder Amnon töten.[7] Der hatte die Gelegenheiten zur Reue und Umkehr nicht genutzt und daher verhinderte Gott diesen Mord nicht.

Die bestürzt nach Jerusalem zurückkehrenden Söhne berichteten ihrem Vater, dass Amnon erschlagen worden war.

---

* Dieses Kapitel basiert auf 2. Samuel 13,10 bis 19,9.

[1] 2. Samuel 12,24.25 Hfa [2] 1. Chronik 28,5.6; Matthäus 1,1.6

[3] 2. Samuel 12,6 LB [4] 2. Samuel 13,1.11–15 [5] 3. Mose 18,6.9; 5. Mose 27,22

[6] 2. Samuel 12,21 [7] 2. Samuel 12,22.23.28.29

„Sie begannen laut zu weinen, und auch David und seine Hofleute brachen in Tränen aus." Abschalom floh zum König von Geschur, seinem Großvater mütterlicherseits.[8]

David hatte Amnons Vergehen nicht geahndet, deshalb ließ der Herr den Dingen ihren Lauf. Wenn Eltern oder Obrigkeiten es versäumen, geschehenes Unrecht angemessen zu bestrafen, hindert auch Gott die Werkzeuge des Bösen nicht weiter, sodass im Zuge der Geschehnisse oft eine Untat durch eine weitere bestraft wird und das erste Vergehen immer größere Kreise zieht.

Davids ungerechtfertigte Nachsicht gegenüber Amnon hatte noch schwerwiegendere Folgen, denn nun begann die Entfremdung zwischen ihm und Abschalom. David spürte, dass dessen Verbrechen eine Bestrafung verdiente, und ließ ihn deshalb nicht nach Jerusalem zurückkehren. Aber das machte das Ganze nur schlimmer, denn Abschalom war ehrgeizig und skrupellos. Da er in seinem selbst gewählten Exil von den Angelegenheiten des Reiches Israel ausgeschlossen war, begann er gefährliche Intrigen.

Nach zwei Jahren beschloss Joab, eine Versöhnung zwischen Vater und Sohn herbeizuführen. Dabei ließ er sich von einer Frau helfen, die wegen ihrer Klugheit bekannt war. Sie stellte sich David als Witwe vor, deren zwei Söhne ihr Trost und ihre Stütze waren. Im Streit hätte der eine jedoch den andern erschlagen. „Nun haben sich alle Verwandten zusammengetan und verlangen, dass ich ihnen den noch lebenden Sohn herausgebe. Sie wollen ihn töten, weil er seinen Bruder umgebracht hat. Aber dann stehe ich ohne Sohn und Erben da." Bewegt versprach David, ihren Sohn zu schützen.[9]

Daraufhin bat die Frau ihn, noch etwas sagen zu dürfen. Mutig erklärte sie: „Warum begehst du gegen jemanden aus dem Volk Gottes genau das Unrecht, das du eben verurteilt hast? Indem du dieses Urteil fällst, sprichst du dich selbst schuldig, denn du hast deinen Sohn verstoßen und lässt ihn nicht wieder zurückkehren. Zwar müssen wir alle einmal sterben ... Aber Gott löscht das Leben nicht einfach so aus. Er will den Verbannten zurückholen, damit er nicht für immer von ihm verstoßen bleibt."[10] Diese ergreifende Darstellung der Liebe Gottes zum Sünder beweist, wie vertraut die Israeliten mit den großen Wahrheiten der Erlösung waren.

---

[8] 2. Samuel 13,36.37; vgl. 3,3 [9] 2. Samuel 14,1–11 [10] 2. Samuel 14,13.14 Hfa

David konnte sich diesen Argumenten und der Fürsprache für seinen Sohn nicht entziehen. Nachdem er herausgefunden hatte, dass Joab hinter der Sache steckte, befahl er ihm: „Geh und hol mir den Jungen, den Abschalom, zurück!“[11]

Abschalom durfte zwar nach Jerusalem in sein Haus zurückkehren, aber nicht am Hof oder vor seinem Vater erscheinen.[12] Obwohl er seinen stattlichen, begabten Sohn liebte, hielt David es doch für nötig, deutlich zu zeigen, wie sehr er dessen Racheakt an Amnon verabscheute.

Abschalom gewinnt die Gunst des Volkes

In den Augen des Volkes war Abschalom allerdings eher ein Held als ein Übeltäter. Als er sich dessen bewusst wurde, begann er zielstrebig, die Sympathie des Volkes zu gewinnen. Sein Aussehen half ihm dabei, denn „in ganz Israel gab es keinen Mann, der so schön war und so sehr bewundert wurde wie Abschalom. Vom Scheitel bis zur Sohle war alles an ihm vollkommen.“[13] Seine Verbannung vom Königshof erregte das Mitgefühl des Volkes. Abschalom schaltete nach zwei Jahren Joab ein, der bei David erneut für ihn eintrat, sodass er wieder in dessen Gegenwart erscheinen durfte. Abschalom warf sich vor seinem Vater auf den Boden und der küsste ihn.[14]

Aber obwohl eine äußerliche Versöhnung zustande gekommen war, hielt Abschalom an seinen Umsturzplänen fest. Er betrieb nun einen fast königlichen Aufwand und schaffte sich 50 Leibwächter und einen imposanten Wagen mit Pferdegespann an.[15] David hegte keinerlei Argwohn gegenüber Abschalom und meinte, dessen Aufwand diene dazu, seinem Königshof Ehre zu bringen. Die Liebe zu seinem Sohn schien ihn blind zu machen.

Während David früher mutig und entschlossen gehandelt hatte, war er jetzt schwach und zögerlich. Seine Trägheit und Unentschlossenheit wirkten sich auf seine Untergebenen aus. Nachlässigkeit und Verzögerungen kennzeichneten daher das Gerichtswesen. Das alles begünstigte die Absichten seines ehrgeizigen Sohnes.

Geschickt nutzte Abschalom die Unzufriedenheit im Volk. Tag für Tag stand am Palasttor eine verärgerte Menge von Leu-

---

[11] 2. Samuel 14,19.21 [12] 2. Samuel 14,24.28 [13] 2. Samuel 14,25
[14] 2. Samuel 14,32.33 [15] 2. Samuel 15,1

ten, die darauf warteten, ihre Fälle vorzutragen, damit Abhilfe geschaffen wurde. Abschalom mischte sich unter sie, hörte sich ihre Anliegen an und brachte sein Mitgefühl für ihre Sorgen sowie sein Bedauern über den Schlendrian bei den Gerichten zum Ausdruck. „Die Argumente, die du vorbringst, sind sehr gut", erklärte er vielen, „aber am Königshof gibt es niemand, der dich anhören wird. Wenn nur ich in diesem Land Richter wäre; ich würde jedem, der mit einem Streitfall zu mir kommt, zu seinem Recht verhelfen." Wenn sich dann jemand voller Ehrfurcht vor ihm niederwerfen wollte, zog er ihn an sich und küsste ihn. „Auf diese Weise stahl er dem König die Herzen der Männer Israels."[16]

Mit seinen Machenschaften schürte Abschalom die Unzufriedenheit unter den Israeliten über die Regierung Davids, während er dagegen überall gelobt wurde. Allgemein sah man in ihm den Thronfolger. Mit Stolz blickte das Volk auf diesen stattlichen jungen Prinzen und viele wünschten, dass er die Herrschaft anstelle seines alten Vaters einnähme.

Abschalom bereitet den Umsturz vor

Als Abschalom nach vier Jahren die Zeit für reif hielt, sandte er heimlich ihm ergebene Männer zu den israelitischen Stämmen, um den geplanten Umsturz zu fördern. Zur Tarnung seiner Absichten hängte er sich sogar den Mantel der Frömmigkeit um. „Ich möchte gern nach Hebron gehen, um ein Gelübde zu erfüllen, das ich vor dem Herrn abgelegt habe", erklärte er David: „Denn als ich in Geschur in Syrien war, schwor ich ihm: ‚Wenn du mich wieder nach Jerusalem heimkehren lässt, bringe ich dir ein Opfer dar.'"[17] Erfreut über die ungewohnt geistliche Haltung seines Sohnes entließ ihn der gutgläubige Vater mit seinem Segen. Abschalom wollte mit diesem krönenden Akt seiner Heuchelei nicht nur David täuschen, sondern auch das Vertrauen der Israeliten gewinnen, um sie leichter zum Aufruhr gegen ihn verleiten zu können.

„Abschalom hatte 200 Männer aus Jerusalem zu seinem Opferfest nach Hebron eingeladen. Sie wussten nichts von seinen Plänen und gingen ahnungslos mit."[18] Als dort die Feiern begonnen hatten, rief Abschalom Ahitofel zu sich. Der war ein wichtiger Ratgeber Davids und allseits geachtet für seine

[16] 2. Samuel 15,2–6 [17] 2. Samuel 15,10.7.8 Hfa [18] 2. Samuel 15,11 Hfa

große Weisheit. Ahitofel schloss sich Abschaloms Aufruhr an. Mit seiner Unterstützung schien der Erfolg sicher zu sein, da er viele einflussreiche Männer auf Abschaloms Seite ziehen konnte. Als das Blasen der Widderhörner das Zeichen gab, verbreiteten Abschaloms Vertraute im ganzen Land die Nachricht, er sei König geworden. Seine Anhänger wurden immer zahlreicher.[19]

Bald drangen alarmierende Nachrichten nach Jerusalem. David schreckte auf: Der eigene Sohn hatte einen Aufstand angezettelt, um ihm die Herrschaft und zweifellos auch das Leben zu rauben. In dieser Gefahr schüttelte David alle Niedergeschlagenheit ab, die ihn so lange gehemmt hatte. Mit dem Eifer früherer Jahre schickte er sich an, die schwierige Lage zu meistern. Hebron lag nur etwa dreißig Kilometer südlich und die Rebellen würden sicher bald vor Jerusalem stehen und die Stadt einnehmen wollen.

David schauderte bei dem Gedanken, dass die Hauptstadt verwüstet werden könnte. Er wollte dort kein Blutbad zulassen und fasste daher den Entschluss, Jerusalem ostwärts zu verlassen.[20] Die Bevölkerung hatte Gelegenheit, ihm die Treue zu erweisen, indem sie sich ihm anschloss. David war es Gott und dem Volk Israel schuldig, die ihm vom Herrn verliehene Herrschaft zu verteidigen.

David und seine Anhänger verlassen Jerusalem

Demütig und traurig schritt David aus einem Stadttor Jerusalems. In einem langen Zug schlossen sich ihm die betrübten Bewohner an – wie bei einem Beerdigungszug. Davids Leibwache, viele Nichtisraeliten und 600 große Männer aus der Philisterstadt Gat, begleiteten ihn. In seiner Selbstlosigkeit wollte David sie nicht in sein Unglück hineinziehen. Deshalb sagte er zu ihrem Befehlshaber Ittai: „Warum gehst auch du mit uns? Kehre um und bleibe bei dem neuen König, denn du bist ein Ausländer und von deiner Heimat hierher gezogen. Gestern bist du gekommen und heute sollte ich dich mit uns hin und her ziehen lassen? Denn ich muss gehen, wohin ich gehen kann. Kehre um und nimm deine Brüder mit dir; dir widerfahre Barmherzigkeit und Treue." Doch Ittai antwortete: „So wahr der Herr lebt und so wahr du lebst: Ich werde dich,

---

[19] 2. Samuel 15,10.12 [20] 2. Samuel 15,13.14

meinen König, niemals im Stich lassen, und wenn es mich das Leben kostet! Das schwöre ich dir!"[21] Diese Männer hatten sich vom Heidentum zu Jahwe bekehrt und in edler Gesinnung blieben sie jetzt Gott und dem König treu. David nahm ihre Anhänglichkeit zu seiner scheinbar verlorenen Sache dankbar an und ließ sie an sich vorüberziehen.

„Auch der Priester Zadok war zur Stelle und hatte die Leviten bei sich, die die Bundeslade trugen. Sie setzten sie ab und der Priester Abjatar vollzog Opferhandlungen."[22] Dieser heilige Gegenstand war für das Volk ein Unterpfand ihrer Errettung und des Sieges; sein Fehlen in Jerusalem müsste dagegen Abschaloms Anhänger erschrecken.

Der Anblick der Bundeslade versetzte David für einen Moment in freudige Stimmung. Aber als König Israels trug er eine große Verantwortung. Nicht das eigene Schicksal, sondern Gottes Ehre und das Wohl seines Volkes mussten den Vorrang haben. Gott hatte von Jerusalem gesagt: „Hier will ich wohnen, das ist mein Wille!"[23] Ohne göttliche Weisung hatten weder der Hohepriester noch der König das Recht, die Bundeslade von dort zu entfernen. Die beiden Tafeln mit den Zehn Geboten durften nicht aus der Hauptstadt weggebracht werden, denn sie waren die Grundlage des Bundes Gottes mit seinem Volk Israel und dessen Wohlergehens.

Deshalb gebot David Zadok: „Bring die Lade wieder in die Stadt! Wenn der Herr mit mir Erbarmen hat, bringt er mich eines Tages zurück und lässt mich die Lade und den Ort, an dem sie steht, wiedersehen. Wenn er aber sagt: ‚Ich habe kein Gefallen mehr an dir', dann soll er mit mir machen, was er für richtig hält."[24] Als die Priester nach Jerusalem umkehrten, befiel die Menge eine tiefe Niedergeschlagenheit. Ihr König ein Flüchtling, sie selbst Vertriebene und nun sogar von der Lade Gottes verlassen – unheilvoller konnte sich ihre Zukunft nicht ankündigen.

„David stieg den Ölberg hinauf. Er ging barfuß, hatte sein Gesicht verhüllt und weinte. Auch alle, die ihn begleiteten, verhüllten ihr Gesicht und weinten."[25]

Unterwegs wurde David berichtet, dass sich sein Ratgeber Ahitofel dem Aufruhr gegen ihn angeschlossen hatte. Darin konnte David erneut eine Folge seines Ehebruchs erkennen,

---

[21] 2. Samuel 15,18–21 Hfa [22] 2. Samuel 15,24 [23] Psalm 132,13.14
[24] 2. Samuel 15,25.26 [25] 2. Samuel 15,30

denn das Überlaufen dieses fähigen Mannes zu Abschalom war nur damit zu erklären, dass Ahitofel sich für die Schmach rächen wollte, die der König seiner Enkelin Batseba angetan hatte. Da David wusste, wie gefährlich dieser einflussreiche Mann war, bat er Gott: „Herr, mach den klugen Rat Ahitofels zur Torheit!"[26]

Auf dem Ölberg beugte David sich zum Gebet, warf seine Seelenlast auf Gott und flehte demütig um Hilfe. Seine Bitten schienen augenblicklich erhört zu werden, denn Huschai, ein kluger und tüchtiger Ratgeber, der sich als aufrichtiger Freund Davids bewährt hatte, kam zu ihm, um sein Los zu teilen. Wie durch göttliche Erleuchtung erkannte David, dass er ihn in der Hauptstadt brauchte, um seine Interessen in den Ratsversammlungen zu wahren. Auf seine Bitte hin kehrte Huschai nach Jerusalem zurück, um Abschalom seine Dienste anzubieten und Ahitofels gute Ratschläge zu vereiteln.[27]

Mit diesem Hoffnungsschimmer nach all der Ungewissheit setzten der König und seine Begleiter ihren Weg über den Ostabhang des Ölbergs in Richtung Jordan fort.

David kennt die wahre Ursache des Geschehens

Während sich Davids Getreue über die plötzliche Wende des königlichen Geschicks wunderten, war sie für David kein Geheimnis. Er hatte einen Tag wie diesen lange vorausgeahnt und sich gewundert, dass Gott mit ihm so viel Geduld gehabt hatte.

Auf dieser eiligen und traurigen Flucht dachte David an die geliebte Stadt, den Tatort seines großen Vergehens. Als er sich der Güte Gottes erinnerte, spürte er, dass der Herr ihn barmherzig behandeln würde. Er hatte seine Sünden bekannt und sich bemüht, als treuer Diener Gottes seine Pflicht zu tun. Er hatte am Ausbau des Reiches gearbeitet und alle Vorbereitungen zur Errichtung des Tempels Gottes getroffen. Sollten die Früchte jahrelanger, hingebungsvoller Arbeit in die Hände seines leichtfertigen, treulosen Sohnes Abschalom übergehen, der weder Gottes Ehre noch Israels Wohl im Auge hatte?

David wusste, dass die wahre Ursache des Aufruhrs sein eigenes Vergehen war. Aber in dieser Situation zeigte er sich demütig, selbstlos und großmütig und ließ sich auch nicht

[26] 2. Samuel 15,31 [27] 2. Samuel 15,32–34.37

durch bösartige Beleidigungen davon abbringen.[28] Niemals war Israels Herrscher in den Augen des Himmels so wahrhaft groß wie in dieser Stunde tiefer Erniedrigung.

Wenn Gott es gestattet hätte, dass David in Frieden und Wohlstand auf dem Thron hätte bleiben können, obwohl er Gottes Gebote so augenfällig übertreten hatte, hätten die Skeptiker und Ungläubigen seine Geschichte benützen können, um gegen Gott Vorwürfe zu erheben. Doch gerade diese Erfahrung Davids macht deutlich, dass der Herr Unrecht weder duldet noch übergeht; aber sie zeigt auch: Selbst in den dunkelsten Stunden lässt er die Seinen nicht im Stich und kommt mit ihnen zum Ziel. Gott packte den König zwar hart an, aber er vernichtete ihn nicht. David sollte im Schmelzofen des Leides und der Demütigungen geläutert werden, aber nicht in der Glut verbrennen.

Huschai macht Ahitofels Rat zunichte

Kaum hatte David Jerusalem verlassen, da zog auch schon Abschalom mit seiner Gefolgschaft ein und nahm die Stadt in Besitz. Einer der Ersten, die den neuen König begrüßten und hoch leben ließen, war Huschai. Das schmeichelte Abschalom ungemein, denn der war ein Freund seines Vaters und in Israel hoch geachtet. In dem Wunsch, das Vertrauen des Volkes zu ihm zu stärken, hieß er Huschai am Hof willkommen.[29]

Abschalom hatte sich mit einer großen Streitmacht umgeben, aber es waren meist unausgebildete Männer. Ahitofel wusste sehr wohl, dass ein großer Teil des Volkes David immer noch treu ergeben war. Außerdem hielten bewährte Kämpfer und erfahrene Feldherren fest zu ihm. Ahitofel war sich auch darüber im Klaren, dass nach dem ersten Sturm der Begeisterung mit Rückschlägen gerechnet werden musste. Schlug der Aufstand fehl, würde sich Abschalom vielleicht wieder mit seinem Vater versöhnen. Dann würde er als dessen Berater als Hauptschuldiger gelten und schwer bestraft werden.

Um Abschalom ein Zurück unmöglich zu machen und eine Versöhnung mit David auszuschließen, entwickelte Ahitofel einen teuflischen Plan. Dieser skrupellose Mann drängte Abschalom dazu, dem Aufruhr gegen den König noch eine Blutschande hinzuzufügen. Vor aller Augen sollte er sich die

---

[28] Siehe 2. Samuel 16,5–13 [29] 2. Samuel 16,15–18

Nebenfrauen seines Vaters nehmen und damit deutlich machen, dass er dessen Thron bestiegen hatte.[30]

Abschalom befolgte den niederträchtigen Rat. Er ließ auf dem flachen Dach des Palastes ein Zelt aufschlagen und die Frauen nacheinander hineinbringen. So erfüllte sich die Vorhersage Gottes durch den Propheten Natan an David: „Aus deiner eigenen Familie lasse ich Unglück über dich kommen. Du wirst mit ansehen müssen, wie ich dir deine Frauen wegnehme und sie einem anderen gebe, der am helllichten Tag mit ihnen schlafen wird. Was du heimlich getan hast, will ich im Licht des Tages geschehen lassen und ganz Israel wird es sehen."[31] Nicht, dass Gott diese ruchlose Tat veranlasst hätte, aber wegen Davids Sünde verhinderte er sie auch nicht.

Ahitofel mangelte es nicht an menschlicher Klugheit, aber ihm fehlte die Erleuchtung durch Gott. Wie hätte er sonst den Erfolg des Aufstands auf Blutschande gründen können!

Nachdem sich der Ratgeber so für genügend abgesichert hielt, trieb er zur Eile: „Ich will mir 12 000 Mann auswählen und mit ihnen noch in dieser Nacht hinter David herjagen. Dann bekomme ich ihn zu fassen, solange er noch erschöpft und entmutigt ist. Wenn ich ihn in diesem Zustand überfalle, werden alle seine Leute davonlaufen und ich kann ihn töten, ohne weiteres Blut zu vergießen. Ich werde dir dann alle seine Leute zuführen."[32] Hätte Abschalom diesen Rat befolgt, wäre das sicher Davids Untergang gewesen.

Huschai war nicht zu der Beratung hinzugezogen worden. Aber nachdem die Beteiligten auseinandergegangen waren, legte ihm Abschalom, der eine hohe Meinung von ihm hatte, Ahitofels Plan vor. Huschai erkannte sofort, dass David verloren war, wenn er ausgeführt würde. Darum erwiderte er: „Mir scheint, diesmal hat Ahitofel dir keinen guten Rat gegeben. Du kennst doch deinen Vater und seine Männer: Sie alle sind kampferprobte Soldaten. Sie werden erbittert kämpfen wie eine Bärin, der man die Jungen weggenommen hat. Dein Vater ist ein erfahrener Heerführer, er wird kaum bei seinen Leuten übernachten. Wahrscheinlich hat er sich längst in einer Höhle oder sonst irgendwo versteckt. Wenn gleich am Anfang einige deiner Soldaten fallen und es überall heißt: ‚Abschaloms Heer hat eine Niederlage erlitten!', dann bekommen alle deine Männer es mit der Angst zu tun ... Denn in Israel weiß jeder,

---

[30] 2. Samuel 16,21 [31] 2. Samuel 12,11.12 [32] 2. Samuel 17,1–3

dass dein Vater ein erfahrener Heerführer ist und die besten Soldaten um sich hat."[33]

Nun entwickelte Huschai einen Plan, der dem eitlen, ehrsüchtigen Abschalom gefiel: „,Rufe die wehrfähigen Männer aus dem ganzen Gebiet Israels zusammen, von Dan im Norden bis Beerscheba im Süden. Mit diesem Heer ... musst du persönlich in den Kampf ziehen und der Sieg ist dir sicher. Wir werden deinen Vater aufspüren und über ihn herfallen ... Von ihm und seinen Leuten wird keiner übrig bleiben. Wenn er sich in eine befestigte Stadt zurückzieht, werden die Männer Israels Seile um ihre Mauern legen und die Stadt ins Tal schleifen, sodass kein einziger Stein auf dem Berg zurückbleibt!' Da riefen Abschalom und alle Männer Israels: ,Huschai hat Recht! Sein Rat ist besser als der Rat Ahitofels!' So sorgte der Herr dafür, dass der kluge Rat Ahitofels missachtet wurde."[34]

Ahitofel erkannte klar: Ein solches Vorgehen würde den Aufstand zum Scheitern bringen und – welches Schicksal Abschalom auch treffen mochte – für ihn als den Anstifter zu dessen schlimmen Vergehen gab es dann kein Entrinnen mehr. Er hatte sich jeder Möglichkeit zu einer Aussöhnung mit David beraubt, denn er hatte Abschalom zum Aufstand ermutigt, ihm den Rat gegeben, seinen Vater durch den Verkehr mit dessen Nebenfrauen zu beleidigen, ihm vorgeschlagen, David zu töten, und dafür sogar Pläne gelegt. Und nun zog Abschalom sogar einen anderen Ratgeber ihm vor. Neiderfüllt, zornig und verzweifelt „sattelte er seinen Esel und ritt in seine Heimatstadt zurück. Zu Hause regelte er noch die letzten Dinge, dann erhängte er sich."[35]

Da Huschai aber nicht wusste, ob Abschalom seinen Rat befolgen würde, verlor er keine Zeit, David über die Priester Zadok und Abjatar und deren Helfer eine Botschaft zukommen zu lassen: „Er soll nur ja nicht auf dieser Seite des Jordans bleiben, sondern den Fluss noch in dieser Nacht überqueren. Sonst sind er und alle seine Leute verloren."[36]

David war nach dem ersten Tag seiner Flucht von Anstrengung und Kummer erschöpft. Nun hörte er, dass er noch in derselben Nacht über den Jordan gehen sollte, weil sein Sohn ihm tatsächlich nach dem Leben trachtete.

---

[33] 2. Samuel 17,8–10 Hfa [34] 2. Samuel 17,11–14 [35] 2. Samuel 17,23 Hfa
[36] 2. Samuel 17,15.16

Welche Gefühle mögen David in dieser Situation bewegt haben? In der dunkelsten Stunde der Heimsuchung setzte er sein Vertrauen auf Gott und dichtete ein Lied:

„Herr, ich kann sie nicht mehr zählen,
so viele sind's, die sich gegen mich stellen,
so viele, die schadenfroh von mir sagen:
‚Von dem will Gott nichts mehr wissen!'
Doch du, Herr, umgibst mich mit deinem Schutz;
du rettest meine Ehre, du schaffst mir Recht.
Sooft ich auch zu dir um Hilfe rufe,
du hörst mich in deinem Heiligtum,
von deinem Berg her schickst du mir Antwort.
Ganz ruhig kann ich mich schlafenlegen,
weil du mich beschützt, bis ich morgens erwache.
Auch wenn's Tausende sind, die mich umzingeln,
sie können mir keine Angst einjagen!
Sieh nicht länger zu, Herr! Du mein Gott, greif doch ein!"[37]

Im Dunkel der Nacht „brach David mit allen seinen Leuten auf und sie überquerten den Jordan. Bei Tagesanbruch waren alle bis zum letzten Mann auf der anderen Seite."[38] Sie zogen sich nach Mahanajim, Isch-Boschets ehemaliger Residenz, zurück. Sie war eine stark befestigte Stadt in gebirgiger Landschaft, die im Falle eines Krieges genügend Schutz bot. Das ganze Gebiet hatte viele Vorräte und vor allem hielt die Bevölkerung zu David.

Der Aufstand wird niedergeschlagen

Währenddessen brach der unüberlegte, impulsive Königssohn zur Verfolgung seines Vaters auf. Zwar verfügte er über ein großes Heer, aber es war disziplinlos und viel zu schlecht vorbereitet, als dass es sich mit den bewährten Kämpfern Davids hätte messen können.

Von den Mauern Mahanajims aus konnte man die langen Reihen der Armee Abschaloms gut sehen. Eine riesige Menge scharte sich um den Rebellen, während auf Davids Seite verhältnismäßig wenige standen. Er teilte seine Streitmacht in drei Abteilungen unter dem Befehl von Joab, Abischai und Ittai.[39] Als seine Männer das Stadttor verließen, ermutigte David sie, im Vertrauen auf den Gott Israels zu kämpfen.

---

[37] Psalm 3,1–8 [38] 2. Samuel 17,22 [39] 2. Samuel 18,1.2

Als seine drei Heerführer am König vorbeimarschierten, hörten sie den letzten Bescheid Davids, der mit bebender Stimme befahl: „Sorgt dafür, dass meinem Sohn Abschalom nichts zustößt!“[40] Des Königs Sorge legte den Gedanken nahe, dass Abschalom ihm wichtiger war als die ihm treugebliebenen Untertanen, und gerade das steigerte deren Unwillen gegen den Rebellen nur noch mehr.

Kampfplatz wurde eine bewaldete Fläche in der Nähe des Jordans. Für Abschaloms Kämpfer war das ein gravierender strategischer Nachteil, denn im Dickicht und in den Sümpfen mussten sie unter erschwerten Bedingungen kämpfen, die sie nicht gewohnt waren. Bald konnten die Befehlshaber ihre Truppen in dem unübersichtlichen Gelände nicht mehr dirigieren. „Davids Kriegsleute brachten dem Heer Israels eine schwere Niederlage bei; 20 000 Israeliten fanden den Tod.“[41]

Als Abschalom sah, dass der Kampf verloren war, flüchtete er auf einem Maultier. Dabei verfing er sich mit seinem langen Haar in den Zweigen eines Baumes. Das Reittier lief unter ihm davon, und Abschalom hing als hilflose Beute seiner Feinde in der Luft. Ein Krieger, der ihn sah, wagte es nicht, ihn zu töten, berichtete aber dem Heerführer Joab davon.[42]

Joab war mit Abschalom befreundet gewesen und hatte zweimal eine Aussöhnung zwischen David und ihm bewirkt, doch sein Vertrauen war missbraucht worden. Ohne seine Fürsprache hätte Abschalom nicht die Stellung erlangt, die diesen Aufstand ermöglichte. Nun lag es in Joabs Hand, den Anstifter des Unheils zu töten und er hatte keine Skrupel. „Er nahm drei Speere und stieß sie Abschalom, der immer noch am Baum hing, ins Herz ... Joabs Männer warfen die Leiche Abschaloms in eine Grube im Wald und errichteten darüber einen großen Steinhaufen“ als Zeichen ewiger Schande.[43]

So starben die beiden Urheber des Aufruhrs in Israel: Ahitofel, indem er selbst Hand an sich legte, und Abschalom durch Joabs Hand wehrlos auf der Flucht.

Nachdem der Anführer des Aufstandes umgekommen war, hielt Joab Davids Heer von der Verfolgung der Flüchtenden zurück und sandte eine Siegesnachricht an den König.

Als der Bote bei David ankam, rief er: „Der Herr hat den Aufstand niedergeschlagen, den deine Feinde gegen dich ge-

---

[40] 2. Samuel 18,5 Hfa [41] 2. Samuel 18,6.7 Hfa [42] 2. Samuel 18,9–10
[43] 2. Samuel 18,14.17 Hfa

plant haben! Er hat dir heute zu deinem Recht verholfen.“ Doch Davids erste Frage lautete: „Und wie geht es meinem Sohn?“ Unfähig, die schreckliche Nachricht zu verheimlichen, antwortete der Bote: „So wie ihm möge es allen deinen Feinden ergehen, allen, die sich gegen dich auflehnen und dir schaden wollen!“[44]

Das genügte; David fragte nicht weiter. „Der König war tief betroffen. Er stieg zur Wachstube über dem Tor hinauf und klagte: ‚Mein Sohn, mein Abschalom! Mein Sohn, mein Sohn, mein Abschalom! Wäre ich doch an deiner Stelle gestorben! Mein Abschalom, mein Sohn, mein Sohn!‘“[45]

Als sich die siegreichen Kämpfer der Stadt näherten, hörte man ihr Triumphgeschrei. Aber am Tor erstarb ihnen der Jubel auf den Lippen, denn sie hörten aus der Stube über dem Tor Davids klagende Stimme. Sie kamen sich mehr wie Besiegte denn als Sieger vor, denn ihr König begrüßte sie nicht.[46]

Joab war darüber zornig. Gott hatte ihnen allen Grund zum Jubeln geschenkt. Die gefährlichste Rebellion, die es je in Israel gegeben hatte, war niedergeschlagen worden. Doch diese Freude wurde in Trauer über den Mann verwandelt, dessen Rebellion Zehntausend Israeliten das Leben gekostet hatte.

Der raue Heerführer ging zum König und machte seinem Ärger unverblümt Luft: „Deine Soldaten haben dir heute das Leben gerettet, und nicht nur dir, sondern auch deinen Söhnen und Töchtern, deinen Frauen und Nebenfrauen. Und was ist der Dank? Du benimmst dich so, dass sie sich für ihre große Tat nur schämen können! Du liebst alle, die dich hassen, und hasst alle, die dich lieben. Deine Heerführer und Soldaten bedeuten dir offenbar überhaupt nichts. Es hätte dir nichts ausgemacht, wenn wir heute alle in der Schlacht gefallen wären – Hauptsache Abschalom wäre noch am Leben! Du musst dich jetzt zusammennehmen und zu deinen Männern hinausgehen, um sie wieder zu ermutigen. Sonst laufen sie dir alle noch heute Nacht davon ... Etwas Schlimmeres könnte dir gar nicht passieren.“[47]

So hart Joabs Vorwürfe auch waren, David grollte ihm deswegen nicht, sondern sah ein, dass sein Feldherr Recht hatte. Er ging zu den Kämpfern hinunter, begrüßte sie und rief ihnen Worte des Lobes und der Anerkennung zu.

---

[44] 2. Samuel 18,31.32 Hfa [45] 2. Samuel 19,1 [46] 2. Samuel 19,3.4
[47] 2. Samuel 19,6–8 Hfa

73 | Davids letzte Lebensjahre*

An Abschaloms Aufruhr hatten zu viele teilgenommen, als dass David nach dessen Tod ohne Einladung der Stämme in die Hauptstadt zurückkehren und wieder die Regierungsgewalt übernehmen wollte. Aber sie konnten zu keinem gemeinsamen Entschluss kommen. Schließlich entschied sich Juda, den König zurückzurufen, nachdem David durch die Priester Zadok und Abjatar etwas nachgehofen hatte.[1]

Doch da erwachte die Eifersucht der übrigen Stämme. Die Folge war der Aufstand Schebas, eines niederträchtigen Mannes aus dem Stamm Benjamin.[2] Doch David handelte rasch und schickte seine Heerführer los. Als sie die Stadt belagerten, in der Scheba sich aufhielt, wurde er von den Bewohnern getötet. Nun war der Friede in Israel wiederhergestellt.[3]

Davids Geschichte ist ein Beispiel dafür, welche Gefahren Macht, Reichtum und weltliche Ehre mit sich bringen. Gott hatte David durch sein Hirtendasein auf sein Königtum vorbereitet. Er lernte Bescheidenheit, Geduld und Fürsorge. Die Natur und die Einsamkeit der Bergwelt lenkte seine Gedanken auf den Schöpfer. Ihm wurde manche Mutprobe abverlangt und sein Vertrauen auf Gott wuchs. Am negativen Beispiel Sauls wurde ihm die Wertlosigkeit menschlicher Klugheit und die Torheit, Gott ungehorsam zu sein, bewusst. Und doch schwächten weltlicher Erfolg, Machtstreben und Ansehen den Charakter Davids so sehr, dass Satan ihn wiederholt überwand.

Die unsinnige Volkszählung

Die Beziehungen zu Heidenvölkern weckten den Wunsch, manche ihrer Bräuche nachzuahmen, und das Verlangen nach nationaler Größe. Zur Vorbereitung weiterer Eroberungen beschloss David, sein Heer zu vergrößern und alle Männer im passenden Alter zum Militärdienst zu verpflichten. Das machte eine Volkszählung erforderlich. Der eigentliche Antrieb

* Dieses Kapitel basiert auf 1. Chronik 21, 28 und 29, 2. Könige 1,1 bis 2,35.
[1] 2. Samuel 19,10–16 [2] 2. Samuel 19,42–44;20,1.2 [3] 2. Samuel 20,21.22

dazu waren aber Stolz und Ehrgeiz. An der Steigerung der Anzahl würde sich zeigen, wie stark das Volk Israel unter der Herrschaft Davids geworden war.

Die Bibel berichtet: „Satan wollte Unheil über Israel bringen; deshalb brachte er David auf den Gedanken, eine Volkszählung durchzuführen."[4] Das Volk verdankte seinen Wohlstand zur Zeit Davids dem Segen Gottes. Das Heer zu vergrößern vermittelte aber den Nachbarvölkern den Eindruck, dass Israel darauf mehr vertraute als auf die Macht Jahwes.

Die Israeliten waren von Davids Plan, den Wehrdienst stark zu erweitern, nicht angetan und über die beabsichtigte Volkszählung verärgert. Daher hielt David es für besser, dieses Mal Offiziere damit zu betrauen und nicht Priester und Älteste.

Aber da das ganze Unternehmen ohne Gottes Anweisung stattfand, intervenierte sogar der Heerführer Joab: „Der Herr möge sein Volk noch hundertmal größer werden lassen! Sie alle sind doch sowieso deine Untertanen, mein König!", sagte er zu David und fragte: „‚Warum verlangst du so etwas? Warum willst du Israel diese Schuld aufbürden?' Doch der König blieb bei seinem Entschluss, trotz aller Einwände Joabs. Und so führte Joab die Volkszählung in ganz Israel durch und kam dann nach Jerusalem zurück." Es gab über 1,6 Millionen wehrfähige Männer im Volk Israel![5]

Die Zählung war kaum beendet, da sah David ein, dass er einen Fehler gemacht hatte. Er bekannte vor Gott: „Ich habe ein großes Unrecht begangen. Vergib mir doch meine Schuld! Ich habe sehr unbesonnen gehandelt."[6]

Am nächsten Morgen kam der Prophet Gad mit einer Anfrage Gottes zu ihm: „Was willst du: dass eine dreijährige Hungersnot kommt oder dass du drei Monate vor deinen Feinden fliehen musst, die dich mit dem Schwert verfolgen, oder dass drei Tage die Pest, das Schwert des Herrn, im Land wütet und der Engel des Herrn in ganz Israel viele Menschen tötet? Überleg es dir und sag mir, was für eine Antwort ich dem Herrn bringen soll, der mich geschickt hat!"[7]

David antwortete: „Ich habe große Angst. Aber ich will lieber dem Herrn als den Menschen in die Hände fallen, denn er ist sehr barmherzig!"[8] Im Land brach die Pest aus und raffte 70 000 Menschen dahin. Die Plage erreichte auch Jerusalem.

---

[4] 1. Chronik 21,1 [5] 1. Chronik 21,3–6 Hfa [6] 1. Chronik 21,8
[7] 1. Chronik 21,11.12 [8] 1. Chronik 21,13 Hfa

„Der Engel des Herrn stand gerade auf dem Dreschplatz des Jebusiters Arauna. Als David aufblickte, sah er ihn dort zwischen Himmel und Erde stehen. Er hatte das gezogene Schwert in der Hand und hielt es über Jerusalem hin ausgestreckt. David und die Ältesten der Stadt, alle mit dem Sack bekleidet, warfen sich mit dem Gesicht zur Erde nieder. David betete: ‚Herr, mein Gott, ich bin doch der Schuldige! Ich habe den Befehl zur Zählung gegeben. Ich, der König, habe mich schwer verfehlt, mein Volk, diese unschuldige Herde, hat nichts Böses getan. Herr, mein Gott, strafe mich und meine Familie, aber verschone dein Volk mit solchen Plagen!'"[9]

Die Volkszählung hatte zwar die Israeliten verärgert, aber viele hegten dieselbe Einstellung, die David dazu veranlasst hatte. Wie der Herr durch Abschaloms Rebellion David strafte, so strafte er nun durch das Vergehen des Königs die Sünden vieler Israeliten.

Auf Geheiß Gottes durch den Propheten Gad ging David auf den Berg Morija, wo er den Engel des Herrn gesehen hatte, und kaufte von Arauna den ganzen Dreschplatz für 600 Goldstücke (die wogen 7 Kilogramm). „Dann baute er dort einen Altar für den Herrn, opferte darauf Brandopfer und Mahlopfer und rief zum Herrn. Und der Herr antwortete ihm durch Feuer, das vom Himmel fiel und das Brandopfer auf dem Altar verzehrte."[10] „Der Herr erhörte Davids Gebet und machte der Pest in Israel ein Ende."[11]

Der Platz auf dem Berg Morija wurde fortan als heiliger Boden betrachtet. Dort hatte Abraham über tausend Jahre vorher einen Altar gebaut, als er auf Gottes Weisung hin seinen Sohn Isaak opfern sollte, und dort sollte nach Davids Wunsch später Salomo den Tempel errichten.[12]

Adonijas Aufstand

David war nun 70 Jahre alt. Die Beschwernisse des unsteten Hirtenlebens, die vielen Kriege und der Kummer in den Jahren nach seinem großen Vergehen hatten seine Lebenskraft aufgezehrt. Altersschwäche und das Bedürfnis nach Ruhe verhinderten inzwischen ein schnelles Erfassen dessen, was in seinem Reich vor sich ging. Abermals rebellierte einer seiner Söhne.

---

[9] 1. Chronik 21,15–17 [10] 1. Chronik 21,18.25.26 [11] 2. Samuel 24,25 Hfa
[12] 1. Mose 22,2; 1. Chronik 22,1

Dieses Mal strebte Adonija nach der Königswürde, der älteste seiner lebenden Söhne, „ein schöner junger Mann", aber charakterlos und leichtsinnig. Schon in der Kindheit durfte er sich alles erlauben: „Von Kind auf hatte sein Vater ihn nie getadelt oder zurechtgewiesen."[13] Da er Unterordnung nicht gewohnt war, lehnte er sich gegen den Entscheid Gottes auf, dass Salomo Davids Nachfolger werden sollte. Von seiner natürlichen Begabung und seiner geistlichen Haltung her war Salomo viel besser als König geeignet als sein älterer Halbbruder.

Obwohl Gott seine Wahl deutlich gemacht hatte, gelang es Adonija, allerlei Anhänger zu finden. Auch Joab, der trotz mancher Freveltaten David bis dahin immer treu gewesen war, schloss sich der Verschwörung gegen Salomo an, ebenso der Hohepriester Abjatar. Der Aufstand stand kurz bevor, denn die Umstürzler versammelten sich bereits zu einem großen Fest, um Adonija zum König auszurufen.[14]

Aber ehe es soweit kam, wurden ihre Pläne von einigen Getreuen Davids durchkreuzt, allen voran der Prophet Nathan und Batseba, Salomos Mutter. Sie legten David den Stand der Dinge dar und erinnerten ihn daran, dass nach göttlicher Anweisung Salomo Thronfolger werden sollte. Daraufhin dankte David unverzüglich zu dessen Gunsten ab, und unmittelbar darauf wurde Salomo vom Priester Zadok gesalbt und dann vom Volk zum König ausgerufen.[15]

Damit war der Zweck des Aufstands vereitelt. Die Anführer hatten mit der Todesstrafe zu rechnen. Adonija flüchtete zum Altar im Zelt vor der Bundeslade und erbat von Salomo den Schwur, ihn am Leben zu lassen. Der versprach es ihm unter der Bedingung, dass er redlich blieb.[16] Abjatars Leben wurde von Salomo mit Rücksicht auf dessen Amt und frühere Treue zu David verschont, aber er wurde seines Amtes als Hoherpriester enthoben, das auf Zadok überging.[17] Auch Joab blieb vorläufig ungeschoren, aber nach Davids Tod büßte er für seine Morde. Salomo ließ ihn auf dessen Bitte hin töten.[18] Als Adonija nach Davids Tod die unangemessene Bitte an Salomo richtete, die letzte Pflegerin Davids zur Frau zu bekommen, ließ er auch ihn töten.[19] So wurde das vierfache Strafgericht vollendet, das David über sich selbst gesprochen hatte.

---

[13] 1. Könige 1,5.6 Hfa [14] 1. Könige 1,7.9 [15] 1. Könige 1,11–14.32–39
[16] 1. Könige 1,50–53 [17] 1. Könige 2,26.27.35 [18] 1. Könige 2,5.6.29–34
[19] 1. Könige 2,17.18.22–25; vgl. 1,2–4

David fördert den Tempelbau

Von Beginn seiner Regierung an hatte der Bau eines Tempels für Gott zu Davids Lieblingsplänen gehört. Obwohl er dieses Projekt wegen Gottes Einspruch nicht verwirklichen durfte, beschaffte er große Mengen kostbaren Materials, „3500 Tonnen Gold und 35 000 Tonnen Silber, außerdem so viel Bronze und Eisen, dass man es nicht mehr wiegen kann ... verschiedene Edelsteine, Mosaiksteine und weißen Marmor in großen Mengen."[20] Salomo sollte das Haus für die Bundeslade, dem Sinnbild der Gegenwart Gottes, anstelle des Zeltheiligtums bauen.

Als David sein Ende nahen fühlte, rief er die Stammesfürsten und die Obersten aus allen Teilen Israels zu sich, um ihnen sein Vermächtnis anzuvertrauen.[21] Er wollte ihre Unterstützung für dieses große Projekt sichern. Der Geist Gottes kam über David, und mit ungewöhnlicher Inbrunst und Kraft konnte er seine letzte Ansprache halten.

Er erzählte von seinem Wunsch, den Tempel selbst zu bauen, und von dem Befehl des Herrn, diese Aufgabe Salomo zu überlassen. Dann sagte er: „Ich ermahne euch nun vor den Augen von ganz Israel, der Gemeinde des Herrn, und vor den Ohren unseres Gottes: Achtet auf alle Gebote des Herrn, eures Gottes, und befolgt sie gewissenhaft! Dann werdet ihr im Besitz dieses schönen Landes bleiben und ihr könnt es euren Nachkommen für alle Zeiten weitervererben."[22]

David wünschte nichts mehr, als dass Israels Führerschaft Gott treu blieb und Salomo dem Gesetz Gottes gehorchte und die Sünden seines Vaters mied, die dessen Ansehen so herabgesetzt, sein Leben verbittert und Gott Schande bereitet hatten.

An seinen Sohn gewandt, der bereits als König bestätigt war, sagte David: „Du aber, mein Sohn Salomo, lerne den Herrn, den Gott deines Vaters, immer besser kennen! Gehorche ihm bereitwillig und mit ungeteiltem Herzen! Denn er sieht uns ins Herz und kennt unsere geheimsten Gedanken. Wenn du ihn suchst, lässt er sich von dir finden. Wenn du dich aber von ihm abwendest, wird er dich für immer verstoßen. Denke daran: Der Herr hat dich erwählt, damit du ihm ein Heiligtum baust. Darum geh entschlossen ans Werk!"[23]

David händigte Salomo eine detaillierte Anleitung für den Tempelbau aus.[24] Der junge Mann schreckte vor der schweren

---

[20] 1. Chronik 22,14; 29,2 Hfa [21] 1. Chronik 28,1 [22] 1. Chronik 28,2.6.8
[23] 1. Chronik 28,9.10 [24] 1. Chronik 28,11–13

Verantwortung zurück, die ihm mit dieser Aufgabe und mit der Regierung des Volkes Gottes übertragen wurde. Aber David ermutigte seinen Sohn: „Geh mutig und entschlossen an diese Aufgabe heran! Lass dich nicht beirren und hab keine Angst, denn der Herr, mein Gott, wird dir beistehen. Er wird sich nicht von dir abwenden und dich nicht im Stich lassen, sondern wird dir helfen, alle diese Arbeiten an seinem Tempel zu vollenden."[25]

Und noch einmal wandte sich David an die Versammlung: „Gott hat meinen Sohn Salomo zu meinem Nachfolger erwählt. Aber er ist noch jung und unerfahren, und vor ihm liegt eine große Aufgabe. Denn er soll nicht einen Palast für Menschen bauen, sondern einen Tempel für Gott, den Herrn. Ich habe bereits so viel Baumaterial, wie ich konnte, für den Tempel meines Gottes bereitgestellt." Dann zählte er alles gesammelte Material auf und was er noch zusätzlich an Gold und Silber aus seinem eigenen Vermögen spenden wollte. „Wer von euch ist bereit", fragte er dann die Versammelten, die ihre freiwilligen Gaben mitgebracht hatten, „heute ebenfalls etwas für den Herrn zu geben?"[26]

„Die Sippenoberhäupter, die Stammesfürsten, die Hauptleute und Offiziere und die Leiter der königlichen Dienstgruppen folgten dem Aufruf des Königs bereitwillig. So kamen an diesem Tag für den Tempel 175 Tonnen Gold zusammen, 10 000 Goldmünzen, 350 Tonnen Silber, 630 Tonnen Bronze und 3500 Tonnen Eisen ... Das ganze Volk freute sich über diese Freigebigkeit, denn alle wollten von ganzem Herzen den Tempelbau unterstützen. Auch König David freute sich sehr darüber."[27]

Dann lobte er den Herrn vor der ganzen Gemeinde: „Gepriesen seist du, Herr, du Gott unseres Stammvaters Israel, vom Anfang der Zeiten bis in alle Zukunft! Dir, Herr, gehören Größe und Kraft, Ehre und Hoheit und Pracht! ... Du teilst Reichtum und Ansehen aus und gibst Kraft und Stärke dem, den du groß und mächtig machen willst. ... Darum wollen wir dir, unserem Gott, danken und deinen herrlichen Namen rühmen. Ich bin nichts, Herr, und auch mein Volk ist nichts; aus eigenem Vermögen wären wir gar nicht in der Lage, dir solche Gaben zu bringen. Alles kommt von dir, auch diese Gaben haben wir erst von dir empfangen ... Wir wohnen nur wie

[25] 1. Chronik 28,20 [26] 1. Chronik 29,1.5 Hfa [27] 1. Chronik 29,6.7.9 Hfa

Gäste oder Fremde in diesem Land, das du uns gegeben hast ... Der ganze Reichtum, den wir jetzt zusammengebracht haben, um für dich, für deinen heiligen Namen, ein Haus zu bauen, kommt aus deiner Hand und darum gehört auch alles dir! ... Herr, du Gott unserer Vorfahren Abraham, Isaak und Israel! Erhalte deinem Volk für immer diese Gesinnung, dass es von Herzen dir zugewandt bleibt! Hilf auch meinem Sohn Salomo, dass er mit ungeteiltem Herzen deine Gebote, Weisungen und Vorschriften befolgt und alles tut, um den Tempelbau auszuführen, den ich vorbereitet habe."[28]

Mit großem Eifer hatte der König kostbares Material zum Bau und zur Ausstattung des Tempels zusammengetragen. Er komponierte die ergreifenden Hymnen, die später im Haus Gottes erklingen sollten. Nun war er froh, als die Leiter Israels durch ihre Gaben die Vorräte für den Tempelbau großzügig aufstockten. Gott hatte sie so freigebig gemacht. Ihm gebührte die Ehre. Das Bemühen des Königs allein wäre vergeblich gewesen und der Tempel wäre nie gebaut worden.

Als David fühlte, dass der Tod nahte, beschäftigte ihn noch immer der Gedanke an Salomo und das Volk Israel, dessen Wohl von der Treue seines Königs zu Gott abhing. Er sagte zu ihm: „Meine Zeit ist abgelaufen. Nun kommt es darauf an, dass du deinen Mann stehst! Achte stets darauf, dass du so lebst, wie der Herr, dein Gott, es haben will. Befolge alle seine Gebote und Anweisungen, die im Gesetzbuch Moses aufgeschrieben sind. Dann wirst du Erfolg haben in allem, was du planst und unternimmst. Dann wird auch der Herr sein Versprechen halten, das er mir gegeben hat. Er sagte ja zu mir: ‚Wenn deine Nachkommen mir treu bleiben und meine Gebote mit ganzem Herzen befolgen, dann wird auf dem Thron Israels stets einer aus der Familie Davids sitzen.'"[29]

David war tief gefallen, aber tief war auch seine Reue, glühend seine Liebe und stark sein Glaube. Seine Psalmen durchmessen die ganze Breite an Erfahrung von den Tiefen des Schuldbewusstseins und Selbstzweifels bis zum vertrauten Umgang mit Gott. Davids Lebensgeschichte zeigt, dass Sünde nur Schande und Leid bringt, aber Gottes Liebe und Barmherzigkeit bis in die tiefsten Tiefen reicht und der Glaube den reuigen Menschen aufrichtet und ihn die Adoption als Kind Gottes erleben lässt.

---

[28] 1. Chronik 29,10–19 [29] 1. Könige 2,2–4

Der Mensch im kosmischen Konflikt

Die ganze Menschheit ist in einen kosmischen Konflikt zwischen den Mächten des Bösen und denen des Guten hineingeraten. Er begann mit Luzifers Auflehnung im Himmel gegen Gott und wird mit der Wiederkunft Jesu Christi, dem Gericht Gottes und der Wiederherstellung paradiesischer Zustände auf dieser Erde enden.

Die Geschichte der universalen Auseinandersetzung wird in der fünfbändigen Reihe Ellen Whites ausführlich dargestellt und erläutert. Dadurch lernen wir Gott besser kennen und sein Handeln verstehen. So können wir ihn lieben und ihm vertrauen – und das ist der Weg, wie wir seine Hilfe und Errettung erfahren können und zu dem befreiten, unvergänglichen Leben finden, das Gott uns Menschen durch Christus ermöglicht hat.

Wir erfahren, wie das Böse auf diese Welt gekommen ist, lernen die Geschichte des alten Volkes Israel und ihre Bedeutung für uns heute kennen. Das Leben Jesu auf dieser Erde wird uns plastisch vor Augen gestellt und das Wirken seiner Gesandten, der Apostel, geschildert. Im letzten Band wird die Geschichte der Gemeinde Jesu erzählt und gezeigt, wie sich der kosmische Konflikt in der Entwicklung der Kirchen widerspiegelt. Die Autorin schildert mit prophetischer Einsicht, was in der Zukunft auf die Menschheit zukommt – bis hin zum herrlichen Finale des Erlösungsplanes.

Diese Bücher ermutigen uns zu einem Leben im Vertrauen auf Gott. Sie fordern uns auch heraus, ein konsequentes Leben in der Nachfolge Jesu zu führen, und geben uns Anreize, auch in schwierigen Situationen an Gott festzuhalten. Millionen Leser sind durch diese Buchreihe inspiriert und bereichert worden.

Band 1: Der Auftakt
Der Beginn der Menschheitsgeschichte, die Patriarchen und die Anfänge des Volkes Israel bis zu König David.
540 Seiten, Paperback, Advent-Verlag, Art.-Nr. 1595

Band 2: Die Erwählten
Die Geschichte des geteilten Reiches Israel von König Salomo bis zur Rückkehr nach dem Exil in Babylon.
Ca. 380 Seiten, Paperback, Advent-Verlag, Art.-Nr. 1596
Erscheint voraussichtlich im Sommer 2009.

Band 3: Der Sieger
Das Leben und Wirken Jesu von Nazareth und seine Auseinandersetzungen mit der religiösen Obrigkeit.
570 Seiten, Paperback, Advent-Verlag, Art.-Nr. 1597

Band 4: Die Botschafter
Das Wirken der Apostel Christi, die Bedeutung ihrer Briefe und die Reisen des Paulus zur Verbreitung des Evangeliums.
Ca. 340 Seiten, Paperback, Advent-Verlag, Art.-Nr. 1598
Erscheint voraussichtlich im Sommer 2010.

Band 5: Das Finale
Die Geschichte und das künftige Schicksal der Gemeinde Jesu Christi und die Konflikte um die Wahrheiten der Bibel.
430 Seiten, Paperback, Advent-Verlag, Art.-Nr. 1599

Verkaufspreis jeweils € 2,90 zuzüglich Versandkosten

Bezugsquellen:

Advent-Verlag (Deutschland)
Lüner Rennbahn 14, 21339 Lüneburg
Tel.: 04131 9835-02; Fax: 04131 9835-500
Internet: www.adventverlag.de

Advent-Verlag (Schweiz)
Leissigenstrasse 17, 3704 Krattingen
Tel.: 033 6541065; Fax: 033 6544431
Internet: www.adventverlag.ch

Top-Life Wegweiser-Verlag (Österreich)
Industriestraße 10, 2104 Spillern
Tel.: 02266 80520; Fax: 02266 80520-20
Internet: www.toplife-center.at